U0915154

# 城市轨道交通
# 系统机电标准化施工指南

刘福建　主编

中国建筑工业出版社

**图书在版编目（CIP）数据**

城市轨道交通系统机电标准化施工指南/刘福建主编. —北京：中国建筑工业出版社，2019.10
ISBN 978-7-112-24174-3

Ⅰ.①城… Ⅱ.①刘… Ⅲ.①轨道交通-机电工程-工程施工-标准化管理-指南 Ⅳ.①U2-62

中国版本图书馆 CIP 数据核字（2019）第 193139 号

本指南共 5 章，对供变电工程、接触网工程、通信工程、信号工程、综合监控工程的标准化施工进行了详细介绍，简洁明了地展示了城市轨道交通系统机电标准化施工示范做法，具有较强的指导性、操作性和实用性。
本指南适用于城市轨道交通系统机电工程从业人员参考使用。

责任编辑：万　李
责任设计：李志立
责任校对：姜小莲

**城市轨道交通**
**系统机电标准化施工指南**
刘福建　主编
*
中国建筑工业出版社出版、发行（北京海淀三里河路 9 号）
各地新华书店、建筑书店经销
北京科地亚盟排版公司制版
北京建筑工业印刷厂印刷
*
开本：787×1092 毫米　1/16　印张：28½　字数：705 千字
2019 年 11 月第一版　　2019 年 11 月第一次印刷
定价：**115.00** 元
ISBN 978-7-112-24174-3
（34700）

**版权所有　翻印必究**
如有印装质量问题，可寄本社退换
（邮政编码 100037）

# 编 写 单 位

参编单位：中建安装集团有限公司

中建轨道电气化工程有限公司

中建华东投资有限公司

# 编写委员会

**主编**

刘福建

**副主编**

王宏杰　宫志群　贾玉周　罗锦波　张志轶

**主要编写组人员（按姓氏首字母排序）**

丁　川　李飞虎　李振磊　乔文海　王　毅　徐　兵　张斌斌　张国华

张伟昊　张震刚

**参编人员（按姓氏首字母排序）**

安　宁　曹张练　陈　超　陈　磊　陈　佩　陈建定　龚益军　郭洪波

郭继飞　郝　涛　胡　骁　李　刚　李　旭　李　阳　李　政　林钰杰

刘　洋　刘记帅　潘　航　彭振东　田向东　王　前　王福坤　王建宝

许　诚　张　峰　张红军　张强杰　张喜德

**核稿**

张志轶　李飞虎　朱小德

# 序　一

随着我国经济的快速发展，道路交通拥堵、汽车尾气排放及噪声污染等城市“病”越发严重。而城市轨道交通作为一种快捷便利节能的出行方式，是解决城市病最佳途径之一。截至2018年年末，我国大陆地区共35个城市开通城市轨道交通并投入运营，开通线路185条，运营线路长度达到5761.4公里，其中17个城市的线网规模达到100公里以上。

城市轨道交通系统机电工程的可靠性和稳定性，直接关系到行车安全。采用先进的施工技术标准，推行城市轨道交通建设的标准化施工，是保证施工建设质量进而确保城市轨道交通运营安全的重要措施。

本指南进一步梳理城市轨道交通系统机电施工标准化，目的是完善工程建设标准化管理体系、优化项目施工管理、提高工程质量。它具有适用性和可操作性较强、重点突出等特点，尤其适用于现场施工一线技术人员、作业人员学习参考使用，也可作为现场经验较少的新入职员工基础性教材学习。

本指南立足施工现场，着眼项目管理，分系统详细介绍各专业关键工序标准化实施全过程，图文并茂、全面详实地解析现场施工的实施方法及具体要求，真正意义上的把标准化细化落到实处。达到使项目建设有序可控，对提高工程质量、提升项目管理水平、优化资源配置和降本增效具有重大的指导意义。

深圳大学土木与交通工程学院院长
深圳市地铁集团有限公司技术委员会主任
陈湘生博士（特聘教授、中国工程院院士）

2019年7月于深圳

# 序　　二

在城市化发展战略的推动下，我国城市轨道交通建设进入突飞猛进的发展时期。目前已有近40个城市正在建设或规划筹建城市轨道交通工程，北京、上海、广州、深圳等特大型城市正在形成城市轨道交通网络。

在城市轨道交通工程建设中，机电工程是整个城市轨道交通系统的重要组成部分，包含供变电、接触网、通信、信号、综合监控五大专业，技术要求复杂，工期一般比较紧张，且其施工质量直接关系到城市轨道交通运行的安全稳定性。因此，组织编制《城市轨道交通系统机电标准化施工指南》(以下简称指南)，推行施工现场标准化施工管理，持续提升施工质量水平，是一项很有现实意义的工作。

指南总体上涵盖城市轨道交通系统机电工程的五大专业的55个系统。以每个关键工序为单元，编制内容包括适用范围、作业条件及施工准备、引用技术标准、作业内容、施工技术标准、工序流程及操作要点、劳动组织、主要机械设备及工机具配置、物资材料配置、质量控制标准及检验、安全措施、环保要求等方面，内容全面详实，具有较强的针对性和可操作性，对推动城市轨道交通系统机电工程施工标准化具有重要的指导意义和参考价值。

指南在遵照国家、行业现行标准、规范的基础上，充分吸收各地区的成熟经验，结合编制单位自身的施工技术和管理优势，提炼出具有共性的管理、工艺、流程等标准化要求。相信该指南的出版，将对推动完善相关行业标准起到建设性作用。

中国建筑集团有限公司总工程师

2019年7月于北京

# 前　言

为了加强现场标准化施工管理，提高施工技术人员的水平，规范施工标准化行为，保证工程质量和施工安全，特编写《城市轨道交通系统机电标准化施工指南》。它为城市轨道交通系统机电（四电及综合监控）的科学发展提供了应急之需。

进入21世纪以来，随着我国大中城市交通问题的日益突出，优先发展公共交通，大力发展城市轨道交通已成为城市交通发展的必然选择。城市轨道交通是一种快捷高效、安全舒适、节能环保的城市公共客运交通方式。城市轨道交通是城市地下铁路（地铁）、轻型轨道、单轨交通、有轨电车、新交通、高速磁浮列车和市郊（郊区）列车（通勤列车）等轨道交通的统称。

“十三五”期间，我国规划建设的城市快速轨道交通项目总长度达2700公里，将近2万亿元投资将聚集在这一领域。我国正处在轨道交通建设的繁荣时期，已经成为世界上最大的城市轨道交通市场。

面对如此大规模、高速度的轨道交通建设期，如何把控工程项目的质量和安全显得尤为重要，尤其是自2013年开始，首次将设备系统的质量安全监督也纳入到全国性的检查工作中。检查中发现轨道交通设备系统安装在标准、规范的执行方面存在较多问题，尤以设备安装及配线质量问题突出。主要原因是各标准、规范、技术文件执行不到位或相互交叉造成，由于设备系统专业性强、系统繁杂，加之目前国内轨道交通发展很快，相对应的配套施工标准、规范有些滞后，引用其他行业的标准多，施工人员单凭经验对标准的适用性的判断影响较大且不可靠。

为满足轨道交通行业快速发展及施工质量、安全、技术等方面的需要，根据成熟的项目管理经验、施工一线的现场检验及各地区地铁施工实践总结，选择适用的标准与施工工艺，形成一套规范的标准化配套技术指导文件，对迎合目前快速发展的城市轨道交通领域具有重要现实意义。

本书由中建股份科技研发计划资助，依托于城市轨道交通系统机电工程成套技术研究与应用（课题编号：CSCEC-2018-Z-10），旨在鼓励施工企业从基础抓起，力求做到标准为重心，以技术标准为依据，经过全面总结，系统提升，形成居于国内领先水平的城市轨道交通工程标准化施工指南。

在编写过程中，虽经反复推敲核证，仍难免有不妥甚至疏漏之处，恳请广大读者提出宝贵意见。

本书编写委员会

2019年6月

# 目　录

# 第 1 章　供变电工程标准化施工指南

## 1.1　变电所工程

### 1.1.1　适用范围

适用于城市轨道交通供电系统变电所设备基础预埋件制安，接地干线安装，变压器安装，开关柜安装，电缆桥支架安装，一、二次电缆敷设，一次电缆头制作，二次接线以及附属工程。

### 1.1.2　引用技术标准

(1)《电气装置安装工程盘、柜及二次回路接线施工及验收规范》GB 50171—2012。

(2)《施工现场临时用电安全技术规范（附条文说明）》JGJ 46—2005。

(3)《施工企业安全生产管理规范》GB 50656—2011。

(4)《电气装置安装工程电力变压器、油浸电抗器、互感器施工及验收规范》GB 50148—2010。

(5)《城市轨道交通工程质量验收标准　第 2 部分：设备安装工程》DB11/T 311.2—2008。

### 1.1.3　设备基础预埋件制安

#### 1.1.3.1　适用范围

适用于城市轨道交通供电系统变电所基础预埋件制安施工。

#### 1.1.3.2　施工条件

设备房间土建二次结构完成，结构预留孔洞符合设计要求；各房间均有装修标高线并移交；设备房间墙体砌筑完成，地面垃圾清理干净。

#### 1.1.3.3　施工内容

测量放线、基础预埋件安装、调整与焊接、接地支线焊接、防腐处理、配合土建装修层施工等。

#### 1.1.3.4　施工技术标准

(1) 基础预埋件安装应符合设计图纸要求。

(2) 预埋件的安装标高应以装修专业提供的标高作为基准标高，当变电所所有房间地面高度不一致时，以房间地面最高点作为安装基准标高。

(3) 预埋件的安装位置在保证设备距墙尺寸满足设计要求。

(4) 每组预埋件应至少焊接两处接地支线与变电所接地干线连接。

(5) 预埋件焊接时应三面焊接，焊缝饱满，且厚度达到设计要求。

（6）基础预埋件安装后，其顶部标高与装修完成面平齐。

### 1.1.3.5　施工工序流程及操作要点

（1）施工工序流程图

设备基础预埋件制安工序流程如图 1.1.3-1 所示。

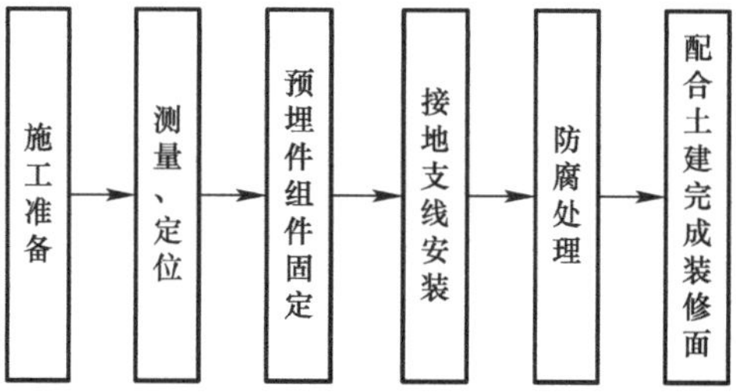


图 1.1.3-1　设备基础预埋件制安工序流程图

（2）施工准备

施工调查完成，确认现场具备施工条件，施工前对施工人员进行技术交底、安全技术交底，施工劳动组织配备、材料准备及机械工机具准备完成，现场临时电源满足施工需要。按照装配图清点核对零配件数量；根据设计图纸及现场情况确定预埋件安装方式；清理场地，设置照明、通风及临边防护等设施。

（3）操作要点

1）测量、定位

① 依据变电所平面布置图、预埋件布置图和现场预留孔洞情况在结构地板上放出基础槽钢安装基准线。

② 根据安装基准线，正确摆放好槽钢，用钢卷尺测量基础槽钢是否符合设计图纸中的距离要求。

2）预埋件组件固定

① 在设备房的每组预埋件顶面选取 3 个点，测量其标高，原则上以其最高点为基点调整预埋件，当变电所槽钢顶面高于装修层时，以变电所地面最高点为基准安装基础预埋件。

② 预埋件调正并核对无误后，先点焊固定，点焊时应保持槽钢水平、平直，同时应观察水平尺中的气泡是否在中心、水准仪读数是否偏移，若气泡移位应立即停止点焊，进行调整后重新开始点焊（图 1.1.3-2）。

图 1.1.3-2　设备基础预埋件制安

③ 全面复测各基础预埋件标高，数据无误后再将所有固定点逐点全面焊接。

3）接地支线安装

在每组设备基础槽钢的两端焊接接地支线镀锌扁钢，煨弯后与接地干线焊接。

4）防腐处理

① 基础槽钢全部焊接后，敲掉焊缝焊渣并打磨，清除锈蚀。

② 对基础槽钢焊接处先刷一遍防锈漆后刷两遍富锌漆。

5）配合装修完成面施工

在装修层施工时应派专人配合其施工，以保证基础槽钢的水平度和平行度。

#### 1.1.3.6 劳动力组织表

劳动力组织表见表 1.1.3-1。

**劳动力组织表** **表 1.1.3-1**

| 序号 | 人员 | 单位 | 数量 | 备注 |
|---|---|---|---|---|
| 1 | 施工负责人 | 人 | 1 | 负责施工、安全及对外协调工作 |
| 2 | 技术员 | 人 | 1 | 监督指导，并填写施工记录 |
| 3 | 安全员 | 人 | 1 | 负责现场施工安全 |
| 4 | 测量员 | 人 | 1 | 负责现场测量 |
| 5 | 施工人员 | 人 | 7 | 负责现场安装 |
| 6 | 焊工 | 人 | 2 | 负责现场焊接，持证 |

#### 1.1.3.7 主要机械设备及工器具配置

主要机械设备及工器具配置见表 1.1.3-2。

**主要机械设备及工器具配置表** **表 1.1.3-2**

| 序号 | 名称 | 规格 | 单位 | 数量 | 备注 |
|---|---|---|---|---|---|
| 1 | 水准仪 | NAL124 | 台 | 1 | 测量标高 |
| 2 | 塔尺 | 3m | 把 | 1 | |
| 3 | 水平尺 | 1m | 把 | 2 | 测量不平度 |
| 4 | 电焊机 | | 台 | 1 | 预埋件焊接 |
| 5 | 墨斗 | 20m | 只 | 1 | 附墨汁墨线 |
| 6 | 钢卷尺 | 5m | 把 | 3 | 位置测量 |
| 7 | 配电箱 | | 台 | 1 | |
| 8 | 电锤 | 750W | 把 | 1 | 定位打孔 |
| 9 | 手锤 | 1.5kg | 把 | 2 | 角铁安装 |
| 10 | 焊锤 | | 把 | 1 | 敲焊渣 |
| 11 | 角磨机 | | 台 | 1 | |
| 12 | 扁钢煨弯机 | | 台 | 1 | |
| 13 | 钢钎 | 450mm | 根 | 2 | 预埋件调整 |
| 14 | 活动扳手 | 300mm | 把 | 2 | 膨胀螺栓固定 |
| 15 | 油漆刷 | | 把 | 2 | |
| 16 | 照明灯 | 500W | 套 | 2 | 照明 |

#### 1.1.3.8 物资材料配置

物资材料配置见表 1.1.3-3。

物资材料配置表　　表 1.1.3-3

| 序号 | 名称 | 规格 | 单位 | 数量 | 备注 |
|---|---|---|---|---|---|
| 1 | 槽钢 | | 米 | 实需 | 依据施工图纸 |
| 2 | 角钢 | | 米 | 实需 | 依据施工图纸 |
| 3 | 砂轮片 | | 片 | 实需 | |
| 4 | 膨胀螺栓 | | 套 | 实需 | |
| 5 | 镀锌扁钢 | | 米 | 实需 | 依据施工图纸 |
| 6 | 电焊条 | | 根 | 实需 | |
| 7 | 防锈漆 | | 公斤 | 实需 | 依据施工图纸 |
| 8 | 富锌漆 | | 公斤 | 实需 | 依据施工图纸 |
| 9 | 泡沫 | 100mm 厚 | 平方米 | 实需 | 基础预埋件安装孔临时封堵 |

#### 1.1.3.9　质量控制标准

（1）基础槽钢的类型、规格、质量应符合设计要求。

（2）基础槽钢焊接后应有明显可靠接地，有绝缘安装要求时基础槽钢不应与建筑结构钢筋发生电气连接。

（3）安装后的基础槽钢应做防腐处理。

#### 1.1.3.10　安全控制措施

（1）进入施工现场的所有施工人员必须戴安全帽，系好帽带，穿工作服，佩戴上岗证，并经过安全考试，考试不合格者不得上岗。

（2）电焊应由经过专业培训且取得焊工操作证的人员进行，严格按照电焊操作规程施工。焊接时，要戴焊接面罩、防护眼镜，施工地点下方不得站人，电焊时附近不得有易燃、易爆物品。

（3）注意高空坠物和预留洞孔跌落损伤，绕行未设防护栏的平台、临边，地下车站及其他光线不充足的场所必须配备照明设施。

（4）施工现场的临时用电，必须事先征得用电管理单位的同意。使用、操作时严格执行《施工场地临时用电安全技术规范》JGJ 46—2005 的要求。设备和工机具在使用前必须先检查是否完好，在施工过程中必须保证电源线线芯无裸露，插头与三级配电箱接触良好，注意避免触电事故。

#### 1.1.3.11　环保控制要求

（1）对于通风状况不良好的施工地点，应做好通风措施。

（2）每天施工完毕后，要清点工机具和材料，做到工完料净场地清。

（3）工作完毕或离开现场时，要切断电焊机、电动工具、配电箱等的电源。

（4）进入地下施工人员需佩戴口罩。

### 1.1.4　接地干线安装

#### 1.1.4.1　适用范围

适用于城市轨道交通供电系统变电所接地干线安装施工。

#### 1.1.4.2　施工条件

设备房间墙面抹白完毕，装修标高线完成移交。

#### 1.1.4.3　施工内容

测量放线、过门接地干线制作及安装、接地干线及接地支线焊接固定、与接地预埋钢板或接地端子箱连接、防腐处理、刷黄绿油漆及接地标识、填写安装技术记录。

#### 1.1.4.4 施工技术标准

（1）接地干线的规格、型号、高度、安装位置应符合设计要求。

（2）接地干线的安装位置应合理，便于检查，无碍设备检修和运行巡视。

（3）支持件的距离，在水平直线部分宜为 1m；垂直部分宜为 1.5～3m；转弯部分宜为 0.3～0.5m。

（4）接地线应水平或垂直敷设。

（5）接地线沿建筑物墙壁水平敷设时，离地面距离宜为 250～300mm；接地线与建筑物墙壁间的间隙宜为 10～20mm。

（6）接地干线及每个连接部位附件的表面，应涂以 100mm 宽度相等的绿色和黄色相间的条纹标识。

（7）接地干线的焊接应采用搭接焊，其搭接长度不小于扁钢宽度的 2 倍且至少 3 个棱边焊接。

（8）接地干线穿墙处需加玻璃钢管，玻璃钢管需伸出墙体 10mm，玻璃钢管口两端需用防火堵料（封堵泥）封堵严实。

#### 1.1.4.5 工序流程及操作要点

（1）施工工序流程图

接地干线安装工序流程如图 1.1.4-1 所示。

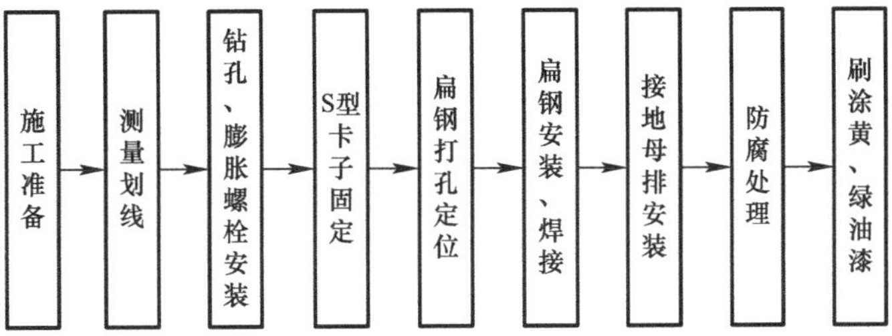


图 1.1.4-1 接地干线安装工序流程图

（2）施工准备

施工前对施工人员进行技术交底、安全技术交底，施工劳动组织配备、材料准备及机械工机具准备完成。现场临时电源满足施工要求，按照图纸清点施工材料数量，检查变电所各房间墙体能否满足接地干线安装要求，清理场地，设置照明、通风及临边防护等设施。

#### 1.1.4.6 操作要点

（1）测量划线

根据设计施工图纸上接地干线的位置和走向，用墨斗弹出干线的敷设路径，在此路径上用记号笔标出"+"标识的 S 型卡子的安装位置，当接地干线安装位置与踢脚线、插座位置有冲突时，可根据现场情况对安装高度进行适当调整。

（2）钻孔、膨胀螺栓安装

在 S 型卡子安装位置标记处打孔，注意钻出的孔洞必须与墙壁垂直，孔的深度应略大于膨胀螺栓套管的长度，之后将膨胀螺栓固定在孔内。

（3）S 型卡子固定

把已经固定在孔内的膨胀螺栓套上 S 型卡子，再用扳手将螺丝拧紧，S 型卡子必须与地面保持垂直。

(4) 扁钢定位打孔、安装、焊接

1) 根据S型卡子的安装位置在扁钢上用台钻打孔，孔径应匹配S型卡子。

2) 两段接地干线之间采用搭接焊方式进行连接，搭接长度不小于扁钢宽度的2倍，且至少有3个边满焊。焊接必须牢固无虚焊，S型卡子与扁钢连接采用镀锌螺栓连接(图1.1.4-2)。

3) 接地干线穿墙时，应加玻璃钢管保护，玻璃钢管需伸出墙体10mm，其套管管口两端须用防火堵料封堵严密；从基础槽钢引出的接地支线、过门处的接地干线在与水平接地干线连接时与直线段焊接一样，焊接后煨弯埋入装修层。

4) 设备层及电缆夹层预留的自然接地体接地钢板上分别焊接两根支线与接地干线焊接。

5) 过门处进行煨弯过渡，扁钢搭接长度不小于宽度的2倍。

6) 所有连接螺栓、膨胀螺栓安装时需对螺栓进行紧固，不得有歪曲、松动等现象。

7) 接地母排安装

根据施工图纸要求，利用钢卷尺测量出其中一个绝缘子距地面的安装高度约0.3m并标记，再使用水平尺，在墙上通过该点测量出另一个绝缘子安装点的位置；主要考虑电缆接到铜排后，电缆的弯曲半径、受力情况，若电缆到铜排的距离过长，应加支架来支撑电缆。

根据标记的安装位置，用冲击电钻在标记点打孔，然后将绝缘子螺杆装入孔内。螺栓外露不少于10mm，不大于支撑绝缘子的内螺丝深度。将支撑绝缘子拧在膨胀螺丝上，固定点按铜排长度确定，一般为2～3个(图1.1.4-3)。

图1.1.4-2 接地干线安装成品图

图1.1.4-3 接地母排安装成品图

8) 防腐处理

① 接地线焊接工作全部完成后，敲掉焊缝焊渣，用钢丝刷刷掉锈蚀。

② 所有焊接部分均先刷一遍防锈漆后刷两遍富锌漆。

9) 刷黄、绿油漆

待变电所装修完成，清洁接地干线后，表面涂以100mm宽度相等的绿色和黄色相间的条纹标识。

#### 1.1.4.7 劳动力组织表

劳动力组织见表1.1.4-1。

劳动力组织表 表 1.1.4-1

| 序号 | 人员 | 单位 | 数量 | 备注 |
|---|---|---|---|---|
| 1 | 施工负责人 | 人 | 1 | 负责施工、安全及对外协调工作 |
| 2 | 技术员 | 人 | 1 | 负责放线，并填写施工记录 |
| 3 | 安全员 | 人 | 1 | 负责现场施工安全 |
| 4 | 施工人员 | 人 | 6 | 负责具体的制作安装过程 |

#### 1.1.4.8 主要机械设备及工器具配置

主要机械设备及工器具配置见表 1.1.4-2。

主要机械设备及工器具配置表 表 1.1.4-2

| 序号 | 名称 | 规格 | 单位 | 数量 | 备注 |
|---|---|---|---|---|---|
| 1 | 钢卷尺 | 5m | 把 | 1 | 测量划线 |
| 2 | 墨斗 | 手卷式 | 把 | 1 | 测量划线 |
| 3 | 配电箱 | 60A | 台 | 1 | 施工用电 |
| 4 | 冲孔机 |  | 台 | 1 | 扁钢打孔 |
| 5 | 铁锤 |  | 把 | 2 | 扁钢校直 |
| 6 | 活动扳手 |  | 把 | 4 | 安装膨胀螺栓、S型卡子 |
| 7 | 角磨机 | 单相 | 个 | 1 | 扁钢打磨 |
| 8 | 电焊机 |  | 台 | 1 | 扁钢焊接 |
| 9 | 冲击钻 | 2.5kW | 台 | 1 | 墙体上打孔 |
| 10 | 扁钢煨弯机 | 12t | 台 | 1 | 折弯扁钢 |

#### 1.1.4.9 物资材料配置

物资材料配置见表 1.1.4-3。

物资材料配置表 表 1.1.4-3

| 序号 | 名称 | 规格 | 单位 | 数量 | 备注 |
|---|---|---|---|---|---|
| 1 | 镀锌扁钢 |  | 米 | 实需 | 接地干线 |
| 2 | S型卡子 |  | 个 | 实需 | 固定接地干线 |
| 3 | 砂轮片 |  | 片 | 实需 | 打磨接地干线 |
| 4 | 膨胀螺栓 |  | 套 | 实需 | 固定接地干线 |
| 5 | 电焊条 |  | 条 | 实需 | 焊接 |
| 6 | 连接螺栓 | M10×30mm | 套 | 实需 | 扁钢连接 |
| 7 | 防锈漆 |  | 公斤 | 实需 | 焊接处刷漆 |
| 8 | 美纹纸 |  | 卷 | 实需 | 刷黄绿标志 |
| 9 | 钻头 |  | 支 | 实需 | 墙体上打孔 |
| 10 | 银粉漆 |  | 公斤 | 实需 | 焊接处刷漆 |
| 11 | 黄漆 |  | 公斤 | 实需 | 刷黄绿标志 |
| 12 | 绿漆 |  | 公斤 | 实需 | 刷黄绿标志 |
| 13 | 记号笔 | 油性 | 支 | 2 | 标记扁钢固定点 |
| 14 | 玻璃钢管 | $\phi 70$ | 米 | 实需 |  |

#### 1.1.4.10 质量控制标准

（1）接地干线的规格、型号、安装高度、距墙距离应符合设计要求。

（2）接地线表面沿长度方向，涂以 100mm 宽度相等黄绿相间的条纹。

（3）敷设位置不得妨碍设备拆卸与维修。

（4）沿建筑墙壁水平敷设时，离地面距离宜为 250～300mm。

#### 1.1.4.11　安全控制措施

（1）进入施工现场的所有施工人员必须戴安全帽，系好帽带，穿工作服，佩戴上岗证，并经过安全考试，考试不合格者不得上岗。

（2）电焊应由经过专业培训且取得焊工操作证的人员进行，严格按照电焊操作规程施工，焊接时，要戴焊接面罩、防护眼镜，电焊时附近不得有易燃、易爆物品。

（3）注意高空坠物和预留洞孔跌落损伤，绕行未设防护栏的平台、临边，地下车站及其他光线不充足的场所必须配备照明设施。

（4）施工现场的临时用电，必须事先征得用电管理单位的同意。使用、操作时严格执行《施工场地临时用电安全技术规范》JGJ 46—2005 的要求。设备和工机具在使用前必须先检查是否完好，在使用过程中必须保证电源线无破损，插头与三级配电箱需接触良好，避免发生漏电、触电事故。

#### 1.1.4.12　环保控制要求

（1）对于通风状况不良好的施工地点，应做好通风措施。

（2）每天施工完毕后，要清点工机具和材料，避免遗忘。

（3）工作完毕或离开现场时，要切断电焊机、电动工具、配电箱等的电源。

（4）进入地下施工工作人员佩戴口罩。

### 1.1.5　变压器安装

#### 1.1.5.1　适用范围

适用于城市轨道交通供电系统变电所干式整流变压器、配电变压器的安装施工。

#### 1.1.5.2　施工条件

设备基础预埋件安装完成，变压器运输到位；设备房间装修完成；具备锁闭条件；屋顶防水无渗漏，房间清洁卫生，无垃圾杂物；房间具备照明条件；设备房间已经移交至设备安装单位。

#### 1.1.5.3　施工内容

变压器设备就位、变压器固定、变压器外壳及附件安装。

#### 1.1.5.4　施工技术标准

（1）变压器的铭牌参数、外型尺寸、外型结构及引线方向等应符合要求，安装位置正确，附件齐全。

（2）所有紧固件紧固，绝缘件完好。

（3）金属部件无锈蚀、无损伤。

（4）接地部位有明显标志，变压器的相色标示正确、清晰。

（5）绕组完好、无位移、内部无杂物、表面光滑无裂痕。

（6）引线连接导体间对地的距离符合现行国家标准《3～110kV高压配电装置设计规范》GB 50060—2008 的规定，裸导体表面无损伤、毛刺和尖角，焊接良好。

（7）变压器就位后，应将其滚轮卸下，将变压器底座焊接在基础预埋件上。

#### 1.1.5.5　工序流程及操作要点

（1）施工工序流程图

变压器安装工序流程如图1.1.5-1所示。

（2）施工准备

施工调查完成，确认现场具备施工条件。施工前对施工人员进行技术交底、安全技术交底。施工劳动组织配备、材料准备及机械工机具准备完成。开箱检验完成、图纸资料及附件齐全。现场临时电源满足施工需要。

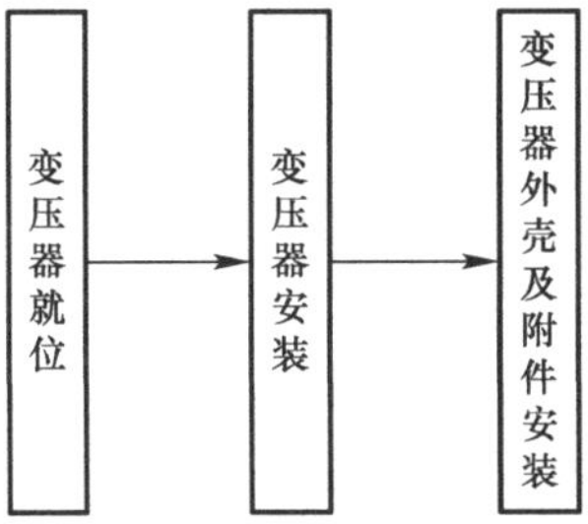


图 1.1.5-1 变压器安装工序流程图

（3）操作要点

1）变压器就位

① 设备运输至变电所门口后，采取在轨轮两侧穿上铁鞋的制动措施。用两台液压千斤顶将变压器长轴的一端同时顶起，在变压器下方垫上方木，然后顶起另一端，在变压器的下方放上滑轨，滑行轨的宽度应根据变压器底座宽度来定。

② 变压器的四个轮子对应放在滑行轨的正中间，注意每个轮子两边在滑行轨上的距离，防止轮子掉下滑行轨，慢慢推拉变压器至变电所室内对应预埋件上并检查变压器的安装方向是否正确，然后用手摇挎顶和木方调整变压器在预埋件上的位置直到位置合适。

2）变压器固定

根据设计图纸要求，将变压器焊接于预埋件上，完成变压器安装。

3）外壳及温控仪安装

① 配电变压器设有外壳，在运输的过程中变压器本体与外壳分开运输。

② 在外壳安装时可先将外壳分开（松开连接螺栓），分别就位后锁死连接螺栓，通过地脚螺栓将外壳与地基固定。

③ 变压器外壳底部宜与变压器底部（卸掉小车轮后）在同一水平面上，同时使变压器本体相对于外壳居中放置，以保证两者之间的绝缘距离。

④ 温控仪为精密电子产品，在安装前应查看试验。直接将其嵌在变压器外壳低压侧的温控仪预留孔内。接线图参照二次接线图或厂家提供说明书中的接线位置进行施工。

4）附件安装

根据厂家图纸要求将变压器附件安装至变压器外壳，如变压器标识牌等（图 1.1.5-2、图 1.1.5-3）。

图 1.1.5-2 整流变压器安装成品图

图 1.1.5-3 动力变压器安装成品图

### 1.1.5.6　劳动力组织表

劳动力组织见表 1.1.5-1。

劳动力组织表　　表 1.1.5-1

| 序号 | 人员 | 单位 | 数量 | 备注 |
|---|---|---|---|---|
| 1 | 施工负责人 | 人 | 1 | 负责施工、安全及对外协调工作 |
| 2 | 技术员 | 人 | 1 | 监督指导，并填写施工记录 |
| 3 | 安全员 | 人 | 1 | 负责现场施工安全 |
| 4 | 施工人员 | 人 | 10 | 含厂家指导服务人员一个 |

### 1.1.5.7　主要机械设备及工器具配置

主要机械设备及工器具配置见表 1.1.5-2。

主要机械设备及工器具配置表　　表 1.1.5-2

| 序号 | 名称 | 规格 | 单位 | 数量 | 备注 |
|---|---|---|---|---|---|
| 1 | 手摇挎顶 | 30t | 个 | 4 | 变压器就位 |
| 2 | 液压千斤顶 | 30t | 个 | 2 | 变压器就位 |
| 3 | 吸尘器 |  | 台 | 1 | 灰尘清理 |
| 4 | 倒链 |  | 台 | 1 | 变压器运输 |
| 5 | 电焊机 | 三相 | 台 | 1 |  |
| 6 | 圆钢 | $\phi 25L=2m$ | 根 | 4 |  |
| 7 | 撬棍 |  | 根 | 4 |  |
| 8 | 钢丝绳及绳套 |  | 套 | 1 |  |
| 9 | 扭矩扳手 | 组合式 | 套 | 1 |  |
| 10 | 套筒扳手 | 组合式 | 套 | 1 |  |
| 11 | 钢锯 |  | 把 | 2 |  |
| 12 | 卷尺 | 5m | 把 | 1 |  |
| 13 | 大锤 | 5kg | 把 | 2 |  |

### 1.1.5.8　物资材料配置

物资材料配置见表 1.1.5-3。

物资材料配置表　　表 1.1.5-3

| 序号 | 名称 | 规格 | 单位 | 数量 | 备注 |
|---|---|---|---|---|---|
| 1 | 整流变压器 |  | 台 |  | 依据设计图纸 |
| 2 | 动力变压器 |  | 台 |  | 依据设计图纸 |
| 3 | 能馈变压器 |  | 台 |  | 依据设计图纸 |
| 4 | 基础螺栓 |  | 套 |  | 依据设计图纸 |
| 5 | 连接螺栓 |  | 套 |  | 由供货商提供 |
| 6 | 木方 |  | 根 | 实需 | 升落设备 |
| 7 | 钢板 |  | 块 | 实需 | 设备运输 |
| 8 | 变压器附件 |  | 件 |  | 由供货商提供 |
| 9 | 枕木 |  | 根 | 实需 | 搭建操作台 |
| 10 | 木板 |  | 块 | 实需 | 铺设道路 |

#### 1.1.5.9 质量控制标准

（1）变压器的规格、型号应符合设计要求。

（2）变压器的交接试验满足设计要求及相应规范要求。

（3）变压器安装满足规范要求。

#### 1.1.5.10 安全控制措施

（1）在拆卸包装底座和移动过程中，施工人员要注意力集中，听从统一指挥。

（2）运输变压器时铁板与地面之间应加垫软质物品，防止设备运输时损坏室内地坪。

（3）对预留孔洞进行防护，防止坠人、坠物。

（4）根据变压器的重量考虑运输路径的承重能力，对不满足承重要求的地方，预先加固。

#### 1.1.5.11 环保控制要求

变压器开箱产生的木板、塑料制品等废弃物应及时分类妥善处理，及时清理出施工现场。

### 1.1.6 开关柜、屏柜安装

#### 1.1.6.1 适用范围

适用于城市轨道交通供电系统变电所高压开关柜（35kV）、整流器柜、负极柜、1500V开关柜、交直流屏、蓄电池屏、控制信号屏、排流柜和钢轨电位限制装置安装。

#### 1.1.6.2 施工条件

（1）变电所内、墙面、屋顶、地面工程等应完毕，屋顶防水无渗漏，门窗及玻璃安装完好，地坪抹光工作结束，室外场地平整，设备基础按变电所基础预埋件施工图施工完毕。受电后无法进行再装饰的工程以及影响运行安全的项目施工完毕。

（2）预埋件、预留孔洞等均已清理并调整至符合设计要求。

（3）与开关柜、屏柜安装有关的建（构）筑物的建筑工程质量应符合现行建筑工程施工及验收规范的规定。

#### 1.1.6.3 施工内容

开关柜和屏柜就位安装、母线连接、地脚螺栓固定、蓄电池及附件安装。

#### 1.1.6.4 施工技术标准

（1）开关柜、屏、柜在就位之前首先需要复核基础槽钢上面的孔距应与盘柜的孔距相同。

（2）开关柜母线连接件插入母线插座时，需要检查绝缘套管及母线连接件有否脏污，如有脏污可使用干的软布轻轻擦去表面沉积的灰尘，用厂家提供的酒精纸去除附着的污染物，液体不得渗入高压室及操作机构设备的前表，母线搭接螺栓紧固，搭接方式方法符合厂家技术要求。

（3）开关柜、屏、柜现场安装位置、安装顺序与图纸完全一致，开关柜排列整齐，螺栓连接牢固可靠。

（4）开关柜、屏、柜在安装前首先复核制作的预埋件，预埋件平行度、平直度及水平度应满足表1.1.6-1中的要求。

开关柜、屏、柜安装要求　　表 1.1.6-1

| 序号 | 项目 | | 允许偏差（mm） | 检验频率 | 检验方法 |
|---|---|---|---|---|---|
| | | | | 点数 | |
| 1 | 垂直度（每米） | | ＜1.5 | 1 | 吊线测量 |
| 2 | 水平偏差 | 相邻两盘顶部 | ＜2 | 1 | 直尺测量 |
| | | 成列盘顶部 | ＜5 | 1 | 拉线测量 |
| 3 | 盘面偏差 | 相邻两盘边 | ＜1 | 1 | 直尺测量 |
| | | 成列盘面 | ＜5 | 1 | 拉线测量 |
| 4 | 盘间接缝 | | ＜2 | 1 | 塞尺 |

（5）屏柜间、高压开关柜的金属框架必须可靠接地，可开启的门与框架接地端子间应用穿透明塑料管的铜编织线连接。

（6）需要绝缘安装的柜体安装完毕后，柜体的整体框架对地绝缘电阻不应小于 1MΩ；外壳需接地设备，接地电阻不大于 1Ω。

（7）绝缘板布置平直，安装牢固，露出框架四周应不小于 10mm。

（8）屏、柜间的漆层完整无损伤。

### 1.1.6.5　工序流程及操作要点

（1）施工工序流程

高压开关柜工序流程如图 1.1.6-1 所示。

整流器柜、负极柜、1500V 直流开关柜安装工序流程如图 1.1.6-2 所示。

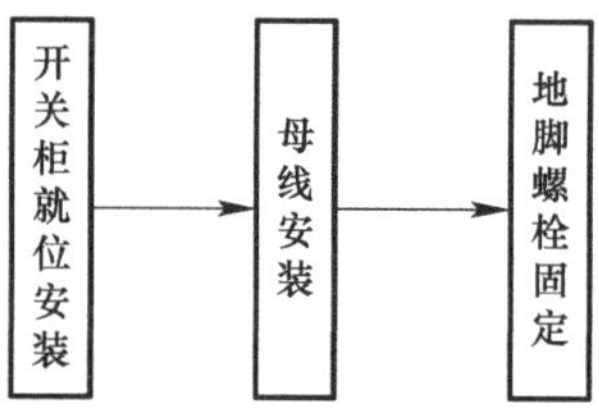


图 1.1.6-1　高压开关柜工序流程图

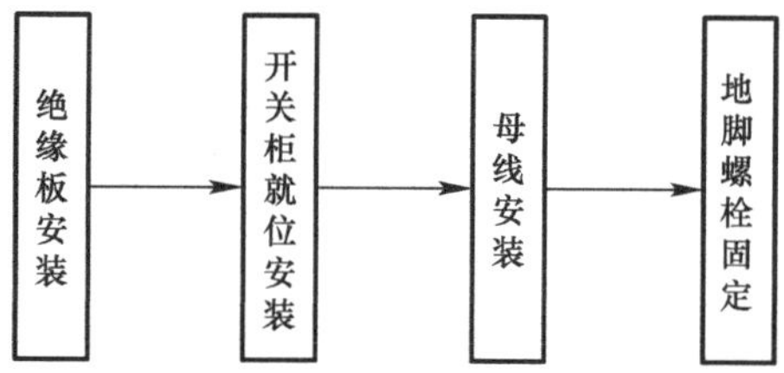


图 1.1.6-2　整流器柜、负极柜、1500V 直流开关柜工序流程图

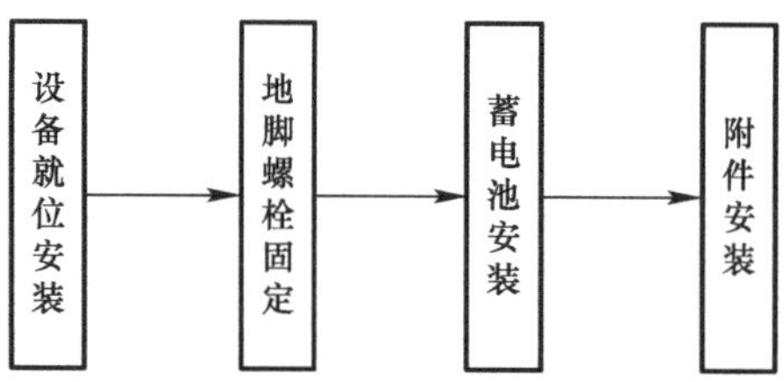


图 1.1.6-3　屏、柜安装工序流程图

屏柜安装工序流程如图 1.1.6-3 所示。

（2）施工准备

施工调查完成，确认现场具备施工条件。施工前对施工人员进行技术交底、安全技术交底。施工劳动组织配备、材料准备及机械工机具准备完成。开箱检验完成、图纸资料及附件齐全。现场临时电源满足施工需要。

（3）操作要点

1）高压开关柜安装操作要点

① 根据开关柜的安装孔尺寸，在槽钢上定出第一面开关柜安装孔位置，然后定出所有开关柜的安装孔位置，并复核安装孔。

② 按设计图纸要求，利用设备可使用撬棍将设备一边翘起，将一根 $\Phi 20$ 钢管放在设备下面。用同样的方法翘起另一边。利用钢管进行滑动。调整完毕后应及时将开关柜固定。其余的柜体以第一面为标准逐个调整，使其水平、垂直；盘、柜间接缝密贴，然后安装柜体间连接螺栓；依次类推，将所有的开关柜进行安装（图 1.1.6-4）。

③ 母线安装：将高压母线穿入开关柜中，及时连接固定，连接螺栓的紧固力矩应符合规范要求。

④ 接地线安装：将开关柜内的 PE 线连接完成后，测量确定接地线已贯通，按照设计要求规定型号的电缆与基础预埋件连接固定，每列开关柜接地线数量应不少于两处。

2）整流器柜、负极柜和 1500V 直流开关柜安装操作要点

① 绝缘板安装

a. 根据开关柜进出线位置划出电缆孔位置，孔径的大小应根据电缆外径决定，进行开孔，清理孔洞。

b. 绝缘板安装在基础槽钢和柜体之间，根据设备的底座尺寸测出绝缘板的安装位置，将绝缘板固定在槽钢上。

c. 绝缘板接口处的间隙用中性绝缘胶填充并打平，必要时进行除潮处理。

② 开关柜安装

开关柜安装成品图如图 1.1.6-5 所示。

图 1.1.6-4　35kV 开关柜安装成品图

图 1.1.6-5　1500V 开关柜安装成品图

3）屏柜安装

① 设备安装就位

a. 根据设备的安装孔尺寸，在槽钢上用墨斗弹线，定出第一面设备安装孔位置，然后用钢卷尺定出所有安装孔位置，并复核安装孔对角线。

b. 安装孔位置复核无误后，在槽钢上打孔、攻丝。

c. 按设计图纸要求，利用设备起吊架将第一面设备安装到位，利用线坠或水平尺调整垂直，调整完毕后应及时固定。其余的盘、柜以第一面为基准逐个调整，水平、垂直满足要求；盘、柜间接缝密贴。

② 地脚螺栓固定

根据施工图纸要求用地脚连接螺栓将柜体固定于基础预埋件上。

③ 蓄电池安装

将拆过包装箱的蓄电池平稳地安放在装有绝缘垫的槽架上（若厂家未带绝缘垫，安装前应加装），安装稳固，排列整齐，每个蓄电池之间保持一定间距。

在搬运过程中不能将蓄电池倒置。将排列好的蓄电池用跨接板（或厂家自带的连接线）将蓄电池串联。串联时，蓄电池的正极和邻近的蓄电池负极相连，依次类推。然后用扳手将其紧固，并在跨接板和接线柱上涂抹薄薄一层凡士林。

使用扳手紧固螺栓时，为了防止扳手把手在紧固过程中碰触到蓄电池的另一极，可先将扳手用绝缘胶带缠绕以避免碰撞。蓄电池和充电装置的连接：将连接好的蓄电池余下的正极端和充电装置的正极端相连，余下的负极端和充电装置的负极端相连接，不允许接错。蓄电池的连接线在出蓄电池柜时，需要用塑料保护管进行保护。

④ 附件安装

设备固定后安装厂家提供的设备附件，如标识牌等（图 1.1.6-6～图 1.1.6-8）。

图 1.1.6-6 屏柜安装成品图

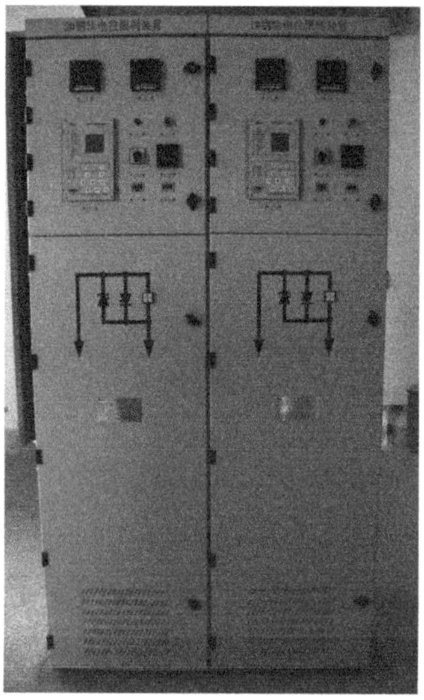

图 1.1.6-7 钢轨电位限制装置安装成品图

图 1.1.6-8 排流柜安装成品图

### 1.1.6.6 劳动力组织表

劳动力组织见表 1.1.6-2。

劳动力组织表 表 1.1.6-2

| 序号 | 人员 | 单位 | 数量 | 备注 |
|---|---|---|---|---|
| 1 | 施工负责人 | 人 | 1 | 负责施工、安全及对外协调工作 |
| 2 | 技术员 | 人 | 1 | 监督指导，并填写施工记录 |
| 3 | 安全员 | 人 | 1 | 负责现场施工安全 |
| 4 | 施工人员 | 人 | 10 | 负责现场施工 |

### 1.1.6.7 主要机械设备及工器具配置

主要机械设备及工器具配置见表 1.1.6-3。

主要机械设备及工器具配置表　　表 1.1.6-3

| 序号 | 名称 | 规格 | 单位 | 数量 | 备注 |
|---|---|---|---|---|---|
| 1 | 液压手动叉车 | 3t | 台 | 2 | |
| 2 | 扭矩扳手 | 组合件 | 套 | 1 | |
| 3 | 钢管 | $\phi$20 | 根 | 4 | |
| 4 | 手电钻 | | 台 | 1 | |
| 5 | 砂轮机 | | 台 | 1 | |
| 6 | 丝锥 | 10mm | 套 | 1 | |
| 7 | 直角尺 | | 把 | 1 | |
| 8 | 撬棍 | | 根 | 2 | |
| 9 | 钢卷尺 | 3m | 把 | 2 | |
| 10 | 配电箱 | | 台 | 1 | |
| 11 | 兆欧表 | 2500V | 台 | 1 | |
| 12 | 万用表 | | 台 | 1 | |
| 13 | 照明灯具 | 200W | 套 | 2 | |
| 14 | 水平尺 | 1m | 把 | 1 | |
| 15 | 大锤 | | 把 | 1 | |
| 16 | 手锤 | | 把 | 2 | |
| 17 | 小钢钎 | | 根 | 4 | |
| 18 | 木方 | | 根 | 实需 | 设备支垫 |
| 19 | 人字梯 | 3m | 架 | 1 | |

#### 1.1.6.8 物资材料配置

物资材料配置见表 1.1.6-4。

物资材料配置表　　表 1.1.6-4

| 序号 | 名称 | 规格 | 单位 | 数量 | 备注 |
|---|---|---|---|---|---|
| 1 | 绝缘板 | | 块 | | 由供货商提供 |
| 2 | 柜体绝缘件 | | 套 | | 固定直流设备 |
| 3 | 铅笔 | | 支 | 2 | |
| 4 | 电力复合脂 | | 公斤 | 1 | |
| 5 | 钢锯条 | | 根 | 5 | |
| 6 | 镀锌螺栓带帽 | | 套 | 4 | |
| 7 | 蓄电池 | | 块 | 实需 | 厂家提供 |
| 8 | 基础螺栓 | | 个 | 实需 | 厂家提供 |

#### 1.1.6.9 质量控制标准

（1）柜体安装完毕后，柜体的整体框架对地绝缘不得小于 1MΩ。

（2）绝缘板露出框架应不小于 10mm，绝缘板布置平直、牢固。

（3）柜体的安装标准应符合规范要求。

（4）表计、记录仪、指示灯等应能准确反映装置状态，操作灵活。

#### 1.1.6.10 安全控制措施

（1）在拆卸开关柜包装底座和移动过程中，工作人员要注意力集中，听从统一指挥。

（2）变电所内施工时应穿工作服、戴安全帽。

（3）变电所施工应对预留孔洞进行防护，防止坠人、坠物。

（4）施工电源箱必须装有漏电保护装置，电器设备必须接地良好。

#### 1.1.6.11 环保要求

开箱后产生的木板、塑料制品等废弃物应及时分类妥善处理，及时清理出施工现场。

### 1.1.7 电缆桥支架安装

#### 1.1.7.1 适用范围

适用于城市轨道交通工程供电系统电缆桥支架安装施工。

#### 1.1.7.2 施工条件

（1）土建前期施工完成，基标线完成，轨道铺设完成。

（2）在开工前组织技术人员认真学习实施性施工组织设计，阅读、审核施工图纸，澄清有关技术问题，熟悉规范和技术标准。制订施工安全保证措施，对施工人员进行技术交底和岗前安全培训，考核合格后方能上岗。

（3）施工劳动组织配备、材料准备及设备工器具的配置，确保现场临时用电。

#### 1.1.7.3 施工内容

测量划线、打孔、支架安装、桥架安装、接地扁钢安装。

#### 1.1.7.4 施工技术标准

（1）测量划线

测量必须严格按照施工图纸位置尺寸进行测量定位；测量出的位置必须做出明确标记，以便于下一道工序施工；测量必须做好相应记录，特别是图纸设计位置尺寸与现场实际不符的必须记录清楚，并上报设计及监理工程师，按批准后的变更完成测量。

（2）打孔

1）打孔过程中保持孔洞的垂直。

2）遇到特殊地段（如打到墙体钢筋时）可适当调整孔位距离。最大调整间距：高压电缆支架不超过 1050mm，低压电缆支架、渡线电缆支（吊）架间距不超过 850mm。

（3）支架安装

1）电缆支架应安装牢固，横平竖直，固定方式应符合设计要求。

2）安装时电缆支架托臂应上翘 3°～5°，必要时可用垫片调节，保证其和隧道壁紧密相贴。

3）在轨行区与车站分界，断面变化段、电缆接头段、风口段、电缆在同侧墙爬坡段、电缆过轨段等电缆支架采用特殊型支架替换，并且安装的支架所用的螺栓必须配有一平垫一弹垫。

（4）接地扁钢安装

1）扁钢接头和支架必须保持 100mm 的距离，扁钢搭接面不小于宽度的两倍，不能对接。

2）扁钢接头处和冲孔处要用银粉漆进行防锈处理。

3）安装好的扁钢横平竖直，无扭曲（除竖井外）、无毛刺。

#### 1.1.7.5 工序流程及操作要点

（1）施工工序流程图

电缆支桥架安装及接地制作工序流程如图 1.1.7-1 所示。

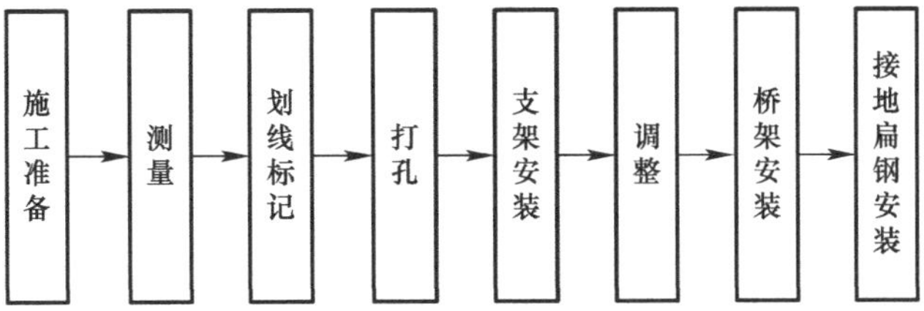


图 1.1.7-1 电缆支桥架安装及接地制作工序流程图

(2) 施工准备

针对现场情况进行施工调查，复核土建情况是否满足安装要求。项目部技术人员需仔细研读施工图并参加业主/监理组织的图纸会审、设计交底会，与设计沟通确定特殊地段施工工艺，并在施工前对作业队进行电缆桥支架安装技术交底及安全技术交底等工作。安装前检查电缆支架规格型号、外观质量、加工尺寸、平直度、焊接质量等是否满足设计要求和规范要求。

(3) 操作要点

1) 打孔、安装立柱：使用冲击电钻，在定出的立柱眼孔位置上将眼孔打好。把膨胀螺栓敲入眼孔，并使其膨胀。先安装直线段两端的两个立柱，用水平尺调直、调正，再用尼龙绳绷在两立柱靠桥架侧平面，以此为依据安装其他立柱，并进行微调，使直线段立柱分两列排布成直线。

2) 托臂安装：安装好直线段两端立柱上第一层托臂，用尼龙绳绷在两托臂上，并用水平尺微调托臂，调平尼龙绳，逐一装上该段第一层托臂。按照此法，安装好其余层托臂，每层托臂均应在同一平面上。

3) 桥架安装：先把桥架弯通、三通、四通等安装到位，然后安装直通桥架，剩下最后一段，根据实际尺寸加工桥架，将桥架全部安装到位。最后用压板将桥架全部固定。如果设计为单根立柱，可将数节直通桥架在地面上进行预装配，调直连好后，多人将其抬放在托臂上并固定。如为双根立柱，一般只能一节节地放在托臂上，再进行整体组装（图 1.1.7-2）。

图 1.1.7-2 电缆桥支架安装成品图

### 1.1.7.6 劳动力组织

劳动力组织见表 1.1.7-1。

**劳动力组织表** **表 1.1.7-1**

| 序号 | 人员 | 单位 | 数量 | 备注 |
|---|---|---|---|---|
| 1 | 施工负责人 | 人 | 1 | 技术负责、质量负责 |
| 2 | 技术员 | 人 | 1 | 安全检查、安全提醒 |
| 3 | 安全员 | 人 | 1 | 施工安排，现场施工组织及协调 |
| 4 | 施工人员 | 人 | 6 | 现场施工 |

### 1.1.7.7 主要机械设备及工器具配置

主要机械设备及工器具配置见表1.1.7-2。

主要机械设备及工器具配置表　　表1.1.7-2

| 序号 | 名称 | 规格 | 单位 | 数量 | 备注 |
|---|---|---|---|---|---|
| 1 | T字尺 | 2m | 台 | 1 | |
| 2 | 水平尺 | 1m | 把 | 2 | |
| 3 | 手动切割机 | J36-SL-400A | 台 | 1 | |
| 4 | 电焊机 | 单相 | 台 | 1 | |
| 5 | 煨弯机 | 12t | 台 | 1 | |
| 6 | 专业锚栓敲击工具 | | 根 | 2 | |
| 7 | 冲孔机 | 220V | 台 | 2 | |
| 8 | 钢直尺 | 5m | 把 | 2 | |
| 9 | 墨斗 | 3m | 个 | 1 | |
| 10 | 发电机 | 3kW | 台 | 1 | |
| 11 | 配电箱 | 220V | 台 | 1 | |
| 12 | 电锤 | 750W | 把 | 2 | |
| 13 | 角磨机 | 单相 | 台 | 1 | |
| 14 | 灭火器 | | 瓶 | 2 | |

### 1.1.7.8 物资材料配置

物资材料配置见表1.1.7-3。

物资材料配置表　　表1.1.7-3

| 序号 | 名称 | 规格 | 单位 | 数量 | 备注 |
|---|---|---|---|---|---|
| 1 | 后切底式锚栓 | | 套 | 实需 | |
| 2 | 平垫弹垫 | | 套 | 实需 | |
| 3 | 电缆支架 | | 套 | 实需 | |
| 4 | 电缆桥架 | | 米 | 实需 | |
| 5 | 镀锌扁钢 | —50×5mm | 米 | 实需 | |
| 6 | 连接螺栓 | M10×40 | 套 | 实需 | |
| 7 | 垃圾袋 | | 个 | 2 | 装垃圾 |

### 1.1.7.9 质量控制标准

(1) 电缆支架安装每800mm一个，可按照现场需求调整，但必须按照平面布置图纸位置均匀整齐、安装，支架间距最大不超过1m。

(2) 相邻支架间距误差不得大于±10mm，沿电缆走向的左右偏差不大于±10mm。同一层支架托臂需在同一平面上，相邻支架同层托臂高低偏差不大于5mm。

(3) 支架在运输及安装时不得使支架变形，安装时不得使用铁锤敲打，以免镀锌层被破坏。

(4) 接地扁钢搭接长度不小于扁钢宽度的2倍，采用3面焊接。焊缝高度为6mm，焊缝的抗拉、屈服强度等机械性能不应低于本体材料的机械性能。焊接要求表面均匀、必须饱满，无气孔、无焊瘤、裂纹、烧穿、夹渣、弧坑等缺陷，焊接完成后需在焊接位置刷两遍富锌底漆和一遍防锈漆。

(5) 支架固定螺栓固定完成后扭紧力矩需达到设计要求。

(6) 整套电缆支架在安装前需按设计要求在现场做拉拔力试验。

#### 1.1.7.10 安全措施

(1) 进入施工现场的所有施工人员必须戴安全帽，穿反光衣、防刺鞋，并经过安全培训，考试不合格者不得上岗。

(2) 进入区间隧道、电缆井之前，应确保隧道、电缆井等通风、照明。

(3) 搬运工机具及材料时，两人起落要一致，以防砸伤手脚。

(4) 施工现场使用的电线必须有良好的绝缘，并满足过流要求，对裸露的电线严禁使用。

(5) 工作完毕或离开现场时，要切断冲击钻、配电箱电源。

(6) 施工现场临时用电严格按照《施工现场临时用电安全技术规范》JGJ 46—2005 执行。

(7) 使用电焊人员必须具有焊工证并经过培训合格后上岗，施工时需穿戴好劳保防护用品，施工现场需放置灭火器等防火措施。

#### 1.1.7.11 环保要求

清理后的垃圾完成后装袋运出施工场地，放在指定位置，做到工完料尽场地清。测量用具及材料需及时回收，测量用油漆、画笔及线绳等物品不得随意丢弃，减少环境污染。

### 1.1.8 一、二次电缆敷设

#### 1.1.8.1 适用范围

适用于城市轨道交通供电系统变电所一、二次电缆敷设。

#### 1.1.8.2 施工条件

电缆桥支架安装完毕，设备已安装完成。

#### 1.1.8.3 施工内容

电缆裁剪、电缆敷设、电缆固定、电缆挂牌。

#### 1.1.8.4 施工技术标准

(1) 电缆各支撑点的距离应符合设计规定。当设计无规定时，不应大于表 1.1.8-1 所列数值。

**电缆各支撑点的距离**（mm） **表 1.1.8-1**

| 电缆种类 | | 敷设方式 | |
|---|---|---|---|
| | | 水平 | 垂直 |
| 电力电缆 | 全塑型 | 400 | 1000 |
| | 除全塑型外的中低压电缆 | 800 | 1500 |
| | 35kV 及以上高压电缆 | 1500 | 2000 |
| 控制电缆 | | 800 | 1000 |

注：全塑型电力电缆水平敷设沿支架能把电缆固定时，支撑点间的距离允许为 800mm。

(2) 电缆的最小弯曲半径应符合表 1.1.8-2 的规定。

**电缆最小弯曲半径　　表 1.1.8-2**

<table>
<tr><th colspan="3">电缆型式</th><th>多芯</th><th>单芯</th></tr>
<tr><td rowspan="3">控制电缆</td><td colspan="2">非铠装型、屏蔽型软电缆</td><td>6D</td><td></td></tr>
<tr><td colspan="2">铠装型、铜屏蔽型</td><td>12D</td><td></td></tr>
<tr><td colspan="2">其他</td><td>10D</td><td></td></tr>
<tr><td rowspan="3">橡皮绝缘电力电缆</td><td colspan="2">无铅包、钢铠护套</td><td colspan="2">10D</td></tr>
<tr><td colspan="2">裸铅包护套</td><td colspan="2">15D</td></tr>
<tr><td colspan="2">钢铠护套</td><td colspan="2">20D</td></tr>
<tr><td rowspan="2">塑料绝缘电缆</td><td colspan="2">无铠装</td><td>15D</td><td>20D</td></tr>
<tr><td colspan="2">有铠装</td><td>12D</td><td>15D</td></tr>
<tr><td rowspan="3">油浸纸绝缘电力电缆</td><td colspan="2">铝套</td><td colspan="2">30D</td></tr>
<tr><td rowspan="2">铅套</td><td>有铠装</td><td>15D</td><td>20D</td></tr>
<tr><td>无铠装</td><td>20D</td><td>—</td></tr>
<tr><td colspan="3">自容式充油（铅包）电缆</td><td>—</td><td>20D</td></tr>
</table>

注：表中 $D$ 为电缆外径。

（3）在电缆终端头、电缆接头处装设电缆标识牌。标识牌应注明线路编号，当无编号时，应写明电缆型号、规格及起讫地点，并联使用的电缆应有顺序号，标识牌的字迹应清晰不易脱落。标识牌的规格宜统一且能防腐，挂装应牢固。

（4）交流系统的单芯电缆或分相后的分相铅套电缆的固定夹具不应构成磁性闭合磁路。

### 1.1.8.5　工序流程及操作要点

（1）施工工序流程图

一、二次电缆敷设工序流程如图 1.1.8-1 所示。

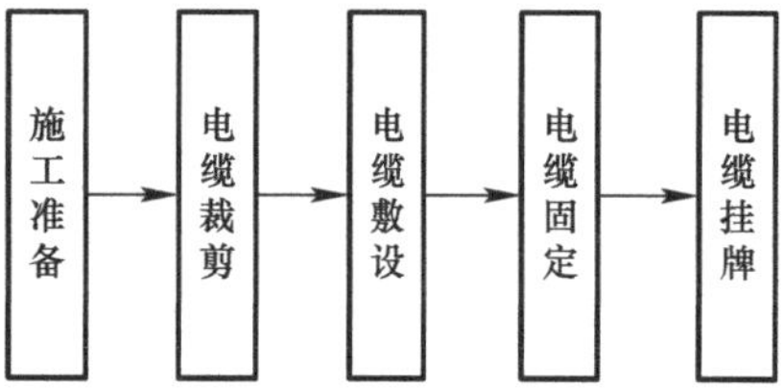


图 1.1.8-1　一、二次电缆敷设工序流程图

（2）施工准备

1）施工前对施工人员进行技术交底、安全技术交底。施工劳动组织配备、材料准备及机械工机具准备完成。电缆已到货，检验合格。现场临时照明满足施工需要，场地杂物清理干净。

2）检查电缆桥支架是否满足电缆敷设要求，非标支架是否安装完毕，检查电缆路径上是否存在刮伤电缆的隐患。电缆在每层支架的敷设位置应符合设计图纸要求。

3）检查电缆型号、规格是否符合设计要求，电缆外观有无损伤，按规范要求选择合适的兆欧表测试整盘绝缘电阻是否符合要求。

4）整理电缆清单，结合现场电缆线路，列出电缆敷设先后次序清单，一般原则为：先敷设集中的电缆，后敷设分散的电缆；先敷设电力电缆，后敷设控制电缆；先敷设长的电缆，后敷设短的电缆。按设计和实际路径计算每根电缆长度，合理安排每盘电缆。

（3）操作要点

1）电缆裁剪

① 按施工图纸所示将电缆分类，并核对施工图中各个回路电缆是否正确。

② 确认施工图无遗漏电缆后，对施工图中每回电缆长度进行现场测量，并列出电缆清单（表 1.1.8-3）。

电缆清单（示例）　　表 1.1.8-3

| 序号 | 电缆编号 | 型号规格 | 起点 | 终点 | 长度 | 备注 |
|---|---|---|---|---|---|---|
| 1 | R1/N1 | WDZA-EYR-DC-1500V　1×(1×400) | $R_1$ | $N_1$ | 16m | |
| 2 | H12/RT1 | WDZA-YJY63-26/35kV　1×(1×95) | $H_{12}$ | $RT_1$ | 42m | |

③ 用电缆放线架平稳支起电缆盘，电缆盘旋转方向应与盘上标注方向一致，合理安排每盘电缆，减少换盘次数。

④ 按电缆清单裁剪电缆，并在电缆两端标上回路编号标签。

⑤ 对电缆两端头应用绝缘胶带密封，以防电缆受潮。

2）电缆敷设

① 一般原则：在变电所电缆夹层电缆敷设时，电力电缆和控制电缆不应敷设在同一层桥架上，但 1kV 以下的电力电缆和控制电缆可并列敷设在同一层桥架上。高低压电力电缆、强电、弱电控制电缆应按顺序由下而上敷设，控制电缆在支架上敷设不宜超过一层，桥架上不宜超过三层。

② 在地面上将裁剪的电缆理直，以防敷设后电缆扭曲。

③ 设备电缆入孔至桥架处，电缆弯曲半径尽量放大，接触墙柱或桥架的地方应尽量不受力。在桥架至设备电缆连接处距离过大的地方，要加支架横档固定电缆。

④ 电缆的敷设路径应符合施工图要求，35kV 电力电缆采用品字形排列，其他一、二次电缆采用一字形排列，在同一路径电缆比较多的情况下可以分层排列，但必须整齐美观（图 1.1.8-2、图 1.1.8-3）。

图 1.1.8-2　一次电缆敷设图

图 1.1.8-3　二次电缆敷设图

⑤ 电缆引入柜体前，应先在电缆桥架上将电缆排列整齐，根据电缆敷设顺序表逐根穿入柜体内，并确保电缆弧度一致。电缆端头长度应满足电缆头的制作及接线要求，电缆头应用防水胶带进行密封处理。

3）电缆固定

① 35kV 交流单芯电缆采用非磁性电缆卡子固定。

② 35kV 以下电缆用尼龙扎带作“一”字形绑扎，绑扎头应在电缆下方，绑扎带剪切后预留长度应一致，做到整齐美观。

③ 电缆在直线区段每隔 1m 用绑扎带进行绑扎，电缆弧度整齐、美观。

4）电缆挂牌

① 电缆敷设到位后应对每根电缆进行挂牌，电缆牌内容应包含电缆起点、终点、电缆型号、电缆长度。

② 电缆进入柜体后，应在距离设备底部不小于200mm处挂设电缆牌，电缆牌应在同一水平线上，电缆牌正面应朝设备开门方向。

#### 1.1.8.6 劳动力组织

劳动力组织见表1.1.8-4。

劳动力组织表 表1.1.8-4

| 序号 | 人员 | 单位 | 数量 | 备注 |
| --- | --- | --- | --- | --- |
| 1 | 施工负责人 | 人 | 1 | 负责施工、安全及对外协调 |
| 2 | 技术员 | 人 | 1 | 监督指导，并填写施工记录 |
| 3 | 安全员 | 人 | 1 | 负责现场施工安全 |
| 4 | 施工人员 | 人 | 20 | 负责现场施工 |

#### 1.1.8.7 主要机械设备及工器具配置

主要机械设备及工器具配置见表1.1.8-5。

主要机械设备及工器具配置表 表1.1.8-5

| 序号 | 名称 | 规格 | 单位 | 数量 | 备注 |
| --- | --- | --- | --- | --- | --- |
| 1 | 钢卷尺 | 50m | 把 | 2 | |
| 2 | 液压式电缆剪切刀 | 120～400mm$^2$ | 把 | 1 | |
| 3 | 铭牌打印机 | SP600 | 台 | 1 | |
| 4 | 美工刀 | | 把 | 5 | |
| 5 | 斜口钳 | | 把 | 5 | |
| 6 | 兆欧表 | 2500V | 台 | 1 | |
| 7 | 兆欧表 | 500V | 台 | 1 | |

#### 1.1.8.8 物资材料配置

物资材料配置见表1.1.8-6。

物资材料配置表 表1.1.8-6

| 序号 | 名称 | 规格 | 单位 | 数量 | 备注 |
| --- | --- | --- | --- | --- | --- |
| 1 | 一次电缆 | 依据施工图纸 | 米 | 实需 | |
| 2 | 二次电缆 | 依据施工图纸 | 米 | 实需 | |
| 3 | 扎带 | | 包 | 实需 | |
| 4 | 非磁性电缆卡子 | | 个 | 实需 | |
| 5 | 电缆标识牌 | | 张 | 实需 | |
| 6 | 绝缘胶带 | | 卷 | 实需 | |

#### 1.1.8.9 质量控制标准

（1）电缆外观应无损伤，敷设时严禁有绞拧，对铠装压扁、护层断裂和表面严重划伤的电缆不得使用。

（2）电缆排列整齐、少交叉，垂直敷设或大于45°倾斜敷设的电缆在每个支架上固定。

（3）电缆敷设后满足最小弯曲半径要求。

#### 1.1.8.10 安全控制措施

（1）注意高空坠物和预留洞孔跌落损伤，绕行未设防护栏的平台、临边，地下车站及其他光线不充足的场所必须配备照明设施。

（2）拆卸电缆盘包装木板时，应及时清理，防止钉子扎脚或损伤电缆。

（3）放电缆时应安排专人看护电缆盘，处于电缆转向拐角的人员，必须站在电缆弯曲的外侧；人力拉电缆时，用力要均匀，速度应平稳，施工人员不可站在电缆盘的前方。

（4）电缆穿过保护管时，送电缆严禁手距管口太近，防止挤手。

#### 1.1.8.11 环保控制要求

（1）对于通风状况不良好的施工地点，应做好通风措施。

（2）每天施工完毕后，要清点工机具和材料，做到工完料净场地清。

（3）工作完毕或离开现场时，要切断电动工具、配电箱等的电源。

### 1.1.9 一次电缆头制作

#### 1.1.9.1 适用范围

适用于城市轨道交通设备系统工程供电系统一次电缆头制作（直流电缆、35kV高压电缆）安装施工。

#### 1.1.9.2 施工条件

一次电缆敷设、整理完毕，设备安装完毕。

#### 1.1.9.3 施工内容

电缆开剥、热缩式电缆头制作、冷缩式电缆头制作、插拔式电缆头制作。

#### 1.1.9.4 施工技术标准

（1）电缆头的规格、型号应与电缆匹配并符合设计要求。

（2）制作电缆头时，从剥切电缆开始应连续操作直至完成，缩短暴露时间。剥切电缆时不应损伤线芯和保留的绝缘层，附加绝缘的包绕、装配、收缩等应清洁。

（3）电缆终端上应有明显的相色标志，且应与系统的相位一致。

（4）电缆头制作完毕后的绝缘电阻应满足规范要求。

#### 1.1.9.5 工序流程及操作要点

（1）施工工序流程图

一次电缆头制作工序流程如图1.1.9-1所示。

（2）施工准备

施工前对施工人员进行技术交底、安全技术交底。施工劳动组织配备、材料准备及机械工机具准备完成，电缆附件已到货，检验合格，现场临时照明满足施工需要。

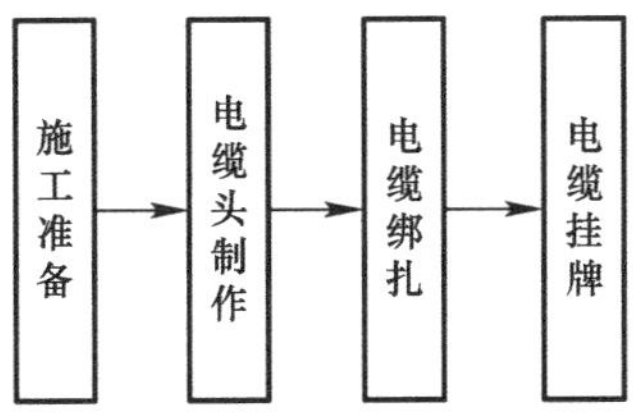

图1.1.9-1 一次电缆头制作工序流程图

（3）操作要点

1）直流电缆终端头制作

① 准备工作

a. 在制作电缆头之前首先将电缆固定牢靠，按照接线位置确定需要切割尺寸。

b. 上网开关电缆头制作时需要提前将电缆与隔离开关接线端子位置校正，避免切割后电缆不够长。

c. 在做电缆头时需要考虑预留一个电缆头的长度，长度应满足电缆头试验击穿后能再次做头。

d. 准备好记号笔或涂改液随时准备做标记。

② 制作过程

a. 根据厂家提供的直流电缆制作工艺图中提供的技术要求剥切直流电缆绝缘保护层。按照接线端子压线管的长度剥切直流电缆绝缘层，芯线上绝缘层要去除干净，以保证接线端子和导线之间的紧密电连接。

b. 如图 1.1.9-2 所示，530mm 的尺寸开剥电缆外护套及铝塑护套层，然后按照＋50mm接线端子孔深的长度切除电缆绝缘；从电缆护套断口往护套方向量 80mm，用 PVC 带作一明显标记，此处为热缩终端管的收缩定位基准。

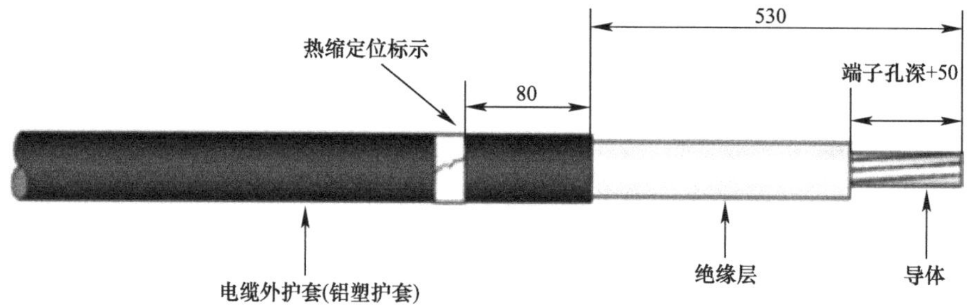


图 1.1.9-2　电缆开剥尺寸图

c. 缆护套与绝缘层搭接处绕包两层 PVC 胶带包覆住，然后将热缩终端管套入电缆，接上接线端子，参照金具供应商的指示或《电力电缆导体用压接型铜、铝接线端子和连接管》GB/T 14315—2008 标准方法压接安装金属接线端子并磨去锐角、毛刺；将电缆绝缘切口与接线端子间的空隙用 PVC 胶带填满，接线端子的压接采用环压方式压接三道。压接后的压痕均匀、无尖角等异状，确保压接质量。

d. 在接线端子及电缆绝缘端部外绕包一层绝缘防水胶带用于终端顶部的防水处理，将上述第 c 步中的 PVC 胶带全部包覆住，绕包胶带时注意充分拉伸。

e. 如图 1.1.9-3 剥外护套示意图，将从 PVC 胶带标识处开始，用液化喷枪对热缩终端管进行由上而下的均匀加热至热缩密贴电缆。加热使热缩管收缩，并覆盖住上述步骤绝缘防水胶带及端子压接部位。

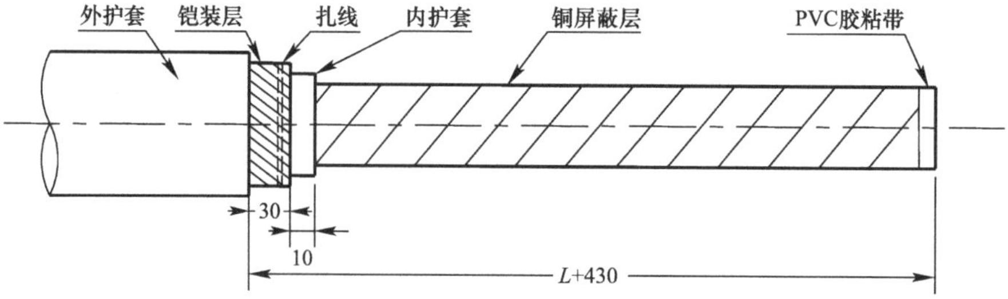


图 1.1.9-3　剥外护套示意图

f. 用制作好的一次电缆终端头按照施工图纸接入盘柜内，确保终端头与盘柜内母排接入牢靠、稳定、美观，见图 1.1.9-4。

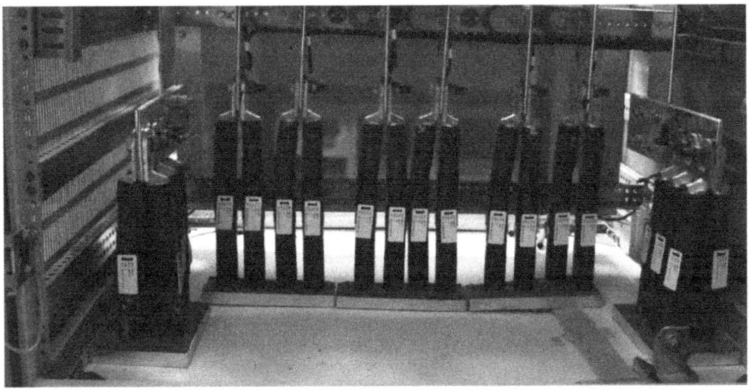

图 1.1.9-4 直流电缆终端头成品图

2）35kV 电缆终端头制作

① 准备工作

a. 确定预留长度，电缆头制作前，根据柜内的空间尺寸（或安装空间尺寸）和接线端子的连接长度，截去多余电缆。

b. 选用 2500V 兆欧表，对电缆进行摇测，绝缘电阻应在 500MΩ 以上。

c. 电缆摇测完毕后，需将电缆对地放电。

② 制作过程

a. 自电缆端头剥除电缆外护套，长度为 $L+430$mm（$L$ 为接线端子孔深，含雨罩深 20mm）；保留 30mm 铠装层（铠装层断口用扎丝扎紧）及 10mm 内护套，其余剥去。用胶粘带将铜屏蔽层的端头临时包好，清理填充物。

b. 焊接地线，确定安装尺寸：用绑扎线将一根铜编织带扎紧在铠装层上，用锡焊牢；将另一根铜编织带用扎线扎紧固定在电缆内护套层以上 20mm 处的铜屏蔽层上，用锡焊牢；或用恒力弹簧固定编织带。

自外护套断口处至其以下 25mm 长范围内的铜编织带均需进行搪锡处理，掀起两铜编织带，在电缆外护套口上绕 1 层填充胶，将两铜编织带压入其中，在外包绕 1～2 层填充胶，然后在绕包的填充胶外在包绕 1 层胶粘带（注：两铜编织带不能接触，绕包后的外径应小于绝缘管外径）；在离外护套断口大约 40mm 位置将铜编织带固定，如图 1.1.9-5 所示。

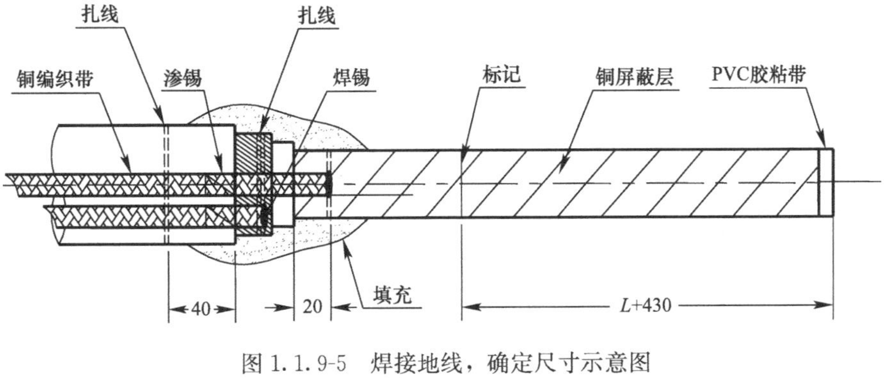


图 1.1.9-5 焊接地线，确定尺寸示意图

c. 冷缩绝缘管：将冷缩绝缘管套入电缆，衬管条伸出的一端先入电缆，冷缩绝缘管一端与标记齐平，另一端与电缆外护套自然搭接，距电缆端头 $L+320$mm（$L$ 为接线端子孔深），用胶粘带做好标记。从标记处起收缩绝缘管（注：冷缩绝缘管缩好后，其顶端需与标记平齐），如图 1.1.9-6 所示。

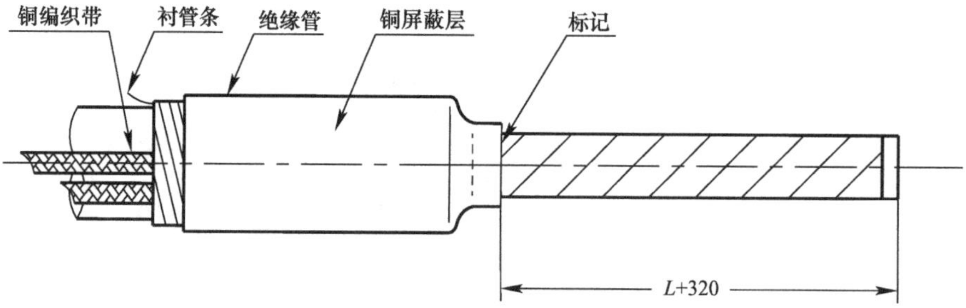


图 1.1.9-6　冷缩绝缘管示意

d. 剥铜屏蔽层、半导电层：如图 1.1.9-7 所示。

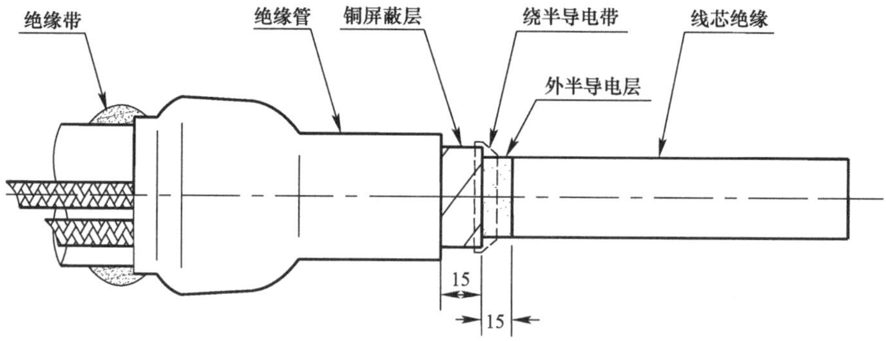


图 1.1.9-7　剥铜屏蔽层、半导电层示意图

在绝缘管下端包绕 2～3 层 DJ-20 绝缘带，外面用胶粘带包好，加强密封。自绝缘管端口向上量取 15mm 铜屏蔽层，其余铜屏蔽层去掉；自铜屏蔽断口向上量取 15mm 长半导电层，其余半导电层去掉，将绝缘表面用砂纸打磨以去除吸附在绝缘表面的半导电粉尘，半导电层末端用砂纸或纱布磨成小斜坡，使之平滑过渡；绕二层半导电带将铜屏蔽层与外半导电层之间的台阶盖住。

e. 剥线芯绝缘：自电缆末端剥去线芯绝缘及内屏蔽层，长度为 $L+10$mm（$L$ 为接线端子孔深，含雨罩深 20mm）；将绝缘层端头倒角 1.5mm×45°，用细砂纸或纱布将绝缘层表面砂光。

f. 复核绝缘长度：280mm。在半导电层端口以下 70mm 处用胶粘带做好标记（以上 3～5 工序中的电缆相关剥切尺寸可以通过所配标尺量取），如图 1.1.9-8 所示。

g. 安装冷缩终端：如图 1.1.9-9 所示。用胶粘带将线芯端头临时包好，用清洁巾从上至下把电缆洗干净待清洁剂挥发后，在绝缘层表面均匀地涂上一层硅脂，将冷缩终端套入，沿逆时针方向均匀抽掉衬管条使终端收缩（注意：终端缩好后，终端下端与标记平齐）；在终端与绝缘管搭接处绕包几层胶粘带。

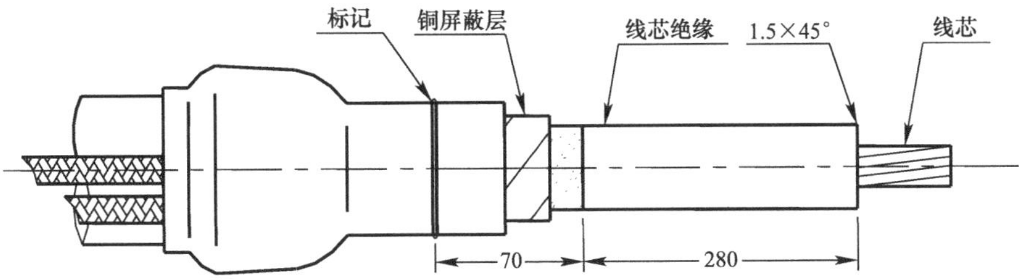


图 1.1.9-8 剥线芯绝缘示意图

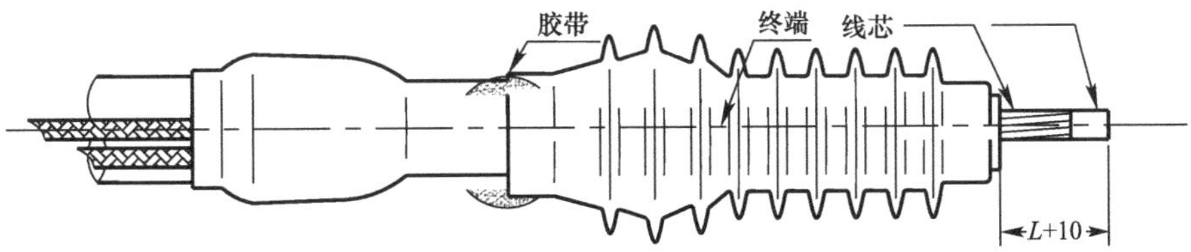


图 1.1.9-9 安装冷缩终端示意图

h. 安装罩帽：如图 1.1.9-10 所示，将罩帽大端向外翻开，套入电缆，待罩帽内腔台阶顶住绝缘，再将罩帽大端复原罩住终端。

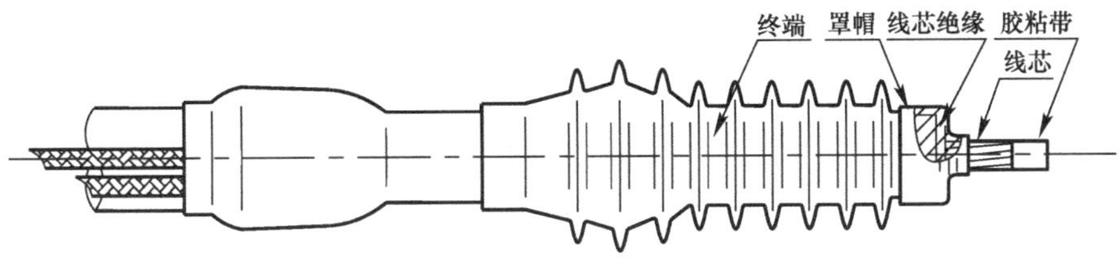


图 1.1.9-10 安装罩帽示意图

i. 压接接线端子、连接地线：如图 1.1.9-11 所示，除去临时包在线芯端头上的胶粘带，将接线端子套在线芯上，压接接线端子；将接地铜编制带压接开口与地网连接好，安装完毕。

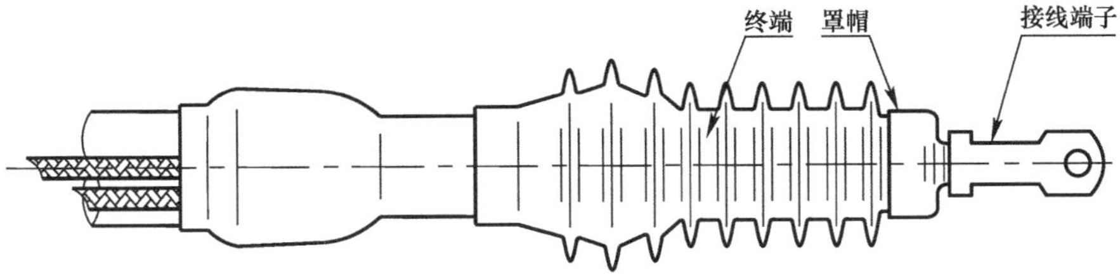


图 1.1.9-11 压接接线端子、连接地线示意图

3）35kV 高压电缆插拔头制作过程

① 断线：确定预留长度，电缆头制作前，根据柜内的空间尺寸（或安装空间尺寸）和接线端子的连接长度，截去多余电缆；选用 2500V 兆欧表，对电缆进行摇测，绝缘电阻应在 500MΩ 以上。电缆摇测完毕后，需将电缆对地放电；确保电缆固定夹和母模套管的中心线在一条中心线上。将电缆线芯定位于套管的一侧，校直电缆线芯至少 600mm 长。

按安装套件型号及图1.1.9-11所示位置在线芯上标出参考线。长度 $N$ 请参见表1.1.9-1。

**参考线长度表** **表1.1.9-1**

| 型号 | 2层 | 3层 |
|---|---|---|
| N（mm） | 130 | 190 |

用液压电缆剪切刀在参考线处剪断线芯以确保导体端部平齐。

② 剥切电缆：清洁距电缆端部约600mm范围内的电缆外护套，但不要切断电缆。

按安装套件型号及图1.1.9-12所示尺寸剥除电缆外护套、铠装和内护套。用PVC带包覆所有尖角。拆除电缆内的阻水带和高阻燃包带。A、B的尺寸请参考表1.1.9-2。

注意：在剥除内护套时应避免损伤屏蔽铜带和电缆绝缘层。

按表1.1.9-2所给定的尺寸E在电缆线芯保护管上绕包几层PVC带作为定位标识。

**A、B长度参考表** **表1.1.9-2**

| 型号 | 2层 | 3层 |
|---|---|---|
| A（mm） | 200 | 280 |
| B（mm） | 170 | 240 |
| C（mm） | 135 | 210 |
| D（mm） | 50 | 88 |
| E（mm） | 250 | 320 |

③ 线芯准备：按安装套件型号及图示尺寸剥除芯线保护管和屏蔽铜带（图1.1.9-12、图1.1.9-13），A、B的尺寸请参考表1.1.9-2。用粘贴铜带将屏蔽铜带固定好。如为铜丝屏蔽，则将铜丝编辫、折返，并用PVC固定，直接接地。

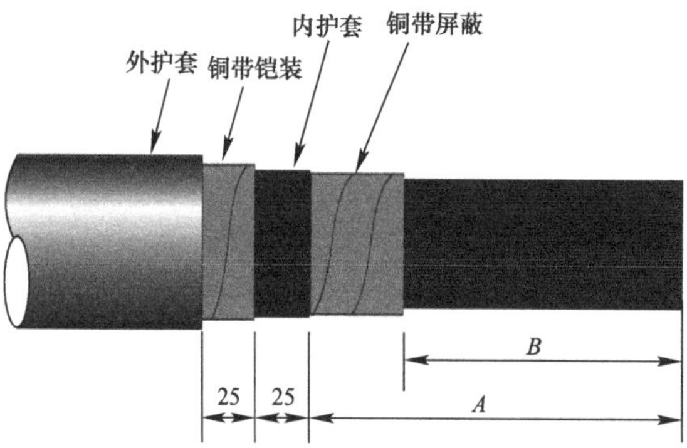


图1.1.9-12 剥切长度示意图

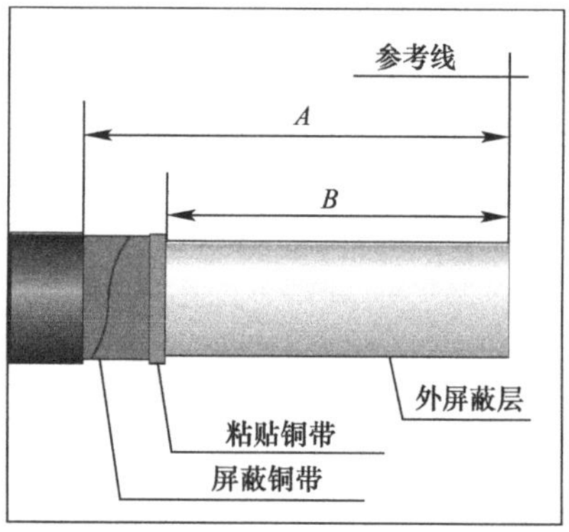


图1.1.9-13 粘贴铜带图

按表1.1.9-2所给定的尺寸 $C$ 在电缆外屏蔽层上绕包几层PVC带。使用圆挫刀沿PVC带将电缆外屏蔽层锉断，注意不要损伤到白色的绝缘层。使用限深刀划开外屏蔽层并将外屏蔽层完全剥离（图1.1.9-14）。移除PVC带。

注意：不要损伤到电缆绝缘层。

按表1.1.9-2所给定的尺寸 $D$ 剥除电缆绝缘层（图1.1.9-15）。

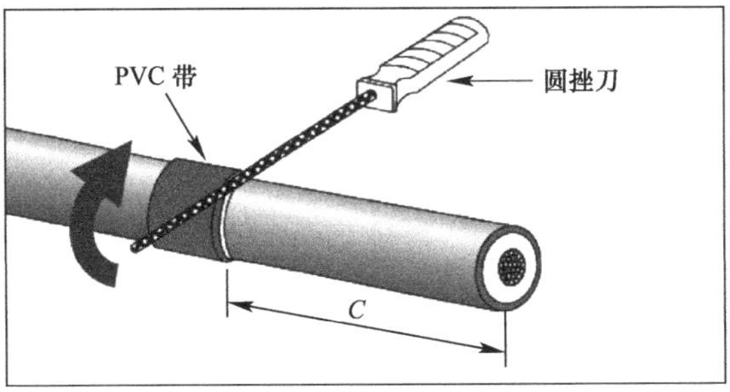


图 1.1.9.14 剥离屏蔽层图

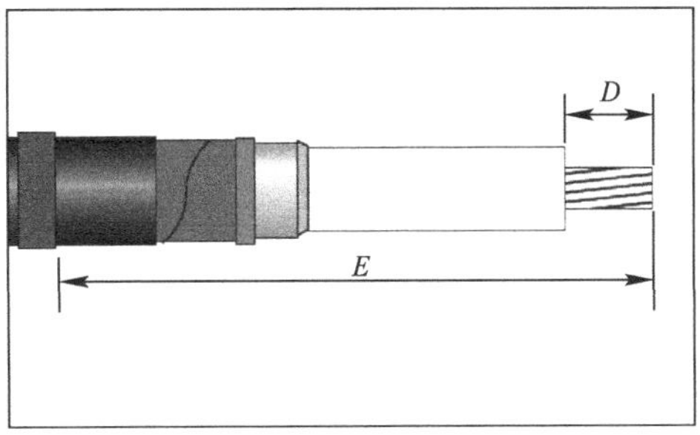


图 1.1.9.15 E、D 长度示意图

④ 制作接地线：用弹簧圈将接地带固定在屏蔽铜带上，固定前应调节接地带的位置以确保接地带上的堵水块不超过芯线保护管的顶端，固定时按图示方法折返接地带使其完全紧固（图 1.1.9-16）。

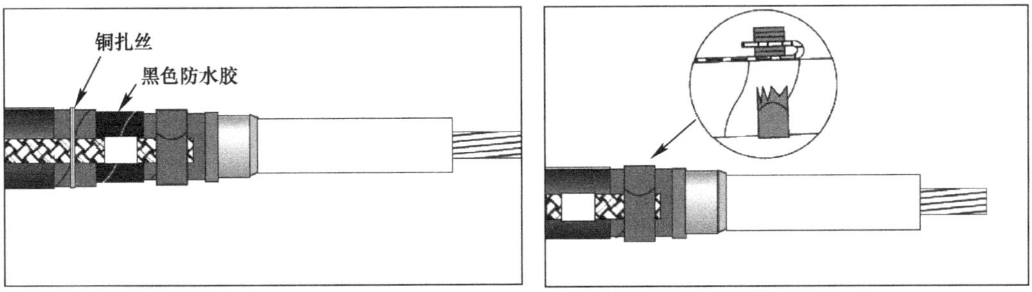


图 1.1.9-16 弹簧圈固定图

在电缆内护套绕包一层黑色防水胶，用铜扎丝将接地带固定在铠装铜带上，固定前应调节接地带的位置以确保接地带上的堵水块不超内护套的顶端。

清洁绝缘层表面。按图 1.1.9-17 所示，在距导体端部 *F*mm 处绕包数层 PVC 带，绕包时确保粘胶面朝外。*F* 值参考见表 1.1.9-3。

***F* 值参考表** **表 1.1.9-3**

| 型号 | 2 | 3 |
|---|---|---|
| *F*（mm） | 125 | 195 |

用 400 号砂纸打磨 PVC 带和电缆外屏蔽层之间的区域，清洁电缆绝缘层表面（图 1.1.9-17）。

⑤ 安装防水密封管和铸铝保护尾管套：晃动半导电漆瓶以使其均匀，在图 1.1.9-18 所示区域均匀的涂上一层半导电漆，漆层需搭盖电缆外屏蔽层约 5mm。待漆层完全干透后再拆除 PVC 带。

按图 1.1.9-19 所示顺序将防水密封管和铸铝保护尾管套在电缆上。

⑥ 涂抹硅脂：清洁电缆绝缘层表面和应力锥内表面。在电缆绝缘层表面和应力锥内表面均匀的涂抹一层硅脂（图 1.1.9-20）。

⑦ 安装应力锥、定位环、锥形楔和触头套：一次性将应力锥推到图示位置，应力锥的端部应超过绝缘层的端部约 10mm（图 1.1.9-21）。

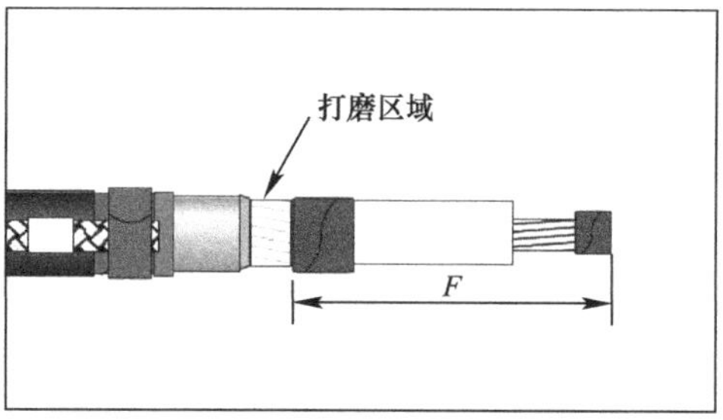


图 1.1.9-17 打磨示意图

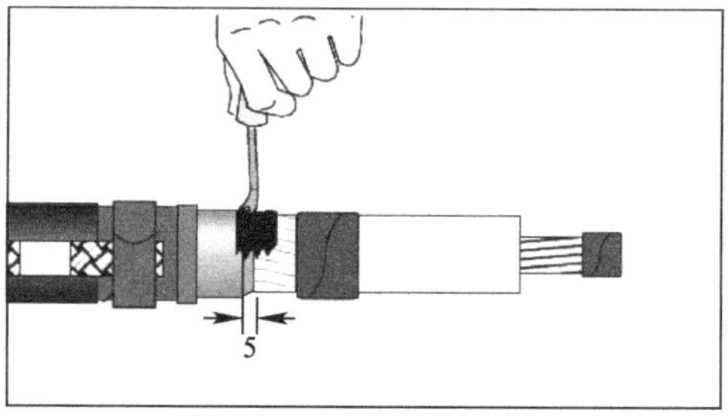


图 1.1.9-18 涂抹半导电漆示意图

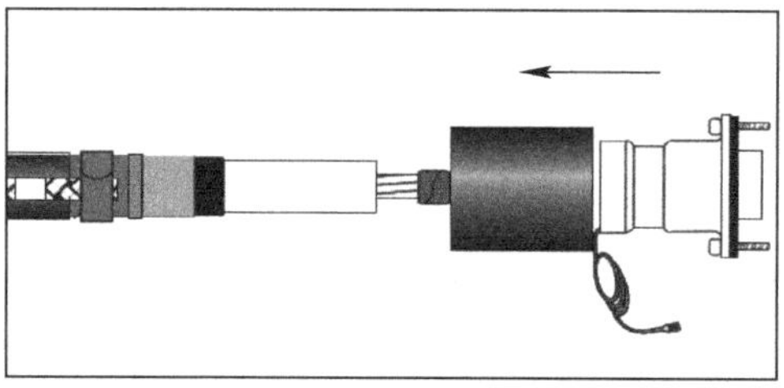

图 1.1.9-19 防水密封管和铸铝保护尾管安装示意图

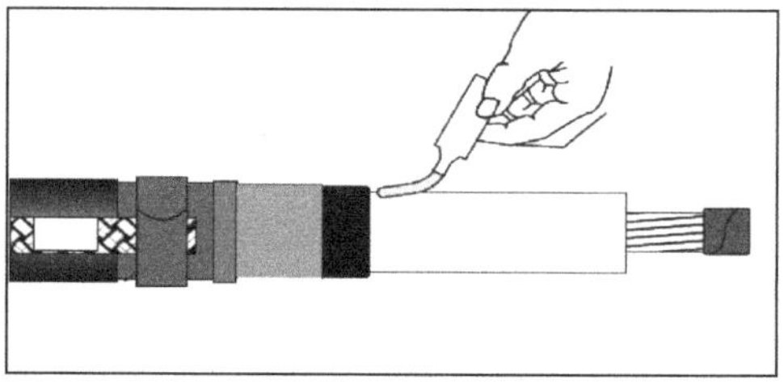

图 1.1.9-20 硅脂涂抹示意图

拆除导体上的 PVC 带，清洁导体表面。按图 1.1.9-22 所示顺序将定位环、锥形楔和触头套在电缆导体上。

注意：导体末端应在锥形楔内部且距锥形楔端部最大不超过 2mm。

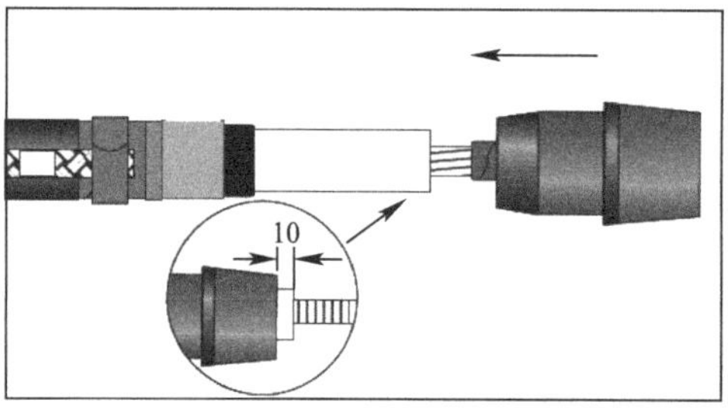


图 1.1.9-21 应力锥安装示意图

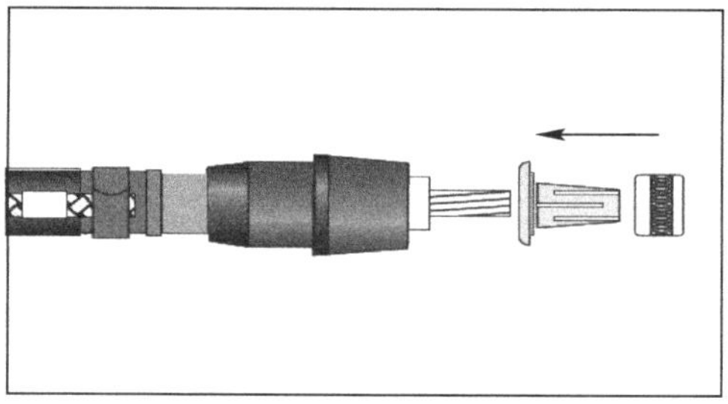

图 1.1.9-22 定位环、锥形楔和触头套安装示意图

按图 1.1.9-23 所示用所配的安装工具和塑料锤子将触头敲击固定。

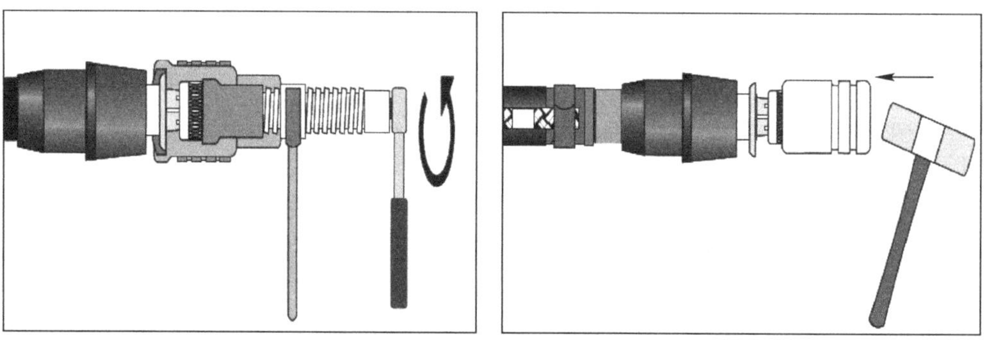

图 1.1.9-23 应力锥固定示意图

用所提供的专用安装工具将触头紧固到位，扭矩扳手的力矩设置请参照表 1.1.9-4；将应力锥往触头方向回拉并与定位环良好接触。

**$H$ 值参照表** **表 1.1.9-4**

| 型号 | 2 | 3 |
|---|---|---|
| $H$（mm） | 80 | 120 |

⑧ 内锥终端连接

清洁母模套管内表面和应力锥外表面。在母模套管内表面和应力锥外表面均匀涂抹一层硅脂。将内锥终端插入母模套管内，尽力将电缆往里推直至达到图示位置。将铸铝保护尾管往上推并最终固定在母模上，紧固时应使用扭矩扳手并确保紧固力距为 10Nm。再将电缆往上推以确保内锥终端已完全插入到位。按图 1.1.9-24 所示位置测量 $H$ 的实际尺寸应符合表 1.1.9-4。

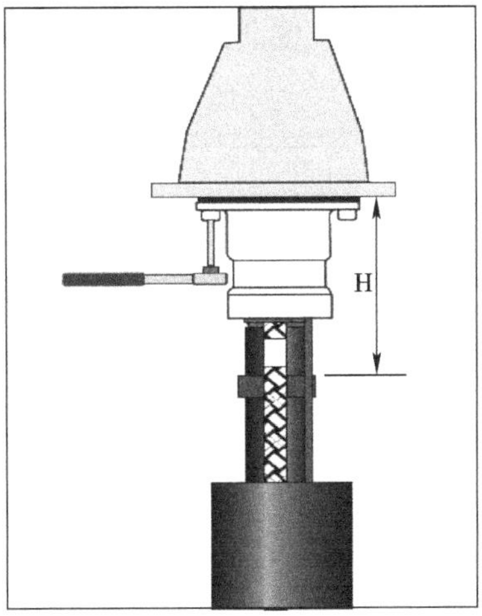


图 1.1.9-24 内锥终端连接示意图

拆除 PVC 标识带。在图 1.1.9-25 所示位置绕包一层黑色防水胶，测试蓝线塞一段到保护尾管内并用 PVC 带固定。将接地带堵水块和测试蓝线按嵌在防水胶内。

将防水密封管覆盖保护尾管约 50mm，自下而上均匀收缩防水密封管。将接地带和测试蓝线可靠接地（图 1.1.9-26）。

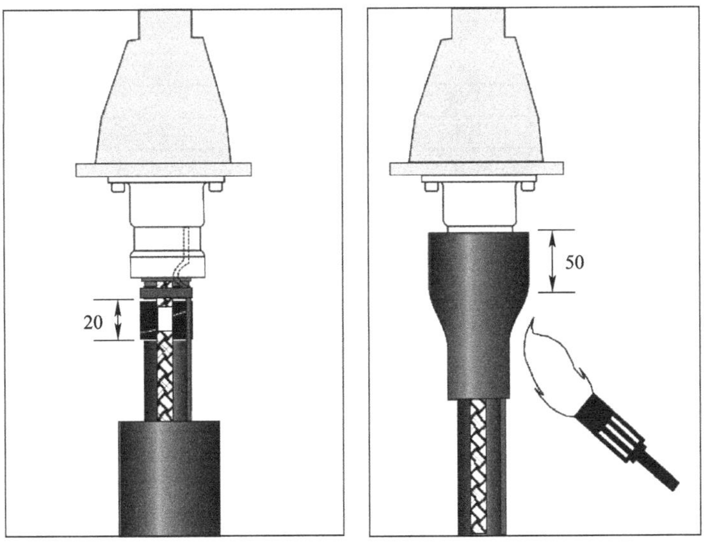


图 1.1.9-25 防水密封管安装示意图

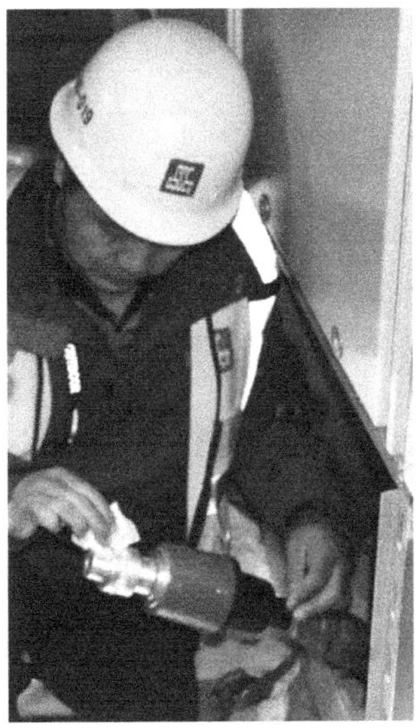

图 1.1.9-26 35kV 电缆终端头制作

### 1.1.9.6 劳动力组织

劳动力组织见表 1.1.9-5。

劳动力组织表 表 1.1.9-5

| 序号 | 人员 | 单位 | 数量 | 备注 |
|---|---|---|---|---|
| 1 | 施工负责人 | 人 | 1 | 负责施工、安全及对外协调 |
| 2 | 技术员 | 人 | 1 | 监督指导，并填写施工记录 |
| 3 | 安全员 | 人 | 1 | 负责现场施工安全 |
| 4 | 施工人员 | 人 | 6 | 负责现场施工 |

### 1.1.9.7 主要机械设备及工器具配置

主要机械设备及工器具配置见表 1.1.9-6。

主要机械设备及工器具配置表 表 1.1.9-6

| 序号 | 名称 | 规格 | 单位 | 数量 | 备注 |
|---|---|---|---|---|---|
| 1 | 液压电缆剪切刀 | | 把 | 1 | |
| 2 | 钢锯 | | 把 | 2 | |
| 3 | 万向剥切刀 | | 把 | 1 | |
| 4 | 高压电缆头专用工具 | | 套 | 1 | |
| 5 | 液压压接钳 | | 套 | 1 | |
| 6 | 电吹风 | | 把 | 1 | |
| 7 | 尼龙扎带 | | 包 | 实需 | |
| 8 | 钢锯条 | | 根 | 2 | |
| 9 | 电池 | | 节 | 4 | |
| 10 | 标签纸 | | 米 | 实需 | |
| 11 | 油性记号笔 | | 支 | 2 | |
| 12 | 烙铁 | | 把 | 3 | |
| 13 | 电工工具 | | 套 | 2 | |
| 14 | 接线端子 | | 个 | 实需 | |
| 15 | 封口胶 | | 卷 | 实需 | |
| 16 | 兆欧表 | | 台 | 1 | |
| 17 | 剪刀 | | 把 | 1 | |
| 18 | 热缩管 | | 米 | 实需 | |
| 19 | 砂纸 | | 张 | 实需 | |

### 1.1.9.8 物资材料配置

物资材料配置见表 1.1.9-7。

物资材料配置表 表 1.1.9-7

| 序号 | 名称 | 规格 | 单位 | 数量 | 备注 |
|---|---|---|---|---|---|
| 1 | 35kV 电缆终端头组件 | | 套 | 实需 | 厂家提供 |
| 2 | 35kV 电缆插拔头组件 | | 套 | 实需 | 厂家提供 |
| 3 | 铜接线端子 | | 个 | 实需 | |
| 4 | 焊锡 | | 公斤 | 实需 | |
| 5 | 电力硅脂 | | 瓶 | 实需 | 厂家提供 |
| 6 | 酒精 | | 瓶 | 实需 | |
| 7 | 烫印管 | | 米 | 实需 | |
| 8 | 绝缘胶布 | | 盘 | 实需 | |
| 9 | 尼龙扎带 | | 根 | 实需 | |
| 10 | 电缆铭牌 | | 个 | 实需 | |
| 11 | 标签纸 | | 米 | 实需 | |

#### 1.1.9.9 质量控制标准

(1) 所有参与电缆头制作的人员必须经项目部技术培训、统一考核后，达到要求的人员方可进行电缆头制作。

(2) 电缆头制作前，应先检查电缆内部是否干燥，做电缆接头时电缆内部必须干燥。

(3) 电缆头制作应在干燥的环境下进行，且周围光线应充足。

(4) 制作电缆头时应按规范逐步进行，剥削电缆时要严格按照厂家所给的尺寸剥削不得随意改变尺寸。

(5) 在切削半导电层时，刀头的划痕不能深入主绝缘内，更不能将半导电物质带入主绝缘中，半导电切口处要打磨光滑。

(6) 高压电缆两根接地铜线应分别与钢铠和铜屏蔽层可靠连接。

(7) 高压电缆头制作完成后应做电缆耐压试验，试验合格后可进行电缆头固定、接地，固定时应将电缆头下部电缆一同固定在牢固的支撑物上，避免因受重力导致电缆头部与电缆松脱。

(8) 高压电缆头固定完成后将电缆接地线与大地可靠连接，每段电缆的屏蔽层、铠装层必须可靠接地。

#### 1.1.9.10 安全控制措施

(1) 进入施工现场的所有施工人员必须戴安全帽，系好帽带，穿工作服，佩戴上岗证。

(2) 注意跌落损伤、高空坠物和预留洞孔，绕行未设防护栏的平台、临边，地下车站及其他光线不充足的场所必须配备照明设施。

(3) 电缆头均须采用电缆头供货商提供的材料制作，不得用其他材料替代。

#### 1.1.9.11 环保控制要求

(1) 对于通风状况不良好的施工地点，应做好通风措施。

(2) 每天施工完毕后，要清点工机具和材料，做到工完料净场地清。

### 1.1.10 二次电缆接线

#### 1.1.10.1 适用范围

适用于城市轨道交通供电系统变电所设备二次电缆接线施工。

#### 1.1.10.2 施工条件

二次电缆敷设完成、整理完毕，设备安装完毕。

#### 1.1.10.3 施工内容

电缆开剥、芯线整理、布置芯线标识、接线电缆牌标识及固定。

#### 1.1.10.4 施工技术标准

(1) 满足施工图样、规范及设备原理接线图要求。

(2) 接线端子连接紧固，配线整齐、清晰、美观。

(3) 引进盘、柜及配电装置内的电缆及其芯线应符合施工规范要求。

(4) 盘、柜内的导线不应有接头，导线线芯应无损伤。

(5) 电缆芯线和所配导线的端部均应标明其回路编号，编号正确，字迹清晰。

#### 1.1.10.5　工序流程及操作要点

（1）施工工序流程图

二次电缆接线工序流程如图1.1.10-1所示。

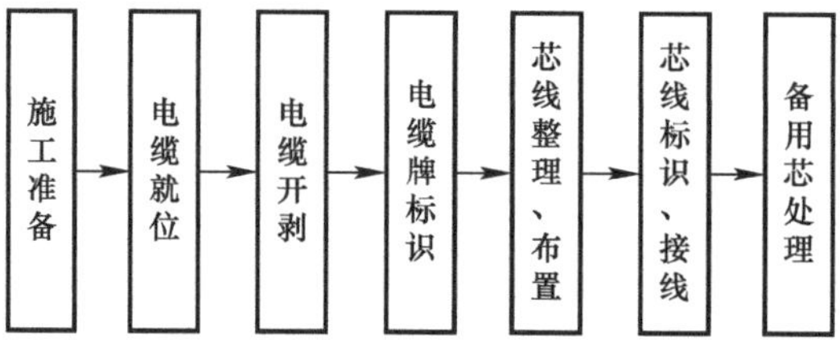


图1.1.10-1　二次电缆接线工序流程图

（2）施工准备

施工前对施工人员进行技术交底、安全技术交底。施工劳动组织配备、材料准备及机械工机具准备完成。现场临时照明满足施工需要。熟悉二次接线图和原理图，核对接线图的正确性。复查二次电缆路由、弧度、预留长度、绝缘状况。

（3）操作要点

1）电缆就位

① 根据二次施工图样中电缆的接线位置，将电缆分层、逐根穿入开关柜。

② 在考虑电缆的穿入顺序、位置的时候，应尽量避免在支架（桥架）的引入部位、设备的引入口发生电缆交叉和麻花状现象，以及电缆芯线左右交叉的现象（对于多列端子的设备）。

③ 电缆绑扎应牢固，在接线后不应使端子排受机械应力。进入设备内，应在最底部的支架上进行绑扎。

2）电缆开剥

① 单层布置的电缆头的制作高度要求一致；多层布置的电缆头高度可以一致，或者从里往外逐层降低，降低的高度要求统一。同时，尽可能使某一区域或同类设备的电缆头的制作高度统一，制作样式一致。

② 电缆头制作时缠绕胶带颜色统一，缠绕密实、牢固；热缩管电缆头应采用统一长度热缩管加热收缩而成；电缆头制作结束后顶部应平整、密实。

③ 电缆的屏蔽层接地方式应满足设计和规范要求，在剥除电缆外护套时，屏蔽层应留有一定的长度，以便于屏蔽接地线进行连接；屏蔽接地线与屏蔽层的连接采用绞接或焊接方式，连接可靠。

3）电缆牌标识

① 在电缆头制作和芯线整理过程中可能会破坏电缆就位时的原有固定，在电缆接线时应按照电缆的接线顺序再次进行固定，然后挂设电缆牌。

② 电缆牌的固定可以采取前后交叠或并排、上下高低错位等方式进行挂设，但要求高低一致、间距一致，保证电缆牌挂设整齐、牢固。

4）芯线整理、布置

① 在电缆头制作结束后，接线前必须进行芯线的整理工作。

② 将每根电缆的芯线单独分开，将每根芯线拉直。

5）芯线标识、接线

① 芯线两端标识必须核对正确。

② 盘、柜内的电缆芯线，应垂直或水平有规律地布置、不得任意倾斜、交叉连接。

③ 电缆的芯线接入端子排应按照自上而下的原则，当芯线引至接入端子的对应位置时，将芯线向端子排侧折弯 90°，以保证芯线的水平。

④ 对于在线槽外固定接线的芯线，在靠近端子排附近宜向外折成“S”弯，在端子排接入位置剪断芯线、接入端子；对于在线槽内固定接线的芯线，一般可直接水平接入端子，不需折成“S”弯；在线槽和端子的间距较大、不在同一平面时宜折成“S”弯；“S”弯要求弧度自然、大小一致。

⑤ 用剥线钳剥除芯线护套，长度和接入端子排所需要的长度一致，剥线钳的规格要和芯线截面一致，不得损伤芯线。

⑥ 对于螺栓式接线，须将剥除护套的芯线弯圈，弯圈的方向为顺时针，弯圈的大小和螺栓的大小相符。

⑦ 对于插入式接线端子，可直接将剥除护套的芯线插入端子。对于多股芯的芯线，应采用接线管压接后接入端子，采用的接线管与芯线的规格、端子的接线方式一致。多股芯剥除外层护套时，其长度与接线管相符。

⑧ 每个接线端子不得超过两根导线，不同截面芯线不允许接在同一个接线端子上。

⑨ 弯圈或接入端子前需套上对应的线号管，线号管的规格应和芯线的规格一致。线号管长度一致、字体统一，内容包括起始柜体和端子号。

6）备用芯处理

① 电缆的备用芯应留有适当的余量，可以剪成统一长度，每根电缆单独垂直布置，也可以将备用芯同时弯圈布置，可以单层或多层布置。

② 备用芯端头可用绝缘胶带缠绕包扎，也可用专用芯帽包裹。

二次电缆接线成品如图 1.1.10-2 所示。

图 1.1.10-2 二次电缆接线成品图

### 1.1.10.6　劳动力组织

劳动力组织见表 1.1.10-1。

劳动力组织表　　表 1.1.10-1

| 序号 | 人员 | 单位 | 数量 | 备注 |
|---|---|---|---|---|
| 1 | 施工负责人 | 人 | 1 | 负责施工、安全及对外协调 |
| 2 | 技术员 | 人 | 1 | 监督指导，并填写施工记录 |
| 3 | 安全员 | 人 | 1 | 负责施工安全 |
| 4 | 施工人员 | 人 | 6 | 负责现场接线 |

### 1.1.10.7　主要机械设备及工器具配置

主要机械设备及工器具配置见表 1.1.10-2。

主要机械设备及工器具配置表　　表 1.1.10-2

| 序号 | 名称 | 规格 | 单位 | 数量 | 备注 |
|---|---|---|---|---|---|
| 1 | 号码管烫印机 | HY-11（G） | 台 | 1 | 通用型 |
| 2 | 电缆牌打印机 | M100 | 台 | 1 | |
| 3 | 对讲机 | 800M 或 400M | 对 | 2 | 校线用 |
| 4 | 万用表 | | 只 | 4 | 校线 |
| 5 | 剥线钳 | 165 型 | 把 | 5 | |
| 6 | 电吹风 | 300W | 把 | 2 | |
| 7 | 兆欧表 | 500V | 台 | 1 | |
| 8 | 压接钳 | | 把 | 1 | 与压接端子配套 |
| 9 | 钢锯 | 300mm | 把 | 2 | |

### 1.1.10.8　物资材料配置

物资材料配置见表 1.1.10-3。

物资材料配置表　　表 1.1.10-3

| 序号 | 名称 | 规格 | 单位 | 数量 | 备注 |
|---|---|---|---|---|---|
| 1 | 烫印管 | | 米 | | 实需 |
| 2 | 接线端子 | Φ1.5－4 | 个 | | 实需 |
| 3 | 电缆牌 | 30mm×60mm | 个 | | 实需 |
| 4 | 砂纸 | 细砂 | 张 | | 实需 |
| 5 | 尼龙扎带 | 4×200mm | 包 | | 实需 |
| 6 | 接地线 | $16mm^2$、$4mm^2$ | 米 | 实需 | |
| 7 | 油性记号笔 | | 支 | | 实需 |
| 8 | 热缩管 | | 米 | | 实需 |
| 9 | 绝缘胶布 | | 卷 | 实需 | 黄、绿、红、蓝、赭 |
| 10 | 钢锯条 | | 根 | 实需 | 若干 |
| 11 | 钻头 | | 支 | 实需 | |
| 12 | 塑料线槽 | 25mm×30mm | 米 | 实需 | 配线 |

### 1.1.10.9　质量控制标准

（1）接线正确，没有虚接现象，芯线束绑扎圆顺，槽内排列顺直，接线工艺美观。

（2）线号管制作工艺统一，标识清楚、齐全。

（3）线号管制应满足电气和机械强度要求，并具有良好的防潮效果。

（4）电缆头制作时，黄绿接地线应与屏蔽层和铠装层焊接良好，防止进行电缆头头套热缩管热缩时脱落。

(5) 参照端子排图，核查盘内端子排上的接线正误。每根接线标识是否正确，所有接线的胶母头排列一致（标记回路号自里向外）。端子排上的试验端子检查是否处于工作位置（电流端子不能开路，电压端子不能短路）。

(6) 依照原理图，核对盘内二次设备的型号及规格。记录与图纸不符的情况，并及时反映给技术负责人。

(7) 检查端子标号是否标明其回路编号，编号应正确，字迹清晰且不易退色。

(8) 对于使用线鼻子压接的电缆，要对线鼻子逐个检查，确定是否压实。

(9) 对于试验过程中已改过的芯线，需要记录以便在图纸上反映出来。

#### 1.1.10.10 安全控制措施

(1) 进入施工现场的所有施工人员必须戴安全帽，系好帽带，穿工作服。

(2) 施工现场的临时用电，必须事先征得用电管理单位的同意。使用、操作时严格执行《施工场地临时用电安全技术规范》JGJ 46—2005 的要求。所有一切涉及用电的设备和工机具在使用前必须先检查是否完好，在施工过程中必须保证电源线线芯无裸露，插头与三级配电箱需接触良好，注意避免触电事故。

#### 1.1.10.11 环保控制要求

进入变电所施工应确保变电所内清洁。对于通风状况不良好的施工地点，应做好通风措施。每天施工完毕后，要清点工机具和材料，做到工完料净场地清。工作完毕或离开现场时，要切断电动工具、配电箱等的电源。

### 1.1.11 附属工程

#### 1.1.11.1 适用范围

适用于变电所附属工程，主要包含整流变压器网栅、防鼠板、绝缘垫、防火封堵等施工。

#### 1.1.11.2 施工条件

变电所内设备安装完成，电缆敷设完成，其他专业变电所内施工基本完成。

#### 1.1.11.3 施工内容

整流变压器网栅安装、防鼠板安装、绝缘垫安装、盖板安装、防火封堵等。

#### 1.1.11.4 施工技术标准

(1) 网栅满足施工图纸、安全规范及设备安装要求。

(2) 盖板安装牢靠，稳固、美观。

(3) 防鼠板安装位置要保证小动物无法进入变电所，外观整齐美观。

#### 1.1.11.5 工序流程及操作要点

(1) 施工工序流程图

附属工程工序流程如图 1.1.11-1 所示。

(2) 施工准备

施工前对施工人员进行技术交底、安全技术交底。施工劳动组织配备、材料准备及机械工机具准备完成，现场临时照明满足施工需要。

(3) 操作要点

1) 网栅安装按照整流变压器室实际测量尺寸定制网栅，运至现场摆放好后，并用记号笔表示安装位置。用冲击钻在地面已标识的安装位置打孔，安装膨胀螺栓，按照从中间至两边的顺序依次安装网栅便门、标准网栅、边网网栅。完成安装后，网栅与立柱间用 $1\times70mm^2$ 软铜编织线连接，靠近墙的立柱通过 $1\times70mm^2$ 软铜编织线与接地干线连接。检查网栅有无镀锌层损伤，并用防锈漆配合富锌漆进行修补（图 1.1.11-2）。

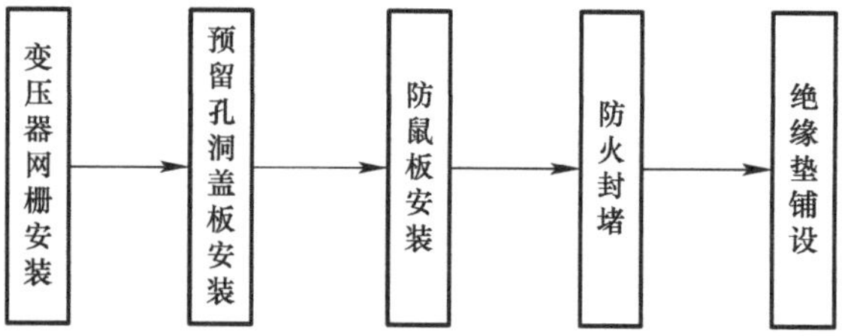


图 1.1.11-1 附属工程工序流程图

图 1.1.11-2 整流变压器网栅安装成品图

2）预留孔洞盖板安装

将预留好的孔洞周围清扫干净，将制作好的花纹钢板合适的安放在预留孔洞上，须大小合适，安装平整，点焊固定盖板后必须做防腐处理，先涂一遍防锈漆，再涂两遍富锌漆（图 1.1.11-3）。

3）防鼠板安装及防火封堵

根据先前测量好的尺寸，将已制作好的防鼠板安装在设备房内每一防火门处，防止老鼠等小动物进入变电所；用防火堵料封堵预留设备开孔、进出变电所管线孔洞以及各处电缆孔洞。

4）模拟屏安装

为了使变电所值班人员熟练操作倒闸作业，在每座变电所内安装模拟屏，模拟屏一般安装在控制室（图 1.1.11-4）。

图 1.1.11-3 孔洞盖板安装成品图

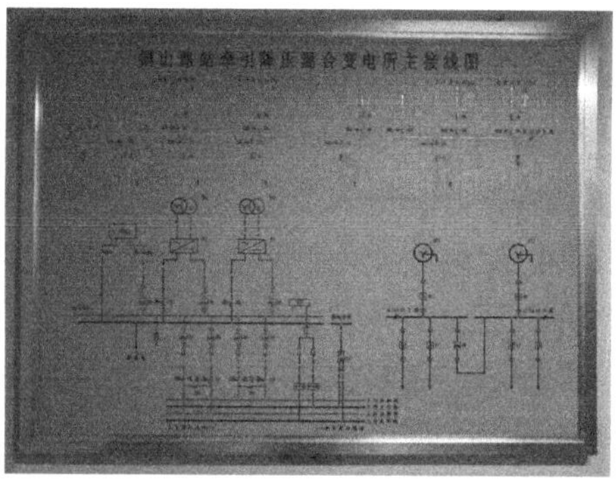

图 1.1.11-4 模拟屏安装成品图

5）其他

上述工作完成后，在变电所设备前后方设置绝缘垫，在其他相应位置设置防火桌椅、干粉灭火器、应急照明灯，并配备变电所操作记录本和进所登记本、验电棒、高压接地线、操作安全手套、绝缘鞋、操作柄和钥匙、安全警示牌等。

### 1.1.11.6 劳动力组织

劳动力组织见表 1.1.11-1。

**劳动力组织表** **表 1.1.11-1**

| 序号 | 人员 | 单位 | 数量 | 备注 |
|---|---|---|---|---|
| 1 | 施工负责人 | 人 | 1 | 负责施工、安全及对外协调 |
| 2 | 技术员 | 人 | 1 | 监督指导，并填写施工记录 |
| 3 | 安全员 | 人 | 1 | 负责现场施工安全 |
| 4 | 施工人员 | 人 | 6 | 负责现场施工 |

### 1.1.11.7 主要机械设备及工器具配置

主要机械设备及工器具配置见表 1.1.11-2。

**主要机械设备及工器具配置表** **表 1.1.11-2**

| 序号 | 名称 | 规格 | 单位 | 数量 | 备注 |
|---|---|---|---|---|---|
| 1 | 手电钻 | 13mm | 台 | 1 | 打孔 |
| 2 | 水平尺 | 1m | 把 | 1 | 调平、调直 |
| 3 | 墨斗 | 20m | 只 | 1 | 附墨汁墨线 |
| 4 | 电焊机 | 单相 | | 台 | |
| 5 | 大锤 | 5kg | 把 | 1 | |
| 6 | 手锤 | 1.5kg | 把 | 2 | |
| 7 | 线坠 | 0.5kg | 个 | 1 | 调整 |
| 8 | 角磨机 | 220V | 台 | 1 | |
| 9 | 人字梯 | 3m | 架 | 1 | |
| 10 | 钢卷尺 | 5m | 把 | 2 | 尺寸测量 |

### 1.1.11.8 物资材料配置

物资材料配置见表 1.1.11-3。

**物资材料配置表** **表 1.1.11-3**

| 序号 | 名称 | 规格 | 单位 | 数量 | 备注 |
|---|---|---|---|---|---|
| 1 | 成套网栅 | | 套 | 实需 | 现场测量 |
| 2 | 锁具 | | 套 | 实需 | |
| 3 | 花纹钢板 | | 平方米 | 实需 | 现场测量 |
| 4 | 防鼠板 | | 米 | 实需 | 现场测量 |
| 5 | 绝缘垫 | | 根 | | 现场测量 |
| 6 | 焊条 | | 条 | 实需 | 现场测量 |
| 7 | 膨胀螺栓 | 按照图纸要求 | 套 | 实需 | 固定 |
| 8 | 防火堵料 | 有机防火堵料 | 公斤 | 实需 | |
| 9 | 防锈漆 | | 公斤 | 2 | |
| 10 | 富锌漆 | | 公斤 | 2 | |
| 11 | 模拟屏 | | 块 | 1 | |
| 12 | 防火桌椅 | | 套 | 1 | |
| 13 | 绝缘鞋 | 交流 35kV | 双 | 3 | |
| 14 | 应急照明灯 | | 套 | 2 | |
| 15 | 操作安全手套 | 交流 35kV | 双 | 3 | |
| 16 | 干粉灭火器 | | 个 | 实需 | |
| 17 | 安全警示牌 | | 块 | 实需 | |
| 18 | 验电器 | 交流 35kV | 套 | 1 | |
| 19 | 验电器 | 直流 1500V | 套 | 1 | |
| 20 | 接地线 | | 套 | 1 | |

#### 1.1.11.9 质量控制标准

（1）网栅成品应无外露尖角及毛刺；网栅立柱的固定应垂直牢固、高度一致，同一直线上的立柱应在同一平面内，装配方式统一；网栅安装完成后，应能使网栅便门旋转180°。

（2）孔洞上应提前预埋口字形井框，与地表平齐，预埋件施工时与装修层施工配合进行。材质选用Q235A钢，表层热浸镀锌防腐，镀锌厚度不小于86μm。选用扁豆形花纹钢板，便于搬启。

（3）绝缘垫的耐压等级要符合设计要求和标准，防鼠板的大小尺寸及规格型号要符合设计要求和标准。

（4）模拟屏、安全手套、绝缘鞋、操作手柄和钥匙一般应放置在控制室；各个设备房均应摆放干粉灭火器，以应对火灾。条件允许的情况下，应在控制室设置防毒而具，以帮助火灾事故时值班人员逃生。

#### 1.1.11.10 安全注意事项

（1）严禁将遮栏或栅栏的接地线与二次回路的接地体连接。

（2）注意用电安全，正确使用施工用工、器具，正确佩戴安全帽，工作手套及其他防护用品。

（3）电焊时对邻近的设备要进行防护。

（4）附属工程安装时，设备已经安装就位。在施工时应注意成品的保护。

#### 1.1.11.11 环保控制要求

施工产生的垃圾要及时清理出变电所，保持变电所的干净整洁。

## 1.2 环网电缆工程

### 1.2.1 适用范围

适用于城市轨道交通设备系统工程供电系统环网电缆工程电缆桥支架安装、环网电缆敷设以及电缆中间头安装。

### 1.2.2 引用技术标准

（1）《铁路通信、信号、电力、电力牵引供电施工安全技术规程》TB 10306—2009。

（2）《施工企业安全生产管理规范》GB 50656—2011。

（3）《施工现场临时用电安全技术规范》JGJ 46—2005。

### 1.2.3 电缆支架安装

#### 1.2.3.1 适用范围

适用于城市轨道交通工程供电系统电缆支架安装施工。

#### 1.2.3.2 施工条件

（1）土建前期施工完成，基标线完成，轨道铺设完成。

（2）在开工前组织技术人员认真学习实施性施工组织设计，阅读、审核施工图纸，澄清有关技术问题，熟悉规范和技术标准。制订施工安全保证措施，对施工人员进行技术交底和岗前安全培训，考核合格后方能上岗。

（3）施工劳动组织配备、材料准备及设备工器具的配置，确保现场临时用电。

### 1.2.3.3 施工内容

测量划线、打孔、支架安装、桥架安装、接地扁钢安装。

### 1.2.3.4 施工技术标准

（1）测量划线

测量必须严格按照施工图纸位置尺寸进行测量定位；测量出的位置必须做出明确标记，以便于下一道工序施工；测量必须做好相应记录，特别是图纸设计位置尺寸与现场实际不符的必须记录清楚，并上报设计及监理工程师，按批准后的变更完成测量。

（2）打孔

1）打孔过程中保持孔洞的垂直。

2）遇到特殊地段（如打到墙体钢筋时）可适当调整孔位距离。最大调整间距：高压电缆不超过1050mm，低压电缆支架、渡线电缆支（吊）架间距不超过850mm。

（3）支架安装

1）电缆支架应安装牢固，横平竖直，固定方式应符合设计要求。

2）安装时电缆支架托臂应上翘3°～5°，必要时可用垫片调节，保证其和隧道壁紧密相贴。

3）在轨行区与车站分界，断面变化段、联络通道处、电缆在同侧墙爬坡段、电缆过轨段等电缆支架采用特殊型支架替换，并且安装的支架所用的螺栓必须配有一平垫一弹垫。

（4）接地扁钢安装

1）扁钢接头和支架必须保持100mm的距离，扁钢搭接面为100mm，不能对接。

2）扁钢接头处和冲孔处要用银粉漆进行防锈处理。

3）安装好的扁钢横平竖直，无扭曲（除竖井外）、无毛刺。

### 1.2.3.5 工序流程及操作要点

（1）施工工序流程图

电缆支架安装工序流程如图1.2.3-1所示。

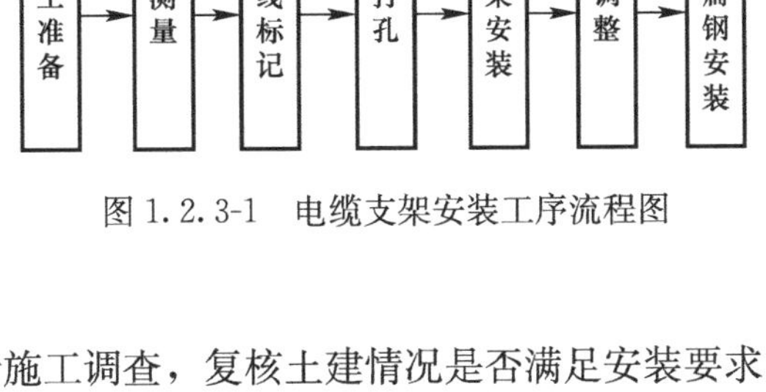


图1.2.3-1 电缆支架安装工序流程图

（2）施工准备

针对现场情况进行施工调查，复核土建情况是否满足安装要求。项目部技术人员需仔细研读施工图并参加业主/监理组织的图纸会审、设计交底会，与设计沟通确定特殊地段施工工艺，并在施工前对作业队进行电缆桥支架安装技术交底及安全技术交底等工作。安装前检查电缆支架规格型号、外观质量、加工尺寸、平直度、焊接质量等是否满足设计要求和规范要求。

（3）操作要点

1）环网电缆支架安装测量

根据设计图纸，沿线路测量支架安装点，以两条钢轨间中心线为水平线来确定支架立柱下端螺栓固定位置，也就是隧道壁上测量点的位置。以6m为一个测量单位完成支架测量的参考点。利用红外线测量小车沿钢轨走行。在参考点处，以红外线在隧道壁投射点确定支架底部安装高度。再在下一参考点用同样方法找出下一点，用墨斗在两点间弹出一条直线，利用钢角尺沿线标记打孔位置，则支架下部沿此测量线安装，即达到设计要求，视觉效果美观。

2）环网电缆钻孔和安装后切底锚栓

根据测量标记的位置，用钻头在隧道壁上标记的位置进行开孔，有效开孔深度一般为60mm，遇到隧道壁内的钢筋可以进行移动避让，移动位置不大于10mm。开孔完毕后用硬毛刷对孔进行清理，再用吹气筒吹净孔内灰尘，依次清理三遍，直至孔中无混凝土粉末，从而保证安装锚栓时的稳固性。将后切底锚栓放入已清理干净的钻孔中，使用冲击电钻和后切底锚栓专用扩孔工具完成后切底锚栓的安装。

3）环网电缆支架安装

根据图纸设计要求，选择相关规格型号支架，将电缆支架立柱孔位与区间隧道壁安装锚栓位置对齐，用快速扳手对锚栓施加扭矩力，旋紧锚栓至螺母贴紧电缆支架，完成安装后支架立柱外壁应紧贴隧道壁，支架与隧道壁空隙位置需用水泥物填充。

区间电缆支架安装，各区段支架型号、安装位置、高度等需按照图纸要求进行安装；电缆支架安装每800mm一个，需按照平面布置图纸位置均匀整齐、安装，正常区段支架间距误差±10mm，沿电缆走向的左右偏差不大于±10mm。同一层支架托臂需在同一平面上，正常区段相邻支架同层托臂高低偏差不大于5mm。电缆支架安装完成后应同一层托臂在同一个水平面上，整体横平竖直、美观大方。

电缆支架开孔时需避开盾构片钢筋网内钢筋、两盾构片之间缝隙，打孔过程中如遇特殊钢筋地段可根据现场实际情况做轻微调整以避开钢筋，调整后两支架最大间距应不大于0.8m。特殊位置，如遇路径、结构变化电缆支架间距需大于1.5m时，支架控制电缆层需安装电缆桥架（图1.2.3-2）。

4）环网电缆接地扁钢安装

电缆支架安装完成后，由于全线的电缆支架必须有可靠的接地连接，接地方式依靠接地扁钢进行全线贯通。接地扁钢安装于支架自上而下托臂第2层支架立柱内侧，由M10×40不锈钢连接螺栓固定在支架托臂上（图1.2.3-3）。

接地扁钢采用－5mm×50mm扁钢，扁钢与扁钢之间的连接采用搭接方式进行焊接，搭接长度不小于扁钢宽度的2倍，采用3边焊接。焊缝高度为6mm，焊缝的抗拉、屈服强度等机械性能不应低于本体材料的机械性能。焊接要求表面均匀、必须饱满、无气孔、无焊瘤、裂纹、烧穿、夹渣、弧坑等缺陷，焊接完成后需在焊接位置刷两遍富锌底漆和一遍防锈漆。

图 1.2.3-2 环网电缆支架安装

图 1.2.3-3 接地扁钢制安

材质选用 Q235A 钢，表层热浸镀锌防腐，现场切割、打孔及焊接处涂防锈漆。敷设接地扁钢过程中在结构伸缩缝处做弧形伸缩节以保证热胀冷缩后扁钢间距裕度。

#### 1.2.3.6 劳动力组织

劳动力组织见表 1.2.3-1。

**劳动力组织表** **表 1.2.3-1**

| 序号 | 人员 | 单位 | 数量 | 备注 |
| --- | --- | --- | --- | --- |
| 1 | 施工负责人 | 人 | 1 | 技术负责、质量负责 |
| 2 | 技术员 | 人 | 1 | 安全检查、安全提醒 |
| 3 | 安全员 | 人 | 1 | 施工安排，现场施工组织及协调 |
| 4 | 施工人员 | 人 | 6 | 现场施工 |

#### 1.2.3.7 主要机械设备及工器具配置

主要机械设备及工器具配置见表 1.2.3-2。

**主要机械设备及工器具配置表** **表 1.2.3-2**

| 序号 | 名称 | 规格 | 单位 | 数量 | 备注 |
| --- | --- | --- | --- | --- | --- |
| 1 | T字尺 | 2m | 台 | 1 | |
| 2 | 水平尺 | 1m | 把 | 2 | |
| 3 | 手动切割机 | J36-SL-400A | 台 | 1 | |
| 4 | 电焊机 | 单相 | 台 | 1 | |
| 5 | 煨弯机 | 12t | 台 | 1 | |
| 6 | 梯车 | 自制 | 台 | 1 | |
| 7 | 专业锚栓敲击工具 | | 根 | 2 | |
| 8 | 冲孔机 | 220V | 台 | 2 | |
| 9 | 钢直尺 | 5m | 把 | 2 | |
| 10 | 墨斗 | 3m | 个 | 1 | |
| 11 | 发电机 | 3kW | 台 | 1 | |
| 12 | 配电箱 | 220V | 台 | 1 | |
| 13 | 电锤 | 750W | 把 | 2 | |
| 14 | 角磨机 | 单相 | 台 | 1 | |
| 15 | 灭火器 | | 瓶 | 1 | |

### 1.2.3.8 物资材料配置

物资材料配置见表 1.2.3-3。

物资材料配置表　　表 1.2.3-3

| 序号 | 名称 | 规格 | 单位 | 数量 | 备注 |
|---|---|---|---|---|---|
| 1 | 后切底式锚栓 | | 套 | 实需 | |
| 2 | 平垫弹垫 | | 套 | 实需 | |
| 3 | 电缆支架 | | 套 | 实需 | |
| 4 | 镀锌扁钢 | −50mm×5mm | 米 | 实需 | |
| 5 | 连接螺栓 | M10×40 | 套 | 实需 | |
| 6 | 垃圾袋 | | 个 | 2 | 装垃圾 |

### 1.2.3.9 质量控制标准

(1) 区间环网电缆支架安装每 800mm 一个，可按照现场需求调整，但必须按照平面布置图纸位置均匀整齐、安装，支架间距最大不超过 1m。

(2) 相邻支架间距误差不得大于±10mm，沿电缆走向的左右偏差不大于±10mm。同一层支架托臂需在同一平面上，相邻支架同层托臂高低偏差不大于 5mm。

(3) 支架在运输及安装时不得使支架变形，安装时不得使用铁锤敲打，以免镀锌层被破坏。

(4) 接地扁钢搭接长度不小于扁钢宽度的 2 倍，采用 3 面焊接。焊缝高度为 6mm，焊缝的抗拉、屈服强度等机械性能不应低于本体材料的机械性能。焊接要求表面均匀、必须饱满，无气孔、无焊瘤、裂纹、烧穿、夹渣、弧坑等缺陷，焊接完成后需在焊接位置刷两遍富锌底漆和一遍防锈漆。

(5) 支架固定螺栓固定完成后扭紧力矩需达到设计要求。

(6) 支架固定螺栓需按设计要求在现场做拉拔力试验。

### 1.2.3.10 安全措施

(1) 进入施工现场的所有施工人员必须戴安全帽，穿反光衣、防刺鞋，并经过安全培训，考试不合格者不得上岗。

(2) 进入区间隧道、电缆井之前，应确保隧道、电缆井等通风、照明。

(3) 搬运工机具及材料时，两人起落要一致，以防砸伤手脚。

(4) 施工现场使用的电线必须有良好的绝缘，并满足过流要求，对裸露的电线严禁使用。

(5) 工作完毕或离开现场时，要切断冲击钻、配电箱电源。

(6) 施工现场临时用电严格按照《施工现场临时用电安全技术规范》JGJ 46—2005 执行。

(7) 使用电焊人员必须具有焊工证并经过培训合格后上岗，施工时需穿戴好劳保防护用品，施工现场需放置灭火器等防火措施。

### 1.2.3.11 环保要求

清理后的垃圾装袋运出施工场地，放在指定位置，做到工完料尽场地清。测量用具及材料需及时回收，测量用油漆、画笔及线绳等物品不得随意丢弃，减少环境污染。

## 1.2.4 环网电缆敷设

### 1.2.4.1 适用范围

适用于地铁工程环网电缆、联跳电缆、光缆敷设施工。

### 1.2.4.2 施工条件

区间电缆支架及接地扁钢安装完毕，变电所内电缆桥支架及接地扁钢安装完毕。吊装口至敷设区段的轨道已铺设完毕，满足轨道车行车要求。

### 1.2.4.3 施工内容

施工准备、电缆单盘测试、电缆敷设电缆整理、挂牌、孔洞封堵。

### 1.2.4.4 施工技术标准

(1) 从隧道至地面区段的电缆应平缓地过度，弯曲程度不得小于其最小弯曲半径，详见表1.1.8-2。敷设过程中电缆无拧绞、压扁、表面严重划伤等缺陷。电缆敷设时应排列整齐、固定牢固、不宜交叉，并及时装设标识牌。

(2) 电缆接头位置宜相互错开。电缆明敷时的中间接头，用托板托置固定。

(3) 在电缆终端头、电缆接头、拐弯处、夹层内、隧道及竖井的两端等地方，电缆上应装设标识牌。标识牌上应注明线路编号，应写明电缆型号、规格及起讫点；并联使用的电缆应有顺序号。标识牌的字迹应清晰不易脱落。标识牌规格宜统一，并应能防腐，且挂装应牢固。

(4) 电缆的固定应符合设计要求。

(5) 电力电缆和控制电缆不应敷设在同一层支架上。高低压电力电缆，强电、弱电控制电缆应按顺序分层敷设。

### 1.2.4.5 工序流程及操作要点

(1) 施工工序流程图

环网电缆敷设工序流程如图1.2.4-1所示。

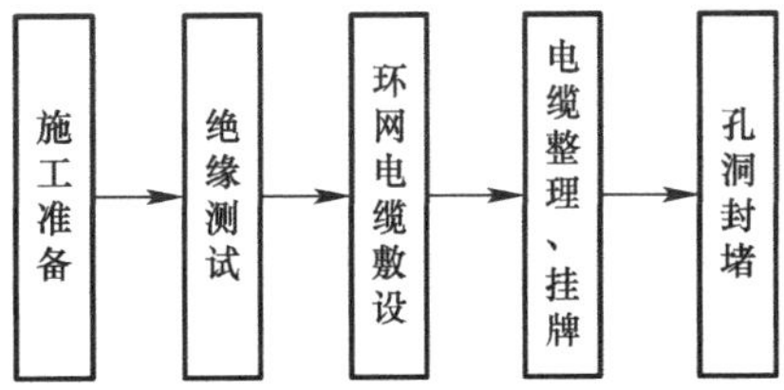


图1.2.4-1 环网电缆敷设工序流程图

(2) 施工准备

开工前组织技术人员认真学习实施性施工组织设计，阅读、审核施工图纸，澄清有关技术问题，熟悉规范和技术标准，制订施工安全保证措施。对施工人员进行技术交底和岗前安全培训，考核合格后持证上岗。做好施工劳动组织配备、材料准备及设备工机具的配置。

(3) 操作要点

1) 电缆检查验收

电缆进场后，必须对电缆进行详细的检查验收，检查电缆的外观、规格型号、电压等级、长度、合格证、耐热阻燃的标识，电缆外观完好无损、铠装无锈蚀、无机械损伤、无明显皱折和扭曲现象，敷设电缆前需对电缆绝缘电阻进行测试。

2) 架设电缆盘

将放线轴穿于要敷设的电缆盘的盘孔中，钢轴的强度和长度与电缆盘重量和宽度相匹配，使线盘能活动自如。机械敷设按先后顺序将电缆盘吊装到轨道车平板上，电缆线盘的架设高度与车厢底面距离为100mm，并在钢轴上加上钢卡，防止线盘在转动时轴向移动。

3）轨道车敷设

使用工程车敷设电缆时需在施工区段两端各 100m 放置红色信号灯进行防护。调整导向轮的高度，并固定妥当，试验电缆盘刹车装置，保证其处于完好状态。

将电缆头端部拉下，人力扯动电缆，电缆工程车随电缆的扯动缓慢前进，注意尽量不要完全依靠工程车的力量牵引电缆。

工程车后应随人将电缆放置在电缆支架上并每隔 10m 左右固定一次，电缆在转弯处两端也要固定好。

使用工程车进行电缆敷设时，要服从统一指挥，在敷设过程中，行车速度应小于 15m/min，敷设过程中注意观察电缆盘和放线架的情况，控制敷设速度，并注意不得在地上摩擦拖动电缆。

电缆敷设完成后，电缆施工负责人应确认电缆盘在电缆工程车上已固定牢固，车上无散落物品，同时电缆施工负责人还必须沿电缆敷设施工区段进行巡视，确保沿线无任何物品侵限、电缆固定可靠，不会对行车构成任何危害，然后方可清点人数离开（图 1.2.4-2）。

图 1.2.4-2　轨道车敷设环网电缆

4）机械敷设

电缆敷设要由施工负责人统一指挥，根据电缆敷设情况指挥牵引机械的启动、停止和速度控制，电缆应从线盘的上方引出。

在牵引机械启动前，先将电缆放出 30m，把电缆头用牵引网套套牢，固定在敷设起点处。放线车启动后，车上施工人员要控制线盘，使其在敷设时保持动态平衡。速度要与电缆展放速度密切配合，地面人员应注意观察展放出的电缆是否放置于地滑轮上。后续施工人员将已拉到位的电缆抬至电缆支架上（图 1.2.4-3）。

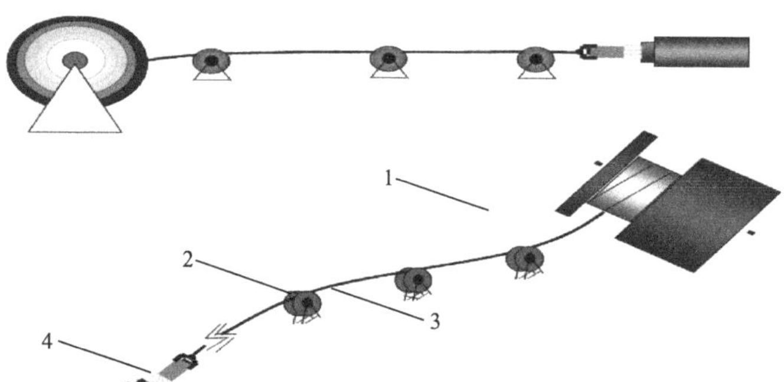


图 1.2.4-3　电缆机械敷设图

1—电动绞磨；2—滚轮；3—钢丝绳；4—电缆

5）人工敷设

在电缆敷设区段无法使用机械的情况下，可将电缆盘运输到电缆敷设区段的车站入口处，经地铁出入口由人工拖放至敷设地段，如图 1.2.4-4 所示，将电缆盘支架放在地铁入口处，注意电缆敷设方向与地铁入口的选取，要保证电缆从电缆盘上方拖出，在地铁入口处设一滑轮，人工转动电缆盘，将电缆拖出，利用地滑轮组将电缆从地面经车站拖放至区间。

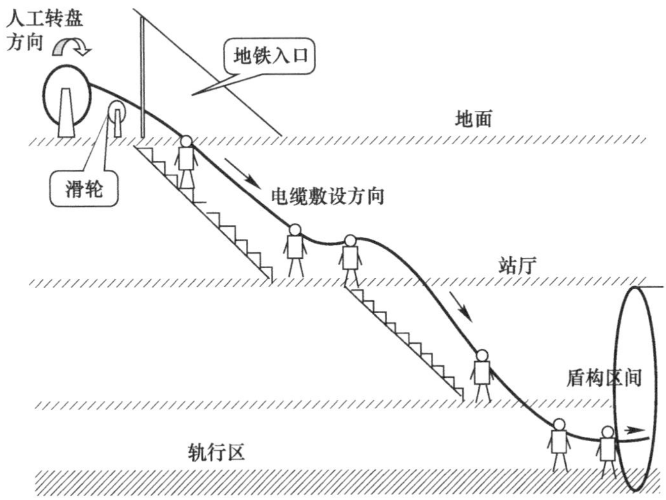


图 1.2.4-4　地面配合电缆敷设示意图

将电缆放线架固定于电缆敷设起点处，将电缆盘架放在放线架上，注意电缆头要从电缆盘上引出；将电缆从盘上引出适当距离，三至四人牵引电缆终端徐徐前进；在放线架处设 3 名施工人员以电缆抽出方向滚动电缆盘，减小对盘及电缆的牵引力。

敷设人员随电缆引出长度的增加而加入（加入密度根据电缆重量确定），沿线路每隔一定距离设通信指挥人员并及时以对讲机通知放线架处及敷设人员电缆敷设情况；电缆拉出一段后，安排施工人员安放地滚滑轮以防止电缆在地面上摩擦损坏电缆外皮（图 1.2.4-5）。

图 1.2.4-5　人工敷设环网电缆

6）障碍区段电缆敷设

35kV 电力电缆由区间进入车站后，电缆路径多位于站台下夹层内，一些地方可能还要经过电缆竖井，将这种无法使用大型工具辅助电缆敷设的地方称为障碍区段，障碍区段电缆敷设将全部由人工完成。

首先，在车站范围内利用轨道车将电缆全部抽出放在道床上，在夹层内电缆路径上每隔约 5m 放置一组（6 只）滑轮，滑轮间距 3m 左右，每隔 5m 间隔处设 3～4 人，整个电缆路径上滑轮及人员均匀分布，再将抽出的电缆从电缆通道入口处穿进电缆夹层，由夹层内施工人员在统一指挥下拖动电缆进行电缆敷设。

如果电缆进夹层后还需要经过电缆竖井才能到达变电所，可以采用上述方法将电缆放至夹层下方并成“8”字形绕放（在场地允许的前提下），在完成竖井下部电缆拖放后，再将电缆向上穿过电缆竖井进行敷设，如果场地有限，穿竖井敷设可与站台下夹层内电缆敷设同时进行。穿竖井时可在竖井顶部固定一个滑轮，用绳子先将电缆末端拖过竖井，再采用人工拖放方式将电缆逐根敷设到位。

7）电缆预留

隧道区间中间头处电缆的预留：隧道区间中间接头处的电缆不可能作集中的、大幅度的预留，为此，如果相邻托臂无电缆的情况下可考虑占用邻层托臂敷设，采取中间接头两侧各50m范围内电缆成呈“大波浪”形敷设，以免由于温度变化引起电缆收缩而对中间接头造成机械拉伤。这里需要注意的是，由于电缆支架间距较小，而35kV电力电缆比较粗、硬，因此电缆需为“大波浪”形。

为了补偿电缆因气温变化热胀冷缩引起的长度变化，因地制宜，在区间结构发生变化时敷设电缆应考虑一定驰度。以保证电缆在运行中不受外力影响，保证电缆的安全稳定运行。电缆在中间接头位置，电缆预留应考虑一定的裕度，电缆中间接头两端各需预留出1m电缆，若电缆过粗可取下相邻层电缆支架托臂，以保证电缆正常敷设（图1.2.4-6）。

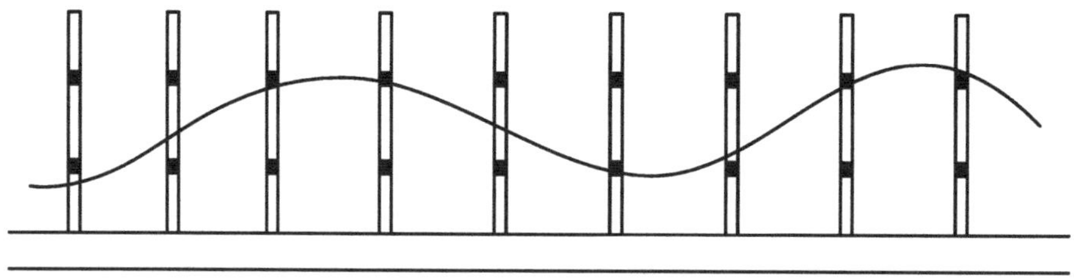

图1.2.4-6 电缆预留敷设方法图

如果支架邻层托臂已有其他电缆占用，电缆预留则应考虑在电缆头两端20m范围内同层托臂上增“S”形敷设，以保证电缆中间头两端各预留1m电缆的余量。

8）电缆的排列固定

支架上的电缆应排列整齐，固定牢靠，支架上多根电缆敷设时，应根据现场实际情况，事先将电缆的排列顺序统一安排，以防电缆的交叉和混乱。电缆固定采用电缆绑扎带，依据设计每隔数个支架采用非磁性电缆钢卡作加强固定，电缆遇到转弯或爬坡位置需用卡子再做固定，单芯电缆的固定卡不能形成闭合磁场回路。

9）电缆标识牌

沿电缆支架敷设的电缆在其两端，拐弯处，交叉处应挂标识牌，标识牌上应写清楚电缆编号、电缆型号、电缆起点、电缆终点等内容，见表1.2.4-1。

**电缆标识牌样式** **表1.2.4-1**

| 电缆编号 | 变电所JD1/接地干线 |
|---|---|
| 电缆起端 | 变电所接地1 |
| 电缆终端 | 接地干线 |
| 电缆型号 | WDZA-EYR-DC-1500V 1×(1×150) |

### 1.2.4.6 劳动力组织

劳动力组织见表1.2.4-2。

劳动力组织表　　表 1.2.4-2

| 序号 | 人员 | 单位 | 数量 | 备注 |
|---|---|---|---|---|
| 1 | 施工负责人 | 人 | 1 | 负责施工、安全及对外协调 |
| 2 | 技术员 | 人 | 1 | 监督指导，并填写施工记录 |
| 3 | 安全员 | 人 | 1 | 负责现场施工安全 |
| 4 | 轨道车司机 | 人 | 2 | 负责操作轨道车 |
| 5 | 防护人员 | 人 | 2 | |
| 6 | 施工人员 | 人 | 20 | 负责电缆敷设 |

### 1.2.4.7 主要机械设备及工器具配置

主要机械设备及工器具配置见表 1.2.4-3。

主要机械设备及工器具配置表　　表 1.2.4-3

| 序号 | 名称 | 规格、型号 | 单位 | 数量 | 备注 |
|---|---|---|---|---|---|
| 1 | 汽车起重机 | 25t | 辆 | 1 | |
| 2 | 载重汽车 | 12t | 辆 | 1 | |
| 3 | 轨道车 | GY-270 | 辆 | 1 | |
| 4 | 轨道平板车 | PC-40 | 辆 | 1 | |
| 5 | 梯子 | 3m | 把 | 4 | |
| 6 | 钢卷尺 | 10m | 把 | 1 | |
| 7 | 盒尺 | 1m | 把 | 2 | |
| 8 | 配电箱（发电机） | 三相五线 | 台 | 2 | |
| 9 | 放线架 | | 套 | 1 | |
| 10 | 扳手 | 组合件 | 套 | 1 | |
| 11 | 扩音器 | | 台 | 2 | |
| 12 | 紧线器 | 15m | 套 | 8 | |
| 13 | 对讲机 | 400M | 台 | 5 | |
| 14 | 滑轮 | | 个 | 60 | |
| 15 | 照明灯具 | | 套 | 3 | |

### 1.2.4.8 物资材料配置

物资材料配置见表 1.2.4-4。

物资材料配置表　　表 1.2.4-4

| 序号 | 名称 | 规格、型号 | 单位 | 数量 | 备注 |
|---|---|---|---|---|---|
| 1 | 环网电缆 | | 米 | 实需 | |
| 2 | 控制电缆、光缆 | | 米 | 实需 | |
| 3 | 电缆标识牌 | | 张 | 实需 | |
| 4 | 电缆绑带 | | 包 | 实需 | |
| 5 | 防火封堵泥 | | 千克 | 实需 | |

### 1.2.4.9 质量控制标准

（1）电缆进场前需进行检查，电力电缆、控制电缆的电压等级、规格型号、绝缘电阻等应符合设计要求。

（2）电缆敷设路径、终端位置符合设计要求；电缆高度发生变化时，其坡度平缓；直敷电缆进入建筑物时应采用非磁性钢管进行保护。

（3）电缆敷设完成后应横平竖直，敷设时需尽量减少电缆交叉，电缆在无法避免交叉时需满足设计规范并应达到施工工艺美观。

（4）电缆敷设时，需先使用绑带固定，电缆敷设完成后需用非磁性钢卡每四个支架固定一次，电缆遇转弯或上坡处需增加电缆卡子固定，以保证电缆牢靠的固定在支架上。

（5）电力电缆及控制电缆与设备连接方法正确，固定牢靠，绝缘良好，终端头及中间头可靠接地。各类电缆根据要求预留适当的备用长度。

（6）所有保护、控制电缆、低压电力电缆光缆规格型号及敷设路径，均应符合设计要求，电缆表面无严重破损、无大面积污染、不得出现拧绞、压扁、护层断裂等缺陷。

（7）35kV电力电缆用2500V/2500MΩ兆欧表检查，控制电缆用500V/500MΩ兆欧表检查，35kV电力电缆其绝缘电阻不应小于400MΩ，控制电缆绝缘电阻不应小于5MΩ，检查完毕后需监理单位查阅试验报告。

#### 1.2.4.10　安全控制措施

（1）进入施工区域，所有施工人员在进入施工现场时必须穿反光衣，戴安全帽，穿防刺鞋。

（2）人工敷设电缆，要防止电缆与桥架的摩擦。

（3）防止手脚被电缆砸伤或挤伤，防止电缆砸伤设备。

（4）电缆在汽车或轨道车运输途中，必须使用紧线器将电缆盘固定牢固。

（5）敷设电缆时，对电缆的拉力不得大于电缆的设计拉力；电缆盘转速不得大于15m/min。使用工程车进行电缆敷设时，要服从统一指挥，在敷设过程中，行车速度应小于5km/h，敷设过程中注意观察电缆盘和放线架的情况，控制敷设速度，并注意不得在地上摩擦拖动电缆。

（6）在电缆沟、电缆井内施工时，必须有充足的照明设备；进入电缆沟前需使用风机对电缆沟进行强制通风，保证空气流通，避免人员窒息；在电缆井内施工时施工人员必须使用安全带，以免高空坠落。

#### 1.2.4.11　环保要求

施工现场工具材料必须摆放整齐，保证现场施工场地整洁、干净、工完料清。施工过程中产生的废料和就餐时的一次性饭盒、塑料袋等生活废品要当日下班时带出工地，集中处理，严禁随意抛扔。

### 1.2.5　环网电缆中间头制作

#### 1.2.5.1　适用范围

适用于城市轨道交通工程供电系统单芯环网电缆冷缩式中间头施工。

#### 1.2.5.2　施工条件

环网电缆已敷设并整理完成。

#### 1.2.5.3　施工内容

电缆整理、电缆中间头制作、电缆固定绑扎。

#### 1.2.5.4　施工技术标准

（1）确保工作时的环境温度高于5℃。

（2）制作电缆接头时其空气相对湿度宜为70%及以下。

（3）施工前应做好检查：电缆绝缘状况良好，无受潮；电缆头不应进水。电缆接头材料规格应与电缆一致，零部件齐全且无损伤；绝缘材料不得受潮；密封材料不得失效。

（4）电缆应有明显的相色标志，且应与系统的相位一致。

#### 1.2.5.5 工序流程及操作要点

（1）施工工序流程图

环网电缆中间头制作工序流程如图1.2.5-1所示。

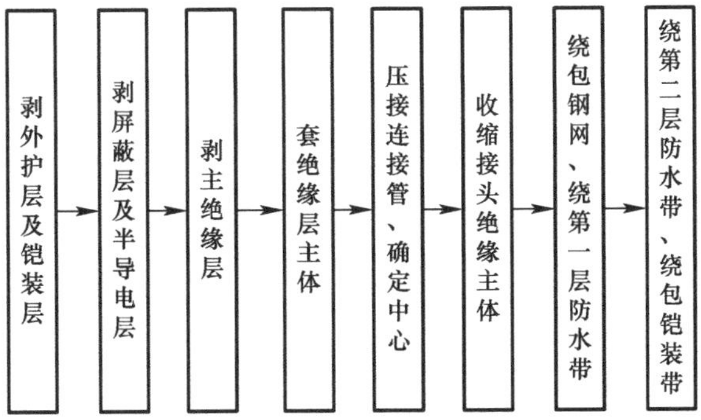


图1.2.5-1 环网电缆中间头制作工序流程图

（2）施工准备

施工前对施工人员进行技术交底、安全技术交底。施工劳动组织配备、材料准备及机械工机具准备完成，电缆附件已到货，检验合格，现场临时照明满足施工需要。

（3）操作要点

1）外护层及电缆铠装层

剥除外护层、铠装层、屏蔽层、半导电层及主绝缘层如图1.2.5-2所示。

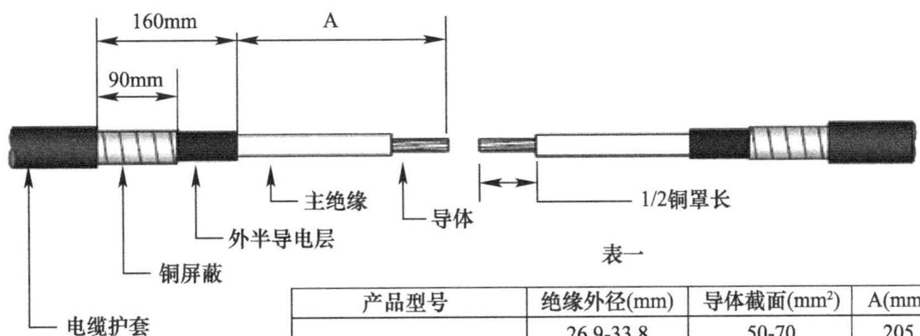


表一

| 产品型号 | 绝缘外径(mm) | 导体截面($mm^2$) | A(mm) |
|---|---|---|---|
| QS3000K1 | 26.9-33.8 | 50-70 | 205 |
| | 31.5-40.9 | 95-185 | 200 |
| QS3000K2 | 35.9-45.0 | 240-300 | 240 |
| | 42.0-57.2 | 400-630 | 235 |

图1.2.5-2 剥除外护层、铠装层、屏蔽层、半导电层及主绝缘层

将测试合格的、准备连接的两根电缆末端搁平、调直、对接据齐；然后将一根电缆按照厂家技术要求量取各型号电缆相应长度A+160mm剥除长护套，另一根也按此方法剥除A+160mm。

2）剥屏蔽层和半导体电层

用扎线在离电缆外护 30mm 处将铠装扎紧，从待连接的两根电缆由末端向两端各量取 A+70mm，剥除这部分的铜屏蔽层，用半导电带将铜屏蔽切断处扎紧，保留 70mm 半导电层，其末端 A 长剥除半导电层。

3）剥主绝缘层

量取电缆连接管长度 $L$，以 $L/2$ 长度将电缆端部绝缘及内屏蔽层剥去，并将绝缘端部尖角、毛刺去掉；用细砂纸或纱布，将绝缘层平面砂平、打光、绝缘层与半导电层相连接处平滑过渡，不允许成齿状，此工艺绝不能省。

充分拉伸并半重叠绕包 13＃半导电带（有字的一面朝外），从铜屏蔽带上 40mm 处开始至 10mm 的半导电层上一个来回（图 1.2.5-3）。

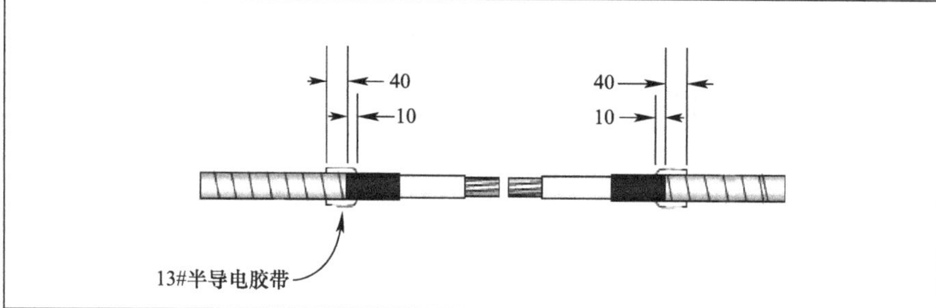


图 1.2.5-3　绕半导电胶带

4）套接头绝缘主体

将一根电缆的绝缘层、半导电层和铜屏蔽层用清洁巾清理干净待清洁剂挥发后，套入冷缩接头主体，另一端套入同屏蔽编织网套，将接头绝缘主体和电缆绝缘临时保护（图 1.2.5-4）。

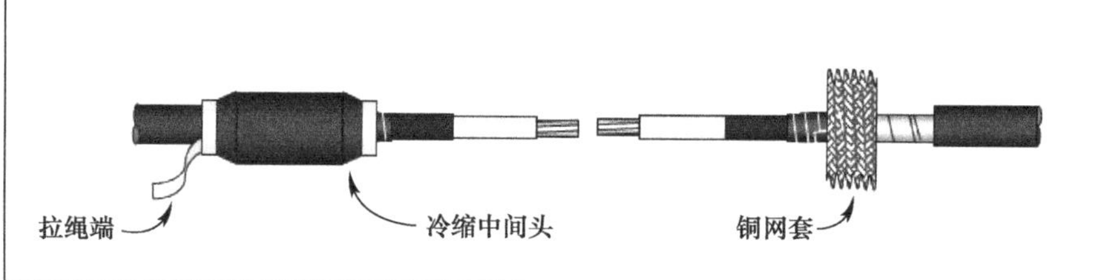


图 1.2.5-4　套入冷缩接头主体

5）压接连接管，确定中心

用砂布去线芯表面氧化层，然后用清洁巾将连接管内外表面及线芯清洗干净，待清洁剂挥发后将连接管分别套入待连接两根电缆的线芯，挤紧后先压连接管两端，再在连接管中间压接两道（共压接 4 道）；将连接管表面的毛刺、尖角等砂平，用清洁巾将连接管表面清洗干净。

注意：不得在线芯及连接管上绕包任何材料、不能在接头位置留有金属渣或其他导电物（图 1.2.5-5）。

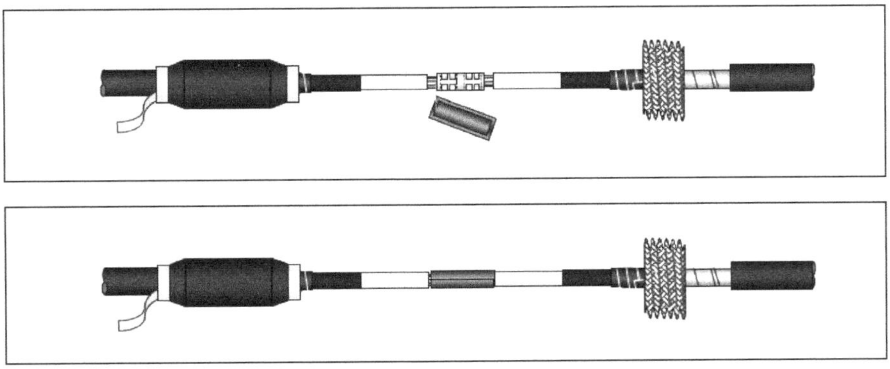

**注意**
1. 如果发现铜罩不容易扣上，用扳手或钳子(使用包裹塑料的一端)轻轻敲击使得铜罩闭合良好。
2. 如果发现铜罩松动，可以在铜罩中间绕上两圈窄的PVC胶带，但不能把铜罩全部覆盖住。

图 1.2.5-5　压接连接管

6）安装冷缩接头主体

确定冷缩基准点：测量两个绝缘口之间距离尺寸 $C$（图 1.2.5-6），然后按尺寸 $C/2$，在铜罩上确定其中心点，再在半导电层上离铜罩中心点距离 $D$ 处用 PVC 带作个明显的标识，此处为冷缩中间接头收缩的基准点。用清洁巾将电缆的绝缘层、半导电层和铜屏蔽层、线芯表面、连接管表面再清洗一次。

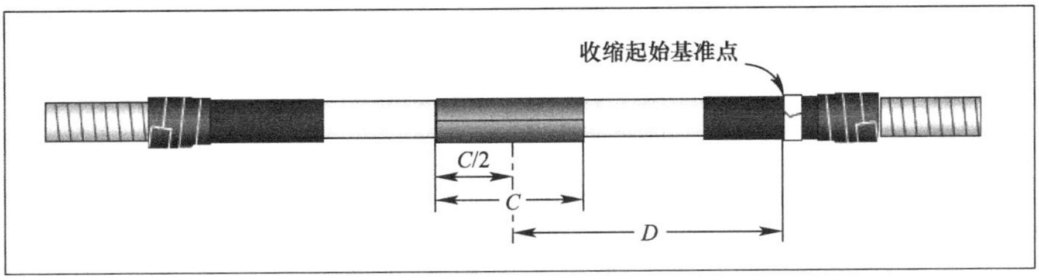


图 1.2.5-6　安装冷缩接头主体

待清洁剂挥发后，用红色绝缘混合剂填充半导电层切断口处的台阶，然后把其余剂料全部均匀涂在主绝缘表面上，不要过量。铜罩表面无需涂抹绝缘混合剂（图 1.2.5-7）。

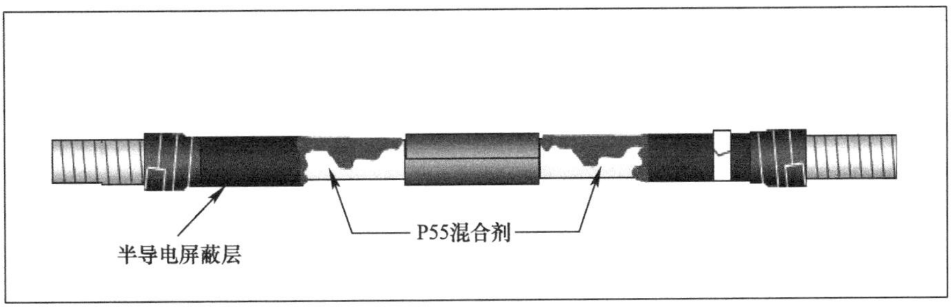


图 1.2.5-7　涂绝缘混合剂

将冷缩接头对准收缩起始点，逆时针抽掉芯绳使接头收缩。收缩几圈后，如有偏差，尽快左右移动或转动接头以进行调整，保证安装到位（图 1.2.5-8）。

注意 收缩后，检查中间头两端是否与半导电层都搭接住，搭接长度不小于20mm。

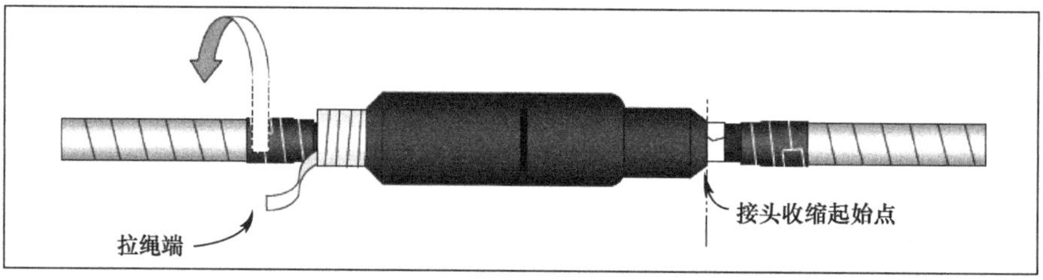


图 1.2.5-8 收缩冷缩头

7）恢复金属屏蔽层

在装好的接头主体外部将铜编织网套展开，用 PVC 胶带把铜网套绑扎在接头主体上，用两只恒力弹簧将铜网套的两端固定在电缆铜屏蔽带上（图 1.2.5-9）。

注意 确认弹簧位于电缆铜屏蔽层上(不得将铜网套固定在电缆外半导电层上)。

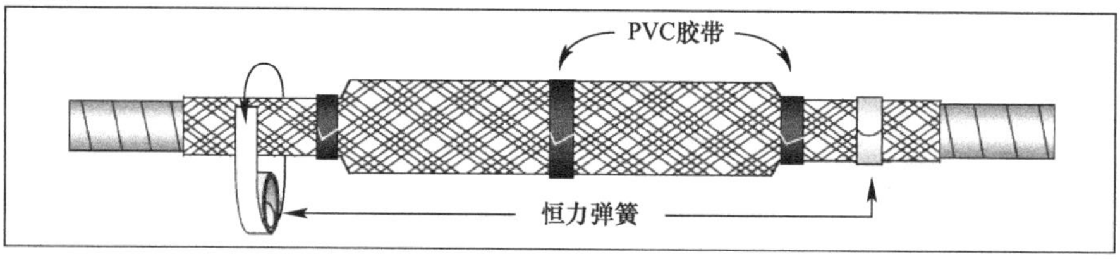


图 1.2.5-9 绑扎铜网套

将铜网套的两端修齐整，或反折到恒力弹簧里，半重叠绕包两层 23＃绝缘胶带，将恒力弹簧及铜屏蔽网的毛边完全包覆住（图 1.2.5-10）。

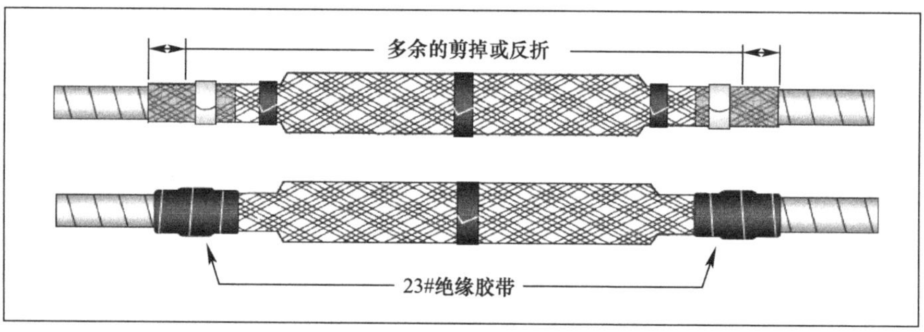


图 1.2.5-10 修齐铜网套，绕绝缘胶带

8）恢复防水层

在电缆护套上，将开剥端口起 60mm 范围内打磨粗糙并清洁干净，然后从一端护套上距离 60mm 处开始半重叠绕包 2228＃防水胶带至另一端护套上 60mm 处一个来回，涂胶粘剂一面朝里。注意，绕包 2228 胶带时必须确保将胶带拉至原宽度的 3/4，半重叠绕包。完成后双手用力挤压胶带，使其紧密贴附（图 1.2.5-11、图 1.2.5-12）。

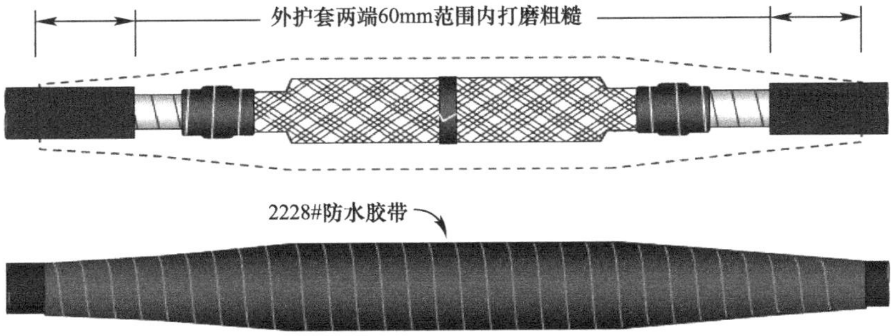


图 1.2.5-11 绕防水胶带

图 1.2.5-12 环网电缆中间头成品

### 1.2.5.6 劳动力组织

劳动力组织见表 1.2.5-1。

**劳动力组织表** **表 1.2.5-1**

| 序号 | 人员 | 单位 | 数量 | 备注 |
|---|---|---|---|---|
| 1 | 施工负责人 | 人 | 1 | 负责施工、安全及对外协调 |
| 2 | 技术人员 | 人 | 1 | 监督指导，并填写施工记录 |
| 3 | 施工人员 | 人 | 3 | 负责现场电缆头制作 |

### 1.2.5.7 主要机械设备及工器具配置

主要机械设备及工器具配置见表 1.2.5-2。

**主要机械设备及工器具配置表** **表 1.2.5-2**

| 序号 | 名称 | 规格 | 单位 | 数量 | 备注 |
|---|---|---|---|---|---|
| 1 | 液压电缆剪切刀 | | 把 | 1 | |
| 2 | 钢锯 | | 把 | 2 | |
| 3 | 万向剥切刀 | | 把 | 1 | |
| 4 | 高压电缆头专用工具 | | 套 | 1 | |
| 5 | 液压压接钳 | | 套 | 1 | |
| 6 | 兆欧表 | 2500V | 台 | 1 | |
| 7 | 铁皮剪 | | 把 | 1 | |
| 8 | 干湿温度计 | | 个 | 1 | |

#### 1.2.5.8　物资材料配置

物资材料配置见表 1.2.5-3。

物资材料配置表　　表 1.2.5-3

| 序号 | 名称 | 规格 | 单位 | 数量 | 备注 |
|---|---|---|---|---|---|
| 1 | 35kV 电缆中间头组件 | | 套 | | 厂家提供 |
| 2 | 砂纸 | | 张 | | 打磨用 |
| 3 | 酒精 | | 瓶 | 4 | |
| 4 | 接地线 | | 米 | | 详见图纸 |
| 5 | 导电漆 | | 千克 | | 详见图纸 |
| 6 | 防水带 | | 卷 | | 详见图纸 |
| 7 | PVC 粘胶带 | | 卷 | | 详见图纸 |

#### 1.2.5.9　质量控制标准

（1）电力电缆中间头的电缆护层剥切长度、绝缘包扎长度及芯数连接强度应符合电缆头制作工艺要求，单相电力电缆的铠装或屏蔽层应有一端接地。

（2）设置在区间的中间头，三相接头位置需错开，其距离不应小于 0.5m。

（3）电缆中间接头应加强绝缘、密封防潮、机械保护措施，35kV 电缆中间头接头处有改善电缆屏蔽端部电场集中的有效措施，并确保外绝缘材相间和对地距离。

（4）本操作步骤中提供的技术参数仅供参考。实际制作按电缆头供货商的说明书要求制安。

（5）剥切电缆护层、铠装带和屏蔽层时不得损伤主绝缘，屏蔽层的端部要平整，不得有毛刺。

#### 1.2.5.10　安全措施

（1）进入施工现场必须佩戴好安全帽，穿好工作服、工作鞋。

（2）使用专用刀具剥电缆外皮时，必须戴手套，要注意安全，谨防划伤。

（3）焊接地线应使用烙铁，不得直接用喷灯，避免损伤主绝缘。地线应内外绑扎牢固，以防脱落和损伤护套密封。

（4）剥除护层、金属、铠装、铜带和绝缘屏蔽时，不得伤及主绝缘，屏蔽端部要平整光滑，不得有毛刺和凸缘。

（5）电缆头制作安装时，必须在施工地点两端按规定设置防护。

（6）雨雪及大雾天气不得进行施工。

（7）连续施工时，防止汗水滴入绝缘材料内，防止受潮，要确保施工场地清洁、干燥、光线充足，操作人员需戴棉线手套。

#### 1.2.5.11　环保控制要求

施工完毕后及时清理现场垃圾，做到工完料尽场地清。

## 1.3　杂散电流防护工程

### 1.3.1　适用范围

适用于城市轨道交通设备系统工程供电系统杂散电流防护工程，包括单向导通装置安装、参比电极安装、传感器安装、电缆敷设及端子连接。

## 1.3.2 引用技术标准

(1)《轨道交通 地面装置 电气安全、接地和回流第 2 部分：直流牵引供电系统杂散电流的防护措施》GB/T 28026.2—2018。

(2)《施工企业安全生产管理规范》GB 50656—2011。

## 1.3.3 单向导通装置安装

### 1.3.3.1 适用范围

适用于城市轨道交通供电工程杂散电流监测与防护系统单向导通装置安装施工。

### 1.3.3.2 施工条件

设备安装区域场地平整、无积水，轨道绝缘节安装完成。

### 1.3.3.3 施工内容

基础浇制、设备吊装、设备安装、设备固定。

### 1.3.3.4 施工工技术标准

(1) 基础混凝土的强度等级为 C20；基础顶面高出地面层 200mm，基础表面平整，不应有蜂窝、麻面、棱角损坏或露筋现象。

(2) 单向导通装置垂直度、水平偏差符合相关规定。

(3) 单向导通装置柜内设备与各构件间连接应牢固。

### 1.3.3.5 工序流程及操作要点

(1) 施工工序流程图

单向导通装置安装工序流程如图 1.3.3-1 所示。

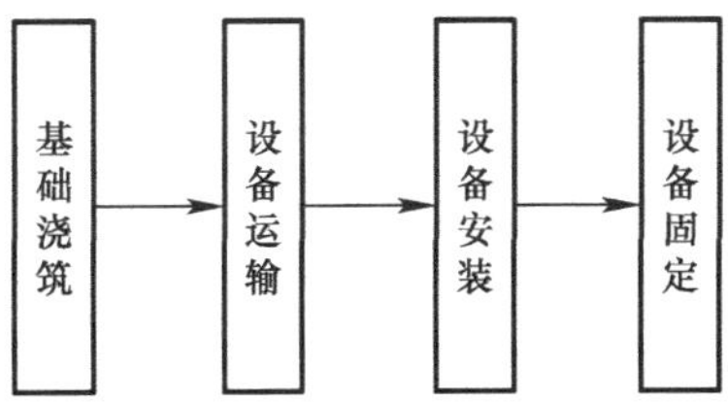


图 1.3.3-1 单向导通装置安装工序流程图

(2) 施工准备

1) 技术人员认真学习实施性施工组织设计，阅读、审核施工图纸，澄清有关技术问题，熟悉规范和技术标准，制订施工安全保证措施。对施工人员进行技术交底和岗前安全培训，考核合格后方能上岗。

2) 施工前保证施工工机具和施工材料到位，并对工机具和施工材料进行全面检查，保证工机具配备齐全，各种工具均能良好使用。保证施工机具、材料满足施工要求，符合设计标准。

(3) 操作要点

1) 基础浇制

① 核对基础限界，确保设备安装后不会侵入设备限界。

② 根据坑形设计开挖基坑，基坑位置、尺寸、深度符合设计要求。

③ 浇制前复查基坑的位置、标高、类型及电缆进出孔洞是否符合要求；检查模板安装尺寸型号是否正确，安装是否稳固；基坑内如有积水、淤泥，应予清除。

④ 浇制混凝土在捣固过程中应水平分层进行，逐层捣实，宜采用插入式振捣器进行捣固。振捣时随时检查模板是否变形、漏浆。

⑤ 7 日后对基础模板进行拆除，经监理检查后回填。每回填 0.3m 厚的土层，夯实一

次；基础四周夯实均匀，顶部回填土适当加高。

2）设备运输

单向导通装置一般位于场段内，可选择用汽车运输。

图1.3.3-2 单向导通装置安装成品图

3）设备安装

① 设备运输到位后开箱检验，确认设备完好无损，配件、附件齐全。

② 根据设计，确定柜体朝向，用起重机将设备吊至混凝土基础上，用铅垂线找正。

③ 用专用钥匙打开柜门，确认柜体内一、二次接线端子正确无误。

4）设备固定

① 柜体底部安装地脚螺栓。检查确认柜体垂直度符合要求后，用扳手拧紧地脚螺栓，连接地线。

② 卸掉单向导通装置柜顶上的吊环（图1.3.3-2）。

③ 将防雨帽从包装箱中取出，注意防雨帽上丝印所注型号与柜体铭牌上型号一致，用螺栓将防雨帽与柜体紧固在一起。

#### 1.3.3.6 劳动力组织

劳动力组织见表1.3.3-1。

劳动力组织表　　表1.3.3-1

| 序号 | 人员 | 单位 | 数量 | 备注 |
|---|---|---|---|---|
| 1 | 施工负责人 | 人 | 1 | 负责施工、安全及对外协调工作 |
| 2 | 技术员 | 人 | 1 | 负责现场技术 |
| 3 | 安全员 | 人 | 1 | 负责现场安全 |
| 4 | 施工人员 | 人 | 8 | 负责现场安装 |

#### 1.3.3.7 主要机械设备及工器具配置

主要机械设备及工器具配置见表1.3.3-2。

主要机械设备及工器具配置表　　表1.3.3-2

| 序号 | 名称 | 规格 | 单位 | 数量 | 备注 |
|---|---|---|---|---|---|
| 1 | 货车 | 2.5t | 辆 | 2 | 设备运输 |
| 2 | 起重机 | 25t | 辆 | 1 | 设备安装 |
| 3 | 水平尺 | 1m | 把 | 1 | 设备调平、调直 |
| 4 | 木方 | | 根 | 实需 | 设备支垫 |
| 5 | 线坠 | | 个 | 1 | 设备调整 |
| 6 | 扭矩扳手 | 组合件 | 套 | 1 | 紧固螺栓 |
| 7 | 人字梯 | 2m | 架 | 1 | |
| 8 | 万用表 | | 台 | 1 | |
| 9 | 钢卷尺 | | 把 | 2 | |
| 10 | 大锤 | 5kg | 把 | 1 | |
| 11 | 手锤 | 1.5kg | 把 | 2 | |

### 1.3.3.8 物资材料配置

物资材料配置见表 1.3.3-3。

物资材料配置表　　表 1.3.3-3

| 序号 | 名称 | 规格 | 单位 | 数量 | 备注 |
|---|---|---|---|---|---|
| 1 | 单向导通装置 | | 台 | 实需 | 依据设计图纸 |
| 2 | 基础螺栓 | | 套 | 实需 | 依据设计图纸 |
| 3 | 连接螺栓 | | 套 | 实需 | 由供货商提供 |
| 4 | 附件 | | 件 | 实需 | 由供货商提供 |
| 5 | 木板 | | 块 | 实需 | 铺设道路 |
| 6 | 钢板 | | 块 | 实需 | 设备运输 |

### 1.3.3.9 质量控制标准

(1) 单向导通装置的规格、型号及安装位置符合设计要求。

(2) 单向导通装置固定牢固，外部接线正确，连接可靠。

(3) 单向导通装置设置靠近轨道时，应进行限界检查。

(4) 单向导通装置安装后的垂直度误差应小于 1.5mm。

### 1.3.3.10 安全控制措施

(1) 设备在运输前，运输总指挥人负责对运输线路进行调查、平整、清障，并对相关人员进行安全运输培训和运输演练，做到人人知道自己的工作任务和职责。

(2) 设备在汽车运输过程中，应尽量行驶在平坦的路面，避免采取紧急制动，避免设备的碰撞和倾翻，随时观察行驶环境的改变，注意高空的电线、标识牌等物件，确保设备的运输安全。

(3) 在人工运输过程中，操作人员应对设备四周进行防护处理，尽量使机具平稳，并注意路径上的坑、孔和障碍物件，如有影响设备运输的障碍，及时处理后再进行施工，确保设备运输的安全，并要注意保护设备运输路径上的既有设施。

(4) 在吊装设备之前，首先应确认设备的吊装位置，并确定采用吊具的种类（钢丝绳或吊装带），做好吊装孔周围障碍物的清理工作，并对施工人员进行交底工作。

(5) 在吊装过程中，要对起重机司机进行安全指导，针对地理环境采取相应的安全注意事项，保证设备吊装的平稳和避免设备的碰撞，确保设备的安全无损。

(6) 使用吊具、钢丝绳、千斤顶、紧固件、扣件前必须检查是否完好，严禁使用非完好机具。

(7) 起吊设备时，要先进行试吊，观察设备受力及平衡情况，确认安全可靠后方可起吊。

(8) 拆设备包装时，必须采用相应的安全措施，防止梯子倾倒或包装板砸伤人员或设备。

(9) 按规定佩戴安全帽及其他防护用品。

### 1.3.3.11 环保控制措施

施工过程中的废弃物应及时分类妥善处理，运至指定地点。

## 1.3.4 参比电极安装

### 1.3.4.1 适用范围

适用于城市轨道交通供电工程杂散电流防护系统参比电极安装施工。

### 1.3.4.2 施工条件

（1）技术人员认真学习实施性施工组织设计，阅读、审核施工图纸，澄清有关技术问题，熟悉规范和技术标准。制订施工安全保证措施，编制应急预案。对施工人员进行技术交底和岗前安全培训，考核合格后持证上岗。

（2）施工前保证施工工机具和施工材料到位，并对工机具和施工材料进行全面检查，保证工机具配备齐全，各种工具均能良好使用。保证施工机具、材料满足施工要求，符合设计标准。

### 1.3.4.3 施工内容

预埋孔处理、参比电极安装、引线固定。

### 1.3.4.4 施工技术标准

（1）型式/规格按设计规定。

（2）直径、孔深符合设计规定。

（3）安装时填料稠度适宜，深度符合设计，全部埋置混凝土中。

（4）参比电极与结构混凝土表面垂直。

### 1.3.4.5 工序流程及操作要点

（1）施工工序流程图

参比电极安装工序流程如图 1.3.4-1 所示。

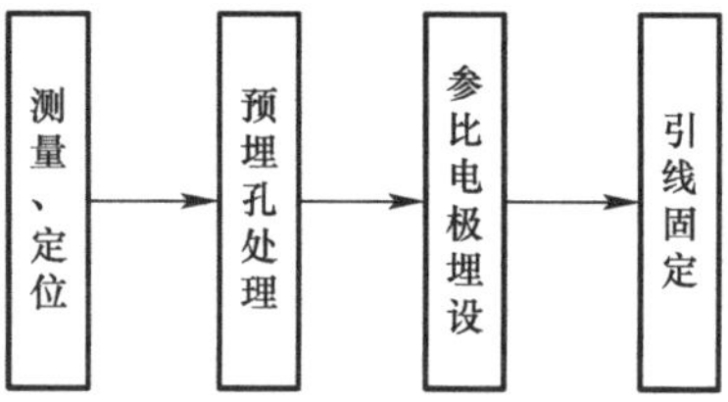


图 1.3.4-1 参比电极安装工序流程图

（2）施工准备

施工调查完成，确认现场具备施工条件。施工前对施工人员进行技术交底、安全技术交底。施工劳动组织配备、材料准备及机械工机具准备完成，现场临时电源满足施工需要。

（3）操作要点

1）测量定位：根据图纸所示里程及传感器的安装位置，找到测量端子，在测量端子 0.5m 范围内标识出参比电极安装位置（图 1.3.4-2）。

图 1.3.4-2 参比电极打孔

2）预埋孔处理：根据前期测量结果，在安装标识位置，使用水钻开孔，安装位置、距结构钢筋距离、孔径及孔深应满足设计图纸要求。测量安装孔的孔径及孔深。对安装孔进行清理，清除内部的混凝土粉块及浮尘。

3）参比电极埋设：将预先浸泡 24h 的参比电极拿出，在电极外壳涂抹水泥砂浆，并将少许水泥砂浆均匀涂抹在参比电极安装孔四周壁上，将参比电极紧靠钢筋所在位置处轻轻放入安装孔中至理想深度，在参比电极埋置处上方，用水泥砂浆封口并保持孔口与周围混凝土表层平齐。

4）引线固定：测量参比电极安装位置与接线盒间距离，据此长度对保护管进行预弯及截断加工，使保护管转弯处刚好位于结构壁边缘。将引线穿入保护管，并用管卡固定，管卡间距应分布均匀，间距应≤0.8m。

#### 1.3.4.6 劳动力组织

劳动力组织见表1.3.4-1。

劳动力组织表 表1.3.4-1

| 序号 | 人员 | 单位 | 数量 | 备注 |
|---|---|---|---|---|
| 1 | 施工负责人 | 人 | 1 | 负责施工、安全及对外协调工作 |
| 2 | 技术员 | 人 | 1 | 负责现场技术 |
| 3 | 安全员 | 人 | 1 | 负责现场安全，兼职 |
| 4 | 施工人员 | 人 | 5 | 含厂家人员 |

#### 1.3.4.7 主要机械设备及工器具配置

主要机械设备及工器具配置见表1.3.4-2。

主要机械设备及工器具配置表 表1.3.4-2

| 序号 | 名称 | 规格 | 单位 | 数量 | 备注 |
|---|---|---|---|---|---|
| 1 | 水钻 | | 台 | 1 | 开孔 |
| 2 | 钻头 | | 套 | 1 | 具体视参比电极具体尺寸而定 |
| 3 | 钢卷尺 | 3m | 把 | 1 | 测量 |
| 4 | 水桶 | | 个 | 2 | |
| 5 | 电锤 | 750W | 把 | 1 | 配备合适钻头、打孔 |
| 6 | 煨管器 | DN20 | 个 | 1 | |
| 7 | 小锤 | | 把 | 1 | |
| 8 | 螺丝刀 | | 把 | 1 | |
| 9 | 电源盘 | | 个 | 1 | 电缆不小于三十米 |
| 10 | 油性记号笔 | | 支 | 1 | 定位 |

#### 1.3.4.8 物资材料配置

物资材料配置见表1.3.4-3。

物资材料配置表 表1.3.4-3

| 序号 | 名称 | 规格 | 单位 | 数量 | 备注 |
|---|---|---|---|---|---|
| 1 | 参比电极 | | 个 | 实需 | |
| 2 | 清水 | | 升 | 实需 | |
| 3 | 镀锌钢管 | DN20 | 米 | 实需 | |
| 4 | 管卡 | | 个 | 实需 | |
| 5 | 回填料 | | 千克 | 实需 | |
| 6 | 绝缘胶带 | | 卷 | 实需 | |

#### 1.3.4.9 质量控制标准

(1) 参比电极无锈蚀或机械损伤，规格、型号及安装位置应与设计要求相符。

(2) 参比电极与孔洞间回填料、水泥砂浆应填充密实、均匀。

(3) 引线及套管布放美观，引线完好无破损。

(4) 参比电极距钢筋（或钢）距离小于15mm，但不能与钢筋接触。

(5) 安装使用前，须将待安装的参比电极在洁净自来水中充分浸泡不小于24h。

#### 1.3.4.10 安全控制措施

(1) 注意用电安全和电动工具的安全操作，避免触电伤害和钻机造成的机械伤害。

(2) 在轨行区施工应设有专人防护，按规定设置警示标志，穿防护服，注意避让往来轨行车辆。

(3) 按规定佩戴安全帽及其他防护用品，如施工区域上方有土建预留结构孔洞，需注意防高空坠物打击。

#### 1.3.4.11 环保控制措施

施工用水泥砂浆应集中妥善放置，防止污染周围环境。施工过程中的废弃物应及时分类妥善处理，运至当地环保部门指定地点。

### 1.3.5 传感器安装

#### 1.3.5.1 适用范围

适用于城市轨道交通供电工程杂散电流监测与防护系统传感器安装施工。

#### 1.3.5.2 施工条件

轨道已铺设完成，车站、隧道主体结构施工已完成。

#### 1.3.5.3 施工条件

支架预制、测量定位、打孔、传感器安装。

#### 1.3.5.4 施工技术标准

(1) 支架固定牢固、可靠、水平。

(2) 支架的防腐措施应良好、无明显乱痕、无油漆脱落。

(3) 传感器放端正、工艺美观。

(4) 传感器的安装位置应符合设计要求。

#### 1.3.5.5 工序流程及操作要点

(1) 施工工序流程图

传感器安装工序流程如图1.3.5-1所示。

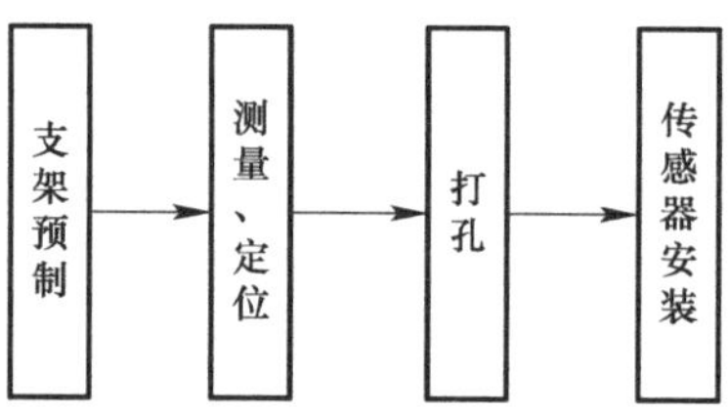


图1.3.5-1 传感器安装工序流程图

(2) 施工准备

1) 开工前组织技术人员认真学习实施性施工组织设计，阅读、审核施工图纸，澄清有关技术问题，熟悉规范和技术标准。制订施工安全保证措施，编制应急预案。对施工人员进行技术交底，对参加施工人员进行上岗前技术培训，考核合格后持证上岗。

2) 施工前保证施工工机具和施工材料到位，并对工机具和施工材料进行全面检查，保证工机具配备齐全，各种工具均能良好使用。保证施工机具、材料满足施工要求，符合设计标准。

(3) 操作要点

1) 支架预制

在采用带支架安装方式时，传感器支架应符合现场实际情况，预留固定设备的孔洞，便于设备固定于支架上。

2) 测量定位

根据施工设计图，测量出传感器的安装位置，作好标记，然后检查准备安装的传感器位置是否满足，适当作一些调整，直到符合要求为止。

3) 钻孔

① 将支架放在安装位置上，根据支架眼孔位置打入膨胀螺栓，并使其胀紧。

② 在采用无支架安装方式时，直接将设备放在安装位置上，打入膨胀螺栓，并使其胀紧。

4) 传感器安装

① 将传感器壳体固定在相应安装支架上，再将支架固定在已安装好的膨胀螺栓上，调整并拧紧螺栓。

② 在采用无支架安装方式时，直接将传感器固定于已安装好的膨胀螺栓上，调整并拧紧螺栓（图 1.3.5-2）。

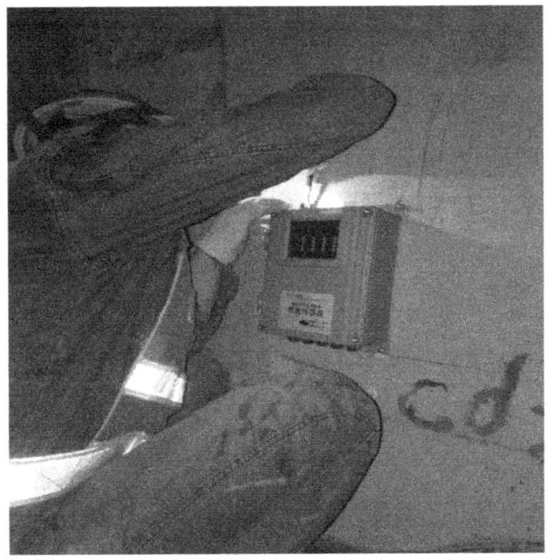

图 1.3.5-2 传感器安装

### 1.3.5.6 劳动力组织

劳动力组织见表 1.3.5-1。

劳动力组织表　　表 1.3.5-1

| 序号 | 人员 | 单位 | 数量 | 备注 |
|---|---|---|---|---|
| 1 | 施工负责人 | 人 | 1 | 负责施工、安全及对外协调工作 |
| 2 | 技术员 | 人 | 1 | 监督指导，并填写施工记录 |
| 3 | 安全员 | 人 | 1 | 负责现场施工安全 |
| 4 | 施工人员 | 人 | 6 | 负责现场施工 |

注：以上按安装一个车站/区间的传感器（转接器）考虑。

### 1.3.5.7 主要机械设备及工器具配置

主要机械设备及工器具配置见表 1.3.5-2。

主要机械设备及工器具配置表　　表 1.3.5-2

| 序号 | 名称 | 规格 | 单位 | 数量 | 备注 |
|---|---|---|---|---|---|
| 1 | 钢卷尺 | 5m | 把 | 2 | |
| 2 | 油性记号笔 | | 支 | 2 | |
| 3 | 三级箱 | | 个 | 1 | |
| 4 | 电锤 | | 把 | 1 | |
| 5 | 扭矩扳手 | 组合件 | 套 | 1 | |

注：以上按安装一个车站/区间的传感器（转接器）考虑。

#### 1.3.5.8　物资材料配置

物资材料配置见表 1.3.5-3。

物资材料配置表　　表 1.3.5-3

| 序号 | 名称 | 规格 | 单位 | 数量 | 备注 |
|---|---|---|---|---|---|
| 1 | 支架 | 自制 | 套 | 实需 | |
| 2 | 膨胀螺栓 | | 个 | 实需 | |
| 3 | 连接螺栓 | | 个 | 实需 | |
| 4 | 传感器 | | 个 | 实需 | |

注：以上按安装一个车站/区间的传感器考虑。

#### 1.3.5.9　质量控制标准

该安装施工具体质量控制点应参考设计图纸及厂家安装说明书相关内容重点控制如下质量关键点：

(1) 支架或固定支架的螺栓不能与道床或隧道壁内部的结构钢筋有任何连接点。

(2) 所有螺栓连接紧固，无松脱现象。

(3) 传感器安放端正、工艺美观，安装标高、位置符合设计规定，不得侵入限界。

#### 1.3.5.10　安全控制措施

(1) 使用冲击钻时应注意用电安全和电动工具的安全操作，避免触电伤害和钻机造成的机械伤害。

(2) 在轨行区施工应设有专人防护，按规定设置警示标志，穿防护服，注意避让往来轨行车。

(3) 按规定佩戴安全帽及其他防护用品，如施工区域上方有土建预留结构孔洞，需注意防高空坠物打击。

#### 1.3.5.11　环保控制措施

施工过程中的废弃物应及时分类妥善处理，运至指定地点。

### 1.3.6　电缆敷设及端子连接

#### 1.3.6.1　适用范围

适用于城市轨道交通供电工程杂散电防护系统通信、测量、排流电缆敷设，道床伸缩缝连接端子连接、测量端子连接。

#### 1.3.6.2　施工条件

轨道已铺设完成，车站、隧道主体结构施工已完成，传感器、排流柜安装完成，端子位置确认完成。

#### 1.3.6.3　施工内容

测量定位、电缆敷设、保护管制安、端子连接。

#### 1.3.6.4　施工技术标准

(1) 电缆各支撑点的距离应符合设计规定。

(2) 电缆的最小弯曲半径应符合规范规定。

(3) 电缆敷设时应排列整齐，不宜交叉，加以固定，并及时装设标识牌。

(4) 应在电缆终端头、电缆接头处装设电缆标识牌。标识牌应注明线路编号、明电缆型号、规格及起讫地点，并联使用的电缆应有顺序号，标识牌的字迹应清晰不易脱落。标识牌的规格宜统一，标识牌应能防腐，挂装应牢固。

(5) 垂直敷设或超过 45°倾斜敷设的电缆在每个支架上加以固定；水平敷设的电缆，在电缆的首末两端及转弯、电缆接头的两端处加以固定；当对电缆间距有要求时，每隔 5～10m 处应将电缆加以固定。

**1.3.6.5 工序流程及操作要点**

(1) 施工工序流程图

电缆敷设及端子连接工序流程如图 1.3.6-1 所示。

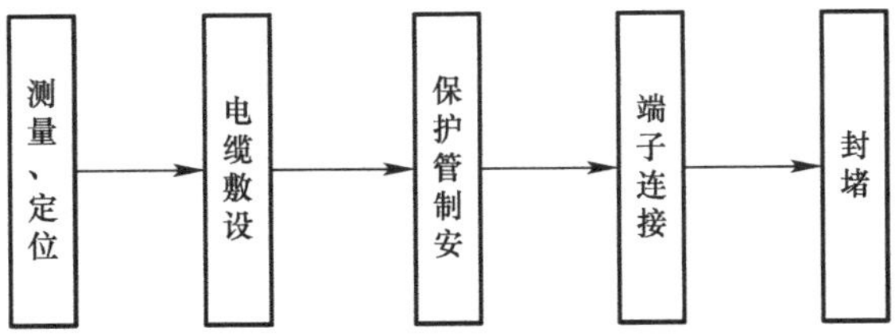


图 1.3.6-1 电缆敷设及端子连接工序流程图

(2) 施工准备

施工前对施工人员进行技术交底、安全技术交底；施工劳动组织配备、材料准备及机械工机具准备完成；现场临时用电及照明满足施工需要。

(3) 操作要点

1) 施工测量

为保证施工的顺利进行以及材料投入的准确，控制工程成本，施工前应对以下内容进行现场实测。

对电缆敷设，应实测电缆通道长度，并根据电缆通道情况和区间限界情况，向供货商提供切合现场实际的生产配盘计划和供货计划。

现场了解并掌握发生施工接口的相关施工单位在电缆通道或设备安装场地上的施工进度，并以此安排本系统切合实际的施工计划。

2) 电缆敷设

① 排流电缆的敷设

因排流电缆敷设于站台下的夹层中，宜采用放线车敷设与人工敷设相结合的方式进行。

施工前先完成电缆敷设走向及电缆长度调查，根据调查情况确定电缆配盘。

放线车到达电缆敷设位置后，施工人员进入电缆夹层，在每个转弯处分布一个人，然后统一指挥，从放线车上将电缆拉下进行敷设，依次通过电缆夹层各转弯处。

整根电缆敷设完成后，按电缆连接要求，将电缆与该站排流端子连接。

敷设过程中必须注意，任何情况下不得划伤电缆。

② 通信电缆、电源电缆敷设

通信电缆敷设分区间部分和车站部分。根据敷设地点特点，通信电缆在区间敷设时宜采用轨道放线车敷设，在车站敷设时宜采用人工敷设方式。

在区间采用放线车敷设时，电缆线盘置于放线车的放线架上，放线架的阻尼装置可以控制放线盘匀速转动并随时停车。在电缆敷设时，可大大提高工作效率和施工质量，快速、安全。

电缆由区间进入车站后，敷设路径相对复杂，路径拐弯增多，因此站内电缆敷设由人工完成。

整根电缆敷设完成后，在规定位置加装电缆标识牌，每隔支架用尼龙绑扎带对电缆进行绑扎。

电缆敷设时，不应将电缆在桥架、支架和地面进行拖拉摩擦。

电源电缆的特点是单根敷设长度短、敷设点多，宜采用放线车配合人工敷设的方式进行。

利用放线车将电缆运至敷设地点，根据现场电缆路径走向实际测量电缆长度，截取所需长度电缆后人工敷设在支架之上。

完成各处电缆敷设后，按规定采用尼龙扎带对电缆进行绑扎。

3）保护线缆

现场核对线缆路径，对于需固定于道床或需过轨的线缆，需采用镀锌钢管对线缆进行保护。

对于需沿隧道壁敷设，且无邻近电缆支架可做路径的电缆，需采用镀锌钢管对线缆进行保护。

测量所需保护管长度，并据此进行截断加工。用管卡固定保护管，管卡间距分布均匀（图1.3.6-2）。

4）端子连接

测量两连接端子间电缆路径距离，以接触网悬挂点编号登记造册，记录测量区段名称、标记编号及测量间距长度。

根据连接端子压接长度、电缆的自然弯曲度、接线端子本体长度等工艺数据、结构数据等计算各拟连接端子间所需连接电缆长度，并标示该连接电缆的区段名称、标记编号及实际电缆长度等信息，按照“直流电缆终端头制作工艺”，完成连接电缆的车间加工。并在终端头制作好的连接电缆上作好标记。

在安装现场，负责连接端子连接的施工人员根据测量记录表，将车间预制电缆与连接端子连接，应注意，连接前，应用毛刷将螺栓孔清理干净；连接电缆接线端子与连接端子的连接方式是螺栓连接，连接螺栓应加弹簧垫圈；连接完成后，对连接处所有金属外露部分应涂刷沥青漆进行防腐处理。完成连接情况如图1.3.6-3所示。

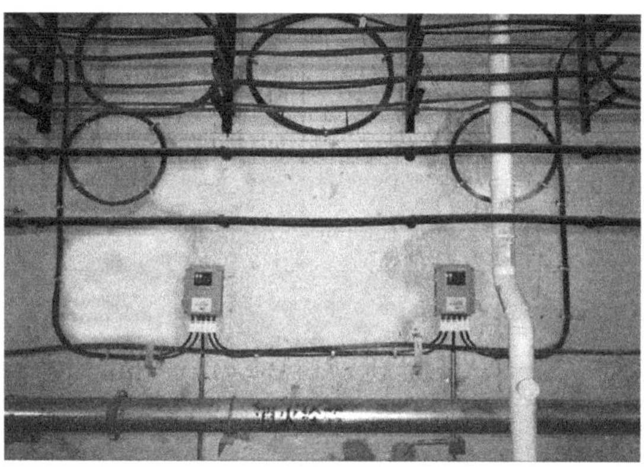

图1.3.6-2 杂散电缆敷设及传感器安装成品图

图1.3.6-3 道床端子连接

如果连接的两连接端子的间距较大、连接电缆较长，有可能影响行车安全，在完成测量端子连接工作后，应对连接电缆进行整理和固定，需要固定电缆时，电缆固定点不少于两个，所有电缆转弯处都应进行固定。完成整理和固定后的电缆应有一定弛度。

5）封堵

光电缆敷设完毕后，对电缆路径上的沟、槽、管、洞进行封堵，对设备预留孔洞和电缆井进行封堵。电缆进入设备处采用防火板进行封堵，防火板安装密贴紧固，安装后与设备无缝隙，与电缆的缝隙不大于5mm，缝隙处使用防火泥进行封堵。

#### 1.3.6.6 劳动力组织

劳动力组织见表1.3.6-1。

劳动力组织表 表1.3.6-1

| 序号 | 人员 | 单位 | 数量 | 备注 |
| --- | --- | --- | --- | --- |
| 1 | 施工负责人 | 人 | 1 | 负责施工、安全及对外协调 |
| 2 | 技术员 | 人 | 1 | 监督指导，并填写施工记录 |
| 3 | 安全员 | 人 | 1 | 负责现场施工安全 |
| 4 | 施工人员 | 人 | 8 | 负责现场施工 |

#### 1.3.6.7 主要机械设备及工器具配置

主要机械设备及工器具配置见表1.3.6-2。

主要机械设备及工器具配置表 表1.3.6-2

| 序号 | 名称 | 规格 | 单位 | 数量 | 备注 |
| --- | --- | --- | --- | --- | --- |
| 1 | 钢卷尺 | 5m | 把 | 2 | |
| 2 | 液压式电缆剪切刀 | | 把 | 1 | |
| 3 | 斜口钳 | | 把 | 5 | |
| 4 | 美工刀 | | 把 | 5 | |
| 5 | 兆欧表 | 500V | 台 | 1 | |
| 6 | 钢锯 | | 把 | 4 | |
| 7 | 煨管器 | | 个 | 1 | |
| 8 | 电锤 | 750W | 把 | 1 | |
| 9 | 配电箱 | | 台 | 1 | |
| 10 | 压线钳 | | 把 | 1 | |

#### 1.3.6.8 物资材料配置

物资材料配置见表1.3.6-3。

物资材料配置表 表1.3.6-3

| 序号 | 名称 | 规格 | 单位 | 数量 | 备注 |
| --- | --- | --- | --- | --- | --- |
| 1 | 电缆 | 依据设计图纸 | 米 | 实需 | |
| 2 | 镀锌钢管 | $\phi$20 | 米 | 实需 | |
| 3 | 尼龙扎带 | | 包 | 实需 | |
| 4 | 绝缘胶带 | | 卷 | 实需 | |
| 5 | 欧姆卡 | | 个 | 实需 | |
| 6 | 防火泥 | | 千克 | 实需 | |
| 7 | 防火板 | | 块 | 实需 | |
| 8 | 铜接线端子 | 95mm$^2$ | 个 | 实需 | |
| 9 | 螺栓 | | 套 | 实需 | |

#### 1.3.6.9 质量控制标准

电缆的品种型号、质量符合设计要求。电缆敷设前后应无绞拧、铠装压扁、护层断裂、表面严重划伤等缺陷。电缆敷设位置正确，排列整齐，固定牢固，标记位置准确，标记清楚。电缆的防火隔离措施完整、正确。电缆转弯处走向整齐清楚，电缆的标记清晰齐全，挂装整齐无遗漏。电缆进出构筑物时应穿套管（玻璃钢管或镀锌钢管）保护。

#### 1.3.6.10 安全控制措施

（1）进入施工现场的所有施工人员必须戴安全帽，系好帽带，穿工作服，佩戴上岗证，并经过安全考试，考试不合格者不得上岗。

（2）注意跌落损伤，高空坠物和预留洞孔，绕行未设防护栏的平台、临边，地下车站及其他光线不充足的场所必须配备照明设施。

（3）拆卸电缆盘包装木板时，应随时清理，防止钉子扎脚或损伤电缆。

（4）架设电缆盘的地面必须平实，支架必须采用有底平面的专用支架，不得用千斤顶代替。

（5）放电缆时应安排专人看护电缆盘，敷设电缆时，处于电缆转向拐角的人员，必须站在电缆弯曲的外侧，防止挤伤，人力拉电缆时，用力要均匀，速度应平稳，不可猛拉猛跑，施工人员不可站在电缆盘的前方。

（6）电缆穿过保护管时，送电缆严禁手距管口太近，防止挤手。

（7）施工现场的临时用电，必须事先征得用电管理单位的同意。使用、操作时严格执行《施工场地临时用电安全技术规范》JGJ 46—2005 的要求。所有一切涉及用电的设备和工机具在使用前必须先检查是否完好，在施工过程中必须保证电源线线芯无裸露，插头与三级配电箱需接触良好，注意避免触电事故。

#### 1.3.6.11 环保要求

施工过程中的废弃物应及时分类妥善处理，运至指定地点，工作完毕或离开现场时，要切断电动工具、配电箱等的电源。

## 1.4 电力监控工程

### 1.4.1 适用范围

适用于城市轨道交通设备系统工程供电系统电力监控工程管线敷设及线槽安装，光、电缆敷设，光缆成端。

### 1.4.2 引用技术标准

（1）《施工场地临时用电安全技术规范》JGJ 46—2005。

（2）《施工企业安全生产管理规范》GB 50656—2011。

### 1.4.3 管线敷设及线槽安装

#### 1.4.3.1 适用范围

适用于城市轨道交通工程变电所内电力监控管线敷设及线槽安装，光、电缆敷设，光缆成端。

**1.4.3.2 施工条件**

设备房二次结构完成，预留孔洞符合设计要求。

**1.4.3.3 施工内容**

拐角处线槽安装、线槽连接、线槽固定、钢管安装测量弹线、固定卡安装、钢管连接及安装。

**1.4.3.4 施工技术标准**

(1) 线槽及钢管的规格、型号、安装位置应符合设计要求。

(2) 钢管与钢管之间的连接，线槽与线槽之间的连接应符合要求。

(3) 钢管不应有折扁和裂缝，管内无铁屑和毛刺，切断口应平整，管口光滑。

(4) 钢管的连接应符合下列要求：采用套管连接时，管与管对口处应位于套管的中心，套管采用焊接连接时，焊缝应牢固严密，采用紧固螺钉连接时，螺钉应拧紧；钢管连接处的管内表面应平整、光滑。

(5) 明敷应排列整齐，固定点间距均匀，安装牢固，中间直线段管卡间的最大距离应符合规定。

(6) 钢管与设备之间宜采用金属软管或可挠金属电线保护管，金属软管不应退绞、松散，中间不应有接头，与设备连接时采用专用接头，连接处应密封可靠。

(7) 线槽与钢管的连接。配管管口采用护口保护导线，将配管管端拧入线槽开孔处，将钢管插入配管另一端，拧紧紧固螺栓。

**1.4.3.5 工序流程及操作要点**

(1) 施工工序流程图

管线敷设及线槽安装工序流程如图 1.4.3-1 所示。

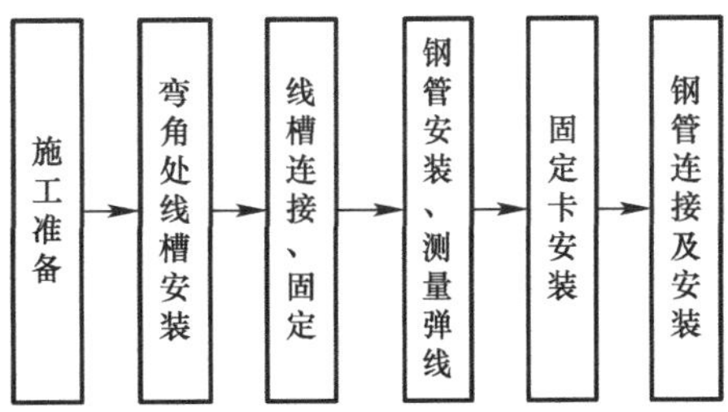


图 1.4.3-1 管线敷设及线槽安装工序流程图

(2) 施工准备

1) 按照施工图纸核对材料的型号、规格、质量应符合设计要求及相关产品标准的规定。技术人员认真学习实施性施工组织设计，阅读、审核施工图纸，澄清有关技术问题，熟悉规范和技术标准，制订施工安全保证措施。对施工人员进行技术交底和岗前安全培训，考核合格后方能上岗。

2) 管线敷设及线槽安装施工所涉及的各种外部技术数据收集，施工劳动组织配备、材料准备及设备工器具的配置。

(3) 操作要点

1) 线槽安装

在线槽转角处安装直角线槽。在线槽拼接时，连接板两端安装跨接地线或接地线。待线槽安装完成后，对线槽进行调平，保证横平竖直，排列整齐。将线槽固定在电缆支架托臂上。在缆线转弯处，槽道开口的大小应与缆线相适应，切口处应光滑，不应有卷边，内、外壁及盖板表面应平整，侧壁应与槽底垂直。线槽切割处无毛刺，切断口应平整，光滑。

2）管线安装

根据施工图纸管线走向，确定管线安装位置、测量弹线后，安装卡子。管线增设接线盒或拉线盒的位置应符合设计及相关标准。将金属线管安装在卡子内，管路敷设不应设置中间接线盒。钢导管在敷设中，导管应有可靠的接地（图1.4.3-2）。

图1.4.3-2　线槽安装

### 1.4.3.6　劳动力组织

劳动力组织见表1.4.3-1。

劳动力组织表　　表1.4.3-1

| 序号 | 人员 | 单位 | 数量 | 备注 |
|---|---|---|---|---|
| 1 | 施工负责人 | 人 | 1 | 负责施工、安全及对外协调 |
| 2 | 技术员 | 人 | 1 | 监督指导，并填写施工记录 |
| 3 | 安全员 | 人 | 1 | 负责现场施工安全 |
| 4 | 施工人员 | 人 | 3 | 负责现场施工 |

### 1.4.3.7　主要机械设备及工器具配置

主要机械设备及工器具配置见表1.4.3-2。

主要机械设备及工器具配置表　　表1.4.3-2

| 序号 | 名称 | 规格 | 单位 | 数量 | 备注 |
|---|---|---|---|---|---|
| 1 | 角磨机 | 单相 | 台 | 1 | |
| 2 | 墨斗 | 3m | 个 | 1 | |
| 3 | 白棕绳 | | 米 | 200 | |
| 4 | 大锤 | 5kg | 把 | 1 | |
| 5 | 组合扳手套件 | | 套 | 2 | |
| 6 | 电锤 | | 把 | 1 | |
| 7 | 配电箱 | | 台 | 2 | |
| 8 | 开孔器 | | 套 | 1 | |

### 1.4.3.8　物资材料配置

物资材料配置见表1.4.3-3。

物资材料配置表　　表 1.4.3-3

| 序号 | 名称 | 规格 | 单位 | 数量 | 备注 |
|---|---|---|---|---|---|
| 1 | 线槽（含连接螺栓） | 依据图纸 | 米 | 实需 | |
| 2 | 镀锌钢管 | 依据图纸 | 米 | 实需 | |
| 3 | 接线盒 | | 个 | 实需 | |
| 4 | 欧姆卡 | | 个 | 实需 | |

#### 1.4.3.9 质量控制

(1) 线槽、镀锌钢管的规格、型号应符合设计要求。

(2) 线槽、镀锌钢管的安装符合设计要求。

#### 1.4.3.10 安全措施

(1) 变电所夹层内施工照明条件不好，施工过程需携带移动防爆照明灯具，保证照明条件。

(2) 变电所电缆夹层内部分土建结构钢筋未处理，施工工程中应特别注意，谨防划伤。

#### 1.4.3.11 环保要求

施工过程中的废弃物应及时分类妥善处理，运至指定地点。

### 1.4.4 光、电缆敷设

#### 1.4.4.1 适用范围

适用于城市轨道交通工程变电所电力监控光电缆敷设安装施工。

#### 1.4.4.2 施工条件

(1) 技术人员认真学习实施性施工组织设计，阅读、审核施工图纸，澄清有关技术问题，熟悉规范和技术标准，制订施工安全保证措施。对施工人员进行技术交底和岗前安全培训，考核合格后方能上岗。

(2) 光、电缆敷设施工所涉及的各种外部技术数据收集，施工劳动组织配备、材料准备及设备工器具的配置。

#### 1.4.4.3 施工内容

光、电缆裁剪，光、电缆展放，光、电缆预留，光、电缆绑扎，光、电缆引入，光、电缆标识。

#### 1.4.4.4 施工技术标准

(1) 光缆敷设前应进行单盘测试，测试指标符合产品技术要求。

(2) 光、电缆与其他管线的间距应符合设计要求。

(3) 光、电缆线路的预留位置和长度应符合设计要求。

#### 1.4.4.5 工序流程及操作要点

(1) 施工工序流程图

光电缆敷设工序流程如图 1.4.4-1 所示。

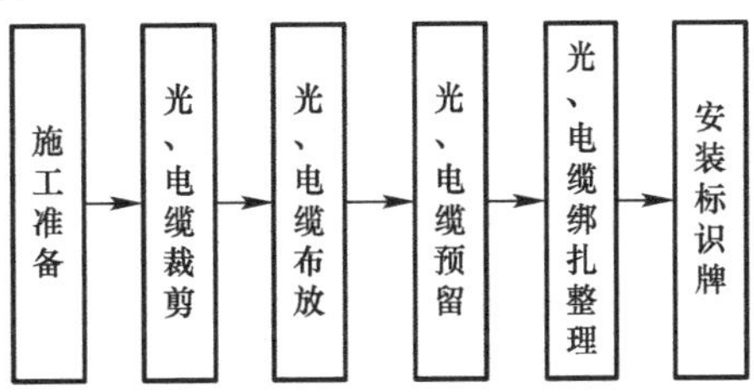


图 1.4.4-1　光电缆敷设工序流程图

（2）施工准备

1）技术人员认真学习实施性施工组织设计，阅读、审核施工图纸，澄清有关技术问题，熟悉规范和技术标准，制订施工安全保证措施。对施工人员进行技术交底和岗前安全培训，考核合格后方能上岗。

2）光、电缆敷设施工所涉及的各种外部技术数据收集，施工劳动组织配备、材料准备及设备工器具的配置。

3）熟悉施工图，了解光缆分布方式，结合现场调查情况，确定施工区域。对光缆做好开盘检验，单盘测试，作好光缆测试记录。光缆测试完毕，应在光缆盘上标出端别及盘号。

（3）操作要点

1）光、电缆裁剪

① 先到实地进行现场核查，确定光、电缆走向，以符合设计、满足规范、节约光、电缆为原则，确定最佳、最短光、电缆路径。

② 根据测量计算出的光、电缆长度，结合光、电缆的预留长度进行裁剪，并贴上标签纸，将光、电缆两头用绝缘胶布包好。

2）光、电缆展放

① 将光缆运输至变电所内，敷设采用人工方式敷设。光缆不得在地上拖拉，确保光缆外护套完好，光缆端头用热缩帽做好密封处理。在曲线段注意放置滑轮，作好特殊部位的防护措施。

② 在敷设开始时和完成后均应在光缆的两头做好编号及标识。

③ 按照顺序依次将光缆放到电缆支架上，在拐弯处用尼龙扎带将光缆绑扎住防止光缆受力被拉动后拐弯处光缆弧度不够。

④ 将支架上的光缆依次顺直，但不要强行将其扭动。

3）光、电缆预留

在电缆夹层柜体下方，按规范要求进行光缆盘留，并用尼龙扎带绑扎好。

4）光、电缆绑扎

图1.4.4-2　光、电缆敷设成品图

① 在光缆敷设完后应立即进行绑扎，使用尼龙扎带绑扎时应在每个电缆支架上绑扎，随后剪去扎带头，做到工完场清。

② 光缆出线槽后，应穿电缆保护管（图1.4.4-2）。

5）光缆引入

① 光缆在引入孔处应防护。

② 光缆穿入到机柜内绑扎好。

6）光缆标识

① 在拐弯处、引入口处、机柜内挂光缆标识牌。

② 光缆标识牌应包含光缆的规格型号、长度、起始点的文字信息。

### 1.4.4.6　劳动力组织

劳动力组织见表1.4.4-1。

劳动力组织表　　表 1.4.4-1

| 序号 | 人员 | 单位 | 数量 | 备注 |
|---|---|---|---|---|
| 1 | 施工负责人 | 人 | 1 | 负责施工、安全及对外协调 |
| 2 | 技术员 | 人 | 1 | 监督指导，并填写施工记录 |
| 3 | 安全员 | 人 | 1 | 负责现场施工安全 |
| 4 | 施工人员 | 人 | 6 | 负责现场光电缆敷设 |

#### 1.4.4.7 主要机械设备及工器具配置

主要机械设备及工器具配置见表 1.4.4-2。

主要机械设备及工器具配置表　　表 1.4.4-2

| 序号 | 名称 | 规格 | 单位 | 数量 | 备注 |
|---|---|---|---|---|---|
| 1 | 放线架 | | 台 | 1 | |
| 2 | 钢卷尺 | 5m | 把 | 1 | |
| 3 | 断线钳 | | 台 | 1 | |
| 4 | 斜口钳 | | 把 | 3 | |
| 5 | 电缆铭牌打印机 | SP600 | 台 | 1 | |

#### 1.4.4.8 物资材料配置

物资材料配置见表 1.4.4-3。

物资材料配置表　　表 1.4.4-3

| 序号 | 名称 | 规格 | 单位 | 数量 | 备注 |
|---|---|---|---|---|---|
| 1 | 光、电缆 | 依据设计图纸 | 米 | 实需 | |
| 2 | 绝缘胶带 | | 卷 | 实需 | |
| 3 | 扎带 | | 包 | 实需 | |
| 4 | 电缆标识牌 | | 张 | 实需 | |

#### 1.4.4.9 质量控制标准

(1) 光缆、电缆的规格、型号、光缆单盘测试符合产品要求。

(2) 光缆吊装、运输应严格按照操作规范进行。

(3) 在单盘测试完成后确认质量合格的光缆才能敷设。

(4) 光缆单盘测试时应用专用工具开剥光缆，测试和敷设完成后切断光缆时不得使用钢锯应使用专用工具，立即用热缩套管密封。

(5) 敷设预留的光缆应立即绑扎在电缆支架上。

(6) 根据施工现场合理规划电缆敷设路径，测量电缆实际长度，根据测量长度进行裁剪，并在电缆两端标上回路编号标签。

(7) 电缆敷设时电缆从盘的上部引出，不使电缆在桥架、支架和地面拖拉摩擦；电缆盘转动速度与地面施工人员速度配合，保证电缆无张力敷设。

(8) 电缆敷设到位后，调整其弯曲半径，满足施工规范及设计要求。并将电缆端头抬离地面，尽可能不让电缆受潮。如封头损坏，应重新封头。

#### 1.4.4.10 安全措施

（1）变电所夹层内施工照明条件不好，施工过程需携带移动防爆照明灯具，保证照明条件。

（2）变电所电缆夹层内部分土建结构钢筋未处理，施工工程中应特别注意，谨防划伤。

#### 1.4.4.11 环保要求

施工过程中的废弃物应及时分类妥善处理，运至指定地点。

### 1.4.5 光缆成端

#### 1.4.5.1 适用范围

适用于城市轨道交通变电系统电力监控工程，光缆成端，光缆接续施工。

#### 1.4.5.2 施工条件

（1）设备室光配线架安装完成，光缆敷设到位。

（2）光缆接续方式明确，接续图纸齐全。

（3）严禁在多尘及潮湿的环境中露天施工。

#### 1.4.5.3 施工内容

（1）光缆中间头接续：核对光缆规格型号、光缆的预留及固定、光缆开剥、速管开剥固定、光纤接续、收容、测试、接头盒安装。

（2）光缆配线架成端接续：核对光缆规格型号、光缆预留固定、光缆开剥、速管开剥固定、尾纤安装、尾纤开剥固定、光纤接续、收容、测试。

#### 1.4.5.4 施工技术标准

（1）光缆接续后的光纤收容余长单端引入引出不应小于0.8m，两端引入引出不应小于1.2m。光纤收容时的弯曲半径不应小于40mm。

（2）光缆在中间头接续余留应不小于2～3m，终端接续预留应不小于15m。

（3）光缆接头处的弯曲半径不应小于护套外径的15倍。

（4）单个光纤接头衰耗≤0.03dB，且接头无气泡、无明显接痕。

（5）光纤接续时应按光纤色谱、排列顺序，一一对应接续；光纤接续部位应用热缩加强管保护，加强管收缩应均匀、无气泡。

（6）光缆进入光纤配线架处标识应清晰、正确。

（7）接头盒体安装时各片橡胶挡圈必须全部入槽道内，密封严密安装牢固。

（8）光缆的金属外护套和加强芯应紧固在接头盒内。两侧的金属外护套与加强芯应绝缘。

#### 1.4.5.5 工序流程及操作要点

（1）施工工序流程图

光缆成端工序流程如图1.4.5-1所示。

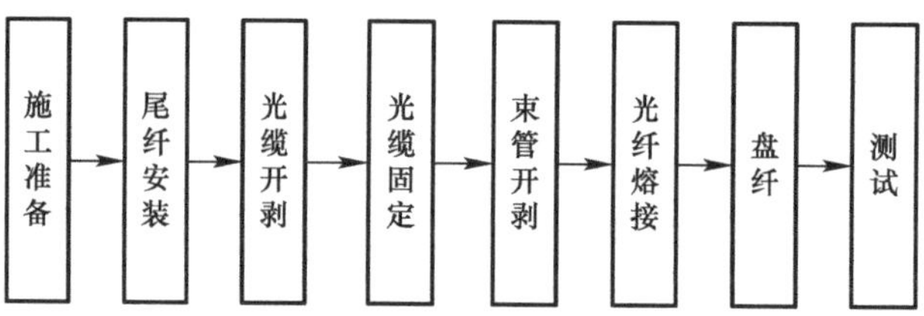


图1.4.5-1 光缆成端工序流程图

（2）施工准备

1）根据施工图纸核对现场光缆规格、型号及起始端位置是否与设计相符。

2）有完整的光缆成端接续关系对照表。

3）施工现场准备好临时用电，满足现场施工照明，接续材料及接续工机准备齐全。

4）根据设计要求光缆成端一般需要预留 15m 左右，留足光纤配线架接头所需长度将多余的光缆剪掉。

5）查看光缆配线架及托盘有无损坏，托盘内尾纤是否按要求配盘，尾纤端头与适配器连接是否良好，型号是否符合设计要求。

6）清理施工场地，在施工地面上铺上纸板或彩条布，防止光缆的油膏污染地面。

7）用透明塑料胶管从光纤配线架固定光缆开剥内护套处，模仿光纤的走向路径至光纤托盘内固定处，剪断透明塑料胶管，做上编号；其余托盘同样方法裁剪透明塑料胶管（模仿光纤走向路径时，应考虑到光纤的弯曲半径及托盘从里向外拉的预留弧度）。

8）制订施工安全措施及应急预案，对接续人员进行技术交底、上岗前的培训。

（3）操作要点

1）尾纤安装

① 将尾纤用酒精棉纱清洗干净后对准适配器的卡槽插入并拧紧。

② 做好尾纤编号，顺序从左至右按光缆色谱进行编号。编号完成后，根据熔接盘固定位置剥去尾纤外护层及填充物，将尾纤从左至右顺着熔接盘盘绕并绑扎固定。

2）光缆开剥

① 根据配线架确定光缆开剥位置及光缆开剥长度，用专用切割刀环切外护套一周，然后轻折几次使环切处折断，往端口侧用力抽去，裸露内护套；距外护套切口 20mm 处用专用切割刀将内护套环切一圈，轻轻的将内护套折断抽出，如护套过紧，一次不易抽出，可分 2～3 段进行（以 12 芯一束管为例）。

② 从光缆端头松解包层至护套切口处，用美工刀将包层割除，露裸光纤束管以及加强芯和填充物，剪去填充物，根据光纤配线架固定光缆位置至固定加强芯的位置确定加强芯余留长度，剪断多余的加强芯；用酒精棉纱将裸露光纤束管及加强芯上油膏擦净。

③ 使用热吹风匀速的将弯曲的光纤束管吹直，不能长时间吹一个地方，防止烤坏光纤；光纤束管全部吹直后，将每根束管穿入对应剪好的透明塑料胶管中，束管露出透明塑料胶管 20cm 即可。

④ 光缆需要焊接地线时，选一处靠近接地点的缆身用美工刀剥除光缆外皮，露出钢铠后，将钢装表面打磨干净焊接地线，并套上热缩管热熔保护。

3）光缆固定

① 将已开剥保护好的光缆引入机架，加强芯弯曲一定角度后穿入加强芯锁杆的固定孔，调整好光缆的位置，拧紧加强芯锁杆顶部的螺丝，固定加强芯，依次用喉箍固定光缆，用绑扎带固定开剥后的光纤透明塑料胶管直至收容盘。

② 将透明塑料胶管穿进收容盘内，用绑扎带穿入收容盘的固定孔中，将透明塑料胶管进行绑扎固定。

4）束管开剥

① 根据光纤穿入托盘路径弯曲情况确定光纤束管开剥位置，一般在第一个弯曲的路

径前开剥光纤束管。

② 用束管专用切割刀将光纤束管环切一周，轻轻折断，拽住塑管露出 20cm 处，将透明塑料胶管穿至内护套切口处，并顺着这个方向的力用劲抽出束管，露出光纤。

③ 依次将所有束管抽出后，将透明塑料胶管套入光纤束管切口，处用绝缘胶带缠绕使其密封。

5）端面的制做

光纤端面的制作包括剥除涂覆层、清洁和切割 3 个环节，端面质量直接影响到熔接质量，在进行光纤涂层的剥除前，先将热缩加强管套入光纤中。

① 光纤涂层的剥除

光纤是由纤芯、包层、涂层 3 部分组成。光纤涂层的剥除，要掌握平、稳、快三字剥纤法；平：即持纤要平，左手捏紧光纤，使之成水平，防止打滑；稳：即剥纤钳要握得稳；快：即剥纤要快，剥纤钳应与光纤垂直，上方向内倾斜一定角度，然后用钳口轻轻卡住光纤，右手随之用力，顺光纤轴向平推出去，整个过程要自然流畅，一气呵成。

② 裸纤的清洁

观察光纤剥除部分的涂覆层是否全部剥除，若有残留应重剥，如有极少量不易剥除的涂覆层，可用棉球沾适量酒精，边浸渍，边逐步擦除。将棉花撕成平整的扇形小块，蘸少许酒精（以两指相捏无溢出为宜），折成 V 形，夹住已剥除涂覆层的光纤，顺光纤轴向擦拭，力争一次成功，一块棉花使用 2～3 次后要及时更换，每次要使用棉花的不同部位和层面，这样既可提高棉花利用率，又防止了纤芯的二次污染。

③ 裸纤的切割

切割是光纤端面制作中最关键的部分，首先要清洁切刀和调整切刀位置，切刀的摆放要平稳；切割时，动作要自然、平稳，避免断纤、斜角、毛刺、裂痕等不良端面的产生；裸纤的清洁、切割和熔接的时间应紧密衔接，不可间隔过长，特别是已切割好端面的光纤移动时要轻拿轻放，防止与其他物件擦碰。

6）光纤熔接

光纤熔接是接续工作的中心环节，熔接前，根据光缆的规格型号，进行熔接机的模式设置。

① 放电试验

熔接前先进行熔接机放电试验，重新设置熔接机的放电电压及放电位置，以及调整 V 型槽驱动器复位等，使熔接机自动调整到满足现场实际的放电条件。

② 光纤熔接

a. 将 2 根同色标、端面制备完毕的光纤放入熔接机的 V 型槽中，保持 15～20$\mu$m 距离，盖好防护盖。

b. 启动熔接机的自动熔接开关（SET）进行熔接。熔接过程中查看左右光纤切割端面角度要小于 1°，大于 1°时，端面需从新切割。

c. 光纤熔接后，查看接头处有无气泡、过细、过粗等不良现象，纤芯熔接损耗应小于 0.03db 以下。

③ 熔接补强保护

由于光纤在连接时去掉了接头部位的涂覆层，其机械强度降低，因此要对接头部位进行补强。在施工中采用光纤热缩加强管（热缩管）来保护光纤接头部位，将预先穿置光纤某一端的热缩管移至光纤接头处，让熔接点位于热缩管中间，轻轻拉直光纤接头，放入加热器内加热；使热缩管收缩后紧套在熔接好的光纤上。

7）盘纤

先中间后两边，即先将热缩后的套管逐个放置于固定槽中，然后再处理两侧余纤；此方法有利于保护光纤接点，避免盘纤可能造成的损害，在光纤预留盘空间小、光纤不易盘绕和固定时，常用此种方法（图 1.4.5-2）。

图 1.4.5-2　光缆终端盒安装

8）测试

用 OTDR 测试仪表进行监测，确保光纤的熔接质量、减小因盘纤带来的附加损耗和封盒可能对光纤造成的损害，具有十分重要的意义，确保光缆接续指标满足设计及验收规范。

① 熔接过程中对每一芯光纤进行实时跟踪监测，检查每一个熔接点的质量。

② 每次盘纤后，对所盘光纤进行例检，以确定盘纤带来的附加损耗。

③ 封接续盒前对所有光纤进行测试，以查明有无漏测和光纤预留空间对光纤及接头有无挤压。

④ 接头盒封盒后，对所有光纤进行最后监测，以检查封盒是否对光纤有损害。

9）填写记录

① 记录好光缆型号、线路总长、接头位置、测试地点、光缆衰减等测试记录。

② 测试记录填写必须完整、真实。

### 1.4.5.6　劳动力组织

劳动力组织见表 1.4.5-1。

**劳动力组织表**　　**表 1.4.5-1**

| 序号 | 人员 | 单位 | 数量 | 备注 |
|---|---|---|---|---|
| 1 | 施工负责人 | 人 | 1 | 负责施工、安全及对外协调 |
| 2 | 施工人员 | 人 | 2 | 具有光缆熔接证，接续测试 |
| 3 | 辅助人员 | 人 | 2 | 协助操作人员 |

### 1.4.5.7　主要机械设备及工器具配置

主要机械设备及工器具配置见表 1.4.5-2。

**主要机械设备及工器具配置表**　　**表 1.4.5-2**

| 序号 | 名称 | 规格 | 单位 | 数量 | 备注 |
|---|---|---|---|---|---|
| 1 | 光纤熔接机 |  | 台 | 1 | 光纤熔接 |
| 2 | 光时域反射仪 | AQ7260 | 台 | 1 | 光纤测试 |
| 3 | 光纤切割刀 | CT-30 | 套 | 1 | 光纤端面切割 |
| 4 | 开剥专用工具 |  | 套 | 1 | 开剥光缆使用的专用工具 |
| 5 | 操作台 | 自制 | 套 | 1 | 放光纤熔接机及切割工具 |
| 6 | 锯工 |  | 把 | 1 | 将光缆多余部分锯断 |

续表

| 序号 | 名称 | 规格 | 单位 | 数量 | 备注 |
|---|---|---|---|---|---|
| 7 | 卷尺 | 5米 | 把 | 2 | 测量需要使用的数据 |
| 8 | 美工刀 | | 把 | 2 | 开剥光缆时使用 |
| 9 | 常用工具 | | 套 | 2 | 日常施工中使用的工具 |
| 10 | 电吹风 | | 台 | 1 | 将光纤塑管吹直 |
| 11 | 配电箱 | | 台 | 1 | 提供电源 |
| 12 | 电烙铁 | 60W | 把 | 2 | 焊接地线 |

### 1.4.5.8　物资材料配置

物资材料配置见表1.4.5-3。

物资材料配置表　　表1.4.5-3

| 序号 | 名称 | 规格 | 单位 | 数量 | 备注 |
|---|---|---|---|---|---|
| 1 | 光纤加强芯热缩管 | 6cm | 根 | 实需 | 保护光缆熔接点处 |
| 2 | 清洁剂 | 酒精 | 千克 | 0.5 | 清洗光缆 |
| 3 | 焊锡丝 | | 卷 | 1 | 焊接地线 |
| 4 | 脱脂棉 | | 包 | 1 | 清洗光纤 |
| 5 | 热缩管 | | 米 | 实需 | 热缩光缆焊接地线处 |
| 6 | 绝缘胶布 | | 卷 | 3 | 固定收容盘内的光纤 |
| 7 | 橡胶自粘带 | | 卷 | 4 | 防水、密封 |
| 8 | 砂纸 | | 张 | 10 | 打磨光缆使用 |
| 9 | 锯片 | | 条 | 6 | 备用 |
| 10 | 尾纤 | | 根 | 实需 | 与光缆熔接成终端 |
| 11 | 扎带 | | 包 | 实需 | 固定光缆、光纤 |
| 12 | 清洁纸 | | 包 | 实需 | 清洗光缆 |
| 13 | 油性记号笔 | | 支 | 1 | 做标记使用 |

### 1.4.5.9　质量控制标准

（1）接续材料的规格、型号必须符合设计要求。

（2）光缆接续后的光纤收容余长单端引入引出不应小于0.8m，两端引入引出不应小于1.2m，光纤收容时的弯曲半径不应小于40mm。

（3）光缆接续应预留2～3m；光缆接头处的光缆弯曲半径不应小于护套外径的15倍。

（4）接头衰耗≤0.03dB，且接头端面无气泡、无明显接痕。

（5）一个区段接续完成后测试1310nm波长、1550波长窗口：单模≤0.08dB/芯，多模≤0.2dB/芯。

（6）光纤接续时应按光纤排列顺序对应接续；光纤接续部位加强管收缩应均匀、无气泡。

（7）光缆进入光纤配线架处标识应清晰、正确。

（8）使用的熔接机应经计量检定合格。

（9）光纤清洗必须用短纤维的清洁纸蘸95%以上的医用酒精或分析纯进行清洗。

### 1.4.5.10　安全控制措施

（1）施工前，对每项工序进行专项安全培训及安全技术交底，交清每道工序的危险源、关键点及施工安全注意事项。

（2）进入施工现场，戴安全帽，穿工作服，穿防砸鞋。

（3）施工用的临时配电箱应带漏电保护装置，使用电源时，电源线应从配电箱下方孔洞穿入，以免配电箱关门把电源线压伤压断，造成安全事故发生。

（4）使用开剥刀和美工刀时注意打滑划伤手指。

（5）在隧道内施工接续操作台严禁侵入限界，施工两端设置红闪灯。

（6）仪器、仪表应设专人负责，搬运时要特别小心，要放入专用保护箱中，要避免强烈冲击和振动。

（7）在接续的过程中不得带电插拔设备部件，要保持手和工作台面的清洁，要随时盖好熔接机的防尘罩，做好防静电措施。

**1.4.5.11 环保控制措施**

（1）制订环境保护管理办法和实施细则，并建立奖惩制度，将环保的具体措施落实到每个施工人员。

（2）全体施工人员学习环境保护的相关知识，自觉遵守国家有关环境保护的法规。

（3）严禁焚烧塑料、橡胶等产生有害气体的化工产品。

（4）施工后，应按要求进行拆除安全防护设施和临时设施并将工地及周围环境清理整洁，做到工完料清场地净。

（5）施工现场工具材料必须摆放整齐，保证现场施工场地整洁、干净、工完料清。

（6）施工过程中产生的废料和在工地就餐时的一次性饭盒、塑料袋等生活废品要当日下班时带出工地，集中处理，严禁随意乱扔。

# 第 2 章　接触网工程标准化施工指南

## 2.1　刚性接触网

### 2.1.1　适用范围

适用于城市轨道交通供电系统直流 1500V 刚性架空接触网项目的施工。

### 2.1.2　施工技术标准

(1)《城市轨道交通工程测量规范》GB/T 50308—2017。

(2)《铁路电力牵引供电工程施工质量验收标准》TB 10421—2018。

(3)《地下铁道工程施工质量验收标准》GB 50299—2018。

(4)《地铁设计规范》GB 50157—2013。

(5)《铁路通信、信号、电力、电力牵引供电施工安全技术规程》TB 10306—2009。

(6)《施工现场临时用电安全技术规范》JGJ 46—2005。

### 2.1.3　施工内容

刚性架空接触网工程施工内容主要有：纵向及横向测量、钻孔及锚栓安装、悬挂支持装置安装、汇流排安装、接触线架设、架空地线架设及调整、中心锚结安装、接触悬挂调整、电连接安装、刚柔过渡安装、分段绝缘器安装、隔离开关安装、标识牌安装、冷滑试验等工序施工，工程实体安装调整到位，经检查验收达到质量标准，填写安装技术记录。

### 2.1.4　施工测量

#### 2.1.4.1　施工准备

(1) 实施性施工组织设计已编制，并报业主及监理工程师审批。

(2) 开工报告已获业主审核，已批复。

(3) 铺轨单位轨道中心已到位，轨面标高符合设计要求，并办理了交接手续。

(4) 测量工程师对测量小组人员进行了技术交底，所有测量人员都熟悉施工图纸，都已明白测量内容及注意事项。

(5) 测量由测量工程师负责，对于各种可能遇见的问题要有充分的了解和认识，并邀请业主、监理和设计人员参加。

(6) 所有使用的仪器、仪表都经具备相应检验资质的检测机构的检验，并贴有“检验合格证”的标识，且在有效期内使用。未经检验的仪器、仪表不得进入施工现场。

(7) 确认施工现场无其他车辆通过。

#### 2.1.4.2 劳动力组织

劳动力组织见表 2.1.4-1。

劳动力组织表 表 2.1.4-1

| 序号 | 人员 | 单位 | 数量 | 备注 |
|---|---|---|---|---|
| 1 | 施工负责人 | 人 | 1 | 现场施工组织及协调 |
| 2 | 技术员 | 人 | 1 | 技术负责、质量负责 |
| 3 | 技术工人 | 人 | 3 | |
| 4 | 安全员 | 人 | 2 | 安全瞭望、安全检查、安全提醒 |

#### 2.1.4.3 施工机具

施工机具见表 2.1.4-2。

施工机具表 表 2.1.4-2

| 序号 | 名称 | 规格 | 单位 | 数量 | 备注 |
|---|---|---|---|---|---|
| 1 | 激光测距仪 | DJJ-8 | 台 | 1 | |
| 2 | 画笔 | | 支 | 实需 | |
| 3 | 钢卷尺 | 5m，50m | 把 | 各 1 | |
| 4 | 梯车 | | 台 | 1 | |
| 5 | 测量模板 | | 套 | 实需 | 依据悬挂类型制作 |
| 6 | 线坠 | | 个 | 1 | |
| 7 | 红闪灯 | | 套 | 2 | |
| 8 | 防护用品 | | 套 | 实需 | |
| 9 | 杂物袋 | | 个 | 实需 | |
| 10 | 对讲机 | | 台 | 3 | |

#### 2.1.4.4 物资配置

物资配置见表 2.1.4-3。

物资配置表 表 2.1.4-3

| 序号 | 名称 | 规格 | 单位 | 数量 | 备注 |
|---|---|---|---|---|---|
| 1 | 红油漆 | 1kg | 千克 | 实需 | |
| 2 | 油漆画笔 | | 支 | 2 | |
| 3 | 粉笔 | 白色 | 盒 | 实需 | |

#### 2.1.4.5 施工技术标准

（1）《城市轨道交通工程测量规范》GB 50308—2017。

（2）《铁路电力牵引供电工程施工质量验收标准》TB 10421—2018。

（3）《地下铁道工程施工质量验收标准》GB/T 50299—2018。

（4）《地铁设计规范》GB 50157—2013。

#### 2.1.4.6 施工工序及操作要点

（1）施工工序流程

1）纵向测量施工流程图如图 2.1.4-1 所示。

2）横向测量施工流程图如图 2.1.4-2 所示。

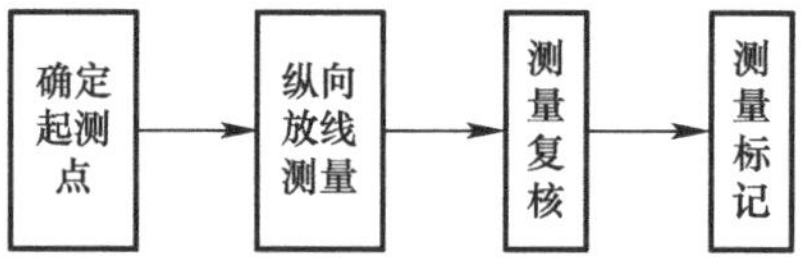


图 2.1.4-1　纵向测量施工流程图

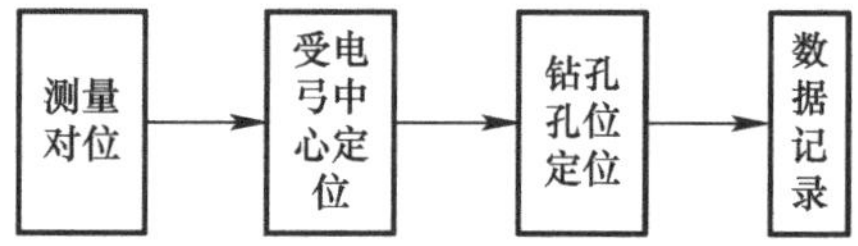


图 2.1.4-2　横向测量施工流程图

（2）操作步骤及要点

1）纵向测量

① 施工准备：按照当天施工内容及工作量做好人员、材料、机械的准备。

② 确定起测点：根据设计图纸，以车站中心标、道岔岔心标或设计图纸标明的测量起点开始测量（图 2.1.4-3、图 2.1.4-4）。

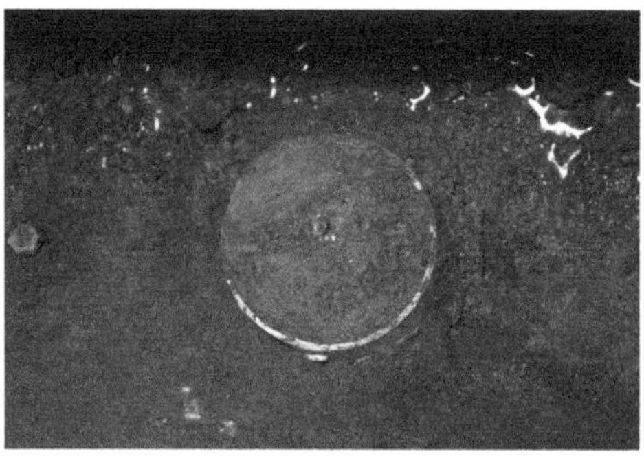

图 2.1.4-3　车站中心标

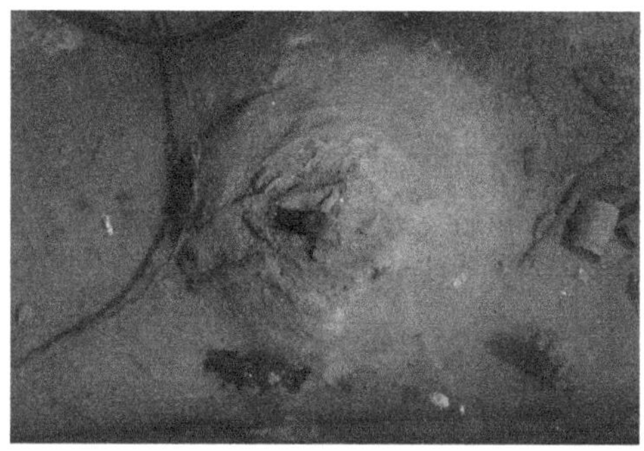

图 2.1.4-4　道岔岔心标

③ 测量：根据起测点里程定测第一个悬挂点位置，用粉笔在钢轨上作好标记，并注明锚段号和悬挂定位号。按施工图纸，使用钢卷尺沿钢轨依次测量标记各悬挂点位置，曲线上沿曲线外轨进行测量，并适当增加跨距测量值（图 2.1.4-5、图 2.1.4-6）。

图 2.1.4-5　在钢轨上做出标记

图 2.1.4-6　沿钢轨测量标记

④ 测量复核：一个锚段测量完成后，对此锚段全长进行复核，无误后可按上述测量程序③进行下一锚段测量。

⑤ 测量标记：测量完毕后，用红油漆在钢轨侧面和轨枕上作出清晰的标记，并按拉出值方向在对应隧道壁上标记“十”字形标志，标注锚段/悬挂点编号。

⑥ 填写记录：根据测量情况填写测量记录。

2）横向测量

① 施工准备：按照当天施工内容及工作量做好人员、材料、机械的准备。

② 测量对位：将 DJJ-8 激光测距仪支架垂直于轨道中心线放置，支架固定端对齐钢轨上的测量标记，挡板紧贴钢轨内缘（图 2.1.4-7）。

③ 受电弓中心定测：旋转 DJJ-8 激光测距仪，激光束在隧道顶部定出受电弓中心位置（即拉出值为 0），梯车上人员在隧道顶壁上标记出受电弓中心点，记为"×"（图 2.1.4-8）。

图 2.1.4-7 使用 DJJ-8 激光测距仪测量

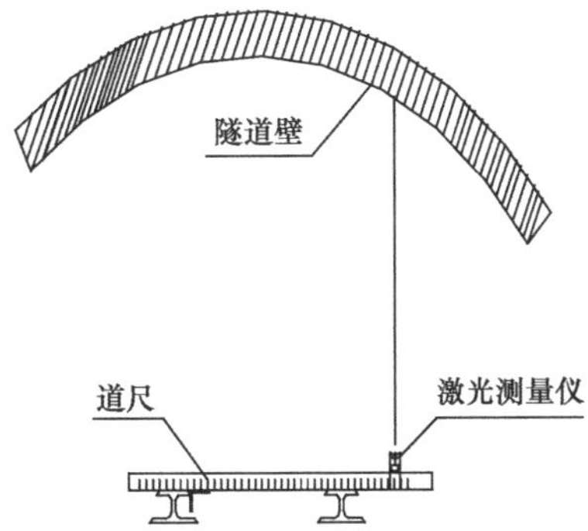


图 2.1.4-8 激光测距仪横向定位测量示意图

④ 孔位定测：根据底座或锚栓孔位距受电弓中心的偏移值，旋转 DJJ-8 激光测距仪，激光束在隧道顶部定出一组孔位，梯车上人员使用专用模板在隧道顶壁上标记钻孔位置，标记为"×"。

⑤ 填写记录：根据测量情况填写测量记录。

### 2.1.4.7 施工质量标准

（1）纵向测量

1）测量前应对起测点基桩进行复核，确保起测点的正确性。

2）应使用钢卷尺进行测量，严禁使用皮卷尺。

3）曲线上应沿曲线外轨进行测量，并适当增加跨距测量值。

4）测量中悬挂定位点如处于隧道通风口、结构风管排风口等无法定位的空档上时，根据设计原则，合理调整相邻跨距，并作好记录，报设计和监理工程师确认。

5）测量时要注意保证测量的精确度，以实际里程标记随时校核测量结果，以防产生累积偏差，并作好测量记录。

6）除在钢轨侧面作好测量标记外，还应在对应轨枕上作上标记，以防钢轨调整偏移，造成接触网测量点产生偏差。

7）锚段长度符合设计要求。

（2）横向测量

1）运用先进的 DJJ-8 激光测距仪，确保定测精度。使用时测量支架放于轨面上，横向垂直于悬挂定位处轨道中心线放置，支架挡板抵紧钢轨内缘，激光束中心与受电弓中心重合；DJJ-8 激光测距仪在支架上旋转，按设计限界、拉出值等来确定定位底座在隧道顶的位置，同时可测出隧道距轨面高度（即净空高度）、接触线拉出值。激光束垂直于两轨面连线，其垂直偏差不大于 1‰；激光测距精度应满足设计要求。

2）测量定位时应避开隧道伸缩缝、隧道连接缝、盾构区间管片接缝、或明显渗水、漏水等部位。但应严格遵守最大设计偏移量、最大设计跨距值、相邻跨距比等设计原则。

3）道岔处、交叉渡线处、锚段关节处、分段绝缘器处悬挂定位点严格按纵向定位标记，垂直定位于隧道顶部，使用线坠进行复核。

4）定位测量时使用钢筋探测仪，探测出定位点处的钢筋分布情况，以使钻孔孔位避开钢筋位置。盾构隧道管片区，钢筋分布很有规律，制作钢筋分布标尺，定位测量时，以使钻孔孔位避开钢筋。

5）两孔以上的底座，都制作出各种配套专用模板，并标出中心线；定测时，测量划出底座中心线位置，并套模确定出钻孔孔位。

6）在测量时注意观察沿线是否有可能影响接触网安装和侵入接触网限界的设备存在。

7）测量时检查车站结构风管底板厚度是否符合设计要求，是否满足接触网钻孔安装要求。

#### 2.1.4.8 安全控制措施

（1）横向测量时，梯车上的施工人员不得超过2人且必须系好安全带，防止从梯车上跌落。梯车行进过程中，注意轨行区之间的孔洞，并随时提醒他人。

（2）梯车下面的施工人员必须听从上面人员指挥，严禁自行动车。梯车推行时必须匀速前行，平稳，严防发生冲击现象。曲线区段施工时应安排人坐在超高的轨道侧，并加装锁轨器，防止侧翻。

（3）横向测量时，在梯车上对定位点位置进行标记时，不能站在梯车护栏上施工。

（4）在轨行区施工时，施工点两端必须设专人防护并放置红闪灯，直线段防护点距施工点的距离不得小于150m，曲线段防护点距施工点的距离不得小于200m。

（5）在轨行区施工时，轨道上严禁放置任何材料等，以防影响行车安全。

（6）要有良好的照明措施，使用电源时必须遵守临时用电的有关规定。

#### 2.1.4.9 环保要求

（1）携带好材料的包装袋，严禁把包装袋扔在施工现场。

（2）施工人员应做到工完料清，保持施工现场的干净整洁。

### 2.1.5 钻孔及锚栓安装

#### 2.1.5.1 施工准备

（1）轨行区施工需持有工作票。

（2）主管工程师对钻孔小组人员进行了技术交底，所有施工人员都熟悉施工图纸，都已明白钻孔内容及注意事项。

（3）确认施工现场临时电源。

（4）钻孔、锚栓安装工作由工班工长负责，对于各种可能遇见的问题要有充分的了解和认识。

（5）使用的仪器、仪表经具备国家级检验资质的检测机构的检验，并贴有“检验合格证”的标识，且在有效期内。

（6）确认施工现场无其他车辆通过。

#### 2.1.5.2 劳动力组织

劳动力组织见表2.1.5-1。

劳动力组织表　　表 2.1.5-1

| 序号 | 人员 | 单位 | 数量 | 备注 |
|---|---|---|---|---|
| 1 | 施工负责人 | 人 | 1 | 现场施工组织及协调 |
| 2 | 技术员 | 人 | 1 | 技术负责、质量负责 |
| 3 | 施工人员 | 人 | 6 | |
| 4 | 安全员 | 人 | 2 | 安全瞭望，安全检查，安全防护 |

#### 2.1.5.3 施工机具

施工机具见表 2.1.5-2。

施工机具表　　表 2.1.5-2

| 序号 | 名称 | 规格 | 单位 | 数量 | 备注 |
|---|---|---|---|---|---|
| 1 | 梯车 | | 台 | 1 | |
| 2 | 钢卷尺 | 10m，5m | 把 | 各 1 把 | 现场测量 |
| 3 | 冲击电钻 | TE-55 | 台 | 1 | 钻孔 |
| 4 | 钻头 | $\phi$12-$\phi$28 | 套 | 1 | 与打孔型号匹配 |
| 5 | 吹风机 | | 套 | 1 | |
| 6 | 照明设备 | | 套 | 1 | |
| 7 | 线盘 | 50m | 个 | 1 | 接电源用 |
| 8 | 激光测距仪 | DJJ-8 | 套 | 1 | |
| 9 | 钻孔模板 | | 个 | 2 | 与孔型一致 |
| 10 | 灌注安装工具 | | 套 | 1 | 化学锚栓安装 |
| 11 | 清孔毛刷 | | 套 | 1 | |
| 12 | 锚栓拉力测试仪 | | 套 | 1 | 锚栓拉力测试 |
| 13 | 发电机 | 5kW | 台 | 1 | |

#### 2.1.5.4 物资配置

物资配置见表 2.1.5-3。

物资配置表　　表 2.1.5-3

| 序号 | 名称 | 规格 | 单位 | 数量 | 备注 |
|---|---|---|---|---|---|
| 1 | 螺杆锚栓 | $\phi$16 | 套 | 实需 | 依据现场确定 |
| 2 | 螺杆锚栓 | $\phi$20 | 套 | 实需 | 依据现场确定 |
| 3 | 螺杆锚栓 | $\phi$24 | 套 | 实需 | 依据现场确定 |
| 4 | 钻头 | | 套 | 实需 | 与打孔型号匹配 |
| 5 | 化学药剂 | | 支 | 实需 | 依据现场确定 |

#### 2.1.5.5 施工技术标准

(1)《铁路电力牵引供电工程施工质量验收标准》TB 10421—2018。

(2)《地下铁道工程施工及验收规范》GB 50299—2018。

(3)《地铁设计规范》GB 50157—2013。

(4)《铁路通信、信号、电力、电力牵引供电施工安全技术规程》TB 10306—2009。

(5)《施工现场临时用电安全技术规范》JGJ 46—2005。

#### 2.1.5.6　施工工序及操作要点

（1）施工工序流程

钻孔及锚栓安装工序流程如图 2.1.5-1 所示。

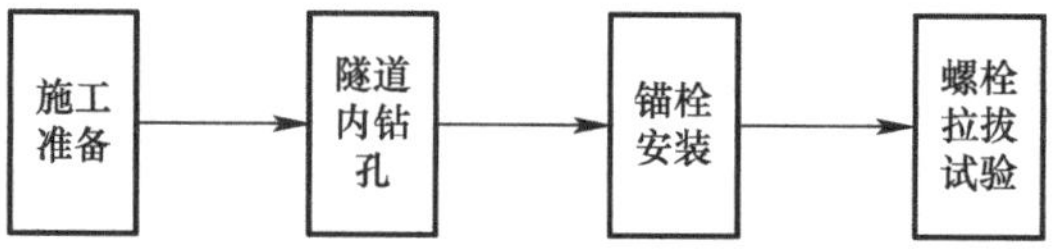


图 2.1.5-1　钻孔及锚栓安装工序流程图

（2）操作步骤及要点

1）隧道内钻孔

① 施工人员根据施工表检查核对现场隧道壁上标明的悬挂类型数据无误后，按锚栓钻孔安装选型表选用钻头和模板，设置好深度尺。

② 按照隧道顶壁的孔位标记，套用钻孔模板，在孔位上钻出 3～5mm 的凹槽；取下模板，在圆形隧道、轨顶风道及矩形隧道壁上保持钻头垂直于水平面，在斜面上保持钻头垂直于隧道壁钻孔，并使用吹风机将尘屑吹向无人侧（图 2.1.5-2、图 2.1.5-3）。

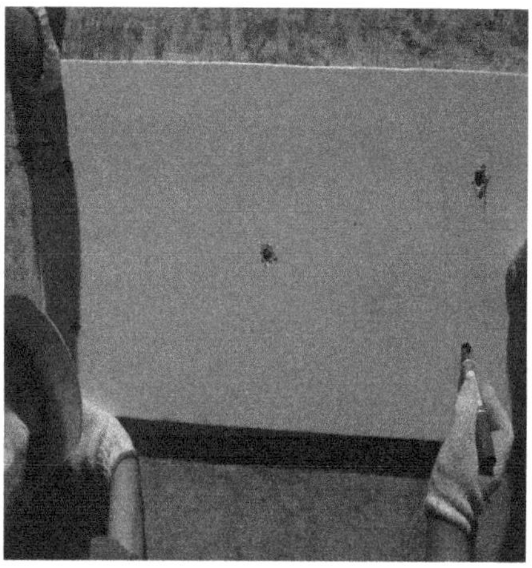

图 2.1.5-2　用模板标记打孔位置

图 2.1.5-3　在标记位置打孔

③ 深度尺抵住隧道壁后停止钻孔，钻孔完毕后检查孔深，无误后接着钻下一个孔。

④ 成组钻孔完成后，测量检查孔深、孔距、孔径，填写钻孔记录。

2）锚栓安装

① 先用清孔毛刷、清孔气囊彻底清除孔屑。

② 隧道内锚栓严格按照“锚栓钻孔安装选型表”对号安装。

③ 化学锚栓安装时，使用胶枪进行化学药剂灌注，每支化学药剂的前三枪不得用于灌注，使用胶枪顺时针方向将药剂缓慢灌入孔内，药剂填满孔内 2/3 即可，最后将锚栓顺时针匀速旋入孔内，就位后，严禁再触动锚栓（图 2.1.5-4）。

④ 后扩底锚栓安装时，使用专用安装工具将螺栓敲击安装到位，通过锚栓上安装标记检查是否安装到位（图 2.1.5-5）。

图 2.1.5-4 锚栓灌注

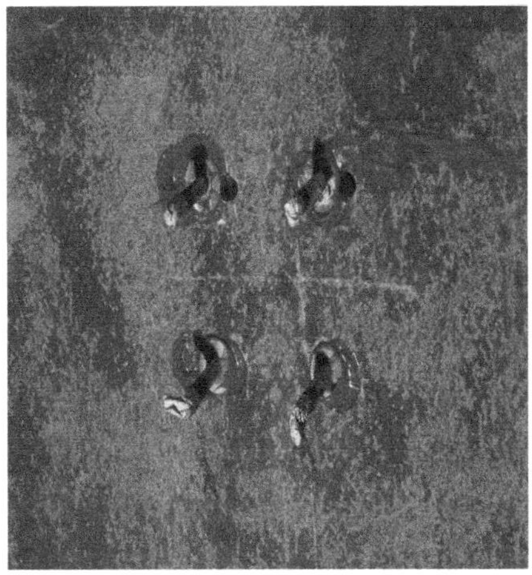

图 2.1.5-5 锚栓安装成品图

3）锚栓拉拔测试

拉拔试验图如图 2.1.5-6 所示。

① 在待测锚栓上安装好测试仪。

② 逐渐加大拉力至规定测试值，并保持 5min，期间如无异常，即通过测试，填写测试记录。

4）填写记录

按照施工情况填写施工记录。

#### 2.1.5.7 施工质量标准

（1）锚栓的类型、规格、埋设位置、埋设深度应符合设计要求，锚栓螺纹及镀锌层应完好。

图 2.1.5-6 拉拔试验图

（2）隧道内钻孔

1）钻孔位置、孔径、深度和垂直度应符合设计要求，并对孔位进行清洁，彻底清除孔屑，孔内应无积水。

2）钻头应根据锚栓的规格型号选用标准钻头，$\phi$20 直径以下螺栓选用比螺栓外径大 2mm 的钻头，$\phi$20 直径以上螺栓选用比螺栓外径大 4mm 的钻头。

3）严格按照用水用电协议和安全规程要求安全用电，无法接施工电源的区段采用自配发电机供电。

4）在梯车上施工时系好安全带，所有施工人员必须配带好施工证件，戴好安全帽。

5）如在钻孔过程中（未达到设计深度）遇到隧道空洞、隧道漏水渗水现象，立即停止钻孔，在隧道壁上作好标记，记录下该处里程、钻入深度及时报告监理工程师，到现场检查核实，联系土建单位注浆处理。经确认其满足接触网安装要求后，重新钻孔安装，并进行锚栓拉力测试检测。

（3）锚栓安装

1）化学药剂应在常温下储存，使用前应检查其是否在有效期内和有无失效。

2）化学药剂锚栓安装前必须彻底清除孔屑。

3）锚栓应按“锚栓钻孔安装选型表”对号安装，埋设深度、规格型号、外露应符合设计要求，并应按照产品使用说明书的安装要求正确安装，见表 2.1.5-4。

**锚栓钻孔安装选型表** **表 2.1.5-4**

| 埋设深度（mm） | 化锚类型 | 使用部位 |
| --- | --- | --- |
| 100 | M16 | 车站轨顶风道悬挂底座 |
| 125 | M16 | 净空<7900mm 的悬挂底座及吊柱底座、架空地线安装底座、隔开安装底座、4800mm<净空≤5600mm 的地线终端锚柱，4900mm<净空≤5800mm 的中锚吊柱 |
| 170 | M20 | 盾构区间悬挂底座 |
| 210 | M24 | 净空>7900mm 的吊柱底座，净空>5600mm 的地线终端锚柱，净空>5800mm 的中锚吊柱 |

4）化学药剂在固化期间严禁触动锚栓。

5）悬挂点成组锚栓横向布置轴线应与线路中心线垂直，纵向布置轴线应与线路中心线平行。

6）锚栓螺纹完好，镀锌层完好，锚栓孔填充密实；螺纹外露部分应涂油防腐。

7）化学药剂使用前应检查其是否在有效期内。

（4）锚栓拉力测试

锚栓拉拔测试的载荷应符合设计要求，持续时间为 5min。由锚栓供货商在设计联络时给出经设计确定的在不同基材上的拉拔力，如无设计规定，可参见表 2.1.5-5。

**锚栓拉拔力参考表** **表 2.1.5-5**

| 序号 | 螺栓型号 | 拉力 |
| --- | --- | --- |
| 1 | M16 | 20kN |
| 2 | M20 | 25kN |
| 3 | M24 | 35kN |

#### 2.1.5.8 安全控制措施

（1）施工人员必须佩戴好安全防护用品，钻孔时要带好口罩或防尘面具。

（2）进场施工必须进行安全技术交底及安全技术培训。

（3）轨行区施工须在工作票规定的时间内完成测量并撤离轨行区。

（4）在轨行区施工时，施工点两端必须设专人防护并放置红闪灯，直线段防护点距施工点的距离不得小于 150m，曲线段防护点距施工点的距离不得小于 200m。

（5）拉拔试验时作好安全防护，试验仪器下严禁站人，防止锚栓被拉出，测试仪器坠下伤人及损伤仪器。

（6）施工时小工具、小材料应放置在工具包内以防撒落。梯车上工机具、材料放置稳妥，传递时必须用小绳，严禁上下抛掷。

#### 2.1.5.9 环保要求

（1）施工用螺栓及化学药剂包装物、废弃钻头等废弃物收集带出施工现场，按环保要求进行处理，施工完毕做到场清料净。

（2）钻孔时要带好口罩或防尘面具。

## 2.1.6 悬挂支持装置安装

### 2.1.6.1 施工准备

(1) 锚栓安装已完成并通过拉拔试验。

(2) 轨行区施工需持有工作票。

(3) 主管工程师对悬挂支持装置安装小组人员进行了技术交底，所有悬挂支持装置安装人员都熟悉施工图纸，都已明白悬挂支持装置安装内容及注意事项。

(4) 悬挂支持装置安装由工班工长负责，对于各种可能遇见的问题要有充分的了解和认识。

### 2.1.6.2 劳动力组织

劳动力组织见表 2.1.6-1。

**劳动力组织表** **表 2.1.6-1**

| 序号 | 人员 | 单位 | 数量 | 备注 |
|---|---|---|---|---|
| 1 | 施工负责人 | 人 | 1 | 现场施工组织及协调 |
| 2 | 技术员 | 人 | 1 | 技术负责、质量负责 |
| 3 | 施工人员 | 人 | 6 | |
| 4 | 安全员 | 人 | 2 | 安全瞭望，安全检查，安全防护 |

### 2.1.6.3 施工机具

施工机具见表 2.1.6-2。

**施工机具表** **表 2.1.6-2**

| 序号 | 名称 | 规格 | 单位 | 数量 | 备注 |
|---|---|---|---|---|---|
| 1 | 平板车 | PC-40 | 台 | 1 | 运输材料、高净空吊柱安装 |
| 2 | 梯车 | | 台 | 1 | |
| 3 | 钢卷尺 | 10m，5m | 把 | 各 1 | 现场测量 |
| 4 | 水平尺 | 1m | 把 | 1 | |
| 5 | 激光测距仪 | DJJ-8 | 套 | 1 | |
| 6 | 扳手 | 10～32mm | 套 | 2 | |
| 7 | 照明设备 | | 套 | 1 | |
| 8 | 扭矩扳手 | | 套 | 1 | |
| 9 | 内六角扳手 | | 把 | 2 | |
| 10 | 红闪灯 | | 套 | 2 | |
| 11 | 防护用品 | | 套 | 实需 | |
| 12 | 杂物袋 | | 个 | 实需 | |

### 2.1.6.4 物资配置

物资配置见表 2.1.6-3。

**物资配置表** **表 2.1.6-3**

| 序号 | 材料名称 | 规格 | 单位 | 数量 | 备注 |
|---|---|---|---|---|---|
| 1 | 刚性悬挂绝缘子 | 依据设计图纸 | 个 | 实需 | |
| 2 | A 型垂直悬吊槽钢 | 依据设计图纸 | 套 | 实需 | |

续表

| 序号 | 材料名称 | 规格 | 单位 | 数量 | 备注 |
|---|---|---|---|---|---|
| 3 | B 型垂直悬吊槽钢 | 依据设计图纸 | 套 | 实需 | |
| 4 | 吊柱 | 依据设计图纸 | 套 | 实需 | |
| 5 | A 型垂直悬吊安装底座 | 依据设计图纸 | 套 | 实需 | |
| 6 | B 型垂直悬吊安装底座 | 依据设计图纸 | 套 | 实需 | |
| 7 | C 型垂直悬吊安装底座 | 依据设计图纸 | 套 | 实需 | |
| 8 | B 型汇流排线夹 | 依据设计图纸 | 套 | 实需 | |
| 9 | C 型汇流排线夹 | 依据设计图纸 | 套 | 实需 | |
| 10 | T 型头螺栓 | 依据设计图纸 | 根 | 实需 | |

#### 2.1.6.5　施工技术标准

（1）《铁路电力牵引供电工程施工质量验收标准》TB 10421—2018。

（2）《地下铁道工程施工质量验收标准》GB 50299—2018。

（3）《地铁设计规范》GB 50157—2013。

（4）《铁路通信、信号、电力、电力牵引供电施工安全技术规程》TB 10306—2009。

（5）《施工现场临时用电安全技术规范》JGJ 46—2005。

#### 2.1.6.6　施工工序及操作要点

（1）施工工序流程图

悬挂支持装置工序流程如图 2.1.6-1 所示。

测量选型 → 结构装配 → 现场安装 → 高度初调

图 2.1.6-1　悬挂支持装置工序流程图

（2）操作步骤及要点

1）测量选型：根据测量记录的隧道类型、隧道净空高度、曲线外轨超高等数据，选择相应的悬挂类型，计算吊柱、悬吊螺栓长度，编制装配表。

2）结构装配：装配班按装配表、装配图和装配要求进行选型、装配。装配前，对要装配的各零部件先进行检查，有缺陷的产品不得安装到工程中去。装配完成后，绝缘子用草袋包扎保护好，标明安装位置，按序妥善放置。

3）现场安装：安装班组将装配好的悬挂定位运至施工现场，逐点对号安装。垂直悬吊安装底座安装水平紧固，部件安装正确齐全紧固（图 2.1.6-2）。

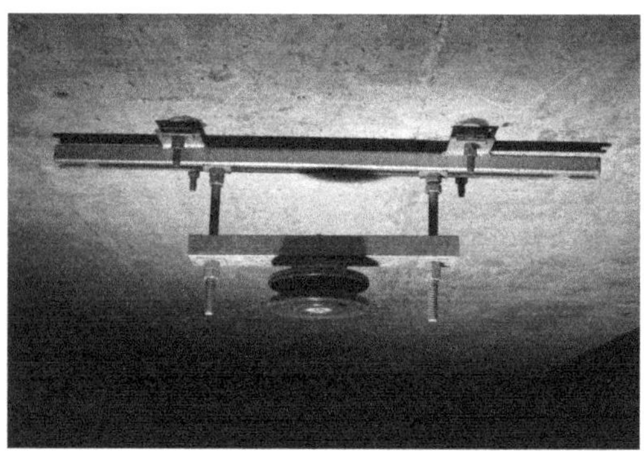

图 2.1.6-2　悬挂安装成品图

4）高度初调：采用激光测距仪和水平尺相结合调整悬吊槽钢或绝缘横撑与轨面平行，高度初调至设计值，螺母的紧固力矩达到设计值，绝缘子中心均处于受电弓中心位。

#### 2.1.6.7　施工质量标准

（1）悬吊安装底座、悬吊槽钢、吊柱、

T型头螺栓等零部件运达现场应进行检查，其质量应符合设计标准规定，悬吊安装底座、悬吊槽钢、绝缘横撑、吊柱、T型头螺栓等构件无变形，镀锌层完整。

（2）汇流排定位线夹规格、型号应符合设计和产品技术要求。汇流排定位线夹表面无裂纹、无缺损，紧固件和内衬垫齐全、无松动，可旋转部位无阻滞现象。

（3）绝缘子运达现场应进行检查，其质量应符合设计和产品技术要求，绝缘电阻试验应符合《电气装置安装工程电气设备交接试验标准》GB 50150—2016的相关规定。瓷绝缘子瓷釉表面光滑、清洁，无裂纹、缺釉、斑点、气泡等缺陷，瓷釉剥落总面积不大于30mm$^2$；金属构件镀锌良好，无锈蚀。硅橡胶绝缘子金属连接件与芯棒连接可靠，密封良好，硅橡胶伞裙完整无破损。

（4）垂直悬吊安装底座调至水平，悬吊槽钢、绝缘横撑调至与轨面平行，坡道上的悬吊安装底座顺线路方向水平度偏差应以汇流排安装在汇流排定位线夹内能自由伸缩为原则。

（5）T型头螺栓的头部长边应垂直于安装槽道方向。吊柱及T头螺栓应铅垂安装，倾斜度误差应不大于1°；坡道上的悬垂吊柱及T型头螺栓顺线路方向铅垂度偏差应以汇流排安装在汇流排定位线夹内能自由伸缩为原则。

（6）绝缘子应安装端正、牢固可靠。汇流排定位线夹与绝缘子安装稳固，汇流排在汇流排定位线夹内应能自由伸缩、不卡滞。

（7）连接螺栓紧固力矩应符合设计和产品技术要求，安装牢固可靠，紧固件齐全。

所有调节孔位均宜居中安装，以保证充分的调整余量。接触悬挂调整到位后，螺栓在满足绝缘距离要求的情况下应有不少于0.25倍螺栓直径的调节余量，螺纹部分根据运营单位要求涂油防腐或喷锌防腐。

#### 2.1.6.8　安全控制措施

（1）进入轨行区施工时，施工人员按要求佩戴好防护用品，现场应有良好的照明设备，注意脚下的坑洞，并随时提醒他人。

（2）使用梯车施工时，上面施工人员按要求系好安全带。梯车下面施工人员必须听从上面人员指挥，严禁自行动车。梯车行进过程中，上面不得有人。梯车推行时必须匀速前行，严禁突然启动。梯车停稳时必须刹好刹车，防止自由滑动。

（3）在轨行区施工时，施工点两端必须设专人防护并放置红闪灯，直线段防护点距施工点的距离不得小于150m，曲线段防护点距施工点的距离不得小于200m。

（4）施工时，小工具、小材料应放置在工具包内以防撒落。梯车上工机具、材料放置稳妥，传递时必须用小绳，严禁上下抛掷。

（5）支撑安装时，上方空间比较狭小，要注意已安装完成的螺栓和隧道上方的凸出物，防止撞伤、扎伤。对螺栓进行紧固时，应握紧扳手，站在梯车护栏范围内。

#### 2.1.6.9　环保要求

（1）携带好材料的包装袋，严禁把包装袋扔在施工现场。

（2）施工人员应做到工完料清，保持施工现场的干净整洁。

### 2.1.7　汇流排安装

#### 2.1.7.1　施工准备

（1）根据锚段长度、线路条件及悬挂点布置等参数采用计算机编程动态模拟计算绘制出汇流排组合布置图，筛选最合理的配置方案，编制汇流排预配表。

（2）在专用汇流排预制平台上采用切割机及钻孔专用工具进行汇流排预制，以保证预制质量。

（3）汇流排对接安装均在汇流排安装平台上进行（安装前悬挂支持装置已全部初调到位）。利用汇流排安装调整器精调汇流排对接安装状态，保证汇流排对接安装质量和缩短汇流排安装时间。

（4）使用的仪器、仪表经具备国家级检验资质的检测机构的检验，并贴有“检验合格证”的标识，且在有效期内。

（5）汇流排安装工程车做好编组，由工程车、汇流排安装平台、平板车组成，施工机械状态良好，操作人员按照岗位要求做好准备。

（6）进入施工现场的所有人员必须戴好安全帽、穿工作服、工作鞋，佩戴施工证。

（7）确认施工区段无其他车辆通过。

### 2.1.7.2　劳动力组织

劳动力组织见表 2.1.7-1。

**劳动力组织表　　表 2.1.7-1**

| 序号 | 人员 | 单位 | 数量 | 备注 |
|---|---|---|---|---|
| 1 | 施工负责人 | 人 | 1 | 现场施工组织及协调 |
| 2 | 技术员 | 人 | 1 | 技术负责、质量负责 |
| 3 | 施工人员 | 人 | 8 | 如用梯车，需梯车 3 台，施工人员 18 人 |
| 4 | 轨道车司机 | 人 | 2 | |
| 5 | 安全员 | 人 | 2 | 安全瞭望、安全检查、安全提醒 |

### 2.1.7.3　施工机具

施工机具见表 2.1.7-2。

**施工机具表　　表 2.1.7-2**

| 序号 | 名称 | 规格 | 单位 | 数量 | 备注 |
|---|---|---|---|---|---|
| 1 | 工程车 | JW-4 | 台 | 1 | |
| 2 | 汇流排安装平台 | | 台 | 2 | |
| 3 | 平板车 | PC-40 | 台 | 2 | |
| 4 | 汇流排切割机 | | 台 | 1 | 汇流排预制 |
| 5 | 汇流排钻孔工具 | | 套 | 1 | 汇流排预制 |
| 6 | 水平尺 | 1m | 把 | 1 | |
| 7 | 内六角扳手 | | 把 | 4 | |
| 8 | 扭矩扳手 | 10～60N·m | 套 | 2 | |
| 9 | 扳手 | | 套 | 2 | |
| 10 | 钢卷尺 | 5m | 把 | 1 | |
| 11 | 对讲机 | | 台 | 2 | |
| 12 | 梯车 | | 台 | 3 | |

#### 2.1.7.4 物资配置

物资配置见表 2.1.7-3。

物资配置表 表 2.1.7-3

| 序号 | 名称 | 规格 | 单位 | 数量 | 备注 |
|---|---|---|---|---|---|
| 1 | 汇流排 | HL2213 | 米 | 实需 | |
| 2 | 汇流排电连接线夹或汇流排接地线夹 | | 套 | 实需 | |
| 3 | 汇流排中间接头 | | 套 | 实需 | |
| 4 | 电力复合脂 | | kg | 实需 | |
| 5 | 分段绝缘器本体 | | 套 | 实需 | |

#### 2.1.7.5 施工技术标准

(1)《铁路电力牵引供电工程施工质量验收标准》TB 10421—2018。

(2)《地下铁道工程施工质量验收标准》GB 50299—2018。

(3)《地铁设计规范》GB 50157—2013。

(4)《铁路通信、信号、电力、电力牵引供电施工安全技术规程》TB 10306—2009。

(5)《施工现场临时用电安全技术规范》JGJ 46—2005。

#### 2.1.7.6 施工工序及操作要点

(1) 工序流程图

汇流排安装工序流程如图 2.1.7-1 所示。

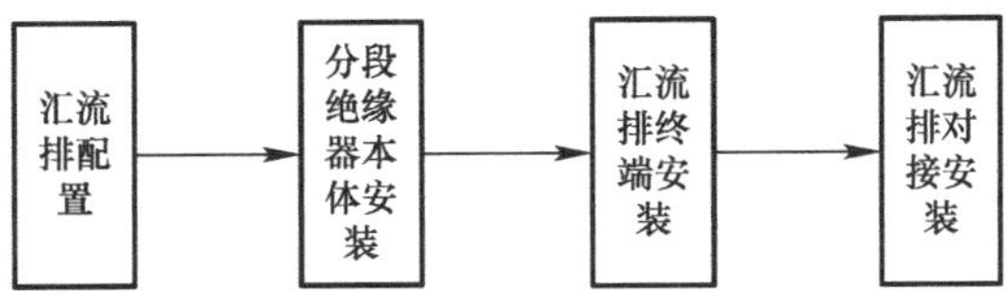


图 2.1.7-1 汇流排安装工序流程图

(2) 操作步骤及要点

1) 汇流排预配

① 锚段长度复核：一个锚段悬挂支持装置安装完成后，对此锚段各跨距和锚段长度进行测量复核。

② 伸缩量计算：根据实测锚段长度和现场安装温度计算汇流排终端温度伸缩预留量。

③ 汇流排安装长度计算：根据汇流排终端伸缩预留量，计算锚段汇流排安装长度。

④ 汇流排数量计算：计算标准汇流排根数和需预制汇流排的长度。

⑤ 汇流排合理布置：绘制汇流排布置图，将汇流排沿线路布置，确定汇流排布置方案。

⑥ 预制汇流排：由 12m 汇流排加工制作成实际需要的汇流排。首先将汇流排放置在专用制作平台上，测量标记切割位置，使用专用切割机具切割汇流排。切割完毕进行切割截面检查，使用专用钻孔夹具，进行钻孔。将切割、钻孔后的余渣清除干净。预制完成后进行试对接，对接接缝应密贴，无错位偏斜现象。

⑦ 汇流排编号：按汇流排布置图对配置好的汇流排按顺序依次编号。

2）汇流排安装

汇流排安装示意图如图 2.1.7-2 所示。

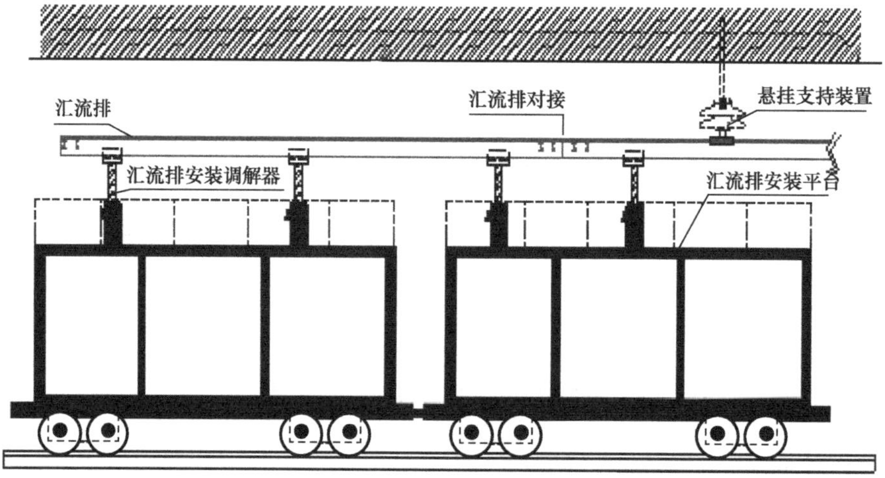


图 2.1.7-2 汇流排安装示意图

① 汇流排搬运：汇流排按安装顺序编号整齐放入安装平台和轨道平板上。

② 汇流排终端安装：将汇流排终端安装于锚段关节悬挂点汇流排定位线夹内，调整汇流排终端端头距悬挂定位点的距离。使用汇流排电连接线夹或汇流排接地线夹在悬挂点两端卡住汇流排终端，防止在汇流排安装过程中发生偏移。

③ 中间接头装配：用洁净毛巾将中间接头擦拭干净，接触面涂抹电力复合脂。中间接头装于前端汇流排，戴上紧固螺栓。中间接头装配时注意方向，两块接头斜面大头端靠汇流排开口侧，接头有凸起线形的斜面侧应紧贴汇流排两侧，两接头平面侧应处于汇流排中间，两接头平面相对。这时不拧紧螺栓，保持连接接头处于松动状态。

④ 汇流排对接：调整汇流排两端与前端汇流排至同一直线面，将中间接头插入对接汇流排内，推动汇流排至对接面密贴，调整对接处汇流排开口处接缝过渡平顺，依次安装紧固螺栓，用力矩扳手按产品说明书紧固力矩要求紧固（图 2.1.7-3、图 2.1.7-4）。

图 2.1.7-3 安装汇流排

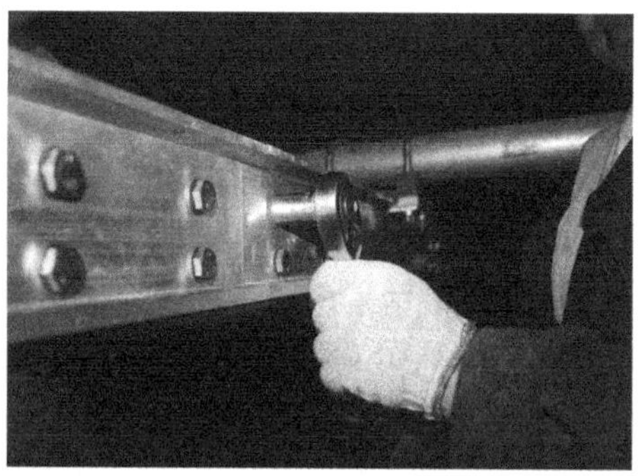

图 2.1.7-4 汇流排接头螺栓紧固

⑤ 重复按上述②、③、④步骤连续安装汇流排，至此锚段汇流排安装完毕。

3）填写记录

按照施工情况填写施工记录。

#### 2.1.7.7 施工质量标准

（1）汇流排及附件的规格、型号应符合设计要求，其质量应符合设计和产品技术要求。汇流排表面光洁、无变形、无腐蚀、无污迹，螺栓、垫圈等配件齐全，规格相符，螺栓螺纹完好。

（2）汇流排切割时，切割机垂直于汇流排轴线，切割面平整。

（3）汇流排对接接头尽可能靠近悬挂定位点，距悬挂点的距离范围在500～2500mm。

（4）汇流排定位线夹安装时，使用内六角扳手紧固螺栓，所有螺栓应保持统一朝向，保持美观。汇流排定位线夹能够水平灵活转动，允许汇流排在温度变化时顺线路自由滑动。

（5）汇流排间连接的接触面清洁，汇流排连接缝两端夹持接触线的齿槽连接处平顺光滑，不平顺度不应大于0.3mm；汇流排连接端缝平均宽度不应大于1mm，紧固件齐全，螺栓紧固力矩应符合产品技术要求。

（6）锚段长度符合设计要求。

（7）汇流排中轴线应垂直于所处的轨道平面，偏斜应不大于1°。

（8）在拉出值>250mm的悬挂点处，锚栓安装位置应朝拉出值方向偏移50mm。

（9）汇流排的制造长度一般为12m/根，允许偏差为0～10mm，安装时应尽量整根安装，如有特殊情况根据实际长度截取。

（10）安装调整时必须保证关键悬挂点的拉出值与设计值一致，其他一般悬挂点的拉出值仅作安装调整参考用，但必须保证汇流排平滑弯曲，且拉出值的绝对值不得大于300mm。

#### 2.1.7.8 安全控制措施

（1）轨道车操作平台是现场施工中用以站人、载料并可进行操作的平台。操作平台上应显著地表明容许荷载值，操作平台上人员和物料的总重量，严禁超过设计的容许荷载，应配备专人加以监督。

（2）平台的次梁，间距不应大于400mm；台面应满铺30mm厚的木板或竹笆。

（3）上下平台时，注意抓紧扶梯。在平台上走动时注意脚下物品，防止踢伤、擦伤。

（4）布放汇流排时需听从带工人员统一指挥，工程车前行时须目视前方，注意悬挂装置以免碰伤自己，随时提醒他人。

（5）汇流排安装时必须等轨道车停稳后方可进行架设，严禁工程车未停稳进行施工。

（6）轨道车在行进时，车上施工人员不得随意走动，不得挡住司机视线。

（7）搬运汇流排时必须要专人指挥，施工人员听从统一指挥，预防意外伤害。

（8）使用轨道车施工时，车上材料、机具、人员不得超出轨道车之外。平台上施工人员不得把身体任何部位探出平台范围外施工。

（9）平台上应保持整齐、清洁，照明应良好。

（10）使用带电设备必须有漏电保护装置，严禁使用无漏电保护装置的设备。

#### 2.1.7.9 环保要求

（1）携带好材料的包装袋，严禁把包装袋扔在施工现场。

（2）施工人员应做到工完料清，保持施工现场的干净整洁。

## 2.1.8 接触线架设

### 2.1.8.1 施工准备

（1）申报的施工区段已被有关单位批准，准许架线车组进入。

（2）检查悬挂支持装置安装完毕，并符合技术标准。

（3）在开工前组织技术人员认真审核施工图纸，澄清有关技术问题，熟悉规范和技术标准，对施工人员进行技术交底。

（4）制订施工安全保证措施，提出应急预案。对参加施工人员进行上岗前安全和技术培训，考核合格后持证上岗。

（5）使用的仪器、仪表经具备国家级检验资质的检测机构的检验，并贴有“检验合格证”的标识，且在有效期内。

（6）施工前复核接触线长度及配盘。线盘已吊装到位，线盘方向正确。接触线架设安装工程车做好编组，由工程车、放线车组成，施工机械状态良好，操作人员按照岗位要求做好准备。

### 2.1.8.2 劳动力组织

劳动力组织见表 2.1.8-1。

**劳动力组织表** **表 2.1.8-1**

| 序号 | 人员 | 单位 | 数量 | 备注 |
|---|---|---|---|---|
| 1 | 施工负责人 | 人 | 1 | 现场施工组织及协调 |
| 2 | 技术员 | 人 | 1 | 技术负责、质量负责 |
| 3 | 施工人员 | 人 | 15 | |
| 4 | 安全员 | 人 | 2 | 安全瞭望、安全检查、安全防护 |
| 5 | 轨道车司机 | 人 | 2 | |

### 2.1.8.3 施工机具

施工机具见表 2.1.8-2。

**施工机具表** **表 2.1.8-2**

| 序号 | 名称 | 规格 | 单位 | 数量 | 备注 |
|---|---|---|---|---|---|
| 1 | 刚性架线小车 | | 台 | 2 | 其中 1 台备用 |
| 2 | 注油器 | | 台 | 1 | |
| 3 | 排刷 | | 只 | 4 | |
| 4 | 橡皮锤 | | 把 | 1 | |
| 5 | 断线钳 | | 把 | 1 | |
| 6 | 扳手 | | 套 | 2 | |
| 7 | 挫刀 | | 把 | 2 | |
| 8 | 接触网架线车 | JW-4 | 辆 | 1 | |
| 9 | 接触网放线车 | FX-3 | 辆 | 1 | |
| 10 | 红闪灯 | | 套 | 2 | |
| 11 | 防护用品 | | 套 | 实需 | |
| 12 | 杂物袋 | | 个 | 实需 | |

### 2.1.8.4 物资配置

物资配置见表 2.1.8-3。

物资配置表　　表 2.1.8-3

| 序号 | 名称 | 规格 | 单位 | 数量 | 备注 |
|---|---|---|---|---|---|
| 1 | 接触线 | CTA120 | 米 | 实需 | |
| 2 | 汇流排电连接线夹或汇流排接地线夹 | | 套 | 实需 | |
| 3 | 电力复合脂 | | 千克 | 实需 | |

### 2.1.8.5 施工技术标准

(1)《铁路电力牵引供电工程施工质量验收标准》TB 10421—2018。

(2)《地下铁道工程施工质量验收标准》GB 50299—2018。

(3)《地铁设计规范》GB 50157—2013。

(4)《铁路通信、信号、电力、电力牵引供电施工安全技术规程》TB 10306—2009。

### 2.1.8.6 施工工序及操作要点

(1) 施工工序流程图

接触线架设工序流程如图 2.1.8-1 所示。

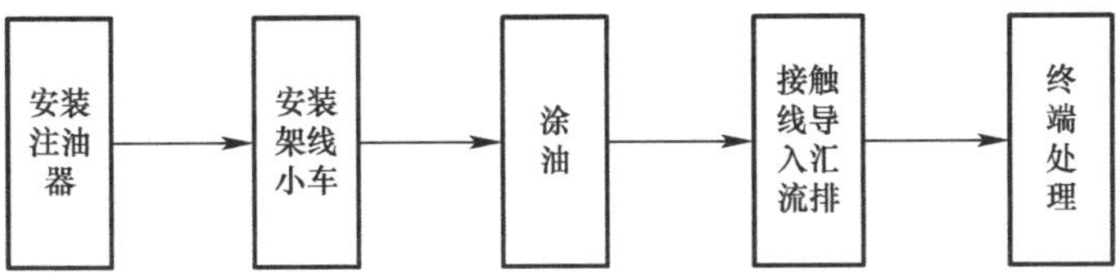


图 2.1.8-1　接触线架设工序流程图

(2) 操作步骤及要点

1) 施工准备：按照当天施工内容及工作量做好人员、材料、机械的准备。

2) 固定汇流排：在第一、二个悬挂点两端，用汇流排电连接线夹或汇流排接地线夹卡住汇流排，使汇流排在放线时不能滑动。

3) 安装架线小车：在汇流排上安装架线小车，将接触线从汇流排终端端头嵌入汇流排，紧固汇流排终端上的紧固螺栓，按设计和产品安装技术要求做好接触线端头处理(图 2.1.8-2、图 2.1.8-3)。

图 2.1.8-2　安装架线小车

图 2.1.8-3　接触线导入汇流排

4）接触线导入汇流排：架线小车用拉线固定于前端牵引支架上，由车辆带动前进，架线小车以 5km/h 均速架线，接触线展放顺滑自然，并设专人对接触线均匀涂抹电力复合脂。左右各设一人仔细检查接触线嵌入状况，如发现接触线嵌入不到位时，及时停车，重新用架线小车将接触线嵌入汇流排。如图 2.1.8-3 所示。

图 2.1.8-4　终端处理

5）终端处理：接触线架设至汇流排末端时，在架线小车到达汇流排终端弯曲端前，放线车辆停车。拉动架线小车，把接触线导入汇流排终端，锁紧终端螺栓，做好接触线终端处理（图 2.1.8-4）。

6）拆除架线小车：从汇流排卸下架线小车。拆除第一二定位点处汇流排电连接线夹或汇流排接地线夹。

7）填写记录：按照施工情况填写施工记录。

### 2.1.8.7　施工质量标准

（1）架线小车应调整好工作状态，导线与汇流排贴合，如导线未完全嵌入汇流排时，应倒回架线小车将导线拉出，重新嵌入。

（2）分段绝缘器和汇流排终端处导线端头严格按照设计和产品安装技术要求处理，端头平整光洁，不应碰弓及出现硬点，螺栓紧固力矩符合设计或产品安装技术要求。

（3）放线时，当放线小车通过可拆卸式汇流排时，要确保可拆卸式汇流排上的顶开螺栓和锁紧螺栓已取下来，否则小车会撞上螺栓，拉坏汇流排。

（4）接触线的规格、型号应符合设计要求，其质量应符合设计和产品技术要求。

（5）接触线应可靠嵌入汇流排内，接触线与汇流排的接触面应涂有薄层电力复合脂，接触线应无接头、无硬弯。

（6）接触线在锚段末端汇流排外余长为 150～200mm，宜沿汇流排终端方向向上弯曲；汇流排终端紧固螺栓应按产品力矩要求紧固。

### 2.1.8.8　安全控制措施

（1）施工人员必须佩戴好安全防护用品。

（2）进场施工必须进行安全技术交底及安全技术培训。

（3）轨行区施工需持有工作票，并在规定的时间内完成测量并撤离轨行区。

（4）在轨行区施工时，施工点两端必须设专人防护并放置红闪灯，直线段防护点距施工点的距离不得小于 150m，曲线段防护点距施工点的距离不得小于 200m。

（5）对接触线拆封时，要压住导线两端，防止导线弹出伤人。往平板上引出导线时，手要握紧导线。行进过程中，注意脚下。转动线盘时，人员要站在稳定的地方。

（6）接触线架设时需听从带工人员统一指挥，工程车前行时须目视前方，注意悬挂装置和隧道上方的突起物，以免碰伤自己，随时提醒他人。

（7）到锚段终点时应提前做好准备放开控制小车的缆绳，防止小车从终端滑落砸伤人。

（8）平台上应保持整齐、清洁，照明应良好。

（9）在工程车上施工时，应注意轨道车和放线架之间的间隙，防止坠落。

#### 2.1.8.9 环保要求

接触线线盘及包装物、包装袋等废弃物收集带出施工现场，按环保要求进行处理，施工完毕做到场清料净。

### 2.1.9 架空地线架设及调整

#### 2.1.9.1 施工准备

(1) 根据施工图纸和定测记录，复核锚段长度，并按锚段编号，确认配盘线盘。

(2) 施工前技术人员，组织对施工人员进行技术交底。

(3) 制订施工安全保证措施，提出应急预案。对参加施工人员进行上岗前安全和技术培训，考核合格后持证上岗。

(4) 申报的施工区段已被有关单位批准，准许架线车辆和人员进入现场施工。

(5) 施工现场的所有人员必须戴好安全帽、穿工作服、工作鞋、佩戴施工证。

(6) 施工区段隧道施工照明情况良好。

#### 2.1.9.2 劳动力组织

劳动力组织见表 2.1.9-1。

**劳动力组织表** **表 2.1.9-1**

| 序号 | 人员 | 单位 | 数量 | 备注 |
|---|---|---|---|---|
| 1 | 施工负责人 | 人 | 1 | 现场施工组织及协调 |
| 2 | 技术员 | 人 | 1 | 技术负责、质量负责 |
| 3 | 施工人员 | 人 | 6 | |
| 4 | 安全员 | 人 | 2 | 安全瞭望、安全检查、安全防护 |
| 5 | 轨道车司机 | 人 | 2 | |

#### 2.1.9.3 施工机具

施工机具见表 2.1.9-2。

**施工机具表** **表 2.1.9-2**

| 序号 | 名称 | 规格 | 单位 | 数量 | 备注 |
|---|---|---|---|---|---|
| 1 | 接触网架线车 | JW-4 | 辆 | 1 | |
| 2 | 接触网放线车 | FX-3 | 辆 | 1 | |
| 3 | 悬挂滑轮 | 0.5t | 个 | 实需 | 据悬挂点数量定 |
| 4 | 张力表 | 3t | 个 | 2 | |
| 5 | 手扳葫芦 | 1.5t | 台 | 2 | |
| 6 | 断线钳 | | 把 | 1 | |
| 7 | 紧线器 | 50～150mm$^2$ | 套 | 3 | |
| 8 | 温度计 | | 支 | 1 | |
| 9 | 尼龙套 | 30kN | 套 | 2 | |
| 10 | 平衡滑轮组 | 30kN | 套 | 1 | |
| 11 | 钢卷尺 | 5m | 把 | 1 | |
| 12 | 对讲机 | 400m | 台 | 3 | |
| 13 | 红闪灯 | | 套 | 2 | |
| 14 | 防护用品 | | 套 | 实需 | |
| 15 | 杂物袋 | | 个 | 实需 | |

#### 2.1.9.4 物资配置

物资配置见表2.1.9-3。

物资配置表 表2.1.9-3

| 序号 | 名称 | 规格 | 单位 | 数量 | 备注 |
|---|---|---|---|---|---|
| 1 | 架空地线 | JT-120 | m | 实需 | |
| 2 | 下锚底座 | | 套 | 实需 | |
| 3 | T型终锚线夹 | | 套 | 实需 | |
| 4 | 调整螺栓 | | 套 | 实需 | |
| 5 | D2型电连接线夹 | | 套 | 实需 | |
| 6 | 120型地线线夹 | | 套 | 实需 | |

#### 2.1.9.5 施工技术标准

(1)《铁路电力牵引供电工程施工质量验收标准》TB 10421—2018。

(2)《地下铁道工程施工质量验收标准》GB 50299—2018。

(3)《地铁设计规范》GB 50157—2013。

(4)《铁路通信、信号、电力、电力牵引供电施工安全技术规程》TB 10306—2009。

#### 2.1.9.6 施工工序及操作要点

(1) 施工工序流程图

架空地线架设工序流程如图2.1.9-1所示。

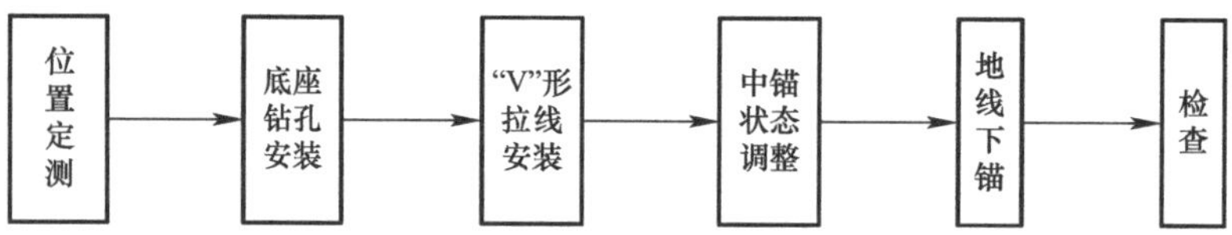


图2.1.9-1 架空地线架设工序流程图

(2) 操作步骤及要点

1) 地线起锚

① 工程车行至起锚点，使安装平台升至起锚处。

② 从线盘引出地线，在地线起锚端，按设计图纸和安装要求做好地线起锚连接。

2) 架线

① 起锚连接完毕，放线初张力调至1.5kN左右，车组平缓起动，拉起地线后，以5km/h速度匀速行驶。

② 在各悬挂点挂设放线滑轮，使悬挂地线点距离悬挂安装点应保持在400mm内。将地线放于放线滑轮上，保证地线能顺线路自由滑动(图2.1.9-2)。

③ 架线过程中保持线盘出线张力，并根据现场实际情况通过放线车液压张力装置进行灵活调整。

图2.1.9-2 架空地线架设

3）地线下锚

① 工程车组行至地线下锚点前平稳停车，并通知沿线巡视人员汇报全线检查情况。

② 确认所架设的地线不受障碍物影响后，根据现场温度、锚段长度查阅“地线张力曲线表”，用手扳葫芦调整张力表上读数使其符合“张力曲线表”中数值。将楔型紧线器与线索、3t手扳葫芦、张力表、临时钢丝套依次连接好后开始紧线。

③ 张力调整从起锚点开始，隧道段每隔200m按设计张力紧线调整一次，直至落锚点。

④ 在下锚处重新进行紧线至设计张力值，制作终端头，下锚底座连接。

4）导入地线线夹

① 沿线逐点将架空地线导入地线线夹，安装紧固（图2.1.9-3、图2.1.9-4）。

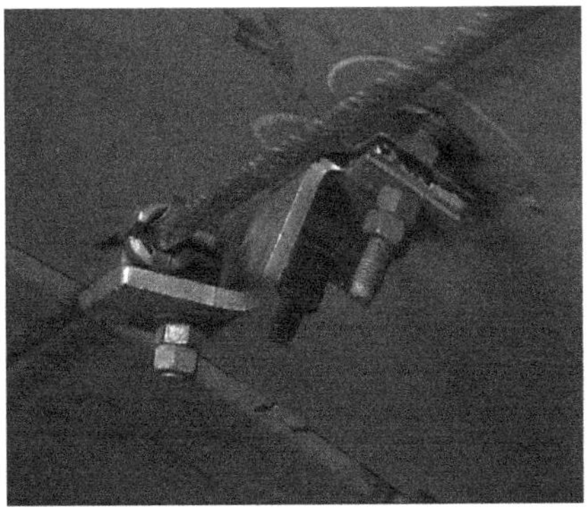

图2.1.9-3　架空地线导入地线线夹，并紧固

图2.1.9-4　架空地线成品

② 每一区段线索架设到位固定好之后，检查所架设的线材是否有破损、扭曲或断股。

5）填写记录

按照施工情况填写施工记录。

**2.1.9.7　施工质量标准**

（1）架空地线及其所用金具的规格、型号符合设计及产品技术要求。架空地线不得有两股以上的断股，一个锚段内，断股补强和接头不应超过1个，接头距悬挂点的距离不应小于500mm。

（2）架空地线规格型号应符合设计要求，应按配盘对号架设。

（3）地线架设时应平缓，不能出现大的折角，地线不得与其他建筑物及设备发生摩擦。

（4）架空地线安装高度应符合设计要求，架空地线底座应安装水平，地线线夹安装端正。底座、地线线夹和安装在架空地线上的电连接线夹的螺栓紧固力矩应符合规范要求。

（5）架空地线的弛度应符合设计安装曲线，其允许偏差为−2.5%～5%，在最大弛度时，必须保证架空地线及其金具距接触网带电体的距离不小于150mm。

（6）地线线夹安装端正，地线线夹中的铜垫片齐全或者预绞丝安装完成，安装正确。

**2.1.9.8　安全控制措施**

（1）地线不得与其他建筑物及设备发生摩擦。

（2）地线架设时应平缓，不能出现大的折角。

（3）架线车辆的行驶速度不大于5km/h，行使应平稳。

（4）在曲线区段进行地线架设、调整过程中，所有人员应站在曲线外侧（站在地线的受力反方向）。

#### 2.1.9.9　环保要求

（1）携带好材料的包装袋，严禁把包装袋扔在施工现场。

（2）施工人员应做到工完料清，保持施工现场的干净整洁。

### 2.1.10　中心锚结安装

#### 2.1.10.1　施工准备

（1）在开工前技术人员，组织对施工人员进行技术交底。

（2）制订施工安全保证措施，提出应急预案。对参加施工人员进行上岗前安全和技术培训，考核合格后持证上岗。

（3）申报的施工区段已被有关单位批准。

（4）悬挂调整完毕，并符合技术标准，施工现场的所有人员必须戴好安全帽、穿工作服、工作鞋、佩戴施工证，并且隧道照明情况良好。

#### 2.1.10.2　劳动力组织

劳动力组织见表 2.1.10-1。

**劳动力组织表**　　**表 2.1.10-1**

| 序号 | 人员 | 单位 | 数量 | 备注 |
|---|---|---|---|---|
| 1 | 施工负责人 | 人 | 1 | 现场施工组织及协调 |
| 2 | 技术员 | 人 | 1 | 技术负责、质量负责 |
| 3 | 施工人员 | 人 | 6 | |
| 4 | 安全员 | 人 | 2 | 安全瞭望、安全检查、安全防护 |

#### 2.1.10.3　施工机具

施工机具见表 2.1.10-2。

**施工机具表**　　**表 2.1.10-2**

| 序号 | 名称 | 规格 | 单位 | 数量 | 备注 |
|---|---|---|---|---|---|
| 1 | 梯车 | | 台 | 1 | |
| 2 | 钢卷尺 | 5m | 把 | 1 | 现场测量 |
| 3 | 冲击电钻 | TE-55 | 台 | 1 | 钻孔 |
| 4 | 钻头 | | 套 | 1 | 与打孔型号匹配 |
| 5 | 照明设备 | | 套 | 1 | |
| 6 | 激光测距仪 | DJJ-8 | 台 | 1 | |
| 7 | 钻孔模板 | | 个 | 1 | 与孔型一致 |
| 8 | 拉力测试仪 | | 套 | 1 | 锚栓拉力测试 |
| 9 | 三级配电箱 | | 个 | 1 | |
| 10 | 扳手 | | 套 | 2 | |
| 11 | 水平尺 | 1m | 把 | 1 | |
| 12 | 发电机 | 5kW | 台 | 1 | 无施工临时用电时使用 |
| 13 | 红闪灯 | | 套 | 2 | |
| 14 | 防护用品 | | 套 | 实需 | |
| 15 | 杂物袋 | | 个 | 实需 | |

#### 2.1.10.4 物资配置

物资配置见表 2.1.10-3。

物资配置表　　表 2.1.10-3

| 序号 | 名称 | 规格 | 单位 | 数量 | 备注 |
|---|---|---|---|---|---|
| 1 | 吊柱 | | 根 | 实需 | |
| 2 | 调整螺栓 | | 套 | 实需 | |
| 3 | 中心锚结绝子 | | 套 | 实需 | |
| 4 | 汇流排中心锚结线夹 | | 套 | 实需 | |

#### 2.1.10.5 施工技术标准

(1)《铁路电力牵引供电工程施工质量验收标准》TB 10421—2018。

(2)《地下铁道工程施工质量验收标准》GB 50299—2018。

(3)《地铁设计规范》GB 50157—2013。

(4)《铁路通信、信号、电力、电力牵引供电施工安全技术规程》TB 10306—2009。

(5)《施工现场临时用电安全技术规范》JGJ 46—2005。

#### 2.1.10.6 施工工序及操作要点

(1) 施工工序流程图

中心锚结安装工序流程如图 2.1.10-1 所示。

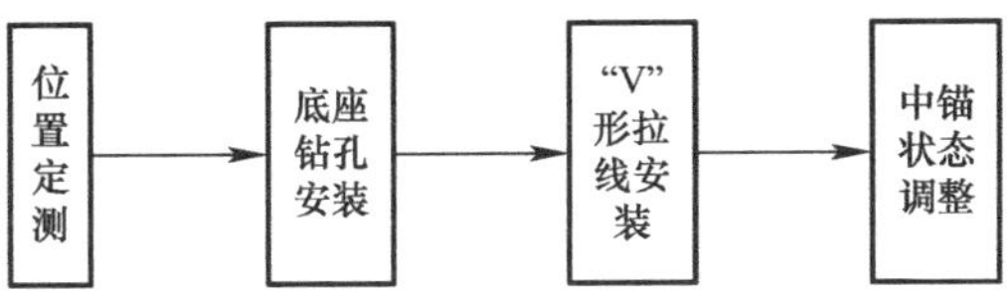


图 2.1.10-1　中心锚结安装工序流程图

(2) 操作步骤及要点

1) 测量定位：按施工图纸中心锚结位置，现场沿汇流排测量定出中心锚结锚固线夹位置，测量汇流排至隧道顶的净空高度，确定中心锚结底座位置（图 2.1.10-2）。

2) 钻孔螺栓安装。

3) 底座安装：中心锚结底座应水平端正安装。

4) 中锚安装：在汇流排与中心锚结锚固线夹的接触面均匀涂抹电力复合脂，安装汇流排中心锚结线夹，连接安装中心锚结（图 2.1.10-3、图 2.1.10-4）。

图 2.1.10-2　中心锚结底座打孔，锚栓灌注

5) 中锚状态调整：调整中心锚结两端调整螺栓，使汇流排受力一致，并轻微拉住汇流排，检测导线高度，不能使汇流排出现负弛度。

6) 填写记录：按照施工情况填写施工记录。

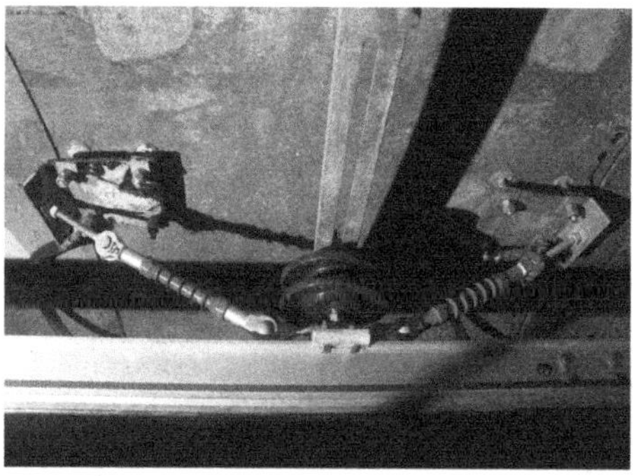

图 2.1.10-3　低净空中心锚结

图 2.1.10-4　高净空中心锚结

**2.1.10.7　施工质量标准**

（1）中心锚结绝缘子型号及其质量应符合设计和产品技术要求。

（2）中心锚结型式及安装位置应符合设计要求，并应处于汇流排中心线的正上方，底座中心偏离汇流排中心不大于 30mm。

（3）中心锚结绝缘子的带电部位至接地体距离不应小于 150mm，中心锚结接地体与带电部位距离不小于 150mm。

（4）中心锚结绝缘子及拉杆受力均匀，与汇流排的夹角为 30°～45°。

（5）中心锚结与汇流排固定牢固，螺栓紧固力矩符合设计和产品技术要求，调整螺栓处于可调状态。

（6）中心锚结拉线拉力应均衡适度，两端拉力应一致，且不能使中心锚结点出现负弛度；可调节螺栓应有足够的调节余量，有锁紧螺母的应锁紧。

（7）中心锚结锚固线夹与汇流排的接触面应均匀涂抹电力复合脂，与汇流排连接牢固，螺栓紧固力矩符合设计要求。

**2.1.10.8　安全控制措施**

（1）中心锚结绝缘子用麻布软袋包裹好，以免在运输和安装中造成损坏。

（2）使用梯车施工时，上面施工人员按要求系好安全带。梯车下面施工人员必须听从上面人员指挥，严禁自行动车。梯车行进过程中，上面不得有人。梯车推行时必须匀速前行，严禁突然启动。梯车停稳时必须刹好刹车，防止自由滑动。

（3）中锚底座打孔时由于底座位于汇流排正上方给施工造成难度，打孔时应站好位置，手要抓紧电钻，防止电钻甩动时扭伤，夹伤。

（4）接地安装施工时，上方悬挂物已经安装完成，空间比较狭小，要注意已安装完成的悬吊装置和隧道上方的凸出物，防止撞伤、扎伤。

（5）高净空中锚安装，安全带应系在永久牢固的地方，严禁低挂高用。

（6）在施工现场施工时应在两端设置防护，防护距离施工点不得小于 50m，在躲避车辆时必须面向来车方向。

（7）严禁把工机具放在轨道上及轨道中心，严禁往轨道上抛扔任何物品。使用工机具时，严格按照工机具使用说明书使用。

**2.1.10.9　环保要求**

（1）施工用螺栓、废弃钻头、化学药剂盒及包装物、绝缘子包装物等废弃物收集带出施工现场，按环保要求进行处理，施工完毕做到场清料净。

(2) 钻孔时要带好口罩或防尘面具。

## 2.1.11 接触悬挂调整

### 2.1.11.1 施工准备

(1) 确认施工现场无其他车辆通过。

(2) 确认施工现场临时电源。

(3) 主管工程师对接触悬挂调整小组人员进行了技术交底，并编制施工表，所有接触悬挂调整人员都熟悉施工图纸，都已明白接触悬挂调整内容及注意事项。

(4) 接触悬挂调整由工班工长负责，对于各种可能遇见的问题要有充分的了解和认识。并邀请业主代表和设计人员参加。

### 2.1.11.2 劳动力组织

劳动力组织见表 2.1.11-1。

**劳动力组织表** **表 2.1.11-1**

| 序号 | 人员 | 单位 | 数量 | 备注 |
| --- | --- | --- | --- | --- |
| 1 | 施工负责人 | 人 | 1 | 现场施工组织及协调 |
| 2 | 技术员 | 人 | 1 | 技术负责、质量负责 |
| 3 | 施工人员 | 人 | 6 | |
| 4 | 安全员 | 人 | 2 | 安全瞭望、安全检查、安全防护 |

### 2.1.11.3 施工机具

施工机具见表 2.1.11-2。

**施工机具表** **表 2.1.11-2**

| 序号 | 名称 | 规格 | 单位 | 数量 | 备注 |
| --- | --- | --- | --- | --- | --- |
| 1 | 激光测距仪 | DJJ-8 | 台 | 1 | |
| 2 | 梯车 | | 台 | 1 | |
| 3 | 扳手 | | 套 | 2 | |
| 4 | 内六角扳手 | | 把 | 2 | |
| 5 | 扭矩扳手 | | 套 | 2 | |
| 6 | 橡胶锤 | | 把 | 1 | |
| 7 | 红闪灯 | | 套 | 2 | |
| 8 | 防护用品 | | 套 | 实需 | |
| 9 | 杂物袋 | | 个 | 实需 | |

### 2.1.11.4 施工技术标准

(1)《铁路电力牵引供电工程施工质量验收标准》TB 10421—2018。

(2)《地下铁道工程施工质量验收标准》GB 50299—2018。

(3)《地铁设计规范》GB 50157—2013。

(4)《铁路通信、信号、电力、电力牵引供电施工安全技术规程》TB 10306—2009。

### 2.1.11.5 施工工序及操作要点

(1) 施工工序流程图

施工工序流程如图 2.1.11-1 所示。

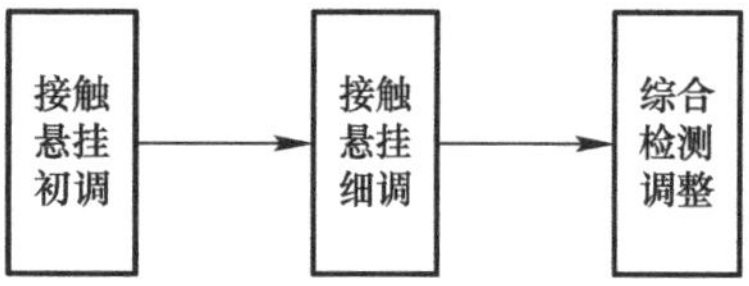


图 2.1.11-1　施工工序流程图

（2）操作步骤及要点

1）导高调整：逐点调整各悬挂点接触线高度至设计值。

2）拉出值调整：逐点调整各悬挂点拉出值至设计值（图 2.1.11-2）。

3）导线工作面调整：调整悬吊槽钢或绝缘横撑平行于轨面，检查汇流排上平面应与轨面平行。

4）锚段关节调整：调整锚段关节处导高和拉出值至设计值，使受电弓平滑过渡。

5）道岔和交叉渡线处过渡调整：调整始触点处两接触线等高，使受电弓平滑过渡，不应出现打弓、刮弓、脱弓现象。

6）综合检测调整

① 导高拉出值综合检测：用激光测距仪逐点检查导高及拉出值，对超过允许偏差范围的进行调整，填写导高及拉出值检查记录。

② 关节、分段绝缘器处检测：在工程车上安装受电弓，对锚段关节、道岔及交叉渡线、分段绝缘器处过渡状态进行往返检查，对出现打弓碰弓的地方进行调整。

图 2.1.11-2　接触悬挂调整

③ 绝缘距离检查：刚性悬挂所有带电体距接地体的绝缘距离应不小于 150mm。有渗水、漏水至汇流排的地方，使用汇流排防护罩来保护汇流排。

④ 涂油防腐：刚性悬挂调整到位后，所有悬挂定位的活动关节、绞接部位、调节螺栓等部位均匀涂抹黄油防腐。

7）填写记录：按照施工情况填写施工记录。

### 2.1.11.6　施工质量标准

（1）接触线悬挂点距轨面的高度应符合下列规定：

1）悬挂点处接触线高度应符合设计要求，施工允许偏差为±5mm，相邻悬挂点的相对高度一般不大于所在跨距值的 0.5‰。

2）设计变坡段，接触线距轨面高度的坡度变化不应大于 1‰，且不应出现负弛度。

（2）接触线拉出值的布置应符合下列规定：

1）关键悬挂点的拉出值应符合设计要求，施工允许偏差为±10mm。

2）一般悬挂点的拉出值以设计拉出值为参考，汇流排整体布置顺滑。

（3）锚段关节处，两支接触线在关节中间悬挂点处应等高，转换悬挂点处非工作支不得低于工作支，非工作支宜高出 1～3mm；锚段关节两支悬挂的拉出值应符合设计要求，施工允许偏差为±10mm。

（4）道岔处，在受电弓同时接触两支接触线范围内两支接触线应等高，非工作支宜高出 1～3mm；悬挂点的拉出值应符合设计要求，施工允许偏差为±10mm。

#### 2.1.11.7 安全控制措施

(1) 进入轨行区施工时，应有良好的照明设备，注意坑洞防止意外伤害。

(2) 使用梯车施工时，上面施工人员按要求系好安全带。梯车下面施工人员必须听从上面人员指挥，严禁自行动车。梯车行进过程中，上面不得有人。梯车推行时必须匀速前行，严禁突然启动。梯车停稳时必须刹好刹车，防止自由滑动。

(3) 在轨行区施工时，施工点两端必须设专人防护并放置红闪灯，直线段防护点距施工点的距离不得小于150m，曲线段防护点距施工点的距离不得小于200m。

(4) 在轨行区施工时，轨道上严禁放置任何材料等，以防影响行车安全。

(5) 施工时小工具应放置在工具包内以防撒落。

(6) 调整时，上方悬挂物已经安装完成，空间比较狭小，要注意已安装完成的悬吊装置和隧道上方的凸出物，防止撞伤、扎伤。

(7) 调整时，上方人员应握紧调整工具，防止掉下伤人。

#### 2.1.11.8 环保要求

(1) 携带好材料的包装袋，严禁把包装袋扔在施工现场。

(2) 施工人员应做到工完料清，保持施工现场的干净整洁。

### 2.1.12 电连接安装

#### 2.1.12.1 施工准备

(1) 根据设计图样，确认电连接的安装位置和类型。电连接根据安装位置不同可分为锚段关节电连接、道岔电连接、隔离开关电连接等。

(2) 施工前技术人员，组织对施工人员进行技术交底。

(3) 制定施工安全保证措施，提出应急预案。对参加施工人员进行上岗前安全和技术培训，考核合格后持证上岗。

(4) 申报的施工区段已被有关单位批准，准许车辆和人员进入施工。

(5) 施工现场的所有人员必须戴好安全帽、穿工作服、工作鞋、佩戴施工证。

(6) 隧道施工照明情况良好。

#### 2.1.12.2 劳动力组织

劳动力组织见表2.1.12-1。

劳动力组织表　　表2.1.12-1

| 序号 | 人员 | 单位 | 数量 | 备注 |
|---|---|---|---|---|
| 1 | 施工负责人 | 人 | 1 | 现场施工组织及协调 |
| 2 | 技术员 | 人 | 1 | 技术负责、质量负责 |
| 3 | 施工人员 | 人 | 5 | |
| 4 | 安全员 | 人 | 2 | 安全瞭望，安全检查，安全防护 |

#### 2.1.12.3 施工机具

施工机具见表2.1.12-2。

施工机具表　　表 2.1.12-2

| 序号 | 名称 | 规格 | 单位 | 数量 | 备注 |
|---|---|---|---|---|---|
| 1 | 梯车 | | 台 | 1 | |
| 2 | 钢卷尺 | 5m | 把 | 1 | 现场测量 |
| 3 | 照明设备 | | 套 | 1 | 含电源线 |
| 4 | 力矩扳手 | | 套 | 2 | |
| 5 | 液压钳 | | 套 | 1 | 含模具 |
| 6 | 红闪灯 | | 套 | 2 | |
| 7 | 防护用品 | | 套 | 实需 | |
| 8 | 杂物袋 | | 套 | 实需 | |

#### 2.1.12.4　物资配置

物资配置见表 2.1.12-3。

物资配置表　　表 2.1.12-3

| 序号 | 名称 | 规格 | 单位 | 数量 | 备注 |
|---|---|---|---|---|---|
| 1 | 电连接线夹 | | 套 | 实需 | |
| 2 | 软铜线 | | 米 | 实需 | |
| 3 | 铝铜接线端子 | | 个 | 实需 | |

#### 2.1.12.5　施工技术标准

（1）《铁路电力牵引供电工程施工质量验收标准》TB 10421—2018。

（2）《地下铁道工程施工质量验收标准》GB 50299—2018。

（3）《地铁设计规范》GB 50157—2013。

（4）《铁路通信、信号、电力、电力牵引供电施工安全技术规程》TB 10306—2009。

#### 2.1.12.6　施工工序及操作要点

（1）施工工序流程图

施工工序流程如图 2.1.12-1 所示。

（2）操作步骤及要点

1）电连接线预制

① 根据电连接选型裁剪软铜绞线，裁剪前先在软铜绞线两端和中间缠实需处胶带，确保裁剪和安装时绞线不会散股。

② 将软铜绞线两端剥去胶带，套入铜铝过渡线夹内推入根部进行压接，两端线夹对正。

2）电连接线夹安装

① 在汇流排电连接线夹的接触面均匀涂抹电力复合脂。

② 在汇流排上安装电连接线夹，安装端正，用力矩扳手紧固。

3）电连接线安装

① 在铜铝过渡线夹与汇流排电连接线夹接触面均匀涂抹电力复合脂。

② 在电连接线夹上安装电连接线，安装完成后，检查电连接线的安装组数、预留量，用力矩扳手紧固螺栓（图 2.1.12-2）。

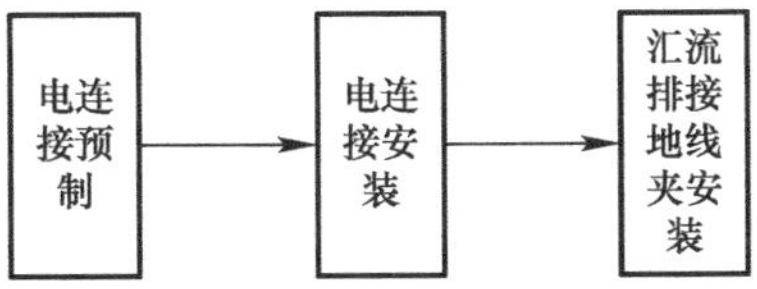


图 2.1.12-1 施工工序流程图

图 2.1.12-2 电连接成品

4）填写记录：按照施工情况填写施工记录。

**2.1.12.7 工质量标准**

（1）电连接线不应有断股、散股，否则应更换。

（2）电连接安装前应清洁汇流排及线夹的接触面，不应有灰尘、脏物。

（3）电连接安装的各种型号的螺栓都应按设计标准，满足力矩要求。

（4）电连接线所用型号、材质、数量应符合设计要求，并预留因温度变化使接触悬挂产生伸缩而需要的长度。

（5）150mm$^2$软电缆绝缘层剥开长度为 70mm，电缆导体不得被损伤。

（6）电连接线与接线端子压接应良好。电连接线夹与电连接线接触良好，接触面涂电力复合脂，线夹安装应端正牢固，螺栓紧固力矩应符合要求。

（7）电连接电缆在隧道顶部的固定应符合设计要求，牢固不易脱落，转弯处弯曲自然，布线美观。

（8）汇流排与汇流排之间的电连接线为 TJR-120mm$^2$，每根长度约为 500mm，具体长度由现场确定，但必须满足温度变化时的要求。

（9）电连接线的安装位置应符合设计要求，允许偏差为±200mm，在任何情况下均应满足带电距离要求。

**2.1.12.8 安全控制措施**

（1）进入轨行区施工时，应有良好的照明设备，注意坑洞防止意外伤害。

（2）使用梯车施工时，上面施工人员按要求系好安全带。梯车下面施工人员必须听从上面人员指挥，严禁自行动车。梯车行进过程中，上面不得有人。梯车推行时必须匀速前行，严禁突然启动。梯车停稳时必须刹好刹车，防止自由滑动。

（3）在轨行区施工时，施工点两端必须设专人防护并放置红闪灯，直线段防护点距施工点的距离不得小于 150m，曲线段防护点距施工点的距离不得小于 200m。

（4）在轨行区施工时，轨道上严禁放置任何材料等，以防影响行车安全。

（5）施工时小工具应放置在工具包内以防撒落。

（6）调整时，上方悬挂物已经安装完成，空间比较狭小，要注意已安装完成的悬吊装置和隧道上方的凸出物，防止撞伤、扎伤。

（7）调整时，上方人员应站在梯车护栏范围内施工并握紧调整工具，防止掉下伤人。

#### 2.1.12.9 环保要求

施工用电力复合脂包装盒、包装袋、胶带等废弃物收集带出施工现场，按环保要求进行处理，施工完毕做到场清料净。

### 2.1.13 刚柔过渡安装

#### 2.1.13.1 施工准备

(1) 根据设计图样，确认刚柔过渡装置的安装位置。

(2) 施工前技术人员，组织对施工人员进行技术交底。

(3) 制订施工安全保证措施，提出应急预案。对参加施工人员进行上岗前安全和技术培训，考核合格后持证上岗。

(4) 申报的施工区段已被有关单位批准。

(5) 施工现场的所有人员必须戴好安全帽、穿工作服、工作鞋、佩戴施工证。

(6) 隧道施工照明情况良好。

#### 2.1.13.2 劳动力组织

劳动力组织见表 2.1.13-1。

**劳动力组织表** **表 2.1.13-1**

| 序号 | 人员 | 单位 | 数量 | 备注 |
|---|---|---|---|---|
| 1 | 施工负责人 | 人 | 1 | 现场施工组织及协调 |
| 2 | 技术员 | 人 | 1 | 技术负责、质量负责 |
| 3 | 施工人员 | 人 | 9 | |
| 4 | 安全员 | 人 | 2 | 安全瞭望，安全检查，安全防护 |

#### 2.1.13.3 施工机具

施工机具见表 2.1.13-2。

**施工机具表** **表 2.1.13-2**

| 序号 | 名称 | 规格 | 单位 | 数量 | 备注 |
|---|---|---|---|---|---|
| 1 | 梯车 | | 台 | 1 | |
| 2 | 钢卷尺 | 5m，10m | 把 | 各 1 | |
| 3 | 水平尺 | 1m | 把 | 1 | |
| 4 | 激光测距仪 | DJJ-8 | 台 | 1 | |
| 5 | 扳手 | | 套 | 4 | |
| 6 | 照明设备 | | 套 | 2 | |
| 7 | 扭矩扳手 | | 套 | 1 | |
| 8 | 红闪灯 | | 套 | 2 | |
| 9 | 防护用品 | | 套 | 实需 | |
| 10 | 杂物袋 | | 个 | 实需 | |

#### 2.1.13.4 物资配置

物资配置见表 2.1.13-3。

物资配置表 表 2.1.13-3

| 序号 | 名称 | 规格 | 单位 | 数量 | 备注 |
|---|---|---|---|---|---|
| 1 | 红油漆 | 1kg | 千克 | 实需 | |
| 2 | 刚柔过渡元件 | | 套 | 实需 | |
| 3 | 汇流排中间接头 | | 套 | 实需 | |

### 2.1.13.5 施工技术标准

(1)《铁路电力牵引供电工程施工质量验收标准》TB 10421—2018。

(2)《地下铁道工程施工质量验收标准》GB 50299—2018。

(3)《地铁设计规范》GB 50157—2013。

(4)《铁路通信、信号、电力、电力牵引供电施工安全技术规程》TB 10306—2009。

### 2.1.13.6 施工工序及操作要点

(1) 施工工序流程图

刚柔过渡安装工序流程如图 2.1.13-1 所示。

(2) 操作步骤及要点

1) 贯通式刚柔过渡处悬挂安装：分别按照刚性和柔性接触网施工标准要求安装刚柔过渡处的柔性悬挂和刚性悬挂。

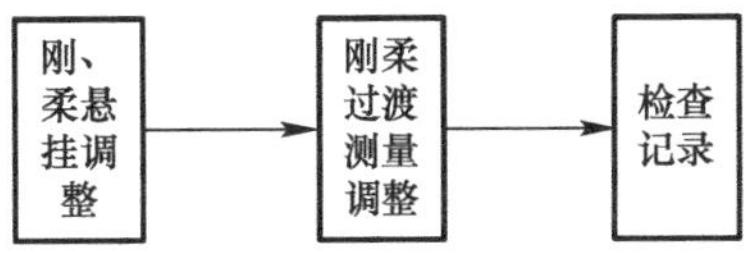


图 2.1.13-1 刚柔过渡安装工序流程图

2) 贯通式刚柔过渡调整

① 按产品技术要求安装切槽式刚柔过渡元件，用力矩扳手紧固切槽汇流排上的紧固螺栓。

② 调整刚柔过渡元件安装处，两端的刚性和柔性悬挂点的接触线应等高，拉出值布置应呈一条直线，保证刚柔过渡元件处接触线平滑过渡。如图 2.1.13-2 所示。

3) 填写记录：按照施工情况填写施工记录。

### 2.1.13.7 施工质量标准

(1) 刚柔过渡内锚段关节安装应符合锚段关节处，两支接触线在关节中间悬挂点处应等高，转换悬挂点处非工作支不得低于工作支，非工作支宜高出 1～3mm；锚段关节两支悬挂的拉出值应符合设计要求，施工允许偏差为±10mm。

图 2.1.13-2 刚柔过渡成品图

(2) 刚柔过渡元件安装处，两端的刚性和柔性悬挂点的接触线应等高，拉出值布置应呈一条直线，保证刚柔过渡元件处接触线平滑过渡。

(3) 刚柔过渡元件所有螺栓应按产品紧固力矩要求紧固。

(4) 防护罩对刚柔过渡元件覆盖应完全，防护罩安装稳固，性能满足设计要求。

(5) 刚柔过渡元件的规格、型号应符合设计及产品技术要求。

(6) 刚柔过渡处的电连接线、接地线应完整无遗漏，安装牢固。

(7) 刚柔过渡锚段内的汇流排应保证切槽式刚柔过渡元件不承受水平力，且拉出值应在受电弓的工作范围内。

#### 2.1.13.8　安全控制措施

(1) 采用多人合作配合安装，安装人数不少于 4 人。

(2) 使用梯车施工时，上面施工人员按要求系好安全带。梯车下面施工人员必须听从上面人员指挥，严禁自行动车。梯车行进过程中，上面不得有人。梯车推行时必须匀速前行，严禁突然启动。梯车停稳时必须刹好刹车，防止自由滑动。

(3) 施工时，必须配备安全防护人员，防护点设在距施工点两端 50m 以外确保施工安全。

(4) 在轨行区施工时，轨道上严禁放置任何材料等，以防影响行车安全。

(5) 施工时小工具应放置在工具包内以防撒落。

(6) 调整时，上方悬挂物已经安装完成，空间比较狭小，要注意已安装完成的悬吊装置和隧道上方的突出物，防止撞伤、扎伤。

(7) 调整时，上方人员应站在梯车护栏范围内施工并握紧调整工具，防止掉下伤人。

#### 2.1.13.9　环保要求

施工用包装物、包装袋等废弃物收集带出施工现场，按环保要求进行处理，施工完毕做到场清料净。

### 2.1.14　隔离开关安装

#### 2.1.14.1　施工准备

(1) 轨行区施工需申请工作票并已批准。

(2) 技术人员认真学习施工组织设计文件和施工标准，阅读、审核施工图纸，澄清有关技术问题，熟悉规范和技术标准。

(3) 确认施工现场照明和临时电源是否满足施工需要，如不满足备齐发电机和照明设备。

(4) 使用的仪器、仪表经具备国家级检验资质的检测机构的检验，并贴有“检验合格证”的标识，且在有效期内。

(5) 制订施工安全保证措施，提出应急预案。对参加施工人员进行上岗前安全和技术培训，考核合格后持证上岗。

#### 2.1.14.2　劳动力组织

劳动力组织见表 2.1.14-1。

**劳动力组织表**　　　　**表 2.1.14-1**

| 序号 | 人员 | 单位 | 数量 | 备注 |
|---|---|---|---|---|
| 1 | 施工负责人 | 人 | 1 | 现场施工组织及协调 |
| 2 | 技术员 | 人 | 1 | 技术负责、质量负责 |
| 3 | 施工人员 | 人 | 4 | |
| 4 | 安全员 | 人 | 2 | 安全瞭望，安全检查，安全防护 |

#### 2.1.14.3　施工机具

施工机具见表 2.1.14-2。

施工机具表　　表 2.1.14-2

| 序号 | 名称 | 规格 | 单位 | 数量 | 备注 |
|---|---|---|---|---|---|
| 1 | 扶梯 | | 台 | 1 | |
| 2 | 钢卷尺 | 5m | 把 | 1 | 现场测量 |
| 3 | 冲击电钻 | TE-55 | 台 | 1 | 钻孔 |
| 4 | 钻头 | | 套 | 1 | 与打孔型号匹配 |
| 5 | 照明设备 | | 套 | 1 | 含电源线 |
| 6 | 红闪灯 | | 套 | 2 | |
| 7 | 防护用品 | | 套 | 实需 | |
| 8 | 梯车 | | 台 | 1 | |
| 9 | 杂物袋 | | 个 | 实需 | |

### 2.1.14.4 物资配置

物资配置见表 2.1.14-3。

物资配置表　　表 2.1.14-3

| 序号 | 名称 | 规格 | 单位 | 数量 | 备注 |
|---|---|---|---|---|---|
| 1 | 隔离开关 | 按设计要求 | 台 | 实需 | |
| 2 | 电缆固定卡 | | 个 | 实需 | |
| 3 | 150mm$^2$ 软电缆 | | 米 | 实需 | |
| 4 | D4 型电连接线夹 | | 套 | 实需 | |
| 5 | 避雷器 | | 台 | 实需 | |
| 6 | M10 敲击式螺栓 | | 个 | 实需 | |

### 2.1.14.5 施工技术标准

(1)《城市轨道交通工程测量规范》GB 50308—2017。

(2)《铁路电力牵引供电工程施工质量验收标准》TB 10421—2018。

(3)《地下铁道工程施工质量验收标准》GB 50299—2018。

(4)《地铁设计规范》GB 50157—2013。

(5)《铁路通信、信号、电力、电力牵引供电施工安全技术规程》TB 10306—2009。

(6)《施工现场临时用电安全技术规范》JGJ 46—2005。

### 2.1.14.6 工序及操作要点

(1) 施工工序流程图

隔离开关安装工序流程如图 2.1.14-1 所示。

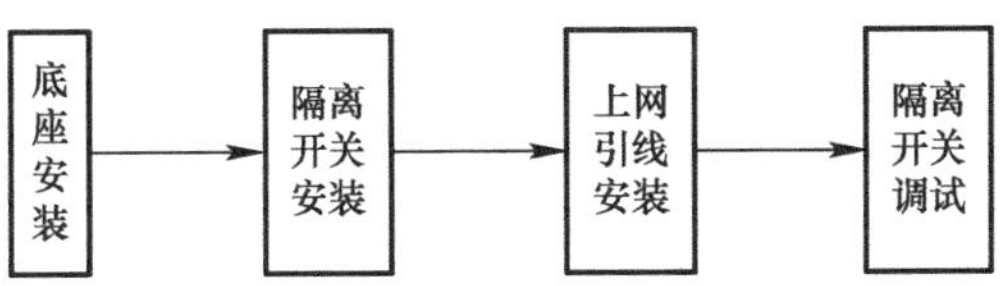


图 2.1.14-1　隔离开关安装工序流程图

(2) 操作步骤及要点

1) 根据设计图纸隔离开关位置进行现场测量，检查隔离开关安装位置限界和安装空间是否符合设计要求，在无其他设备干扰和限界及空间符合的条件下，隔离开关安装位置应尽量靠近绝缘锚段关节。

2）用墨斗弹出水平直线，定出固定底座钻孔孔位，垂直于隧道壁钻孔，安装螺栓。如图2.1.14-2所示。

3）安装固定底座，调整底座端正，其隔离开关安装面水平。

4）将隔离开关安装在固定底座上，调整隔离开关及操动机构至隧道壁的距离符合设计要求，隔离开关与操动机构处于同一垂直面上，如图2.1.14-3所示。

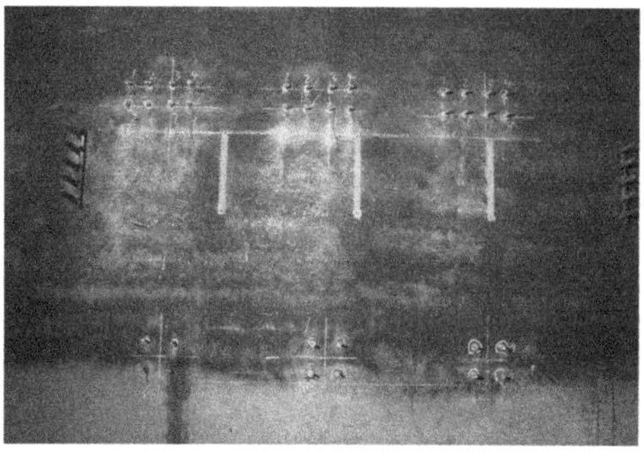

图2.1.14-2　锚栓安装成品

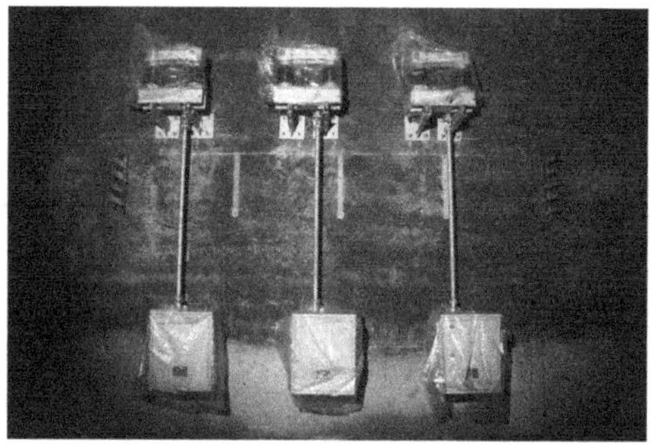

图2.1.14-3　隔离开关成品图

5）调整操动机构行程至闭合位，隔离开关闸处于闭合位，安装操纵杆，其安装角度符合设计要求。

6）调整三联隔离开关处于同一水平直线上，安装隔离开关间接线板。

7）调试隔离开关和操动机构开合同步到位，隔离开关动触头和静触头中心线重合。

8）安装隔离开关至接触网汇流排引线电缆，安装美观弯曲自然。实测接线端子长度，按电缆绝缘层厚度调节剥切刀深度，剥除绝缘防护层，露出裸铜线芯，根据接线端子的压接工艺进行制作压接两端接线端子。在汇流排上安装汇流排电连接线夹，将接线端子与汇流排电连接线夹、隔离开关相连接，所有接触面均匀涂抹导电油脂。如图2.1.14-4所示。

9）将所有底座用接地跳线与架空地线相连接。

10）电动隔离开关调试和配合变电所隔离开关联调。

图2.1.14-4　上网开关引线成品

### 2.1.14.7　施工质量标准

（1）隔离开关型号应符合设计，应具有产品合格证书，隔离开关的本体外观应无明显的损坏，绝缘子应完好、清洁。

（2）隔离开关的安装位置应符合设计，其安装应符合安装说明书要求。隔离开关及附件的安装不得侵入设备限界，保证机车运行安全。

（3）隔离开关的1500V直流电缆连接正确、规范。

（4）电动隔离开关的电源和控制回路接线正确，在允许电压波动范围能正确、可靠动作。有连锁要求的开关，连锁关系正确可靠。机构的分、合闸指示与开关的实际分、合位置一致。

(5) 现场手动操作应和遥控电动操作动作一致。

(6) 隔离开关应分、合顺利，角度符合产品技术文件要求。触头接触良好，无回弹现象。

(7) 设备接线端子与隔离开关连接接触面应涂电力复合脂。

(8) 隔离开关底座和操作机构底座应与架空地线相连。

(9) 隔离开关安装在隧道侧墙上，底座安装高度为距地面 3.0～3.5m。操动机构的操作手柄距地面约 1.1m。隔离开关安装后，任何情况下不得侵入设备限界，且操作机构箱及传动杆距离隧道壁一般不得大于 450mm，开关带电体距离建筑物不得小于 200mm。

#### 2.1.14.8 安全控制措施

(1) 检查隔离开关和绝缘子已经全部清洁干净，接触网上所有临时接地线和所有临时措施均已全部撤除。

(2) 检查电动隔离开关设置在“当地控制”档，全部隔离开关均应处于“断开”位置并已全部上锁。

(3) 检查与牵引所相连的各隔离开关，在电源侧应挂有明显标记的临时接地线，且连接可靠。

(4) 接触网上的临时设施、侵入的脚手架等设备已经全部撤除；施工人员已全部撤离接触网区段；线路已巡视完毕，且无故障；所有入口设人员把守。送电通知已经张贴，各站进入通道已由车站承包商封锁。

(5) 若相邻供电区段已运行，必须停电，验电，挂接地棒。

(6) 短路试验时施工人员必须穿绝缘鞋，戴绝缘手套，试验完后先撤接地棒，再取钢轨线夹。

#### 2.1.14.9 环保要求

(1) 施工用螺栓及化学药剂包装物、废弃钻头等废弃物收集带出施工现场，按环保要求进行处理，施工完毕做到场清料净。

(2) 钻孔时要带好口罩或防尘面具。

### 2.1.15 标识牌安装

#### 2.1.15.1 施工准备

(1) 轨行区施工需申请工作票并已批准。

(2) 技术人员认真学习施工组织设计文件和施工标准，阅读、审核施工图纸，澄清有关技术问题，熟悉规范和技术标准。

(3) 确认施工现场照明和临时电源是否满足施工需要，如不满足备齐发电机和照明设备。

(4) 使用的仪器、仪表经具备国家级检验资质的检测机构的检验，并贴有“检验合格证”的标识，且在有效期内。

(5) 制订施工安全保证措施，提出应急预案。对参加施工人员进行上岗前安全和技术培训，考核合格后持证上岗。

#### 2.1.15.2 劳动力组织

劳动力组织见表 2.1.15-1。

**劳动力组织表**　　**表 2.1.15-1**

| 序号 | 人员 | 单位 | 数量 | 备注 |
| --- | --- | --- | --- | --- |
| 1 | 施工负责人 | 人 | 1 | 现场施工组织及协调 |
| 2 | 技术员 | 人 | 1 | 技术负责、质量负责 |
| 3 | 施工人员 | 人 | 4 | |
| 4 | 安全员 | 人 | 2 | 安全瞭望，安全检查，安全防护 |
| 5 | 电工 | 人 | 1 | |

### 2.1.15.3　施工机具

施工机具见表 2.1.15-2。

**施工机具表**　　**表 2.1.15-2**

| 序号 | 名称 | 规格 | 单位 | 数量 | 备注 |
| --- | --- | --- | --- | --- | --- |
| 1 | 扶梯 | | 台 | 1 | |
| 2 | 钢卷尺 | 5m | 把 | 1 | 现场测量 |
| 3 | 冲击电钻 | TE-55 | 台 | 1 | 钻孔 |
| 4 | 钻头 | | 套 | 1 | 与打孔型号匹配 |
| 5 | 照明设备 | | 套 | 1 | |
| 6 | 红闪灯 | | 套 | 2 | |
| 7 | 防护用品 | | 套 | 实需 | |
| 8 | 梯车 | | 台 | 1 | |
| 9 | 杂物袋 | | 个 | 实需 | |

### 2.1.15.4　物资配置

物资配置见表 2.1.15-3。

**物资配置表**　　**表 2.1.15-3**

| 序号 | 名称 | 规格 | 单位 | 数量 | 备注 |
| --- | --- | --- | --- | --- | --- |
| 1 | 标识牌 | | 块 | 实需 | |
| 2 | 油漆 | 白色、黑色 | 千克 | 实需 | |

### 2.1.15.5　施工技术标准

（1）《城市轨道交通工程测量规范》GB 50308—2017。

（2）《铁路电力牵引供电工程施工质量验收标准》TB 10421—2018。

（3）《地下铁道工程施工质量验收标准》GB 50299—2018。

（4）《地铁设计规范》GB 50157—2013。

### 2.1.15.6　施工工序及操作要点

（1）施工工序流程图

标识牌安装工序流程如图 2.1.15-1 所示。

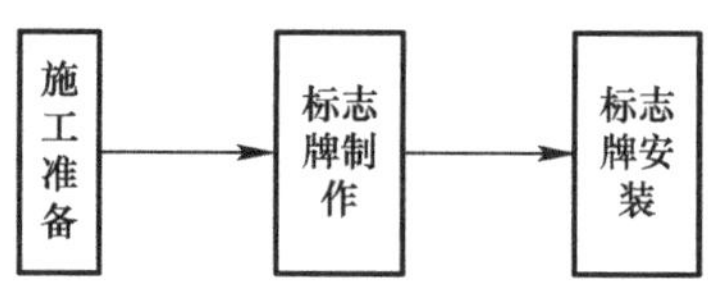


图 2.1.15-1　标识牌安装工序流程图

（2）操作步骤及要点

1）标识牌制作

① 悬挂号码、隔离开关号码按标准字体和字号制作

数字和锚段字母的字模，底板大小按设计要求制作。或采用悬挂号码牌、隔离开关号码牌，其采用材料和号码字体及颜色按设计要求制作。

②“有电危险”牌采用铝合金板、硬塑料板制作或选用设计要求的材料进行制作，牌为白底黑字，黑框，红闪电。

③“接触网终点”牌采用 2mm 厚钢板或铝合金板或选用设计要求的材料进行制作，白底黑字，黑框，背面白色。

2）标识牌安装

① 悬挂号码印制或号码牌安装。隧道悬挂点号码一般印制在列车前进方向右侧隧道壁上，正对悬挂支持装置，距轨面距离一般为 3～3.5m。分两排布置，上排印制锚段编号，下排印制悬挂点编号。先套框模刷制白色底板，隔天再在白色底板上套字模刷制黑色锚段号和定位号（图 2.1.15-2）。采用锚栓固定的悬挂号码牌参照打孔及螺栓安装施工。

图 2.1.15-2 号码牌刷白漆

② 隔离开关号码印制或号码牌安装。隔离开关编号印制在操动机构上方，先套框模刷制白色底板，隔天再在白色底板上套字模刷制黑色隔离开关编号。

③“有电危险”牌设置于接触网隔离开关等电气设备处，设置高度为 1.6～2m。打锚固螺栓，安装在隔离开关底座下方，安装端正牢固。

④“接触网终点”牌设置在接触网终点悬挂定位点处，安装于接触网汇流排正上方，安装稳固端正，距接触网带电体距离大于 150mm。

3）填写记录：按照施工情况填写施工记录。

**2.1.15.7 施工质量标准**

（1）“高压危险”、“接触网终点”制作符合要求，字迹清晰、醒目；设置位置符合设计要求，安装牢固可靠。

（2）号码牌的颜色、规格及安装位置应符合设计要求，底漆应均匀，字迹清晰、字体美观醒目，便于瞭望。

（3）隔离开关编号、位置、规格符合设计要求，字迹清晰。

**2.1.15.8 安全控制措施**

（1）标识牌使用金属物品制作，搬运时应包扎好，防止刮伤施工人员。

（2）使用梯车施工时，梯车上施工人员按要求系好安全带。梯车下面施工人员必须听从上面人员指挥，严禁自行动车。梯车行进过程中，上面不得有人。梯车推行时必须匀速前行，严禁突然启动。梯车停稳时必须刹好刹车，防止自由滑动。使用梯车时，梯车上面施工人员不得超过二人，并系好安全带。

（3）使用带电设备必须有漏电保护装置，严禁使用无漏电保护装置的设备。

（4）在轨行区施工时，施工点两端必须设专人防护并放置红闪灯，直线段防护点距施工点的距离不得小于 150m，曲线段防护点距施工点的距离不得小于 200m。

（5）严禁把工机具放在轨道上及轨道中心，严禁往轨道上抛扔任何物品。使用工机具时，严格按照工机具使用说明书使用。

#### 2.1.15.9　环保要求

（1）施工用螺栓及化学药剂包装物、废弃钻头等废弃物收集带出施工现场，按环保要求进行处理，施工完毕做到场清料净。

（2）钻孔时要带好口罩或防尘面具。

### 2.1.16　冷滑试验

#### 2.1.16.1　施工准备

（1）轨道精调已完成并锁定，轨道状态符合运行的设计要求，道岔位置锁定并具备路由切换功能，各种警示标志齐全。

（2）限界检测车已对冷滑试验区段沿线进行了检测，解决了所有的侵限问题。

（3）与变电所相连接的隔离开关均在断开位置并已加锁，在隔离开关接触网侧，连接有明显标记的临时接地线，并且可靠接地。

（4）将要开通的线路上各种障碍均已拆除，满足轨行车辆和受电弓安全运行的要求。

（5）接触网冷滑通知已张贴，并已通知轨行区各参建单位和地盘管理单位，严禁进入轨行区。

（6）接触网所有安装调整工序已结束。

#### 2.1.16.2　劳动力组织

劳动力组织见表2.1.16-1。

劳动力组织表　　表2.1.16-1

| 序号 | 人员 | 单位 | 数量 | 备注 |
|---|---|---|---|---|
| 1 | 指挥员 | 人 | 1 | 现场施工组织及协调、行车指挥 |
| 2 | 技术员 | 人 | 2 | 技术负责、技术资料记录 |
| 3 | 安全员 | 人 | 2 | 安全瞭望，安全检查，安全防护 |
| 4 | 轨道车司机 | 人 | 2 | |
| 5 | 接触网检测车技术人员 | 人 | 4 | 接触网检测设备调试，数据处理 |

#### 2.1.16.3　施工机具

施工机具见表2.1.16-2。

施工机具表　　表2.1.16-2

| 序号 | 名称 | 规格 | 单位 | 数量 | 备注 |
|---|---|---|---|---|---|
| 1 | 轨道车 | GY-270 | 辆 | 1 | 接触网系数测试 |
| 2 | 扳手 | | 套 | 2 | 备用 |
| 3 | 钢卷尺 | 10m，5m | 把 | 各1 | |
| 4 | 激光测距仪 | DJJ-8 | 台 | 1 | 测导线高度、拉出值 |
| 5 | 红闪灯 | | 套 | 2 | |
| 6 | 防护用品 | | 套 | 实需 | |
| 7 | 杂物袋 | | 个 | 实需 | |

#### 2.1.16.4 物资配置

物资配置见表 2.1.16-3。

物资配置表　　　　表 2.1.16-3

| 序号 | 名称 | 规格 | 单位 | 数量 | 备注 |
|---|---|---|---|---|---|
| 1 | 粉笔 | 白色 | 盒 | 实需 | |
| 2 | 红油漆 | 1kg | 千克 | 实需 | |

#### 2.1.16.5 施工技术标准

(1)《城市轨道交通工程测量规范》GB 50308—2017。

(2)《铁路电力牵引供电工程施工质量验收标准》TB 10421—2018。

(3)《地下铁道工程施工质量验收标准》GB 50299—2018。

(4)《地铁设计规范》GB 50157—2013。

#### 2.1.16.6 施工工序

(1) 施工工序流程图

冷滑工序流程如图 2.1.16-1 所示。

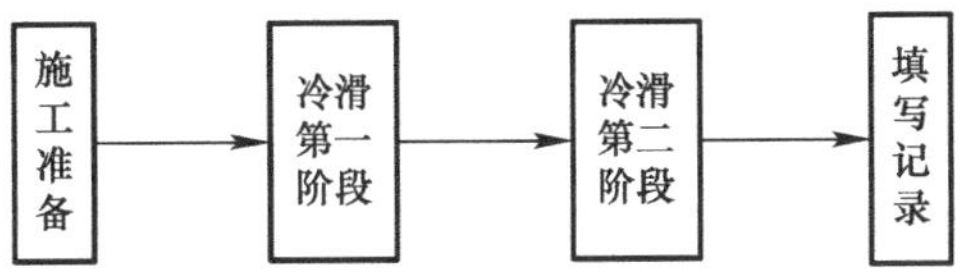


图 2.1.16-1 冷滑工序流程图

(2) 操作步骤及要点

1) 冷滑试验第一阶段

第一次运行车速正线为 10～15km/h，车场线为 5～10km/h，检查每一处悬挂点、电连接、过渡关节、线岔、分段绝缘器、开关及引线连接、金具接地等所有部件，检查每处安装状态、绝缘距离、限界、过渡状态、导高、拉出值等。

图 2.1.16-2 冷滑试验

2) 冷滑试验第二阶段

第二次运行车速正线为 25～30km/h，车场线为 10～15km/h，主要检查拉出值、硬点、关节过渡、线岔过渡、分段绝缘器过渡状态，检测冷滑弓网运行状态，受电弓冷滑应平稳顺畅，导线接触良好（图 2.1.16-2）。

3) 填写记录：按照冷滑试验结果填写记录。

#### 2.1.16.7 工质量标准

(1) 检测导高、拉出值是否符合设计要求。

(2) 检测导线高度变化是否平稳，有无突变或跳动。

(3) 导线的接触面顺直，是否存在硬点、硬弯。

(4) 两导线接触面应与受电弓保持平行，不应出现偏磨现象。

(5) 受电弓通过线岔、关节、分段绝缘器时往返转换是否平滑接触，有无脱弓或刮弓的危险。

(6) 电连接最低点与受电弓的垂直距离是否符合规定。

(7) 受电弓至接地体的距离是否符合规定。

（8）检查有无其他设备或物体侵入接触网限界。

**2.1.16.8　安全控制措施**

（1）冷滑前每个车站和区间两端均需做好临时接地。受电弓也应做临时接地，以防静电伤人。

（2）冷滑区段的各种跨越电力线及其他干扰必须在冷滑前彻底处理，平行线路的安全距离应符合规定。

（3）冷滑试验的观测人员一般应在特设的观测舱内工作，如需在车顶工作时应背向列车行进方向，并须戴安全帽、风镜等防护用品，身体各部位不得超出机车限界。

（4）冷滑试验应严格按照低速、高速程序进行，并不允许超过规定速度，不克服前次冷滑发现的问题，不得进行下次冷滑。

（5）在带电接触网相邻区段的冷滑试验需在停电间隔进行，该相邻区段的接触网应进行双接地。

（6）非试验人员禁止上车，列车在运行中不得上下机车。

（7）为防止冷滑试验过程中刮弓事故损坏受电弓，应备有受电弓易损部件。

（8）冷滑车进行试验的每个区段的施工负责人和技术负责人应随车检查，以便及时掌握实际情况，尽快克服缺点。

**2.1.16.9　环保要求**

冷滑机车检修时产生的废物废料应按要求进行清理，做到场清料净。

## 2.2　柔性接触网

### 2.2.1　适用范围

适用于城市轨道交通供电系统直流 1500V 柔性架空接触网项目的施工。

### 2.2.2　施工技术标准

（1）《地下铁道工程施工质量验收标准》GB 50299—2018。

（2）《铁路电力牵引供电工程施工质量验收标准》TB 10421—2018。

（3）《铁路混凝土工程施工质量验收标准》TB 10424—2018。

（4）《铁路建设工程监理规范》TB 10402—2009。

（5）《客货共线铁路电力牵引供电工程施工技术指南》TZ 10208—2008。

（6）《铁路电力牵引供电工程施工质量验收标准》TB 10421—2018。

（7）《铁路通信、信号、电力、电力牵引供电施工安全技术规程》TB 10306—2009。

### 2.2.3　施工内容

柔性架空接触网工程施工内容主要有：施工测量（纵向、横向测量）、基坑开挖及浇筑、支柱安装及整正、门型架软横跨安装、腕臂安装、拉线安装、下锚安装、架空地线架设、承力索架设、接触线架设、吊弦安装、悬挂调整、设备安装、线岔安装、电连接安装、冷滑试验等工序施工，工程实体安装调整到位，经检查验收达到质量标准，填写安装技术记录。

## 2.2.4 施工测量（纵向、横向测量）

### 2.2.4.1 施工准备

（1）铺轨单位轨道中心已到位，轨面标高符合设计要求，并办理了交接手续。

（2）轨行区施工工作票已批准。

（3）测量主管已经对测量人员进行技术交底和安全技术交底。

（4）使用的仪器、仪表经具备国家级检验资质的检测机构的检验，并贴有“检验合格证”的标识，且在有效期内。

（5）测量工作由测量工程师负责，对于各种可能遇见的问题要有充分的了解和认识，并邀请业主、监理和设计人员参加。

### 2.2.4.2 劳动力组织

劳动力组织见表 2.2.4-1。

**劳动力组织表** **表 2.2.4-1**

| 序号 | 人员 | 单位 | 数量 | 备注 |
|---|---|---|---|---|
| 1 | 施工负责人 | 人 | 1 | 现场施工组织及协调 |
| 2 | 技术员 | 人 | 1 | 技术负责、质量负责 |
| 3 | 施工人员 | 人 | 3 | |
| 4 | 安全员 | 人 | 2 | 安全瞭望、安全检查、安全提醒 |

### 2.2.4.3 施工机具

施工机具见表 2.2.4-2。

**施工机具表** **表 2.2.4-2**

| 序号 | 名称 | 规格 | 单位 | 数量 | 备注 |
|---|---|---|---|---|---|
| 1 | 全站仪 | 拓普康/莱卡 | 台 | 1 | |
| 2 | 水准仪 | TDJ2E | 台 | 1 | |
| 3 | 经纬仪 | DES3-E | 台 | 1 | |
| 4 | 塔尺 | 5m | 副 | 1 | 配合水准仪用 |
| 5 | 钢卷尺 | 50m，10m | 把 | 各 1 | |
| 6 | 白线绳 | | 卷 | 1 | |
| 7 | 线坠 | | 个 | 2 | |

### 2.2.4.4 物资配置

物资配置见表 2.2.4-3。

**物资配置表** **表 2.2.4-3**

| 序号 | 名称 | 规格 | 单位 | 数量 | 备注 |
|---|---|---|---|---|---|
| 1 | 红油漆 | 1kg | 千克 | 2 | |
| 2 | 油漆画笔 | | 支 | 2 | |
| 3 | 粉笔 | 白色 | 盒 | 实需 | |

#### 2.2.4.5　施工技术标准

（1）《地下铁道工程施工及验收标准》GB 50299—2018。

（2）《铁路电力牵引供电工程施工质量验收标准》TB 10421—2018。

（3）《铁路混凝土工程施工质量验收标准》TB 10424—2018。

#### 2.2.4.6　施工工序及操作要点

（1）测量工序流程图

测量工序流程如图 2.2.4-1 所示。

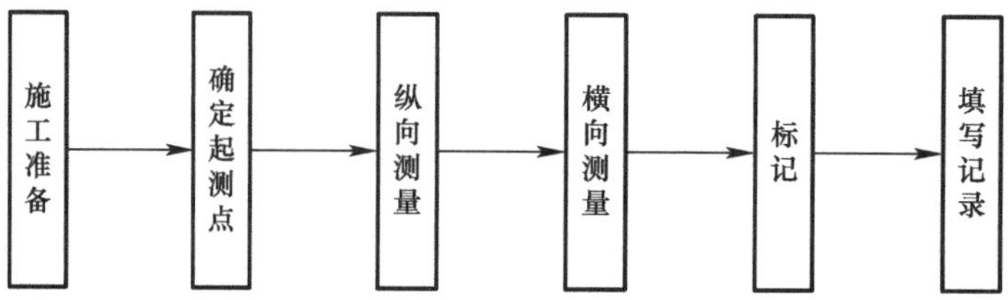


图 2.2.4-1　测量工序流程图

（2）确定起测点

1）设计规定的起测点：轨道施工单位。现场设定和书面提供的永久性里程点。

2）桥梁端头的起测点。

3）隧道口的起测点。

4）站场最外侧道岔岔心桩。

（3）纵向测量

1）根据设计图样跨距进行悬挂点的纵向测量。

2）采用钢尺沿钢轨进行测量，在曲线区段，应沿曲线外侧钢轨测量。

3）测量过程中注意与现场公里标进行核对，及时进行调整。在曲线区段时应将误差均分在曲线区段（图 2.2.4-2）。

图 2.2.4-2　使用经纬仪测量

（4）横向测量

1）单股道区段：位置与纵向测量确定的位置一致。

2）多股道区段：

① 利用等腰三角形法则进行定位。在正线股道（重要股道）根据纵向测量点确定的位置，分别向两侧各侧 5m 确定两点。利用等腰三角形原则将三角形的第三点引至相邻钢

轨上，利用两点确定一直线方法将各股道点全部标记在钢轨上。

② 根据支柱限界沿轨道上各点的延长线进行确定。

（5）标记

1）横向测量时中间各股道在轨顶侧面标注基础位置。

2）在靠近基础位置的股道侧，用红色油漆在钢轨的轨腰上标记竖线，标明支柱或拉线的位置，并标注支柱号。

#### 2.2.4.7 施工质量标准

（1）在车辆段、地面段测量时应避开涵洞、电缆沟等其他永久性建（构）筑物。需调整跨距以避让时，跨距允许施工误差：正线及试车线±1m；车辆段±0.5m。调整后的跨距不得大于设计允许最大跨距。

（2）在曲线区段，应沿曲线外侧钢轨测量。测量过程中要注意误差（施工设计图样与现场预埋件的误差）积累情况并及时进行调整，根据曲线长度及偏差值进行等比例调整同时作好记录。

（3）同一组门型支柱基础中心连线应与正线线路中心线相垂直，偏差不大于2°；单支柱基础中心应与线路垂直，偏差不大于3°。

（4）标记应清楚，确认标记准确，施工方便。

（5）测量完毕及时填写测量记录，与设计图不符的及时办理变更手续。

#### 2.2.4.8 安全控制措施

（1）轨行区测量需持工作票施工，测量区段两端设置防护。在规定的时间内完成测量并撤离轨行区。

（2）测量时注意观察沿线是否有可能影响接触网安装和侵入接触网限界的设备存在。

#### 2.2.4.9 环保要求

测量用具及材料需及时回收，测量用油漆、画笔及线绳等物品不得随意丢弃，减少环境污染。

### 2.2.5 基坑开挖及浇筑

#### 2.2.5.1 施工准备

（1）技术负责人需制订切实可行的施工方案，现场勘查基坑位置附近的土质及有关情况，确保基坑开挖时的安全，如可能出现渗水、塌方等现象时需提前做好专项施工方案及应急预案。

（2）基础螺栓、钢筋网等材料已完成进场报验手续，自拌混凝土已完成原材料进场检验和配合比试验。

（3）在进行基坑开挖前2日内进行技术交底，所有参与施工人员必须参加技术交底，交底双方应履行签名手续，交底双方留有书面交底。

（4）进行工机具及材料的准备并关注开工前的气象条件。

（5）临近道路附近的基坑必须做好安全防护。

（6）临近轨道的基坑必须设置道砟的防护措施。

（7）落实搅拌站临时电源、水源或确定商品混凝土厂家。

（8）确认基坑开挖时的弃土排放地点及路径。

(9) 确认混凝土运输路径，自搅拌混凝土运输时要尽量避免通过公路。如无法避让则施工前与道路交通部门联系确认，防止污染道路、发生纠纷。

#### 2.2.5.2　劳动力组织

劳动力组织见表 2.2.5-1。

**劳动力组织表　　表 2.2.5-1**

| 序号 | 人员 | 单位 | 数量 | 备注 |
|---|---|---|---|---|
| 1 | 施工负责人 | 人 | 1 | 现场施工组织及协调 |
| 2 | 技术员 | 人 | 1 | 技术负责 |
| 3 | 安全员 | 人 | 1 | 安全检查，安全提醒 |
| 4 | 施工人员 | 人 | 10 | 基坑开挖、浇筑、运料、辅助 |

#### 2.2.5.3　施工机具

施工机具见表 2.2.5-2。

**施工机具表　　表 2.2.5-2**

| 序号 | 名称 | 规格 | 单位 | 数量 | 备注 |
|---|---|---|---|---|---|
| 1 | 挖掘机 | | 辆 | 1 | |
| 2 | 铁锹 | 长把 | 把 | 2 | |
| 3 | 短把尖铁锹 | 600～800mm | 把 | 1 | |
| 4 | 十字镐 | 600～800mm | 把 | 1 | |
| 5 | 钢卷尺 | 5m | 把 | 1 | 检测坑 |
| 6 | 水平尺 | 1m | 把 | 1 | 检测坑 |
| 7 | 线坠 | 0.5kg | 个 | 1 | 检测坑 |
| 8 | 手锤 | | 把 | 1 | |
| 9 | 大锤 | | 把 | 1 | |
| 10 | 插入式振动棒 | | 套 | 2 | |
| 11 | 模型板 | | 块 | 1 | |
| 12 | 秤 | | 台 | 1 | 做配合比用 |

#### 2.2.5.4　物资配置

物资配置见表 2.2.5-3。

**物资配置表　　表 2.2.5-3**

| 序号 | 名称 | 规格 | 单位 | 数量 | 备注 |
|---|---|---|---|---|---|
| 1 | 混凝土 | | 方 | 实需 | |
| 2 | 地脚螺栓 | | 根 | 实需 | |
| 3 | 下锚锚环 | | 个 | 实需 | |
| 4 | 钢筋 | | 千克 | 实需 | |
| 5 | 塑料薄膜钢筋箍 | | 块 | 实需 | |
| 6 | 钢板 | | 块 | 实需 | |
| 7 | 彩条布 | | 米 | 实需 | |

### 2.2.5.5　施工技术标准

（1）《地下铁道工程施工质量验收标准》GB 50299—2018。

（2）《铁路电力牵引供电工程施工质量验收标准》TB 10421—2018。

（3）《铁路混凝土工程施工质量验收标准》TB 10424—2018。

（4）《铁路建设工程监理规范》TB 10402—2019。

### 2.2.5.6　施工工序及操作要点

（1）施工工序流程图

基坑开挖及浇筑工序流程如图 2.2.5-1 所示。

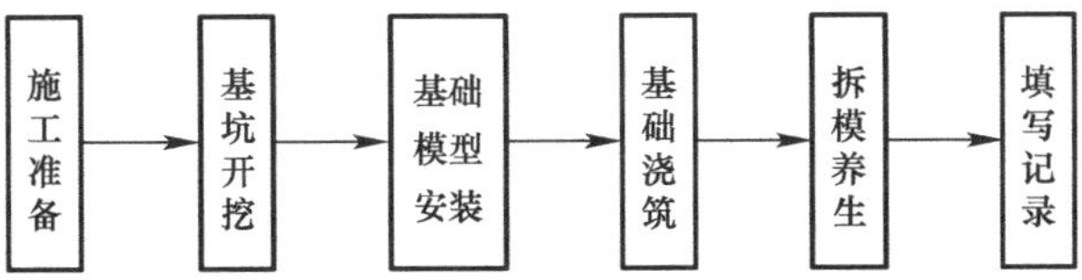


图 2.2.5-1　基坑开挖及浇筑工序流程图

（2）操作要点

1）基础开挖：由技术人员向施工人员进行技术交底，明确各类基础的规格尺寸、埋设深度，明确各类基础坑的开挖方法，明确对塌陷坑、水坑等的处理方法和防护措施。确认坑口测量标记，复核边桩侧面限界，复核坑口尺寸，利用测量放的边桩点控制基础中心位置。设置施工场地围挡和安全警示标志。清理坑口，排出障碍物，设置防渣土挡板，确定排土位置。有排水沟时，应采取相应的防堵措施。按有关部门提供的地下设施情况，确认地下埋设物的路径及埋深，准备相应的防护措施和材料（图 2.2.5-2、图 2.2.5-3）。

图 2.2.5-2　基坑开挖

图 2.2.5-3　基坑尺寸复核

① 硬土质类基坑开挖

a. 设置渣土挡板（防渣砂袋），确定开挖坑口。

b. 根据基础类型决定的坑口尺寸对地面下 1.2m 以内进行试探性开挖，对挖出的地下设施进行防护或排移。

c. 1.2m 以下进行正常开挖，超过 2.5m 时，应用人工提土排土。

d. 用彩条布隔离坑土和道床，并使坑土远离坑口，防止坑壁塌陷。

② 易塌方土质类基坑开挖

a. 易塌方土质类坑内无地下设施时，采用沉井法施工，根据不同基础类型选择不同直径的防护圈。

b. 安装防护圈时，防护圈中心应与支柱中心重合，防护圈中心至线路中心的距离为 $S=Cx+a/2$（$a$ 为垂直线路方向轨面处支柱的宽度）。

c. 在防护圈里均匀取土，使其均匀下沉。

d. 在防护圈下沉过程中，随时检查修正防护圈下沉方向和位置，使防护圈安装误差控制在允许范围内。坑内有地下设施如电缆、管道等情况时，套板防护：

e. 根据基坑大小，预制防护板。挖坑时，每挖下 200mm 安装一层防护板，层与层之间的防护板的固定方式要互相错开。为稳固防护板，随时注意保持防护板与防护板、防护板与坑壁不出现间隙，并检查防护板支撑的稳定性。

f. 基坑开挖过程中，必须随时检查地下设施周围防护板稳定情况，随时检查支撑结构的状态。

2）基础模型安装

① 核对确认基础类型、基础限界。

② 按设计标高安装基础模板，安装基础网筋和螺栓，并控制钢筋网、螺栓各向位置间隙，使其符合安装要求。

③ 对基础螺栓丝扣部分进行保护。

基础螺栓模型板示意图如图 2.2.5-4 所示，基础支模如图 2.2.5-5 所示。

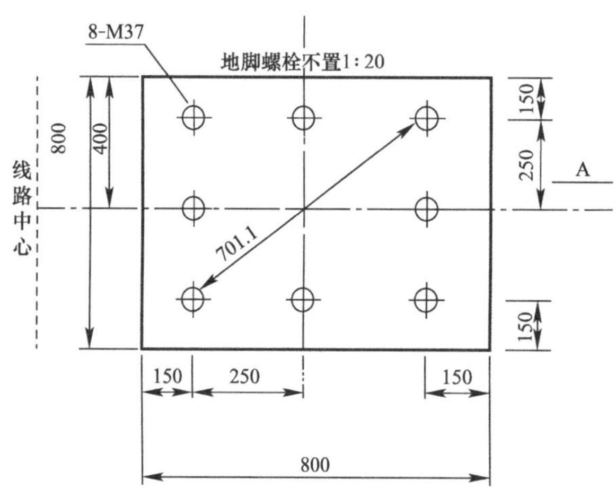


图 2.2.5-4　基础螺栓模型板示意图

图 2.2.5-5　基础支模

3）基础浇筑

① 混凝土浇筑前，对基坑底部进行彻底的清理，不允许有水或其他杂物。

② 按照混凝土标号要求购买商品混凝土并进行基础浇筑，当基础深度大于 2m 时，需采用斜槽，使混凝土沿斜槽推入坑内，避免混凝土直接倒入坑内（图 2.2.5-6）。

③ 混凝土在坑内应密实捣固，与坑壁紧密结合，基础表面不得有蜂窝麻面、气泡、掉角掉块（图 2.2.5-7）。

图 2.2.5-6 基础浇筑

图 2.2.5-7 基础面抹平

④ 按要求制作试验块，试验块与基础在同等条件下进行养护。

4）拆模养护

① 天气炎热、干燥有风时在灌注后 3h 内应进行浇水养护，用湿的草袋或席子、稻草等盖在混凝土上。应经常浇水、保持湿润，直到拆模。

② 混凝土浇水养护日期：不得少于 7d。浇水次数以保持混凝土表面湿润为原则，混凝土养护用水应与搅拌用水相同（图 2.2.5-8）。

图 2.2.5-8 基础成品图

#### 2.2.5.7 施工质量标准

（1）基础的位置、型号应符合设计要求。同一组硬横跨两基础中心连线应垂直于正线，无正线时垂直于主要线路，硬横跨施工偏差不应大于 2°。腕臂柱基础的中心线应与线路中心线垂直，偏差不大于 3°。

（2）基础顶面标高应符合设计要求，允许偏差为±20mm。同一组硬横跨的基础顶面高程应相等，相对误差不超过±20mm。

(3) 地面段基础表面应平整，棱角完整，无漏浆，露筋等现象。

(4) 基坑开挖严格按照设计图纸进行。基坑开挖后，地质情况与设计不符时，应及时与设计、监理联系，共同确认变更。

(5) 在开挖过程中，如必须移动坑位，应经设计及监理工程师确认变更。

(6) 混凝土标号符合设计要求。混凝土搅拌和灌注以及直埋基础的回填应符合下列规定:

1) 严格掌握配合比。

2) 混凝土各种配料的拌和要均匀，灌注混凝土时，宜连续进行，如必须间断，对不掺外加剂的混凝土间歇时间不宜超过 2h。基础的灌注应水平分层进行，逐层捣实。

3) 同一组硬横梁的支柱基础，基坑应同时开挖。浇筑时，先浇筑一个，再以该基础为基准，检查、校核相对应的另一基坑位置，确认无误后再浇筑。

4) 基础地脚螺栓的数量、方向、位置安装正确，地脚螺栓外露部分长度应符合设计要求，且涂黄油并用布绑扎保护，防止混凝土沾污丝扣。坑内污水需抽干净。基础浇筑时，挖掘时的任何支撑物在浇筑的混凝土开始凝固之前必须全部撤出。

5) 每浇筑 $50m^3$ 混凝土浇制一组“试验块”(一组三块)，试验块养护方法与基础相同。并标出抽样的基础号、浇筑日期、混凝土强度等级，在第 28d 进行抗压强度试验。

6) 连续 5d 环境温度低于 5 环时，应按冬期施工要求施工。

#### 2.2.5.8 安全控制措施

(1) 基坑开挖应避开阴雨天气，开挖过程中必须保持路基的稳定，做好防坍塌的防护措施。施工人员要时刻注意基坑的变化，发现事故苗头，及时加固处理。

(2) 基坑开挖时不得损坏既有地下管线。若遇到不明管线时，施工人员要及时告知技术人员。确定施工方案后，方可进行施工。施工人员不得擅自移动各种地下管线。

(3) 基础浇筑时，挖掘时的任何支撑物在浇筑的混凝土开始凝固之前必须全部撤出。

(4) 基础内预留排水孔洞时，其预留孔的大小应保持原有排水流量，但孔壁距基础螺栓不得小于 100mm，孔底与水沟底相平，孔顶面与基础顶面距离不得小于 200mm。

(5) 基础的限界误差尽量减少到最小。特别是门型支架支柱的基础限界更要严格控制，防止由于施工限界不准确造成硬横梁安装困难。

(6) 基础回填时，要分层夯实，确保回填土质的强度。

(7) 基础浇制完毕后四周用红色警示带围住，以防止行人及其他施工单位人员误入，损坏基础表面。浇筑过程中请监理人员旁站监督。尽量避免在夜间、下雨天进行基础浇筑。

#### 2.2.5.9 环保要求

施工中产生的施工垃圾应妥善处理，不得随意丢弃。基坑开挖后的弃土应运输到指定位置，混凝土运输时注意不要污染道路。浇筑时注意防护，不要将混凝土散落在基坑四周。剩余的混凝土妥善处理，不得随意倾倒。

### 2.2.6 支柱安装及整正

#### 2.2.6.1 施工准备

(1) 在进行支柱安装前 2 日内进行技术交底，所有参与施工人员必须参加技术交底，交底双方应履行签名手续，交底双方留有书面交底。

(2) 施工前复核基础型号、支柱类型，如不符合设计要求及时找出原因并解决。

(3) 关注天气情况，雷雨天气禁止进行支柱安装。

(4) 支柱安装前将钢柱基础法兰盘表面杂物清理干净，露出基础法兰盘表面。用法兰盘模具检查各螺栓位置。

(5) 施工前与起重机、运输车协调，确认施工时间及地点，如需要则派专人引路，运输前确定运输路径，检查安装支柱的基础附近的环境状况，确定合适的起吊地点。

#### 2.2.6.2 劳动力组织

劳动力组织见表 2.2.6-1。

**劳动力组织表** **表 2.2.6-1**

| 序号 | 人员 | 单位 | 数量 | 备注 |
|---|---|---|---|---|
| 1 | 施工负责人 | 人 | 1 | 现场施工组织及协调 |
| 2 | 技术员 | 人 | 1 | 技术负责、质量负责 |
| 3 | 施工人员 | 人 | 6 | |
| 4 | 吊车司机 | 人 | 1 | |
| 5 | 安全员 | 人 | 2 | 安全瞭望、安全检查、安全提醒 |

#### 2.2.6.3 施工机具

施工机具见表 2.2.6-2。

**施工机具表** **表 2.2.6-2**

| 序号 | 名称 | 规格 | 单位 | 数量 | 备注 |
|---|---|---|---|---|---|
| 1 | 轨道起重机 | | 组 | 1 | |
| 2 | 汽车起重机 | 25t | 辆 | 1 | |
| 3 | 载重汽车 | 货厢长 9m | 辆 | 1 | |
| 4 | 经纬仪 | DES3-E | 台 | 1 | |
| 5 | 对讲机 | 5km | 台 | 3 | |
| 6 | 尼龙吊带 | 5t | 根 | 2 | |
| 7 | 红闪灯 | | 个 | 6 | 夜间汽车起重机安装使用 |
| 8 | 钢卷尺 | 5m | 把 | 2 | |
| 9 | 钢刷 | | 把 | 5 | 清理法兰盘 |
| 10 | 水平尺 | 1m | 把 | 1 | |

#### 2.2.6.4 物资配置

物资配置见表 2.2.6-3。

**物资配置表** **表 2.2.6-3**

| 序号 | 名称 | 规格 | 单位 | 数量 | 备注 |
|---|---|---|---|---|---|
| 1 | 钢柱 | 按设计 | 根 | 实需 | |
| 2 | 螺母 | | 个 | 实需 | |
| 3 | 垫片 | 按设计 | 个 | 实需 | |
| 4 | 记号笔 | | 支 | 2 | |

#### 2.2.6.5 施工技术标准

(1)《铁路电力牵引供电工程施工质量验收标准》TB 10421—2018。

（2）《地下铁道工程施工质量验收标准》GB 50299—2018。

（3）《铁路电力牵引供电设计规范》TB 10009—2016。

### 2.2.6.6　施工工序及操作要点

（1）施工工序流程图

支柱安装工序流程如图 2.2.6-1 所示。

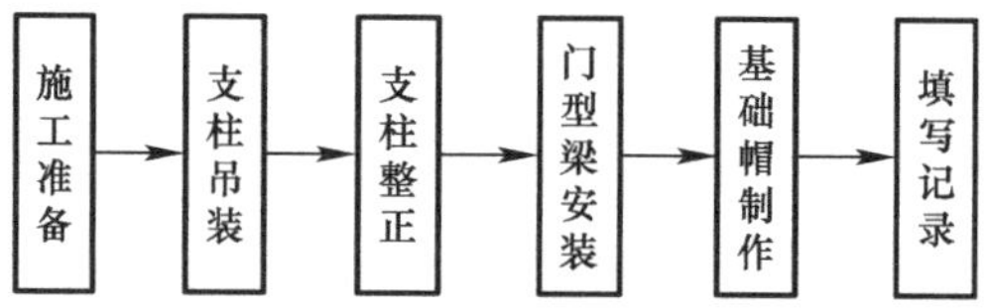


图 2.2.6-1　支柱安装工序流程图

（2）操作要点

1）立杆前，检查核对支柱型号与基础型号是否一致，校核螺栓间距，不合适的必须及时校准，清洁基础螺栓。

2）支柱运抵现场，起重机按计划到现场就位，设置安全施工区域后，由施工负责人指挥起重机吊装。

3）在施工负责人的指挥下，将支柱缓慢吊起，平缓移至基础顶部。如图 2.2.6-2 所示。

图 2.2.6-2　支柱吊运

4）在主要施工人员引导下，使支柱法兰盘孔对准基础螺栓缓缓落下，注意不得损坏螺栓丝扣，支柱法兰盘全部落入后及时带好固定螺帽并上紧。如图 2.2.6-3 所示。

5）立杆完成后，施工人员先将经纬仪置于支柱顺线路方向，测量支柱线路侧面的斜率，若基础面有坡度采用在基础面加垫钢垫片的方法，调整斜率至设计范围。

6）再将经纬仪置于支柱垂直线路方向，调整支柱顺线路方向斜率至设计范围，调节前，用水平尺记录支柱垂直线路斜率状态，防止调完顺线路斜率后垂直线路斜率发生较大变化（图 2.2.6-4）。

7）按设计要求的力矩紧固好支柱基础螺帽，再次将经纬仪置于支柱顺线路方向，读取最终斜率值，作好记录。

图 2.2.6-3 将支柱落在法兰盘上

图 2.2.6-4 支柱整正

#### 2.2.6.7 施工质量标准

（1）钢柱侧面限界符合设计要求，在任何情况下，不得侵入基本建筑限界。

（2）格构及实腹式钢柱应垂直于线路中心线，允许偏差不得大于 3°。

（3）钢柱调整时，如采用主角钢底部垫钢片，其面积不小于 50mm×100mm，片数不应超过 3 片。

（4）顺线路方向应直立，允许工程偏差为±0.5%，但锚柱端任何部位应向拉线侧倾斜 0～100mm。

（5）横线路方向应直立，允许施工偏差为：向受力的反方向倾斜 0.5%，无明显受力方向时为±0.5%。

（6）每组硬横跨支柱中心连线应垂直于车站正线，偏差不应大于 2°。

（7）侧面限界应符合设计要求，允许施工偏差为 0～+100mm。

#### 2.2.6.8 安全控制措施

（1）支柱或横梁吊装时，吊臂下方严禁站人，应先找准支柱或横梁的重心，吊装带系在正确位置且绑扎牢靠，并设置防滑螺栓措施，防止吊装带起吊时下滑。

（2）支柱法兰套入地脚螺栓后，至少戴上两根螺栓主螺帽才能拆下吊装带。

（3）现场施工必须正确佩戴安全帽、防护服，高空施工还必须正确佩戴安全带。

#### 2.2.6.9 环保要求

做好文明施工，施工完毕后注意清理场地，确保工完料净场地清，道床恢复完好，杂物清理干净。法兰盘表面的水泥等杂物要集中处理，禁止随意丢弃。

### 2.2.7 连续门型支架安装

#### 2.2.7.1 施工准备

（1）用铁锤、钢钎等将所要测量的钢柱基础法兰盘表面水泥等杂物清理干净，露出基础法兰盘表面。

(2) 清除基础表面杂物，用法兰盘模具检查各螺栓位置，同时复核同一组连续门型梁的几个基础是否在同一条线上，确定各基础面高差是否符合设计要求。对于基础表面高差超标的一组连续门型梁，在得到业主、设计、监理允许的情况下，拟采取点对点的方式进行横梁支柱预制，以满足现场实际需要。

(3) 拆除影响测量的保护护栏，待测量完毕后进行恢复。

#### 2.2.7.2　劳动力组织

劳动力组织见表 2.2.7-1。

劳动力组织表　　表 2.2.7-1

| 序号 | 人员 | 单位 | 数量 | 备注 |
|---|---|---|---|---|
| 1 | 施工负责人 | 人 | 1 | 现场施工组织及协调 |
| 2 | 技术员 | 人 | 1 | 技术负责、质量负责 |
| 3 | 施工人员 | 人 | 8 | |
| 4 | 安全员 | 人 | 2 | 安全瞭望、安全检查、安全提醒 |
| 5 | 工程车司机 | 人 | 1 | |

#### 2.2.7.3　施工机具

施工机具见表 2.2.7-2。

施工机具表　　表 2.2.7-2

| 序号 | 名称 | 规格 | 单位 | 数量 | 备注 |
|---|---|---|---|---|---|
| 1 | 轨道车 | GY-270 | 辆 | 1 | 动力牵引 |
| 2 | 轨道平板起重机 | 16t | 辆 | 1 | |
| 3 | 起重机 | 16t | 辆 | 1 | |
| 4 | 钢卷尺 | 50，10m | 把 | 各 1 | 测间距 |
| 5 | 红油漆 | | 千克 | 实需 | |
| 6 | 油画笔 | | 把 | 2 | |
| 7 | 链式葫芦 | 1.5t | 个 | 1 | |
| 8 | 链式葫芦 | 0.75t | 个 | 6 | |

#### 2.2.7.4　物资配置

物资配置见表 2.2.7-3。

物资配置表　　表 2.2.7-3

| 序号 | 名称 | 规格 | 单位 | 数量 | 备注 |
|---|---|---|---|---|---|
| 1 | 门型架钢柱 | | 根 | 实需 | |
| 2 | 垫片 | ϕ36 | 个 | 实需 | |
| 3 | 螺帽 | ϕ36 | 个 | 实需 | |
| 4 | 门型架横梁 | | 根 | 实需 | |
| 5 | 门型架接头 | | 个 | 现实需 | |
| 6 | 门型架 T 形接头 | | 个 | 实需 | |
| 7 | 连接螺栓 | | 套 | 实需 | |
| 8 | 银色防锈漆 | | 千克 | 实需 | |

### 2.2.7.5 施工技术标准

（1）《铁路电力牵引供电工程施工质量验收标准》TB 10421—2018。

（2）《地下铁道工程施工质量验收标准》GB 50299—2018。

（3）《电气化铁路接触网硬横跨技术条件》TB/T 2920。

（4）《钢结构工程施工质量验收规范》GB 50205—2001。

### 2.2.7.6 施工工序及操作要点

（1）施工工序流程图

连续门型梁工序流程如图 2.2.7-1 所示。

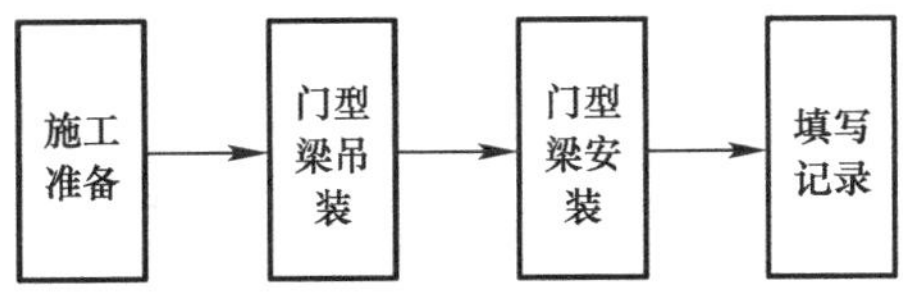


图 2.2.7-1 连续门型梁工序流程图

（2）施工步骤

1）测量

① 确认基础型号和图纸是否一致。

② 将水准仪安放稳固，调平后分别测出每个法兰盘顺线路和垂直线路上共四个点（$A_n$、$B_n$、$C_n$、$D_n$）的标高，确认标高误差符合设计要求。并用经纬仪检测两法兰盘间螺栓的垂直对应度，并做好记录。

③ 用钢卷尺测出每两个基础法兰盘中心的距离 $L_n$，并做好记录。

④ 计算每个法兰盘 4 个测量点的高差，并根据计算结果确定所需垫片的型号和数量。

⑤ 测量完毕，用红油漆在基础旁标明。

2）门型梁安装

① 按支柱安装方法完成连接门型架支柱安装。

② 按测量所得数据首先预先组装 $L_2$ 段直梁，其中 $L_2$ 预装时应将柱顶立柱及两侧的横梁连接套管一并组装；$L_3$ 预装时与 4 号支柱柱顶立柱及横梁连接套管一并组装。如图 2.2.7-2 所示。

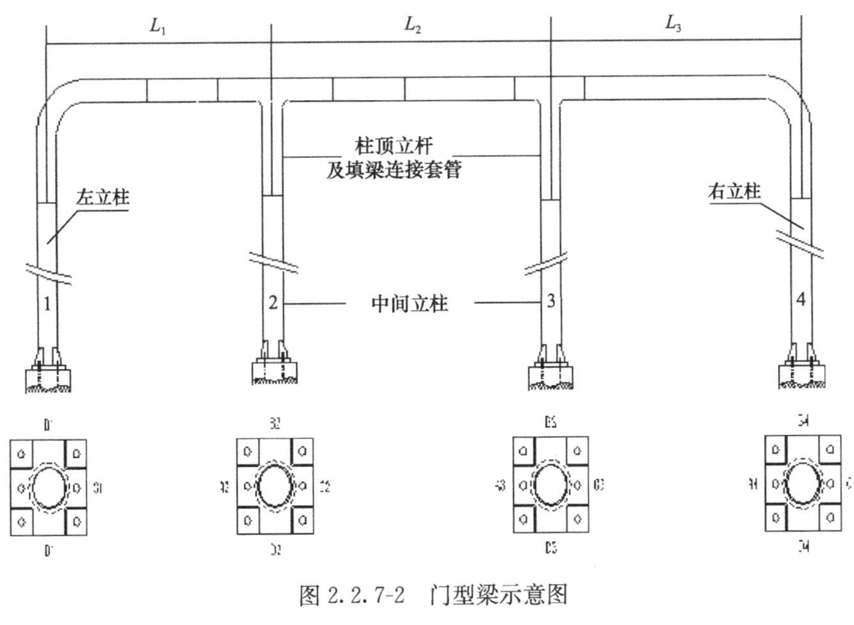


图 2.2.7-2 门型梁示意图

③ 首先，用轨道平板起重机或汽车起重机 $L_2$ 段直梁，按单跨横梁安装方法进行安

装，并固定牢固。

④ 最后使用安装 $L_2$ 号直梁的方法进行左侧段横梁 $L_1$ 及右侧段横梁 $L_3$ 的安装（图 2.2.7-3、图 2.2.7-4）。

图 2.2.7-3　门型梁安装

图 2.2.7-4　门型梁安装

3）接口处焊接

横梁安装完毕后，应按设计要求对立柱管口连接处进行焊接，焊接质量应符合设计对此处用焊接方式处理的技术要求（图 2.2.7-5、图 2.2.7-6）。

图 2.2.7-5　门型梁焊接

图 2.2.7-6　门型梁焊接

**2.2.7.7　施工质量标准**

（1）硬横梁组装依据支柱号依次进行组装，组装应顺直，并应预留拱度。

（2）硬横梁安装呈水平状态，其梁底面距最高轨面的距离符合设计规定，允许偏差 0～100mm。

（3）焊接可采用电弧焊或二氧化碳气体保护焊，焊条与焊丝应具有出厂质量证明书，并应符合设计要求和国家现行有关标准的规定。

（4）现场安装完毕后，对焊接处及镀锌层有损害的位置进行热喷锌处理。

(5) 硬横梁与支柱、硬横梁各梁段结合密贴，连接牢固可靠。若为栓接，螺栓紧固力矩符合设计要求。若为焊接，焊接质量应符合设计要求。

#### 2.2.7.8 安全控制措施

(1) 患有心脏病、高血压、贫血、癫痫病等疾病不能从事高空施工。

(2) 登高人员必须系好安全带，戴安全帽，方可进行施工。

(3) 高空施工时，杆上施工人员严禁2人同时在同一侧面进行施工；监护人员撤至安全范围（约2m）以外。

(4) 防护人员应坚守岗位，切实作好防护工作。

(5) 硬横梁吊装和安装时，应分工明确，统一指挥。对参加立杆的施工人员进行明确分工。施工负责人负责安全起吊、对位等指挥工作。

(6) 遵守有关安全规程。在轨行区安装硬横梁时按要求设置施工防护。

(7) 在有跨越或平行的电力线附近施工时，须保持吊臂、硬横梁与带电体的安全距离。

(8) 硬横梁安装时，起重臂下严禁站人。

(9) 堆放横梁时，应注意安全，防止挤伤手脚。

(10) 施工时遇到五级及以上大风或雷电、大雨、大雾等恶劣天气时，应立即停止施工。

#### 2.2.7.9 环保要求

做好文明施工，确保工完料净场地清，道床恢复完好，杂物清理干净。

### 2.2.8 门型架软横跨安装

#### 2.2.8.1 施工准备

(1) 实施性施工组织设计已编制，且开工前组织技术人员认真学习。阅读、审核施工图纸，澄清有关技术问题，熟悉规范和技术标准。

(2) 在进行固定绳预制及安装前2日内进行技术交底，所有参与施工人员必须参加技术交底，交底双方应履行签名手续，交底双方留有书面交底。

(3) 制作固定绳安装施工表，明确固定绳类型、长度等参数及所需材料。

(4) 施工前检查施工用具是否满足施工需要，与轨道专业联系确定施工区段无轨道车经过。严格按照施工表预制固定绳并在每段固定绳上作标记以便组合。

#### 2.2.8.2 劳动力组织

劳动力组织见表2.2.8-1。

劳动力组织表　　表2.2.8-1

| 序号 | 人员 | 单位 | 数量 | 备注 |
|---|---|---|---|---|
| 1 | 施工负责人 | 人 | 1 | 现场施工组织及协调 |
| 2 | 技术员 | 人 | 1 | 技术负责、质量负责 |
| 3 | 施工人员 | 人 | 6 | |
| 4 | 安全员 | 人 | 1 | 安全瞭望、安全检查、安全提醒 |

#### 2.2.8.3 施工机具

施工机具见表2.2.8-2。

施工机具表　　表 2.2.8-2

| 序号 | 名称 | 规格 | 单位 | 数量 | 备注 |
|---|---|---|---|---|---|
| 1 | 钢卷尺 | 10m | 套 | 1 | |
| 2 | 扭矩扳手 | | 套 | 1 | |
| 3 | 倒链葫芦 | | 台 | 2 | |
| 4 | 记号笔 | | 支 | 2 | |
| 5 | 手锤 | | 把 | 1 | |
| 6 | 梯车 | | 台 | 2 | |
| 7 | 线坠 | | 个 | 3 | |
| 8 | 对讲机 | | 台 | 3 | |
| 9 | 大剪子 | | 把 | 2 | |

### 2.2.8.4　物资配置

物资配置见表 2.2.8-3。

物资配置表　　表 2.2.8-3

| 序号 | 名称 | 规格 | 单位 | 数量 | 备注 |
|---|---|---|---|---|---|
| 1 | 底座抱箍 | | 套 | 实需 | 数量型号现场确定 |
| 2 | 1500V 硅橡胶复合绝缘子 | | 套 | 实需 | 数量型号现场确定 |
| 3 | 隔流硅胶复合绝缘子 | | 套 | 实需 | 数量型号现场确定 |
| 4 | 青铜绞线 | | 米 | 实需 | 数量型号现场确定 |
| 5 | 定位环线夹 | | 套 | 实需 | 数量型号现场确定 |
| 6 | 双耳楔形线夹 | | 套 | 实需 | 数量型号现场确定 |
| 7 | 悬吊滑轮 | | 套 | 实需 | 数量型号现场确定 |
| 8 | 固定绳 | | 米 | 实需 | 数量型号现场确定 |

### 2.2.8.5　施工技术标准

(1)《铁路电力牵引供电工程施工质量验收标准》TB 10421—2018。

(2)《地下铁道工程施工质量验收标准》GB 50299—2018。

(3)《铁路电力牵引供电设计规范》TB 10009—2016。

(4)《电力金具通用技术条件》GB 2314—2008。

(5)《电气化铁道接触网零部件技术条件》TB/T 2073—2010。

(6)《电气化铁道接触网零部件》TB/T 2075。

(7)《铁路通信、信号、电力、电力牵引供电工程施工安全技术规程》TB 10306—2009。

### 2.2.8.6　施工工序及操作要点

(1) 施工工序流程图

固定绳安装工序流程如图 2.2.8-1 所示。

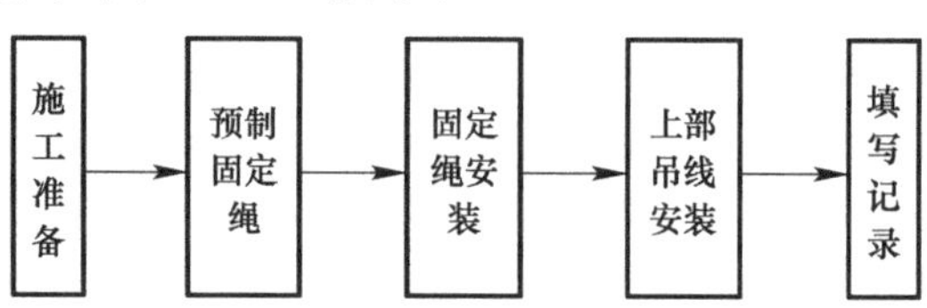


图 2.2.8-1　固定绳安装工序流程图

(2) 操作要点

1) 施工准备（测量）

① 斜率测量：将经纬仪置于硬横梁某一侧支柱顺线路适当距离的位置上，调平仪器进行支柱斜率的测量。

② 线间距测量：用 50m 钢卷尺在支柱轨面红线标高位置，依次量取支柱限界及各股道之间的间距。记录人员应将现场情况画出简图，把所测得各种数据依次标在简图上。

2) 固定绳预制

① 根据施工设计图纸和硬横梁固定绳的节点形式及所采用材料的尺寸整理测量数据。计算出各部分尺寸。

② 标注：将计算得出的上部固定绳和下部固定绳和直吊弦中各段尺寸标注在软横跨预配图中，作为预配和安装时参考。

③ 做钢铰线和楔形线夹回头：将回头拉到另一端临时地锚上固定，将线盘端用紧线器和链形手扳葫芦连接、紧固，将绞线拉直。

④ 从已做好的回头端用钢卷尺依据计算的下料尺寸量取各段长度，用记号笔作好标记。

⑤ 在记号笔标记处安装相应线夹和零件。

⑥ 在各分段的固定绳两端楔形线夹上用记号笔标明支柱号及连接序号，然后盘成圈，用 Φ2.0 铁丝扎紧，便于运输。

3) 固定绳安装

① 将预配好的硬横梁固定绳及绝缘子等零配件运至施工现场。

② 按下料图将各段连接，并将绝缘子和其他连接零件装配好。各连接件的销钉方向一致。如图 2.2.8-2 所示。

③ 硬横梁上悬挂滑轮，用长约 20m 的大绳绑住固定绳的绝缘子，通过硬横梁滑轮把固定绳拉至固定支架上。将杵头杆和固定绳绝缘子与支柱连接。如图 2.2.8-3 所示。

④ 固定绳一端安装完毕。在另一端支柱上采用同样方法，并配用 0.75t 的链条手扳葫芦进行紧固安装。

图 2.2.8-2 固定绳与绝缘子连接

图 2.2.8-3 固定绳安装图

#### 2.2.8.7 施工质量标准

(1) 固定绳型号应符合设计要求，不得有断股、松股和接头。

(2) 固定绳角钢水平，应与支柱密贴，连接件镀锌层无脱落和漏镀现象，绞线无锈蚀现象并涂防腐油防腐。回头绑扎牢固。

(3) 绞线在楔形线夹的回头长度300～500mm，回头和本线的绑扎长度为100±10mm，

(4) 调整螺栓外露≥20mm且≤螺栓全长的1/2。

#### 2.2.8.8　安全控制措施

(1) 在高空施工的人员必须系安全带。

(2) 固定绳的搬运、安装应小心，防止瓷瓶与硬物碰撞损坏。

(3) 预配完后的固定绳应防止所标的记号被雨水冲掉。

(4) 安装时注意，曲线区段防止梯车倾斜、颠覆。

#### 2.2.8.9　环保要求

安装完毕后清理施工场地，绑扎用的铁线统一处理。现场不要遗留任何施工废料。

### 2.2.9　腕臂安装

#### 2.2.9.1　施工准备

(1) 所有参与施工人员必须参加技术交底，交底双方应履行签名手续，交底双方留有书面交底。

(2) 用水准仪将轨平面线标注到各支柱上。

(3) 腕臂预配前应根据支柱安装记录进行支持装置和定位装置的计算，并编制预配表。

(4) 确定轨行区施工时间，确保施工区段无轨道车行驶。检查施工工机具是否能满足施工需求。

#### 2.2.9.2　劳动力组织

劳动力组织见表2.2.9-1。

**劳动力组织表**　　　**表2.2.9-1**

| 序号 | 人员 | 单位 | 数量 | 备注 |
|---|---|---|---|---|
| 1 | 施工负责人 | 人 | 1 | 现场施工组织及协调 |
| 2 | 技术员 | 人 | 1 | 技术负责、质量负责 |
| 3 | 施工人员 | 人 | 6 | |
| 4 | 安全员 | 人 | 2 | 安全瞭望、安全检查、安全提醒 |

#### 2.2.9.3　施工机具

施工机具见表2.2.9-2。

**施工机具表**　　　**表2.2.9-2**

| 序号 | 名称 | 规格 | 单位 | 数量 | 备注 |
|---|---|---|---|---|---|
| 1 | 轨道车 | GY-270 | 辆 | 1 | 具备进车条件时 |
| 2 | 钢卷尺 | 10m | 把 | 1 | |
| 3 | 铁丝 | | 米 | 实需 | |
| 4 | 扳手 | | 把 | 6 | |
| 5 | 尼龙绳 | | 根 | 4 | 15m/根 |
| 6 | 脚扣 | | 副 | 4 | |
| 7 | 倒链葫芦 | 1.5t | 个 | 1 | |

#### 2.2.9.4 物资配置

物资配置见表 2.2.9-3。

材料配置表　　表 2.2.9-3

| 序号 | 名称 | 规格 | 单位 | 数量 | 备注 |
|---|---|---|---|---|---|
| 1 | 腕臂底座 | | 套 | 实需 | |
| 2 | 棒式绝缘子 | | 套 | 实需 | |
| 3 | 套管双耳 | | 套 | 实需 | |
| 4 | 承力索支承线夹 | | 套 | 实需 | |
| 5 | 平腕臂 | | 套 | 实需 | |
| 6 | 斜腕臂 | | 套 | 实需 | |
| 7 | 定位管 | | 套 | 实需 | |
| 8 | 支持器 | | 套 | 实需 | |
| 9 | 定位环 | | 套 | 实需 | |
| 10 | 长定位环 | | 套 | 实需 | |
| 11 | 管帽 | | 套 | 实需 | |
| 12 | 斜撑 | | 套 | 实需 | |
| 13 | 定位器 | | 套 | 实需 | |

#### 2.2.9.5 施工技术标准

(1)《铁路电力牵引供电工程施工质量验收标准》TB 10421—2018。

(2)《地下铁道工程施工质量验收标准》GB 50299—2018。

(3)《铁路电力牵引供电设计规范》TB 10009—2016。

(4)《电力金具通用技术条件》GB 2314—2018。

(5)《电气化铁道接触网零部件技术条件》TB/T 2073—2010。

(6)《电气化铁道接触网零部件》TB/T 2075。

(7)《铁路通信、信号、电力、电力牵引供电工程施工安全技术规程》TB 10306—2009。

#### 2.2.9.6 施工工序及操作要点

(1) 施工工序流程图

腕臂安装工序流程如图 2.2.9-1 所示。

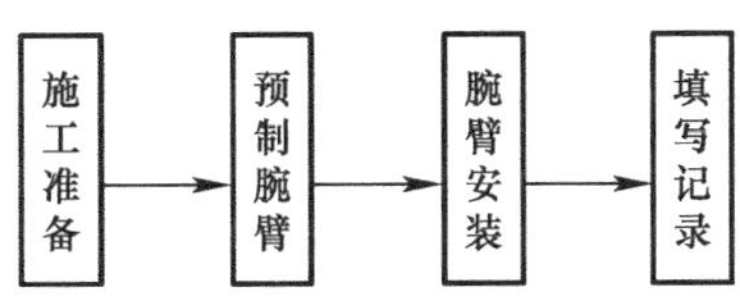


图 2.2.9-1　腕臂安装工序流程图

(2) 操作要点

1) 计算：根据现场测出的限界、外轨超高等数据，结合设计图纸相关数据，计算出下列数据：

① 套管双耳距水平腕臂末端的距离。

② 套管双耳距双线支撑线夹的距离。

③ 定位环距斜腕臂末端的距离。

④ 定位双环距反定位管压接端的距离。

⑤ 定位双环距反定位管末端的距离。

2) 预配

① 根据"腕臂预配数据表"中所提供的参考数据，在待切割的腕臂上做好标记。

② 将腕臂垂直放置于切割机内进行切割。

③ 在切割面涂上防锈漆，再涂上镀锌漆。

④ 按施工设计图纸，在木质平台上进行绝缘子、定位环及管帽等装配。如图 2.2.9-2 所示。

⑤ 按设计的扭矩用扭矩扳手进行紧固。

⑥ 用排刷在定位环上均匀涂上润滑黄油。

⑦ 用红色记号笔在管壁上标注锚段号和定位号。

⑧ 用铁线将定位器临时绑扎在腕臂上，麻袋和绝缘子捆好，以免在搬运、安装过程中损伤绝缘子。

3）安装

将安装平台转至腕臂支架附近，先安装斜腕臂，再安装平腕臂。如图 2.2.9-3 所示。

图 2.2.9-2　腕臂预制

图 2.2.9-3　腕臂安装

4）检查

腕臂安装完后，需对绝缘子进行外观检查、腕臂的高度及绝缘距离进行复查。

#### 2.2.9.7　施工质量标准

（1）底座与支柱密贴，底座槽钢（或角钢）呈水平。腕臂各部件处在同一垂直面内（不包括定位装置）顶端管帽封堵良好，螺纹外露部分均涂防腐油。

（2）腕臂安装位置及连接螺栓紧固力矩应符合设计要求。在平均温度时，应垂直于线路中心；温度变化时的偏移不得大于计算值。腕臂无弯曲、承力索悬挂点距轨面的高度应符合设计要求，允许偏差±20mm。

（3）平腕臂受力后呈水平状态，允许偏差为 0～＋30mm；定位管的状态应符合设计要求，允许偏差为±2%。

（4）设计无明确要求时定位管应水平，在平均温度时应垂直于线路中心线。定位管在支持器外露应在 50～80mm 范围内，定位线夹处的导线应与轨面平行。

（5）预配好的腕臂及定位装置上应做好标记，标明区间及锚段号、支柱号。

（6）底座安装高度应严格按照设计要求，以轨面高度为基准点向上测量，各类底座安装完毕后与支柱紧密贴合，不要留有空隙。

(7) 腕臂预配时应保证斜腕臂与套管双耳中心位于同一垂面上。

(8) 连接螺栓穿向统一原则：零件本体穿向附件，垂直安装的螺栓由上向下穿；水平安装并垂直线路的螺栓由田野向线路穿；水平安装并平行线路的螺栓应穿向来车方向；定位器螺栓统一穿向受力反方向。

#### 2.2.9.8 安全控制措施

(1) 在进行腕臂安装时，施工人员应由支柱两侧分别上杆，上杆后系好安全带，不得在同一侧施工，传递工具应用绳子，严禁抛掷。

(2) 在吊起腕臂时，小绳应绑扎在中间偏上的位置，腕臂下方严禁站人。

(3) 所有人员必须佩戴安全帽。

(4) 按规定设置防护，保证附近施工人员及车辆安全。

(5) 在运输和安装时，应对绝缘子采取保护措施。腕臂安装后应先进行临时固定。

#### 2.2.9.9 环保要求

(1) 施工时使用的临时铁线、吊绳等零散工具要集中回收，不得散落在施工现场，以免对其他施工人员及行车带来不便。

(2) 拆除的绑扎绝缘子的包装袋及铁线要堆放在工程车上，然后运回驻地统一处理，切勿乱扔在现场。

### 2.2.10 拉线安装

#### 2.2.10.1 施工准备

(1) 技术人员对拉线数据测量人员、预配人员和安装人员进行安装技术交底，明确拉线的类型和位置。

(2) 制订施工安全保证措施，对参加施工人员进行上岗前技术和安全培训，考核合格后持证上岗。

(3) 进入施工现场的所有人员，必须戴好安全帽、穿工作服、工作鞋、佩戴施工证。

(4) 检查和确认拉线基础已浇筑，混凝土强度已达到规定要求；支柱安装、整正已完成，并符合标准要求。

(5) 具备测量、预配和安装条件。

#### 2.2.10.2 劳动力组织

劳动力组织见表 2.2.10-1。

**劳动力组织表** **表 2.2.10-1**

| 序号 | 人员 | 单位 | 数量 | 备注 |
|---|---|---|---|---|
| 1 | 施工负责人 | 人 | 1 | 现场施工组织及协调 |
| 2 | 技术员 | 人 | 1 | 技术负责、质量负责 |
| 3 | 技术工人 | 人 | 8 | |
| 4 | 安全员 | 人 | 1 | 安全瞭望、安全检查、安全提醒 |

#### 2.2.10.3 施工机具

施工机具见表 2.2.10-2。

施工机具表　　　　表 2.2.10-2

| 序号 | 名称 | 规格 | 单位 | 数量 | 备注 |
|---|---|---|---|---|---|
| 1 | 钢卷尺 | 50，10m | 把 | 各 1 | |
| 3 | 断线钳 | | 把 | 1 | |
| 4 | 红油漆 | | 千克 | 实需 | |
| 5 | 油画笔 | | 把 | 2 | |
| 6 | 铁锤 | 4P | 个 | 1 | |
| 7 | 链式葫芦 | 1.5t | 个 | 1 | |
| 8 | 紧线器 | | 个 | 1 | |

### 2.2.10.4　物资配置

物资配置见表 2.2.10-3。

物资配置表　　　　表 2.2.10-3

| 序号 | 名称 | 规格 | 单位 | 数量 | 备注 |
|---|---|---|---|---|---|
| 1 | NUT 型耐张线夹 | | 个 | 实需 | |
| 2 | U-25 挂环 | | 个 | 实需 | |
| 3 | 拉线 | | 米 | 实需 | |
| 4 | 拉环杆 | | 个 | 实需 | |
| 5 | NX 楔形线夹 | | 个 | 实需 | |

### 2.2.10.5　施工技术标准

(1)《铁路电力牵引供电工程施工质量验收标准》TB 10421—2018。

(2)《地下铁道工程施工质量验收标准》GB 50299—2018。

(3)《铁路电力牵引供电设计规范》TB 10009—2016。

(4)《铁路通信、信号、电力、电力牵引供电工程施工安全技术规程》TB 10306—2009。

### 2.2.10.6　施工工序及操作要点

(1) 施工工序流程图

拉线安装工序流程如图 2.2.10-1 所示。

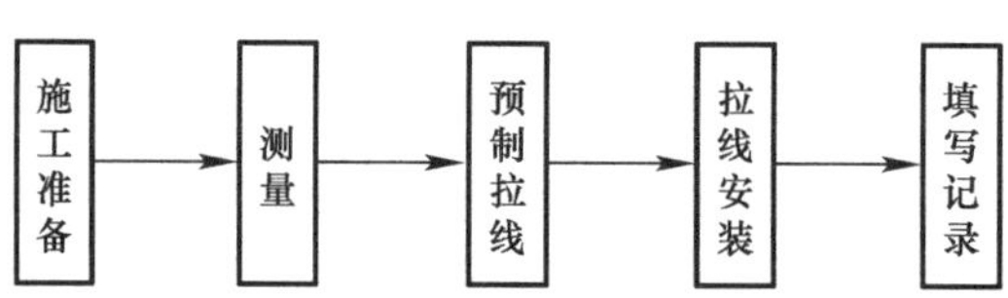


图 2.2.10-1　拉线安装工序流程图

(2) 操作要点

1) 测量

测量前要复核下锚底座安装的高度是否与设计一致，用 15m 的钢卷尺测量安装好的下锚拉线底座与锚板拉环（或预埋件）中心之间的距离。

2) 拉线预制

① 在选择好的预制场地，用线盘架好钢绞线盘。

② 在按照计算下料长度展放钢绞线。

③ 按照回头制作工艺要求，制作拉线线夹回头。如图 2.2.10-2 所示。

④ 在计算下料长度位置两端处用铁丝绑扎两道，然后用断线钳在该位置处断开。如图 2.2.10-3 所示。

⑤ 拉线盘圈绑扎。

图 2.2.10-2　制作拉线回头

图 2.2.10-3　用断线钳断开拉线

3）安装

① 1 人携带小绳攀至拉线安装位置，扎好安全带，放下小绳。

② 地面人员将耳环杆、角型垫块与拉线线夹连接好，然后将小绳在拉线上拴好。

③ 杆上人员把拉线拉起来，耳环杆穿入承锚角钢预留孔内，装上角型垫块和螺帽，解开小绳，然后安装接触线拉线。

④ 地面人员将拉线拉至地锚锚环处，将各配件连接好。

⑤ 杆上人员紧固耳环杆。

⑥ 地面人员同时紧固两根拉线的 UT 线夹，使三角连扳保持平行，一人测锚柱向拉线方向倾斜，紧固到锚柱受力有倾斜、拉线紧受力为止。

**2.2.10.7　施工质量标准**

（1）UT 型线夹螺帽外露长度不得小于 20mm，也不得大于螺纹全长的 1/2。

（2）拉线安装后应能满足锚柱受力后向拉线侧倾斜 0～100mm 的要求。

（3）拉线型号应符合设计要求，不得有断股、松股和接头，若支柱装配为双拉线时，两条拉线受力均衡。

（4）锚柱拉线宜设在锚支的延长线上，在任何情况下严禁侵入基本建筑限界，当地形受限时，按设计要求施工。

（5）锚板型号、抗压极限强度、埋设深度及锚板拉杆规格均符合设计要求。锚板拉杆与拉线在一条直线上，锚板垂直于拉线。锚板拉杆与地面夹角宜为 45°，特殊困难地段不得大于 60°。

（6）拉线基础中心距线路中心的距离应符合侧面限界的要求。

（7）拉线角钢水平，应与支柱密贴，连接件镀锌层无脱落和漏镀现象，钢绞线拉线无锈蚀现象并涂防腐油防腐。回头绑扎牢固。

（8）锚柱拉线施工允许偏差应符合表 2.2.10-4 的规定。

锚柱拉线允许偏差表（mm）　　表 2.2.10-4

| 序号 | 项目 | 允许偏差 |
| --- | --- | --- |
| 1 | 钢绞线在楔形线夹的回头长度 | 300～500 |
| 2 | 锚板埋设深度 | +200～0 |
| 3 | 回头和本线的绑扎长度为 100mm | ±10 |
| 4 | UT 型楔形线夹受力后螺栓外露 | ≥20 且≤螺栓全长的 1/2 |

#### 2.2.10.8　安全控制措施

（1）高空施工人员，必须经过专业技术培训及专业考试合格后，持证上岗，并定期检查身体。

（2）患有心脏病、高血压、贫血、癫痫病等疾病不能登高施工。

（3）高处施工必须戴好安全帽、系好安全带、穿防滑鞋；严禁酒后施工。

（4）在施工中如发现安全隐患，应及时给予纠正，现场不能纠正时，必须停止施工。

（5）遇有六级以上的大风、浓雾等恶劣气候，不得进行露天攀登与悬空高处施工。

（6）高空施工时，杆上施工人员严禁 2 人同时在同一侧面进行施工；监护人员撤至安全范围（约 2m）以外。

（7）防护人员应坚守岗位，切实作好防护工作。

（8）制作拉线回头时注意防止拉线回弹伤人。

#### 2.2.10.9　环保要求

施工完毕后清理场地，剪断的拉线及回头线绑扎等要集中处理，不得随意丢弃。

### 2.2.11　下锚安装

#### 2.2.11.1　施工准备

（1）技术人员对下锚补偿装置安装人员进行安装技术交底，明确补偿装置的类型和安装位置。

（2）制订施工安全保证措施，对参加施工人员进行上岗前技术和安全培训，考核合格后持证上岗。

（3）进入施工现场的所有人员，必须戴好安全帽、穿工作服、工作鞋，佩戴施工证。

（4）检查和确认拉线已安装，并达到规定要求；下锚支柱安装、整正已完成，并符合标准要求。

#### 2.2.11.2　劳动力组织

劳动力组织见表 2.2.11-1。

劳动力组织表　　表 2.2.11-1

| 序号 | 人员 | 单位 | 数量 | 备注 |
| --- | --- | --- | --- | --- |
| 1 | 施工负责人 | 人 | 1 | 现场施工组织及协调 |
| 2 | 技术员 | 人 | 1 | 技术负责、质量负责 |
| 3 | 施工人员 | 人 | 4 | |
| 4 | 安全员 | 人 | 1 | 安全瞭望、安全检查、安全提醒 |

#### 2.2.11.3　施工机具

施工机具见表 2.2.11-2。

**施工机具表** 表 2.2.11-2

| 序号 | 名称 | 规格 | 单位 | 数量 | 备注 |
|---|---|---|---|---|---|
| 1 | 扳手 | | 把 | 1 | |
| 2 | 断线钳 | | 把 | 1 | |
| 3 | 铁丝 | | 米 | 10 | |
| 4 | 手扳葫芦 | 1.5t | 只 | 1 | |

### 2.2.11.4 物资配置

物资配置见表 2.2.11-3。

**物资配置表** 表 2.2.11-3

| 序号 | 名称 | 规格 | 单位 | 数量 | 备注 |
|---|---|---|---|---|---|
| 1 | 棘轮下锚装置 | | 套 | 实需 | |
| 2 | 坠砣杆 | | 套 | 实需 | |
| 3 | 坠砣限制架 | | 套 | 实需 | |
| 4 | 坠砣 | | 块 | 实需 | 数量由下锚类型确定 |
| 5 | 坠砣抱箍 | | 套 | 实需 | |

### 2.2.11.5 施工技术标准

(1)《铁路电力牵引供电工程施工质量验收标准》TB 10421—2018。

(2)《地下铁道工程施工质量验收标准》GB 50299—2018。

(3)《铁路电力牵引供电设计规范》TB 10009—2016。

(4)《铁路通信、信号、电力、电力牵引供电工程施工安全技术规程》TB 10306—2009。

### 2.2.11.6 施工工序及操作要点

(1) 施工工序流程图

下锚工序流程如图 2.2.11-1 所示。

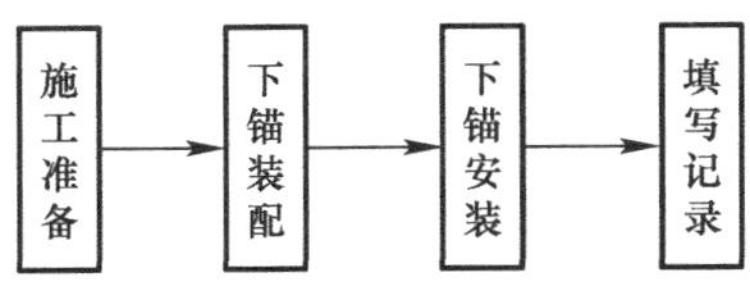


图 2.2.11-1 下锚工序流程图

(2) 操作要点

1) 预配

① 按设计要求剪切大小轮补偿绳。

② 缠绕大小轮补偿绳，并排列整齐。

③ 用细铁线将大小轮补偿绳绑扎好。

2) 安装

① 将坠砣托架放置在地面，将坠砣排列组装整齐。

② 用 1.5t 手扳葫芦将排列组装好的坠砣串进行吊装。如图 2.2.11-2 所示。

③ 将坠砣串与补偿棘轮装置线夹连接好后，用铁线将坠砣在支柱上临时固定（图 2.2.11-3）。

### 2.2.11.7 施工质量标准

(1) 承力索、接触线在补偿装置的额定张力应符合设计要求，补偿装置重量的偏差为额定重量的±1.5%（坠砣串重量含坠砣杆、坠砣抱箍及连接的楔形线夹重量），限制架安装应符合设计要求，补偿转动灵活，坠砣无卡滞现象。

(2) 张力补偿装置的调整应符合设计安装曲线，坠砣距地面偏差不大于±200mm，在任何情况下坠砣距地面的距离，不能小于 200mm。坠砣完整，码放整齐、表面光洁，连接螺栓紧固，螺栓外露部分涂防腐油。

图 2.2.11-2　坠砣安装图

图 2.2.11-3　下锚成品图

（3）滑轮状态必须符合设计并应完整无损，滑轮有槽内应灌注黄油，使滑轮转动灵活。补偿绳不得松股、断股等缺陷，不得有中间接头。

（4）为防止坠砣风摆，在坠砣串与补偿棘轮装置线夹连接好后，应用铁线将坠砣在支柱上临时固定。

#### 2.2.11.8　安全控制措施

（1）患有心脏病、高血压、贫血、癫痫病等疾病不能登高施工。

（2）登高施工人员必须系好安全带，戴安全帽，方可进行施工。

（3）高空施工时，杆上施工人员严禁 2 人同时在同一侧面进行施工；监护人员撤至安全范围（约 2m）以外。

（4）防护人员应坚守岗位，切实作好防护工作。

（5）遵守有关安全规程，按要求设置施工防护。

（6）为防止坠砣风摆，在坠砣串与补偿棘轮装置线夹连接好后，应用铁线将坠砣在支柱上临时固定。

#### 2.2.11.9　环保要求

安装完毕后清理施工场地，绑扎用的铁线统一处理。现场不要遗留任何施工废料。

### 2.2.12　架空地线架设

#### 2.2.12.1　施工准备

（1）技术人员对参加架空地线架设的人员进行安装技术交底，明确线索类型、锚段长度和下锚位置，以及线索张力，温度与弛度的关系表。

（2）制订施工安全保证措施，对参加施工人员进行上岗前技术和安全培训，考核合格后持证上岗。

（3）进入施工现场的所有人员，必须戴好安全帽、穿工作服、工作鞋、佩戴施工证。

（4）检查和确认本锚段悬挂支柱、两端下锚拉线、下锚支柱已安装，并达到规定要求。

（5）线索长度与配盘锚段长度一致。

#### 2.2.12.2　劳动力组织

劳动力组织见表 2.2.12-1。

劳动力组织表　　表 2.2.12-1

| 序号 | 人员 | 单位 | 数量 | 备注 |
| --- | --- | --- | --- | --- |
| 1 | 施工负责人 | 人 | 1 | 现场施工组织及协调 |
| 2 | 技术员 | 人 | 1 | 技术负责、质量负责 |
| 3 | 施工人员 | 人 | 12 | |
| 4 | 安全员 | 人 | 1 | 安全瞭望、安全检查、安全提醒 |
| 5 | 轨道车司机 | 人 | 1 | |

### 2.2.12.3 施工机具

施工机具见表 2.2.12-2。

施工机具表　　表 2.2.12-2

| 序号 | 名称 | 规格 | 单位 | 数量 | 备注 |
| --- | --- | --- | --- | --- | --- |
| 1 | 倒链葫芦 | 3t | 件 | 1 | |
| 2 | 滑轮组 | LK-3 | 套 | 1 | |
| 3 | 紧线器 | | 件 | 2 | |
| 4 | 手锤 | | 件 | 1 | |
| 5 | 断线钳 | | 把 | 1 | |
| 6 | 扳手 | | 套 | 6 | |
| 7 | 接触网放线车 | FX-3 | 辆 | 1 | |
| 8 | 轨道车 | GY-270 | 辆 | 1 | |
| 9 | 脚扣 | | 套 | 6 | |
| 10 | 对讲机 | 摩托罗拉 | 台 | 6 | |

### 2.2.12.4 物资配置

物资配置见表 2.2.12-3。

物资配置表　　表 2.2.12-3

| 序号 | 名称 | 规格 | 单位 | 数量 | 备注 |
| --- | --- | --- | --- | --- | --- |
| 1 | 铜绞线 | JT-120 | m | 实需 | 数量视现场情况而定 |
| 2 | 终端锚固线夹 | T120 | 个 | 2 | |
| 3 | 双环杆 | $L=300$ | 个 | 2 | |
| 4 | 双联板 | D2 | 个 | 2 | |
| 5 | 双孔板 | D2 | 个 | 2 | |

### 2.2.12.5 施工技术标准

(1)《客货共线铁路电力牵引供电工程施工技术指南》TZ 10208—2008。

(2)《铁路电力牵引供电工程施工质量验收标准》TB 10421—2018。

(3)《铁路通信、信号、电力、电力牵引供电施工安全技术规程》TB 10306—2009。

### 2.2.12.6 施工工序及操作要点

(1) 施工工序流程图

架空地线架设工序流程如图 2.2.12-1 所示。

(2) 操作要点

1) 地线起锚

① 工程车组行至起锚点，使安装平台置于地线锚固底座处。

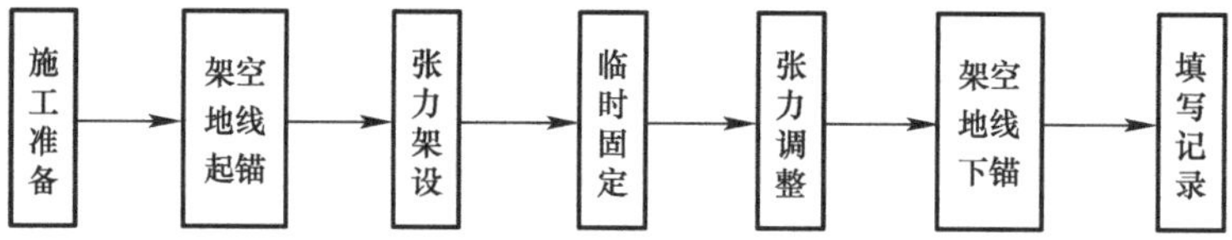


图 2.2.12-1　架空地线架设工序流程图

② 从线盘引出地线，在地线起锚端，按设计图纸和安装要求做好地线锚端连接。如图 2.2.12-2 所示。

2）张力架设

① 起锚连接完毕，放线初张力调至 1.5kN 左右，车组平缓起动，拉起地线后，以 5km/h 速度匀速行驶。

② 在各悬挂点挂设铝滑轮，使悬挂地线点距离悬挂安装点应保持在 400mm 内。将地线放于铝滑轮上，保证绞线能顺线路无障碍自由滑动。

架空地线起锚和架设如图 2.2.12-2 和图 2.2.12-3 所示。

图 2.2.12-2　架空地线起锚

图 2.2.12-3　架空地线架设

3）临时固定

① 架线车组行至地线落锚点前平稳停车，并通知沿线巡视人员汇报全线检查情况。

② 确认所架设的地线不受障碍物影响后开始紧线。

③ 用钢线卡子、辅助线将地线临时固定。

4）张力调整

① 测出现场温度，根据施工设计图样查出紧线张力值和设计超拉值，计算下锚张力。

② 张力调整从起锚点开始，地面段在有下锚拉线的支柱按照设计张力紧线调整一次，隧道段每隔 100m 按设计张力紧线调整一次。

5）地线下锚

① 张力调整完毕，将地线分别安装在线夹内。

② 按设计的要求联接好各零部件（图 2.2.12-4）。

6）检查

每一区段线索架设到位固定好之后，检查所架设的线材是否有破损、扭曲或断股，是否侵限影响行车，并作出相应的处理。

**2.2.12.7 施工质量标准**

（1）架空地线弛度应符合设计要求，其允许偏差为 2.5%～5%。

（2）电连接线夹与导线连接面平整光洁，并涂电力复合脂，连接应密贴牢固，螺栓紧固力矩应符合设计要求。

（3）架空地线肩架与支柱密贴，紧固牢靠，肩架呈水平状态施工允许偏差应不大于 50mm，导线在针式绝缘子上的固定正确、牢固、可靠。

图 2.2.12-4 架空地线下锚安装

（4）必须保证架空地线在最大弛度时距接触网带电体不小于 150mm。

（5）架空地线下锚处调整螺丝长度处于许可范围内，并有不少于 30mm 的调节余量。

**2.2.12.8 安全控制措施**

（1）地线不得与其他建筑物及设备发生摩擦。

（2）架空地线架设时应平缓，不能出现大的折角。

（3）架线车辆的行驶速度不大于 5km/h，行使应平稳。

（4）在曲线区段进行地线架设、调整过程中，所有人员应站在曲线外侧（站在地线的受力反方向）。

**2.2.12.9 环保要求**

安装完毕后清理施工场地，绑扎用的铁线统一处理。现场不要遗留任何施工废料。

### 2.2.13 承力索架设

**2.2.13.1 施工准备**

（1）技术人员对参加承力索架设的人员进行安装技术交底，明确线索类型、锚段长度和下锚位置，以及线索额定张力。

（2）制订施工安全保证措施，对参加施工人员进行上岗前技术和安全培训，考核合格后持证上岗。

（3）双承力索架设采用“双线并列带小张力架设”的施工工艺。架设完后采用临时下锚，待承力索蠕变量完成后，正式下锚掐绝缘子。

（4）进入施工现场的所有人员，必须戴好安全帽、穿工作服、工作鞋、佩戴施工证。

（5）检查和确认本锚段悬挂装配、两端下锚拉线和补偿装配已安装，并达到规定要求。

（6）曲线内侧悬挂装配的安全防护措施已达标，线索长度与配盘锚段长度一致。

#### 2.2.13.2　劳动力组织

劳动力组织见表 2.2.13-1。

劳动力组织表　　表 2.2.13-1

| 序号 | 人员 | 单位 | 数量 | 备注 |
|---|---|---|---|---|
| 1 | 施工负责人 | 人 | 1 | 现场施工组织及协调 |
| 2 | 技术员 | 人 | 1 | 技术负责、质量负责 |
| 3 | 安全员 | 人 | 1 | 安全检查、安全提醒 |
| 4 | 施工人员 | 人 | 12 | |
| 5 | 司机 | 人 | 1 | |

#### 2.2.13.3　施工机具

施工机具见表 2.2.13-2。

施工机具表　　表 2.2.13-2

| 序号 | 名称 | 规格 | 单位 | 数量 | 备注 |
|---|---|---|---|---|---|
| 1 | 接触网架线车 | JW-4 | 辆 | 1 | |
| 2 | 接触网放线车 | FX-3 | 辆 | 1 | |
| 3 | 悬挂滑轮 | | 只 | 实需 | 根据悬挂点数量定 |
| 4 | 手扳葫芦 | 3.0t | 只 | 2 | |
| 5 | 断线钳 | | 把 | 1 | |
| 6 | 扳手 | | 套 | 2 | |
| 7 | 楔形紧线器 | 50～150mm$^2$ | 套 | 3 | |

#### 2.2.13.4　物资配置

物资配置见表 2.2.13-3。

物资配置表　　表 2.2.13-3

| 序号 | 名称 | 规格 | 单位 | 数量 | 备注 |
|---|---|---|---|---|---|
| 1 | 承力索 | JT-150 | m | 实需 | |
| 2 | 终端锚固线夹 | T150 | 个 | 实需 | |
| 3 | 三角板 | | 个 | 实需 | |
| 4 | 双联板 | | 个 | 实需 | |
| 5 | 双孔板 | | 个 | 实需 | |
| 6 | 调节螺栓 | | 个 | 实需 | |
| 7 | 双环杆 | | 个 | 实需 | |
| 8 | 悬式绝缘子 | | 个 | 实需 | |
| 9 | 单耳连接器 | | 个 | 实需 | |

#### 2.2.13.5　施工技术标准

（1）《客货共线铁路电力牵引供电工程施工技术指南》TZ 10208—2008。

（2）《铁路电力牵引供电工程施工质量验收标准》TB 10421—2018。

（3）《铁路通信、信号、电力、电力牵引供电施工安全技术规程》TB 10306—2009。

#### 2.2.13.6　施工工序及操作要点

（1）施工工序流程图

施工工序流程如图 2.2.13-1 所示。

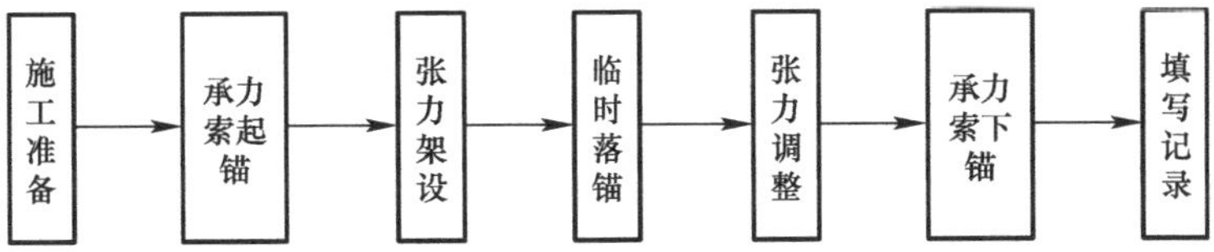


图 2.2.13-1 施工工序流程图

（2）操作要点

1）放线前，核对线盘长度是否满足所要展放锚段长度。

检查补偿装置是否存在问题，排除线路侵限物干扰。

完成放线锚段内腕臂的固定。

2）根据技术人员提供的放线示意图，工程车到达起锚锚柱前，采用双紧线器＋钢丝套子＋平衡滑轮的方式连接双承力索，保证架线过程中两支承力索的张力一致，完成起锚连接，确认棘轮小轮圈数大于设计圈数，然后将棘轮固定，使其不能转动。如图 2.2.13-2 所示。

3）工程车以匀速恒定张力牵引架线，工程车后面梯车人员将承力索挂在腕臂或者横吊索上。

4）用倒链葫芦配合落锚工具紧线，紧线时，放线车慢慢卸掉加在承力索上的张力至零，棘轮脱离制动卡块后，保证承力索小轮缠绕圈数大于设计圈数，停止紧线。

图 2.2.13-2 承力索架设

① 完成临时落锚连接，保证小轮补偿绳与棘轮轮体不互磨，轮体上补偿绳不打绞不跳槽，同时，施工人员到中锚处，完成中锚辅助绳与承力索的连接安装。

② 拆开起锚处固定棘轮的铁丝，使其自由窜动。

③ 待承力索承负荷全部补偿张力后可进行承力索归位安装。

④ 利用丁字尺等工具将支柱中心点找出并标记在钢轨上，从中锚开始，向下锚方向归位承力索，同时根据技术人员提供的该锚段腕臂偏移表，按当天温度将腕臂偏移调整到位。

5）承力索在承力索支承线夹处按设计要求加装保护条，按设计要求将各零部件力矩紧固到位。

**2.2.13.7 施工质量标准**

（1）线材运到现场的质量检验应符合下列规定：

1）所用绞线不得有断股、交叉、折叠、硬弯、松散等缺陷；如有缺陷应按规定进行处理。

2）所用绞线不得有锈蚀现象。

（2）承力索不得有接头。

（3）双承力索架设时，双线之间的张力平衡，放线过程中张力大小控制符合要求。

#### 2.2.13.8　安全控制措施

（1）当支柱位于曲线内侧时，必须将腕臂加固，防止腕臂受曲线力破坏绝缘子。

（2）吊装线盘时应注意线盘的转向，承力索应由线盘的上面牵出。

（3）在曲线区段进行承力索架设、安装时，施工人员一定要站在曲线外侧施工。

（4）在放线过程中及时进行悬挂，以防刮伤绞线。

（5）锯断承力索时，应保证断面平齐，并用钢锉将毛刺锉掉。

（6）锚段两端的调整螺丝分别安装在两条承力索上。

（7）放线时应保证两条线平行，不能打绞。

#### 2.2.13.9　环保要求

施工完毕应做到工完料净场地清，所有施工废弃物应清理干净集中处理。

### 2.2.14　接触线架设

#### 2.2.14.1　施工准备

（1）技术人员对参加接触线架设的人员进行安装技术交底，明确线索类型、锚段长度和下锚位置，以及线索额定张力。

（2）制订施工安全保证措施，对参加施工人员进行上岗前技术和安全培训，考核合格后持证上岗。

（3）架设双接触线时采用“双线并列带张力架设”的施工工艺。架设单接触线时采用“单线带张力架设”的施工工艺。

（4）进入施工现场的所有人员，必须戴好安全帽、穿工作服、工作鞋、佩戴施工证。

（5）检查和确认本锚段悬挂装配、两端下锚拉线和补偿装配已安装，并达到规定要求。

（6）线索长度与配盘锚段长度一致。

#### 2.2.14.2　劳动力组织

劳动力组织见表 2.2.14-1。

劳动力组织表　　表 2.2.14-1

| 序号 | 人员 | 单位 | 数量 | 备注 |
|---|---|---|---|---|
| 1 | 施工负责人 | 人 | 1 | 现场施工组织及协调 |
| 2 | 技术员 | 人 | 1 | 技术负责、质量负责 |
| 3 | 施工人员 | 人 | 12 | 根据现场情况确定数量 |
| 4 | 安全员 | 人 | 1 | 安全瞭望、安全检查、安全提醒 |
| 5 | 轨道车司机 | 人 | 1 | |

#### 2.2.14.3　施工机具

施工机具见表 2.2.14-2。

施工机具表　　表 2.2.14-2

| 序号 | 名称 | 规格 | 单位 | 数量 | 备注 |
|---|---|---|---|---|---|
| 1 | 轨道车 | GY-270 | 辆 | 1 | |
| 2 | 接触网架线车 | JW-4 | 辆 | 1 | |
| 3 | 铁丝 | | 米 | 50 | |

续表

| 序号 | 名称 | 规格 | 单位 | 数量 | 备注 |
|---|---|---|---|---|---|
| 4 | 倒链葫芦 |  | 只 | 2 |  |
| 5 | 断线钳 |  | 把 | 1 |  |
| 6 | 扳手 |  | 套 | 2 |  |
| 7 | 紧线器 |  | 套 | 3 |  |
| 8 | 钢丝套子 |  | 个 | 3 |  |
| 9 | 滑轮 |  | 个 | 实需 |  |
| 10 | 钢卷尺 | 5m | 把 | 1 |  |
| 11 | 对讲机 |  | 台 | 6 |  |
| 12 | 梯车 |  | 台 | 2 |  |
| 13 | 梯车卡轨器 |  | 套 | 4 |  |

#### 2.2.14.4 物资配置

物资配置见表 2.2.14-3。

**物资配置表** **表 2.2.14-3**

| 序号 | 名称 | 规格 | 单位 | 数量 | 备注 |
|---|---|---|---|---|---|
| 1 | 接触线 |  | 米 | 实需 |  |
| 2 | 齿形双耳楔形线夹 |  | 个 | 实需 |  |
| 3 | 三角板 |  | 个 | 实需 |  |
| 4 | 双联板 |  | 个 | 实需 |  |
| 5 | 双孔板 |  | 个 | 实需 |  |
| 6 | 调节螺栓 |  | 个 | 实需 |  |
| 7 | 双环杆 |  | 个 | 实需 |  |
| 8 | 悬式绝缘子 |  | 个 | 实需 |  |
| 9 | 单耳连接器 |  | 个 | 实需 |  |

#### 2.2.14.5 施工技术标准

(1)《客货共线铁路电力牵引供电工程施工技术指南》TZ 10208—2008。

(2)《铁路电力牵引供电工程施工质量验收标准》TB 10421—2018。

(3)《铁路通信、信号、电力、电力牵引供电施工安全技术规程》TB 10306—2009。

#### 2.2.14.6 施工工序及操作要点

(1) 施工工序流程图

接触线架设工序流程如图 2.2.14-1 所示。

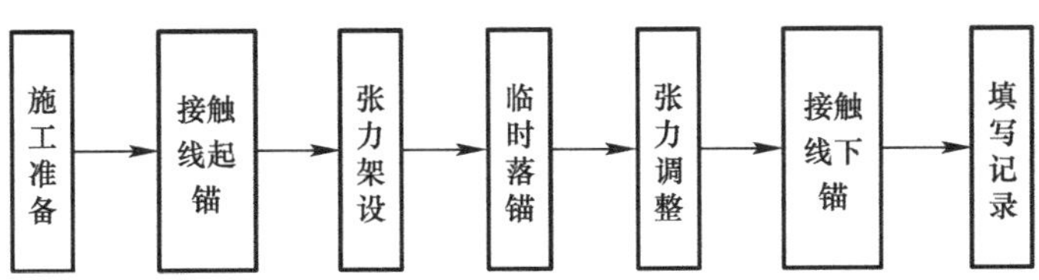


图 2.2.14-1 接触线架设工序流程图

(2) 操作要点

1) 放线前，核对线盘长度是否满足所要展放锚段长度。

2）检查补偿装置是否存在问题，排除线路侵限物干扰。

① 起锚

a. 连接各部件：在绝缘子端部额外加一辅助平行滑轮钢线，卡子须完全拧紧，活动钢线卡子不要拧紧，戴平螺帽即可。如图 2.2.14-2 所示。

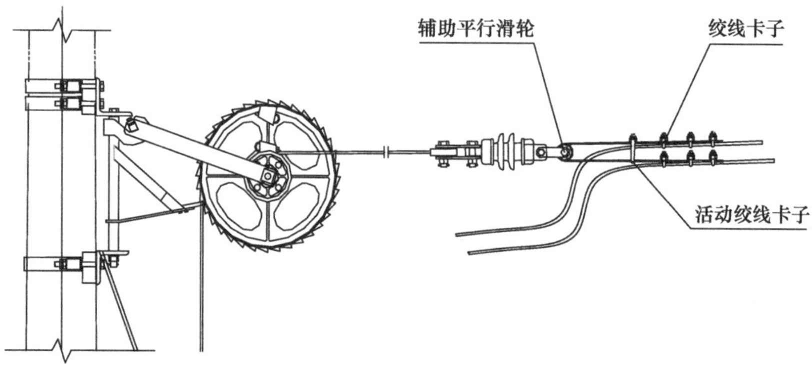


图 2.2.14-2　接触线架设起锚示意图

b. 用链条葫芦将起锚端补偿装置坠砣挂起（链条葫芦刚受力即可）。

② 张力架设

a. 控制好线盘导线张力：随时调整液压压力到 1.5～2kN 之间。

b. 双导线在架线平台上要分别平行放在滚轮上，在定位点处先将 S 钩一端挂上滑轮，另一端挂在定位环上，再将导线抬入滑轮。在跨中，用临时铁线和吊弦将导线分开挂起（图 2.2.14-3、图 2.2.14-4）。

③ 中心锚结安装

a. 接触线中心锚结线夹间距符合设计要求，双接触线中心锚结线夹螺栓应向外侧。

b. 接触线中心锚结绳回头的预留、中心锚结绳的位置、中心锚结绳的张力应符合设计要求。

图 2.2.14-3　接触线架设

图 2.2.14-4　接触线架设

④ 导线落锚

a. 将架线车平台转至补偿坠砣附近。参照承力索下锚连接图连接形式连接各部件。

b. 用链条葫芦将下锚端补偿装置坠砣挂起（链条葫芦刚受力即可）。

c. 确认各部件连接牢固、无误后开始紧线，直到补偿轮渐渐抬起离开止动轮舌时停止紧线。

d. 松开液压张力控制系统，剪断多余导线。

e. 用三个钢线卡子把导线卡紧在平衡滑轮前面的辅助钢丝绳上（注：此时双导线并未正式做好下锚固定工作，而是临时用钢线卡子固定，但是其结构是安全可靠的，其目的为了让导线在全负荷张力下经受2～3d自然蠕变）。之后再正式落锚，方法与架线时相同。

f. 返回起锚点，松开临时悬挂坠砣的链条葫芦。

#### 2.2.14.7 施工质量标准

（1）放线过程中随时注意接触线情况，不允许有破损、断股、腐蚀严重等现象。

（2）接触线不允许有接头。

（3）正线及重要线的接触线应在下方，侧线及次要线的接触线应在上方。

（4）张力补偿装置应符合设计要求，补偿绳应无磨支柱或拉线现象，坠陀完整。

#### 2.2.14.8 安全控制措施

（1）放线前应对线盘进行详细检查加固，线末端应固定在放线盘上，以防放线时线索脱出伤人，线盘应有制动措施。

（2）架线车平台升、降时，不得上下人。

（3）架线车平台上有人施工时，行车应平稳且速度不得大于5km/h。

（4）在高压线下放线时，放线滑轮应使用封口滑轮，防止线索脱出触电。

（5）架线时，放出的线索下面不得有人。在铁路道口或行人较多的地方应派专人防护。

（6）架线完成后，必须沿架线区段巡视检查一遍，确认符合要求后，方可撤离。

#### 2.2.14.9 环保要求

施工完毕应做到工完料净场地清，所有施工废弃物应清理干净集中处理。

### 2.2.15 吊弦安装

#### 2.2.15.1 施工准备

（1）技术人员对参加吊弦数据测量、预制、安装的人员进行安装技术交底，明确吊弦安装的相关技术要求。

（2）制订施工安全保证措施，对参加施工人员进行上岗前技术和安全培训，考核合格后持证上岗。

（3）进入施工现场的所有人员，必须戴好安全帽、穿工作服、工作鞋、佩戴施工证。

（4）检查和确认承力索已架设，并已调整到位，达到规定要求，具备吊弦数据测量；接触线架设完成；中心锚节已安装调整。

#### 2.2.15.2 劳动力组织

劳动力组织见表2.2.15-1。

**劳动力组织表** **表2.2.15-1**

| 序号 | 人员 | 单位 | 数量 | 备注 |
|---|---|---|---|---|
| 1 | 施工负责人 | 人 | 1 | 现场施工组织及协调 |
| 2 | 技术员 | 人 | 1 | 技术负责、质量负责 |
| 3 | 安全员 | 人 | 1 | 安全检查，安全提醒 |
| 4 | 施工人员 | 人 | 6 | |

### 2.2.15.3　施工机具

施工机具见表 2.2.15-2。

**施工机具表**　　　　**表 2.2.15-2**

| 序号 | 名称 | 规格 | 单位 | 数量 | 备注 |
|---|---|---|---|---|---|
| 1 | 钢卷尺 | 10m | 把 | 1 | |
| 2 | 丁字尺 | | 把 | 1 | |
| 3 | 力矩扳手 | SL0-100 | 把 | 1 | |
| 4 | 梯车 | | 台 | 1 | |
| 5 | 梯车卡轨器 | | 套 | 2 | |
| 6 | 线坠 | | 根 | 1 | |
| 7 | 记号笔 | | 只 | 1 | |

### 2.2.15.4　物资配置

物资配置见表 2.2.15-3。

**物资配置表**　　　　**表 2.2.15-3**

| 序号 | 名称 | 规格 | 单位 | 数量 | 备注 |
|---|---|---|---|---|---|
| 1 | 承力索吊弦线夹 | | 锚段 | 实需 | |
| 2 | 接触线吊弦线夹 | | 锚段 | 实需 | |
| 3 | 吊弦线 | | 锚段 | 实需 | |
| 4 | 吊索 | | 锚段 | 实需 | |
| 5 | 心形环 | | 锚段 | 实需 | |
| 6 | 钳压管 | | 锚段 | 实需 | |
| 7 | 钢线卡子 | | 锚段 | 实需 | |

### 2.2.15.5　施工技术标准

(1)《客货共线铁路电力牵引供电工程施工技术指南》TZ 10208—2008。

(2)《铁路电力牵引供电工程施工质量验收标准》TB 10421—2018。

(3)《铁路通信、信号、电力、电力牵引供电施工安全技术规程》TB 10306—2009。

### 2.2.15.6　施工工序及操作要点

(1) 施工工序流程图

吊弦工序流程如图 2.2.15-1 所示。

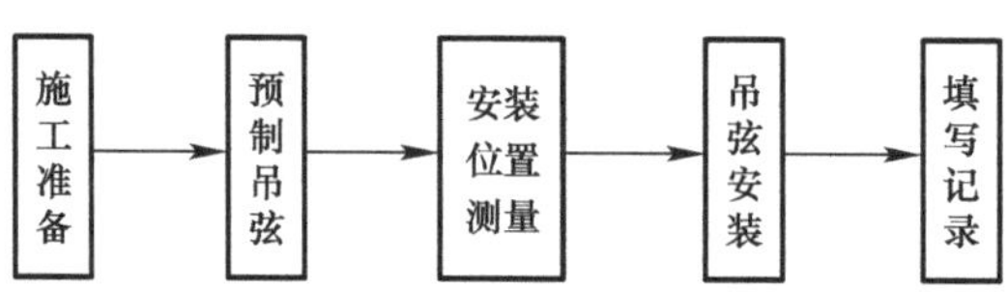


图 2.2.15-1　吊弦工序流程图

(2) 操作要点

1) 利用腕臂偏移标记的支柱中心点，测量悬挂点中心对中心跨距，作为吊弦计算跨距。

2) 利用激光测距仪测量承力索高度，双承力索则分别测量两根承力索高度，求其平均值，作为吊弦计算的承力索高度。

① 测量计算

将吊弦计算测量数据进行整理，并按整锚段进行计算，采用本投标人自行开发的专用软件进行计算。计算结果生成吊弦预配表。

② 吊弦预制

按照吊弦计算预配表按锚段进行加工预制，并标记锚段号及支柱号，安装预顺号，采用专用预制平台进行工厂化预制。

③ 吊弦位置测量、标记

a. 检查接触线临时中锚是否一松一紧，若有，则将紧的调松，使两中锚绳受力相当。

b. 检查补偿装置是否工作正常，是否存在卡滞现象。

c. 根据吊弦预配表，从中锚往下锚方向进行安装位置测量，用防水油性笔在钢轨上进行吊弦位置标记，标记时，若出现跨距与布置单不符，则检查腕臂偏移是否正确，若误差较大需重新测量跨距上报计算，若误差较小将在跨中吊弦布置时进行消化调整。

d. 检查定位器中心与平腕臂中心是否重合，不重合则调整。

④ 吊弦安装

a. 将加工好并带有锚段及支柱号标识的吊弦运至现场，核对计算单，从中锚往下锚方向布置吊弦。

b. 用线坠将钢轨上的吊弦位置标记投射至承力索。

c. 确认每个吊弦线夹均涂抹导电膏，力矩达到要求。

d. 一个锚段布置完成后，按照设计要求将接触线中锚安装到正式位置，并检查两根中锚受力状态是否一致。

#### 2.2.15.7 施工质量标准

（1）数据测量必须精确。

（2）吊弦测量计算跨距是指悬挂点到悬挂点而非支柱中心到支柱中心的距离。

（3）每一处吊弦线夹均需涂导电膏，力矩达标。

（4）吊弦必须顺直、铅垂，不允许有死弯。

（5）螺栓穿向统一合理且不侵入受电弓动态包络线。

（6）整体吊弦布置应符合设计要求，位置偏差在±100mm 范围内，吊弦应无散股和断股现象。线夹连接螺栓紧固力矩符合设计要求。

（7）平均温度时整体吊弦顺线路方向垂直安装，温度变化时，顺线路的偏移量：承力索、接触线材质不同时，偏移量应符合设计要求，承力索、接触线采用同一材质时，在任何温度下均垂直安装，直线区段吊弦线夹应端正、牢固，曲线区段吊弦线夹应垂直于接触线工作面。

（8）车辆段内各股道同类悬挂的吊弦宜在同一断面内。

（9）整体可调吊弦回头统一。整体吊弦连接线夹固定在吊弦线夹螺栓头侧，线鼻子45°安装，弧圈在列车来向的反侧（下行在大里程侧，上行在小里程侧），站场内按上下行区分。承力索吊弦线夹与接触线吊弦线夹的螺栓安装方向均由线路穿向田野侧，站场内按上下行区分，分别由站场中间穿向田野侧。

#### 2.2.15.8 安全控制措施

（1）吊弦标记前必须检查中锚及下锚状态，否则中锚正式安装时，会导致整个锚段接触线窜动，造成吊弦及定位器偏移。

（2）布置吊弦时，必须注意吊弦上标识的位置，是否与安装位置相符。

（3）现场施工必须正确佩戴安全帽、防护服，登高还必须正确佩戴安全带。

（4）梯车须设计卡轨器，防止曲线区段侧翻。

#### 2.2.15.9　环保要求

施工完毕应做到工完料净场地清，所有施工废弃物应清理干净集中处理。

### 2.2.16　接触悬挂调整

#### 2.2.16.1　施工准备

（1）技术人员对参加悬挂调整的人员进行技术交底，明确悬挂调整的相关技术标准及关键部位的调整方法和技术要点。

（2）制订施工安全保证措施，对参加施工人员进行上岗前技术和安全培训，考核合格后持证上岗。

（3）进入施工现场的所有人员，必须戴好安全帽，穿工作服、工作鞋，佩戴施工证。

（4）检查和确认中心锚节、吊弦、定位器，下锚补偿等装置的安装状态。

#### 2.2.16.2　劳动力组织

劳动力组织见表 2.2.16-1。

**劳动力组织表**　　**表 2.2.16-1**

| 序号 | 人员 | 单位 | 数量 | 备注 |
|---|---|---|---|---|
| 1 | 施工负责人 | 人 | 1 | 负责施工组织、协调 |
| 2 | 技术员 | 人 | 1 | 技术负责、质量负责 |
| 3 | 施工人员 | 人 | 6 | |
| 4 | 安全员 | 人 | 1 | 负责安全瞭望、安全检查、安全提醒 |

#### 2.2.16.3　施工机具

施工机具见表 2.2.16-2。

**施工机具表**　　**表 2.2.16-2**

| 序号 | 名称 | 规格 | 单位 | 数量 | 备注 |
|---|---|---|---|---|---|
| 1 | 激光测距仪 | DJJ-8 | 台 | 1 | 1 |
| 2 | 梯车 | | 台 | 1 | 1 |
| 3 | 扳手 | | 套 | 2 | |
| 4 | 扭面器 | | 副 | 2 | |

#### 2.2.16.4　施工技术标准

（1）《客货共线铁路电力牵引供电工程施工技术指南》TZ 10208—2008。

（2）《铁路电力牵引供电工程施工质量验收标准》TB 10421—2018。

（3）《铁路通信、信号、电力、电力牵引供电施工安全技术规程》TB 10306—2009。

#### 2.2.16.5　施工工序及操作要点

（1）施工工序流程图

悬挂调整工序流程如图 2.2.16-1 所示。

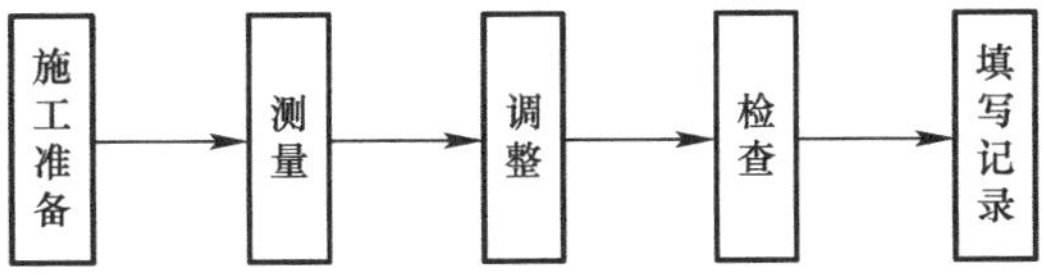


图 2.2.16-1 悬挂调整工序流程图

（2）操作要点

1）测量

① 根据设计接触线高度拉出值，对所要调整的悬挂定位点的拉出值，接触线高度进行测量，将接触线高度需要升降的数据，接触线拉出值需要拉、放的数据记录下来。

② 测量时注意：在进行接触线高度的测量时，以接触线最低面为准；在进行双接触线拉出值测量时，以远离线路中心的接触线中心为准。

2）调整

① 根据测量所得的数据，对拉出值和高度进行调整。

② 链型悬挂通过升降腕臂调整接触线高度，正定位装置通过移动定位线夹调整拉出值；反定位装置通过移动定位器调整拉出值。

③ 在对高度进行调整时，先用升降器使腕臂卸载，再进行调整。

④ 调整完毕后，再进行复测，在曲线区段，重点复测跨中的拉出值有无大于设计值的现象，并做好记录。

3）检查

调整完毕后再次测量接触线的导高和拉出值，若不符合设计要求则重新调整。接触线高差应满足坡度的要求。如图 2.2.16-2 所示。

图 2.2.16-2 悬挂调整

**2.2.16.6 施工质量标准**

（1）接触线高差应满足 3‰坡度的要求：3‰坡度是两点长度与高度的最大值。

（2）在特殊困难情况下满足接触线 5‰的坡度：5‰坡度是两点长度与高度的最大值。

（3）接触悬挂空气绝缘应满足下列规定：静态绝缘距离正常值 150mm，困难情况下不小于 115mm，动态绝缘距离正常值不小于 100，困难情况下不小于 100。

（4）接触线悬挂点距轨面的高度应符合设计要求，施工允许偏差不应大于±30mm。接触线工作高度变化时，其变化率应小于 0.5%。

（5）简单悬挂同一吊索两吊索线夹处接触线距轨面连线的高度应符合设计要求，并等高，且相互偏差不应大于±20mm。

（6）接触线拉出值的布置符合设计要求，一般直线段不大于 200mm，曲线段不大于 250mm，允许偏差±20mm。

**2.2.16.7 安全控制措施**

（1）在进行链型悬挂接触网高度调整时，必须先用升降器使腕臂卸载，切勿直接升降腕臂。并注意接触线有无扭面、硬弯、损坏现象和吊弦的受力情况。

（2）在进行定位线夹调整时，严禁用铁质器械、钢质等较硬的器具敲击接触线。

（3）悬挂调整应先从中心锚结处或硬锚处往补偿装置处调整，防止接触线面扭曲。

（4）曲线区段或关节处进行接触线拉出值的调整时，要使用手扳葫芦，人员要站在接触线受力方向的外侧。

（5）推梯车人员要听从调整人员的指挥，在无信号的传达时，严禁推动梯车，防止腕臂撞伤梯车上的人员。

#### 2.2.16.8　环保要求

施工完毕应做到工完料净场地清，所有施工废弃物应清理干净集中处理。

### 2.2.17　设备安装

#### 2.2.17.1　施工准备

（1）技术人员对参加设备安装的人员进行技术交底，明确设备的相关技术标准和技术要点。

（2）制订施工安全保证措施，对参加施工人员进行上岗前技术和安全培训，考核合格后持证上岗。

（3）进入施工现场的所有人员，必须戴好安全帽、穿工作服、工作鞋、佩戴施工证。

（4）检查和确认各种设备的安装状态。

#### 2.2.17.2　劳动力组织

劳动力组织见表 2.2.17-1。

**劳动力组织表　　表 2.2.17-1**

| 序号 | 人员 | 单位 | 数量 | 备注 |
|---|---|---|---|---|
| 1 | 施工负责人 | 人 | 1 | 现场施工组织及协调 |
| 2 | 技术员 | 人 | 1 | 技术负责、质量负责 |
| 3 | 安全员 | 人 | 1 | 安全检查、安全提醒 |
| 4 | 施工人员 | 人 | 6 | |

#### 2.2.17.3　施工机具

施工机具见表 2.2.17-2。

**施工机具表　　表 2.2.17-2**

| 序号 | 名称 | 规格 | 单位 | 数量 | 备注 |
|---|---|---|---|---|---|
| 1 | 激光测距仪 | DJJ-8 | 台 | 1 | 导高、拉出值测量 |
| 2 | 梯车 | | 台 | 1 | |
| 3 | 梯车卡轨器 | | 套 | 2 | |
| 4 | 脚扣 | | 副 | 2 | |
| 5 | 扳手 | | 套 | 2 | |
| 6 | 内六角扳手 | | 把 | 2 | |
| 7 | 力矩扳手 | SL0-100 | 把 | 1 | |
| 8 | 月牙剪 | | 把 | 1 | |
| 9 | 液压钳 | CP0-1505 | 把 | 1 | 带模具 |

续表

| 序号 | 名称 | 规格 | 单位 | 数量 | 备注 |
|---|---|---|---|---|---|
| 10 | 断线钳 | | 把 | 1 | |
| 11 | 水平尺 | 1m | 把 | 1 | |
| 12 | 钢卷尺 | 10m | 把 | 1 | |
| 13 | 钢丝刷 | | 把 | 2 | |

### 2.2.17.4　物资配置

物资配置见表 2.2.17-3。

物资配置表　　表 2.2.17-3

| 序号 | 名称 | 规格 | 单位 | 数量 | 备注 |
|---|---|---|---|---|---|
| 1 | 隔离开关 | | 套 | 实需 | 配开关底座 |
| 2 | 分段绝缘器 | | 套 | 实需 | 配吊索及有承力索的配承力索绝缘子 |
| 3 | 避雷器 | | 套 | 实需 | 配避雷器底座 |

### 2.2.17.5　施工技术标准

(1)《客货共线铁路电力牵引供电工程施工技术指南》TZ 10208—2018。

(2)《铁路电力牵引供电工程施工质量验收标准》TB 10421—2018。

(3)《铁路通信、信号、电力、电力牵引供电施工安全技术规程》TB 10306—2009。

### 2.2.17.6　施工工序及操作要点

(1) 施工工序流程图

设备安装工序流程如图 2.2.17-1 所示。

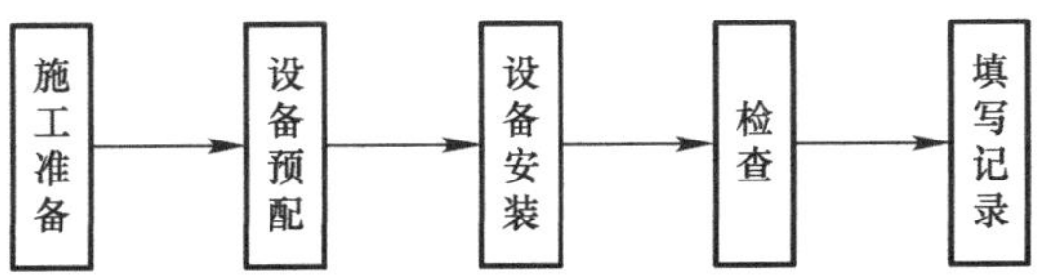


图 2.2.17-1　设备安装工序流程图

(2) 操作要点

1) 施工准备

检查各种设备是否完好，各设备绝缘子应整洁，零件应配备齐全，产品合格证、产品技术文件和安装手册齐全。

2) 预配

① 按调试手册要求进行初调。将各种设备的小器件根据施工设计图纸，先在预配车间进行组装。

② 隔离开关预配时注意：地铁所采用的隔离开关载流量都比较大，零配件种类多。预配班根据装配图纸，先对开关进行预组装。在组装过程中应注意，检查开关的外观质量，绝缘子有无裂纹，表面有无瓷釉剥落，各零配件是否配套。

3) 设备安装

① 分段绝缘器安装

a. 按施工设计图纸在规定的位置进行安装。

b. 先在导线上做好分段绝缘器安装位置的标记，再将分段绝缘器对准标记，放置在导线上，分段处的拉出值应为“0”，按设计扭矩紧固分段绝缘器的主线夹。

c. 反复检查主线夹的紧固是否牢固，分段绝缘器位置是否正确，确认无误后开始断线。

d. 用尼龙锤敲击分段绝缘器主线夹末端的接触导线线头使之上弯，避免出现打弓或刮弓现象。

e. 调整分段绝缘器：分段处的导线高度与两端定位高度相等；保证整个分段绝缘器接触部分等高，中部不下垂，调整导流滑板与导线等高，保证受电弓在分段绝缘器处过渡平滑，不打弓；按设计要求调整灭弧棒间隙距离。

f. 承力索卡绝缘：按施工设计图纸的要求卡承力索绝缘（此步骤仅限于柔性段）。

分段绝缘器成品如图 2.2.17-2、图 2.2.17-3 所示。

图 2.2.17-2　分段绝缘器成品图（一）

图 2.2.17-3　分段绝缘器成品图（二）

② 隔离开关安装

a. 在开关柱上安装隔离开关，施工人员应避免上下同时施工。

b. 隔离开关底座安装时，应保证两底座安装面水平，且间距符合设计要求；多组隔离开关并列安装时，应保证所有底座安装面都在同一水平面上，且各底座间距符合设计要求。如图 2.2.17-4、图 2.2.17-5 所示。

c. 隧道段隔离开关安装时应保证隔离开关到墙壁或其他接地体绝缘距离符合设计要求；隔离开关打开时，刀口距接地体、墙壁的绝缘距离应符合设计要求。

d. 隔离开关操动机构应安装水平，传动杆安装角度符合技术文件要求，整个隔离开关操动应灵活、开合到位。合闸时两刀闸中心吻合，允许偏差不大于 5mm，合闸时，刀闸与支柱中心连线成 90°角。

e. 远动操作系统连线正确，刀闸分合位置应正确，操作时灵活；电动开关当地手动操作应与远动操作系统动作一致；隔离开关机械联锁应正确、可靠。

f. 隔离开关刀口部分涂导电油脂，机构的连接轴、转动部分、传动杆涂润滑黄油。

g. 隔离开关所有底座都与架空地线相连通，可靠接地。有接地装置的开关主刀闸与接地刀闸的机械联锁正确可靠。

h. 安装调试完毕后，所有隔离开关均应处于分闸位置，所有操动机构加锁，严禁随意操作隔离开关（图 2.2.17-6）。

图 2.2.17-4 隔离开关安装图（一）

图 2.2.17-5 隔离开关安装图（二）

③ 隔离开关引线安装

a. 隔离开关安装完成后，根据现场情况测量上网引线及接地引线长度。

b. 用软电缆预制开关引线后搬运至隔离开关处。

c. 用棉纱擦拭隔离开关连接板，然后均匀涂抹导电脂。

图 2.2.17-6 隔离开关成品图

d. 上网引线端子与隔离开关连接板连接紧固，引线电缆沿腕臂、吊索或门型架横梁引至上网点，每隔一段距离需用电缆抱箍或电缆卡带进行固定。

e. 在上网点位置，将电缆剥皮后用电连接线夹与承力索连接。

f. 隔离开关底座及操作机构外壳用 1 根软电缆引至架空地线与之并接。

g. 带接地刀的开关用 1 根软电缆沿支柱引至地面后与牵引轨焊接接地，电缆在地面上和距地面标准长度开始穿玻璃钢管，然后用抱箍在地面上固定（图 2.2.17-7、图 2.2.17-8）。

图 2.2.17-7 隔离开关引线（一）

图 2.2.17-8 隔离开关引线（二）

④ 避雷器

a. 金属氧化锌避雷器的安装位置、型号、规格、引线方式应符合设计要求，并经试验合格，引线正确牢固且预留有因温度变化而引起的位移长度。

b. 金属氧化锌避雷器接地电阻符合要求。

c. 金属氧化锌避雷器竖直，支架水平，连接牢固可靠，瓷套管光洁，金属件镀锌良好。铁件无锈蚀，支架水平连接牢固可靠。

⑤ 检查

a. 检查安装后的分段绝缘器外观有无损伤、分段绝缘器是否水平。

b. 检查安装后的隔离开关外观有无损伤、连线是否正确，绝缘距离是否满足于设计要求，开关是否在"断开"位置。

c. 检查安装后的避雷器外观有无损伤，连线是否正确。

#### 2.2.17.7　施工质量标准

(1) 隔离开关开合闸、分段绝缘器处导线的平滑过渡、避雷器的接地极的接地电阻等应符合设计要求。

(2) 隔离开关安装位置、型号及各部尺寸、绝缘性能应符合设计文件要求，连接牢固可靠，各转动部分灵活；操作机构传动操作轻便灵活。

(3) 避雷器的接地电阻值应符合设计要求。

(4) 分段绝缘器安装位置应符合设计要求，连接牢固可靠，与接触线接头处应平滑，分段绝缘器与受电弓接触部分与轨面连线平行，受电弓通过时应平滑无打弓现象。

(5) 装设分段处的绝缘子串的安装位置应符合设计要求，允许偏差为±50mm，承力索、接触线两绝缘子串中心应对齐，允许偏差为±30mm。

(6) 开关托架呈水平状，绝缘体垂直，操作机构安装位置应便于操作，并符合设计要求，传动杆垂直与操动机构轴线一致，连接牢固，无松动现象，导线部分触头表面平整清洁，并涂有中性凡士林油。设备接线端子连接接触面涂电力复合脂。

#### 2.2.17.8　安全控制措施

(1) 在安装"C"形开关柱上的隔离开关，应注意开关柱的断面，以免发生意外。

(2) 在设备的运输、安装过程中，一定要轻拿、轻放。

(3) 在安装分段绝缘器时注意，在断导线之前，一定要检查主线夹是否紧固牢固。

(4) 隔离开关引线时一定注意引线要正确。

(5) 所有的设备在安装完毕之后必须挂上"注意成品保护"的警示性字牌。

#### 2.2.17.9　环保要求

施工完毕应做到工完料净场地清，所有施工废弃物应清理干净集中处理。

### 2.2.18　线岔安装

#### 2.2.18.1　施工准备

(1) 技术人员对参加线岔安装和调整的人员进行技术交底，明确线岔的安装和调整是接触悬挂的关键部位，熟悉和掌握调整的技术标准及方法。

(2) 制订施工安全保证措施，对参加施工人员进行上岗前技术和安全培训，考核合格后持证上岗。

(3) 进入施工现场的所有人员，必须戴好安全帽、穿工作服、工作鞋、佩戴施工证。

(4) 检查和确认相关两锚段的悬挂调整已达标。

#### 2.2.18.2　劳动力组织

劳动力组织见表 2.2.18-1。

劳动力组织表　　表 2.2.18-1

| 序号 | 人员 | 单位 | 数量 | 备注 |
|---|---|---|---|---|
| 1 | 施工负责人 | 人 | 1 | 现场施工组织及协调 |
| 2 | 技术员 | 人 | 1 | 技术负责、质量负责 |
| 3 | 施工人员 | 人 | 6 | |
| 4 | 安全员 | 人 | 1 | 安全瞭望、安全检查安全提醒 |

#### 2.2.18.3　施工机具

施工机具见表 2.2.18-2。

施工机具表　　表 2.2.18-2

| 序号 | 名称 | 规格 | 单位 | 数量 | 备注 |
|---|---|---|---|---|---|
| 1 | 梯车 | | 台 | 1 | |
| 2 | 卷尺 | 5m | 把 | 2 | |
| 3 | 线绳 | | 卷 | 1 | |
| 4 | 手锤 | 4 磅 | 把 | 1 | |
| 5 | 记号笔 | | 支 | 1 | |
| 6 | 扳手 | Φ16～20 | 把 | 2 | |

#### 2.2.18.4　物资配置

物资配置见表 2.2.18-3。

物资配置表　　表 2.2.18-3

| 序号 | 名称 | 规格 | 单位 | 数量 | 备注 |
|---|---|---|---|---|---|
| 1 | 线岔限制管 | | 个 | 实需 | |

#### 2.2.18.5　施工技术标准

(1)《客货共线铁路电力牵引供电工程施工技术指南》TZ 10208—2008。

(2)《铁路电力牵引供电工程施工质量验收标准》TB 10421—2018。

(3)《铁路通信、信号、电力、电力牵引供电施工安全技术规程》TB 10306—2009。

#### 2.2.18.6　施工工序及操作要点

(1) 施工工序流程图

线岔安装工序流程如图 2.2.18-1 所示。

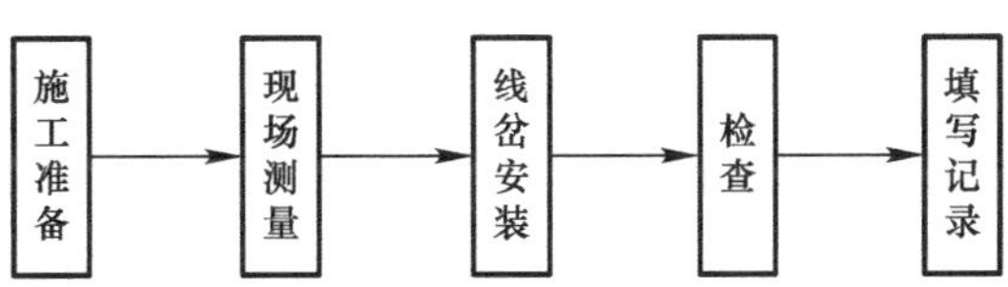


图 2.2.18-1　线岔安装工序流程图

（2）操作要点

1）测量

① 线岔始触区的测量：车辆在直股线路上通过时将测杆挂在侧股导线上，测量线坠与直股线路中心的距离，当线坠与直股线路中心的距离为 400mm 时，线坠悬挂处即为 A 点，当线坠与直股线路中心的距离为 850mm 时，线坠悬挂处即为 B 点。AB 之间区段即为始触区。直股线路的始触区测量方法与侧股相同（根据受电弓类型来确定）。

② 交叉点的测量

将线坠挂与两接触线交叉点，时线坠尖部略高于轨面，在线坠处用钢卷尺测量道岔导曲线梁内轨间距及线坠位置，线坠应在道岔导曲线内轨间距 630～800mm 的位置。

2）安装

测量出两接触线交叉点位置，计算线岔中心相对于交叉点的偏移位置，根据偏移位置将线坠挂在下面接触线交叉点的位置上，调整线岔两根接触线的拉出值，使线岔交叉点符合要求，将线岔限制管固定在下面接触线上，接触线与限制管应保持 1～3mm 的间隙。在线岔相对于接悬挂点的反侧线岔始触区以外安装电连接（尽量安装在非支上），线岔成品如图 2.2.18-2 所示。

图 2.2.18-2　线岔成品图

#### 2.2.18.7　施工质量标准

（1）定位点处侧线接触线高度应符合设计规定，线岔始触区不得安装任何线夹。

（2）单开道岔采用交叉布置方式时，道岔定位柱及拉出值应保证两接触线交叉点位于设计规定的范围内。侧线接触线应高出正线接触线 10～20mm。非支抬高量应符合设计要求。当采用无交叉布置方式时，定位点处侧线接触线高度应符合设计规定。

（3）复式交分道岔采用交叉布置方式时，两接触线应相交于道岔对称中心交点正上方处，且侧线接触线高出正线（重要线）的接触线 10～20mm，非支抬高应符合设计要求。复式交分和交叉渡线的交叉点允许横、纵向偏差均为 50mm。

#### 2.2.18.8　安全控制措施

（1）上部施工人员必须戴安全帽。

（2）严禁两人从梯车一侧同时攀登。

（3）施工完毕应做到工完料净场地清，所有施工废弃物应清理干净集中处理。

#### 2.2.18.9　环保要求

施工完毕应做到工完料净场地清，所有施工废弃物应清理干净集中处理。

### 2.2.19　电连接安装

#### 2.2.19.1　施工准备

（1）技术人员对参加线岔安装和调整的人员进行技术交底，明确电连接的安装和关键部位，熟悉和掌握技术标准及方法。

（2）制订施工安全保证措施，对参加施工人员进行上岗前技术和安全培训，考核合格后持证上岗。

（3）进入施工现场的所有人员，必须戴好安全帽、穿工作服、工作鞋、佩戴施工证。

（4）检查和确认安装。

#### 2.2.19.2 劳动力组织

劳动力组织见表 2.2.19-1。

劳动力组织表 表 2.2.19-1

| 序号 | 人员 | 单位 | 数量 | 备注 |
|---|---|---|---|---|
| 1 | 施工负责人 | 人 | 1 | 现场施工组织及协调 |
| 2 | 技术员 | 人 | 1 | 技术负责、质量负责 |
| 3 | 安全员 | 人 | 1 | 安全检查，安全提醒 |
| 4 | 施工人员 | 人 | 4 | 电连接预制、安装 |

#### 2.2.19.3 施工机具

施工机具见表 2.2.19-2。

施工机具表 表 2.2.19-2

| 序号 | 名称 | 规格 | 单位 | 数量 | 备注 |
|---|---|---|---|---|---|
| 1 | 梯车 | | 台 | 1 | |
| 2 | 扳手 | | 把 | 2 | |
| 3 | 扭矩扳手 | SL0-100 | 把 | 1 | |
| 4 | 断线钳 | | 把 | 1 | |
| 5 | 脚扣 | | 副 | 2 | |
| 6 | 手钳 | | 把 | 2 | |
| 7 | 绑扎线 | | 米 | 实需 | |
| 8 | 砂纸 | | 长 | 2 | |
| 9 | 钢丝刷 | | 把 | 1 | |
| 10 | 梯车卡轨器 | | 套 | 2 | |
| 11 | 液压钳 | | 套 | 1 | |

#### 2.2.19.4 物资配置

物资配置见表 2.2.19-3。

物资配置表 表 2.2.19-3

| 序号 | 名称 | 规格 | 单位 | 数量 | 备注 |
|---|---|---|---|---|---|
| 1 | 电连接线 | | 米 | 实需 | |
| 2 | 承力索线夹 | | 套 | 实需 | |
| 3 | 导线线夹 | | 套 | 实需 | |
| 4 | 卡箍 | | 套 | 实需 | |
| 5 | 铜包带 | | 米 | 实需 | |
| 6 | 单股铜线 | | 米 | 实需 | |

#### 2.2.19.5 施工技术标准

（1）《客货共线铁路电力牵引供电工程施工技术指南》TZ 10208—2008。

（2）《铁路电力牵引供电工程施工质量验收标准》TB 10421—2018。

（3）《铁路通信、信号、电力、电力牵引供电施工安全技术规程》TB 10306—2009。

### 2.2.19.6　施工工序及操作要点

（1）施工工序流程图

电连接安装工序流程如图 2.2.19-1 所示。

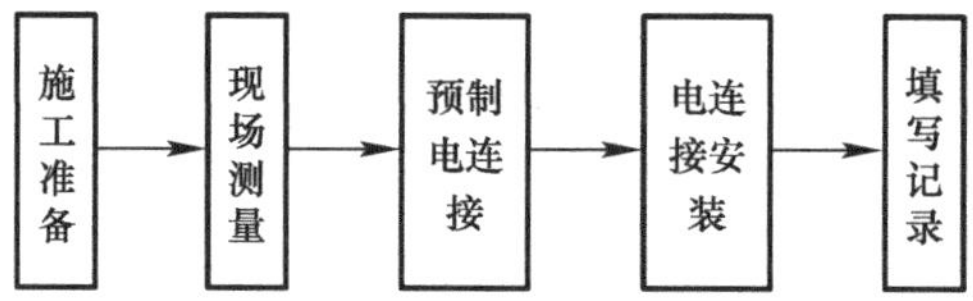


图 2.2.19-1　电连接安装工序流程图

（2）操作要点

1）链形悬挂横向电连接安装

① 测量

a. 梯车上道，两人登上梯车。

b. 测量待安装电连接处结构高度。

c. 若为双承力索双接触线的接触悬挂，需在测量距前一测量点 1m 处的结构高度。

② 预制

a. 根据实测长度及安装工艺要求，增加回头长度及预留弛度、扣减接触线电连接线夹长度，计算下料长度。

b. 测量电连接在断线位置作出标记。

c. 在断线位置两边各 10mm 处用单股铜线绑扎后断线。

d. 将电连接线一端插入接触线电连接内压接，另一端按照电连接回头工艺煨弯：若是双承力索双接触线结构，在电连接线两端均压接电连接线夹。

e. 盘起电连接线，贴上标签，标明具体安装位置。

③ 安装

a. 梯车上道，两人登上梯车后用小绳将电连接线提至梯车平台上。

b. 在原测量处提起电连接将其煨弯位置与承力索虚拟连接，观察电连接线的预留弛度是否合适，若合适即可直接安装承力索电连接线夹；若不合适可顺线路稍微移动电连接位置，偏差过大时需重新煨弯。

c. 两人配合安装好接触线电连接线夹。

d. 若为双承力索双接触线结构，可按照以上顺序先在一支悬挂上对电连接线进行固定，然后将电连接线与承力索走向保持一致，找到一合适煨弯位置，使电连接在另一支悬挂上的弛度符合要求；在该位置煨弯，照以上顺序安装电连接线夹即可。如图 2.2.19-2 所示。

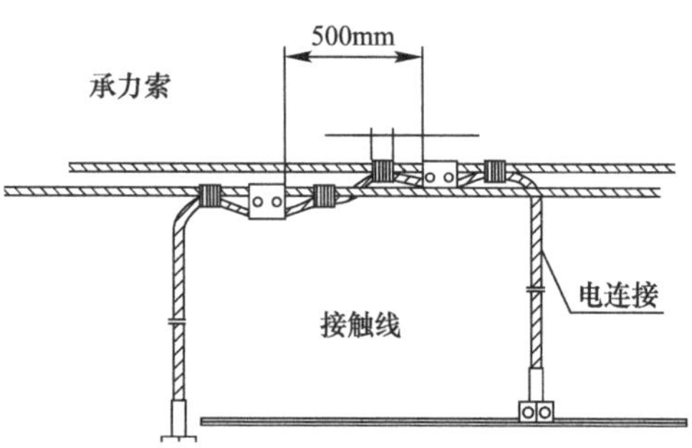


图 2.2.19-2　双承力索双接触线横向电连接安装示意图

e. 利用单股铜线在承力索电连接线夹端头外侧 100mm 处进行绑扎。

2）链形悬挂与简单悬挂关节电连接安装

① 测量

a. 梯车上道，两人登上梯车。

b. 测量待安装电连接处链形悬挂的结构

高度。

c. 使皮尺保持合适的弛度，垂直线路方向测出承力索与吊索之间的电连接线长度。

d. 测量该位置处吊索与简单悬挂接触线间的距离。

e. 根据安装工艺要求及现场测量长度，计算确定电连接线长度及煨弯位置。

② 预制

电连接线两端均要压接电连接线夹，其他要求同上。

③ 安装

a. 梯车上道，两人登上梯车后用小绳将电连接线提至梯车平台上。

b. 在原测量处先在链形悬挂一支对电连接线进行简单固定，按照设计工艺将电连接线与简单悬挂一支的吊索和接触线进行虚拟连接，判断电连接线弛度是否符合要求，如有偏差可适当整体移动电连接线位置使之符合要求。

c. 紧固链形悬挂支的承力索及接触线电连接线夹，按照设计工艺在承力索电连接线夹两端用单股铜线进行绑扎。

d. 在电连接线与吊索连接处的电连接上缠绕铜包带，然后用电缆卡箍进行固定。

e. 在接触线上安装接触线电连接线夹。

f. 若链形悬挂为双承力索、双接触线结构，依照以上顺序安装第二组电连接即可。

3）链形悬挂道岔电连接安装

① 测量

a. 梯车上道，两人登上梯车。

b. 用皮尺模拟测量悬挂点两端处距平腕臂的距离，皮尺预留适当弛度。

② 预制

下料后电连接线两端压接电连接线夹，电连接线弯成适当的弧度。

③ 安装

a. 梯车上道，两人登上梯车后用小绳将电连接线提至梯车平台上。

b. 在距悬挂点处先安装一端，将电连接线引至平腕臂下方后用电连接线固定卡临时固定，另一端在距悬挂点处的另一侧安装。

c. 调整电连接线固定卡的位置，使电连接线的预留弛度符合要求（图 2.2.19-3）。

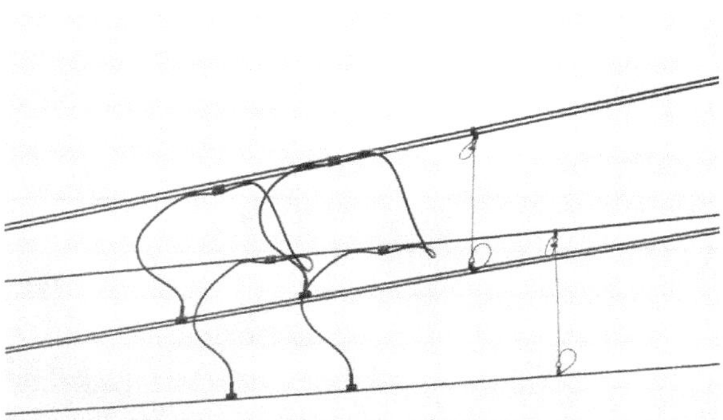

图 2.2.19-3 电连接成品图

### 2.2.19.7 施工质量标准

（1）电连接线的安装位置符合设计要求，电连接线与线夹接触应良好。

(2) 电连接布置符合设计要求，对不同材质的接触线和承力索，电连接安装偏移量应满足温度变化引起的偏移量。

(3) 电连接线的安装位置应符合设计要求，偏差不大于±200mm，在任何情况下均应满足带电距离要求。

(4) 电连接线与线夹接触应良好，并涂电力复合脂，电连接线夹应端正牢固，螺栓紧固力矩应符合设计要求。

(5) 电连接线材为 120mm$^2$ 软铜线，为防止散股，必须用胶带绑扎。

(6) 导线电连接线夹螺栓穿向正确，不得侵入受电弓包络线。

(7) 电连接安装位置的承导线需清除杂质并涂导电膏。

(8) 电连接绑扎需用承力索或电连接本线进行绑扎。

(9) 安装走向顺直，工艺统一美观。

#### 2.2.19.8　安全控制措施

(1) 现场施工必须正确佩戴安全帽、防护服，登高还必须正确佩戴安全带。

(2) 梯车须设计卡轨器，防止曲线区段侧翻。

#### 2.2.19.9　环保要求

施工完毕应做到工完料净场地清，所有施工废弃物应清理干净集中处理。

### 2.2.20　冷滑试验

#### 2.2.20.1　施工准备

(1) 轨道精调已完成并锁定，轨道状态符合运行的设计要求，道岔位置锁定并具备路由切换功能，各种警示标志齐全。

(2) 限界检测车已对冷滑试验区段沿线进行了检测，解决了所有的侵限问题。

(3) 与变电所相连接的隔离开关均在断开位置并已加锁，在隔离开关接触网侧，连接有明显标记的临时接地线，并且可靠接地。

(4) 将要开通的线路上各种障碍均已拆除，满足轨行车辆和受电弓安全运行的要求。

(5) 接触网冷滑通知已张贴，并已通知轨行区各参建单位和地盘管理单位，严禁进入轨行区。

(6) 接触网所有安装调整工序已结束。

#### 2.2.20.2　劳动力组织

劳动力组织见表 2.2.20-1。

**劳动力组织表**　　　　表 2.2.20-1

| 序号 | 人员 | 单位 | 数量 | 备注 |
|---|---|---|---|---|
| 1 | 指挥员 | 人 | 1 | 现场施工组织及协调、行车指挥 |
| 2 | 技术员 | 人 | 1 | 技术负责、技术资料记录 |
| 3 | 安全员 | 人 | 2 | 安全瞭望，安全检查，安全防护 |
| 4 | 轨道车司机 | 人 | 1 | |
| 5 | 接触网检测车技术人员 | 人 | 4 | 接触网检测设备调试，数据处理 |

#### 2.2.20.3　施工机具

施工机具见表 2.2.20-2。

施工机具表　　表 2.2.20-2

| 序号 | 名称 | 规格 | 单位 | 数量 | 备注 |
|---|---|---|---|---|---|
| 1 | 轨道车 | JW-4 | 辆 | 1 | 接触网系数测试 |
| 2 | 扳手 | | 套 | 2 | 备用 |
| 3 | 钢卷尺 | 10m，5m | 把 | 各 1 | |
| 4 | 红闪灯 | | 套 | 2 | |
| 5 | 防护用品 | | 套 | 实需 | |
| 6 | 杂物袋 | | 个 | 实需 | |

### 2.2.20.4　物资配置

物资配置见表 2.2.20-3。

物资配置表　　表 2.2.20-3

| 序号 | 名称 | 规格 | 单位 | 数量 | 备注 |
|---|---|---|---|---|---|
| 1 | 粉笔 | 白色 | 盒 | 实需 | |
| 2 | 红油漆 | 1kg | 千克 | 实需 | |

### 2.2.20.5　施工技术标准

(1)《城市轨道交通工程测量规范》GB/T 50308—2017。

(2)《铁路电力牵引供电工程施工质量验收标准》TB 10421—2018。

(3)《地下铁道工程施工质量验收标准》GB/T 50299—2018。

(4)《地铁设计规范》GB 50157—2013。

### 2.2.20.6　施工工序及操作要点

(1) 施工工序流程图

冷滑工序流程如图 2.2.20-1 所示。

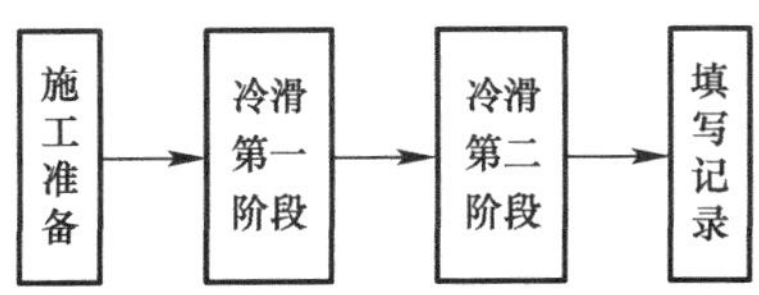


图 2.2.20-1　冷滑工序流程图

(2) 操作步骤及要点

1) 冷滑试验第一阶段

第一次运行车速正线为 10～15km/h，车场线为 5～10km/h，检查每一处悬挂点、电连接、过渡关节、线岔、分段绝缘器、开关及引线连接、金具接地等所有部件，检查每处安装状态、绝缘距离、限界、过渡状态、导高、拉出值等。

2) 冷滑试验第二阶段

第二次运行车速正线为 25～30km/h，车场线为 10～15km/h，主要检查拉出值、硬点、关节过渡、线岔过渡、分段绝缘器过渡状态，检测冷滑弓网运行状态，受电弓冷滑应平稳顺畅，导线接触良好（图 2.2.20-2、图 2.2.20-3）。

3) 填写记录：按照冷滑试验结果填写记录。

### 2.2.20.7　施工质量标准

(1) 检测导高、拉出值是否符合设计要求。

(2) 检测导线高度变化是否平稳，有无突变或跳动。

(3) 导线的接触面顺直，是否存在硬点、硬弯。

(4) 两导线接触面应与受电弓保持平行，不应出现偏磨现象。

图 2.2.20-2　冷滑试验（一）

图 2.2.20-3　冷滑试验（二）

（5）受电弓通过线岔、关节、分段绝缘器时往返转换是否平滑接触，有无脱弓或刮弓的危险。

（6）电连接最低点与受电弓的垂直距离是否符合规定。

（7）受电弓至接地体的距离是否符合规定。

（8）各吊弦、定位器、电连接线夹有无偏斜、刮弓现象。

（9）检查有无其他设备或物体侵入接触网限界。

#### 2.2.20.8　安全控制措施

（1）冷滑前需做好临时接地。受电弓也应做临时接地，以防静电伤人。

（2）冷滑区段的各种跨越电力线及其他干扰必须在冷滑前彻底处理，平行线路的安全距离应符合规定。

（3）冷滑试验的观测人员一般应在特设的观测舱内工作，如需在车顶工作时应背向列车行进方向，并须戴安全帽、风镜等防护用品，身体各部位不得超出机车限界。

（4）冷滑试验应严格按照低速、高速程序进行，并不允许超过规定速度，不克服前次冷滑发现的问题，不得进行下次冷滑。

（5）在带电接触网相邻区段的冷滑试验需在停电间隔进行，该相邻区段的接触网应进行双接地。

（6）非试验人员禁止上车，列车在运行中不得上下机车。

（7）为防止冷滑试验过程中刮弓事故损坏受电弓，应备有受电弓易损部件。

（8）冷滑车进行试验的每个区段的施工负责人和技术负责人应随车检查，以便及时掌握实际情况，尽快克服缺点。

#### 2.2.20.9　环保要求

冷滑机车检修时产生的废物废料应按要求进行清理，做到场清料净。

## 2.3　第三轨式接触网系统

### 2.3.1　适用范围

适用于城市轨道交通牵引供电工程直流 750V 第三轨式接触网项目的施工。

### 2.3.2　施工技术标准

（1）《电气装置安装工程　电气设备交接试验标准》GB 50150—2016。

(2)《电气装置安装工程　电缆线路施工及验收标准》GB 50168—2018。
(3)《铁路电力牵引供电工程施工质量验收标准》TB 10421—2018。
(4)《城市轨道交通接触轨供电系统技术规范》CJJ/T 198—2013。
(5)《铁路混凝土工程施工质量验收标准》TB 10424—2018。
(6)《铁路电力牵引供电设计规范》TB 10009—2016。
(7)《施工现场临时用电安全技术规范》JGJ 46—2005。
(8)《电气装置安装工程　电缆线路施工及验收标准》GB 50168—2018。

## 2.3.3 施工内容

第三轨式接触网工程施工内容主要有：施工测量（纵向、横向测量），钻孔及锚栓安装，绝缘支持装置安装，接触轨安装，电连接安装，接地线安装，冷滑试验等工序施工，工程实体安装调整到位，经检查验收达到质量标准，填写安装技术记录。

## 2.3.4 施工测量（纵向、横向测量）

### 2.3.4.1 施工准备

(1) 铺轨单位轨道中心已到位，轨面标高符合设计要求，并办理了交接手续。

(2) 技术人员认真学习施工组织设计文件和施工标准，阅读、审核施工图纸，澄清有关技术问题，熟悉规范和技术标准。制订施工安全保证措施，提出应急预案。根据施工标准、施工设计图纸和现场情况编制实施性更强的施工安全技术交底文件，完成对施工人员安全技术交底。参加施工的人员已完成上岗前三级安全教育培训，考试合格后持证上岗。

(3) 使用的仪器、仪表经具备国家级检验资质的检测机构的检验，并贴有“检验合格证”的标识，且在有效期内。测量工作由主管工程师负责，对于各种可能遇见的问题要有充分的了解和认识，并邀请业主、监理和设计人员参加。按照表 2.3.4-1～表 2.3.4-3 的要求，做好劳动力组织、施工机具、物资配置的准备工作。

### 2.3.4.2 劳动力组织

劳动力组织见表 2.3.4-1。

**劳动力组织表**　　**表 2.3.4-1**

| 序号 | 人员 | 单位 | 数量 | 备注 |
|---|---|---|---|---|
| 1 | 施工负责人 | 人 | 1 | 现场施工组织及协调 |
| 2 | 技术员 | 人 | 1 | 技术负责、质量负责 |
| 3 | 安全员 | 人 | 1 | |
| 4 | 施工人员 | 人 | 3 | |

### 2.3.4.3 施工机具

施工机具见表 2.3.4-2。

**施工机具表**　　**表 2.3.4-2**

| 序号 | 名称 | 规格 | 单位 | 数量 | 备注 |
|---|---|---|---|---|---|
| 1 | 钢卷尺 | 5m，50m | 把 | 各 1 | |
| 2 | 测量道尺 | | 套 | 1 | |
| 3 | 测量模板 | | 套 | 1 | |

#### 2.3.4.4　物资配置

物资配置见表2.3.4-3。

物资配置表　　表2.3.4-3

| 序号 | 名称 | 规格 | 单位 | 数量 | 备注 |
|---|---|---|---|---|---|
| 1 | 红油漆 | 1kg | 千克 | 实需 | |
| 2 | 油漆画笔 | | 支 | 2 | |
| 3 | 粉笔 | | 盒 | 实需 | |
| 4 | 钢丝刷 | | 把 | 2 | |
| 5 | 水平尺 | 1m | 把 | 1 | |
| 6 | 记号笔 | | 支 | 2 | |

#### 2.3.4.5　施工技术标准

(1)《铁路电力牵引供电工程施工质量验收标准》TB 10421—2018。

(2)《城市轨道交通接触轨供电系统技术规范》CJJ/T 198—2013。

(3)《铁路电力牵引供电设计规范》TB 10009—2016。

#### 2.3.4.6　施工工序及操作要点

(1) 施工工序流程图

测量工序流程如图2.3.4-1所示。

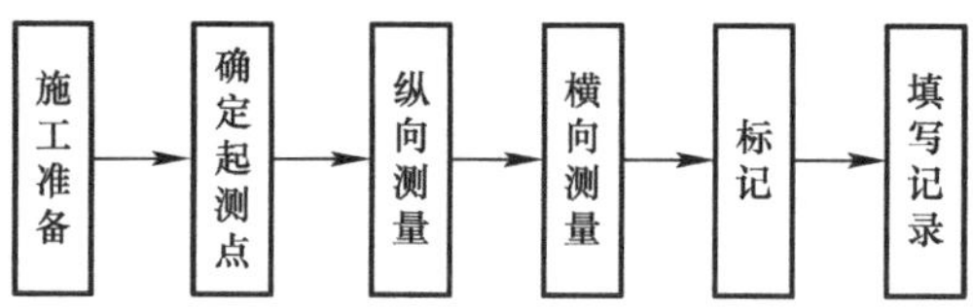


图2.3.4-1　测量工序流程图

(2) 操作要点

1) 确定起测点

从车站中心标、道岔岔心标或设计图纸标明的测量起点开始测量。

2) 纵向测量

① 根据设计图纸的跨距从第一个定位点进行悬挂点的纵向测量，并在钢轨轨腹上做好标记，注明锚段号及定位号，特殊定位点应特殊标记。

② 采用钢尺沿钢轨进行测量，在曲线区段沿接触轨安装侧的走行轨进行测量，根据曲线半径计算跨距增长（或缩减）量，跨距测量长度适当调整。

③ 一个整锚段（指从一个膨胀接头到另一个相邻的膨胀接头或从一个膨胀接头到相邻的端部弯头的距离）测量后，对此锚段全长进行复核，复核时将膨胀接头、中间接头的位置在钢轨上标记出来，检查确定接头距支架的距离均符合设计要求（500mm）。

④ 测量复核各定位点位置后，用红油漆在轨枕或道床上作出清晰明显的标记，在对应隧壁上或道床上标记“十”字，并标注锚段号和定位点号。

3) 横向测量

① 将测量道尺纵向中心线对齐钢轨上的纵向测量标记，并将其垂直于轨道中心线放置。

② 测量记录该定位点的轨面至道床或轨枕高度、外轨超高、道床类型等相关数据。

③ 按各定位点的安装类型，对照相应的安装尺寸，套用测量模板调整绝缘支架底座

锚固螺栓的首排孔位距线路中心的距离符合设计要求（一般隧道内为 1100mm，隧道外为 1000mm，高架段为 880mm）。

4）填写测量记录

根据测量情况做好测量记录，根据现场变更情况填写洽商，完善变更手续。

#### 2.3.4.7 施工质量标准

(1) 在避开隧道或桥梁伸缩缝、预留沟槽、预埋管线等结构或设施时，调整后的跨距不得大于设计允许最大跨距 5m，误差±0.3m。

(2) 在曲线区段，应沿曲线外侧钢轨测量。测量过程中要注意误差（施工设计图纸与现场预埋件的误差）积累情况并及时进行调整，根据曲线长度及偏差值进行等比例调整同时作好记录。

(3) 测量完毕及时填写测量记录。

(4) 纵向测量应以钢轨为依据，从设计规定的起测点或桥梁、隧道、车站（场）最外侧道岔开始。

(5) 绝缘支撑在道床上的固定孔位宜采用模板测量，底座中心至走行轨中心的距离应符合设计要求。

#### 2.3.4.8 安全控制措施

(1) 施工区域两端应设置信号灯，施工牌。

(2) 施工区域两端设置防护员进行防护。

(3) 进场施工必须进行安全技术交底及安全技术培训。

(4) 轨行区测量需持工作票进入。

(5) 在规定的时间内完成测量并撤离轨行区。

#### 2.3.4.9 环保要求

测量用具及材料需及时回收，测量用油漆、画笔及线绳等物品不得随意丢弃，减少环境污染。施工完毕做到场清料净。

### 2.3.5 钻孔及锚栓安装

#### 2.3.5.1 施工准备

(1) 施工测量已完成。

(2) 轨行区施工工作票已批准。

(3) 技术人员认真学习施工组织设计文件和施工标准，阅读、审核施工图纸，澄清有关技术问题，熟悉规范和技术标准。制订施工安全保证措施，提出应急预案。根据施工标准、施工设计图纸和现场情况编制实施性更强的施工安全技术交底文件，完成对施工人员安全技术交底。参加施工的人员已完成上岗前三级安全教育培训，考试合格后持证上岗。

(4) 施工人员已经过钻孔及锚栓安装技术培训和交底。技术人员根据测量数据，编制“锚栓钻孔安装选型表”和钻孔技术要求，向施工班组下达施工任务书。

(5) 确认施工现场照明和临时电源是否满足施工需要，如不满足备齐发电机和照明设备。

(6) 使用的仪器、仪表经具备国家级检验资质的检测机构的检验，并贴有“检验合格证”的标识，且在有效期内。

(7) 按照表 2.3.5-1～表 2.3.5-3 的要求，做好劳动力组织、施工机具、物资配置的准备工作。

#### 2.3.5.2　劳动力组织

劳动力组织见表 2.3.5-1。

劳动力组织表　　表 2.3.5-1

| 序号 | 人员 | 单位 | 数量 | 备注 |
|---|---|---|---|---|
| 1 | 施工负责人 | 人 | 1 | 现场施工组织及协调 |
| 2 | 技术员 | 人 | 1 | 技术负责、质量负责 |
| 3 | 施工人员 | 人 | 6 | |
| 4 | 安全员 | 人 | 2 | 安全瞭望，安全检查，安全防护 |
| 5 | 电工 | 人 | 1 | |

#### 2.3.5.3　施工机具

施工机具见表 2.3.5-2。

施工机具表　　表 2.3.5-2

| 序号 | 名称 | 规格 | 单位 | 数量 | 备注 |
|---|---|---|---|---|---|
| 1 | 测量道尺 | | 把 | 1 | |
| 2 | 钢卷尺 | 10m，5m | 把 | 各 1 | 现场测量 |
| 3 | 冲击电钻 | TE-55 | 台 | 1 | 钻孔 |
| 4 | 冲击电钻 | TE-40 | 台 | 1 | 钻孔、灌注 |
| 5 | 吸尘器 | | 套 | 1 | |
| 6 | 照明设备 | | 套 | 1 | |
| 7 | 配电箱 | | 套 | 1 | 接电源用 |
| 8 | 专用敲击工具 | | 套 | 1 | |
| 9 | 钻孔模板 | | 个 | 实需 | 与孔型一致 |
| 10 | 清孔毛刷 | | 套 | 1 | |
| 11 | 清孔气囊 | | 套 | 1 | |
| 12 | 锚栓拉力测试仪 | | 套 | 1 | 锚栓拉力测试 |
| 13 | 榔头 | | 把 | 1 | |

#### 2.3.5.4　物资配置

物资配置见表 2.3.5-3。

物资配置表　　表 2.3.5-3

| 序号 | 名称 | 规格 | 单位 | 数量 | 备注 |
|---|---|---|---|---|---|
| 1 | 螺杆锚栓 | | 套 | 实需 | 依据设计要求规格 |
| 2 | 钻头 | | 套 | 实需 | 与打孔型号匹配 |

#### 2.3.5.5　施工技术标准

（1）《铁路电力牵引供电工程施工质量验收标准》TB 10421—2018。

（2）《城市轨道交通接触轨供电系统技术规范》CJJ/T 198—2013。

（3）《铁路混凝土工程施工质量验收标准》TB 10424—2018。

（4）《铁路电力牵引供电设计规范》TB 10009—2016。

（5）《施工现场临时用电安全技术规范》JG J46—2005。

#### 2.3.5.6 施工工序及操作要点

（1）施工工序流程图

钻孔及锚栓安装工序流程如图 2.3.5-1 所示。

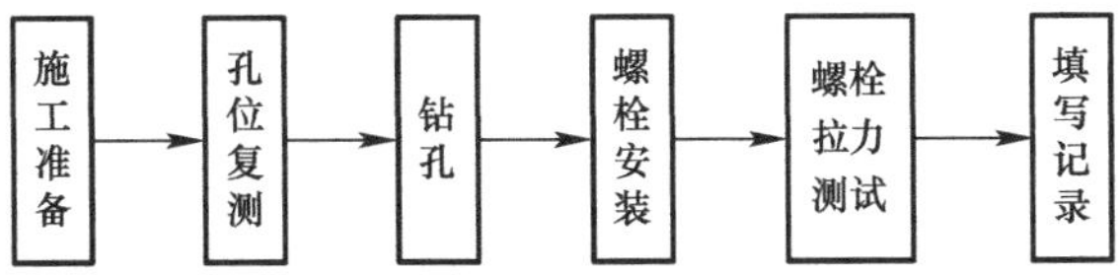


图 2.3.5-1 钻孔及锚栓安装工序流程图

（2）操作要点

1）道床或轨枕钻孔

① 根据横向定测的孔位标记，对照该定位点的安装类型，复核孔位定位尺寸（螺栓间距以及首排螺栓对线路中心的距离）。

② 检查核对标记无误后，准备好冲击钻、钻头和钻孔模板。

③ 先套模板在孔位上钻出 3～5mm 的凹槽，取下模板，再用持冲击电钻开始钻孔，钻孔时保持钻头垂直于轨平面，必须有一人监护。

④ 后切底式螺杆锚栓采用专用钻头，达到钻孔深度后，钻头挡板即抵住道床或轨枕平面，以钻头加粗部分为支点进行环状旋转，对钻孔底部进行锥形扩削，形成柱锥钻孔。

⑤ 钻孔完成后，使用吸尘器和清孔毛刷将孔内尘屑清理干净。

⑥ 测量检查孔深、孔距等尺寸。

2）螺栓安装

① 清孔：彻底清除孔屑及孔内杂物。

② 锚栓安装：对照定位点的安装类型，选择锚栓。将后切底锚栓放入孔中，使用专用安装工具安装。安装时使用安装工具将锚栓膨胀套管推至低于混凝土表面至 1～2mm，露出蓝色标记，即表示锚栓已安装到位。

③ 螺母调平：每组螺栓安装后，先在每个螺栓上安装一个螺母，利用道尺和塑料套管调整四个螺母使其同处在一个距轨面 220mm 且与轨面平行的平面上。

3）螺栓拉力测试

在待测螺栓上安装好测试仪，逐渐加大拉力至规定测试值，并保持 3～5min，期间如无异常，即通过测试。

4）填写记录：按照施工情况填写施工记录。

#### 2.3.5.7 施工质量标准

（1）锚栓的类型、规格、埋设位置、埋设深度应符合设计要求，锚栓螺纹及镀锌层应完好。

（2）埋入杆件的施工允许偏差应符合表 2.3.5-4 的规定。

**埋入杆件施工允许偏差**（mm） **表 2.3.5-4**

| 项目 | 允许偏差 | 备注 |
|---|---|---|
| 后扩底锚栓深度 | ±2 | |
| 化学锚栓深度 | +5/−3 | |

续表

| 项目 | 允许偏差 | 备注 |
|---|---|---|
| 成组杆件中心垂直线路方向 | ±20 | |
| 成组杆件个体相对间距 | ±2 | 或不超出安装孔范围 |
| 成组杆件横向布置其轴线应与线路中心线垂直，纵向布置其轴线应与线路中心线平行，其偏斜度 | ≤3° | |
| 杆件对隧道拱壁切线的垂直度或铅垂度 | ≤1° | 埋入杆件顺线路方向铅垂度应以汇流排在线夹内有间隙为原则 |

（3）锚栓安装

1）锚栓应按“锚栓钻孔安装选型表”对号安装，埋设深度、规格型号、外露应符合设计要求，并应按照产品使用说明书的安装要求正确安装。

2）悬挂点成组锚栓横向布置轴线应与线路中心线垂直，纵向布置轴线应与线路中心线平行。

3）锚栓螺纹完好，镀锌层完好，锚栓孔填充密实；螺纹外露部分应涂油防腐。

4）锚栓拉拔测试的载荷应符合设计要求，持续时间为 5min。由锚栓供货商在设计联络时给出经设计确定的在不同基材上的拉拔力，如无设计规定，可参见表 2.3.5-5 执行。

**锚栓拉拔力参考表**　　**表 2.3.5-5**

| 序号 | 螺栓型号 | 拉力（kN） |
|---|---|---|
| 1 | M16 | 20 |
| 2 | M20 | 25 |
| 3 | M24 | 35 |

#### 2.3.5.8　安全控制措施

（1）施工人员必须佩戴好安全防护用品，钻孔时要带好口罩或防尘面具。

（2）进场施工必须进行安全技术交底及安全技术培训。

（3）轨行区施工需持工作票，并在规定的时间内完成测量并撤离轨行区。

（4）在轨行区施工时，施工点两端必须设专人防护并放置红闪灯，防护点距施工点的距离不得小于 100m。

（5）配电箱临电注意事项

1）严禁用金属线代替断路器的熔丝。

2）每台用电设备必须有各自专用的开关箱，严禁用同一个开关箱直接控制 2 台及 2 台以上用电设备（含插座）。

3）配电箱、开关箱的电源进线端严禁采用插头和插座做活动连接。

4）对配电箱、开关箱进行定期维修、检查时，必须将其前一级相应的电源隔离开关分闸断电，并悬挂“禁止合闸、有人工作”停电标志牌，严禁带电施工。

（6）电动工具安全控制措施

1）电动工具在使用前，操作者应了解工具的性能和掌握正确使用方法，使用时操作者采取必要的防护措施。正确使用电钻，使用时双手必须握紧电钻，防止扭伤及电钻掉下伤人。更换使用过的钻头时要带好手套，防止烫伤。

2）空气湿度小于75%的一般场所可选用Ⅰ类或Ⅱ类手持式电动工具，其金属外壳与PE线的连接点不得少于2处；除塑料外壳Ⅱ类工具外，相关开关箱中漏电保护器的额定漏电动作电流不应大于15mA，额定漏电动作时间不应大于0.1s，其负荷线插头应具备专用的保护触头。所用插座和插头在结构上应保持一致，避免导电触头和保护触头混用。

3）在潮湿场所或金属构架上严禁使用Ⅰ类手持式电动工具。

4）手持电动工具的危险运动零部件的防护装置（如防护罩、盖等）不得任意拆卸。

#### 2.3.5.9 环保要求

施工用螺栓包装物、废弃钻头等废弃物收集带出施工现场，按环保要求进行处理，施工完毕做到场清料净。钻孔时要带好口罩或防尘面具。

### 2.3.6 绝缘支持装置安装

#### 2.3.6.1 施工准备

（1）锚栓安装已完成并通过拉拔试验。

（2）轨行区施工工作票已批准。

（3）技术人员认真学习施工组织设计文件和施工标准，阅读、审核施工图纸，澄清有关技术问题，熟悉规范和技术标准。制订施工安全保证措施，提出应急预案。根据施工标准、施工设计图纸和现场情况编制实施性更强的施工安全技术交底文件，完成对施工人员安全技术交底。参加施工的人员已完成上岗前三级安全教育培训，考试合格后持证上岗。

（4）施工人员已经过绝缘支持装置安装技术培训和交底，施工人员已熟知施工图纸和安装技术要求。

（5）确认施工现场照明是否满足施工需要，如不满足备齐照明设备。

（6）使用的仪器、仪表经具备国家级检验资质的检测机构的检验，并贴有“检验合格证”的标识，且在有效期内。

（7）按照表2.3.6-1～表2.3.6-3的要求，做好劳动力组织、施工机具、物资配置的准备工作。

#### 2.3.6.2 劳动力组织

劳动力组织见表2.3.6-1。

**劳动力组织表** **表2.3.6-1**

| 序号 | 人员 | 单位 | 数量 | 备注 |
|---|---|---|---|---|
| 1 | 施工负责人 | 人 | 1 | 现场施工组织及协调 |
| 2 | 技术员 | 人 | 1 | 技术负责、质量负责 |
| 3 | 施工人员 | 人 | 6 | |
| 4 | 安全员 | 人 | 2 | 安全瞭望，安全检查，安全防护 |

#### 2.3.6.3 施工机具

施工机具见表2.3.6-2。

**施工机具表** **表2.3.6-2**

| 序号 | 名称 | 规格 | 单位 | 数量 | 备注 |
|---|---|---|---|---|---|
| 1 | 钢卷尺 | 10m，5m | 把 | 各1 | 现场测量 |
| 2 | 水平尺 | 1m | 把 | 1 | |

续表

| 序号 | 名称 | 规格 | 单位 | 数量 | 备注 |
|---|---|---|---|---|---|
| 3 | 扳手 | 10～32mm | 套 | 2 | |
| 4 | 扭矩扳手 | | 套 | 2 | |
| 5 | 直角尺 | | 把 | 1 | |
| 6 | 测量道尺 | | 把 | 1 | |
| 7 | 红闪灯 | | 套 | 2 | |
| 8 | 防护用品 | | 套 | 实需 | |
| 9 | 杂物袋 | | 个 | 实需 | |

#### 2.3.6.4　物资配置

物资配置见表 2.3.6-3。

**物资配置表**　**表 2.3.6-3**

| 序号 | 名称 | 规格 | 单位 | 数量 | 备注 |
|---|---|---|---|---|---|
| 1 | 整体绝缘支架 | | 套 | 实需 | |

#### 2.3.6.5　施工技术标准

(1)《铁路电力牵引供电工程施工质量验收标准》TB 10421—2018。

(2)《城市轨道交通接触轨供电系统技术规范》CJJ/T 198—2013。

(3)《铁路电力牵引供电设计规范》TB 10009—2016。

#### 2.3.6.6　施工工序及操作要点

(1) 施工工序流程图

绝缘支持装置工序流程如图 2.3.6-1 所示。

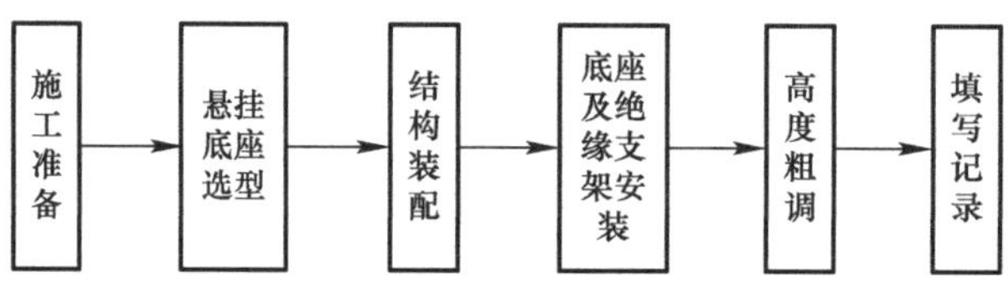


图 2.3.6-1　绝缘支持装置工序流程图

(2) 操作要点

1) 底座及绝缘支架选型：根据定位点的支架安装类型，选择相应类型的底座和绝缘支架，支架底座与混凝土接触面的表面涂防腐漆。

2) 底座安装：调平锚栓上四个螺母，将底座调至与轨面平行，至轨面的垂直距离为 220mm（以设计图纸为准）。

3) 整体绝缘支架安装：采用带直角尺和道尺检查，调整使竖向安装垂直于轨面，整体绝缘支架外缘至轨面中心线的水平距离为 1740mm（以设计图纸为准）。整体绝缘支架应安装牢固，部件安装正确齐全紧固，各螺栓使用扭矩扳手按规定力矩紧固。所有调节孔位均应居中安装，以保证充分的调节余量。对于支架底座、整体绝缘支架要根据安装类型选择不同的型式。隧道内、隧道外两类绝缘支架应严格区分。

4) 高度、平行度、侧面限界初调：采用道尺和直角尺、水平尺以及钢卷尺相结合初步调整整体绝缘支架的竖向铅锤中心线与轨面垂直，绝缘支架外缘至轨道中心线的水平距离为 1740mm（以设计图纸为准），支架托块调至孔位中间。在安装接触轨托架时，应防止损伤托架和绝缘支座的防滑齿槽。

5）在接触轨调整到位后，支架底座与道床或轨枕间的空隙按要求采用C20混凝土抹成安装平台，抹面应平整，无缝隙、无裂纹。

6）填写安装检查记录表。

#### 2.3.6.7 施工质量标准

(1) 底座、绝缘支架或绝缘子及连接零配件进场时应检查其规格、型号、外观，质量应符合设计要求。

(2) 绝缘支架或绝缘子的电气性能、机械性能应符合设计规定。

(3) 底座安装位置应符合设计要求，绝缘支撑装置安装应端正，各部件连接应牢固，螺栓紧固力矩值应符合产品说明书要求。

(4) 绝缘支撑装置在垂直线路的水平方向和铅锤方向的调节孔宜居中安装。

(5) 底座固定螺栓应安装在调节孔位中部，以保证充分的调节余量。

#### 2.3.6.8 安全控制措施

(1) 进入轨行区施工时，施工人员必须佩戴好安全防护用品，现场应有良好的照明设备，注意脚下坑洞，并随时提醒他人。

(2) 进场施工必须进行安全技术交底及安全技术培训。

(3) 轨行区施工持工作票，并在规定的时间内完成测量并撤离轨行区。

(4) 在轨行区施工时，施工点两端必须设专人防护并放置红闪灯，防护点距施工点的距离不得小于100m。

(5) 悬挂装置安装时，要注意脚下的施工材料机具，以免碰伤、砸伤。

(6) 施工时小工具、小材料应放置在工具包内以防撒落。

#### 2.3.6.9 环保要求

施工用包装物、包装袋等废弃物收集带出施工现场，按环保要求进行处理，施工完毕做到场清料尽。

### 2.3.7 接触轨安装

#### 2.3.7.1 施工准备

(1) 轨道专业短轨敷设完成。

(2) 待安装接触轨锚段内整体绝缘支持装置安装完成。

(3) 申请并获得轨行区施工工作票。

(4) 技术人员认真学习施工组织设计文件和施工标准，阅读、审核施工图纸，澄清有关技术问题，熟悉规范和技术标准。制订施工安全保证措施，提出应急预案。根据施工标准、施工设计图纸和现场情况编制实施性更强的施工安全技术交底文件，完成对施工人员安全技术交底。参加施工的人员已完成上岗前三级安全教育培训，考试合格后持证上岗。

(5) 技术人员根据测量数据，编制接触轨安装布置图和接触轨安装技术要求，向施工班组下达施工任务书。施工人员已经过接触轨安装技术培训和交底。

(6) 确认施工现场照明和临时电源是否满足施工需要，如不满足需备齐发电机和照明设备。

(7) 使用的仪器、仪表经具备国家级检验资质的检测机构的检验，并贴有“检验合格证”的标识，且在有效期内。

(8) 吊装、运输施工机械状态良好，操作人员按照岗位要求做好准备。

#### 2.3.7.2　劳动力组织

劳动力组织见表 2.3.7-1。

劳动力组织表　　表 2.3.7-1

| 序号 | 人员 | 单位 | 数量 | 备注 |
|---|---|---|---|---|
| 1 | 施工负责人 | 人 | 1 | 现场施工组织及协调 |
| 2 | 技术员 | 人 | 1 | 技术负责、质量负责 |
| 3 | 施工人员 | 人 | 10 | |
| 4 | 安全员 | 人 | 2 | 安全瞭望、安全检查、安全防护 |
| 5 | 起重机司机 | 人 | 1 | |
| 6 | 电工 | 人 | 1 | |

#### 2.3.7.3　施工机具

施工机具见表 2.3.7-2。

施工机具表　　表 2.3.7-2

| 序号 | 名称 | 规格 | 单位 | 数量 | 备注 |
|---|---|---|---|---|---|
| 1 | 锯轨机 | | 台 | 1 | |
| 2 | 接触轨测量仪 | | 套 | 1 | |
| 3 | 呆口扳手 | | 套 | 3 | |
| 4 | 扭矩扳手 | | 套 | 2 | |
| 5 | 水平尺 | | 把 | 2 | |
| 6 | 钢卷尺 | | 把 | 2 | |
| 7 | 千斤顶 | | 套 | 3 | |
| 8 | 游标卡尺 | | 把 | 2 | |
| 9 | 锉刀 | | 把 | 2 | |
| 10 | 钢丝刷 | | 把 | 3 | |
| 11 | 发电机 | | 台 | 1 | |
| 12 | 数字测温计 | | 台 | 1 | |
| 13 | 铁锤 | | 把 | 2 | |
| 14 | 橡皮锤 | | 把 | 2 | |
| 15 | 砂轮机 | | 台 | 1 | |
| 16 | 接触轨临时锚固夹具 | | 套 | 2 | |
| 17 | 镜子 | | 面 | 2 | |
| 18 | 冲击电钻 | | 套 | 1 | |
| 19 | 吸尘器 | | 套 | 1 | |
| 20 | 专用钻孔夹具 | | 套 | 1 | |
| 21 | 接触轨托架 | | 套 | 2 | |
| 22 | 锯条 | | 根 | 5 | |
| 23 | 红闪灯 | | 套 | 2 | |
| 24 | 防护用品 | | 套 | 实需 | |
| 25 | 杂物袋 | | 个 | 实需 | |

#### 2.3.7.4　物资配置

物资配置见表 2.3.7-3。

物资配置表 表 2.3.7-3

| 序号 | 名称 | 规格 | 单位 | 数量 | 备注 |
|---|---|---|---|---|---|
| 1 | 钢铝复合轨 | | 根 | 实需 | |
| 2 | 端部弯头 | | 套 | 实需 | |
| 3 | 膨胀接头 | | 套 | 实需 | |
| 4 | 中间接头 | | 套 | 实需 | |
| 5 | 电连接用接线板 | | 套 | 实需 | |
| 6 | 电力导电脂 | | 盒 | 实需 | |
| 7 | 中心锚结 | | 套 | 实需 | |
| 8 | 中心锚结底座 | | 套 | 实需 | |
| 9 | 调整螺栓 | | 套 | 实需 | |
| 10 | 中心锚结绝缘棒 | | 套 | 实需 | |
| 11 | 螺杆螺栓 | | 套 | 实需 | |
| 12 | 接触轨防护罩 | | 根 | 实需 | |
| 13 | 绝缘支架防护罩 | | 根 | 实需 | |
| 14 | 中心锚结防护罩 | | 根 | 实需 | |
| 15 | 电缆接线处防护罩 | | 根 | 实需 | |
| 16 | 防护罩支撑卡 | | 套 | 实需 | |

### 2.3.7.5 施工技术标准

(1)《电气装置安装工程 电缆线路施工及验收规范》GB 50168—2018。

(2)《铁路电力牵引供电工程施工质量验收标准》TB 10421—2018。

(3)《城市轨道交通接触轨供电系统技术规范》CJJ/T 198—2013。

(4)《铁路混凝土工程施工质量验收标准》TB 10424—2018。

(5)《铁路电力牵引供电设计规范》TB 10009—2016。

(6)《施工现场临时用电安全技术规范》JGJ 46—2005。

### 2.3.7.6 施工工序及操作要点

(1) 施工工序流程图

接触轨安装工序流程如图 2.3.7-1 所示。

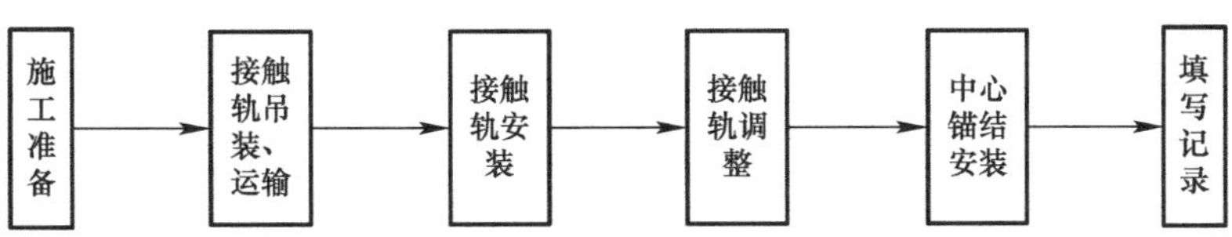


图 2.3.7-1 接触轨安装工序流程图

(2) 操作要点

1) 接触轨运输

① 利用起重机、运输车辆将接触轨转装到接触轨运输工程车组上，吊装时不准将接触轨成捆绑扎吊装，如包装符合吊装要求，可整箱吊装，吊装时不得使用钢丝绳而应用专用尼龙或布制吊装带。运输工程车组将接触轨运输至施工现场，用平板车上专用吊臂沿线布放接触轨，放至轨道旁边，摆放端正、稳妥，不侵入行车限界。然后 8 人应利用接触轨搬运工具合力将接触轨逐一连续布放至绝缘支架旁边。接触轨应轻拿轻放，不得扭曲碰撞。接触轨钢带变形、损伤的不能使用。接触轨摆放时钢带朝上，不得反放或侧放。搬运

时，8 人在接触轨两边均匀分布，所有人员抬起、放下或行进时，都听从指挥，行动一致，注意安全，防止砸伤人员或损伤接触轨。

② 吊装运输要求

a. 接触轨吊装时最好整箱起吊，根据外包装总重选择合适的起吊绳索进行起吊，并严格按包装箱上的指定位置起吊，吊装方式符合厂家包装说明要求，吊装前检查包装箱是否满足起吊要求。

b. 接触轨的起吊和搬运采用最少两点起吊，两个起吊绳套的间距应达到接触轨长度的 1/3 以上，且置于接触轨的中部对称位置，然后用提升臂进行起吊。起吊绳套应置于恰当的位置，防止接触轨在吊装过程中弯曲变形或轨端头产生振荡。

c. 接触轨应轻起轻放，接触轨放置的场地一定要平整，否则要用木枕来垫平。接触轨在汽车或轨道平板车上放置时，在车上放置木枕垫平，接触轨两端及中间均垫起找平，木枕支撑点间距不大于 6m；木枕在车上固定稳固，接触轨间、箱间加垫板或木块固定稳固，使接触轨在运输中不会窜动、不会相互挤压、轨端头不会产生振荡，使接触轨在运输过程中始终处于良好状态。接触轨采用塑料布遮罩以防尘防水，并采用尼龙或柔性承力绳索捆绑固定。

d. 吊装和捆绑固定用绳套均采用尼龙或类似的适合材料，不允许采用钢缆或钢丝作起吊和捆绑的绳套，避免对接触轨产生压痕或其他的表面伤损。

③ 沿线布放的要求

a. 接触轨沿线布放采用平板车载吊臂吊卸放置于轨旁，接触轨的起吊和搬运采用最少两点起吊，两个起吊点的间距为 6～8m，且置于接触轨的中部对称位置，起吊搬运过程中接触轨应轻起轻放，防止接触轨在吊装过程中弯曲变形或轨端头产生振荡。

b. 平板车两组吊臂吊运接触轨时，平板车辆和吊臂在使用前必要按规定要求进行加固，吊运范围内严禁站人。吊臂操作员应听从负责人的统一指挥，吊运动作一致、平稳，每次吊运的接触轨重量不得超过吊臂组的规定吊运重量，不得影响整个平板车组的稳定性，每次运吊根数根据单根 15m 接触轨的重量为 15m×15kg/m=225kg 来计算。

c. 接触轨顺线路放置，放置位置必须平整，否则要用木枕来垫平。严禁将接触轨放置在弯坡上或一端悬空放置，接触轨不得侵入行车限界内。

④ 接触轨安装

a. 接触轨首先从端部弯头或膨胀接头开始。

接触轨端部弯头安装：确定端部弯头的安装位置，将端部弯头安装于绝缘支架上，安装紧固接触轨扣件，紧固力矩为 44NM。用临时锚固夹具在绝缘支架处两端将接触轨端部弯头卡住，防止在接触轨安装过程中顺线路移动。如图 2.3.7-2 所示。

图 2.3.7-2　端部弯头安装成品示意图

b. 膨胀接头安装

(a) 用数字温度计读出靠近已安装接触轨处的环境温度读数。将温度感应点分别置于轨底、轨腹下部及钢带表面，记录读数并计算其平均值，根据膨胀接头安装曲线查出膨胀接头预留间隙值。

(b) 用游标卡尺测量膨胀接头间隙，调整使其满足温度曲线，测量间隙值时以膨胀接头接触面间隙为准。

(c) 调整好膨胀接头，使用木块和临时夹具固定，不使间隙值在安装外力的情况下发生变化。

(d) 彻底清洁接触面，涂导电脂，使用接触轨托架将膨胀接头调至与相邻接触轨平齐，调整膨胀接头与相邻接触轨平齐，对接面密贴、平顺后，按接触轨对接安装程序，安装中间接头。

(e) 膨胀接头安装在绝缘支架上后用临时固定夹具对膨胀接头进行固定，防止膨胀接头在安装接触轨过程中顺线路移动和补偿间隙值发生变化。一个锚段安装完将临时固定夹具移至中锚位置固定，保证膨胀接头的正常伸缩。如图 2.3.7-3 所示。

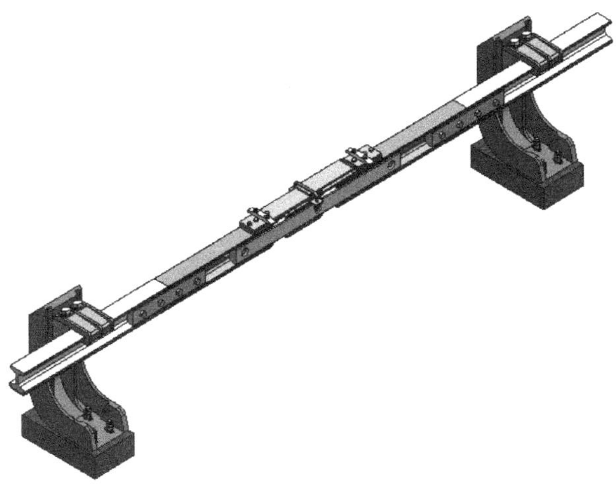

图 2.3.7-3 膨胀接头成品示意图

c. 接触轨对接安装

(a) 将接触轨所有接头的接触面，用清洁布、钢丝刷擦拭干净，并均匀涂导电油脂。

(b) 将布放好的接触轨抬起，轻轻将接触轨推送到位后放于接触轨托架上，使用千斤顶将接触轨擎起，调节使接触轨处于同一直线面。

(c) 在接触轨对接端正紧贴后，将鱼尾板装上，螺栓由外朝向轨道内侧穿入，垫圈、螺母安装齐全。检查对接端正贴合、受流面过渡平顺后，用扭矩扳手逐个将螺栓紧固，紧固力矩为 70NM。紧固后再次检查接触面是否平整，否则将螺栓松开进行调整。注意在设计规定的需要安装电连接的地方安装电缆接线板。

(d) 将接触轨装入绝缘支架的托架上，安装接触轨扣件，按紧固力矩紧固螺栓。

(e) 一个锚段接触轨安装完毕，将膨胀接头或端部弯头两端的临时锚固卡具拆除，安装在中锚位置，临时锚固接触轨。如图 2.3.7-4 所示。

⑤ 接触轨调整

a. 接触轨初调（利用接触轨托架）

(a) 接触轨高度初调：逐点调整各定位点接触轨受流面至轨平面的高度为 200mm。

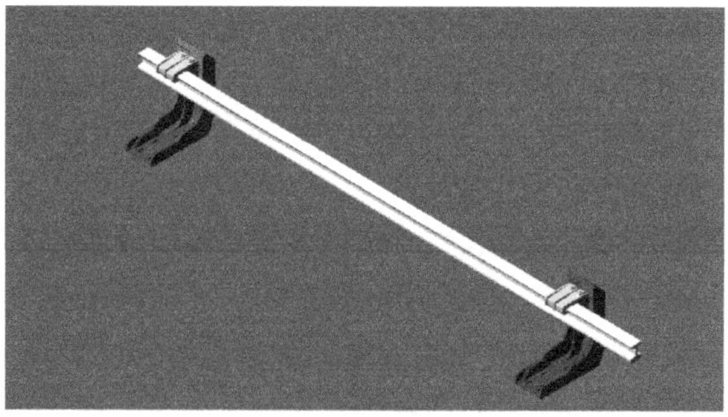

图 2.3.7-4　接触轨安装成品示意图

（b）侧面限界初调：逐点调整各定位点接触轨中心线至轨道中心线距离为 1510mm。

（c）接触轨工作面调整：调整整体绝缘支架，检测接触轨接触面与轨面平行，避免接触轨面发生偏磨现象。

（d）整体绝缘支架紧固：调整接触轨扣件及接触轨托架，在保证接触轨高度、限界和平行度的基础上满足接触轨在温度变化时能顺线路自由滑动，检查各绝缘支架紧固件是否齐全稳固，用扭矩扳手按 44NM 紧固螺栓。

（e）膨胀接头、端部弯头调整：初步调整膨胀接头、端部弯头处标高和侧面限界至设计值，保证膨胀接头和端部弯头在接触轨伸缩时能顺畅滑动。

b. 接触轨细调（接触轨测量仪）

（a）标高及侧面限界细调：在接触轨初调后，精细调整各定位点接触轨受流面至轨平面的高度为 200±3mm，接触轨中心至线路中心线的距离为 1510±3mm。

（b）接触轨工作面调整：调整整体绝缘支架，检测接触轨接触面与轨面平行，避免接触轨面发生偏磨现象。

（c）膨胀接头、端部弯头细调：精细调整膨胀接头、端部弯头处高度和侧面限界值，细调接触面平行度，保证使集电靴能够平滑、顺畅滑动。

⑥ 中心锚结安装

a. 位置定测：接触轨调整到位后，按施工图纸中锚位置，现场沿接触轨测量定出中心锚结防爬器位置。测量道床至接触面的高度，根据中心锚结绝缘棒与接触轨夹角要求（30～45°）、中心锚结绝缘棒接地端距接触轨的绝缘距离不小于 150mm 的设计要求，确定中心锚结底座位置。

b. 中心锚结底座钻孔安装：套模进行钻孔安装和中心锚结底座安装。中心锚结底座应安装水平端正。

c. 安装中锚锚固：套用钻孔模具或中锚锚固板，紧贴绝缘支架托块，采用手钻垂直于接触轨钻孔，孔的直径为 17mm，孔屑清除后，将接触轨与中锚锚固的接触面擦拭干净，均匀涂抹导电油脂，安装中锚锚固套件。

d. 安装中锚“V”形拉线：连接安装中锚“V”形拉线。两端调整螺丝调节余量应预留充足。如图 2.3.7-5 所示。

e. 中锚状态调整：调整中锚两端拉线受力一致，并轻微拉住接触轨。

f. 中锚安装后，拆除所有临时锚固夹具。

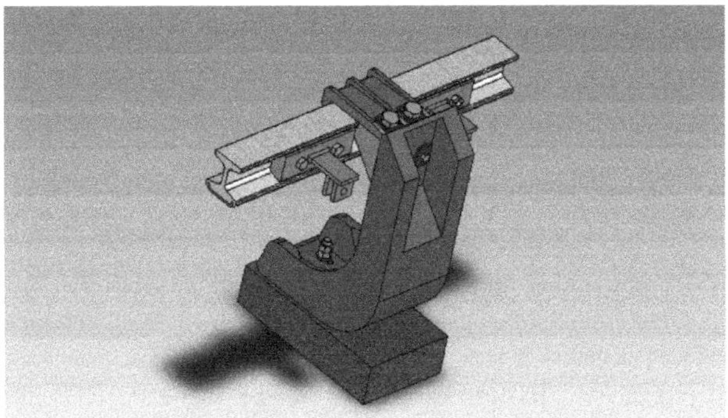

图 2.3.7-5　“v”拉线中心锚结安装示意图

⑦ 防护罩安装

a. 防护罩支撑卡安装：防护罩支撑卡直接卡在接触轨上，每隔约 500mm 放置一个（在支撑点处对称放置），将防护罩支撑卡均匀的安装于接触轨上，将其摆正、装好。

b. 防护罩加工：按接触轨实际跨距测量并计算所需接触轨防护罩长度，按该长度、用专用防护罩切割工具截取防护罩，各切口要磨平且保证防护罩在加工过程中无损坏。

c. 防护罩安装：防护罩通过防护罩支撑卡覆盖在接触轨上，防护罩支撑卡每隔约 500mm 安装一个（在绝缘支架处对称放置），在绝缘支架、特殊中心锚结、电连接等处防护罩的安装选用特殊的防护罩型式，见具体安装图。先安装接触轨防护罩，然后安装电连接接头防护罩、绝缘支架防护罩、中锚防护罩、膨胀接头防护罩，防护罩下沿的防护罩扣槽扣于防护罩支撑块之上。

d. 检查：检查已安装的防护罩，看是否有防护罩没完全卡入防护罩支撑块的，防护罩接头是否完好，各种类型的防护罩是否安装匹配，防护罩有无损坏等。

### 2.3.7.7　施工质量标准

(1) 上部授流方式和下部授流方式接触轨的授流面应与走行轨轨顶面连线平行，接触轨中轴线与轨面连线中垂线应等距。

(2) 侧部授流方式接触轨的授流面应与走行轨轨顶面连线垂直且与轨面连线中垂线等距。

(3) 接触轨的安装位置及其安装误差应根据车辆受电靴与接触轨相对运动中的可靠接触确定，宜符合表 2.3.7-4 规定。

**接触轨安装位置对照及误差表**　　**表 2.3.7-4**

| 标称电压 | 车辆类型 | 接触轨工作高度（mm） | 接触轨水平定位（mm） | 安装误差（mm） |
|---|---|---|---|---|
| DC750V | 全部车型 | 140 | 1417.5 | ±5 |
| DC1500V | A 型车 | 200 | 1550 | ±5 |
| | B 型车 | 200 | 1444 | ±5 |
| | 直线电机车辆 | 200 | 1510 | ±5 |

(4) 道岔区段接触轨布置应根据接触轨的安装位置、车辆受电靴外轮廓尺寸、晃动量、道岔型号、转辙机位置确定，应满足列车正常、安全行驶要求。

(5) 接触轨间应以中间接头连接，绝缘支架与中间接头之间的安装净距大于锚段的伸缩量。

(6) 接触轨断开处应设端部弯头，端部弯头的斜率宜符合表 2.3.7-5 的规定。

端部弯头斜率要求表　　表 2.3.7-5

| 列车运行速度 $v$ | 端部弯头的斜率 |
| --- | --- |
| $v \leqslant 35$km/h | 不宜大于 1∶22 |
| 35km/h$<v\leqslant$90km/h | 不宜大于 1∶41 |
| 90km/h$<v\leqslant$120km/h | 不宜大于 1∶50 |

（7）接触轨锚段间应设膨胀接头，膨胀接头伸缩量不宜小于 200mm，其起始滑动力应在 300～800N 之间。

（8）接触轨对接口应密贴，钢带过渡应平滑顺直，各连接接触面要涂电力导电脂。

（9）接触轨接头要连接可靠，所有螺栓应保持统一朝向，保持美观且方便维护检查。

（10）膨胀接头、接触轨端部弯头安装预留量符合设计要求，螺栓安装紧固力矩符合产品安装技术要求。

（11）接触轨的受流面与轨道平面的夹角不大于 1°。

（12）接触轨的受流面距轨平面的垂直距离为 200mm，误差±3mm。

（13）接触轨中心距轨道中心线的水平距离为 1510mm，误差±3mm。

（14）中间接头距整体绝缘支架安装中心的距离不得小于 500mm。

（15）接触轨钢带接缝平滑、无明显阶梯，接触轨钢带接缝高差要使用接触轨打磨机具打磨，保证平滑顺畅。

（16）接触轨带电体对接地体的距离：静态不应小于 150mm。

（17）接触轨直线上布置时应平直，曲线上应圆顺，不应出现明显折角。

（18）中锚两端底座距锚固支架的距离应相等，其安装误差为±50mm。

（19）中心锚结拉线拉力应均衡适度，两端拉力应一致，但只需给接触轨少许力；可调节螺栓应有足够的调节余量，有锁紧螺母的要锁紧。

（20）防爬器与接触轨的接触面应均匀涂抹导电油脂，与接触轨固定牢固，螺栓紧固力矩符合设计要求。

（21）中锚固定底座与地面接触部分涂防腐漆。

（22）防护罩要严格按设计要求尺寸进行加工，加工后的切口要打磨光滑。

（23）要确保防护罩已完全卡住防护罩支撑块。

（24）各种类型的防护罩一定要对号入座、匹配安装。

（25）膨胀接头补偿间隙 $a$ 值应符合膨胀接头安装曲线，伸缩预留值允许偏差为±1mm。

#### 2.3.7.8　安全控制措施

（1）施工人员必须佩戴好安全防护用品，钻孔时要带好口罩或防尘面具。

（2）进场施工必须进行安全技术交底及安全技术培训。

（3）轨行区施工需持工作票，在规定的时间内完成测量并撤离轨行区。

（4）在轨行区施工时，施工点两端必须设专人防护并放置红闪灯，防护点距施工点的距离不得小于 100m。

（5）搬运接触轨时需听从工长统一指挥，预防意外伤害。工程车前行时须目视前方，注意悬挂装置以免碰伤自己，提醒他人。

（6）配电箱临电注意事项

1）严禁用金属线代替断路器的熔丝。

2）每台用电设备必须有各自专用的开关箱，严禁用同一个开关箱直接控制 2 台及 2 台以上用电设备（含插座）。

3）配电箱、开关箱的电源进线端严禁采用插头和插座做活动连接。

4）对配电箱、开关箱进行定期维修、检查时，必须将其前一级相应的电源隔离开关分闸断电，并悬挂“禁止合闸、有人工作”停电标志牌，严禁带电施工。

（7）下列特殊场所应使用安全特低电压照明器

1）隧道、人防工程、高温、有导电灰尘、比较潮湿或灯具离地面高度低于 2.5m 等场所的照明，电源电压不应大于 36V。

2）潮湿和易触及带电体场所的照明，电源电压不得大于 24。

3）特别潮湿场所、导电良好的地面、锅炉或金属容器内的照明，电源电压不得大于 12V。

（8）发电机临电注意事项

1）发电机使用前，必连接好地线，地线选用 $4mm^2$ 以上软导线。

2）发电机的排气具有毒性切勿在封闭的场所使用，请在通风良好的场所使用。

3）注意在加油时，务必将发电机关闭。

4）禁止将本发电机与其他发电机进行连接使用。

5）发电机放置应稳固、防止滑动，排气口处不能放置任何东西，特别是易燃物品，在空间狭小的地方注意通风是否良好，防止中毒。

（9）电动工具安全控制措施

1）电动工具在使用前，操作者应了解工具的性能和掌握正确使用方法，使用时操作者采取必要的防护措施。正确使用电钻，使用时双手必须握紧电钻，防止扭伤及电钻掉下伤人。更换使用过的钻头时要带好手套，防止烫伤。

2）空气湿度小于 75％的一般场所可选用Ⅰ类或Ⅱ类手持式电动工具，其金属外壳与 PE 线的连接点不得少于 2 处；除塑料外壳Ⅱ类工具外，相关开关箱中漏电保护器的额定漏电动作电流不应大于 15mA，额定漏电动作时间不应大于 0.1s，其负荷线插头应具备专用的保护触头。所用插座和插头在结构上应保持一致，避免导电触头和保护触头混用。

3）在潮湿场所或金属构架上严禁使用Ⅰ类手持式电动工具。

4）狭窄场所必须选用由安全隔离变压器供电的Ⅲ类手持式电动工具，其开关箱和安全隔离变压器均应设置在狭窄场所外面，并连接 PE 线。

5）手持电动工具的危险运动零部件的防护装置（如防护罩、盖等）不得任意拆卸。

（10）工程车安全控制措施

1）接触网工程车出车前，司机应认真检查车辆和行车安全装备，确保状态良好，并与施工人员检查通信工具，确保联络畅通。施工人员与司机之间的信息传递应及时、准确、清楚、呼唤应答。

2）施工中，工程车的移动应听从安装平台上施工负责人的指挥，行进速度严禁超过 5km/h，且行驶平稳，严禁急剧起、停车辆。工程车在移动过程中，平台施工人员必须站稳扶好。安装平台上的施工人员在车辆移动中应注意防止接触网设备碰刮伤人。

3）接触网工程车非施工运行时，安装平台上不得有人。工程车移动或安装平台升降、转向时，严禁人员上下。

4）施工人员在安装平台上施工时，不得升、降、旋转平台。工程车平台防护门关闭时应有闭锁装置，施工时须关好安装平台的防护门。

5）工程车移动前，必须将平台降至安全高度和行车限界内方可行进，且施工人员必须面向机车前进方向。安装平台的控制，必须专人操控。

#### 2.3.7.9　环保要求

接触轨及螺栓包装物等废弃物收集带出施工现场，按环保要求进行处理，施工完毕做到场清料净。

### 2.3.8　电连接安装

#### 2.3.8.1　施工准备

（1）接触轨安装调整完成。

（2）轨行区施工工作票已批准。

（3）技术人员认真学习施工组织设计文件和施工标准，阅读、审核施工图纸，澄清有关技术问题，熟悉规范和技术标准。制订施工安全保证措施，提出应急预案。根据施工标准、施工设计图纸和现场情况编制实施性更强的施工安全技术交底文件，完成对施工人员安全技术交底。参加施工的人员已完成上岗前三级安全教育培训，考试合格后持证上岗。

（4）技术人员编制“电连接选型表”和技术要求，向施工班组下达施工任务书。施工人员已经过电连接安装技术培训和交底。

（5）确认施工现场照明和临时电源是否满足施工需要，如不满足备齐照明设备。

（6）使用的仪器、仪表经具备国家级检验资质的检测机构的检验，并贴有“检验合格证”的标识，且在有效期内。

（7）按照表 2.3.8-1～表 2.3.8-3 的要求，做好劳动力组织、施工机具、物资配置的准备工作。

#### 2.3.8.2　劳动力组织

劳动力组织见表 2.3.8-1。

**劳动力组织表**　　**表 2.3.8-1**

| 序号 | 人员 | 单位 | 数量 | 备注 |
|---|---|---|---|---|
| 1 | 施工负责人 | 人 | 1 | 现场施工组织及协调 |
| 2 | 技术员 | 人 | 1 | 技术负责、质量负责 |
| 3 | 施工人员 | 人 | 5 | |
| 4 | 安全员 | 人 | 2 | 安全瞭望，安全检查，安全防护 |

#### 2.3.8.3　施工机具

施工机具见表 2.3.8-2。

**施工机具表**　　**表 2.3.8-2**

| 序号 | 名称 | 规格 | 单位 | 数量 | 备注 |
|---|---|---|---|---|---|
| 1 | 扭矩扳手 | | 套 | 2 | |
| 2 | 液压钳 | | 套 | 1 | |
| 3 | 冲击钻 | | 套 | 1 | |
| 4 | 电缆切刀 | | 把 | 2 | |

续表

| 序号 | 名称 | 规格 | 单位 | 数量 | 备注 |
|---|---|---|---|---|---|
| 5 | 美工刀 | | 把 | 2 | |
| 6 | 红闪灯 | | 套 | 2 | |
| 7 | 防护用品 | | 套 | 实需 | |
| 8 | 杂物袋 | | 套 | 实需 | |

#### 2.3.8.4 物资配置

物资配置见表 2.3.8-3。

物资配置表　　表 2.3.8-3

| 序号 | 名称 | 规格 | 单位 | 数量 | 备注 |
|---|---|---|---|---|---|
| 1 | 150mm$^2$ 软电缆 | | 米 | 实需 | |
| 2 | 铜铝过渡接线端子 | | 套 | 实需 | |
| 3 | 连接螺栓 | | 套 | 实需 | |
| 4 | 导电油脂 | | 套 | 实需 | |
| 5 | 电缆固定卡 | | 套 | 实需 | |
| 6 | 螺栓 12 * 40 | | 套 | 实需 | |
| 7 | 热缩套管 | | 米 | 实需 | |

#### 2.3.8.5 施工技术标准

(1)《电气装置安装工程　电缆线路施工及验收规范》GB 50168—2018。

(2)《铁路电力牵引供电工程施工质量验收标准》TB 10421—2018。

(3)《城市轨道交通接触轨供电系统技术规范》CJJ/T 198—2013。

(4)《铁路电力牵引供电设计规范》TB 10009—2016。

(5)《施工现场临时用电安全技术规范》JGJ 46—2005。

(6)《电气装置安装工程　电缆线路施工及验收标准》GB 50168—2018。

#### 2.3.8.6 施工工序及操作要点

(1) 施工工序流程图

电连接安装工序流程如图 2.3.8-1 所示。

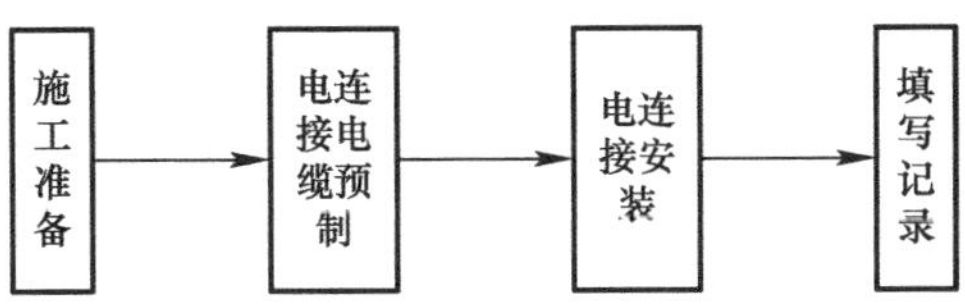


图 2.3.8-1　电连接安装工序流程图

(2) 操作要点

1) 电连接电缆预制

① 现场沿两个电连接接线板间电缆敷设路径测量计算连接电缆的长度。

② 裁剪软电缆，截面要整齐。

③ 用专用工具将软电缆绝缘层剥开 70mm 露出电缆导体，然后将电缆导体穿入端子的压线孔内，必须将电缆导体穿到孔的根部方能压接，使用液压钳进行压接，压接后的电

缆导体的握紧荷重不小于6.9kN，电缆切剥时应仔细，不能划伤电缆导体外表面。然后套热缩套管，将端子与电缆连接部分热缩包裹。

2）电连接现场安装

按电连接装配图纸要求，在需要安装电连接的两个接触轨锚段间安装电缆电连接，预留好电缆伸缩量，在直线段每隔800mm布置，用电缆固定卡固定稳固，过轨电缆按穿轨道预留槽过轨布置。接触面应均匀涂抹导电油脂。电连接电缆布置美观、合理。

#### 2.3.8.7 施工质量标准

（1）电缆及附件运达现场应检查其规格、型号、电压等级、材质、数量、外观、质量应符合设计要求。

（2）电缆接线板的装饰位置及其至相邻绝缘支撑的距离应符合设计要求，所有安装接触面均应清洁、涂抹导电油脂。

（3）接地扁铜安装端正、稳固，与支架底座接触良好。接地扁铜重合部分安装紧密，螺栓、垫圈齐全、紧固。螺栓紧固力矩必须符合设计和规范要求。

（4）接地电缆敷设美观、弯曲自然，固定牢固、可靠。电缆与接地扁铜接触良好，连接牢固、可靠。

#### 2.3.8.8 安全控制措施

（1）进入轨行区施工时，施工人员必须佩戴好安全防护用品，现场应有良好的照明设备，注意脚下坑洞，并随时提醒他人。

（2）进场施工必须进行安全技术交底及安全技术培训。

（3）轨行区施工需持工作票，并在规定的时间内完成测试并撤离轨行区。

（4）在轨行区施工时，施工点两端必须设专人防护并放置红闪灯，直线段防护点距施工点的距离不得小于150m，曲线段防护点距施工点的距离不得小于200m。

（5）上方悬挂物已经安装完成，空间比较狭小，要注意已安装完成的悬吊装置和隧道上方的凸出物，防止撞伤、扎伤。

（6）施工时小工具、小材料应放置在工具包内以防撒落。梯车上工机具、材料放置稳妥，传递时必须用小绳，严禁上下抛掷。

#### 2.3.8.9 环保要求

施工用电力复合脂包装盒、包装袋、胶带等废弃物收集带出施工现场，按环保要求进行处理，施工完毕做到场清料净。

### 2.3.9 接地线安装

#### 2.3.9.1 施工准备

（1）接触轨安装调整完成。

（2）轨行区施工工作票已批准。

（3）技术人员认真学习施工组织设计文件和施工标准，阅读、审核施工图纸，澄清有关技术问题，熟悉规范和技术标准。制订施工安全保证措施，提出应急预案。根据施工标准、施工设计图纸和现场情况编制实施性更强的施工安全技术交底文件，完成对施工人员安全技术交底。参加施工的人员已完成上岗前三级安全教育培训，考试合格后持证上岗。

（4）技术人员编制接地线安装技术要求，向施工班组下达施工任务书。施工人员已经过接地线安装技术培训和交底。

(5) 确认施工现场照明和临时电源是否满足施工需要，如不满足备齐照明设备。

(6) 使用的仪器、仪表经具备国家级检验资质的检测机构的检验，并贴有“检验合格证”的标识，且在有效期内。

(7) 按照表 2.3.9-1～表 2.3.9-3 的要求，做好劳动力组织、施工机具、物资配置的准备工作。

#### 2.3.9.2 劳动力组织

劳动力组织见表 2.3.9-1。

劳动力组织表　　表 2.3.9-1

| 序号 | 人员 | 单位 | 数量 | 备注 |
|---|---|---|---|---|
| 1 | 施工负责人 | 人 | 1 | 现场施工组织及协调 |
| 2 | 技术员 | 人 | 1 | 技术负责、质量负责 |
| 3 | 施工人员 | 人 | 5 | |
| 4 | 安全员 | 人 | 2 | 安全瞭望，安全检查，安全防护 |

#### 2.3.9.3 施工机具

施工机具见表 2.3.9-2。

施工机具表　　表 2.3.9-2

| 序号 | 名称 | 规格 | 单位 | 数量 | 备注 |
|---|---|---|---|---|---|
| 1 | 切割机 | | 台 | 2 | |
| 2 | 冲孔机 | | 台 | 1 | |
| 3 | 梅花扳手 | | 套 | 1 | |
| 4 | 力矩扳手 | | 套 | 2 | |
| 5 | 液压钳 | | 套 | 2 | |
| 6 | 红闪灯 | | 套 | 2 | |
| 7 | 防护用品 | | 套 | 实需 | |
| 8 | 杂物袋 | | 套 | 实需 | |

#### 2.3.9.4 物资配置

物资配置见表 2.3.9-3。

物资配置表　　表 2.3.9-3

| 序号 | 名称 | 规格 | 单位 | 数量 | 备注 |
|---|---|---|---|---|---|
| 1 | 接地扁钢 | | 米 | 实需 | |
| 2 | 螺栓 M10×40 | | 套 | 实需 | |
| 3 | 150mm$^2$ 电缆 | | 米 | 实需 | |
| 4 | 电缆固定卡 | | 套 | 实需 | |
| 5 | 接地端子 | | 套 | 实需 | |

#### 2.3.9.5 施工技术标准

(1)《电气装置安装工程　电缆线路施工及验收规范》GB 50168—2018。

(2)《铁路电力牵引供电工程施工质量验收标准》TB 10421—2018。

(3)《城市轨道交通接触轨供电系统技术规范》CJJ/T 198—2013。

(4)《施工现场临时用电安全技术规范》JGJ 46—2005。

**2.3.9.6　施工工序及操作要点**

(1) 施工工序流程图

接地线安装工序流程如图 2.3.9-1 所示。

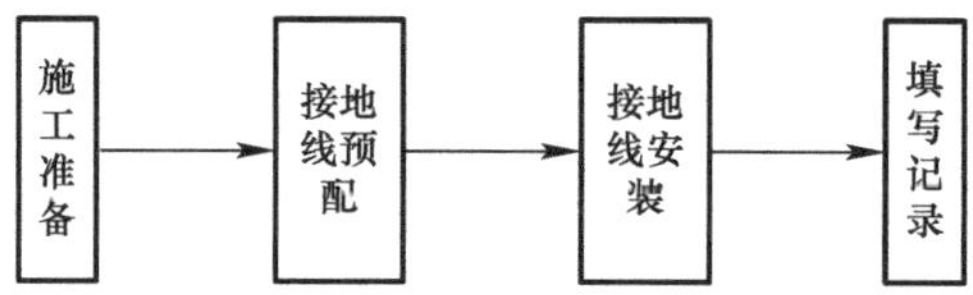


图 2.3.9-1　接地线安装工序流程图

(2) 操作要点

1) 现场实际进行测量，计算接地扁铜需要加工钻孔的位置，进行加工预制；在需要接地线回变电所处，测量所需回变电所电缆长度并进行长度预制、接线端子压接。

2) 安装接地扁铜按相关规范敷设回所电缆，将回所电缆连接到变电所接地母排上。

3) 接地扁铜安装在支架底座上，安装孔直径 12mm，孔中心位于扁铜中轴线上，孔间距 90mm，安装端正、稳固，与支架底座接触良好。接地扁铜贯通安装，安装后的扁铜应顺直，不应落于道床面上。

4) 接地扁铜间的连接应尽可能在绝缘支架处，重合长度不得小于 150mm，现场钻孔，钻孔后清理干净，重合部分安装紧密，螺栓、垫圈齐全、紧固。

**2.3.9.7　施工质量标准**

(1) 线材运达现场应检查其规格、型号、电压等级、材质、数量、外观、质量应符合设计要求。

(2) 全线所有不带电金属底座均应与接地线可靠连接，连接方式应符合设计规定。

(3) 接地线与牵引变电所接地装置应可靠连接，连接方式应符合设计规定。

(4) 接地线接头搭接长度应符合设计要求，连接牢固可靠。

(5) 接地扁铜安装端正、稳固，与支架底座接触良好。接地扁铜重合部分安装紧密，螺栓、垫圈齐全、紧固。螺栓紧固力矩必须符合设计和规范要求。

(6) 接地电缆敷设美观、弯曲自然，固定牢固、可靠。电缆与接地扁铜接触良好，连接牢固、可靠。

**2.3.9.8　安全控制措施**

(1) 进入轨行区施工时，施工人员必须佩戴好安全防护用品，现场应有良好的照明设备，注意脚下坑洞，并随时提醒他人。

(2) 进场施工必须进行安全技术交底及安全技术培训。

(3) 轨行区施工需持工作票，并在规定的时间内完成测量并撤离轨行区。

(4) 在轨行区施工时，施工点两端必须设专人防护并放置红闪灯，直线段防护点距施工点的距离不得小于 150m，曲线段防护点距施工点的距离不得小于 200m。

(5) 上方悬挂物已经安装完成，空间比较狭小，要注意已安装完成的悬吊装置和隧道上方的凸出物，防止撞伤、扎伤。

（6）施工时小工具、小材料应放置在工具包内以防撒落。梯车上工机具、材料放置稳妥，传递时必须用小绳，严禁上下抛掷。

#### 2.3.9.9 环保要求

施工用电力复合脂包装盒、包装袋、胶带等废弃物收集带出施工现场，按环保要求进行处理，施工完毕做到场清料净。

### 2.3.10 冷滑试验

#### 2.3.10.1 施工准备

（1）轨道精调已完成并锁定，轨道状态符合运行的设计要求，道岔位置锁定并具备路由切换功能，各种警示标志齐全。

（2）限界检测车已对冷滑试验区段沿线进行了检测，解决了所有的侵限问题。

（3）与变电所相连接的隔离开关均在断开位置并已加锁，在隔离开关接触轨侧，连接有明显标记的临时接地线，并且可靠接地。

（4）将要开通的线路上各种障碍均已拆除，满足轨行车辆和受电弓安全运行的要求。

（5）接触轨冷滑通知已张贴，并已通知轨行区各参建单位和地盘管理单位，严禁进入轨行区。

（6）接触轨所有安装调整工序已结束。

（7）技术人员认真学习施工组织设计文件和施工标准，阅读、审核施工图纸，澄清有关技术问题，熟悉规范和技术标准。制订施工安全保证措施，提出应急预案。根据施工标准、施工设计图纸和现场情况编制实施性更强的施工安全技术交底文件，完成对施工人员安全技术交底。参加施工的人员已完成上岗前三级安全教育培训，考试合格后持证上岗。

（8）使用的仪器、仪表经具备国家级检验资质的检测机构的检验，并贴有“检验合格证”的标识，且在有效期内。接触轨动态检测车已调试到位，具备检测条件。

（9）按照表 2.3.10-1～表 2.3.10-3 的要求，做好劳动力组织、施工机具、物资配置的准备工作。

#### 2.3.10.2 劳动力组织

劳动力组织见表 2.3.10-1。

劳动力组织表　　表 2.3.10-1

| 序号 | 人员 | 单位 | 数量 | 备注 |
|---|---|---|---|---|
| 1 | 指挥员 | 人 | 1 | 现场施工组织及协调、行车指挥 |
| 2 | 技术员 | 人 | 2 | 技术负责、技术资料记录 |
| 3 | 安全员 | 人 | 2 | 安全瞭望，安全检查，安全防护 |
| 4 | 轨道车司机 | 人 | 1 | |
| 5 | 接触轨检测车技术人员 | 人 | 4 | 接触网检测设备调试，数据处理 |

#### 2.3.10.3 施工机具

施工机具见表 2.3.10-2。

施工机具表　　表 2.3.10-2

| 序号 | 名称 | 规格 | 单位 | 数量 | 备注 |
|---|---|---|---|---|---|
| 1 | 轨道车 | GY-270 | 辆 | 1 | 接触轨系数测试 |
| 2 | 扳手 | | 套 | 2 | 备用 |
| 3 | 钢卷尺 | 10m，5m | 把 | 各 1 | |
| 4 | 接触轨测量仪 | | 套 | 1 | 测接触轨高度 |
| 5 | 红闪灯 | | 套 | 2 | |
| 6 | 防护用品 | | 套 | 实需 | |
| 7 | 杂物袋 | | 个 | 实需 | |

### 2.3.10.4　物资配置

物资配置见表 2.3.10-3。

物资配置表　　表 2.3.10-3

| 序号 | 名称 | 规格 | 单位 | 数量 | 备注 |
|---|---|---|---|---|---|
| 1 | 粉笔 | 白色 | 盒 | 实需 | |
| 2 | 红油漆 | 1kg | 千克 | 实需 | |

### 2.3.10.5　施工技术标准

(1)《电气装置安装工程电气设备交接试验标准》GB 50150—2016。

(2)《铁路电力牵引供电工程施工质量验收标准》TB 10421—2018。

(3)《城市轨道交通接触轨供电系统技术规范》CJJ/T 198—2013。

(4)《铁路电力牵引供电设计规范》TB 10009—2016。

### 2.3.10.6　施工工序及操作要点

(1) 施工工序流程图

冷滑工序流程如图 2.3.10-1 所示。

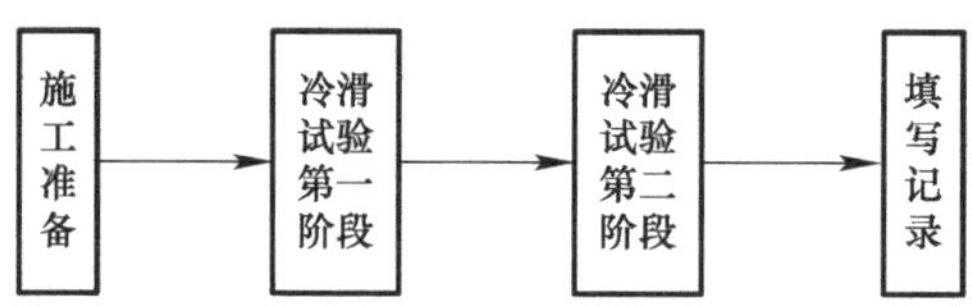


图 2.3.10-1　冷滑工序流程图

(2) 操作要点

1) 施工准备：按照施工内容和工作量做好人员、材料、机械的准备。

2) 冷滑试验第一阶段

第一次运行车速正线为 5～10km/h，检查每一处定位点、电连接、中间接头、膨胀接头、开关及引线连接、金具接地等所有部件，检查每处安装状态、绝缘距离、限界、过渡状态、接触轨高度、限界等。

3) 冷滑试验第二阶段

第二次运行车速正线为 30～50km/h，车场线为 20～30km/h，主要检查定位点、电连接、中间接头、膨胀接头过渡状态，检测冷滑受电靴与接触轨运行状态。

4) 填写记录：按照冷滑试验结果填写记录。

**2.3.10.7 施工质量标准**

(1) 冷滑应在线路限界检查后进行，冷滑时受电靴在接触轨授流面上滑行应平顺，无碰靴、刮靴现象。开通区段接触轨供电系统应绝缘良好，送电后，各供电臂末端应确保有电。受电靴在接触轨上滑行平顺。

(2) 受电靴在弯头处切入及脱离应顺滑、位置正确。

(3) 防护罩及其托架不得凸出接触轨限界。

(4) 沿线设备及线路安装应牢固，不得侵入设备限界。

(5) 送电开通前应对接触轨供电系统进行绝缘测试。

(6) 绝缘测试时应将绝缘部件全部清扫干净，绝缘包扎物应全部清理；接触轨上所有临时接地线应全部清理；隔离开关的分合闸位置正确；线路巡视完毕，无异常情况。

(7) 应对每个供电臂进行逐一绝缘测试，绝缘电阻值宜大于 1.5MΩ/km。

(8) 送电前，在工程验收及冷滑中发现的影响送电的各项缺陷应处理完毕；所有临时保护接地线应全部拆除；各种警示标志安装齐全；应张贴送电通告，进入线路的所有通道应封锁；隔离开关分合闸位置应正确，回流系统应可靠接通；绝缘测试符合送电要求。

**2.3.10.8 安全控制措施**

(1) 冷滑前每个车站和区间两端均需做好临时接地。受电靴也应做临时接地，以防静电伤人。

(2) 冷滑区段的各种跨越电力线及其他干扰必须在冷滑前彻底处理，平行线路的安全距离应符合规定。

(3) 冷滑试验的观测人员一般应在特设的观测舱内工作，如需在车外工作时应背向列车行进方向，并须戴安全帽、风镜等防护用品，身体各部位不得超出机车限界。

(4) 冷滑试验应严格按照低速、高速程序进行，并不允许超过规定速度，未处理前次冷滑发现的问题，不得进行下次冷滑。

(5) 在带电接触轨相邻区段的冷滑试验需在停电间隔进行，该相邻区段的接触轨应进行双接地。

(6) 非试验人员禁止上车，列车在运行中不得上下机车。

(7) 为防止冷滑试验过程中刮靴事故损坏受电靴，应备有受电靴易损部。

(8) 冷滑车进行试验的每个区段的施工负责人和技术负责人应随车检查，以便及时掌握实际情况，尽快克服缺点。

**2.3.10.9 环保要求**

冷滑机车起步应平稳缓慢，避免燃油燃烧不充分排出有害气体；冷滑机车检修时产生的废物废料应按要求进行清理，做到场清料净。

# 第 3 章　通信工程标准化施工指南

## 3.1　支、吊架及线槽安装

### 3.1.1　适用范围

本作业指导书适用于城市轨道交通工程保护金属线槽安装施工作业指导。

### 3.1.2　作业条件及施工准备

（1）作业指导书编制后，应在开工前组织技术人员认真学习实施性施工组织设计，阅读、审核施工图纸，澄清有关技术问题，熟悉规范和技术标准。制订施工安全保证措施，提出应急预案。对施工人员进行技术交底，对参加施工人员进行上岗前技术培训，考核合格后持证上岗。

（2）土建建筑结构已经完成。

（3）水平基准线（1m 线）已弹好，配合土建施工。

（4）预留孔洞位置及尺寸符合设计图纸要求。

（5）综合吊架安装完成，风管、水管、电力桥架等上部管线安装完成。

（6）主材：金属线槽（含盖板）具备有效的产品合格证，原材合格证明，经现场检验合格后报监理检验后方可使用，金属线槽要求壁厚均匀，壁厚偏差符合规范要求，槽内无毛刺，不允许有折皱、折扁、裂缝、砂眼、塌陷；外表层完整、无剥落现象。镀锌层厚度满足设计要求。

（7）辅材：各种弯通、支架吊架材质须和线槽一致，连接片和连接螺栓必须热镀锌材质，穿墙后孔洞封堵材料为合格防火泥。

（8）根据综合管线图纸确定金属线槽的安装路径、安装位置及安装标高，电缆线槽与其他管线的间距应符合下列要求：

1）有屏蔽盖板时，距电力电缆间距≥300mm；

2）弱电桥架之间≥200mm；

3）与顶棚之间≥300mm；

4）与一般工艺管道平行距离≥400mm，交叉≥300mm。

（9）根据施工图纸所示需要穿放电缆的外径粗细，确定使用金属线槽的内截面面积，一般线缆不得超过线槽内截面面积的 50%。

（10）金属线槽安装路径选择时应考虑各种终端布置位置是否具备操作空间等情况，应尽量减少拐弯次数。在选择路径前按设计图纸确定好终端设备位置：各种箱、盒、设备及机柜安装位置。然后依照“先主干，后支线”的顺序和径路横平竖直的原则，确定主干径路可依照设计图纸、车站综合管线图，选出径路最短、最直、相互干扰最小的径路。

（11）注意路径与其他管线相互间位置及最小距离，对各种未到位的其他管线做好前期调查和预测，同时与相关施工单位协调，尽量避免相互冲突。如遇中间有横梁、风管等大型障碍物无法用尼龙线划线时可用红外线划线器来确定径路直线位置。

（12）吊顶金属线槽安装时根据现场实际管线情况选择安装方式。

### 3.1.3 引用技术标准

（1）《城市轨道交通通信工程质量验收规范》GB 50382—2016。

（2）《地下铁道工程施工质量验收标准》GB 50299—2018。

（3）《地铁设计规范》GB 50157—2013。

（4）《建筑安装工程施工图集第三版》——电气工程及弱电工程。

（5）《综合布线系统工程设计规范》GB 50311—2016。

### 3.1.4 作业内容

（1）支、吊架安装。

（2）金属线槽本体安装。

（3）线槽接地安装。

### 3.1.5 施工技术标准

（1）线槽的规格、型号、安装位置、安装高度应符合设计要求。

（2）线槽安装稳固，不摇晃，线槽连接处螺丝应满上，且拧紧。

（3）线槽转弯处应采用成品弯通，且在转弯处增加吊架进行固定。

（4）线槽吊架应与顶面或墙面连接牢固，且与线槽应有连接孔。

### 3.1.6 工序流程及操作要点

（1）工序流程

施工工艺流程图见图 3.1.6-1。

图 3.1.6-1 施工工艺流程图

（2）操作要点

1）线槽选择

由于通信电缆对屏蔽要求较高以及与其他专业管线距离较近等特点，应选用热浸镀锌槽盖式金属线槽及相关的各种弯通等连接附件。

2）外观检查

① 金属线槽应具备合格证、材质证明材料等，线槽的最小板材厚度符合下列规定：

宽度＜400mm，板材允许最小厚度 1.5mm；

宽度 400～600mm，板材允许最小厚度 2.0mm；

宽度＞600mm，板材允许最小厚度 2.5mm。

② 热浸镀锌表面应均匀、无毛刺，无挂灰、伤痕等缺陷；线槽焊缝表面应均匀，不得有裂纹、夹渣、烧穿、弧坑等缺陷。

③ 连接附件镀锌应均匀、光滑，能够正确装配，并能满足设计的调节范围，一般工程中使用的连接附件安装在线槽内外两侧，螺栓螺杆朝向外侧，螺帽戴于线槽外侧。

3）支、吊架安装

根据图纸确定安装线路、位置，定位第一个安装点，用记号笔在天花上作“十”标记，按照同样的方法确定第二个安装点。支、吊架水平安装时支架吊架的水平跨距宜为0.8～1.5m；垂直安装时固定点间距不大于1m。根据预先定位的两个点，使用红外线在天花上标记出线缆路径，按照规定的安装间距在天花上依次做好标记，保证所有支吊架在同一直线上并分布均匀。定测完毕后根据吊筋的规格使用相符的钻头打孔，开孔深度与爆杆长度相符。开孔完成后，根据施工材料进行支、吊架的组装及安装工作，详见图3.1.6-2。

当路径弯曲处的弯曲半径不大于300mm时，应在距弯曲段与直线段接合处500mm（300～600mm）的直线段侧设置一个支、吊架，当弯曲半径大于300mm，还应在弯通中部增设一个支、吊架。在进行支、吊架安装时每隔10m制作一个防晃固定支架，详见图3.1.6-3。

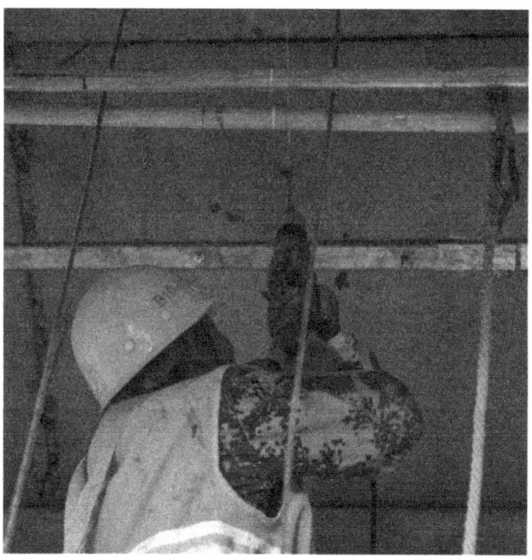

图3.1.6-2　支、吊架定位打孔

图3.1.6-3　支、吊架安装

4）线槽组装

① 金属线槽的线槽之间、线槽与弯通之间应采用连接板连接，用半圆头螺栓固定，安装时半圆头螺栓螺母朝线槽外，工程中使用的线槽连接片应安装在线槽内外两侧，线槽接缝处间隙应严密平整。线槽进行分歧、转弯等应采用专用弯头。连接完成后连接螺栓必须固定牢固。

② 在线槽上需引出钢管配线时，首先应采用液压开孔器进行开孔，开孔切口整齐、与管径相符合，严禁使用气、点焊割孔，使用盒接头连接钢管与桥架。

③ 直线段金属线槽超过50m时应有伸缩缝，采用一端螺栓不拧紧方式，线槽在结构变形缝处应进行伸缩处理，并采用一端螺栓不拧紧方式。在伸缩装置处应设置跨接地线，采用编制铜线连接。

5）线槽接地

由于通信工程一般采用热浸镀锌金属线槽，表面喷漆，所以线槽之间连接板的两端需设置跨接地线，采用 $4mm^2$ 的铜编织带或多芯铜线；但连接板两端应有不少于 2 个有防松螺帽或防松垫圈的连接固定螺栓。线槽伸缩处应采用编制铜线连接，线槽末端应采用 $16mm^2$ 接地线连接至接地排。

6）区间引入口安装地槽应制作“喇叭口”，与引入口爬架相连接，做好跨接地线，详见图 3.1.6-4。

7）线槽穿过隔墙时应使用防火泥对孔洞进行防火封堵，详见图 3.1.6-5。

图 3.1.6-4 地槽安装

图 3.1.6-5 孔洞封堵

## 3.1.7 劳动力组织

劳动力组织见表 3.1.7-1。

劳动力组织表　　表 3.1.7-1

| 序号 | 项目 | 单位 | 数量 | 备注 |
|---|---|---|---|---|
| 1 | 施工负责人 | 人 | 1 | |
| 2 | 安装工 | 人 | 2 | |
| 3 | 辅助工 | 人 | 3 | |
| 4 | 安全员 | 人 | 1 | |

## 3.1.8 主要机械设备及工机具配置

主要机械设备及工机具配置见表 3.1.8-1。

主要机械设备及工机具配置表　　表 3.1.8-1

| 序号 | 名称 | 规格 | 单位 | 数量 | 备注 |
|---|---|---|---|---|---|
| 1 | 冲击电钻 | T25 | 台 | 1 | 支架安装 |
| 2 | 红外线划线器 | | 台 | 1 | |

续表

| 序号 | 名称 | 规格 | 单位 | 数量 | 备注 |
| --- | --- | --- | --- | --- | --- |
| 3 | 切割机 |  | 台 | 1 |  |
| 4 | 手电钻 |  | 把 | 1 |  |
| 5 | 台钻 |  | 台 | 1 |  |
| 6 | 开关箱 |  | 个 | 2 |  |
| 7 | 锯弓 |  | 把 | 2 |  |
| 8 | 圆锉 |  | 把 | 2 |  |
| 9 | 常用工具 |  | 套 | 3 | 扳手等 |

### 3.1.9　物资材料配置

物资材料配置见表 3.1.9-1。

**物资材料配置表**　　　　**表 3.1.9-1**

| 序号 | 名称 | 规格 | 单位 | 数量 | 备注 |
| --- | --- | --- | --- | --- | --- |
| 1 | 线槽 |  | 米 | 若干 | 按需准备 |
| 2 | 支架 |  | 套 | 若干 |  |
| 3 | 膨胀螺栓 | M8 | 套 | 若干 |  |
| 4 | 连接螺栓 | M8 | 套 | 若干 | 含平垫、弹垫 |
| 5 | 线槽连接板 |  | 个 | 若干 |  |

### 3.1.10　质量控制标准及检验

(1) 质量控制标准

1) 主控项目

① 线槽到达现场后其型号、规格、质量应符合设计要求及相关产品标准的规定。

② 线槽终端应进行封堵。

③ 槽与槽之间、槽与设备盘（箱）之间、槽与盖之间、盖与盖之间、槽与机架之间连接处，应对合严密。

④ 金属线槽应接地，因采用热浸锌金属线槽外表喷漆，故连接板的两端需接接地线，连接板两端不少于 2 个有防松螺母或防松垫圈的连接固定螺栓。

⑤ 供电电缆与信号线缆宜分槽敷设，需在同槽敷设时应采用金属隔板分开敷设。

⑥ 线槽安装在经过建筑沉降缝或伸缩缝时应预留变形间距。

2) 一般项目

① 金属线槽宜经过热镀锌处理，在线缆转弯处，槽道开口大小应与线缆线相适应，切口处应光滑，不应有卷边，内、外壁及盖板表面应光洁、无毛刺，尺寸准确。槽底与盖板均应平整，侧壁应与槽底垂直。

② 线槽的直线长度超过 50m，宜采取热膨胀补偿措施。

③ 两列线槽拼接偏差不应大于 2mm。

④ 直接由线槽内引出电缆时，应采用合适的护圈保护电缆。

⑤ 线槽的安装应横平竖直，排列整齐。其上部与楼板之间应留有便于操作的空间。

垂直排列的线槽拐弯时，保证弯曲弧度应一致。线槽拐直角弯时，其弯头的弯曲半径不应小于槽内最粗电缆外径的10倍。

⑥ 支架安装应牢固，横平竖直，整齐美观；安装位置偏差不大于50mm；同一直线段上支吊架间距均匀。线槽应当固定在吊架横担上，保证线槽平直、稳固，详见图3.1.10-1。

图3.1.10-1 线槽固定

（2）质量检验

按照《城市轨道交通通信工程质量验收规范》GB 50382—2016中的规定进行检验，填写质量验收记录。

1）金属线槽应平整、无扭曲变形，内壁光滑、无毛刺。

2）水平安装时距地面高度一般不低于2.5m（具体要求看综合管线图），整个路径均设置防护盖板。

3）水平安装时，跨距一般按照1.5m设置吊架或支撑，垂直敷设时固定间距不宜大于2.0m，在首端、终端、分支、转角、接头及进出接线盒处固定点不大于300～600mm。

4）金属线槽内电缆总截面面积不超过槽内截面面积的50%。

5）金属线槽安装时应确保水平度和垂直度符合相关要求。

6）金属线槽与其他桥架的间距符合下列要求：

① 有屏蔽盖板时，距电力电缆间距≥300mm；

② 弱电桥架之间≥200mm；

③ 与顶棚之间≥300mm；

④ 与一般工艺管道平行距离≥400mm，交叉≥300mm。

7）金属线槽分歧、转角、变径、上下均采用各种专用弯通接头，终端采用封堵接头，与钢管连接采用液压开孔方式，钢管采用盒接头与桥架固定牢固。

8）金属线槽穿分隔墙和楼板时，应采取防火封堵措施。

9）直线段每50m应有伸缩补偿措施，跨越建筑物伸缩缝和沉降缝时应设置补偿装置，在楼板处不应设置接头。

### 3.1.11 安全措施

（1）搬运、安装金属线槽时，注意绑扎牢固，防止线槽滑落。

（2）电动工具使用应按照“电动工具安全技术交底”要求的操作规程进行施工。

（3）使用电动工具前必须检查工具外壳、电源线缆是否破损漏电。

（4）打孔作业戴好防护眼睛和口罩。

（5）使用发电机作业时应具备消防器材，设置看火防护人员，办理动火手续。

（6）照明不足的地方作业时必须设置照明设施；注意现场作业环境中的“四口五临边”处是否具备防护措施。

### 3.1.12　环保要求

（1）支架打孔产生的垃圾应在施工完成后清理，防止污染周围环境。

（2）线槽捆绑用的塑料物、绑扎绳等物件，需要在安装完成后清理出车站。

## 3.2　通信管线安装

### 3.2.1　适用范围

本作业指导书适用于城市轨道交通工程通信管线安装施工作业指导。

### 3.2.2　作业条件及施工准备

（1）作业指导书编制后，应在开工前组织技术人员认真学习实施性施工组织设计，阅读、审核施工图纸，澄清有关技术问题，熟悉规范和技术标准。制订施工安全保证措施，提出应急预案。对施工人员进行技术交底，对参加施工人员进行上岗前技术培训，考核合格后持证上岗。

（2）所用主材、辅材已运至施工现场，规格、型号应符合图纸要求，数量满足现场需要。

（3）主材：钢管具备有效的产品合格证，原材合格证，经现场检验合格后报监理检验后方可使用，钢管要求壁厚均匀，壁厚偏差符合规范要求，管内无毛刺，不允许有折皱、折扁、裂缝、砂眼、塌陷、镀锌管外表层完整、无剥落现象。薄壁管的弯曲度每米不大于3mm，内表面光滑，焊缝处允许有高度不大于1mm的毛刺。

（4）辅材：接线盒、龙骨卡、护口圈、管卡、骑马卡、塑料胀管、接地卡、接地线、直接头、盒接头、拉爆、螺栓、螺母、垫圈等均为镀锌件，镀锌层完整无缺。

（5）使用的管材应当符合设计规范及验收标准的相关规定。

（6）根据施工图纸管路所需要穿放电缆的外径粗细，确定使用钢管直径，一般不得超过管内截面面积的40%。

（7）地埋钢管路径选择时需注意不得在其他设备房中间穿过，防止其设备安装时被损坏；地埋钢管安装时宜按最近的路线敷设，应减少弯曲。

（8）对于吊顶内的管线安装工作宜在其他大型管道及风管施工完成后进行。施工前需按照设计图纸及综合管线图将涉及到的各种箱、盒、设备及机柜安装位置确定并标记。选出最短、最直、相互干扰最小的径路。管线安装时依照“先主后次”的顺序。

（9）吊顶上方钢管安装时根据现场实际情况选择吊挂方式或贴顶安装方式。

（10）室外管道预埋根据不通的位置，需保证相应的埋深。

### 3.2.3　引用技术标准

（1）《城市轨道交通通信工程质量验收规范》GB 50382—2016。

（2）《地下铁道施工质量验收标准》GB 50299—2018。

（3）《地铁设计规范》GB 50157—2013。

（4）《建筑安装工程施工图集第三版》——电气工程及弱电工程。

（5）《综合布线系统工程设计规范》GB 50311—2016。

（6）《通信管道与通道工程设计规范》GB 50373—2006。

### 3.2.4 作业内容

（1）墙体预埋管线施工作业内容包括：定位、开槽、选管、煨管、去除毛刺、预埋、墙体恢复等。

（2）吊顶内钢管安装施工作业内容如下：定位、离墙码安装、选管、煨管、去除毛刺、安装等。

（3）室外管道预埋包括：定测、管沟开挖、基础制作、管道安装、管道保护、回填、路面恢复等。

### 3.2.5 施工技术标准

（1）金属钢管的规格、型号、质量、安装位置、安装高度应符合设计要求。

（2）钢管安装稳固，横平竖直，不摇晃。

（3）预埋管线的埋深应满足设计要求。

（4）管道过路、过轨预埋深度应当符合相关设计要求。

### 3.2.6 工序流程及操作要点

（1）工序流程

1）暗埋金属管操作流程详如图 3.2.6-1 所示。

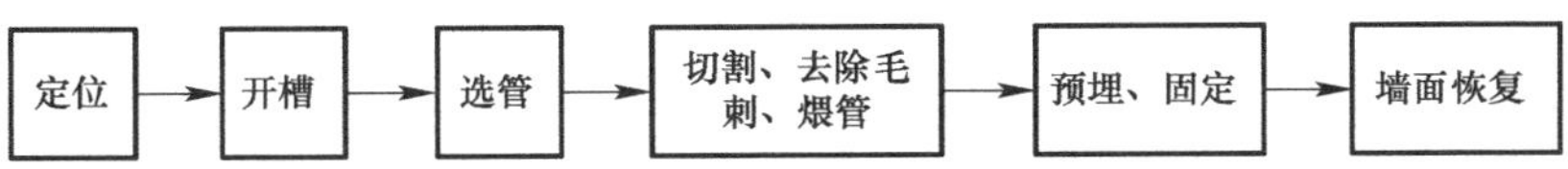


图 3.2.6-1 暗埋金属管操作流程图

2）吊顶内金属管安装操作流程详如图 3.2.6-2 所示。

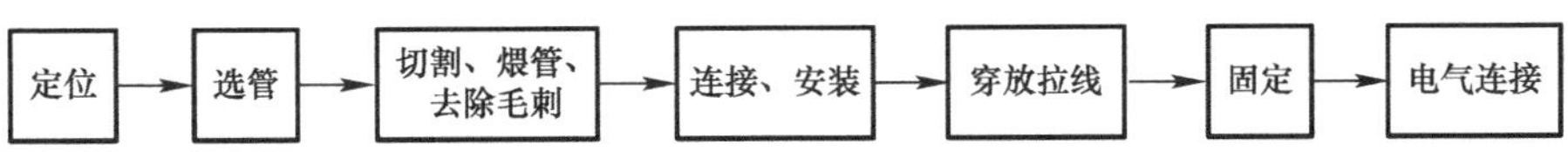


图 3.2.6-2 吊顶内金属管安装操作流程图

（2）操作要点

1）暗埋金属管

① 熟悉图样

在进行管线预埋安装前，需根据设计图样，明确管线用途及穿放线缆量，以便选取合适孔径的线管。同时应对现场施工作业面具备情况进行检查，如若发现因土建结构发生改变导致预埋点位需要变动的，应及时与设计沟通，确保改动符合相关要求。

在施工过程中，应当根据相关要求及现场实际情况选择相应的安装及走线方式。线管架空安装时切忌歪斜，尽量减少对角线走向，应保证横平竖直，稳固牢靠。

② 线管及安装材料选择

a. 根据敷设场所选择钢管的材质，吊顶和墙面选择厚度不小于 1.5mm 的电线管

（JDG管）。厚壁钢管采用丝扣连接，吊顶和墙面的JDG管采用卡接方式。

b. 根据所穿导线截面，根数选择导管管径。

电线截面面积（包括外护层）的总和，不应超过管内截面面积的40%。

c. 配管的附件

钢导管配管工程中，暗配管必须使用暗装附件，应选用钢板制成的冲压盒或点焊而成的焊接盒。暗配钢管工程中，所选用的分线盒、插座盒等，应为镀锌制品盒，其壁盒不应小于1.2mm。

③ 线管截取

a. 配管前必须把管子按每段长度切割，切面平滑，与管轴线垂直，管口应锉平，去除管口毛刺。

b. 用割管器切管时，切断处易产生管口内缩，缩小后的管口要用绞刀或锉刀刮（锉）光。

c. 用锯弓切割钢管时，要注意使锯条保持垂直，避免断面凹陷；切割时应保证用力平稳，防止用力过猛导致锯条断裂。

④ 摵管

线管在安装过程中如需改变安装路径，需用到弯管器弯管。管子弯曲也可以在管截断以前进行。钢管的弯曲应将配管本身进行摵制。严禁在管路弯曲处采用冲压弯头连接管路和用气焊加热拿褶弯管。

钢管的弯曲有冷摵、热摵两种，冷摵钢管的工具有手动和电动变管器等，在弯管时不但要掌握一定的技术，在弯管过程中还要注意，弯曲处不应有折破、凹陷的裂缝现象，弯扁程度不应大于管外径的10%，弯曲角度一般不宜小于90°。

暗配时管弯曲半径，不应小于管外径的6倍，埋设与地下或混凝土楼板内同一平面内转弯的管子弯曲半径，不应小于管外径的10倍。整排管子在转弯处应弯成同心圆。

在弯管过程中，还要注意弯曲方向和管子焊缝之间的关系，一般宜放在管子弯曲方向的正、侧面交角处的45°线上。

a. 用管弯管器弯管

管弯管器适用于弯50mm以下小批量的管子。弯管器应根据管子直径选用，不得以大代小，更不能以小代大。在弯曲管路中间的90°弧形弯曲时，应先使用8号线或薄板做好样板，以便在弯管的同时进行对照检查，弯管时拔弯管器套在管子需要弯曲部位（即起弯点），用脚踩住管子，扳动弯管器手柄，稍加一定的力，使管子略有弯曲，然后逐点向后移动弯管器，重复前次活动，直至弯曲部位的后端，使管子弯成所需要的弯曲半径和弯曲角度来。

弯管过程中还要注意移动弯管器的距离不能一次过大，用力也不能太猛。如果采用两人摵管时，则另一人应踩在弯管器前端的钢管处，这样可以控制摵管的弯曲半径不致过大。

当需要在钢管端部摵管入盒处90°曲弯时，摵好后管的端部管口应与管垂直，但应防止管口处受压变形，特别是已套丝的管子，为防止损坏丝扣，应在管口螺纹出拧上管接头或在管端下侧丝扣处与弯管器之间垫以适当厚度的木块，在扳动弯管器手柄摵管。

在管端部摵制鸭脖弯在施工现场中用的比较多，在摵弯时弯曲处前端直管段不应过长，避免造成由此而产生的砌体通缝。

当弯到适当角度后，翻转管子在反方向适当位置再进行摵管。应注意管弯起的一段直管段，应与管子平行，且弯曲弧处不应过直。

b. 电动或液压弯管机弯管

直径 50mm 及以上或批量较大的管子，一般用电动或液压弯管机弯管，模具应按线管弯曲半径的要求进行选择。将已划好的线的管子放入弯管机胎模具内，使管子的起弯点对准弯管机的起弯点，然后拧紧夹具，弯管时当弯曲角度大于所需角度 1°～2°时停止。将弯管机退回起弯点，用样板测量弯曲半径和弯曲角度。应注意的是所弯的管外径一定要与弯管模具配合贴紧，否则管子会产生凹瘪现象。

⑤ 墙面开槽

根据图纸在墙上定位，详如图 3.2.6-3 所示。结合安装标高预先在墙面画出管线路径，使用切割机在墙面切出两条竖直线，最后使用电锤将槽内混凝土块凿出，详见图 3.2.6-4。

图 3.2.6-3　墙面定位

图 3.2.6-4　管线开槽

预埋管开槽深度宜在放入线管之后管面于墙面的距离保持在最低不少于 15mm，详见图 3.2.6-5。施工完成后需将建筑垃圾清理完毕，预埋管线横平竖直，底盒高度保持一致，具体详见图 3.2.6-6。

图 3.2.6-5　预埋管开槽深度测量

图 3.2.6-6　预埋管线安装

⑥ 管与箱、管与管盒连接

a. 管与盒连接

暗配管与箱盒连接采用锁紧螺母或护圈帽固定两种方式，镀锌和壁厚≤2mm的薄壁钢管严禁选用焊接方式与箱盒连接。

配管管口使用金属护圈帽（护口）保护导线时，应将套丝后的管端先拧上锁紧螺母（根母），顺直插入盒与管外径相一致的敲落孔内露出2～3扣的管口螺纹，再拧上金属护圈帽（护扣），把管与盒连接牢固。

当配管管口使用塑料护圈帽（护口）保护导线时，由于塑料护圈帽机械强度无法固定住管盒，应在盒内外管口处均拧紧螺母固定盒子，留出管口螺纹2～4扣，再拧紧塑料护圈帽（也可在管内穿线前拧好护圈帽）。

管与分线箱固定时，在箱体内外用锁紧螺母固定，露出2～3扣的管口螺纹再拧护圈帽。

为了使入箱管长度一致，在箱体的适当位置上用木方或普通砖顶住平托板。再入箱管管口处先拧好一个锁紧螺母，留出适当长度的管口螺纹，插入箱体连接孔内顶在平托板上，在管口处拧上锁紧螺母和护圈帽管。

b. 注意各种插座面板盒距装修完成地面的高度如下（按设计图纸要求）：

电话插座盒（面板底边）距装修完成地面：一般房间300mm，静电地板500mm；

时钟电源及控制插座盒距装修完成地面：2700mm；

广播电话插座盒距装修完成地面：1500mm；

电话分线盒（面板底边）距装修完成地面：300mm，详见图3.2.6-7。

图3.2.6-7 管与盒连接

一排有多个控制、电话等弱电类插座盒同时安装时，面板之间间距为10mm，确保面板之间贴紧。如电源插座与控制、电话插座同排安装时插座盒之间间距大于200mm。

c. 管与管连接

暗敷设钢导管管与管的连接，根据导管材质及壁厚的不同，分有螺纹连接和套管熔焊连接两种方法，金属导管严禁对口熔焊连接。

d. 螺纹连接

钢导管采用螺纹连接时，应使用全扣管接头，连接管端部套丝，螺纹表面应光泽、无缺损。两管拧进管接头的长度不可小于管接头长度的1/2，使两管端吻合，连接后两端螺纹要外露2～3扣。

⑦ 钢导管的接地

钢导管在敷设中，导管应有可靠的接地，必须与保护线（PE）或中性保护共用线（PEN）有可靠的电器连接，是用电安全的基本要求，以防产生电击现象。

镀锌的钢导管不得熔焊跨接接地线。当镀锌钢导管在管与管和管与盒（箱）之间采用螺纹连接时，连接处的两端应该用专用接地卡固定跨接接地线，两接地卡间连接线应为黄绿相间铜芯软导线，截面面积不小于 $4mm^2$。

⑧ 中间拉线盒设置

管路敷设不应设置中间接线盒，只有在管路较长或有弯曲时（管入盒处弯曲除外），才允许加装拉线盒或放大管径。

管路水平敷设时两个拉线点之间的距离应符合下列要求：

无弯管道，不超过 30m；

两个拉线点之间有一个弯时，不超过 20m；

两个拉线点之间有二个弯时，不超过 15m；

两个拉线点之间有三个弯时，不超过 8m；

管路弯曲角度为 90°～105°，当弯曲角度大于 120°时，每两个弯可按一个弯曲计算。

2）垫层内导管敷设

楼板细石混凝土电层厚度如能足以保护住管子，可以垫层内沿最精的路径敷设，但混凝土保护层不应小于 15mm，当楼板上为炉渣垫层时，暗配钢导管应在楼板面上先敷设管路，再沿着管路铺设水泥砂浆，防止管路受化学腐蚀。

3）空心砖隔墙导管敷设

空心砖隔墙内敷设钢导管，应在墙体砌筑前，根据土建放出的各种线，确定好由下引来的梁内短管，至墙体盒（箱）一段管路的长度，管子切断加工后先与盒（箱）连接好，再与下部的梁内短管相连接，根据墙身尺寸线安排好，盒（箱）扣凸出墙面的位置，管子敷设就绪后开始砌墙，砌墙初期应进一步调整盒（箱）口与墙面的距离。在管路经过处墙体应改空心砖为普通砖立砌，或现浇一条垂直的混凝土带即把管子保护起来，又增强了墙体的结构强度。

隔墙内设置箱盒时，应将箱体下侧管子长度测量好，下料加工后与梁内预埋短管一一连接，且应保护管口高度一致，再根据箱体敲落孔位置及间距，用作为接地跨接线的适当长度圆钢，在入箱管前后两侧，将入箱管做横向焊接连接，将箱体下部敲落孔对正管口坐落在已焊好的两根圆钢上，保证入箱管长度小于 5mm，连接完箱体下侧管，再测量好引上管到梁下短管的长度，先与箱体上部梁下短管连接号，管进箱体的长度也应小于 5mm，将引上管全部连接好后，可用一根作为跨接线的圆钢（也可用箱体下侧的圆钢弯折）将引上管做横向焊接，并与箱体棱边焊接，焊接的位置要求不需向箱体下部一样严格，管子敷设好后，待土建砌筑墙体。

4）加气混凝土砌块隔墙导管敷设

加气混凝土砌块隔墙导管敷设，不同于空心砖墙导管敷设，除箱体需配合砌筑预埋外，其余盒（箱）体及导管敷设均为墙体施工后剔槽敷设。

砌体砌筑后，在已确定好的盒（箱）四周钻孔凿洞，沿管路走向在两边弹线，用刀锯锯槽后再剔槽连接敷设管路，箱盒由下引来管及引上管，应在墙体背侧剔槽。墙体上剔槽宽度不宜大于管外径加 15mm，槽深不应小于管外径加 15mm，管外皮距砌体表面不应小于 15mm，用不小于 M10 水泥砂浆抹面保护，详见图 3.2.6-8。

当箱盒入箱管敷设好后，应用跨接接地线把入箱管连接一体。

5）建筑物变形缝管路补偿装置

钢导管暗敷设管路，可根据导管通过建筑物变形缝的不同位置，采取不同的补偿措施。

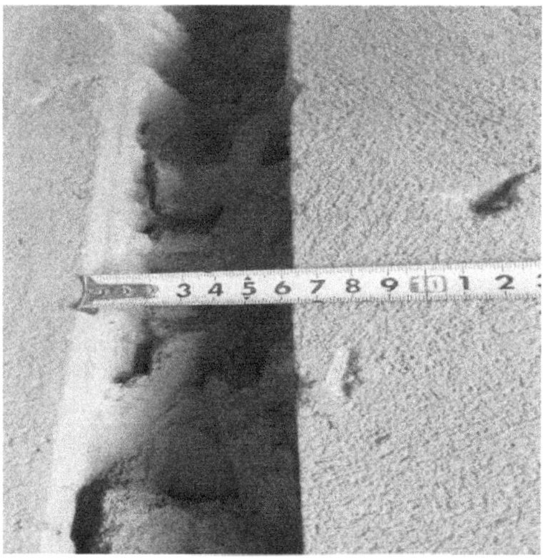

图 3.2.6-8 加气混凝土砌块隔墙导管敷设

对变形缝中的伸缩缝和抗震缝，由于其建筑物的基础没有断开，施工时导管应尽量在基础内通过，可避免在墙体上设置变形缝补偿装置。

① 墙体上拉线盒（箱）

钢导管管路沿墙暗敷设，在建筑物变形缝处可在其两侧的墙体上，各设置拉线盒（箱）做补偿装置，在拉线盒（箱）相邻面设短钢导管，此管一端固定，另一端在箱体留长孔处能够上、下活动，箱体开长孔不应小于导管外径的2倍。

② 墙体上拉线箱

钢导管暗敷设管路在变形缝处两侧墙体上，可以设置直筒式拉线箱或拐角式拉线箱，直筒式拉线箱可用于不同轴线的墙体上，拐角式拉线箱用于同一轴线的墙体，拉线箱的金属部分与钢导管管路应做好跨接接地线，使导管管路连成一个整体。

6）地面线管敷设

地面内导管敷设前，应与土建专业施工人员联系定位，测出竣工地平线。根据工艺图确定好设备安装位置及电气设备出线口的具体位置，并会同建设单位，在现场将设备基础定位后方可进行配管。

施工中应注意埋入地面内的导管应尽量减少中间接头。钢导管采用丝扣连接时，要抹油缠麻再拧紧接头，防止潮气和水分侵蚀管子。

电气管路敷设在首层地面内，要注意采暖地沟的位置，导管跨越地沟时应垂直跨越，管路应敷设在地沟的盖板层内，如为预制地沟盖板时，应局部改为现浇板，热力管外应包扎保温材料，进行热处理。如跨越地沟的配管管径较粗时，导管应在地沟地下穿跨。

钢导管在混凝土地面内敷设，应尽量不深入土层中，但当露出的弯曲部位，不能全部埋入时，可适当增加埋入深度。

地下土层中的导管敷设，土层应铲平夯实后，如管路较多，可先在土层上沿管路方向铺设混凝土打底，然后再敷设管路，管路敷设后再在管道周围铺设混凝土保护管子，当管路不多时可直接敷设，但管路下要用石块垫起不小于50mm，然后在管周围浇筑素混凝土，把管保护起来，管周围保护层不应小于50mm。

与设备连接的地面内敷设的导管，其露出地面的管口距地面高度宜大于200mm，进入落地式柜、台、箱、盘的电线管路，排列应整齐，管口高出柜、台、箱、盘的基础面应为50～80mm，防止地面污水、液体和油类等流入管内降低导线的绝缘强度。

钢导管与设备连接时，应将钢管敷设到设备内，如不能直接进入时，在干燥房屋内，可在钢管出口处加保护软管引入设备，管口应包扎严密。在室外或潮湿房屋内，可在管口处装设防水弯头。埋入地下的钢管不宜穿过设备基础，若穿过设备基础和建筑物基础时，为防止基础下沉折断管路，影响使用及避免检修困难，要设保护套管，保护套管内径不宜小于配管外径的两倍。

7）钢导管敷设后的补修

底盒与钢管安装完成后，需使用胶带将底盒及管口进行封堵，以防止后期土建单位墙体施工时混凝土堵塞管口。

8）钢管明敷

确定好终端设备、盒（箱）的安装位置，然后根据明敷管路应横平竖直的原则，顺线路的垂直和水平位置进行弹线定位，并应注意导管管路与其他管路相互间位置及最小净距，测量出支、吊架固定点的具体位置和距离。

① 套接式薄壁钢导管明敷时，导管管路的预埋件，应与建筑工程同步进行。

② 套接扣压式薄壁钢导管明敷设，当设计无要求时，支架、吊架的规格，不应小于下列规定：

扁钢 3mm×30mm；

角钢 25mm×25mm×3mm；

埋注支架应有燕尾，埋入深度不应小于 80mm。

③ 套接扣压式薄壁钢导管明敷设时，管的弯曲半径不应小于管外径的 6 倍；当两个接线盒之间有一个弯曲时，管弯曲半径不应小于管外径的 4 倍。

④ 套接扣压式薄壁钢导管明敷设时，排列应整齐，管卡固定牢固、间距均匀；导管直径为 16～20mm 时，管路中间固定点间的最大距离不应大于 1.5mm；当导管直径为 40mm 时，管路中间固定点间的最大距离不应大于 2m，导管中间固定点间距应均匀。施工中防止出现中间固定距离过大的现象，否则会使扣压连接的扣压点受力增大，当导管受外力作用时将导致扣压点受损，同时导管易下垂影响敷设的质量。

⑤ 套接扣压式薄壁钢导管明敷设时，导管管卡固定点距终端、弯头中点、终端设备或盒（箱）的边缘的距离，宜为 200mm。固定点距离应一致，在使用弯管接头时，固定点与接头处躲开适当距离。

⑥ 为保证套接薄壁钢导管管路，外观质量和建筑物协调一致，导管在水平或垂直敷设时，水平或垂直安装的允许偏差为 1.5‰，全长偏差不应大于管外径的二分之一。

⑦套接薄壁钢导管管路，经过建筑物的沉降缝或伸缩缝处，应装设两端固定的补偿装置。

9）导管在吊顶内的敷设

① 吊顶内导管敷设，一般应在吊顶安装前完成，可先在顶棚或地面上定位弹线，以便准确地确定好器具及导管的位置及走向。

② 吊顶内导管管路应沿最近的线路敷设，且应尽量减少弯曲，但应注意与其他专业管道特别是空调管道的距离，以免造成施工的相互影响、相互损坏及产生不安全因素。

③ 套接扣压式薄壁钢导管敷设的支架、吊架，可根据导管敷设的数量和导管的管径，按明敷设导管的规则加工制作。单根导管眼吊架敷设时，可利用吊顶龙骨的吊杆做吊架，也可用 10＃全纹螺杆自制吊架，用龙骨卡（抱式管卡）来固定导管。

④ 在吊顶内多根导管在吊架或支架上敷设，应排列整齐、固定牢故。管路中支、吊架的固定距离，同明敷设施工一致，详见图 3.2.6-9。

⑤ 套接紧定式薄壁钢导管及其金属附件，经连接后，组成电线管路，经形式试验，其接触电阻值小于规定值，管路具有良好的电气连续性。在管线末端应连接至接地排。

图 3.2.6-9　导管在吊顶内的敷设

## 3.2.7　劳动力组织

劳动力组织见表 3.2.7-1。

劳动力组织表　　表 3.2.7-1

| 序号 | 项目 | 单位 | 数量 | 备注 |
|---|---|---|---|---|
| 1 | 施工负责人 | 人 | 1 | |
| 2 | 安装工 | 人 | 3 | |
| 3 | 辅助工 | 人 | 6 | |
| 4 | 安全员 | 人 | 1 | |

## 3.2.8　主要机械设备及工机具配置

主要机械设备及工机具配置见表 3.2.8-1。

主要机械设备及工机具配置表　　表 3.2.8-1

| 序号 | 名称 | 规格 | 单位 | 数量 | 备注 |
|---|---|---|---|---|---|
| 1 | 红外线划线器 | | 台 | 1 | |
| 2 | 弯管器 | | 只 | 2 | |
| 3 | 三脚架和龙门钳 | | 套 | 2 | |
| 4 | 冲击电钻 | TE25 | 台 | 1 | |
| 5 | 切割机 | | 台 | 1 | |
| 6 | 手电钻 | | 把 | 1 | |
| 7 | 液压开孔器 | | 台 | 1 | |
| 8 | 开关箱 | | 个 | 2 | 含电源线 |
| 9 | 石材切割机 | | 台 | 1 | 墙面切割用 |
| 10 | 人字梯 | 2.5～3m | 把 | 2 | |
| 11 | 作业平台 | 根据现场高度搭设 | 套 | 2 | |

续表

| 序号 | 名称 | 规格 | 单位 | 数量 | 备注 |
| --- | --- | --- | --- | --- | --- |
| 12 | 常用工具 | | 套 | 3 | |
| 13 | 锯弓 | | 把 | 2 | |
| 14 | 圆锉 | | 把 | 2 | |
| 15 | 照明设施 | | 套 | 2 | |

### 3.2.9 物资材料配置

物资材料配置见表 3.2.9-1。

物资材料配置表 表 3.2.9-1

| 序号 | 名称 | 规格 | 单位 | 数量 | 备注 |
| --- | --- | --- | --- | --- | --- |
| 1 | 金属钢管 | $\phi$25、$\phi$32 等 | 米 | 若干 | 按房间所需准备 |
| 2 | 吊架 | | 套 | 若干 | |
| 3 | 膨胀螺栓 | M8 | 套 | 若干 | |
| 4 | 连接盒 | 灯头盒、接线盒、插座盒等 | 个 | 若干 | |
| 5 | 龙骨卡 | $\phi$25、$\phi$32 等 | 套 | 若干 | |
| 6 | 骑马卡 | $\phi$25、$\phi$32 等 | 套 | 若干 | |
| 7 | 穿线器 | | 米 | 100 | |
| 8 | 拉线 | $\phi$1.0 钢丝 | 米 | 100 | |
| 9 | 钢管接头 | | 个 | 若干 | |
| 10 | 管盒接头 | $\phi$25、$\phi$32 等 | 套 | 若干 | |

### 3.2.10 质量控制标准及检验

（1）质量控制标准

1）主控项目

① 镀锌的钢导管不得通过熔焊的方式跨接接地线，必须用专业接地卡跨接，且两卡间连接用铜芯软线截面面积不小于 4mm$^2$。

② 当非镀锌钢导管采用螺纹连接时，连接处的两端通过熔焊跨接接地线；当镀锌钢导管采用螺纹连接时，连接处的两端用专用接地卡固定跨接地线。

③ 金属导管严禁对口熔焊连接，镀锌和壁厚小于等于 2mm 的钢导管不得套管熔焊连接。

2）一般项目

① 室外埋的敷设的电缆导管，埋深不应小于 0.7m，壁厚小于等于 2mm 的钢电线导管不应埋设于室外土壤内。

② 金属导管内外壁应做防腐处理。埋设于混凝土内的导管内壁应做防腐处理，外壁可不做防腐处理。

③ 预埋保护管伸入箱盒的长度小于 5mm；引出表面时，管口伸出表面 200mm。室内进入落地式柜、台、箱、盘内的导管管口，应高出柜、台、箱、盘的基础面 50～80mm。

④ 暗配的导管，埋设于建（构）筑物内时，管口距其表面的距离不应小于 15mm。

⑤ 导管在建筑物变形缝处，应设补偿装置。

（2）质量检验

按照《城市轨道交通通信工程质量验收规范》GB 50382—2016 中的规定进行检验，填写质量验收记录。

1）金属线槽应平整、无扭曲变形，内壁光滑、无毛刺。

2）水平安装时距地面高度一般不低于 2.5m（具体要求看综合管线图），整个路径均设置防护盖板。

3）水平安装时，跨距一般按照 0.8～1.5m 设置吊架或支撑，垂直敷设时固定间距不宜大于 1.0m，在首端、终端、分支、转角、接头及进出接线盒处固定点不大于 300～600mm。

4）金属线槽内电缆总截面面积不超过槽内截面面积的 50%。

5）金属线槽安装时应确保水平度和垂直度符合相关要求。

6）金属线槽与其他桥架的间距符合下列要求：

① 有屏蔽盖板时，距电力电缆间距≥300mm；

② 弱电桥架之间≥200mm；

③ 与顶棚之间≥300mm；

④ 与一般工艺管道平行距离≥400mm，交叉≥300mm。

7）金属线槽分歧、转角、变径、上下均采用各种专用弯通接头，终端采用封堵接头，与钢管连接采用液压开孔方式，钢管采用盒接头与桥架固定牢固。

8）金属线槽穿分隔墙和楼板时，应采取防火封堵措施。

9）直线段每 50m 应有伸缩补偿措施，跨越建筑物伸缩缝和沉降缝时应设置补偿装置，在楼板处不应设置接头。

### 3.2.11　安全措施

（1）锯管套丝时管子压钳要安放平稳，用力均衡，防止锯条折断或套丝扳手崩滑伤人。

（2）采用弯管器弯管时，脚要踩牢钢管，注意面部与被弯导管错开，避免伤及面部。

（3）搬运大管径钢管时，应在管两端插入木棒或钢管抬运，避免直接用手抬钢管。

（4）站在高处传递物品时，要拿稳，防止掉落伤人。

（5）使用组合式脚手架施工时，站人部位周围应有护栏，高度超过 2m 应系好安全带。架设脚手架的作业人员应具有架子工有效作业证件。

（6）使用人字梯必须坚固牢靠，距梯脚 40～60cm 处要设拉绳，严禁站在梯子最上层工作，梯子脚蹬上禁止放工具、材料、以免坠落伤人。

（7）电动工具使用应按照“电动工具安全技术交底”要求的操作规程进行施工。

（8）使用电动工具前必须检查工具外壳、电源线缆是否有破损或漏电的情况。

（9）剔凿、打孔作业戴好防护眼镜和口罩，防止石渣伤及眼睛等。

（10）使用电焊机前要办理动火手续，使用过程中应设置防护人员，并配备灭火器。

（11）照明不足的地方作业时必须设置照明设施；且要注意现场作业环境中的“四口”处是否具备防护措施。

### 3.2.12　环保要求

（1）支架打孔产生的垃圾应在施工完成后清理，防止污染周围环境。

（2）线槽捆绑用的塑料物、绑扎绳等物件，需要在安装完成后清理出车站。

## 3.3　区间支架安装

### 3.3.1　适用范围

适用于城市轨道交通工程区间支架安装施工。

### 3.3.2　作业条件及施工准备

（1）土建前期施工完成，基标线完成。

（2）作业指导书编制后，应在开工前组织技术人员认真学习实施性施工组织设计，阅读、审核施工图纸，澄清有关技术问题，熟悉规范和技术标准。制订施工安全保证措施，提出应急预案。对施工人员进行技术交底，对参加施工人员进行上岗前技术培训，考核合格后持证上岗。

（3）施工劳动组织配备、材料准备及设备工器具的配置。

### 3.3.3　引用施工技术标准

（1）《客货共线铁路电力牵引供电工程施工技术指南》TZ 10208—2008。

（2）《铁路电力牵引供电工程施工质量验收标准》TB 10421—2018。

（3）《铁路通信、信号、电力、电力牵引供电施工安全技术规程》TB 10306—2009。

### 3.3.4　作业内容

（1）测量画线。

（2）打孔。

（3）支架安装。

（4）接地扁钢安装。

### 3.3.5　施工技术标准

（1）测量画线

1）圆形 、马蹄形：2120±15mm（具体以设计尺寸为标准）。

2）矩形 2120±15mm（具体以设计尺寸为标准）。

3）纵向间距为 800mm±15mm，特殊地段可适当调整间距，纵向间距≤850mm（具体以设计尺寸为标准）。

4）区间专用、警用、商用漏缆卡具安装高度根据设计区间设备安装图确定安装。

（2）打孔

1）打孔过程中保持孔洞的垂直，允许偏斜度≤100。

2）隧道壁上的孔洞深度为 54mm、孔径根据设计要求选择相应的钻头。

3）遇到特殊地段（如打到墙体钢筋时）可适当调整孔位距离，最大调整间距不超过 850mm。

（3）支架安装

1）电缆支架应安装牢固，横平竖直，固定方式应符合设计要求。

2）安装时电缆支架托臂应上翘3°～5°，必要时可用垫片调节，保证其和隧道壁紧密相贴。

3）在轨行区中区与车站分界，断面变化段、电缆接头段、风口段、电缆在同侧墙爬坡段、电缆过轨段等电缆支架采用特殊型支架替换。

4）安装支架所用螺栓必须配有一平垫一弹垫，最后使用双螺母拧紧。

（4）接地扁钢安装

1）扁钢接头和支架必须保持100mm的距离，扁钢搭截面为100mm，不能戳接，再近就用电缆接地母排连接。

2）扁钢接头处和冲孔处要用银粉漆进行防锈处理。

3）安装好的扁钢横平竖直，无扭曲（除竖井外）、无毛刺。

## 3.3.6 工序流程及操作要点

（1）工序流程

具体工序流程图详见图3.3.6-1。

图3.3.6-1 工序流程图

（2）操作要点

1）按设计要求用测量仪分别测量出纵向高度（圆形 、马蹄形）2120mm，每10m打点作标记，再用墨斗在隧道壁上弹出标记线。所有安装高度均以轨平面为基础。

2）用记号笔分别在已连接成直线的纵向线上画出每隔1m的间距线标记点，再分别画1m高垂线；以垂线底部与直线交叉为起点，分别画上安装孔所在位置。

3）检查发电机、电源线、冲击钻有无漏电现象。

4）根据区间使用的锚栓直径选用相应钻头在隧道壁上打孔，保证孔洞倾斜度在允许范围内。

5）用清孔毛刷清理干净孔洞中遗留的灰尘。

6）在钻好的孔位上，使用相应的锚栓进行安装，根据不同的锚栓使用不同的安装方式，务必保证锚栓紧固，安装平直整齐。

7）按施工图样要求的规格型号正确选择支架、卡具。

8）将支架孔位对准孔洞，将锚栓戴好平垫弹垫对准孔位，用扳手拧紧，符合设计要求。

对于使用化学锚栓的区间，需做好除尘工作。打孔完成后宜使用刚刷或者气泵将孔洞内的灰清理干净，灰尘清理完成后使用专用胶枪匀速完孔洞内灌胶，待灌至孔洞3/4处停止，详见图3.3.6-2。

手持螺杆轻放至孔洞，朝顺时针方向匀速旋转插入，直至底部，保证收口处胶体饱满美观，锚栓外露长度根据不同厂家品牌要求确定，M12×120规格的锚栓外露5cm，详见图3.3.6-3。

图 3.3.6-2 孔洞除尘

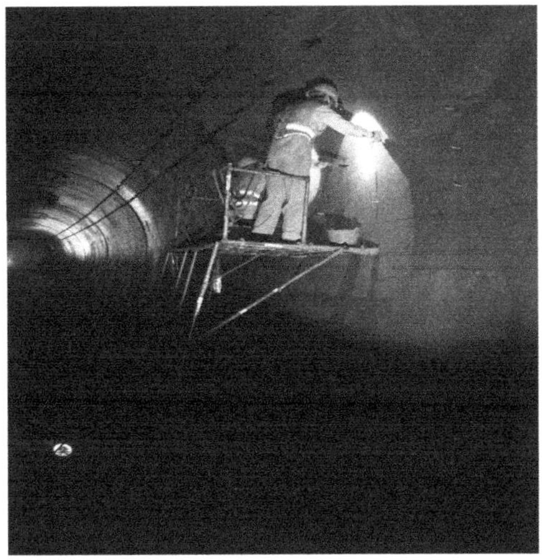

图 3.3.6-3 锚栓安装

植入螺杆后 24h 后不能触碰螺杆，超过一天之后便可进行拉拔试验，根据不同品牌产品特性及区间盾构片混凝土特性确定拉力值大小，监理在场见证，详见图 3.3.6-4。

9）安装支架所用螺栓必须配有一平垫一弹垫，并安装两个螺帽。

10）调整支架使支架与隧道壁密贴，与轨道垂直，详见图 3.3.6-5。

图 3.3.6-4 拉拔试验

图 3.3.6-5 支架调整

11）将镀锌扁钢平铺在电缆支架自上而下最后一层托臂上进行焊接，刷漆防腐，详见图 3.3.6-6。

12）扁钢在伸缩缝处安装应考虑一定的预留，预留处扁钢做 U 型弯曲半径为 80mm。

13）扁钢在转弯直角处安装进行微弯，扁钢弯曲角度平滑美观，做好防腐。

14）扁钢在竖井处安装扁钢，转弯处稍微弯成麻花状，保证扁钢美观。支架安装完成后需平直、整齐、美观，详见图 3.3.6-7。

图 3.3.6-6 镀锌扁钢安装

图 3.3.6-7 支架、扁钢完成

## 3.3.7 劳动力组织

劳动力组织见表 3.3.7-1。

劳动力组织表 表 3.3.7-1

| 序号 | 项目 | 单位 | 数量 | 备注 |
|---|---|---|---|---|
| 1 | 技术人员 | 人 | 1 | 技术负责、质量负责 |
| 2 | 安全员 | 人 | 1 | 安全检查、安全提醒 |
| 3 | 工长 | 人 | 1 | 施工安排，现场施工组织及协调 |
| 4 | 工人 | 人 | 6 | 现场施工 |

## 3.3.8 主要机械设备及工器具配置

主要机械设备及工器具配置见表 3.3.8-1。

主要机械设备及工器具配置表 表 3.3.8-1

| 序号 | 项目 | 规格 | 单位 | 数量 | 备注 |
|---|---|---|---|---|---|
| 1 | T字尺 |  | 台 | 1 |  |
| 2 | 水平尺 |  | 把 | 2 |  |
| 3 | 钢直尺 | 5M | 把 | 2 |  |
| 4 | 墨斗 |  | 个 | 1 |  |
| 5 | 发电机 | 220V | 把 | 1 |  |
| 6 | 配电箱 | 220V | 件 | 1 |  |
| 7 | 冲击钻 | TE-25 | 把 | 2 |  |
| 8 | 梯车 |  | 台 | 1 |  |
| 9 | 冲孔机 | 220V | 台 | 2 |  |
| 10 | 手动切割机 | J36-SL-400A | 台 | 1 |  |

## 3.3.9 物资材料配置

物资材料配置见表 3.3.9-1。

物资材料配置表　　表 3.3.9-1

| 序号 | 名称 | 规格 | 单位 | 数量 | 备注 |
|---|---|---|---|---|---|
| 1 | 敲击式锚栓 | M12×50 | 套 |  | 按需 |
| 2 | 平垫弹垫 | M12×50 | 套 |  | 按需 |
| 3 | 电缆支架 |  | 套 |  | 按需 |
| 4 | 镀锌扁钢 | 50×5 | 套 |  | 按需 |
| 5 | 化学锚栓 | M12×120 | 套 |  | 按需 |
| 6 | 工具包 |  | 个 | 1 | 装工具 |
| 7 | 垃圾袋 |  | 个 | 2 | 装垃圾 |

### 3.3.10　质量控制标准及检验

（1）质量控制标准

1）马蹄形隧道及圆形隧道以轨平面垂直高度 2120mm 为定位点（具体以设计尺寸为标准），纵向间距为 800mm（地段特殊可适当调节间距，但不大于 850mm）。

2）矩形隧道以轨平面垂直高度 290mm。

3）打孔过程中保持孔洞的垂直度。

4）根据使用的锚栓规格进行开孔。

5）在遇到特殊地段可适当调整孔位距离，最大调整间距不超过 850mm。

6）电缆支架托臂应上翘 3°～5°，必要时可用垫片调节，保证其和隧道壁紧密相贴。

7）在轨行区中区与车站分界，断面变化段、电缆接头段、风口段、电缆在同侧墙爬坡段、电缆过轨段、电缆过平台步梯段等电缆支架采用特殊型支架替换。

8）扁钢接头和支架必须保持 100mm 的距离，扁钢搭截面为 100mm，不能戳接，再近就用电缆接地母排连接。

（2）质量检验

1）扁钢接头处和冲孔处要用银粉漆进行防锈处理。

2）安装好的扁钢横平竖直，无扭曲（除竖井外）、无毛刺。

3）电缆支架应安装牢固，横平竖直，固定方式应符合设计要求。

4）支架接地正确、牢固，工艺美观、接地扁钢全线贯通。

### 3.3.11　安全措施

（1）穿工作服、佩戴安全帽、穿好荧光服、佩戴好胸卡，隧道内施工区域两侧做好安全防护措施，设置警示标志。

（2）施工用临时电源应带漏电保护装置，使用电源线时，电源线应先从轨道下方穿过，再接电源。以免车辆把电源线压断，造成安全事故发生。

（3）使用电器设备，电动工具要有可靠的保护接地措施，施工用的临时电源应带漏电保护装置。

（4）使用切割机打磨时戴上防护眼镜、手要抓牢，切割打磨时前面严禁站人，使用台钻钻孔时严禁戴手套。

（5）高处作业必须戴好安全帽、系好安全带、穿防滑鞋、衣着灵便，悬空作业施工打孔时戴防护眼镜及口罩，工作地点下方不得站人。

（6）电缆支架不得侵入限界，未安装的支架等当天必须带出施工现场。

### 3.3.12　环保要求

（1）清理后的垃圾完成后装袋运出施工场地，放在指定位置，做到工完料尽场地清。

（2）测量用具及材料需及时回收，测量用油漆、画笔及线绳等物品不得随意丢弃，减少环境污染。

## 3.4　区间漏缆卡具安装

### 3.4.1　适用范围

适用于城市轨道交通工程区间支架安装施工。

### 3.4.2　作业条件及施工准备

（1）土建前期施工完成，基标线完成。

（2）作业指导书编制后，应在开工前组织技术人员认真学习实施性施工组织设计，阅读、审核施工图纸，澄清有关技术问题，熟悉规范和技术标准。制订施工安全保证措施，提出应急预案。对施工人员进行技术交底，对参加施工人员进行上岗前技术培训，考核合格后持证上岗。

（3）施工劳动力组织配备、材料准备及设备工器具的配置。

### 3.4.3　引用施工技术标准

（1）《客货共线铁路电力牵引供电工程施工技术指南》TZ 10208—2008。

（2）《铁路电力牵引供电工程施工质量验收标准》TB 10421—2018。

（3）《铁路通信、信号、电力、电力牵引供电施工安全技术规程》TB 10306—2009。

### 3.4.4　作业内容

（1）测量画线。

（2）打孔。

（3）卡具安装。

（4）接地扁钢安装。

### 3.4.5　施工技术标准

（1）测量画线

1）圆形 、马蹄形：商用漏缆卡具安装高度 1590±15mm（具体以设计尺寸为标准）。

2）矩形区段内最下一根高度：1490±15mm（具体以设计尺寸为标准）。

3）纵向间距具体以设计尺寸为标准。

4）区间专用、警用、商用漏缆卡具安装高度根据设计区间设备安装图确定安装。

（2）打孔

1）打孔过程中保持孔洞的垂直，允许偏斜度≤100。

2）隧道壁上的孔洞深度为 65mm、孔径根据设计要求选择相应的钻头。

3）遇到特殊地段（如打到墙体钢筋时）可适当调整孔位距离。

（3）漏缆卡具安装

1）漏缆卡具根据不同的品牌使用不同安装方式，这里暂例专用漏看卡具安装。

漏缆卡具每 1m 设置一个普通型卡具，每 10m 设置一个防火型卡具。

常见卡具及施工工具详见图 3.4.5-1。

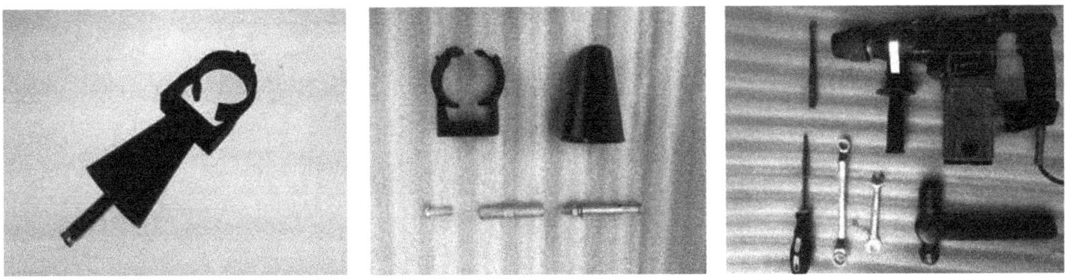

(*a*) (*b*) (*c*)

图 3.4.5-1 漏缆卡具安装

（*a*）外观图；（*b*）零件图；（*c*）安装工具

2）区间漏缆卡具安装，在遇到主体结构阴角、阳角、人防门后时，需要安装钢绞线辅以固定漏缆，使用吊挂式漏缆夹具将漏缆固定在钢绞线上，钢绞线安装组件：拉攀、膨胀螺栓、花篮螺栓、鸡心环、紧线器，钢绞线安装必须紧固、平直。在墙角两端各安装两个夹具以起到加强固定作用，在结构形变处的两个卡具安装尽量靠外，以能完全将漏缆托起，防止刮伤，详见图 3.4.5-2、图 3.4.5-3。

## 3.4.6 工序流程及操作要点

（1）工序流程

工序流程图详见图 3.4.6-1。

(*a*) (*b*) (*c*)

图 3.4.5-2 漏缆卡具施工流程详图（一）

（*a*）标注安装位置；（*b*）用 $\phi$10 冲击钻头打孔；（*c*）孔深 65mm（关键）

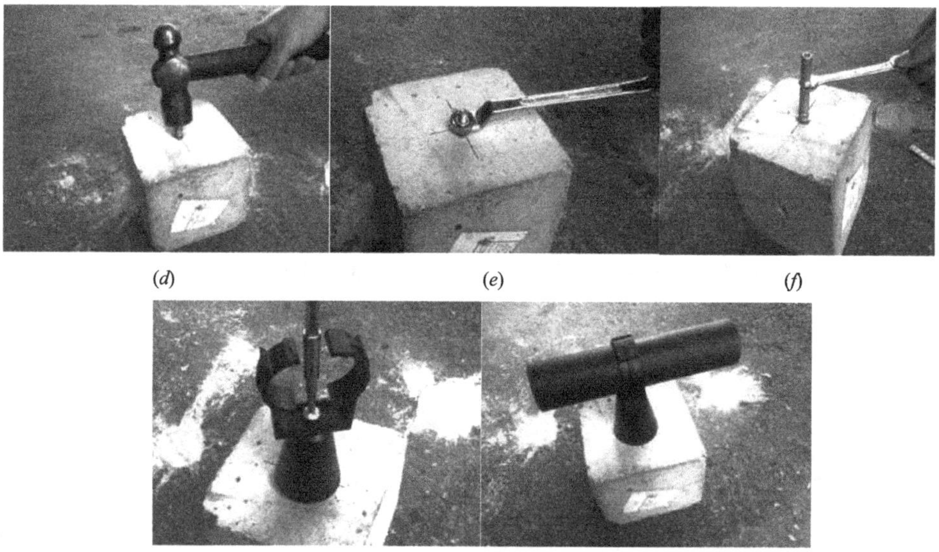

(d)　(e)　(f)

(g)　(h)

图 3.4.5-2　漏缆卡具施工流程详图（二）

(d) 将螺栓敲入孔洞；(e) 拧紧；(f) 将长螺母与膨胀螺栓连接拧紧；

(g) 用螺丝将卡头拧紧；(h) 卡入漏缆

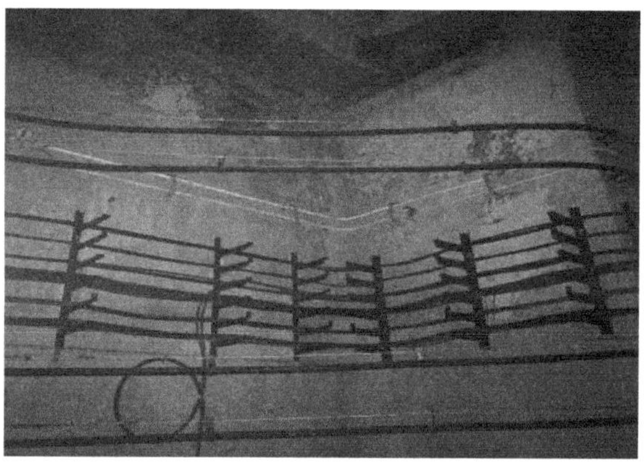

图 3.4.5-3　区间漏缆卡具安装

施工准备 → 测量 → 画线标记 → 打孔 → 卡具安装 → 调整固定

图 3.4.6-1　工序流程图

(2) 操作要点

1) 按设计要求用测量仪分别测量出纵向高度（圆形 、马蹄形）3700mm（专用漏缆安装高度），每 10m 打点作标记，再用墨斗在隧道壁上弹出标记线。所有安装高度均以轨平面为零点基础。

2) 用记号笔分别在已连接成直线的纵向线上画出每隔 1m 间距线标记点，再分别画 1m 高垂线；以垂线底部与直线交叉为起点，分别画上安装孔所在位置。

3）检查发电机、电源线、冲击钻有无漏电现象。

4）根据区间使用的锚栓直径选用相应钻头在隧道壁上打孔，保证孔洞倾斜度在允许范围内。

5）用清孔毛刷清理干净孔洞中遗留的灰尘。

6）在钻好的孔位上，使用相应的锚栓进行安装，根据不同的锚栓使用不同的安装方式，务必保证锚栓紧固，安装平直整齐。

7）按施工图纸要求的规格型号正确选择卡具。

8）将卡具螺栓对准孔洞，将锚栓敲击装进孔洞，用扳手拧紧，安装位置符合设计要求，详见图 3.4.6-2。

图 3.4.6-2 卡具螺栓安装

## 3.4.7 劳动力组织

劳动力组织见表 3.4.7-1。

劳动力组织表 表 3.4.7-1

| 序号 | 项目 | 单位 | 数量 | 备注 |
|---|---|---|---|---|
| 1 | 技术人员 | 人 | 1 | 技术负责、质量负责 |
| 2 | 安全员 | 人 | 1 | 安全检查、安全提醒 |
| 3 | 工长 | 人 | 1 | 施工安排，现场施工组织及协调 |
| 4 | 工人 | 人 | 6 | 现场施工 |

## 3.4.8 主要机械设备及工器具配置

主要机械设备及工器具配置见表 3.4.8-1。

主要机械设备及工器具配置表 表 3.4.8-1

| 序号 | 项目 | 规格 | 单位 | 数量 | 备注 |
|---|---|---|---|---|---|
| 1 | T 字尺 |  | 台 | 1 |  |
| 2 | 水平尺 |  | 把 | 2 |  |
| 3 | 钢直尺 | 5M | 把 | 2 |  |
| 4 | 墨斗 |  | 个 | 1 |  |
| 5 | 发电机 | 220V | 把 | 1 |  |
| 6 | 配电箱 | 220V | 件 | 1 |  |
| 7 | 冲击钻 | TE-25 | 把 | 2 |  |
| 8 | 梯车 |  | 台 | 1 |  |

## 3.4.9 物资材料配置

物资材料配置见表 3.4.9-1。

物资材料配置表　　表3.4.9-1

| 序号 | 名称 | 规格 | 单位 | 数量 | 备注 |
|---|---|---|---|---|---|
| 1 | 漏缆夹具 |  | 套 |  | 按需 |
| 2 | 工具包 |  | 个 | 1 | 装工具 |
| 3 | 垃圾袋 |  | 个 | 2 | 装垃圾 |

### 3.4.10　质量控制标准及检验

(1) 质量控制标准

1) 马蹄形隧道及圆形隧道以轨平面垂直高度2120mm为定位点（具体以设计尺寸为标准）。

2) 矩形隧道以轨平面垂直高度1490mm。

3) 打孔过程中保持孔洞的垂直度。

4) 根据使用的锚栓规格进行开孔。

5) 在遇到特殊地段可适当调整孔位距离，最大调整间距不超过100mm。

6) 在轨行区中区与车站分界，断面变化段、电缆接头段、风口段、电缆在同侧墙爬坡段、电缆过轨段、电缆过平台步梯段等特殊位置可特殊处理。

7) 卡具安装紧固平直，安装高度符合要求。

(2) 质量检验

1) 卡具安装高度符合要求。

2) 安装好的卡具横平竖直。

3) 卡具安装防水应符合设计要求。

### 3.4.11　安全措施

(1) 穿工作服、佩戴安全帽、穿好荧光服、佩戴好胸卡，隧道内施工区域两侧做好安全防护措施，设置警示标志。

(2) 施工用临时电源应带漏电保护装置，使用电源线时，电源线应先从轨道下方穿过，再接电源。以免车辆把电源线压断，造成安全事故发生。

(3) 使用电器设备，电动工具要有可靠的保护接地措施，施工用的临时电源应带漏电保护装置。

(4) 使用电锤时手要抓牢。

(5) 高处作业必须戴好安全帽、系好安全带、穿防滑鞋、衣着灵便，悬空作业施工打孔时戴防护眼镜及口罩，工作地点下方不得站人。

(6) 卡具安装不得侵入限界，未安装的卡具等当天必须带出施工现场。

### 3.4.12　环保要求

(1) 清理后的垃圾完成后装袋运出施工场地，放在指定位置，做到工完料尽场地清。

(2) 测量用具及材料需及时回收，测量用油漆、画笔及线绳等物品不得随意丢弃，减少环境污染。

## 3.5 地面线槽安装

### 3.5.1 适用范围

本作业指导书适用于城市轨道交通工程地面保护金属线槽安装施工作业指导。

### 3.5.2 作业条件及施工准备

(1) 作业指导书编制后，应在开工前组织技术人员认真学习实施性施工组织设计，阅读、审核施工图纸，澄清有关技术问题，熟悉规范和技术标准。制订施工安全保证措施，提出应急预案。对施工人员进行技术交底，对参加施工人员进行上岗前技术培训，考核合格后持证上岗。

(2) 设备室地面平整已完成，设备底座已安装，静电地板未安装。

(3) 水平基准线（1m 线）已弹好，配合土建施工。

(4) 预留孔洞位置及尺寸符合设计图纸要求。

(5) 主材：金属线槽（含盖板）具备有效的产品合格证，原材合格证明，经现场检验合格后报监理检验后方可使用，金属线槽要求壁厚均匀，壁厚偏差符合规范要求，槽内无毛刺，不允许有折皱、折扁、裂缝、砂眼、塌陷；外表层完整、无剥落现象。

(6) 辅材：各种弯通、支架吊架材质须和线槽一致，连接片和连接螺栓必须热镀锌材质，穿墙后的封堵材料为防火堵泥。

### 3.5.3 引用技术标准

(1)《城市轨道交通通信工程质量验收规范》GB 50382—2016。

(2)《地下铁道工程施工质量验收标准》GB 50299—2018。

(3)《地铁设计规范》GB 50157—2013

(4)《建筑安装工程施工图集第三版》——电气工程及弱电工程。

(5)《综合布线系统工程设计规范》GB 50311—2007。

### 3.5.4 作业内容

(1) 金属支架安装。

(2) 金属线槽本体安装。

(3) 线槽接地安装。

### 3.5.5 施工技术标准

(1) 线槽的规格、型号、安装位置、安装高度应符合设计要求。

(2) 线槽安装稳固，不摇晃，线槽连接处螺丝应满上，拧紧。

(3) 线槽在转弯处需增加支架进行固定。

(4) 线槽支架应与地面连接牢固，且与线槽应有连接孔。

### 3.5.6　工序流程及操作要点

（1）工序流程

工序流程图详见图 3.5.6-1。

线槽选择 → 外观检查 → 支架安装 → 线槽组装 → 线槽接地 → 封堵

图 3.5.6-1　工序流程图

（2）操作要点

1）线槽选择

① 由于设备室内一般敷设地板的大小为 600mm×600mm，因此，选择的金属线槽一般不宜超过 500mm 宽。如设计有明确要求，则按照设计要求选择线槽。

② 由于通信电缆对屏蔽要求较高，一般选用热镀锌槽盖式金属线槽及相关的各种弯通等连接附件。

2）外观检查

① 金属线槽应具备合格证、材质证明材料等，线槽的最小板材厚度应符合下列规定：

宽度<400mm，板材允许最小厚度 1.5mm；

宽度 400～600mm，板材允许最小厚度 2.0mm。

② 热浸镀锌表面应均匀、无毛刺、无挂灰、伤痕等缺陷；线槽焊缝表面应均匀，不得有裂纹、夹渣、烧穿、弧坑等缺陷。

③ 连接附件镀锌应均匀、光滑，能够正确装配，并能满足设计的调节范围，一般工程中使用的连接附件安装在线槽内外两侧，螺栓螺杆朝向外侧，螺帽戴于线槽外侧。

3）支架安装

① 地面线槽一般采用 3＃或 5＃扁钢加工成“π”型支架，支架与线槽连接面的宽度应比线槽本地宽度大 50mm 为宜，支架高度为 30～50mm。

② 支架与地面采用膨胀螺栓连接。

③ 一般情况下，之间的间隔为 2000mm，在转弯处，线槽进入设备底座处应适当增加支架数量。

④ 线槽与支架间应采用圆头螺栓进行连接，圆头在线槽内，固定螺母在线槽下方。

4）线槽组装

① 金属线槽的线槽之间、线槽与弯通之间应采用连接板连接，用半圆头螺栓固定，注意半圆头螺栓螺母朝线槽外，工程中使用的线槽连接片应安装在线槽内外两侧，线槽接缝处间隙应严密平整。线槽进行分歧、转弯等应采用专用弯头。连接完成后连接螺栓必须固定牢固。

② 金属线槽的连接时应按照现场情况进行组装。

③ 通信设备室内静电地板下线槽开孔时应采用液压开孔器进行开孔，开孔大小需根据所穿线缆数量和大小确定，然后使用防护条对开孔处进行保护，防止穿线时刮伤电缆护套。

5）线槽接地

由于通信工程一般采用热浸镀锌金属线槽，表面喷漆，所以线槽之间连接板的两端需设置跨接地线，采用 $4mm^2$ 的铜编织带或多芯铜线；但连接板两端应有不少于 2 个有防松螺帽或防松垫圈的连接固定螺栓。线槽伸缩处应采用编制铜线连接，线槽末端应采用

16mm² 接地线连接至接地排。

6）封堵

线槽穿过隔墙时应使用防火泥对孔洞进行防火封堵，地槽制作安装保证整齐，美观，电源线和信号线线槽应分开，地槽的制作应符合相关设计要求。

## 3.5.7　劳动力组织

劳动力组织见表 3.5.7-1。

**劳动力组织表**　　**表 3.5.7-1**

| 序号 | 项目 | 单位 | 数量 | 备注 |
|---|---|---|---|---|
| 1 | 施工负责人 | 人 | 1 | |
| 2 | 安装工 | 人 | 2 | |
| 3 | 辅助工 | 人 | 5 | |

## 3.5.8　主要机械设备及工机具配置

主要机械设备及工机具配置见表 3.5.8-1。

**主要机械设备及工机具配置表**　　**表 3.5.8-1**

| 序号 | 名称 | 规格 | 单位 | 数量 | 备注 |
|---|---|---|---|---|---|
| 1 | 冲击电钻 | T25 | 台 | 1 | 支架安装 |
| 2 | 红外线划线器 | | 台 | 1 | |
| 3 | 液压开孔器 | | 台 | 1 | |
| 4 | 切割机 | | 台 | 1 | |
| 5 | 手电钻 | | 把 | 1 | |
| 6 | 台钻 | | 台 | 1 | |
| 7 | 开关箱 | | 个 | 2 | |
| 8 | 锯弓 | | 把 | 2 | |
| 9 | 圆锉 | | 把 | 2 | |
| 10 | 尼龙细线 | 100m | 条 | 2 | 自制 |

## 3.5.9　物资材料配置

物资材料配置见表 3.5.9-1。

**物资材料配置表**　　**表 3.5.9-1**

| 序号 | 名称 | 规格 | 单位 | 数量 | 备注 |
|---|---|---|---|---|---|
| 1 | 地面线槽 | | 米 | 若干 | 按房间所需准备 |
| 2 | 地面支架 | | 套 | 若干 | |
| 3 | 膨胀螺栓 | M8 | 套 | 若干 | |
| 4 | 连接螺栓 | M8 | 套 | 若干 | 含平垫、弹垫 |
| 5 | 线槽连接板 | | 个 | 若干 | |

## 3.5.10　质量控制标准及检验

（1）质量控制标准

1）主控项目

① 线槽到达现场后其型号、规格、质量应符合设计要求及相关产品标准的规定；线

槽终端应进行封堵；槽与槽之间、槽与设备盘（箱）之间、槽与盖之间、盖与盖之间连接处，应对合严密。

② 金属线槽应接地，因金属线槽外表为热浸镀锌，连接板的两端需接接地线，连接板两端不少于2个有防松螺母或防松垫圈的连接固定螺栓。

③ 电力缆与信号线宜分槽敷设，需在同槽敷设时应采用金属隔板分开敷设。

2）一般项目

① 金属线槽宜经过热镀锌处理，在线缆转弯处，槽道开口大小应与线缆线相适应，切口处应光滑，不应有卷边，内、外壁及盖板表面应光洁、无毛刺，尺寸准确。槽底与盖板均应平整，侧壁应与槽底垂直。

② 线槽的直线长度超过50m，宜采取热膨胀补偿措施。

③ 两列线槽拼接偏差不应大于2mm。

④ 直接由线槽内引出电缆时，应采用合适的护圈保护电缆。

⑤ 线槽的安装应横平竖直，排列整齐。其上部与楼板之间应留有便于操作的空间。垂直排列的线槽拐弯时，其弯曲弧度应一致。线槽拐直角弯时，其弯头的弯曲半径不应小于槽内最粗电缆外径的10倍。

⑥ 支架安装应牢固，横平竖直，整齐美观；安装位置偏差不大于50mm；同一直线段上支吊架间距均匀。

（2）质量检验

按照《城市轨道交通通信工程质量验收规范》GB 50382—2016中的规定进行检验，填写质量验收记录。

1）线槽的规格、型号应符合设计要求。

2）线槽安装牢固、稳定。

3）槽与槽之间、槽与设备盘（箱）之间、槽与盖之间、盖与盖之间连接处，应对合严密。

4）线槽应有效接地。

5）线槽端头处及线槽出线处均应进行封堵。

### 3.5.11　安全措施

（1）搬运金属线槽时，注意绑扎牢固，防止线槽滑落。

（2）电动工具使用应按照“电动工具安全技术交底”要求的操作规程进行施工。

（3）使用电动工具前必须检查工具外壳、电源线缆是否破损漏电。

（4）打孔作业戴好防护眼睛和口罩。

（5）使用发电机作业时应具备消防器材，设置看火防护人员，办理动火手续。

（6）照明不足的地方作业时必须设置照明设施；注意现场作业环境中的“四口五临边”处是否具备防护措施。

### 3.5.12　环保要求

（1）支架打孔产生的垃圾应在施工完成后清理，防止污染周围环境。

（2）线槽捆绑用的塑料物、绑扎绳等物件，需要在安装完成后清理出车站。

## 3.6 区间缆线敷设

### 3.6.1 适用范围

适用于城市轨道交通工程区间缆线敷设。

### 3.6.2 作业条件及施工准备

(1) 作业指导书编制后，应在开工前组织技术人员认真学习实施性施工组织设计，阅读、审核施工图纸，澄清有关技术问题，熟悉规范和技术标准。

(2) 通信系统区间支架安装完毕，车站引入爬架、槽道安装完毕。

(3) 对车站缆线敷设所涉及的技术资料收集，施工劳动力组织配备、材料及设备工器具的配置。

### 3.6.3 引用技术标准

(1)《城市轨道交通通信工程质量验收规范》GB 50382—2016。

(2)《地下铁道工程施工质量验收标准》GB 50299—2018。

(3)《地铁设计规范》GB 50157—2013。

(4)《建筑安装工程施工图集第三版》——电气工程及弱电工程。

(5)《综合布线系统工程设计规范》GB 50311—2016。

### 3.6.4 作业内容

(1) 区间缆线敷设。

(2) 区间缆线引入。

(3) 区间缆线绑扎。

(4) 区间缆线标牌悬挂。

(5) 区间引入孔洞封堵。

### 3.6.5 施工技术标准

(1) 依据施工图纸，确定使用线缆的规格、型号，缆线在托架上的分层需求。

(2) 缆线敷设施工时，满足支架上敷设的最大截面缆线的弯曲半径的要求。

(3) 缆线敷设完成后，要进行缆线绑扎，并将剩余部分扎带剪去。

(4) 缆线绑扎完成后需按照设计要求就行标牌悬挂，一般间隔100～150m。

### 3.6.6 工序流程及操作要点

(1) 工序流程

工序流程图详见图3.6.6-1。

(2) 操作要点

1) 线缆吊装

在吊装前应预先制订相关吊装方案，确定需用车辆及运输路径，配备专门指挥人员配合吊装，组织施工人员进行技术交底。根据配盘表选取相应线盘，起重机到指定位置后，选取平稳地段泊车备吊，确保吊装车辆支腿平稳可靠。

缆线吊装 → 缆线敷设 → 缆线引入及预留 → 缆线绑扎　标牌悬挂 → 孔洞封堵 → 缆线成端

图 3.6.6-1　工序流程图

吊装时指派专人指挥，3～4 名工人配合，根据缆盘重量选用与吊重相应的、完好的吊装带。缆盘吊装至运输车辆上后应固定平稳，防止运输过程中缆盘滚动，造成事故。运输途中应派专人押车，吊装过程详见图 3.6.6-2。

图 3.6.6-2　线缆吊装

2）缆线至轨道车

缆线运输至指定位置后，需在安全地段泊车卸缆，指派专人指挥，4～5 名工人配合吊装，指定 2 名工人负责将横轴杠杆穿入缆盘中心孔洞，并将吊装带系紧在横轴两端，人员撤离，指令员发出继续提升的指令。平稳的将缆盘吊装至轨道车的放线架上后须将转轴防脱卡扣扣紧，以防止在放线过程中因缆线卡盘导致缆盘滑落发生事故。

3）缆线敷设

缆盘吊装固定完成，引道员发行车指令，放线车开始向区间行进，行进速度不能超过 5km/h，放线作业开始。

① 地面、高架区间光电缆需敷设在区间电缆槽道上，地下区间光电缆敷设在区间侧墙支架上。

② 进入光电缆敷设现场后，根据分工要求进行人员安排，明确指令和责任。

敷设过程中，根据不同的敷设区间正确选择光电缆盘，4 人负责线盘随轨道曲线和坡度变化随时调整线盘的倾斜度和水平度，防止因线盘左右平移造成与支架的摩擦或卡盘，影响线缆敷设或使电缆支架因突然受力而倾倒；光电缆敷设时不得在地上拖拉，防止损伤外皮；光电缆敷设时不得出现打背扣和打死弯等现象。

③ 车上另外安排 3 人负责从盘上拉动线缆，使其沿平板车后沿布放，防止线缆所受张力过大。在电缆盘的后方有 2 人根据线路曲线动态调整电缆支架的高度，防止电缆支架倾倒，具体详见图 3.6.6-3。

④ 光缆敷设时弯曲半径不得小于其外径的 15 倍，同轴电缆、馈线、电缆敷设时不得小于其外径 15 倍，大对数电缆弯曲半径不应该小于电缆外径的 10 倍。光电缆敷设不得在地上拖拉损伤外护套，光缆不得打绞、扭弯等。

⑤ 光电缆敷设至车站后，将通过区间引入孔引至通信机房。在不具备将光电缆引入至通信机房的条件时，需要对预留光缆临时采用“8”字倒盘方法进行盘留在不影响区间行车的安全区域。

⑥ 区间光、电缆在穿越人防专业预留的孔洞套管时，宜使用胶垫或护套做好防护工作，防止缆线皮刮伤。光电缆在穿越人防门后需做好余留工作，余留长度控制在 8～10m，余留光电缆盘半径 1.5m 左右，线圈使用固定在墙上，详见图 3.6.6-4。

图 3.6.6-3 缆线敷设

图 3.6.6-4 缆线敷设

4）光电缆引入

① 光电缆由区间敷设到车站轨行区后，从区间支架通过区间引入孔引至通号电缆间，确认好预留长度后，做好区间缆线标牌悬挂、孔洞封堵，详见图 3.6.6-5。

② 引入后的线缆在通号电缆间内预先安装好的盘留架上做好缆线余留，张贴标识标牌，详见图 3.6.6-6。

图 3.6.6-5 光电缆引入

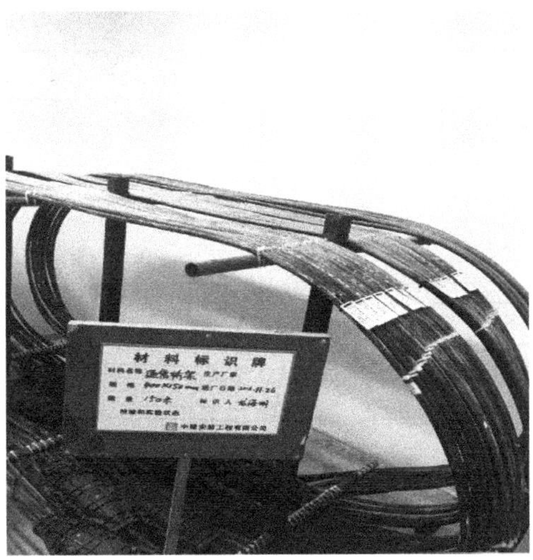


图 3.6.6-6 光电缆引入

区间支架上的缆线在布放完成后需使用扎带将缆线绑扎整齐，防止脱落至轨行区。区间漏缆需按照要求平直卡接至指定高度的卡具内，卡接时应注意将漏缆孔槽对准轨行区，确保信号发散覆盖。

③ 将缆线上支架后出现的少量的累积富余长度向前逐步送展至末端。

④ 将缆线通过地槽或预埋管道引入通信设备室的 ODF 架。

## 3.6.7 劳动力组织

劳动力组织见表 3.6.7-1。

劳动力组织表　　表 3.6.7-1

| 序号 | 项目 | 单位 | 数量 | 备注 |
|---|---|---|---|---|
| 1 | 现场工长 | 人 | 1 | 施工现场指挥 |
| 2 | 技术人员 | 人 | 1 | 施工现场技术指导 |
| 3 | 普通技术工人 | 人 | 20 | 划线打孔、支架安装、接地扁钢安装 |

## 3.6.8　主要机械设备及工机具配置

主要机械设备及工机具配置见表 3.6.8-1。

主要机械设备及工机具配置表　　表 3.6.8-1

| 序号 | 名称 | 规格 | 单位 | 数量 | 备注 |
|---|---|---|---|---|---|
| 1 | 作业车 | 自制 | 个 | 2 | |
| 2 | 常用小工具 | | 套 | 2 | |
| 3 | 照明设施 | | 套 | 2 | |
| 4 | 头灯 | | 个 | 12 | |
| 5 | 吊车 | | 台 | 1 | |

## 3.6.9　物资材料配置

物资材料配置见表 3.6.9-1。

物资材料配置表　　表 3.6.9-1

| 序号 | 名称 | 规格 | 单位 | 数量 | 备注 |
|---|---|---|---|---|---|
| 1 | 光缆 | 按需 | 米 | 按需 | 具备有效的产品合格证 |
| 2 | 电缆 | 按需 | 米 | 按需 | 具备有效的产品合格证 |
| 3 | 漏缆 | 按需 | 米 | 按需 | 具备有效的产品合格证 |
| 4 | 扎带 | | 个 | 按需 | |
| 5 | 标牌 | | 个 | 按需 | |
| 6 | 自粘胶带 | | 个 | 按需 | |

## 3.6.10　质量控制标准及检验

（1）质量标准

1）光电缆的种类、规格、质量必须符合设计要求。

2）缆线的敷设路由及弯曲半径应符合设计要求。

（2）质量检验

按照《城市轨道交通通信工程质量验收规范》GB 50382—2016 中的规定进行检验，填写质量验收记录。

1）缆线到达现场应进行检查，其型号、规格、质量应符合设计要求及相关产品标准的规定。

2）缆线线路的径路、敷设位置应符合设计要求。

3）缆线线路的防蚀和接地设施的设置地点、区段、数量、方式和防护措施符合设计要求。

### 3.6.11 安全措施

（1）缆线吊装时，应符合项目部吊装操作规程，操作人员持有效操作证件。

（2）线缆敷设时，要保持线盘水平，不得出现线盘与支架碰擦现象，防止线盘卡死。

（3）缆线在运输至敷设现场和敷设完成后必须采用垫木将电缆盘塞紧，防止在敷设过程中滑动造成安全事故。

（4）施工时按要求佩戴好安全防护用品，高处作业人员必须按照规定正确佩戴安全带，站在高处传递物品时，要拿稳，防止掉落伤人。

（5）施工区域两端需设置荧光灯等警示标志，并安排安全员进行防护。不得进入未经允许的施工区段，与其他专业交叉施工时需设置专人防护。

（6）施工时需设置足够的照明设施，且作业车防护人员及施工人员要注意脚下孔洞。作业车推行过程中，应当缓慢、平稳，严禁坐卧轨道休息。

### 3.6.12 环保要求

（1）施工现场的工机具和材料须在划定的区域摆放整齐，并悬挂标识牌；现场施工场地整洁、干净。

（2）施工过程中产生的垃圾和废料要集中存放，并在当天施工完成后及时清理至指定地点。

## 3.7 机柜底座安装

### 3.7.1 适用范围

适用于城市轨道交通设备系统机柜底座安装施工。

### 3.7.2 作业条件及施工准备

（1）在开工前组织技术人员认真学习施工组织设计，审核施工图纸，澄清有关技术问题，熟悉规范和技术标准。

（2）制订施工安全保证措施及应急预案，对施工人员进行技术交底、上岗前的培训，考试合格后持证上岗。

（3）收集机柜底座安装施工所涉及的各种技术数据，施工劳动力的组织、安装材料及安装工机具的准备。

（4）使用的各种安装固定件必须采用不锈钢或镀锌材料且满足设计要求。

（5）了解装修单位对设备房的装修完成时间和地面标高线。

（6）施工用临时电源及临时照明按临电使用要求设置到位，满足施工要求。

（7）按照施工图纸标示，确定各机柜底座位置；现场测量出防静电地板高度进行机柜底座制作（如防静电地板还没有安装时，技术人员需到装修单位了解防静电地板的安装高度）。

（8）在机柜底座制作前和设备供货商沟通，了解机柜的具体尺寸和安装固定孔位尺寸。

（9）根据现场测量的防静电地板高度和供货商提供的机柜尺寸，绘制底座加工图，选择加工厂按照底座加工图统一进行底座加工，加工的材料及工艺应符合设计要求和验收规范。

（10）若设备供货商提供机柜底座，我方要提前将现场测量的防静电地板高度尺寸提供给设备供货商，并与供货商密切联络，确保机柜底座满足设计及现场安装要求。

### 3.7.3　引用技术标准

（1）《城市轨道交通通信工程质量验收规范》GB 50382—2016。

（2）《城市轨道交通工程质量验收标准》DB11/T 311.2—2008。

### 3.7.4　作业内容

（1）现场测量。

（2）机柜底座安装。

（3）地线连接。

（4）底座刷漆。

### 3.7.5　施工技术标准

（1）底座的安装位置、固定方式应符合设计要求。

（2）底座焊接处焊缝应平整，不应有裂缝、夹渣、气孔等缺陷。

（3）底座焊接处打磨平滑，镀锌层完好、无氧化情况。

（4）底座安装固定牢靠，排列整齐、底座面水平符合设计及验收规范要求。

### 3.7.6　工序流程及操作要点

（1）工序流程图

具体流程图详见图3.7.6-1。

图3.7.6-1　工序流程图

（2）操作要点

1）施工准备

① 依据施工图纸核对底座数量、尺寸是否与设计规格相符。

② 依据施工图纸测量现场安装位置是否符合设计图纸，安装时注意机柜不能位于空调出风口及冷凝水管口正下方。

③ 底座安装所需的工机具及材料配备齐全。

④ 清理现场杂物，清扫地面。

⑤ 对已安装防静电地板的设备房用木板或纸板进行保护，防止安装底座时损坏防静电地板。

2）测量、定位

① 根据施工图用钢卷尺测量确定底座安装位置，撤除底座安装位置的防静电地板。

② 首先将机柜底座按照施工图纸位置摆放到位，以墙面为参考点用卷尺测量底座的

前边缘、侧边缘到墙面的距离，反复调整底座使每个底座的前边缘、侧边缘到墙面的距离与图纸相符。

③ 如设备机房内参考墙面不平时，可用尼龙线拉出一条直线，以该直线为参考点，用卷尺测量机柜底座的安装位置，然后用墨线在地面上弹出一条直线，作为机柜底座的安装基准线。

④ 将机柜底座调整到位后，用金属垫块调整每个底座水平，用水平尺检查是否水平，直至每个底座水平后，用记号笔在地面上做好底座安装孔的位置标记。

3）打孔、机柜底座安装

① 将机柜底座移开用冲击电钻在地面标记处打孔，电钻钻头要和金属膨胀螺栓型号相匹配，调节冲击电钻的深度标尺，使打孔的深度和金属膨胀螺栓的外胀管长度约 5mm；打孔要垂直，用吸尘器清理灰尘放入膨胀螺栓。

② 用榔头将膨胀螺栓逐一敲入孔内，将螺栓适当拧紧，使外胀管略微胀开后，退出螺帽和垫片。

③ 将所有金属膨胀螺栓安装完成后，把机柜底座安放到每个螺栓上，套上平垫、弹簧垫片、螺帽；逐一安装完成每个底座，用卷尺测量整排底座的前边缘在直线上的偏差不大于 2mm。

④ 采用边调整边固定的施工方法，防静电地板没有安装的房间根据现场装修给出的标高线进行调整，将底座顶面调整至防静电地板面标高。

⑤ 调整底座时，用水准仪或水平尺测量底座的四个角，选一个最高点，根据装修单位给出的标高线，将底座调整至防静电地板面的标高，并将其固定；然后逐一将其余各点放以一定的垫片使其达到防静电地板面的标高位置。

⑥ 在使用水准仪进行标高测量时，测量人员必须认真仔细，看得清，看得准，塔尺必须扶正，不得前倾或后仰，以免造成误差。

⑦ 依照基准线位置用钢卷尺测量底座边缘距离是否正确，是否符合设计图纸要求，用水平尺或水准仪等仪器测量调整底座面与防静电地板面水平后拧紧螺帽。

⑧ 将其余的底座参照已固定好的底座统一调正、调平并安装牢固。

4）地线连接

按照施工图纸设计要求以及施工规范要求将底座用接地线连接至地线排，接地线两端必须压线鼻子连接。

5）防锈刷漆

① 机柜底座安装完成后，表面有损伤掉漆的部位，用钢丝刷将底座表面清理干净，然后刷漆。

② 所有掉漆部分都要先刷一层防锈漆再刷两层富锌漆，做好成品保护，具体详见图 3.7.6-2。

图 3.7.6-2 防锈刷漆

## 3.7.7 劳动力组织

劳动力组织见表 3.7.7-1。

劳动力组织表　　表3.7.7-1

| 序号 | 人员 | 单位 | 数量 | 备注 |
|---|---|---|---|---|
| 1 | 技术人员 | 人 | 1 | 技术负责、质量负责 |
| 2 | 施工负责人 | 人 | 1 | 现场施工组织 |
| 3 | 辅助工人 | 人 | 4 | |

### 3.7.8　主要机械设备及工器具配置

主要机械设备及工器具配置见表3.7.8-1。

主要机械设备及工器具配置表　　表3.7.8-1

| 序号 | 名称 | 规格 | 单位 | 数量 | 备注 |
|---|---|---|---|---|---|
| 1 | 水准仪 | | 台 | 1 | |
| 2 | 塔尺 | 3m | 把 | 1 | |
| 3 | 水平尺 | 1m | 把 | 1 | |
| 4 | 冲击电钻 | TE-25 | 台 | 1 | |
| 5 | 榔头 | 2～4磅 | 把 | 2 | |
| 6 | 墨斗 | | 支 | 1 | |
| 7 | 钢卷尺 | 5m | 把 | 2 | |
| 8 | 扳手 | | 套 | 2 | |
| 9 | 组合工具 | | 套 | 1 | |
| 10 | 钢丝刷 | | 把 | 2 | |
| 11 | 油漆刷 | | 把 | 3 | |
| 12 | 配电箱 | | 个 | 1 | |
| 13 | 压线钳 | | 把 | 1 | 压接地线 |
| 14 | 吸尘器 | | 台 | 1 | |

### 3.7.9　物资材料配置

物资材料配置见表3.7.9-1。

物资材料配置表　　表3.7.9-1

| 序号 | 名称 | 规格 | 单位 | 数量 | 备注 |
|---|---|---|---|---|---|
| 1 | 机柜底座 | 根据施工图 | 个 | 实需 | |
| 2 | 膨胀螺栓 | 根据施工图 | 套 | 实需 | |
| 3 | 冲击钻头 | | 根 | 实需 | 根据膨胀螺栓大小确定 |
| 4 | 垫块 | 规格不等 | 块 | 实需 | 调机柜底座用 |
| 5 | 防锈漆 | | 千克 | 实需 | |
| 6 | 富锌漆 | | 千克 | | |
| 7 | 黄绿地线 | | 米 | 实需 | |
| 8 | 线鼻子 | | 个 | 实需 | 压接地线用 |
| 9 | 记号笔 | | 支 | 2 | |

### 3.7.10　质量控制标准及检验

（1）质量控制标准

1）机柜底座的材质规格、型号应符合设计要求。

2）底座焊接处焊缝应平整，打磨平滑，无裂缝、夹渣、气孔等缺陷，镀锌层完好、无氧化情况。

3）底座安装排列整齐，固定牢固。

4）底座安装误差及不平行度允许偏差见表 3.7.10-1。

**允许偏差值表** **表 3.7.10-1**

| 项目 | 允许偏差 | |
|---|---|---|
| | mm/m | mm/全长 |
| 不直度 | <1 | <2 |
| 水平度 | <1 | <2 |
| 位置误差及不平行度 | | <2 |

（2）质量检验

1）机柜底座的规格、型号、材质应符合设计要求。

2）底座的安装位置符合图纸要求，垂直、水平度符合设计及验收规范要求，同时底座接地可靠。

3）底座焊接处焊缝应平整，不应有裂缝、夹渣、气孔等缺陷，焊接处打磨平滑，并做防锈处理。

4）底座表面无明显损伤、漆饰完好、无氧化情况。

## 3.7.11 安全措施

（1）施工作业前，对每项工序进行专项安全培训及安全技术交底，交清每道工序的危险源、关键点及施工注意事项。

（2）进入施工现场，戴安全帽，穿工作服，穿防砸鞋。

（3）施工用临时配电箱应带漏电保护装置，使用电源时，电源线应从配电箱下方孔洞穿入，以免配电箱关门把电源线压伤压断，造成安全事故发生。

（4）使用电动工具前须严格检查，要有可靠的保护接地措施，电动工具操作应规范，确保使用安全。

（5）移动底座时要轻拿轻放，小心砸伤手脚。

（5）使用电钻时手要握紧电钻，防止钻头卡住时扭伤手臂。

（6）现场施工时应时刻注意安全，当心地面的孔洞和电线，以及房顶的坠物，以免发生意外的伤害事故。

（7）工作完毕或离开现场时，要切断电动工具、配电箱等电源。

## 3.7.12 环保要求

（1）施工用油漆应妥善放置，防止污染周围环境。

（2）施工过程中的废弃物应及时分类按照环保部门要求妥善处理。

（3）施工过程中产生的废料和工地就餐时吃饭的一次性饭盒、塑料袋等生活废品要当日下班时带出工地，集中处理，严禁随意抛扔。

## 3.8　机柜安装

### 3.8.1　适用范围

适用于城市轨道交通设备机柜安装作业。

### 3.8.2　作业条件及施工准备

（1）在开工前组织技术人员认真学习施工组织设计，审核施工图纸，澄清有关技术问题，熟悉规范和技术标准。

（2）制订施工安全保证措施及应急预案。对施工人员进行技术交底、上岗前的培训，考试合格后持证上岗。

（3）收集机柜安装所涉及的各种技术数据，施工劳动力的组织、安装材料及安装工机具的准备。

（4）设备房通风、照明、施工用电、地线及室内温度、湿度满足设备安装条件及设计要求。

（5）机柜底座已安装完成，设备房的接地系统符合设计要求。

（6）设备房的门、窗安装完成，消防器材齐全有效。

（7）机柜及柜内配件已运输到位，组织开箱检查验收。

### 3.8.3　引用施工技术标准

（1）《城市轨道交通通信工程质量验收规范》GB 50382—2016。

（2）《地下铁道工程施工质量验收标准》GB 50299—2018。

（3）《地铁设计规范》GB 50157—2013。

### 3.8.4　作业内容

（1）设备开箱。

（2）测量、定位。

（2）机柜安装固定。

（3）机柜接地线安装。

### 3.8.5　施工技术标准

（1）机柜安装前确认机柜的规格型号、机柜数量、外形尺寸与施工图纸一致。

（2）机柜安装位置、机柜和底座的固定方式应符合设计要求。

（3）机柜安装牢靠，排列整齐，漆饰完好，铭牌、标识清楚正确。

（4）使用的各种安装固定件必须采用不锈钢或镀锌材料且满足设计要求。

（5）机柜的前后及左右倾斜偏差，应小于机柜高度的1‰。

（6）整列机柜前端面在平行直线上偏差小于5mm，每个机柜水平偏差小于2mm，柜间缝隙小于1mm。

### 3.8.6 工序流程及操作要点

（1）工序流程图

工艺流程图详见图3.8.6-1。

图3.8.6-1 工序流程图

（2）操作要点

1）施工准备

① 根据施工图纸，现场核对测量机柜安装位置尺寸，各系统机柜厂商提供的安装手册。

② 对已铺设好防静电地板的设备房用木板或纸板进行保护，防止安装设备损坏防静电地板。

③ 所需施工人员到位，分工明确，安装设备用工机具配备齐全。

④ 对设备房的预留孔洞做好防护。

2）机柜开箱验收

① 在监理主持下，邀请业主、会同设备供应商共同对到达安装现场的设备和主要材料进行开箱清点和设备外观检查。

② 设备及材料的型号、规格、数量应符合定货清单及设计要求。

③ 设备附件及技术资料齐全（包括合格证、说明书、操作手册等）。

④ 根据设备开箱情况要如实填写在“设备开箱验货报告”中，由业主、监理、施工和供货方共同签字确认。

⑤ 在设备开箱过程中发现设备有缺陷及其他异常情况，应在业主、监理、供货商见证下做好详细记录并签字，由设备供货商限期解决。

⑥ 对暂时不能安装的附件，应交回物资管理员进行妥善保管，防止丢失、损坏。

3）测量、定位

① 按照施工图纸将机柜移动到已安装好的机柜底座上。

② 将机柜调正满足设计图纸要求位置后，对准安装孔用记号笔在底座上做好钻孔标记。

4）机柜安装

① 首先将机柜移开，用直柄电钻在底座标记处钻孔，先用小号钻头引孔后，再选用比固定螺栓大1～2mm钻头进行钻孔。

② 用吸尘器清除铁屑，将机柜移动到底座上对准安装孔穿入固定螺栓并带上垫片、螺帽。

③ 用激光水平仪发射出一条标准、平行的直线或拉尼龙线，用橡皮锤轻敲机柜底部边框使机柜正面和侧面达到施工图纸设计位置。

④ 用水平尺和线坠检测机柜的水平度和垂直度偏差，在机柜底部加上金属垫块进行调整，待水平度和垂直度偏差符合设计及验收规范要求后按照对角方式逐一旋紧固定螺栓，并固定牢固。

⑤ 用同样方法安装其余机柜，在安装其余机柜时用水平尺和水平仪反复检测每个机柜和整列机柜的水平、垂直偏差，并用塞尺检验柜间缝隙尺寸。

⑥ 安装完成后每个机柜喷漆应完好无损，每个连接螺栓平垫、弹簧垫片和螺帽齐全。

应尽量使用呆扳手，以免对连接螺栓表面损坏，导致螺栓锈蚀。

⑦ 用水平仪和水平尺检测单个机柜和整列机柜的水平、垂直偏差，整列机柜前端面在平行直线上偏差应小于5mm，每个机柜水平偏差小于2mm，用塞尺检查柜间缝隙应小于1mm；机柜垂直偏差小于机柜高度的1‰。

⑧ 安装完成后需仔细检查机柜内模块、连接线是否松动、脱落。收集好机柜内部随机资料和机柜钥匙等。

⑨ 所有机柜安装完成后锁好机柜门，立即使用防水防尘布对机柜进行保护，防止灰尘进入，具体详见图3.8.6-2。

5）机柜接地线安装

① 根据施工图要求，将每个机柜用16mm² 黄绿色地线连接到地线箱的接地铜排。

② 接地线两端必须用线鼻子压接，线鼻子固定在机柜接地端子上，加上平垫、弹簧垫片和螺帽拧紧，连接可靠牢固，地线接入镀锡铜排，然后接入常规机电单位提供的综合接地线后做好标牌粘贴工作，使用钳式接地电阻测试仪测试接地电阻，阻值要求不大于1Ω，具体详见图3.8.6-3。

图3.8.6-2 机柜安装

图3.8.6-3 机柜接地线安装

③ 机柜的可开启柜门均应用接地线与机柜的金属框架进行连接，并连接到机柜的接地端子上。

## 3.8.7 劳动力组织

劳动力组织见表3.8.7-1。

劳动力组织表 表3.8.7-1

| 序号 | 项目 | 单位 | 数量 | 备注 |
| --- | --- | --- | --- | --- |
| 1 | 技术员 | 人 | 1 | 技术负责 |
| 2 | 施工负责人 | 人 | 1 | 现场施工组织、协调 |
| 3 | 技术工人 | 人 | 2 | |
| 4 | 辅助工人 | 人 | 5 | |

### 3.8.8 主要机械设备及工器具配置

主要机械设备及工器具配置见表 3.8.8-1。

**主要机械设备及工器具配置表** **表 3.8.8-1**

| 序号 | 名称 | 规格 | 单位 | 数量 | 备注 |
|---|---|---|---|---|---|
| 1 | 直柄电钻 | | 台 | 1 | |
| 2 | 激光水平仪 | | 台 | 1 | |
| 3 | 水平尺 | 1m、0.5m | 把 | 2 | 各一把 |
| 4 | 人字梯 | 2m、3m | 把 | 2 | 各一把 |
| 5 | 呆扳手 | 与螺栓型号配套 | 套 | 4 | 各一把 |
| 6 | 压线钳 | | 把 | 1 | |
| 7 | 平锉、圆锉 | | 把 | 2 | |
| 8 | 尼龙细线 | 100m | 条 | 1 | |
| 9 | 配电箱 | 10A | 支 | 1 | |
| 10 | 常用工具 | | 套 | 3 | |
| 11 | 橡皮锤 | | 把 | 2 | |
| 12 | 吸尘器 | | 台 | 1 | |

### 3.8.9 物资材料配置

物资材料配置见表 3.8.9-1。

**物资材料配置表** **表 3.8.9-1**

| 序号 | 名称 | 规格 | 单位 | 数量 | 备注 |
|---|---|---|---|---|---|
| 1 | 连接螺栓 | 根据设计要求 | 套 | 实需 | |
| 2 | 黄绿色地线 | 根据设计要求 | 米 | 实需 | |
| 3 | 线鼻子 | 根据设计要求 | 个 | 实需 | |
| 4 | 麻花钻头 | | 根 | 实需 | |
| 5 | 垫块 | | 块 | 实需 | 调整设备 |
| 6 | 防水防尘布 | | | 实需 | 保护设备 |

### 3.8.10 质量控制标准及检验

(1) 质量控制措施

1) 机柜安装位置、方向严格按照施工图纸进行施工。

2) 机柜(架)固定应牢固、并列机柜(架)应紧密靠拢。

3) 机柜及其他设备安装,机柜的前后及左右倾斜偏差,应小于机柜高度的1‰。

4) 固定机柜的连接螺栓应为热镀锌螺栓或不锈钢螺栓。

5) 整列机柜前端面在平行直线上偏差小于5mm,每个机柜水平偏差小于2mm,各机柜间缝隙小于1mm。

(2) 质量检验

1) 机柜安装牢固,排列整齐,铭牌、标识清楚正确,符合设计要求。

2) 机柜表面无明显损伤、印痕;漆饰完好。

3）用水平仪或水平尺检测整列机柜前端面在平行直线上偏差应小于5mm，每个机柜水平偏差小于2mm，用塞尺检查机柜间缝隙应小于1mm；机柜垂直偏差应小于1‰。

4）机架及其部件接地线、电源线应安装牢固，机架应分别就近与接地排连接，不得将几个机架接地线复联后在一处接地。

5）防雷地线与设备保护地线安装及线径应符合施工图设计要求。

6）所有机柜安装完成后应用防水防尘布进行保护。

### 3.8.11　安全措施

(1) 施工作业前，对每道工序进行专项安全培训及安全技术交底，交清每道工序的危险源、关键点、施工安全注意事项。

(2) 进入施工现场，戴安全帽，穿工作服，穿防砸鞋。

(3) 施工用临时配电箱应带漏电保护装置，使用电源时，电源线应从配电箱下方孔洞穿入，以免配电箱关门把电源线压伤压断，造成安全事故发生。

(4) 使用电动工具前须严格检查，要有可靠的保护接地措施，电动工具操作应规范，确保使用安全。

(5) 搬运过程中机柜不得倒置，要配备足够人员，保证轻拿轻放，切忌以挪、磨的方式移动机柜。

(6) 在移动设备的时候，注意包装板上的钉子，以免划伤手脚，搬运过程中，动作、脚步要一致。

(7) 施工现场必须配备消防器材，设备房内及其附近严禁存放易燃、易爆等危险物品。

(8) 插拔单元板戴防静电护腕，防止产生静电造成对机柜的损害。

(9) 机柜安装时，注意移动机柜夹伤手脚。

### 3.8.12　环保要求

(1) 施工人员学习环境保护的相关知识，自觉遵守国家有关环境保护的法规。

(2) 严禁焚烧塑料、橡胶等产生有害气体的化工产品。

(3) 在施工过程中，确保施工现场整洁，及时清除施工垃圾和不再需要的临时设施。

(4) 施工完毕后，应按要求进行拆除安全防护设施和临时设施并将工地及周围环境清理，做到工完料清，场地整洁。

(5) 施工过程中产生的废料和工地就餐时吃饭的一次性饭盒、塑料袋等生活废品要当日下班时带出工地，集中处理，严禁随意抛扔。

## 3.9　区间轨旁设备安装

### 3.9.1　适用范围

适用于城市轨道工程区间轨旁设备安装施工作业。

### 3.9.2　作业条件及施工准备

(1) 熟悉通信区间线路图，认真阅读设计说明，澄清图纸中存在的问题，熟悉规范和技术标准。

（2）熟悉区间限界图，根据区间限界高度避开漏缆及信号 AP 设备。

（3）对车站、区间光电缆敷设所涉及的技术资料收集，施工劳动力组织配备、材料准备及设备工器具的配置。

### 3.9.3 引用施工技术标准

（1）《城市轨道交通通信工程质量验收规范》GB 50382—2016。

（2）《地下铁道工程施工质量验收标准》GB 50299—2018。

（3）《地铁设计规范》GB 50157—2013。

### 3.9.4 作业内容

（1）区间设备安装位置定测。

（2）设备基础安装。

（3）设备安装。

（4）成品保护。

### 3.9.5 施工技术标准

（1）区间设备规格型号应符合相关设计要求。

（2）区间设备安装符合限界要求。

（3）区间设备接线符合整齐、美观，符合验收标准。

（4）区间设备编号、标识标牌制作悬挂符合要求。

### 3.9.6 工序流程及操作要点

（1）工序流程图

具体流程图详见图 3.9.6-1。

施工准备 → 勘察测量 → 底座安装 → 设备安装 → 设备成端

图 3.9.6-1 工序流程图

（2）操作要点

1）施工准备

① 施工前组织相关施工人员熟悉技术图纸，并进行技术交底。

② 使用的设备符合相关技术标准，施工前组织设备开箱检验。

③ 施工前检查好设备是否正常使用。

④ 实勘现场安装位置是否侵限，是否存在位置冲突等情况。

2）勘察测量

根据区间限界图，明确区间 PIS 天线、PIS 箱、轨旁电话、POI、RRU 等设备的安装高度。在定测时注意避开区间消防管喷头及区间 FAS 报警器等设备，避免安装位置冲突。

3）AP 箱体安装

① 采用 5×50 扁钢加工 AP 箱底座，打 $\phi$10 孔，安装 M8×60 膨胀螺栓固定，圆形隧

道箱体顶面距漏缆100mm；站台矩形区间箱体底面距托臂顶端150mm，箱体安装后要求底面平行与轨平面平行；区间矩形区箱体顶面距漏缆100mm。

② 圆形隧道设备底面安装距轨平面3900mm；矩形隧道安装于漏缆上方，天线顶距顶部50mm，天线安装放线垂直于水平面朝隧道两侧安装。

③ 箱体连接AP天线线缆沿墙体垂直敷设，禁止线缆打绞、打死弯。采用铁皮卡固定。

④ 箱体接3m接地线打孔固定在支架接地扁钢，另一侧安装在箱体内，根据现场箱体与扁钢位置截取足够长度地线进行接续，扁钢打孔处做好防腐处理，具体详见图3.9.6-2。

⑤ AP箱安装位置若与信号AP箱冲突，可在原位置附件10m内进行调整安装。

⑥ 天线安装完成后做好调整固定，天线角度调整固定完成。跳线使用离墙码固定，间隔1m左右。引入箱体的光缆及电缆做好盘留及标牌悬挂，具体详见图3.9.6-3。

图3.9.6-2 AP箱体安装

图3.9.6-3 AP箱体安装

4）区间轨旁电话安装

区间轨旁电话安装限界应按照区间限界图并结合现场实际情况进行安装，注意避开区间消防管及照明管线，缆线接入分线盒后做好防水处理及编号工作，具体详见图3.9.6-4。

5）区间RRU安装

区间RRU安装位置需结合区间设备限界图，准备安装1570mm左右，位于区间最下一根商用漏缆下。区间RRU安装平直整齐，设备下方安装一个用于设备间跳线绑扎用的支架，支架长度需大于设备安装所占长度。馈线绑扎平整，馈线接头制作符合规范，馈线接头安装完成后先粘贴一层防水胶带，然后缠绕一层防水胶泥，最后缠绕一层防水胶带，防水胶带采取层压1/3的方式，做好标签粘贴工作，具体详见图3.9.6-5。

## 3.9.7 劳动力组织

劳动力组织见表3.9.7-1。

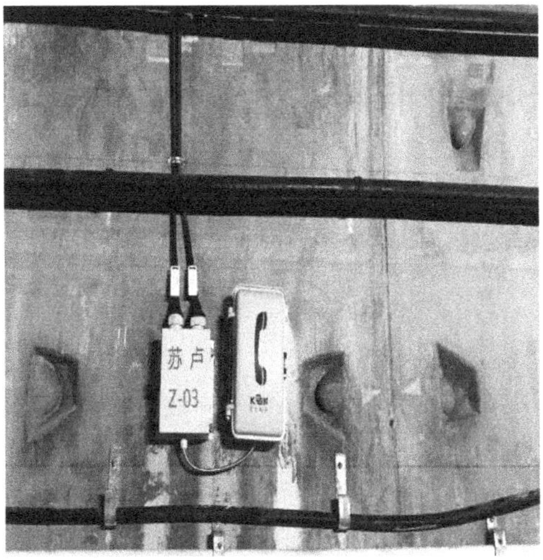


图 3.9.6-4 区间轨旁电话安装

图 3.9.6-5 区间 RRU 安装

**劳动力组织表** 表 3.9.7-1

| 序号 | 项目 | 单位 | 数量 | 备注 |
|---|---|---|---|---|
| 1 | 现场技术员 | 人 | 1 | 负责人 |
| 2 | 专职安全员 | 人 | 1 | |
| 3 | 辅助工人 | 人 | 4 | |

## 3.9.8 主要机械设备及工器具配置

主要机械设备及工器具配置见表 3.9.8-1。

**主要机械设备及工器具配置表** 表 3.9.8-1

| 序号 | 名称 | 规格 | 单位 | 数量 | 备注 |
|---|---|---|---|---|---|
| 1 | 平板车 | | 辆 | 1 | |
| 2 | 电锤 | | 把 | 1 | |
| 3 | 发电机 | | 台 | 1 | |
| 4 | 卷尺 | $L=5$m | 把 | 1 | |
| 5 | 榔头 | | 把 | 按需 | |
| 6 | 红闪灯 | | 把 | 3 | |

## 3.9.9 物资材料配置

物资材料配置见表 3.9.9-1。

**物资材料配置表** 表 3.9.9-1

| 序号 | 名称 | 规格 | 单位 | 数量 | 备注 |
|---|---|---|---|---|---|
| 1 | PIS 天线 | | 个 | 实需 | |
| 2 | PIS 箱体 | | 个 | 实需 | 特殊加工 |
| 3 | 轨旁电话 | | 个 | 实需 | |

续表

| 序号 | 名称 | 规格 | 单位 | 数量 | 备注 |
|---|---|---|---|---|---|
| 4 | 跳线 | | 根 | 实需 | |
| 5 | 辅料 | | 套 | 实需 | |

### 3.9.10　质量控制标准及检验

（1）质量控制标准

1）设备型号应符合设计要求。

2）设备安装位置应符合设计要求。

3）缆线成端应符合设计要求。

（2）质量检验

1）按照《城市轨道交通通信工程质量验收规范》GB 50382—2016 中的规定进行检验，填写质量验收记录。

2）设备安装位置符合区间限界。

3）设备安装稳固。

4）缆线绑扎符合稳固，美观，做好标识标牌悬挂。

5）做好区间缆线防水。

6）做好成品保护。

### 3.9.11　安全措施

（1）施工前，所有施工人员均应经过安全培训及技术培训。

（2）施工人员进入隧道前必须配备充足的照明设备、闪光灯、作业警示牌。

（3）施工人员进入施工现场，戴安全帽，穿工作服、荧光服，穿防砸鞋。

（4）施工工具禁止抛甩，轻拿轻放。

### 3.9.12　环保要求

（1）制订环境保护管理办法和实施细则，并建立奖惩制度，将环保的具体措施落实到相关责任人。

（2）全体施工人员学习环境保护的相关知识，自觉遵守国家有关环境保护的法规。

（3）严禁焚烧塑料、橡胶等产生有害气体的化工产品。

（4）加强对施工机械的管理，改进施工工艺，减少施工过程中的噪声。

（5）施工现场工具材料必须摆放整齐，保证现场施工场地整洁、干净、工完料清。

## 3.10　过轨管预埋

### 3.10.1　适用范围

适用于城市轨道工程无渣混凝土道床或碎石道床过轨管线预埋施工。

## 3.10.2 作业条件及施工准备

（1）作业指导书编制后，应在开工前组织技术人员认真学习实施性施工组织设计，阅读、审核施工图纸，澄清有关技术问题，熟悉规范和技术标准。制订施工安全保证措施，提出应急预案。对施工人员进行技术交底，对参加施工人员进行上岗前技术培训，考核合格后持证上岗。

（2）施工前应详细熟悉施工图纸，明确预埋管预埋位置、长度及预埋形式。收集道床结构配筋技术资料。

（3）施工前做好施工劳动力组织配备、材料准备及设备工器具的配置。

## 3.10.3 引用施工技术标准

（1）《城市轨道交通通信工程质量验收规范》GB 50382—2016。

（2）《地下铁道工程施工质量验收标准》GB 50299—2018。

（3）《地铁设计规范》GB 50157—2013。

## 3.10.4 作业内容

（1）过轨管预埋位置标记。

（2）过轨管预制。

（3）过轨管固定、穿游丝及封堵。

（4）过轨管预埋。

（5）填写安装技术记录。

## 3.10.5 施工技术标准

（1）钢管或重型 PVC 管的规格、型号、质量应符合设计要求。

（2）钢管或重型 PVC 管接头处应连接牢固、密封，不应有毛刺、搭边或错边。

（3）钢管或重型 PVC 管应与地面或道床钢筋固定牢固。

（4）钢管或重型 PVC 管弯曲半径符合电缆弯曲半径要求。

（5）钢管或重型 PVC 管管口密封牢固，露出地面标高符合设计要求。

## 3.10.6 工序流程及操作要点

（1）工序流程图

工序流程图详见图 3.10.6-1。

图 3.10.6-1 工序流程图

（2）操作要点

1）工作准备

① 检查玻璃管道规格型号是否符合设计要求。

② 对施工人员进行技术交底及安全交底。

③ 配备所需工机具及施工材料。

④ 与轨道专业协商，道床配筋过程中预留出所需要的预埋空间。

2）定位测量

根据施工图纸预埋管位置，确定基准点，测量、定位并计算所需要管道的长度。

3）无渣混凝土道床过轨管预制与预埋

① 根据轨旁预埋或跨轨预埋要求的不同，预制不同尺寸、材质的管道。

② 管道切割完成后对管口进行除毛刺、打磨、试组装，经验收合格后方可预埋。

③ 将预制弯头与玻璃钢管适当地穿插入道床钢筋网内并通过 O 型密封圈进行组合安装，通过铁丝将其与邻近钢筋绑扎固定。

④ 道床支模过程中，采用木模板对此处进行特殊支模处理，保证管道弯头能有效伸出道床面。

⑤ 管道固定完毕后，穿游丝并将管口密封，防止水泥及杂物侵入。

⑥ 道床水泥浇筑过程中安排专人职守，防止浇筑过程中损坏管道。

⑦ 粘贴标识牌，标识牌内容包括：施工单位、联系人、联系方式。

⑧ 施工过程中请监理旁站，并填写隐蔽工程检查记录，具体详见图 3.10.6-2。

图 3.10.6-2　预埋管定位测量

4）碎石道床过轨管预制与预埋

① 根据轨旁预埋或跨轨预埋的要求不同，预制不同尺寸的管道。

② 管道切割完成后对管口进行除毛刺、打磨、试组装，经验收合格后方可预埋。

③ 将预制弯头与管道通过 O 型密封圈进行组合安装。

④ 过轨钢管管顶到轨道底部距离不低于 1.2m，在垫土基础上下挖沟槽，沟槽尺寸符合设计要求，沟底夯实整平。

⑤ 管道固定完毕后，穿游丝并将管口密封，防止泥土及杂物侵入。

⑥ 碎石道床铺装过程中，安排专人职守防止道床施工过程中损坏管道。

⑦ 粘贴标识牌，标识牌内容包括：施工单位、联系人、联系方式。

⑧ 施工过程中请监理旁站，并填写隐蔽工程检查记录。

### 3.10.7　劳动力组织

劳动力组织见表 3.10.7-1。

**劳动力组织表**　　**表 3.10.7-1**

| 序号 | 项目 | 单位 | 数量 | 备注 |
|---|---|---|---|---|
| 1 | 现场技术员 | 人 | 1 | 负责人 |
| 2 | 专职安全员 | 人 | 1 | |
| 3 | 辅助工人 | 人 | 2 | |

### 3.10.8 主要机械设备及工器具配置

主要机械设备及工器具配置见表 3.10.8-1。

**主要机械设备及工器具配置表** **表 3.10.8-1**

| 序号 | 名称 | 规格 | 单位 | 数量 | 备注 |
|---|---|---|---|---|---|
| 1 | 金杯车 |  | 辆 | 1 | 送工 |
| 2 | 钢锯 |  | 把 | 1 |  |
| 3 | 平锉 |  | 把 | 1 |  |
| 4 | 卷尺 | $L=5$m | 把 | 1 |  |

### 3.10.9 物资材料配置

物资材料配置见表 3.10.9-1。

**物资材料配置表** **表 3.10.9-1**

| 序号 | 名称 | 规格 | 单位 | 数量 | 备注 |
|---|---|---|---|---|---|
| 1 | 玻璃钢管 | $\phi$50，$L=2000$mm | 根 | 实需 |  |
| 2 | 玻璃钢管弯头 | $\phi$50 | 根 | 实需 | 特殊加工 |
| 3 | O 型密封圈 | $\phi$50 | 套 | 实需 |  |
| 4 | 游丝 |  | 米 | 实需 |  |
| 5 | 管口封帽 |  | 个 | 实需 |  |
| 6 | 铁丝 | ＃8 | 米 | 实需 |  |

### 3.10.10 质量控制标准及检验

（1）质量控制标准

1）过轨管规格型号应符合设计要求。

2）过轨管预埋位置应符合设计要求。

3）管道连接应符合设计要求。

（2）质量检验

1）按照《铁路电力牵引供电工程施工质量验收标准》TB 10421—2018 中的规定进行检验，填写质量验收记录。

2）管道内无异物、无积水，管口密封良好。

3）管道固定牢固，满足电缆敷设要求。

4）管道预埋部分无裸露，埋深在道床面 30mm 以下。

5）管道管口应露出道床面标高 50mm。

6）预埋管出口距离接触轨与端部弯头接缝处 500mm 以上。

### 3.10.11 安全措施

（1）施工前，所有施工人员均应经过安全培训及技术培训。

（2）施工人员进入隧道前必须配备充足的照明设备、闪光灯、作业警示牌。

（3）施工人员进入施工现场，戴安全帽，穿工作服、荧光服，穿防砸鞋。

（4）施工工具禁止抛甩，轻拿轻放。

### 3.10.12　环保要求

（1）制订环境保护管理办法和实施细则，并建立奖惩制度，将环保的具体措施落实到相关责任人。

（2）全体施工人员学习环境保护的相关知识，自觉遵守国家有关环境保护的法规。

（3）严禁焚烧塑料、橡胶等产生有害气体的化工产品。

（4）加强对施工机械的管理，改进施工工艺，减少施工过程中的噪声。

（5）施工现场工具材料必须摆放整齐，保证现场施工场地整洁、干净、工完料清。

## 3.11　车辆段管道预埋

### 3.11.1　适用范围

适用于城市轨道交通车辆段、停车场通信系统管线施工作业。

### 3.11.2　作业条件及施工准备

（1）内业技术准备

作业指导书编制完成后，应在开工前组织施工人员认真学习施工组织设计，阅读、审核施工图纸，澄清图纸问题和有关技术问题，熟悉规范和技术标准。制订施工安全措施，提出应急预案。对施工人员进行技术交底，对参加施工的人员进行上岗前技术培训，考试合格后持证上岗。每次施工前进行安全教育，佩戴好各种劳动保护用品后方可进场施工。

（2）外业技术准备

加强与涉及单位及车辆段土建单位的联系，了解综合管线的径路以及标高要求，协调好各种管线的施工先后顺序。

### 3.11.3　引用技术标准

（1）《城市轨道交通通信工程质量验收规范》GB 50382—2016。

（2）《地下铁道工程施工质量验收标准》GB 50299—2018。

（3）《地铁设计规范》GB 50157—2013。

### 3.11.4　工序流程及作业要点

1. 施工程序

施工顺序为：测量放线→沟坑开挖→管道基础→铺管→人手孔基础→砌孔→预制上覆→安装上覆→抹面→附件安装→回填夯实。

2. 施工要求

（1）施工准备

通信电缆管道工程是一项永久性的隐蔽建筑物施工项目，在整个施工过程中必须重视施工顺序，以保证施工质量优良。

根据工程施工图纸和工程量的大小，准备工程所需的工机具、材料，做好场地材料屯放。对水泥、砂、石料和钢筋取样、送检，使用符合要求的材料。

（2）施工工艺

测量放线：施工前使用全站仪根据综合管线设计图纸和现场基标控制点进行人手孔位置的复测，并打桩定位。

设置临时水准点，临时水准点应符合下列要求：

临时水准点应满足施工测量的精度，允许误差不大于±5mm；

临时水准点应设置牢固、可靠，两点间距不应大于150m；

临时水准点、水平桩的顶部必须平整、稳定，并有明显的标记；

临时水准点、水平桩应按顺序编号，测定相应的高程，计算出各点相应沟（坑）底的深度，标在水平尺板并做好记录；

管道的各种高程以水准点为基准，允许误差不应大于±10mm。

根据已测量的人手孔位置，用尼龙线标示出管道的路径。

通信管道与其他各种管线平行或交越的最小净距，应符合表3.11.4-1通信管道与其他管线最小净距值。

**通信管道与其他管线最小净距值　　表3.11.4-1**

| 其他地下管线及建筑物名称 | | 最小平行净距（m） | 最小交越净距（m） |
|---|---|---|---|
| 已有建筑物 | | 2.0 | |
| 规划建筑物红线 | | 1.5 | |
| 电力电缆 | 35kV以下 | 0.5 | |
| | 35kV以上 | 2.0 | |
| 其他地下管线及建筑物名称 | | 最小平行净距（m） | 最小交越净距（m） |
| 给水管 | | 0.5 | 0.15 |
| | | 1.0 | |
| | | 1.5 | |
| 污水、排水管 | | 1.0① | 0.15② |
| 热力管 | | 1.0 | 0.25 |
| 燃气管 | 压力≤300kPa（3kg/cm²） | 1.0 | 0.30③ |
| | 300kPa＜压力≤800kPa（3kg/cm²＜压力≤3kg/cm²） | 2.0 | |
| 其他通信电缆（通信管道） | | 0.5 | |
| 地上杆柱 | | 0.5～1.0 | |
| 马路边石 | | 1.0 | |
| 铁路钢轨（或坡脚） | | 2.0 | |
| 其他地下管线及建筑物名称 | | 最小平行净距（m） | 最小交越净距（m） |
| 沟渠（基础底） | | | 0.5 |
| 轨道轨底 | | | 1.0 |

注：① 主干排水管后敷设时，其施工沟边与管道间的水平净距不宜小于1.5m；
② 当管道在排水管下部穿越时，净距不宜小于0.4m，通信管道应作包封；
③ 在交越处2m范围内，煤气管不应做接合装置和附属设备；如上述情况不能避免时，通信管道应作包封；
④ 如电力电缆保护管时，净距可减至0.15m

（3）管沟开挖

遇到地下已有其他管线平行距离和垂直距离接近时，应按照设计规范的规定核对其相互的最小净距是否符合标准，如发现不符合标准或危及其他设施安全时，应向建设单位反映，在未取得建设单位或产权单位同意时，不得继续施工。

施工现场条件允许，土质坚实及地下水位底于沟坑底，且挖深超过 3m 时，可采用放坡法施工，放坡坡度和与深度关系详见表 3.11.4-2。

**放坡坡度和与深度关系**　　　　**表 3.11.4-2**

| 土壤类别 | $H:D$ | |
|---|---|---|
| | $H<2m$ | $2m<H<3m$ |
| 黏土 | 1∶0.10 | 1∶0.15 |
| 砂黏土 | 1∶0.15 | 1∶0.25 |
| 上壤类别 | $H:D$ | |
| 砂质土 | 1∶0.25 | 1∶0.50 |
| 瓦砾、卵石 | 1∶0.50 | 1∶0.75 |
| 炉渣、回填土 | 1∶0.75 | 1∶1.00 |

注：$H$ 为深度；$D$ 为放坡（一侧的）宽度，具体详见图 3.11.4-1。

当管道沟坑深度超过 3m 时，应适当增设倒土平台（宽 400mm）或加大放坡系数，具体详见图 3.11.4-2。

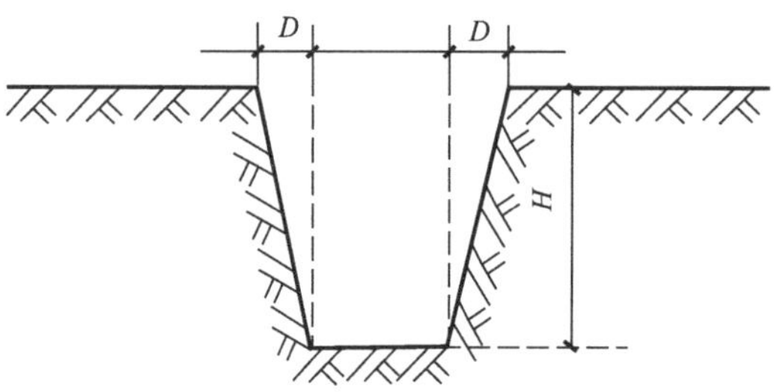


图 3.11.4-1　管沟开挖示意图

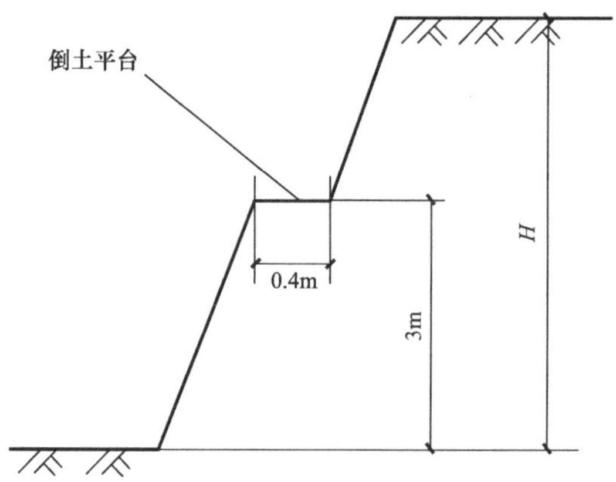


图 3.11.4-2　管沟开挖示意图

开挖不需要支护土板的人手孔坑，其坑的平面形状应与人手孔形状相同，坑的侧壁与人手孔外壁的间距不应小于 0.4m。管沟开挖完成后沟底应夯实整平，具体详见图 3.11.4-3。

沟坑形成后，凡遇被水冲泡的，必须重新进行人工地基处理，否则严禁进入下一道工序。

凡设计图纸标明需支护土板的地段，均应按照设计文件规定进行施工，设计文件中没有具体规定，遇到下列地段应支撑护土板。

1）横穿车行道的管道沟。

2）沟坑的土壤是松软的回填土、瓦砾、砂土、级配砂石层等。

3）沟坑土质松软且其深度低于地下水位。

4）施工现场条件所限无法采用放坡法施工而需要支撑护土板的地段，或与其他管线平行较长且相距较小的地段等。

挖沟坑接近设计的底部高程时，应避免挖掘过深破坏土壤结构，如挖深超过设计标高100mm，应填铺灰土或级配砂石并应夯实。

现场堆土应符合下列要求：

1）开凿路面及挖出的石块应与泥土分别堆放。

2）堆土不应紧靠碎砖或土坯墙，并应留有行人通道。

3）堆土高度不宜超过1.5m。

4）堆土不应压埋消防栓、闸门、电缆线路标示及管线的检查井、雨水口等设施。

图 3.11.4-3　管沟开挖

5）堆土的坡脚边应距沟坑边40cm以上。

挖坑沟时，严禁有积水的情况下作业，必须将水排放后进行挖掘工作。

在管道沟坑边设置1.5m高红白相间的护栏或醒目的提示标志。

（4）管道基础

管沟挖成后应进行夯实抄平，允许偏差不应大于±10mm。管道基础采用素混凝土垫层，标号为：C10，厚度为80mm，宽度为管群宽度+100mm。管道基础中心线应符合设计规定，左右偏差不应大于±10mm，高程偏差不应大于±10mm，具体如图3.11.4-4所示。

除按照设计要求外，遇到土质情况变化时，应符合下列规定：

1）在管道两侧和顶部300mm范围内，应采用细砂或过筛细土回填。

2）土质稍差地区，挖好沟槽后应做混凝土基础，基础上回填30mm细砂或细土。

3）土质较差地区，挖好沟槽后应做钢筋混凝土基础，基础上回填30mm细砂或细土。必要时对管道进行包封。管口混凝土包封如图3.11.4-5所示。

图 3.11.4-4　管道基础

图 3.11.4-5　管道基础

4）土质为岩石的地区，挖好沟槽后应回填200mm细砂或细土。

5）管道进入人孔或建筑物时，靠近人孔或建筑物侧应做不小于2m长度的钢筋混凝土基础和包封。

6）钢筋混凝土基础和包封符合如下规定：

a. 主筋宜用直径$\phi$10mm的热轧光面钢筋（HPB235级）、筋间中心间距宜为80mm或100mm。

b. 分布筋宜用直径$\phi$6mm的热轧光面钢筋（HPB235级）、筋间中心间距宜为200mm。

c. 主筋与分布筋的交叉点应采用直径$\phi$1.0mm的铁线绑扎牢固，采用衬垫将钢筋定位于适当的高度，便于浇灌混凝土。

d. 混凝土基础的厚度宜为80～100mm；宽度按管群组合计算确定。混凝土包封的厚度宜为80～100mm。钢筋混凝土基础和包封厚度宜为100mm。

e. 基础在浇灌混凝土之前，应核对钢筋的配置、绑扎、衬垫等，需符合规定，并应清除基础模板内的各种杂物；浇灌的混凝土应捣固密实，初凝后应覆盖草帘等覆盖物洒水养护；养护期满拆除模板后，基础应无蜂窝、掉边、断裂、波浪、起皮、粉化、欠茬等缺陷，如有缺陷应认真修补，严重时应返工。

f. 在制作基础时，有关装拆模板、钢筋加工、混凝土浇筑、水泥砂浆等内容，应按相关标准执行。

通信管道混凝土基础应振捣密实、表面平整、无断裂、无波浪、无明显接茬及欠茬，混凝土表面不起皮、不粉化。

（5）铺管

管道的规格及类型符合设计图纸要求，各种管群断面图详见图3.11.4-6。

| 四孔管道 | 八孔管道 |
| --- | --- |
|  |  |
| **十二孔管道** | **十六孔管道** |
| 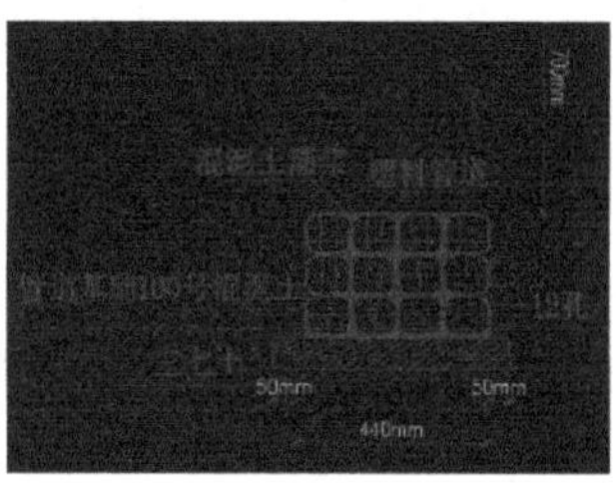 | 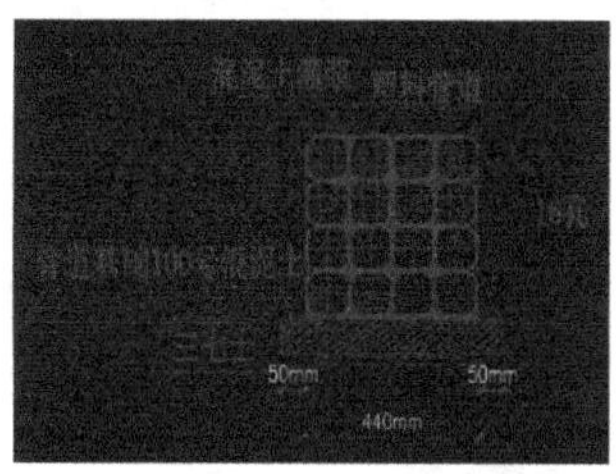 |



图3.11.4-6　铺管

各种材质管道的管顶距路面的埋设深度不小于表3.11.4-3所示要求。

**管道管顶距路面的埋设深度** **表 3.11.4-3**

| 管道类别 | 管顶距地面最小深度（m） | | |
|---|---|---|---|
| | 人行道 | 车行道 | 轨道 |
| 水泥管 | 0.5 | 0.7 | 1.5 |
| 钢管 | 0.2 | 0.4 | 1.2 |
| 管道类别 | 管顶距地面最小深度（m） | | |
| | 人行道 | 车行道 | 轨道 |
| 塑料管 | 0.5 | 0.7 | 1.5 |

各种管道进入人手孔、通道的位置应符合下列要求：

1）管顶距人手孔、通道上覆及沟盖板底面不应小于 300mm。管底距人手孔、通道基础面不应小于 400mm。

2）人手孔内不同方向管道相对位置（标高）尽可能接近，相对管孔高差不宜大于 500mm。

炎热夏季或严寒冬季要盖好草袋，注意混凝土的防晒和防冻。

每段管道不能当天完成时，必须将管口密封严实。

（6）塑料管铺设

1）塑料管道与铁道的交越角不宜小于 60°。交越处距道岔、回归线的距离应大于 3m。

2）当交越公路、铁路时埋深达不到设计要求时，应加防护措施。

3）塑料管两人手孔之间直线段的距离不应大于 200m，弯曲管道的长度不应大于 150m。

4）弯曲管道的弯曲半径不应小于 10m，管道的接头应安排在直线段，如无法避免时应将弯曲部分的接头做局部包封处理。严禁将塑料管加热弯曲。

5）管道进入人手孔时，管口不应凸出人手孔内壁，应终止在距墙体内侧 100mm 处，并应严密封堵，管口做成喇叭口。管道基础进入人手孔时，在墙体上的搭接长度不应小于 140mm。

塑料管应人工传递放入沟内，严禁翻滚入沟或用绳索穿入孔内吊放。塑料管的连接宜采用承插粘接，承插式管接头长度不应小于 200mm。各塑料管的接头宜错开排列，相邻两管的接头之间错开距离不宜小于 300mm。每 3m 左右绑扎一次，管群小于 2 层，整体绑扎，大于两层时，相邻两层为一组绑扎，然后整体绑扎。塑管铺设如图 3.11.4-7 所示。

（7）钢管铺设

1）钢管之间连接宜采用套管焊接方式，两端钢管应分别套入套管 1/3 以上，两端管口应光滑。

2）适用焊缝钢管时，钢管焊缝朝上方敷设。

3）钢管管口必须保证光滑、无毛刺，做好防腐处理。

4）钢管引入人手孔、通道时，管口不应凸出墙面，应终止在墙体内 30～50mm 处，应严密封堵，抹出喇叭口。钢管铺设详见图 3.11.4-8。

（8）人手孔基础

人手孔坑开挖完成后应按照设计标高进行夯实、超平。

基础厚度符合设计要求及相关图集要求：本工程中号手孔基础厚度为 120mm，小号人孔基础厚度为120mm，混凝土标号不小于C15。

图3.11.4-7　塑料管铺设

图3.11.4-8　钢管铺设

人手孔基础宽度为：人手孔宽度+100mm，外形偏差应不大于±20mm，厚度偏差不大于±10mm。

混凝土浇筑前应清理坑内杂物，并按照规定位置安装积水罐，基础表面应从四周向积水罐作20mm泛水。具体尺寸如图3.11.4-9所示。

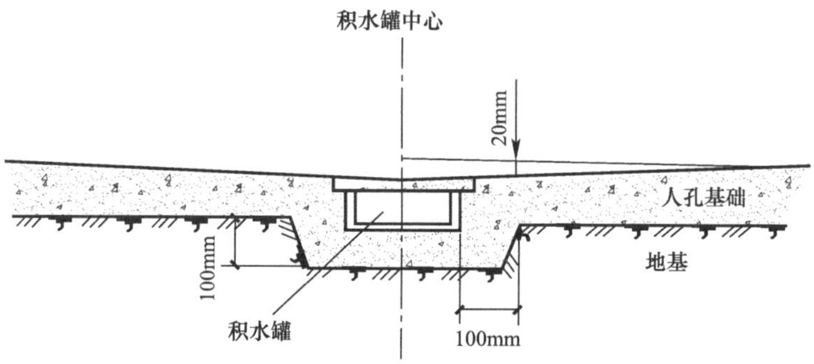


图3.11.4-9　人手孔基础

（9）砌孔

砖砌人孔、手孔尺寸符合设计要求及图集要求，本工程中选用的人手孔具体尺寸如下：

1）小号直通型人孔具体详见图3.11.4-10。

2）小号三通型人孔具体详见图3.11.4-11。

3）手孔图详见图3.11.4-12。

砖、混凝土砌块砌筑前应充分浸湿，砌体表面应平整、美观，不应出现竖向通缝。

砖砌体砂浆饱满程度应不低于80%，砖缝宽度为8～12mm，同一砖缝的宽度应一致。

砌筑墙体必须垂直，四角应水平一致。

在抹面前，应将墙面清扫干净，抹面应平整、压光、不空鼓，墙角不得歪斜，抹面厚度10mm。勾缝应整齐均匀，不应脱落或遗漏。

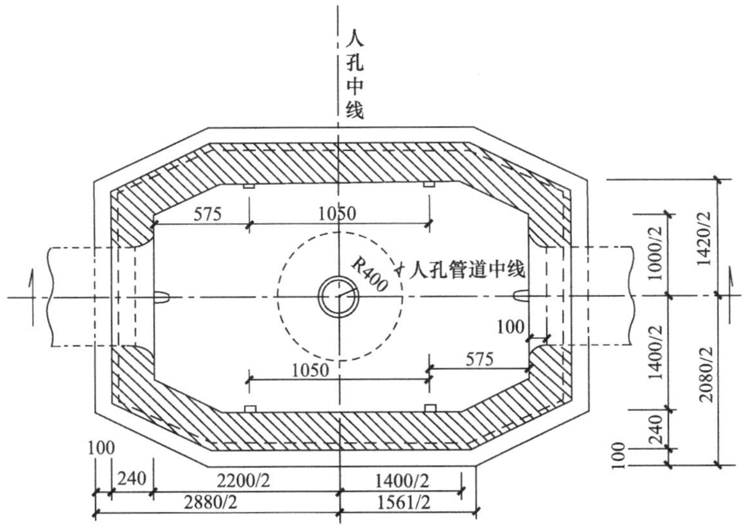


图 3.11.4-10 砌孔

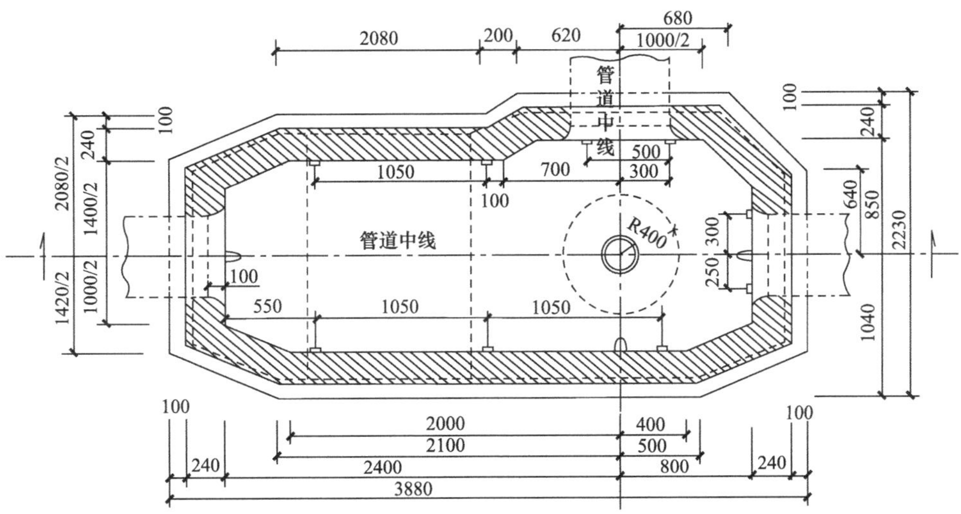


图 3.11.4-11 小号三通型人孔具

人手孔的墙体垂直度允许偏差应不大于±10mm，墙体顶部高程允许偏差不应大于±20mm，墙体与基础应结合严密、不漏水，接合部的内外侧应用 1∶2.5 砂浆抹八字，基础进行抹面处理的可不抹内侧八字（八字宽度和高度为 50mm）。抹墙体与基础的内、外八字角时，应严密、贴实、不空鼓、表面光滑、无欠茬、无飞刺、无断裂等。

应使用 M10 号砂浆进行砌筑，严禁使用掺合白灰的混合砂浆进行砌筑。

（10）人手孔内预埋件安装

1）电缆支架穿钉安装

上下穿钉应在同一垂直线上，允许垂直偏差不应大于 5mm，间距偏差不应大于 10mm。

穿钉露出墙面应为 50～70mm，螺母齐全。

穿钉必须安装牢固。

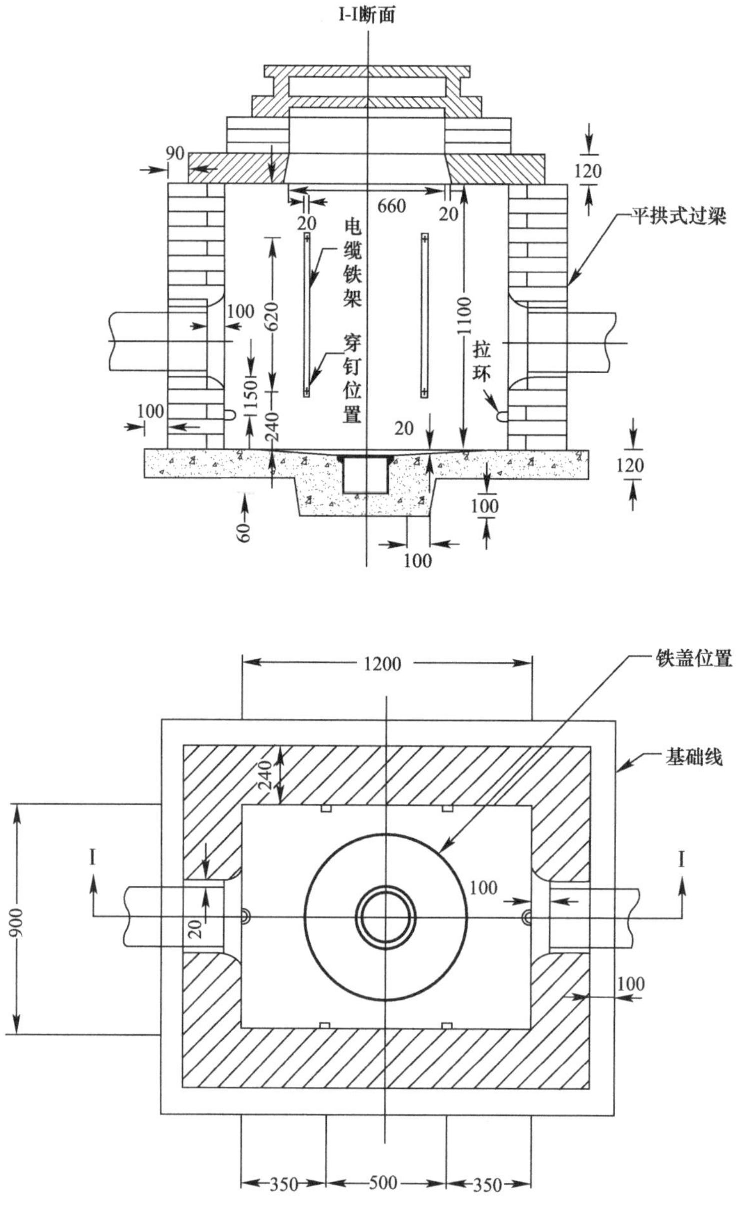


图 3.11.4-12　手孔图

2）拉力环安装

拉力环安装应与对面管道底部保持 200mm 以上距离。

露出墙面部分应为 80～100mm。

必须安装牢固。

管道端边应与墙体面呈圆弧状喇叭口，管道窗口外侧应填充密实，表面整齐。

3）预制上覆

本工程人手孔上覆盖板可提前进行预制，再运输至现场进行安装。

人孔配筋参照相关图集进行。

上覆钢筋规格尺寸符合图集要求，钢筋绑扎尺寸符合图集要求，钢筋之间绑扎牢固。

本工程中上覆混凝土采用 C20，上覆浇筑时应振捣密实、表面光滑平整、不露筋，混凝土表面不起皮、不粉化。

4）安装上覆

上覆与人手孔墙体搭接的内外侧应用 1∶2.5 砂浆抹八字（宽度为 50mm），八字抹角应严密、贴实、不空鼓、表面光滑、无欠茬、无飞刺、无断裂。

5）抹面

在人手孔内壁采用 M10 水泥砂浆抹面，抹面厚度为 10mm，人手孔外壁采用 M10 水泥砂浆抹面，抹面厚度为 15mm。抹面应光滑、不空鼓、均匀，无凹凸，具体如图 3.11.4-13 所示。

6）附件安装

人手孔电缆托架安装尺寸符合设计图样要求，安装应垂直，固定牢固。口圈和井盖安装按照人行道、车行道选择口圈与盖板的规格、材质。口圈外缘应向地表做相应的泛水。

人孔口圈与上覆之间宜砌不小于 200mm 的口腔，口腔内应抹面，口腔与上覆搭接处应抹八字。

7）回填夯实

管道工程的回填土，应在管道或人手孔完成后并经 24h 养护和隐蔽检查合格后进行。

回填前需先清理沟、坑内杂物方可回填。

管道两侧和顶部 300mm 范围内应采用细砂或筛细土回填，管道两侧每回填 150mm 厚应夯实，管道顶部 300mm 以上，每回填 300mm 厚夯实。管道路径上方回填土可高出地表 150～200mm。塑管上覆沙土再回填夯实，以保护管群，具体如图 3.11.4-14 所示。

图 3.11.4-13 抹面

图 3.11.4-14 回填夯实

人手孔坑每回填土 300mm 时进行夯实。回填土不超过人手孔口圈的高度。

## 3.11.5 劳动力组织

劳动力组织方式：以小组为单位进行施工，详见劳动力配置表 3.11.5-1。

劳动力配置表 表3.11.5-1

| 施工人员 | 人数 | 备注 |
| --- | --- | --- |
| 技术员 | 1 | 技术负责、质量标准 |
| 工长 | 1 | 现场施工组织及协调 |
| 普工 | 2 | |
| 泥瓦工 | 4 | |

其中技术员及工长必须由施工单位正式职工担任，可根据工程情况适当配备若干劳务工人。

### 3.11.6 材料要求

所用主材、辅材已运至施工现场，规格、型号符合施工图纸要求，数量满足现场需要。

主要材料检验

1）水泥

注意水泥的生产日期、出厂日期和使用日期是否符合要求，不得使用过期（出厂超过3个月）、变质迹象的水泥。必须具备出厂合格证明。水泥存储过程中应防止受潮，按照进货日期分别堆放，先入库先使用，避免压垛。

2）砂

宜使用中砂，平均颗粒为0.35～0.5mm；

砂中的轻物质，按重量计不得超过3%；

砂中的硫化物和硫酸盐，按重量计不得超过1%；

砂中的含泥量，按重量计不得超过5%；

砂中不得含有树叶、草根、木屑等杂物。

3）石子

应采用人工碎石或天然砾石，不得采用风化石；

宜使用5～32mm粒径的连续粒级石子，大小粒径石子良好搭配；

石料中含泥量，按重量计不得超过2%；

针状、片状石粒含量，按重量计不得超过20%；

石子中不得含有树叶、草根、木屑等杂物。

4）砖

用一等普通烧结砖；

外形完整，耐水性好，严禁使用遇水后强度降低的炉渣砖和矽酸盐砖。

5）水

宜使用自来水或洁净的天然水，不得使用污水，不得使用含油、酸、碱的水。

6）管材

塑料管规格型号符合设计要求，具备质量合格证明文件；管口和管身不得有变形，管孔内外壁应光滑，两端切口应平整；套管式接头套管应完好，中性胶合粘剂应有效。

钢管规格型号符合设计要求，具备质量合格证明文件；管口和管身不得变形，管孔内应光滑、无结疤，无裂痕。

7）人手孔附件

人手孔附件有人手孔口圈、拉力环、电缆托架、托板、积水罐等。

各种铁件的材质、规格及防腐处理符合设计要求，不得歪斜、扭曲、飞刺、断裂或破损，铁件的防锈处理和镀锌层应均匀完整，表面光滑、无脱落、无气泡。

井盖和口圈应吻合，盖合后应平稳、不翘动。井盖应有防盗、防滑、防跌落、防位移等设施，应有明显的用途标示。

拉力环应作镀锌处理，不应有裂纹、结瘤等缺陷。

做好普通混凝土配合比、抹灰砂浆配合比、常用砌筑水泥砂浆配合比工作，详见表3.11.6-1。

**混凝土配合比　　表3.11.6-1**

| 名称 | 单位 | 普通混凝土配合比（$m^3$） | | | | |
|---|---|---|---|---|---|---|
| | | C10 | C15 | C20 | C25 | C30 |
| 32.5水泥 | kg | 266 | 333 | 383 | 450 | |
| 砂子 | kg | 693 | 642 | 606 | 531 | |
| 5～32mm卵石 | kg | 1231 | 1245 | 1231 | 1239 | |
| 水 | kg | 170 | 180 | 180 | 180 | |
| 42.5水泥 | kg | | 281 | 321 | 375 | 419 |
| 砂子 | kg | | 717 | 646 | 627 | 576 |
| 5～40mm卵石 | kg | | 1222 | 1253 | 1218 | 1225 |
| 水 | kg | | 180 | 180 | 180 | 180 |

一般抹灰水泥砂浆配合比施工要求详见表3.11.6-2。

**一般抹灰水泥砂浆配合比表　　表3.11.6-2**

| 序号 | 材料 | 配合比（体积比） | 适用范围 |
|---|---|---|---|
| 1 | 石灰：砂 | 1：2～1：3 | 砖砌墙（人井、通道墙体）面层 |
| 2 | 水泥：石灰：砂 | 1：0.3：3～1：1：6 | 墙面混合砂浆打底 |
| 3 | 水泥：石灰：砂 | 1：0.5：2～1：1：4 | 混凝土顶棚抹混合砂浆打底 |
| 4 | 水泥：石灰：砂 | 1：0.3：2～1：1：6 | 用于檐口、勒脚及比较潮湿处墙面混合砂浆打底 |
| 5 | 水泥：砂 | 1：2.5～1：3 | 用于人井、通道、墙裙、勒脚等比较潮湿处地面基层抹水泥砂浆打底 |
| 6 | 水泥：砂 | 1：2～1：2.5 | 用于地面、顶棚或墙面面层 |
| 7 | 水泥：砂 | 1：0.5～1：1 | 用于混凝土地面随即压光 |

砌筑水泥砂浆配合比详见表3.11.6-3。

**砌筑水泥砂浆配合比　　表3.11.6-3**

| 序号 | 水泥强度等级 | 砂浆强度等级 | | |
|---|---|---|---|---|
| | | M10 | M7.5 | M5 |
| 1 | 27.5 | | 1：5.2 | 1：6.8 |
| 2 | 32.5 | 1：4.8 | 1：5.7 | 1：7.1 |
| 3 | 42.5 | 1：5.5 | 1：6.7 | 1：8.6 |

常用设备机具详见表3.11.6-4。

设备机具配置　　表3.11.6-4

| 序号 | 名称 | 规格 | 单位 | 数量 | 备注 |
|---|---|---|---|---|---|
| 1 | 清、污水泵 | | 台 | 按需 | 抽水 |
| 2 | 泥工工具 | | 套 | 4 | 砌筑人手孔 |
| 3 | 皮卷尺 | 100m | 把 | 2 | 测量 |
| 4 | 钢卷尺 | 5m | 把 | 2 | 测量 |
| 5 | 全站仪 | | 台 | 1 | 人手孔定位测量 |
| 6 | 水准仪 | | 台 | 1 | |
| 7 | 手推车 | | 台 | 6 | 出土 |
| 8 | 电焊机 | | 台 | 1 | |
| 9 | 发电机 | | 台 | 1 | |
| 10 | 挖掘机 | | 台 | 1 | 机械开挖时使用 |
| 11 | 风镐 | | 台 | 1 | 破水泥路面 |
| 12 | 石材切割机 | | 台 | 1 | 破水泥路面 |
| 13 | 对讲机 | | 对 | 2 | |
| 14 | 配电箱及电缆 | | 套 | 1 | |
| 15 | 尼龙线 | | 米 | 按需 | |
| 16 | 防护挡板 | | 块 | 按需 | |

### 3.11.7　质量控制及检验

（1）质量控制

1）管道的规格型号、管群数量符合设计图纸要求。

2）人手孔位置、形式、尺寸符合设计图纸要求。

3）各种材料进场前需报监理检验后方可使用。

4）管道、人手孔开挖深度，基础厚度符合设计要求及规范图集要求。

5）管口应打磨光滑，管与管之间连接牢固。

6）混凝土、水泥砂浆的配合比符合规范要求。

7）人手孔墙体砌筑符合规范。

8）人手孔盖板应与设计地面平齐。

9）人手孔内抹面美观。

10）安装完成后管口必须立即进行封堵，防止杂物掉入。

（2）质量检验

车辆段管道施工质量检测按《通信管道工程施工及验收标准》GB 50374—2018执行。

### 3.11.8　安全措施

（1）人手孔上覆吊装时必须符合吊装作业操作规程。

（2）管道、人手孔坑开挖时作业人员横向间距不小于2m，纵向间距不小于3m。开挖时发现地下管线时，向上级部门汇报，确认无安全隐患时方可施工。

（3）管道、人手孔坑开挖出土方距离沟坑边缘1m以上。

(4) 钢管连接时使用进行电焊作业时，必须按照电焊作业操作规程进行，并配备灭火器。

(5) 使用石材切割机路面切割时必须按照电动工具操作规程进行。

(6) 管道沟、坑开挖完成，在沟坑边设置 1.5m 高的防护、警示标志。穿越道路时应设置夜间可见警示标志。

(7) 管道坑开挖深度超过 3m 时，须采用放坡法进行施工。

(8) 使用砖砌筑人手孔时，砖码放高度不超过 1m。

### 3.11.9 环保要求

(1) 制订环境保护管理办法和实施细则，并建立奖惩制度，将环保的具体措施落实到相关责任人。

(2) 全体施工人员学习环境保护的相关知识，自觉遵守国家及北京市有关环境保护的法规。

(3) 严禁焚烧塑料、橡胶等产生有害气体的化工产品。

(4) 工程完工后，应按要求进行拆除安全防护设施和临时设施并将工地及周围环境清理整洁，做到工完料清，场地整洁。

(5) 工程施工过程中，确保施工现场不出现不必要的障碍，存放和处置好设备及多余货物，从现场清除掉所有垃圾或者不再需要的临时设施。

(6) 施工现场工具材料必须摆放整齐，保证现场施工场地整洁、干净、工完料清。

(7) 施工过程中产生的废料和工地野外就餐时吃饭的一次性饭盒、塑料袋等生活废品要当日下班时带出工地，集中处理，严禁随意抛扔。

## 3.12 市话电缆成端

### 3.12.1 适用范围

适用于城市轨道交通线路区间通信市话电缆接续施工。

### 3.12.2 作业条件及施工准备

(1) 作业指导书编制后，应在开工前组织技术人员认真学习实施性施工组织设计，阅读、审核施工图纸，澄清有关技术问题，熟悉规范和技术标准。制订施工安全保证措施，提出应急预案。对施工人员进行技术交底，对参加施工人员进行上岗前技术培训，考核合格后持证上岗。

(2) 线路区间施工所涉及的各种外部技术数据收集，施工劳动组织配备、材料准备及设备工器具的配置。

### 3.12.3 引用施工技术标准

(1)《城市轨道交通通信工程质量验收规范》GB 50382—2016。

(2)《地下铁道工程施工质量验收标准》GB 50299—2018。

(3)《铁路通信工程施工技术指南》TZ 205—2009。

(4)《铁路通信、信号、电力、电力牵引供电工程施工安全技术规程》TB 10306—2009，J 949—2009。

### 3.12.4　作业内容

(1) 电缆两端长度预留。

(2) 打开接线盒。

(3) 电缆开剥，整理（按色谱）。

(4) 电缆接续整理。

(5) 密封接线盒，在支架上固定牢固，挂放对应标识牌。

### 3.12.5　施工技术标准

(1) 电缆的规格、型号、安装位置应符合设计要求。

(2) 接线盒应密封严密，地线接地符合要求。接线应使用专用压线钳压紧。

(3) 接线盒固定牢固，电缆绑扎整齐美观。

### 3.12.6　工序流程及操作要点

(1) 工程流程图

具体工艺流程详见图 3.12.6-1。

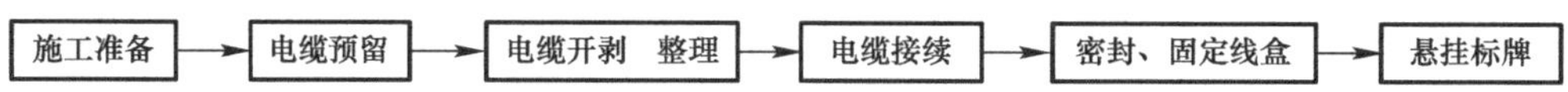


图 3.12.6-1　工序流程图

(2) 操作要点

1) 施工准备

① 按照线路施工图清点核对材料及配件数量。

② 核实现场线缆敷设情况。

③ 准备好施工用工机具。

2) 电缆预留

① 根据施工线路图、现场情况，找到电缆接续位置。

② 电缆作相应预留，盘圈应不小于电缆外径 15 倍。

3) 打开接线盒

① 使用专用内六角将接线盒四周的螺栓一一拧开。

② 拿出盒内防水材料及相关配件置于旁边。

4) 电缆开剥

① 量出电缆接头盒的长度后，将两端尾部电缆向中间相互交叉拉直，然后根据接头盒长度将多余的电缆切掉，这时左手握住电缆，右手使用专用电缆开剥刀反向旋转 360°，使电缆外皮纵向断开，去除外皮，这时再使用老虎钳将钢铠退至外皮断开处时将钢铠断开。

② 使用电缆刀将内护套从外皮断开处与断开外皮方法一样将内护套断开除去护套层。

③ 当电缆芯线露出以后，套上可热缩管，再仔细检查开剥时是否有芯线损伤。

④ 将芯线根据芯线对数用自带色带将芯线进行每10对一束扎好；另外一端电缆开剥方法同上。

⑤ 电缆开剥完成后，分别将两端电缆钢铠用$4mm^2$连接线贯通，这时使用气体喷灯将可热缩管进行收口，然后将电缆分别固定在接头盒内。

⑥ 根据大色谱中的一种（白、红、黑、黄、紫），将两端芯线向中间相互交叉，选出其中一束中的一对芯线如（A白/B蓝）将2对同样色谱中的相同芯线分别进行扭绞（A-A/B-B），左手拿住其中一对A芯线或B芯线，右手使用斜口钳，将芯线剪断，断面要齐平，这时，右手将电缆纽扣式专用3M接线子套入芯线，再使用专用压线钳将接线帽压紧。

⑦ 其他芯线的接续同上，一直将本条线缆接续完成。

5）线盒密封、挂标牌

① 电缆芯线接续完成后，将线芯线整理就位，然后将防水胶泥慢慢注入至接线盒边缘的小槽内。

② 合上接头盒盖子，将螺栓套入相互对角拧紧，接入$4mm^2$黄绿地线连接至支架的金属扁钢或接地体，并将接头盒固定牢固后在距接头盒两端100mm处挂上对应标牌。做好进线口防水，线芯接头处焊接饱满结实，做好防水工作，具体详见图3.12.6-2。

图3.12.6-2 线盒密封、挂标牌

## 3.12.7 劳动力组织

劳动力组织见表3.12.7-1。

**劳动力组织表** **表3.12.7-1**

| 序号 | 人员 | 单位 | 数量 | 备注 |
|---|---|---|---|---|
| 1 | 施工负责人 | 人 | 1 | |
| 2 | 安装工 | 人 | 2 | |
| 3 | 安全员 | 人 | 1 | |

## 3.12.8 主要机械设备及工器具配置

主要机械设备及工器具配置见表3.12.8-1。

**主要机械设备及工器具配置表** **表3.12.8-1**

| 序号 | 名称 | 规格 | 单位 | 数量 | 备注 |
|---|---|---|---|---|---|
| 1 | 老虎钳 | | 把 | 1 | |
| 2 | 铝合金人字梯 | 2.5m | 把 | 1 | |

续表

| 序号 | 名称 | 规格 | 单位 | 数量 | 备注 |
|---|---|---|---|---|---|
| 3 | 斜口钳 | | 把 | 1 | |
| 4 | 压线钳 | | 把 | 1 | |
| 5 | 斜口钳 | | 把 | 1 | |
| 6 | 电缆开剥刀 | | 把 | 1 | |
| 7 | 内六角扳手 | | 把 | 1 | |
| 8 | 十、一字螺丝刀 | | 把 | 各 1 | |

### 3.12.9　物资材料配置

物资材料配置见表 3.12.9-1。

**物资材料配置表　　表 3.12.9-1**

| 序号 | 名称 | 规格 | 单位 | 数量 | 备注 |
|---|---|---|---|---|---|
| 1 | 电缆接线子 | 3M | 个 | 若干 | |
| 2 | 可热缩管 | | m | 若干 | |
| 3 | 接地线 | | m | 若干 | |
| 4 | 尼龙扎带 | | 条 | 若干 | |

### 3.12.10　质量控制标准及检验

(1) 质量控制标准

1) 电缆接头盒的规格、型号应符合设计要求。

2) 电缆芯线接线正确，密封良好，符合设计要求与验标。

(2) 质量检验

1) 按照《城市轨道交通通信工程质量验收规范》GB 50382—2016 中的规定进行检验，填写质量检查记录。

2) 电缆的规格、型号、安装位置应符合设计要求。

3) 接头盒应安装牢固，接地良好，符合验标要求。

4) 电缆连接应符合设计要求，且连接牢固。

5) 线缆接续后应进行绝缘、电阻测试记录。

### 3.12.11　安全措施

(1) 线缆接续人员应经过培训的人员。

(2) 线缆接续时不得损坏其他地铁附属设施。

(3) 线缆在地下区间进行作业时，应有专人扶梯。

### 3.12.12　环保要求

施工过程中的废弃物应及时妥善处理，做到工完料清、场清。

## 3.13 区间市话电缆分歧接续

### 3.13.1 适用范围

适用于城市轨道交通线路区间通信市话电缆分歧接续。

### 3.13.2 作业条件及施工准备

（1）作业指导书编制后，应在开工前组织技术人员认真学习实施性施工组织设计，阅读、审核施工图纸，澄清有关技术问题，熟悉规范和技术标准。制订施工安全保证措施，提出应急预案。对施工人员进行技术交底，对参加施工人员进行上岗前技术培训，考核合格后持证上岗。

（2）线路区间施工所涉及的各种外部技术数据收集，施工劳动力组织配备、材料准备及设备工器具的配置。

### 3.13.3 引用施工技术标准

（1）《城市轨道交通通信工程质量验收规范》GB 50382—2016。

（2）《地下铁道工程施工质量验收标准》GB 50299—2018。

（3）《铁路通信工程施工技术指南》TZ 205—2009。

（4）《铁路通信、信号、电力、电力牵引供电工程施工安全技术规程》TB 10306—2009，J 949—2009。

### 3.13.4 作业内容

（1）确定电缆分歧具体位置。

（2）打开接线盒。

（3）电缆开剥，整理（按色谱）。

（4）电缆接续整理。

（5）密封接线盒，在支架上固定牢固，挂放对应标识牌。

### 3.13.5 施工技术标准

（1）分歧电缆的规格、型号、接头盒安装位置应符合设计要求。

（2）接线盒应密封严密，电缆钢铠连通符合要求。

（3）接线盒固定牢固，电缆绑扎整齐美观。

### 3.13.6 工序流程及操作要点

（1）工序流程图

具体工艺流程如图 3.13.6-1 所示。

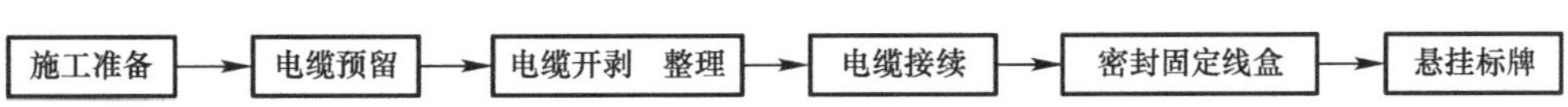


图 3.13.6-1　工序流程图

（2）操作要点

1）施工准备

① 按照线路施工图清点核对材料及配件数量。

② 核实现场线缆敷设情况。

③ 准备好施工用工机具。

2）电缆预留

① 根据施工线路图、现场情况，找到分歧电缆接续位置。

② 分歧电缆应预留相应长度，盘圈应不小于电缆外径15倍。

3）打开接线盒

① 使用专用内六角将接线盒四周的螺栓一一拧开。

② 拿出盒内防水材料及相关配件置于旁边。

4）电缆开剥

① 量出电缆接头盒的长度后，在电缆相应位置使用电缆开剥刀进行纵向360°旋转开剥，开剥长度与接头盒内的长度一致；用开剥刀横向将电缆外皮退除。

② 使用斜口钳将钢铠从中间剪开，分别往两边慢慢退至电缆开剥处。

③ 用开剥刀将内护套开剥出来，方法与上述第1条相同，使其将芯线完全露出。

④ 将分歧线缆的芯线开剥出来，使用对数根据图纸与设计要求，将其中的分歧线缆芯线与干线电缆芯线使用专用不间断接线子进行连接。

⑤ 接续完成后，将电缆钢铠慢慢复位，中间断开处应使用焊锡丝焊接牢固，并做好防水工作，具体详见图3.13.6-2。

5）线盒密封、挂标牌

① 电缆钢铠焊接完成后，将干线电缆与分歧线缆放入接头盒内，固定牢固。

② 用防水胶泥慢慢沿接头盒边缘注入，合上盖子，使用内六角将螺栓一一拧紧，使用4mm$^2$地线将外壳接地处与区间接地扁钢或接地体进行连接，具体详见图3.13.6-3。

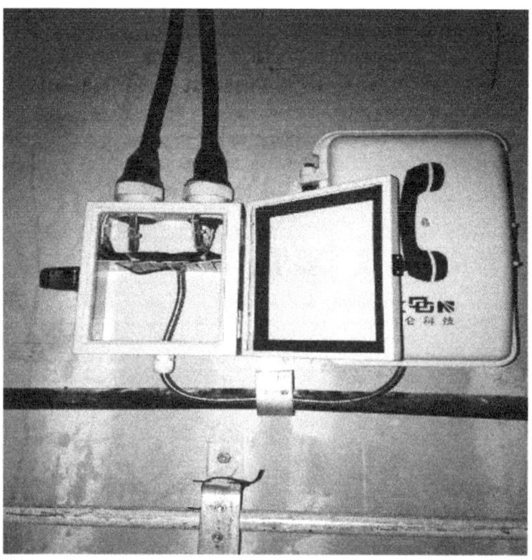

图3.13.6-2　电缆开剥

图3.13.6-3　线盒密封、挂标牌

③ 将接头盒固定牢固后在距接头盒两端100mm处的电缆上挂上对应标牌。

### 3.13.7 劳动力组织

劳动力组织见表 3.13.7-1。

劳动力组织表　　表 3.13.7-1

| 序号 | 项目 | 单位 | 数量 | 备注 |
|---|---|---|---|---|
| 1 | 施工负责人 | 人 | 1 | |
| 2 | 安装工 | 人 | 2 | |
| 3 | 安全员 | 人 | 1 | |

### 3.13.8 主要机械设备及工器具配置

主要机械设备及工器具配置见表 3.13.8-1。

主要机械设备及工器具配置表　　表 3.13.8-1

| 序号 | 名称 | 规格 | 单位 | 数量 | 备注 |
|---|---|---|---|---|---|
| 1 | 老虎钳 | | 把 | 1 | |
| 2 | 铝合金人字梯 | 2.5m | 把 | 1 | |
| 3 | 斜口钳 | | 把 | 1 | |
| 4 | 压线钳 | | 把 | 1 | |
| 5 | 斜口钳 | | 把 | 1 | |
| 6 | 电缆开剥刀 | | 把 | 1 | |
| 7 | 内六角扳手 | | 把 | 1 | |
| 8 | 十、一字螺丝刀 | | 把 | 各 1 | |
| 9 | 电烙铁 | | 把 | 1 | |
| 10 | 焊锡丝 | | 把 | 1 | |

### 3.13.9 物资材料配置

物资材料配置见表 3.13.9-1。

物资材料配置表　　表 3.13.9-1

| 序号 | 名称 | 规格 | 单位 | 数量 | 备注 |
|---|---|---|---|---|---|
| 1 | 不间断接线子 | 3M | 个 | 若干 | 按需 |
| 2 | 接地线 | | m | 若干 | 按需 |
| 3 | 尼龙扎带 | | 条 | 若干 | 按需 |

### 3.13.10 质量控制标准及检验

(1) 质量控制标准

1) 电缆接头盒的规格、型号应符合设计要求。

2) 分歧电缆芯线接线正确，密封良好，符合设计要求与验标。

(2) 质量检验

1) 按照《城市轨道交通通信工程质量验收规范》GB 50382—2016 中的规定进行检

验，填写质量检查记录。

2）电缆的规格、型号、接头盒安装位置应符合设计要求。

3）接头盒应安装牢固，接地良好，符合验标要求。

4）电缆连接应符合设计要求，且连接牢固。

5）线缆接续后应进行绝缘、电阻测试记录。

### 3.13.11　安全措施

（1）线缆接续人员应为经过培训的人员。

（2）线缆接续时不得损坏其他地铁附属设施。

（3）线缆在地下区间进行作业时，应有专人扶梯。

### 3.13.12　环保要求

施工过程中的废弃物应及时妥善处理，做到工完料清、场清。

## 3.14　光缆熔接

### 3.14.1　适用范围

适用于城市轨道交通工程光缆接续施工。

### 3.14.2　作业条件及施工准备

（1）在开工前组织技术人员认真学习施工组织设计，审核施工图纸，澄清有关技术问题，熟悉规范和技术标准。

（2）制订施工安全保证措施及应急预案，对施工人员进行技术交底、上岗前的培训，考试合格后持证上岗。

（3）收集光纤接续施工所涉及的各种技术数据。

（4）确定光缆布放到位，设备安装到位，施工现场具备光缆接续条件。

（5）光缆接续人员组织，接续材料及设备工机具的准备齐全。

### 3.14.3　引用技术标准

（1）《城市轨道交通通信工程质量验收规范》GB 50382—2016。

（2）《城市轨道交通工程质量验收标准》DB11/T 311.2—2008。

### 3.14.4　作业内容

（1）核对光缆规格型号。

（2）光缆预留固定。

（3）光缆开剥。

（4）光纤接续。

（5）光纤收容。

## 3.14.5 施工技术标准

(1) 光缆接续后的光纤收容余长单端引入引出不应小于 0.8m，两端引入引出不应小于 1.2m。光纤收容时的弯曲半径不应小于 40mm。

(2) 光缆在中间头接续余留应不小于 2～3m，终端接续预留应不小于 15m。

(3) 光缆接头处的弯曲半径不应小于护套外径的 15 倍。

(4) 单个光纤接头衰耗≤0.03dB，且接头无气泡、无明显接痕。

(5) 光纤接续时应按光纤色谱、排列顺序，一一对应接续；光纤接续部位应用热缩加强管保护，加强管收缩应均匀、无气泡。

(6) 光缆进入光纤配线架处标识应清晰、正确。

(7) 接头盒体安装时各片橡胶挡圈必须全部入槽道内，密封严密安装牢固。

(8) 光缆的金属外护套和加强芯应紧固在接头盒内。两侧的金属外护套与加强芯应绝缘。

## 3.14.6 施工流程及操作要点

光缆接续分为中间头接续和成端接续。

(1) 光缆中间头接续

1) 工序流程图如图 3.14.6-1 所示。

图 3.14.6-1 工序流程图

2) 操作要点

① 施工准备

a. 根据施工图纸核对现场光缆规格、型号是否与设计相符。施工前需对光缆进行单盘测试，填写测试数据以备验收，监理旁站，具体详见图 3.14.6-2。

b. 有完整的光缆接续关系对照表。

c. 施工现场准备好临时用电，满足现场的施工照明。

d. 检查两侧光缆是否属于同一种型号光缆，端部是否受潮，若受潮应剪断受潮部分。

e. 根据规范光缆接续后要求预余留 2～3m，留足接头所需长度将多余的光缆剪掉。

f. 清理接续场地在地面上铺设彩条布，防止光缆油膏污染周围环境。

② 光缆开剥

a. 在两侧光缆上各套入一只橡胶挡圈待用（密封光缆用）。

b. 距光缆端头 1300mm 左右处，用专用

图 3.14.6-2 光缆单盘测试

切割刀环切外护套一周，然后轻折几次使环切处折断，往端口侧用力抽去，裸露内护套。

c. 距外护套切口 20mm 缆身处用专用切割刀将外护套环切 2/3，然后用光缆开剥刀纵向剖开，将被环切的 2/3 外护套去除，把保留的 20mm 长 1/3 外护套轻掰翻起理直待用（供外护套过桥线连接用）。

d. 在内护套距外护套切口 30mm 处用专用切割刀将内护套环切一圈，轻轻的将内护套折断抽出，如护套过紧，一次不易抽出，可分 2～3 段进行。

e. 用开剥刀将 30mm 的内护套以对称二等分从端口纵向剖开 25mm，然后把剖开的下面一片剪断，在轻掰翻起上面一片待用（供内护套过桥线连接用）。

f. 从光缆端头松解包层至护套切口处，并用美工刀将包层割除，裸露光纤束管及加强芯和填充物等。

g. 剪去填充物，用酒精棉纱将裸露光纤束管和加强芯上油膏擦净。

③ 光缆固定

a. 剪断加强芯，加强芯预留长度根据接头盒内固定光缆至固定加强芯的位置来定。

b. 将加强芯穿入接头盒固定孔中紧固螺栓，使用光缆夹箍将 2 端光缆紧固，夹箍距外护套切口处为 5mm，如缆身小于夹箍内孔直径，应在该部位缠绕若干层橡胶自粘带。

c. 用钳子将过桥线两端的带齿夹片分别夹住两端翻起的内护套，使其接触良好。

d. 把两端内护套与过桥线压接部位捋平，两侧过桥线固定在接头盒内的支架上并做好标牌悬挂工作，具体详见图 3.14.6-3。

图 3.14.6-3　光缆固定

④ 光纤熔接

a. 用酒精棉纱将光缆接续所需用的材料、工具擦洗干净，摆放到位。

b. 按顺序检查光纤的排列，把两侧光纤分开理顺。

c. 根据光纤束管的芯数，均匀的将束管分配到每层光纤熔接收容盘上（若光缆芯数较少时，可直接将光纤束管固定到光纤熔接收容盘最上层）。

d. 根据收容盘固定束管的位置，用束管专用切割刀将光纤束管环切一周，轻轻折断并抽出，露出光纤。

e. 用酒精棉纱擦净光纤上的油膏，再把光纤放置在收容盘的引入槽内，并用绑扎带将光纤束管绑扎在槽孔上，不宜太紧。

f. 光纤接续时按色谱对每根光纤进行熔接（详细步骤参照成端熔接）。

g. 第一层收容盘的光纤接续完成后，应把光纤余长盘留在收容盘槽道内，光纤接头（加强管）应放在收容盘中的固定槽内。

h. 安装第二块（即第二层）收容盘安放在第一块收容盘上方，使上下轴孔对齐，并用 L 型轴销穿入轴孔内定位，然后将收容盘一侧外角搭扣扣住下面一块收容盘。每接完一层收容盘，如上在安装另一块收容盘。

i. 最后一根束管光纤盘留完成后，在最后面一块收容盘上安装一块盖板，并用轴销穿入轴孔定位，按住外角搭扣扣紧固定，并对每根光纤进行复测。

⑤ 接头盒安装

a. 在光缆夹箍外侧 100mm 范围内，用砂纸打磨后再用酒精棉擦净护套上的油污。

b. 用记号笔对着下半片接头盒的位置在光缆上分别画出各部位密封、挡圈标记。

c. 使用橡胶密封带和橡胶挡圈对两端进行密封，橡胶带缠绕时应平整，两侧橡胶挡圈不得移位，并保证缠绕直径与挡圈平齐。各挡圈及密封胶带均放在盒体两端的槽道中。

d. 将橡胶密封条（2 根）嵌入盒体两边槽道内，与两端橡胶密封带相粘连。

e. 将上半片接头盒对准下半片接头盒合拢，使两侧紧固螺栓孔位对准。

f. 将固定螺栓从上往下穿入孔内，将各部位紧固螺栓成对角、交替均匀拧紧，直至上下盒体密合为止。

(2) 光缆成端接续

1) 工序流程图详见图 3.14.6-4。

图 3.14.6-4　工序流程图

2) 操作要点

① 施工准备

a. 根据施工图纸核对现场光缆规格、型号及起始端位置是否与设计相符。

b. 有完整的光缆成端接续关系对照表。

c. 施工现场准备好临时用电，满足现场施工照明。

d. 根据设计要求光缆成端一般需要预留 15m 左右，留足光纤配线架接头所需长度将多余的光缆剪掉。

e. 查看光缆配线架及托盘有无损坏，托盘内尾纤是否按要求配盘，尾纤端头与适配器连接是否良好，型号是否符合设计要求。

f. 清理施工场地，在施工地面上铺上纸板或彩条布，防止光缆的油膏污染地面。

g. 用透明塑料胶管从光纤配线架固定光缆开剥内护套处，模仿光纤的走向路径至光纤托盘内固定处，剪断透明塑料胶管，做上编号；其余托盘同理（模仿光纤走向路径时，应考虑到光纤的弯曲半径及托盘从里向外拉的预留弧度）。

② 光缆开剥

a. 根据配线架确定光缆开剥位置及光缆开剥长度，用专用切割刀环切外护套一周，然后轻折几次使环切处折断，往端口侧用力抽去，裸露内护套；距外护套切口 20mm 处用专用切割刀将内护套环切一圈，轻轻的将内护套折断抽出，如护套过紧，一次不易抽出，可分 2～3 段进行。

b. 从光缆端头松解包层至护套切口处，用美工刀将包层割除，露裸光纤束管以及加强芯和填充物，剪去填充物，根据光纤配线架固定光缆位置至固定加强芯的位置确定加强芯余留长度，剪断多余的加强芯；用酒精棉纱将裸露光纤束管及加强芯上油膏擦净。

c. 使用热吹风匀速的将弯曲的光纤束管吹直，不能长时间吹一个地方，防止烤坏光纤，光纤束管全部吹直后，将每根束管穿入对应剪好的透明塑料胶管中，束管露出透明塑料胶管 20cm 即可。

d. 根据光纤穿入托盘路径弯曲情况定光纤束管开剥位置，一般在第一个弯曲的路径前开剥光纤束管，用束管专用切割刀将光纤束管环切一周，轻轻折断，拽住塑管露出 20cm 处，将透明塑料胶管穿至内护套切口处，并顺着这个方向的力用劲抽出束管，露出光纤。依次将所有束管抽出后，在内护套切口与透明塑料胶管接口处用绝缘胶带缠绕密封使其对接固定好。

③ 光缆固定

a. 将已开剥保护好的光缆引入机架，加强芯弯曲一定的角度后穿入加强芯锁杆的固定孔，调整好光缆的位置，拧紧加强芯锁杆顶部的螺丝，固定加强芯，依次用喉箍固定光缆，用绑扎带固定开剥后的光纤透明塑料胶管直至收容盘。

b. 光缆需要焊接地线时，选一处靠近接地点的缆身用美工刀剥光缆外皮，露出钢铠后，将钢装表面刮干净焊接地线，并套上热缩管热熔保护。

c. 将透明塑料胶管穿进收容盘，用绑扎带穿入收容盘的固定孔，将透明塑料胶管进行绑扎固定。

④ 光纤熔接

光纤熔接时应该遵循的颜色顺序为蓝、桔、绿、棕、灰、白、红、黑、黄、紫、粉、青。

a. 端面制做

光纤端面的制作包括剥除涂覆层、清洁和切割 3 个环节；端面质量直接影响到熔接质量，在进行光纤涂层的剥除前，先将热缩加强管套入光纤中。

光纤涂层的剥除：光纤是由纤芯、包层、涂层 3 部分组成。光纤涂层的剥除，要掌握平、稳、快三字剥纤法；平：即持纤要平，左手捏紧光纤，使之成水平，防止打滑；稳：即剥纤钳要握得稳；快：即剥纤要快，剥纤钳应与光纤垂直，上方向内倾斜一定角度，然后用钳口轻轻卡住光纤，右手随之用力，顺光纤轴向平推出去，整个过程要自然流畅，一气呵成。具体详见图 3.14.6-5。

裸纤的清洁：观察光纤剥除部分的涂覆层是否全部剥除，若有残留应重剥，如有极少量不易剥除的涂覆层，可用棉球沾适量酒精，边浸渍，边逐步擦除。将棉花撕成平整的扇形小块，蘸少许酒精（以两指相捏无溢出为宜），折成 V 形，夹住已剥除涂覆层的光纤，顺光纤轴向擦拭，力争一次成功，一块棉花使用 2～3 次后要及时更换，每次要使用棉花的不同部位和层面，这样既可提高棉花利用率，又防止了纤芯的二次污染。

裸纤的切割：切割是光纤端面制作中最关键的部分，首先要清洁切刀和调整切刀位置，切刀的摆放要平稳；切割时，动作要自然、平稳，避免断纤、斜角、毛刺、裂痕等不良端面的产生；裸纤的清洁、切割和熔接的时间应紧密衔接，不可间隔过长，特别是已切割好端面的光纤移动时要轻拿轻放，防止与其他物件擦碰，具体详见图 3.14.6-6。

b. 光纤熔接

光纤熔接是接续工作的中心环节，熔接前，根据光缆的规格型号，进行熔接机的模式设置。

放电试验：熔接前先进行熔接机放电试验，重新设置熔接机的放电电压及放电位置，以及调整 V 型槽驱动器复位等，使熔接机自动调整到满足现场实际的放电条件。

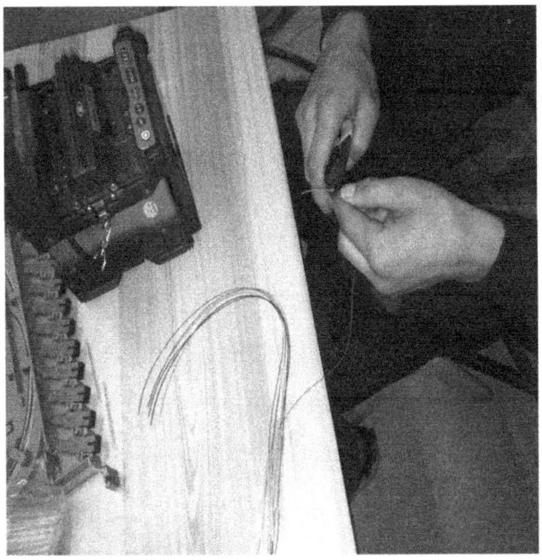

图 3.14.6-5　光纤涂层的剥除

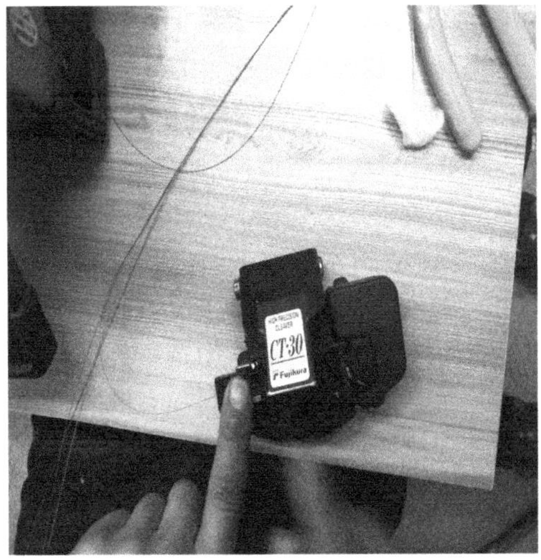


图 3.14.6-6　裸纤切割

光纤熔接：首先将 2 根同色标、端面制备完毕的光纤放入熔接机的 V 型槽中，保持 15～20μm 距离，盖好防护盖，具体详见图 3.14.6-7。

启动熔接机的自动熔接开关（SET）进行熔接。熔接过程中查看左右光纤切割端面角度要小于 1°，大于 1°时，端面需从新切割。光纤熔接后，查看接头处有无气泡、过细、过粗等不良现象，具体详见图 3.14.6-8。

图 3.14.6-7　光纤熔接

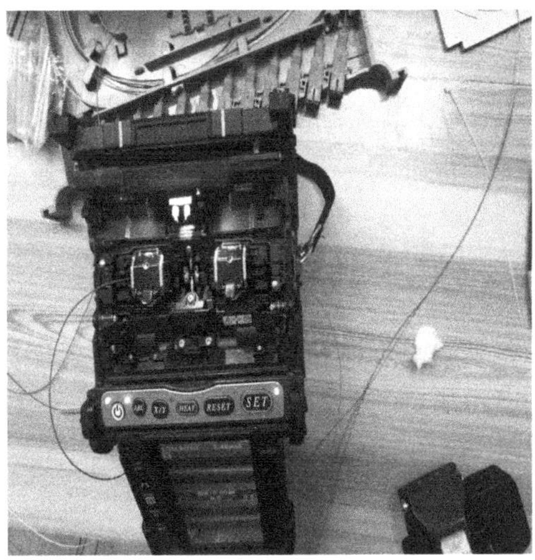


图 3.14.6-8　熔接机的自动熔接

熔接补强保护：由于光纤在连接时去掉了接头部位的涂覆层，其机械强度降低，因此，要对接头部位进行补强。在施工中采用光纤热缩加强管（热缩管）来保护光纤接头部位，将预先穿置光纤某一端的热缩管移至光纤接头处，让熔接点位于热缩管中间，轻轻拉直光纤接头，放入加热器内加热；使热缩管收缩后紧套在熔接好的光纤上，具体详见图 3.14.6-9。

⑤ 盘纤

a. 第一种方法，先中间后两边，即先将热缩后的套管逐个放置于固定槽中，然后再处理两侧余纤；此方法有利于保护光纤接点，避免盘纤可能造成的损害，在光纤预留盘空间小、光纤不易盘绕和固定时，常用此种方法。

b. 第二种方法，从一端开始盘纤，固定加强管，然后再处理另一端余纤；此方法可根据一侧余纤长度灵活选择热缩管安放位置，方便、快捷，可避免出现急弯、小圈现象。

c. 第三种方法，特殊情况的处理，如个别光纤过长或过短时，可将其放在最后，单独盘绕。

d. 根据实际情况采用多种图形盘纤。按余纤的长度和预留空间大小，顺势自然盘绕，且勿生拉硬拽，应灵活地采用圆、椭圆、“CC”、“～”多种图形盘纤（注意 $R \geqslant 40$mm），尽可能最大限度利用预留空间和有效降低因盘纤带来的附加损耗。

e. 光缆接头处的弯曲半径不应小于光缆外护套的 20 倍，具体详见图 3.14.6-10。

图 3.14.6-9　熔接补强保护

图 3.14.6-10　盘纤

⑥ 测试

加强 OTDR 测试仪表的监测，对确保光纤的熔接质量、减小因盘纤带来的附加损耗和封盒可能对光纤造成的损害，具有十分重要的意义，在整个接续工作中，必须严格执行 OTDR 测试仪表的监测。一个中继段内纤芯熔接损耗应满足以下规定要求：

a. 波长为 1310nm、1550nm 的单模光纤接续损耗不大于 0.08dB。

b. 多模光纤接续损耗不大于 0.2dB。

c. 熔接过程中对每一芯光纤进行实时跟踪监测，检查每一个熔接点的质量。

d. 每次盘纤后，对所盘光纤进行例检，以确定盘纤带来的附加损耗。

e. 封接续盒前对所有光纤进行统一测定，以查明有无漏测和光纤预留空间对光纤及接头有无挤压。

f. 接头盒封盒后，对所有光纤进行最后监测，以检查封盒是否对光纤有损害。

## 3.14.7　劳动力组织

劳动力组织见表 3.14.7-1。

劳动力组织表　　表 3.14.7-1

| 序号 | 人员 | 单位 | 数量 | 备注 |
|---|---|---|---|---|
| 1 | 技术人员 | 人 | 1 | |
| 2 | 施工操作人员 | 人 | 2 | 具有光缆熔接证 |
| 3 | 辅工 | 人 | 2 | 协助施工操作人员 |

## 3.14.8 主要机械设备及工器具配置

主要机械设备及工器具配置见表 3.14.8-1。

主要机械设备及工器具配置表　　表 3.14.8-1

| 序号 | 名称 | 规格 | 单位 | 数量 | 备注 |
|---|---|---|---|---|---|
| 1 | 光纤熔接机 | | 台 | 1 | |
| 2 | 光时域反射仪 | | 台 | 1 | |
| 3 | 接续专用工具 | | 套 | 1 | |
| 4 | 开剥专用工具 | | 套 | 1 | |
| 5 | 操作台 | | 套 | 1 | |
| 6 | 常用工具 | | 套 | 1 | |
| 7 | 电吹风 | | 把 | 1 | |
| 8 | 配电箱 | | 台 | 1 | |
| 9 | 电烙铁 | | 把 | 1 | |
| 10 | 锯工 | | 把 | 1 | |
| 11 | 卷尺 | | 把 | 1 | |
| 12 | 美工刀 | | 把 | 2 | |

## 3.14.9 物资材料配置

物资材料配置见表 3.14.9-1。

物资材料配置表　　表 3.14.9-1

| 序号 | 名称 | 规格 | 单位 | 数量 | 备注 |
|---|---|---|---|---|---|
| 1 | 热缩管 | 6cm | 根 | 若干 | |
| 2 | 清洁剂 | 酒精 | 千克 | 0.5 | |
| 3 | 清洁纸 | | 盒 | 1 | |
| 4 | 尾纤 | | 根 | 若干 | |
| 5 | 扎带 | | 包 | 2 | |
| 6 | 绝缘胶布 | | 卷 | 3 | |
| 7 | 橡胶自粘带 | | 卷 | 5 | |
| 8 | 砂纸 | | 张 | 2 | |
| 9 | 锯片 | | 条 | 5 | |
| 10 | 记号笔 | | 只 | 1 | |
| 11 | 热缩管 | | 卷 | 1 | |
| 12 | 焊锡丝 | | | | |
| 13 | 棉纱 | | 包 | 1 | |

### 3.14.10 质量控制标准及检验

（1）质量控制标准

1）接续材料的规格、型号必须符合设计要求。

2）光缆接续后的光纤收容余长单端引入引出不应小于0.8m，两端引入引出不应小于1.2m，光纤收容时的弯曲半径不应小于40mm。

3）光缆接续应预留2～3m；光缆接头处的光缆弯曲半径不应小于护套外径的15倍。

4）接头衰耗≤0.03dB，且接头端面无气泡、无明显接痕。

5）一个区段接续完成后测试1310nm波长、1550波长窗口：单模≤0.08dB/芯，多模≤0.2dB/芯。

6）光纤接续时应按光纤排列顺序对应接续；光纤接续部位加强管收缩应均匀、无气泡。

7）光缆进入光纤配线架处标识应清晰、正确。

8）接续中使用的熔接机应经计量检定合格。

9）光纤清洗必须用短纤维的清洁纸蘸95%以上的医用酒精或分析纯进行清洗。

（2）质量检验

1）熔接的两根光纤的规格、型号应符合设计要求。

2）光缆在中间接头预留应保证不小于2～3m，成端接续预留应保证不小于15m。

3）光缆标牌内容应清晰、正确。

4）光纤接续时应按光纤色谱、排列顺序，一一对应接续；光纤接续应用热缩加强管保护，加强管收缩应均匀、无气泡；光纤收容时的弯曲半径不应小于40mm。

5）余长光纤收容完毕后，检查收容盘内光纤，保证光纤不受挤压、没有静态疲劳，熔接盘内无杂物。

6）查看光缆测试记录，确保每芯光纤损耗在规定规范内。

7）接头盒体安装时各片橡胶挡圈必须全部入槽道内，密封严密安装牢固。

### 3.14.11 安全措施

（1）施工作业前，对每项工序进行专项安全培训及安全技术交底，交清每道工序的危险源、关键点及施工安全注意事项。

（2）进入施工现场，戴安全帽，穿工作服，穿防砸鞋。

（3）施工用临时配电箱应带漏电保护装置，使用电源时，电源线应从配电箱下方孔洞穿入，以免配电箱关门把电源线压伤压断，造成安全事故发生。

（4）使用开剥刀和美工刀时注意打滑划伤手指。

（5）在隧道内施工接续操作台严禁侵入限界，施工两端设置红闪灯。

（6）仪器、仪表应设专人负责，搬运时要特别小心要放入专用保护箱中，要避免强烈冲击和振动。

（7）在接续的过程中不得带电插拔设备部件，要保持手和工作台面的清洁，要随时盖好熔接机的防尘罩，做好防静电措施。

### 3.14.12 环保要求

（1）制订环境保护管理办法和实施细则，并建立奖惩制度，将环保的具体措施落实到每个施工人员。

（2）全体施工人员学习环境保护的相关知识，自觉遵守国家有关环境保护的法规。

（3）严禁焚烧塑料、橡胶等产生有害气体的化工产品。

（4）工程完工后，应按要求进行拆除安全防护设施和临时设施并将工地及周围环境清理整洁，做到工完料清，场地整洁。

（5）施工现场工具材料必须摆放整齐，保证现场施工场地整洁、干净、工完料清。

（6）施工过程中产生的废料和工地野外就餐时吃饭的一次性饭盒、塑料袋等生活废品要当日下班时带出工地，集中处理，严禁随意抛扔。

## 3.15 区间光缆分歧接续

### 3.15.1 适用范围

适用于城市轨道交通线路区间通信市话光缆分歧接续施工。

### 3.15.2 作业条件及施工准备

（1）作业指导书编制后，应在开工前组织技术人员认真学习实施性施工组织设计，阅读、审核施工图纸，澄清有关技术问题，熟悉规范和技术标准。制订施工安全保证措施，提出应急预案。对施工人员进行技术交底，对参加施工人员进行上岗前技术培训，考核合格后持证上岗，熔接人员应持有关部门颁发有效“光纤熔接证”。

（2）线路区间施工所涉及的各种外部技术数据收集，施工劳动力组织配备、材料准备及设备工器具的配置。

### 3.15.3 引用施工技术标准

（1）《城市轨道交通通信工程质量验收规范》GB 50382—2016。

（2）《地下铁道工程施工质量验收标准》GB 50299—2018。

（3）《铁路通信工程施工技术指南》TZ 205—2009。

（4）《铁路通信、信号、电力、电力牵引供电工程施工安全技术规程》TB 10306—2009，J 949—2009。

### 3.15.4 作业内容

（1）确定光缆分歧具体位置。

（2）打开接线盒。

（3）光缆开剥。

（4）光缆熔接。

（5）密封接线盒，在支架上固定牢固，挂放对应标识牌。

### 3.15.5 施工技术标准

（1）分歧光缆的规格、型号、接头盒安装位置应符合设计要求。

（2）接线盒应密封严密，光缆钢铠连通符合要求。

（3）接线盒固定牢固，光缆绑扎整齐美观。

### 3.15.6　工序流程及操作要点

（1）工程流程图

施工流程图如图3.15.6-1所示。

施工准备 → 定位分歧接续位置 → 光缆开剥 → 光缆熔接 → 密封、固定线盒 → 悬挂标牌

图3.15.6-1　工序流程图

（2）操作要点

1）施工准备

① 按照线路施工图清点核对材料及配件数量。

② 核实现场光缆敷设情况。

③ 准备好施工用工机具。

2）光缆预留

① 根据施工线路图、现场情况，找到分歧光缆接续位置。

② 分歧光缆应预留相应长度，盘圈应不小于光缆外径15倍。

3）打开接线盒

① 使用专用内六角将接线盒四周的螺栓一一拧开。

② 拿出盒内防水材料及相关配件置于旁边。

4）光缆开剥

① 量出光缆接头盒的长度后，在光缆相应位置使用光缆开剥刀进行纵向360°旋转开剥，开剥长度大于接头盒内长度的50%；用开剥刀横向将光缆外皮退除。

② 使用光缆横破刀将钢铠从一端向另一端拉开，去除钢铠层。

③ 用开剥刀将内护套开剥出来，方法与上述第1条相同，使其将光纤束管完全露出，根据接头盒光缆固定长度，剪断光缆加强芯。

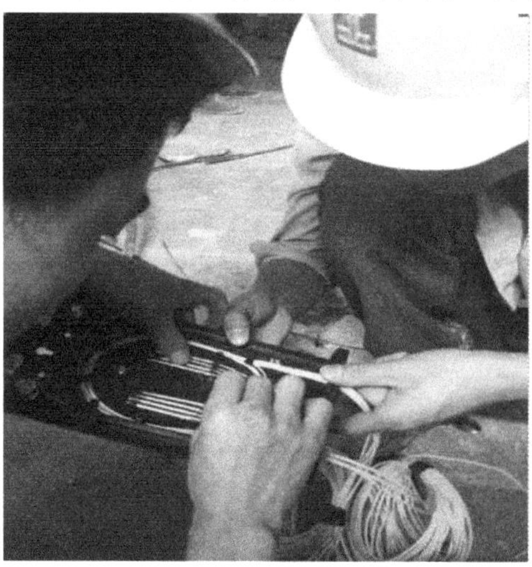

图3.15.6-2　光缆开剥

④ 使用光缆接头盒将开剥好的光缆一端固定牢固。

⑤ 根据设计要求，确定要分歧的光纤。

⑥ 将光缆的另一端根据接头盒盘纤位置，把多余的光纤束管盘留于接头盒内，需要分歧的光纤束管暂时放置一边，具体详见图3.15.6-2。

⑦ 将所分歧的光缆按上述步骤开剥出来在接头盒内固定牢固。

⑧ 合上接头盒盒内第一层收容盘，安装第二收容盘后，将干线分歧光纤束管从中间断开，根据束管固定长度将光纤使用专用束管开剥刀把所有分歧的束管开剥出来。

⑨ 准备光纤熔接机，根据设计要求与熔纤步骤将每根光纤熔接完成。

5）线盒密封、挂标牌

分歧光缆接续完成后，将盖子按出厂说明合上，检查密封性能，连接地线，固定牢固，在距接头盒100mm处（干线光缆、分歧光缆）分别挂上对应标牌。

### 3.15.7 劳动力组织

劳动力组织见表3.15.7-1。

劳动力组织表 表3.15.7-1

| 序号 | 项目 | 单位 | 数量 | 备注 |
| --- | --- | --- | --- | --- |
| 1 | 施工负责人 | 人 | 1 | |
| 2 | 安装工 | 人 | 2 | |
| 3 | 安全员 | 人 | 1 | |

### 3.15.8 主要机械设备及工器具配置

主要机械设备及工器具配置见表3.15.8-1。

主要机械设备及工器具配置表 表3.15.8-1

| 序号 | 名称 | 规格 | 单位 | 数量 | 备注 |
| --- | --- | --- | --- | --- | --- |
| 1 | 老虎钳 | | 把 | 1 | |
| 2 | 铝合金人字梯 | 2.5m | 把 | 1 | |
| 3 | 斜口钳 | | 把 | 1 | |
| 4 | 压线钳 | | 把 | 1 | |
| 5 | 斜口钳 | | 把 | 1 | |
| 6 | 光缆开剥刀 | | 把 | 1 | |
| 7 | 内六角扳手 | | 把 | 1 | |
| 8 | 十、一字螺丝刀 | | 把 | 各1 | |
| 9 | 光缆开剥工具 | | 套 | 1 | |
| 10 | 光纤熔接机 | | 台 | 1 | |
| 11 | OTDR | | 台 | 1 | |

### 3.15.9 物资材料配置

物资材料配置见表3.15.9-1。

物资材料配置表 表3.15.9-1

| 序号 | 名称 | 规格 | 单位 | 数量 | 备注 |
| --- | --- | --- | --- | --- | --- |
| 1 | 光纤热熔管 | 3M | 个 | 若干 | 按需 |
| 2 | 接地线 | | 米 | 若干 | 按需 |
| 3 | 尼龙扎带 | | 条 | 若干 | 按需 |
| 4 | 绝缘胶带 | | 卷 | 若干 | 按需 |

### 3.15.10　质量控制标准及检验

（1）质量控制标准

1）光缆接头盒的规格、型号应符合设计要求。

2）光纤在收容盘内的余长为 1.2～1.6m，弯曲半径为 40mm。

3）分歧光缆芯线接线正确，密封良好，符合设计要求与验标。

（2）质量检验

1）按照《城市轨道交通通信工程质量验收规范》GB 50382—2016 中的规定进行检验，填写质量检查记录。

2）光缆的规格、型号、接头盒安装位置应符合设计要求。

3）接头盒应安装牢固，接地良好，符合验标要求。

4）光缆连接应符合设计要求，且连接牢固。

5）光缆接续后应使用 OTDR 进行（对号、损耗）指标测试。

### 3.15.11　安全措施

（1）光缆接续人员应为经过培训的人员。

（2）光缆接续时不得损坏其他地铁附属设施。

（3）光缆在地下区间进行作业时，应有专人扶梯。

### 3.15.12　环保要求

施工过程中的废弃物应及时妥善处理，做到工完料清、场清。

## 3.16　市话电缆成端

### 3.16.1　适用范围

适用于城市轨道交通公务通信系统、专用通信系统干线电缆、轨旁电话电缆成端，公务、专用通信设备至 MDF 间用户缆成端施工。

### 3.16.2　作业条件及施工准备

（1）作业指导书编制后，应在开工前组织技术人员认真学习实施性施工组织设计，阅读、审核施工图纸，澄清有关技术问题，熟悉规范和技术标准。制订施工安全保证措施，提出应急预案。对施工人员进行技术交底，对参加施工人员进行上岗前技术培训，考核合格后持证上岗。

（2）成端前应熟悉图纸，研究 MDF 内外线模块在机柜内的布置方位，初步构思线缆成端路由及绑扎方式等，准备工机具、辅助材料。

### 3.16.3　引用施工技术标准

（1）《城市轨道交通通信工程质量验收规范》GB 50382—2016。

（2）《地下铁道工程施工质量验收标准》GB 50299—2018。

（3）《铁路通信工程施工技术指南》TZ 205—2009。

（4）《铁路通信、信号、电力、电力牵引供电工程施工安全技术规程》TB 10306—2009，J 949—2009。

### 3.16.4　作业内容

（1）研究 MDF 内线缆走向。

（2）整理市话电缆，引至模块前。

（3）绑扎未开剥缆。

（4）开剥、防护电缆。

（5）市话电缆分组、防护。

（6）电缆成端。

（7）切除多余部分电缆。

（8）电话分线箱内电缆成端。

### 3.16.5　施工技术标准

（1）市话电缆规格型号、模块上成端位置应符合设计要求。

（2）MDF 柜内、电话分线箱内电缆走向、路由合理美观，绑扎可靠牢固，防护到位可靠，开剥位置合理，弧度美观。

（3）模块卡线牢固、平直、整齐，一次到位。

### 3.16.6　工序流程及操作要点

（1）工程流程图

具体施工流程详见图 3.16.6-1。

图 3.16.6-1　工序流程图

（2）操作要点

1）研究 MDF 内线缆走向

研究 MDF 内外线模块在机柜内的布置方位，依据图纸要求，初步构思线缆走线方式。

2）整理市话电缆，引至模块前

MDF 机柜内预留的市话电缆整理、理顺至内外线模块前。

3）绑扎未开剥缆

无需开剥市话电缆用扎带沿机柜内架绑扎。

4）开剥、防护电缆

选择合适开剥位置进行开剥，开剥处用绝缘胶带或其他防护材料缠绕予以防护，注意保护电缆，防止钢铠刮伤内芯电缆。

5）市话电缆分组、防护

将开剥好的电缆依据色标顺序要求，10 对为 1 组，分为相应的组数，内线模块颜色为白色，外线模块颜色为红色，依据图纸要求，将内、外线市话电缆放至相应模块前，用缠绕管防护。

6）电缆成端

将需要成端的每对电缆顺直，油等杂物擦干净，然后将每对电缆压紧顺直卡入相应的模块槽位，对 MDF 而言，外部线缆均卡在上位，下槽位用于卡线电话跳线。对电话分线箱而言，下槽位至用户面板的电话线，具体详见图 3.16.6-2。

7）切除多余部分电缆

完成所有卡接成端后，用卡刀将多余部分切除。

8）电话分线箱内电缆成端

电话分线箱内市话电缆成端步骤及注意事项与 MDF 内成端一样，模块数量少。线缆绑扎坐到横平竖直，具体详见图 3.16.6-3。

图 3.16.6-2　电缆成端

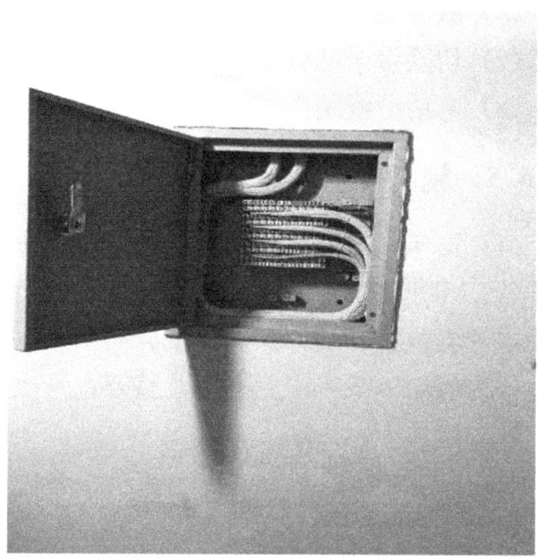

图 3.16.6-3　电话分线箱内电缆成端

## 3.16.7　劳动力组织

劳动力组织见表 3.16.7-1。

劳动力组织表　　表 3.16.7-1

| 序号 | 项目 | 单位 | 数量 | 备注 |
|---|---|---|---|---|
| 1 | 施工负责人 | 人 | 1 | |
| 2 | 安装工 | 人 | 2 | |

## 3.16.8　主要机械设备及工器具配置

主要机械设备及工器具配置见表 3.16.8-1。

主要机械设备及工器具配置表　　表 3.16.8-1

| 序号 | 名称 | 规格 | 单位 | 数量 | 备注 |
|---|---|---|---|---|---|
| 1 | 卡刀 | | 把 | 1 | |
| 2 | 记号笔 | | 把 | 1 | |

### 3.16.9　物资材料配置

物资材料配置见表 3.16.9-1。

物资材料配置表　　表 3.16.9-1

| 序号 | 名称 | 规格 | 单位 | 数量 | 备注 |
|---|---|---|---|---|---|
| 1 | 电话模块 | 红色 | 条 | 若干 | 外线 |
| 2 | 电话模块 | 白色 | 条 | 若干 | 内线 |
| 3 | 缠绕管 | 直径 8mm | 米 | 30 | |
| 4 | 扎带 | 5mm×300mm | 包 | 1 | |
| 5 | 绝缘胶带 | | 卷 | 1 | |

### 3.16.10　质量控制标准及检验

（1）质量控制标准

1）市话电缆规格型号、模块上成端位置应符合设计要求。

2）市话电缆成端应符合工艺要求。

（2）质量检验

1）按照《城市轨道交通通信工程质量验收规范》GB 50382—2016 中的规定进行检验，填写质量检查记录。

2）MDF 柜内、电话分线箱内电缆走向、路由合理美观，绑扎可靠牢固，防护到位可靠，开剥位置合理，弧度美观，具体详见图 3.16.10-1。

3）模块卡线牢固、平直、整齐，一次到位。

图 3.16.10-1　电缆质量检查

### 3.16.11　安全措施

（1）电缆成端人员应由经过培训的人员进行。

（2）防止被柜内电缆铠装、机架、卡刀等刮伤。

### 3.16.12　环保要求

施工过程中的废弃物应及时妥善处理，做到工完料清、场清。

## 3.17　机柜间电缆敷设

### 3.17.1　适用范围

适用于城市轨道交通车站设备房机柜间电缆敷设安装施工。

### 3.17.2 作业条件及施工准备

（1）作业指导书编制后，应在开工前组织技术人员认真学习施工图纸，对图纸进行审核，对现场进行测量路径调查等。熟悉规范和技术标准。制订施工安全保证措施，提出应急预案。对施工人员进行技术交底，对参加施工人员进行上岗前技术培训，考核合格后持证上岗。

（2）机柜间电缆敷设安装施工所涉及的各种技术数据收集，施工劳动组织配备、材料准备及设备工器具的配置。

### 3.17.3 引用施工技术标准

（1）《城市轨道交通通信工程质量验收规范》GB 50382—2016。

（2）《地下铁道工程施工质量验收标准》GB 50299—2018。

（3）《铁路通信工程施工技术指南》TZ 205—2009。

（4）《铁路通信、信号、电力、电力牵引供电工程施工安全技术规程》TB 10306—2009，J 949—2009。

### 3.17.4 作业内容

（1）机柜间电缆敷设。

（2）机柜间电缆整理。

（3）机柜间电缆绑扎。

（4）挂机柜间电缆标示标牌。

### 3.17.5 施工技术标准

（1）敷设线缆的规格、型号、敷设位置应符合设计要求。

（2）机柜间电缆敷设需满足各系统设备连线要求。线缆敷设不得扭绞、弯曲，信号线、电源线要分腔敷设，尽量减少交叉。

（3）机柜间敷设线缆时标识标签一定要正确无误表示清楚。

（4）机柜间敷设的电缆整理后绑扎整齐美观。

### 3.17.6 工序流程及操作要点

（1）工程流程图

具体工艺流程详见图3.17.6-1。

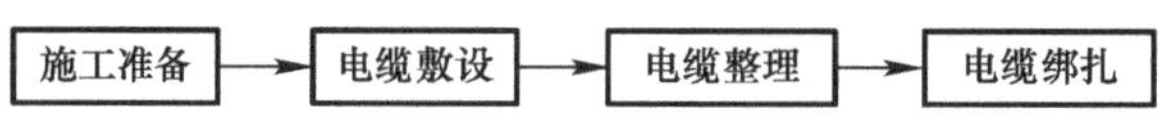


图3.17.6-1 工序流程图

（2）操作要点

1）施工准备

① 按照装配图清点核对设备、材料及配件数量。

② 核实现场桥架、管线是否安装到位，对现场进行路径测量复核线缆长度。

③ 清点线缆材料，准备工机具。

2）电缆敷设

① 根据施工设计图，按照要求敷设同规格、同型号的线缆。

② 根据图纸所示敷设线缆时要明白线缆的起点、终点，要明白如何表示线缆标签。

3）线缆整理

① 整理线缆时要合理分配信号线与电源线的路径，电源线信号线在槽内分腔敷设。

② 在整理线缆时必须对线槽进行杂物清理；减少交叉，具体详见图 3.17.6-2。

4）线缆绑扎

① 绑扎时线缆要横平竖直，不得扭绞。

② 正式标示标牌必须悬挂在同一高度，具体详见图 3.17.6-3。

图 3.17.6-2　线缆整理

图 3.17.6-3　线缆绑扎

## 3.17.7　劳动力组织

劳动力组织见表 3.17.7-1。

**劳动力组织表**　　**表 3.17.7-1**

| 序号 | 项目 | 单位 | 数量 | 备注 |
|---|---|---|---|---|
| 1 | 施工负责人 | 人 | 1 | |
| 2 | 安装工 | 人 | 4 | |

## 3.17.8　主要机械设备及工器具配置

主要机械设备及工器具配置见表 3.17.8-1。

**主要机械设备及工器具配置表**　　**表 3.17.8-1**

| 序号 | 名称 | 规格 | 单位 | 数量 | 备注 |
|---|---|---|---|---|---|
| 1 | 铝合金人字梯 | 1.5m | 把 | 1 | |
| 2 | 剥线钳 | | 把 | 1 | |

续表

| 序号 | 名称 | 规格 | 单位 | 数量 | 备注 |
|---|---|---|---|---|---|
| 3 | 斜口钳 | | 把 | 1 | |
| 4 | 记号笔 | | 把 | 1 | |
| 5 | 放线架 | | 副 | 2 | |

### 3.17.9 物资材料配置

物资材料配置见表 3.17.9-1。

物资材料配置表 表 3.17.9-1

| 序号 | 名称 | 规格 | 单位 | 数量 | 备注 |
|---|---|---|---|---|---|
| 1 | 信号线 | | 米 | 若干 | 按需 |
| 2 | 电源线 | | 米 | 若干 | 按需 |
| 3 | 尼龙扎带 | 300mm×150mm | 条 | 若干 | 按需 |
| 4 | 标签纸 | | 包 | 2 | |

### 3.17.10 质量控制标准及检验

（1）质量控制标准

1）敷设线缆的规格、型号应符合设计要求。

2）线缆的整理工艺应符合验收要求。

3）悬挂的标识标牌满足运营维护的要求。

（2）质量检验

1）按照《城市轨道交通通信工程质量验收规范》GB 50382—2016 中的规定进行检验，填写质量检查记录。

2）敷设线缆的规格、型号应符合设计要求。

3）线缆的整理工艺应符合设计要求，且牢固可靠。

### 3.17.11 安全措施

（1）现场要配备充足的照明设备。

（2）线缆转角拐弯的地方要有人员梳理。

（3）有棱角的地方要有防护措施，以免线缆外皮划破。

（4）进行电源线敷设安装时应断开电源屏电源，保证安全。

### 3.17.12 环保要求

施工过程中的废弃物应及时妥善处理，做到工完料清、场清。

## 3.18 数据配线架射频同轴连接器接头制作

### 3.18.1 适用范围

适用于城市轨道交通通信机房数据配线架（DDF）射频同轴连接器接头制作。

### 3.18.2 作业条件及施工准备

（1）作业指导书编制后，应在开工前组织技术人员认真学习实施性施工组织设计，阅读、审核施工图纸，澄清有关技术问题，熟悉规范和技术标准。制订施工安全保证措施，提出应急预案。对施工人员进行技术交底，对参加施工人员进行上岗前技术培训，考核合格后持证上岗。

（2）通信机房数据配线架（DDF）所涉及的各种外部技术数据收集，施工劳动组织配备、材料准备及设备工器具的配置。

### 3.18.3 引用施工技术标准

（1）《城市轨道交通通信工程质量验收规范》GB 50382—2016。

（2）《地下铁道工程施工质量验收标准》GB 50299—2018。

（3）《铁路通信工程施工技术指南》TZ 205—2009。

（4）《铁路通信、信号、电力、电力牵引供电工程施工安全技术规程》TB 10306—2009，J 949—2009。

### 3.18.4 作业内容

（1）数据配线架（DDF）定位。

（2）数据配线架（DDF）安装。

（3）数据配线架（DDF）线缆开剥整理排列。

（4）数据配线架（DDF）线缆焊接成端。

（5）数据配线架（DDF）线缆成端测试。

（6）填写安装技术记录。

### 3.18.5 施工技术标准

（1）数据配线架（DDF）的规格、型号、安装位置应符合设计要求。

（2）数据配线架（DDF）电缆与外部线缆对接应符合要求。线缆连接采用锡焊焊接连接，屏蔽层接通良好。

（3）数据配线架（DDF）与机柜立柱之间连接牢固，线缆连接良好，绑扎整齐美观。

### 3.18.6 工序流程及操作要点

（1）工序流程图

具体施工工艺流程图详见图 3.18.6-1。

图 3.18.6-1 工序流程图

（2）操作要点

1）施工准备

① 按照装配图清点核对设备、材料及配件数量。

② 核实现场线缆敷设分歧，机柜设备安装情况。

③ 准备好施工用工机具。

2）数据配线架（DDF）定位

① 根据施工设计图、现场情况，确定 DDF 安装位置。

② DDF 的位置应布置合理、与其他机房设备不冲突。

3）数据配线架（DDF）安装

① 在机柜立柱对应位置安装背卡螺母，固定数据配线架（DDF）器件，板上接地线接入机柜铜排。

② 注意保留数据配线架（DDF）与其他设备间距，预留后期维护空间。

4）DDF 线缆开剥整理排列

① 在机柜内外整理、理顺 DDF 线缆，靠机柜一侧固定板绑扎，做好预留。

② 选择合适开剥位置进行开剥外护绝缘层，开剥处用绝缘胶带收口后用热缩管恢复。

③ 对 DDF 线缆分组，缠绕管缠绕分组，绑扎固定，做好余留弯。

5）DDF 线缆线缆焊接成端

① 开剥 DDF 同轴线缆，拧开 DDF 连接器尾套，整理线缆内外导体位置。

② 使用电烙铁焊接内导体，恢复绝缘处理。

③ 整理 DDF 同轴线缆外导体铜丝网，使用压接钳压接 DDF 连接器外导体铜管，去除多余铜丝杂物。焊接时注意内导体与屏蔽网的隔离，焊节饱满稳固，具体详见图 3.18.6-2。

④ 检查 DDF 连接器内外导体连接、绝缘良好，恢复尾套，连接到 DDF 连接器插座上，理顺线缆用尼龙绑扎带固定整齐，具体详见图 3.18.6-3。

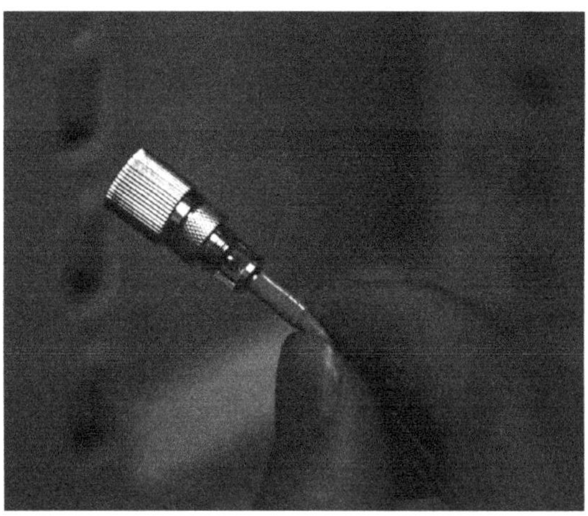

图 3.18.6-2 DDF 线缆线缆焊接成端

图 3.18.6-3 DDF 连接器的检查

⑤ 重复以上步骤，完成安装工作。

6）DDF 线缆成端测试

使用万用表对号、绝缘测试，确保设备侧和器件侧线缆两端连接器接触可靠，不混线、不断线。

7）填写安装技术记录

### 3.18.7 劳动力组织

劳动力组织见表3.18.7-1。

劳动力组织表　　表3.18.7-1

| 序号 | 项目 | 单位 | 数量 | 备注 |
|---|---|---|---|---|
| 1 | 施工负责人 | 人 | 1 | |
| 2 | 安装工 | 人 | 2 | |

### 3.18.8 主要机械设备及工器具配置

主要机械设备及工器具配置见表3.18.8-1。

主要机械设备及工器具配置表　　表3.18.8-1

| 序号 | 名称 | 规格 | 单位 | 数量 | 备注 |
|---|---|---|---|---|---|
| 1 | 螺丝刀 | 十字、一字 | 把 | 2 | |
| 2 | 电烙铁 | 30W | 把 | 1 | |
| 3 | 镊子 | | 把 | 1 | |
| 4 | 美工刀 | | 把 | 1 | |
| 5 | 斜口钳 | | 把 | 1 | |
| 6 | 压接钳 | | 把 | 1 | |
| 7 | 万用表 | | 台 | 1 | |

### 3.18.9 物资材料配置

物资材料配置见表3.18.9-1。

物资材料配置表　　表3.18.9-1

| 序号 | 名称 | 规格 | 单位 | 数量 | 备注 |
|---|---|---|---|---|---|
| 1 | 2M线 | | 条 | 若干 | 按需 |
| 2 | 尼龙扎带 | 200mm×3mm | 条 | 若干 | 按需 |
| 3 | 热可缩管 | | 米 | 若干 | 按需 |
| 4 | 焊锡丝 | | 卷 | 1 | |
| 5 | DDF | | 只 | 若干 | 按需 |
| 6 | 绝缘胶带 | | 卷 | 1 | |

### 3.18.10 质量控制标准及检验

(1) 质量控制标准

1) DDF的规格、型号应符合设计要求。

2) DDF的成端方式应符合设计要求。

(2) 质量检验

1) 按照《城市轨道交通通信工程质量验收规范》GB 50382—2016中的规定进行检验，填写质量检查记录。

2）DDF 的规格、型号、安装位置应符合设计要求。

3）DDF 应安装牢固，符合验标要求。

4）DDF 的线缆成端应符合设计要求，电气连接可靠。

5）线缆成端后进行电气测试检查。

### 3.18.11　安全措施

（1）安装人员应由经过培训的人员进行。

（2）DDF 的安装与机房设备同步进行，施工中注意成品保护作业。

（3）DDF 安装完毕，不经过测试，严禁将 DDF 接入系统设备，防止意外损坏设备。

### 3.18.12　环保要求

施工过程中的废弃物应及时妥善处理，做到工完料清、场清。

## 3.19　音频配线架科隆模块配线

### 3.19.1　适用范围

适用于城市轨道交通车站音频配线架科隆模块配线安装施工。

### 3.19.2　作业条件及施工准备

（1）作业指导书编制后，应在开工前组织技术人员认真学习实施性施工组织设计，阅读、审核施工图样，澄清有关技术问题，熟悉规范和技术标准。制订施工安全保证措施，提出应急预案。对施工人员进行技术交底，对参加施工人员进行上岗前技术培训，考核合格后持证上岗。

（2）车站音频配线架科隆模块配线安装所涉及的机柜施工完成，施工劳动力组织配备、材料准备及设备工器具的配置。

### 3.19.3　引用施工技术标准

（1）《城市轨道交通通信工程质量验收规范》GB 50382—2016。

（2）《地下铁道工程施工质量验收标准》GB 50299—2018。

（3）《铁路通信工程施工技术指南》TZ 205—2009。

（4）《铁路通信、信号、电力、电力牵引供电工程施工安全技术规程》TB 10306—2009，J 949—2009。

### 3.19.4　作业内容

（1）施工准备。

（2）音频配线架（VDF）科隆模块定位。

（3）音频配线架（VDF）科隆模块安装。

（4）音频线缆开剥整理排列。

(5) 音频线缆卡接成端。

(6) 音频线缆成端测试。

(7) 填写安装技术记录。

### 3.19.5 施工技术标准

(1) 核对音频配线架（VDF）科隆模块和线缆的规格、型号、安装位置应符合设计要求。

(2) 机柜柜内电缆走向顺直，余留形状、大小一致、绑扎牢固。

(3) 科隆模块卡线牢固、平直、整齐，接触良好。

### 3.19.6 工序流程及操作要点

(1) 工程流程图

具体施工工艺流程图如图 3.19.6-1 所示。

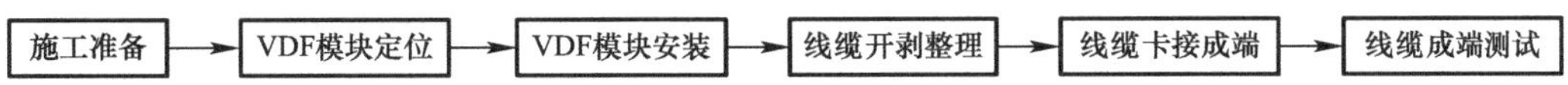


图 3.19.6-1 工序流程图

(2) 操作要点

1) 施工准备

① 按照装配图清点核对设备、材料及配件数量。

② 核实现场线缆敷设，机柜设备、模块安装情况。

③ 准备好施工用工机具。

2) 音频配线架（VDF）科隆模块定位

① 根据施工设计图、现场情况，确定 VDF 科隆模块安装位置。

② VDF 科隆模块位置的应布置合理，与其他机房设备不冲突。

3) 音频配线架（VDF）科隆模块安装

① 在机柜立柱对应位置安装不锈钢背卡，安装音频配线架（VDF）科隆模块。

② 注意保留音频配线架（VDF）与其他设备间距，预留后期维护空间。

4) VDF 线缆开剥整理排列

① 在机柜内外整理、理顺音频线缆，固定在机柜固定板绑扎，做好预留。

② 选择合适开剥位置进行开剥外护套、钢铠和铝塑护套（户外干线电缆），铝塑护套采用屏蔽地线夹压接、钢铠采用黄绿地线（10～16m$^2$）焊接共同引出接地线到接地箱接地、开剥处用绝缘胶带收口后用热缩管恢复。

③ 对 VDF 线缆分组，用不同规格缠绕管缠绕分组，垂直引上绑扎固定。

5) VDF 线缆卡接成端

① 在不锈钢背架引入孔按线序 10 对一组成组缠绕，分别把线缆穿入不锈钢背架引入孔，移动线缆使线缆余留弯均匀一致，使用尼龙扎带固定线缆。

② 按科隆模块线序位置拉线引入对应分线槽位，使用科隆模块专用卡刀逐一垂直打线，把线缆卡入科隆模块槽内。

图 3.19.6-2　VDF 线缆成端测试

③ 观察线缆卡接良好并理顺线缆，把科隆模块压入不锈钢背架固定板上。

④ 重复以上步骤，完成所有线缆成端连接。

6）VDF 线缆成端测试

使用万用表对号、兆欧表绝缘测试，确保线缆两端接触可靠，不混线、不断线，绝缘良好。测试时可用话机进行试通测试，具体详见图 3.19.6-2。

7）填写安装技术记录

### 3.19.7　劳动力组织

劳动力组织见表 3.19.7-1。

**劳动力组织表**　　表 3.19.7-1

| 序号 | 项目 | 单位 | 数量 | 备注 |
|---|---|---|---|---|
| 1 | 施工负责人 | 人 | 1 | |
| 2 | 安装工 | 人 | 2 | |

### 3.19.8　主要机械设备及工器具配置

主要机械设备及工器具配置见表 3.19.8-1。

**主要机械设备及工器具配置表**　　表 3.19.8-1

| 序号 | 名称 | 规格 | 单位 | 数量 | 备注 |
|---|---|---|---|---|---|
| 1 | 螺丝刀 | 十字、一字 | 把 | 2 | |
| 2 | 电烙铁 | 30W | 把 | 1 | |
| 3 | 镊子 | | 把 | 1 | |
| 4 | 美工刀 | | 把 | 1 | |
| 5 | 斜口钳 | | 把 | 1 | |
| 6 | 压接钳 | | 把 | 1 | |
| 7 | 万用表 | | 台 | 1 | |

### 3.19.9　物资材料配置

物资材料配置见表 3.19.9-1。

**物资材料配置表**　　表 3.19.9-1

| 序号 | 名称 | 规格 | 单位 | 数量 | 备注 |
|---|---|---|---|---|---|
| 1 | 音频线缆 | | 条 | 若干 | 按需 |
| 2 | 尼龙扎带 | 200～300mm×4mm | 条 | 若干 | 按需 |

续表

| 序号 | 名称 | 规格 | 单位 | 数量 | 备注 |
|---|---|---|---|---|---|
| 3 | 屏蔽接地夹 | | 只 | 若干 | 按需 |
| 4 | 接地线 | 黄绿 10/16mm$^2$ | 米 | 若干 | 按需 |
| 5 | 热可缩管 | | 米 | 若干 | 按需 |
| 6 | 焊锡丝 | | 卷 | 1 | |
| 7 | 绝缘胶带 | | 卷 | 1 | |
| 8 | 科隆模块 | | 只 | 若干 | 按需 |

### 3.19.10 质量控制标准及检验

(1) 质量控制标准

1) VDF 科隆模块的规格、型号应符合设计要求。

2) VDF 科隆模块的成端方式应符合设计要求。

(2) 质量检验

1) 按照《城市轨道交通通信工程质量验收规范》GB 50382—2016 中的规定进行检验，填写质量检查记录。

2) VDF 科隆模块的规格、型号、安装位置应符合设计要求。

3) VDF 科隆模块应安装牢固，符合验标要求。

4) VDF 科隆模块的线缆成端应符合设计要求，电气连接可靠。

5) 线缆成端后进行电气测试检查。

### 3.19.11 安全措施

(1) 安装人员应由经过培训的人员进行。

(2) VDF 科隆模块的安装与机房设备同步进行，施工中注意成品保护作业。

(3) VDF 科隆模块安装完毕，不经过测试，严禁将 VDF 科隆模块接入系统设备，防止意外损坏设备。

### 3.19.12 环保要求

施工过程中的废弃物应及时妥善处理，做到工完料清、场清。

## 3.20 网络配线架数据模块配线成端

### 3.20.1 适用范围

适用于城市轨道交通通信机房网络配线架数据模块配线成端制作。

### 3.20.2 作业条件及施工准备

(1) 作业指导书编制后，应在开工前组织技术人员认真学习实施性施工组织设计，阅读、审核施工图样，澄清有关技术问题，熟悉规范和技术标准。制订施工安全保证措施，提出应急预案。对施工人员进行技术交底，对参加施工人员进行上岗前技术培训，考核合格后持证上岗。

（2）通信机房网络配线架数据模块所涉及的各种外部技术数据收集，施工劳动力组织配备、材料准备及设备工器具的配置。

### 3.20.3　引用施工技术标准

（1）《城市轨道交通通信工程质量验收规范》GB 50382—2016。

（2）《地下铁道工程施工质量验收标准》GB 50299—2018。

（3）《铁路通信工程施工技术指南》TZ 205—2009。

（4）《铁路通信、信号、电力、电力牵引供电工程施工安全技术规程》TB 10306—2009，J 949—2009。

### 3.20.4　作业内容

（1）施工准备。

（2）网络配线架（EDF）数据模块定位。

（3）网络配线架（EDF）数据模块安装。

（4）网络配线架（EDF）线缆开剥整理排列。

（5）网络配线架（EDF）线缆卡接成端。

（6）网络配线架（EDF）线缆成端测试。

（7）填写安装技术记录。

### 3.20.5　施工技术标准

（1）网络配线架（EDF）的规格、型号、安装位置应符合设计要求。

（2）网络配线架（EDF）电缆与外部线缆对接应符合要求。线缆连接采用卡接焊接连接，屏蔽层接通良好。

（3）网络配线架（EDF）与机柜立柱之间连接牢固，线缆连接良好，绑扎整齐美观。

### 3.20.6　工序流程及操作要点

（1）工程流程图

具体施工工艺流程图详见图3.20.6-1。

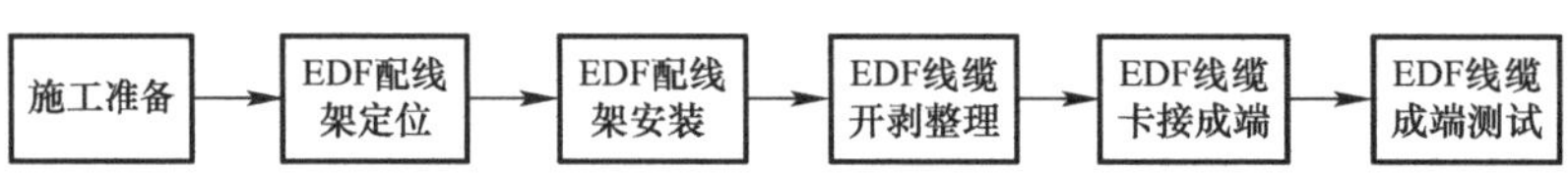


图3.20.6-1　工序流程图

（2）操作要点

1）施工准备

① 按照装配图清点核对设备、材料及配件数量。

② 核实现场线缆敷设，机柜设备安装情况。

③ 准备好施工用工机具。

2）网络配线架（EDF）定位

① 根据施工设计图、现场情况，确定 EDF 安装位置。

② EDF 位置的应布置合理，与其他机房设备不冲突。

3）网络配线架（EDF）安装

① 在机柜立柱对应位置安装背卡螺母，固定网络配线架（EDF）器件。

② 注意保留网络配线架（EDF）与其他设备间距，预留后期维护空间。

4）EDF 线缆开剥整理排列

① 在机柜内外整理、理顺 EDF 线缆，靠机柜一侧固定板绑扎，做好预留。

② 对 EDF 线缆整理缠绕管缠绕分组，绑扎固定，做好余留弯。

5）EDF 线缆线缆卡接成端

① 紧贴 EDF 数据模块开剥 EDF 线缆外护套，分理芯线，把芯线按 TAB568B 接线方式或技术要求分别压入数据模块槽口中。

② 使用 EDF 数据模块专用卡刀打线。

③ 观察线缆卡接良好并理顺线缆，把数据模块压入 EDF 固定板中。

④ 重复以上步骤，完成所有线缆成端连接。

6）DDF 线缆成端测试

使用万用表对号、网络测试仪测试，确保线缆两端连接器接触可靠，不混线、不断线，电气数据指标满足要求。

7）填写安装技术记录。

### 3.20.7 劳动力组织

劳动力组织见表 3.20.7-1。

**劳动力组织表** **表 3.20.7-1**

| 序号 | 项目 | 单位 | 数量 | 备注 |
|---|---|---|---|---|
| 1 | 施工负责人 | 人 | 1 | |
| 2 | 安装工 | 人 | 2 | |

### 3.20.8 主要机械设备及工器具配置

主要机械设备及工器具配置见表 3.20.8-1。

**主要机械设备及工器具配置表** **表 3.20.8-1**

| 序号 | 名称 | 规格 | 单位 | 数量 | 备注 |
|---|---|---|---|---|---|
| 1 | 螺丝刀 | 十字、一字 | 把 | 2 | |
| 2 | 镊子 | | 把 | 1 | |
| 3 | 美工刀 | | 把 | 1 | |
| 4 | 斜口钳 | | 把 | 1 | |
| 5 | 卡线钳 | | 把 | 1 | |
| 6 | 万用表 | | 台 | 1 | |
| 7 | 网络测试仪 | | 台 | 1 | |

### 3.20.9　物资材料配置

物资材料配置见表 3.20.9-1。

物资材料配置表　　表 3.20.9-1

| 序号 | 名称 | 规格 | 单位 | 数量 | 备注 |
|---|---|---|---|---|---|
| 1 | 数据线 | | 条 | 若干 | 按需 |
| 2 | 尼龙扎带 | 200mm×3mm | 条 | 若干 | 按需 |
| 3 | 热可缩管 | | 米 | 若干 | 按需 |
| 4 | EDF | | 只 | 若干 | 按需 |
| 5 | 绝缘胶带 | | 卷 | 1 | |

### 3.20.10　质量控制标准及检验

(1) 质量控制标准

1) EDF 的规格、型号应符合设计要求。

2) EDF 的成端方式应符合设计要求。

(2) 质量检验

1) 按照《城市轨道交通通信工程质量验收规范》GB 50382—2016 中的规定进行检验，填写质量检查记录。

2) EDF 的规格、型号、安装位置应符合设计要求。

3) EDF 应安装牢固，符合验标要求。

4) EDF 的线缆成端应符合设计要求，电气连接可靠。

5) 线缆成端后进行电气测试检查。

### 3.20.11　安全措施

(1) 安装人员应由经过培训的人员进行。

(2) EDF 的安装与机房设备同步进行，施工中注意成品保护作业。

(3) EDF 安装完毕，不经过测试，严禁将 EDF 接入系统设备，防止意外损坏设备。

### 3.20.12　环保要求

施工过程中的废弃物应及时妥善处理，做到工完料清、场清。

## 3.21　视频线缆成端 BNC 接头制作

### 3.21.1　适用范围

适用于城市轨道交通通信机房视频线缆成端 BNC 接头制作。

### 3.21.2　作业条件及施工准备

(1) 作业指导书编制后，应在开工前组织技术人员认真学习实施性施工组织设计，阅读、审核施工图纸，澄清有关技术问题，熟悉规范和技术标准。制订施工安全保证措施，提出应急预案。对施工人员进行技术交底，对参加施工人员进行上岗前技术培训，考核合格后持证上岗。

(2) 通信机房视频线缆成端BNC接头所涉及的各种外部技术数据收集，施工劳动力组织配备、材料准备及设备工器具的配置。

### 3.21.3 引用施工技术标准

(1)《城市轨道交通通信工程质量验收规范》GB 50382—2016。

(2)《地下铁道工程施工质量验收标准》GB 50299—2018。

(3)《铁路通信工程施工技术指南》TZ 205—2009。

(4)《铁路通信、信号、电力、电力牵引供电工程施工安全技术规程》TB 10306—2009，J 949—2009。

### 3.21.4 作业内容

(1) 施工准备。

(2) 视频BNC固定板定位。

(3) 视频线缆BNC插座安装。

(4) 视频线缆开剥整理排列。

(5) BNC连接器焊接成端。

(6) BNC连接器成端测试。

(7) 填写安装技术记录。

### 3.21.5 施工技术标准

(1) 视频线缆成端BNC接头的规格、型号、安装位置应符合设计要求。

(2) 视频线缆成端BNC接头电缆与外部线缆对接应符合要求。线缆连接采用锡焊焊接连接，屏蔽层接通良好。

(3) 视频线缆成端BNC接头与机柜立柱之间连接牢固，线缆连接良好，绑扎整齐美观。

### 3.21.6 工序流程及操作要点

(1) 工序流程图

具体施工工艺流程图详见图3.21.6-1。

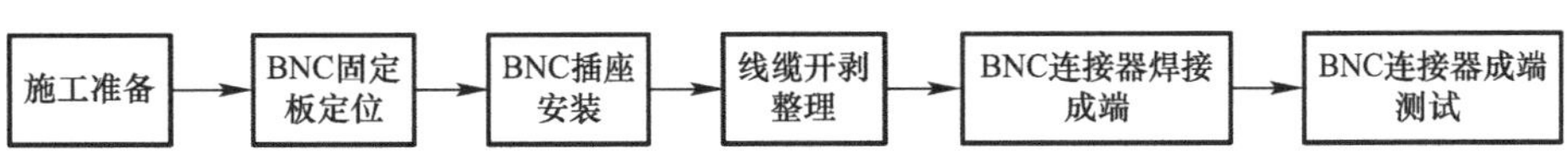


图3.21.6-1 工序流程图

(2) 操作要点

1) 施工准备

① 按照装配图清点核对设备、材料及配件数量。

② 核实现场线缆敷设，机柜设备安装情况。

③ 准备好施工用工机具。

2）视频 BNC 固定板定位

① 根据施工设计图、现场情况，确定 BNC 安装位置。

② BNC 位置的应布置合理，与其他机房设备不冲突。

3）视频 BNC 插座安装

① 在机柜立柱对应位置安装背卡螺母，固定视频 BNC 固定板，安装 BNC 连接器插座。

② 注意保留视频 BNC 固定板与其他设备间距，预留后期维护空间。

4）视频线缆开剥整理排列

① 在机柜内外整理、理顺视频线缆，用尼龙扎带或专用接地卡固定绑扎线缆，做好预留。

② 对应视频线缆分组，剪去多余部分。

5）BNC 连接器焊接成端

① 选择合适开剥位置进行开剥外护套、绝缘层，分别露出内、外导体，把视频线内导体铜芯插入 BNC 内导体中，使用压接钳压接 BNC 内导体，使视频线缆与 BNC 连接器连接牢固，使用电烙铁焊接连接部分加强连接效果，打磨清除焊锡残渣。

② 把 BNC 内导体插入 BNC 连接器外导体铜头中，手指肚能触摸内导体铜芯端头为合适深度。

③ 整理视频同轴线缆外导体铜丝网，使用压接钳压接 BNC 连接器外导体铜管，使视频线缆外导体与 BNC 连接器外导体连接牢固，使用美工刀去除多余铜丝杂物。

④ BNC 开剥后端用绝缘胶带收口后用热缩管恢复，做绝缘处理。

⑤ 重复以上步骤，完成安装工作。

6）BNC 连接器成端测试

使用万用表对号、绝缘测试，确保设备侧和器件侧线缆两端连接器接触可靠，不混线、不断线，绝缘良好。

7）填写安装技术记录

### 3.21.7　劳动力组织

劳动力组织见表 3.21.7-1。

**劳动力组织表**　　　　**表 3.21.7-1**

| 序号 | 项目 | 单位 | 数量 | 备注 |
|---|---|---|---|---|
| 1 | 施工负责人 | 人 | 1 | |
| 2 | 安装工 | 人 | 2 | |

### 3.21.8　主要机械设备及工器具配置

主要机械设备及工器具配置见表 3.21.8-1。

主要机械设备及工器具配置表　　表 3.21.8-1

| 序号 | 名称 | 规格 | 单位 | 数量 | 备注 |
|---|---|---|---|---|---|
| 1 | 螺丝刀 | 十字、一字 | 把 | 2 | |
| 2 | 电烙铁 | 30W | 把 | 1 | |
| 3 | 镊子 | | 把 | 1 | |
| 4 | 美工刀 | | 把 | 1 | |
| 5 | 斜口钳 | | 把 | 1 | |
| 6 | 压接钳 | | 把 | 1 | |
| 7 | 万用表 | | 台 | 1 | |

### 3.21.9 物资材料配置

物资材料配置见表 3.21.9-1。

物资材料配置表　　表 3.21.9-1

| 序号 | 名称 | 规格 | 单位 | 数量 | 备注 |
|---|---|---|---|---|---|
| 1 | 视频同轴线 | | 条 | 若干 | 按需 |
| 2 | 尼龙扎带 | 200mm×3mm | 条 | 若干 | 按需 |
| 3 | 热可缩管 | | 米 | 若干 | 按需 |
| 4 | 焊锡丝 | | 卷 | 1 | |
| 5 | BNC 连接器 | | 只 | 若干 | 按需 |
| 6 | 绝缘胶带 | | 卷 | 1 | |

### 3.21.10 质量控制标准及检验

(1) 质量控制标准

1) BNC 的规格、型号应符合设计要求。

2) BNC 的成端方式应符合设计要求。

(2) 质量检验

1) 按照《城市轨道交通通信工程质量验收规范》GB 50382—2016 中的规定进行检验，填写质量检查记录。

2) BNC 的规格、型号、安装位置应符合设计要求。

3) BNC 应安装牢固，符合验标要求。

4) BNC 的线缆成端应符合设计要求，电气连接可靠。

5) 线缆成端后进行电气测试检查。

### 3.21.11 安全措施

(1) 安装人员应由经过培训的人员进行。

(2) BNC 的安装与机房设备同步进行，施工中注意成品保护作业。

(3) BNC安装完毕，不经过测试，严禁将BNC接入系统设备，防止意外损坏设备。

### 3.21.12 环保要求

施工过程中的废弃物应及时妥善处理，做到工完料清、场清。

## 3.22 车站吸顶广播终端安装

### 3.22.1 适用范围

适用于城市轨道交通地下车站站厅、站台公共区吊顶顶棚安装施工。

### 3.22.2 作业条件及施工准备

(1) 作业指导书编制后，应在开工前组织技术人员认真学习实施性施工组织设计，阅读、审核施工图纸，澄清有关技术问题，熟悉规范和技术标准。制订施工安全保证措施，提出应急预案。对施工人员进行技术交底，对参加施工人员进行上岗前技术培训，考核合格后持证上岗。

(2) 车站吸顶广播终端安装施工所涉及的各种外部技术数据收集，施工劳动力组织配备、材料准备及设备工器具的配置。

### 3.22.3 引用施工技术标准

(1)《城市轨道交通通信工程质量验收规范》GB 50382—2016。

(2)《地下铁道工程施工质量验收标准》GB 50299—2018。

(3)《铁路通信工程施工技术指南》TZ 205—2009。

(4)《铁路通信、信号、电力、电力牵引供电工程施工安全技术规程》TB 10306—2009，J 949—2009。

### 3.22.4 作业内容

(1) 扬声器定位。

(2) 顶棚开孔。

(3) 扬声器的安装。

(4) 扬声器线缆连接。

(5) 填写安装技术记录。

### 3.22.5 施工技术标准

(1) 扬声器的规格、型号、安装位置应符合设计要求。

(2) 扬声器与顶棚之间连接紧密，扬声器尾巴电缆与外部线缆对接应符合要求。线缆连接采用接线子对接，屏蔽层贯通，电缆外层用热可塑管防护。

(3) 扬声器应安装牢固，线缆连接良好，绑扎整齐美观。

### 3.22.6　工序流程及操作要点

（1）工序流程图

具体施工工艺流程图详见图 3.22.6-1。

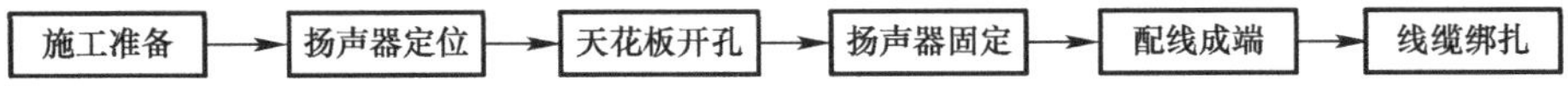


图 3.22.6-1　工序流程图

（2）操作要点

1）施工准备

① 按照装配图清点核对设备、材料及配件数量。

② 核实现场线缆敷设分歧，吊顶顶棚安装情况。

③ 准备好施工用工机具。

2）扬声器定位

① 根据施工设计图、现场情况，确定扬声器安装位置。

② 扬声器位置的应布置合理，与其他外场设备不冲突。

3）顶棚开孔

① 对吸顶式扬声器安装首先需要对吊顶开孔，将吊顶拆下用圆规在中心标记处划出一个 $\phi$170mm 的圆（略比吸顶式扬声器外壳大 1cm），采用直柄麻花钻（钻头为 $\phi$8mm）在吊顶上划出的圆内侧开孔，将曲线锯深入到孔内，沿划出的圆逐渐扩大，使用曲线锯时注意匀速推动，不得偏出，开孔完成后，用矬子将孔周围的毛刺挫平，再吊顶板将其装到吊顶上。

② 注意顶棚的防护，防止变形、破裂。

4）扬声器固定

① 将吸顶式扬声器箱壳与扬声器喇叭分开，将内部箱壳与喇叭连接的插接式接线端子两边按下，使喇叭与箱壳间连线断开。

② 将扬声器箱两边的固定箱壳的卡片调到箱内，再将箱壳放入已开好的吊顶孔内，把箱壳内再调到箱壳外，用螺丝刀调节箱壳底部螺丝使固定卡片收紧后牢固的卡在吊顶材料上。在旋紧固定螺丝时要将卡片调到箱壳的底部，不得出现松动情况。

5）线缆连接

① 分别将广播电缆经箱壳上余留孔穿入到扬声器箱壳内，再将软管上的软管接头牢固地固定在扬声器箱壳上。

② 吸顶式扬声器一般采用以上顶棚开孔镶嵌安装方式，在半封闭式型材龙骨结构时，则也可增加扬声器安装铁板，在主龙骨或次龙骨上开出直径为 3mm 孔两侧各 1 个，直接将扬声器安装板放到龙骨上，用铆钉铆牢固定，将嵌入式扬声器的弹簧胀开从吊顶板和安装板开孔中推入并自动卡紧即可，具体如图 3.22.6-2 所示。

吊挂式扬声器使用吊筋吊挂安装，高度位于公共区吊顶上方 10cm 左右，具体详见图 3.22.6-3。

6）线缆绑扎

① 将引入保护线缆的金属软管顺直，在龙骨上绑扎固定。

图 3.22.6-2　吸顶式扬声器安装

图 3.22.6-3　吊挂式扬声器安装

② 线缆引入一定的弯曲度。

### 3.22.7　劳动力组织

劳动力组织见表 3.22.7-1。

劳动力组织表　　表 3.22.7-1

| 序号 | 项目 | 单位 | 数量 | 备注 |
|---|---|---|---|---|
| 1 | 施工负责人 | 人 | 1 | |
| 2 | 安装工 | 人 | 2 | |
| 3 | 安全员 | 人 | 1 | |

### 3.22.8　主要机械设备及工器具配置

主要机械设备及工器具配置见表 3.22.8-1。

主要机械设备及工器具配置表　　表 3.22.8-1

| 序号 | 名称 | 规格 | 单位 | 数量 | 备注 |
|---|---|---|---|---|---|
| 1 | 开孔器 | | 把 | 1 | |
| 2 | 铝合金人字梯 | 2.5m | 把 | 1 | |
| 3 | 压接钳 | | 把 | 1 | |
| 4 | 剥线钳 | | 把 | 1 | |
| 5 | 斜口钳 | | 把 | 1 | |
| 6 | 记号笔 | | 把 | 1 | |

### 3.22.9　物资材料配置

物资材料配置见表 3.22.9-1。

物资材料配置表 表 3.22.9-1

| 序号 | 名称 | 规格 | 单位 | 数量 | 备注 |
|---|---|---|---|---|---|
| 1 | 广播电缆接线子 | $\phi 2$ | 单位 | 若干 | 按需 |
| 2 | 金属软管 | $\phi 15$ | 米 | 若干 | 按需 |
| 3 | 尼龙扎带 | 200mm×5mm | 条 | 若干 | 按需 |
| 4 | 热可塑管 | $\phi 10$ | 米 | 若干 | 按需 |
| 5 | 防水胶带 |  | 卷 | 若干 | 按需 |
| 6 | 扬声器 | 吸顶 | 只 | 若干 | 按需 |

### 3.22.10 质量控制标准及检验

（1）质量控制标准

1）扬声器的规格、型号应符合设计要求。

2）扬声器的接线方式应符合设计要求。

（2）质量检验

1）按照《城市轨道交通通信工程质量验收规范》GB 50382—2016 中的规定进行检验，填写质量检查记录。

2）扬声器的规格、型号、高度、安装位置应符合设计要求。

3）扬声器应安装牢固，符合验标要求。

4）扬声器的线缆连接应符合设计要求，且牢固可靠。

5）线缆接续后进行绝缘、防水处理。

### 3.22.11 安全措施

（1）安装人员应由经过培训的人员进行。

（2）扬声器安装配合天花吊顶同步进行，施工时注意不要踩在吊顶材料上作业。

（3）扬声器安装完毕，不经过测试，严禁将扬声器网接入广播设备，防止意外损坏广播设备。

### 3.22.12 环保要求

施工过程中的废弃物应及时妥善处理，做到工完料清、场清。

## 3.23 车站壁挂广播终端安装

### 3.23.1 适用范围

适用于城市轨道交通车站墙壁扬声器安装施工。

### 3.23.2 作业条件及施工准备

（1）作业指导书编制后，应在开工前组织技术人员认真学习实施性施工组织设计，阅读、审核施工图纸，澄清有关技术问题，熟悉规范和技术标准。制订施工安全保证措施，提出应急预案。对施工人员进行技术交底，对参加施工人员进行上岗前技术培训，考核合格后持证上岗。

（2）壁挂广播终端安装所涉及的墙壁施工完成，施工劳动力组织、材料及设备工器具的配置齐全。

### 3.23.3　引用施工技术标准

（1）《城市轨道交通通信工程质量验收规范》GB 50382—2016。

（2）《地下铁道工程施工质量验收标准》GB 50299—2018。

（3）《铁路通信工程施工技术指南》TZ 205—2009。

（4）《铁路通信、信号、电力、电力牵引供电工程施工安全技术规程》TB 10306—2009，J 949—2009。

### 3.23.4　作业内容

（1）扬声器定位。

（2）扬声器的安装。

（3）扬声器线缆连接。

（4）填写安装技术记录。

### 3.23.5　施工技术标准

（1）扬声器的规格、型号、安装位置应符合设计要求。

（2）扬声器与墙壁之间密贴，扬声器卡接外部线缆对接应符合要求。

（3）扬声器应安装牢固，线缆连接良好。

### 3.23.6　工序流程及操作要点

（1）工程流程图

具体施工工艺流程图详见图 3.23.6-1。

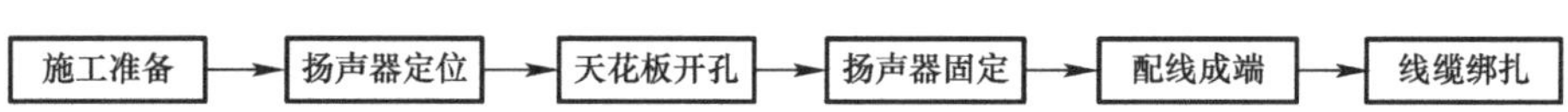


图 3.23.6-1　工艺流程图

（2）操作要点

1）施工准备

① 按照装配图清点核对设备、材料及配件数量。

② 核实现场线缆敷设分歧，墙壁、吊顶施工情况。

③ 准备好施工用工机具。

2）扬声器定位

① 根据施工设计图、现场情况，确定扬声器安装位置。

② 设备及管理用房扬声器在设有吊顶的场所扬声器安装在墙上，其顶部距吊顶 0.1m，无吊顶的场所扬声器安装在墙上，其底部距地面 2.5m。

③ 扬声器的位置应布置合理，与其他外场设备不冲突。

3）扬声器固定

① 用冲击电钻在扬声器安装位置的正上方打出直径 6mm，深度为 3.5cm 的孔。敲入 φ6 塑料膨胀管和螺钉，把箱式扬声器直接挂在螺钉上调平即可。注意配置的螺钉比普通螺钉略长，方便吊挂。

② 注意墙壁的防护，防止破损。

4）线缆连接

将广播线缆穿好金属软管，比划长度，将多余的线缆裁掉，将广播芯线剥开，比划冷压端子长度，将芯线裸露段套入冷压端子内，用压接钳压接，将压接好的端子插入扬声器引线口。

5）线缆绑扎固定

将引入保护线缆的金属软管顺直，用骑马卡固定。

### 3.23.7 劳动力组织

劳动力组织见表 3.23.7-1。

劳动力组织表 表 3.23.7-1

| 序号 | 项目 | 单位 | 数量 | 备注 |
|---|---|---|---|---|
| 1 | 施工负责人 | 人 | 1 | |
| 2 | 安装工 | 人 | 2 | |

### 3.23.8 主要机械设备及工器具配置

主要机械设备及工器具配置见表 3.23.8-1。

主要机械设备及工器具配置表 表 3.23.8-1

| 序号 | 名称 | 规格 | 单位 | 数量 | 备注 |
|---|---|---|---|---|---|
| 1 | 冲击电钻 | T15 | 把 | 1 | |
| 2 | 铝合金人字梯 | 2.5m | 把 | 1 | |
| 3 | 剥线钳 | | 把 | 1 | |
| 4 | 斜口钳 | | 把 | 1 | |
| 5 | 冷压钳 | $\phi$1.5 | 把 | 1 | |

### 3.23.9 物资材料配置

物资材料配置见表 3.23.9-1。

物资材料配置表 表 3.23.9-1

| 序号 | 名称 | 规格 | 单位 | 数量 | 备注 |
|---|---|---|---|---|---|
| 1 | 扬声器 | 壁挂式 | 只 | 若干 | 按需 |
| 2 | 金属软管 | $\phi$15 | 米 | 若干 | 按需 |
| 3 | 金属软管接头 | $\phi$15 | 米 | 若干 | 按需 |
| 4 | 骑马卡 | $\phi$20 | 条 | 若干 | 按需 |
| 5 | 尼龙胀管 | $\phi$6 | 只 | 若干 | 按需 |

续表

| 序号 | 名称 | 规格 | 单位 | 数量 | 备注 |
|---|---|---|---|---|---|
| 6 | 螺钉 | M5 | 只 | 若干 | 按需 |
| 7 | 冷压端子 | $\phi$1.5 | 只 | 若干 | 按需 |

### 3.23.10　质量控制标准及检验

(1) 质量控制标准

1) 扬声器的规格、型号应符合设计要求。

2) 扬声器的接线方式应符合设计要求。

(2) 质量检验

1) 按照《城市轨道交通通信工程质量验收规范》GB 50382—2016中的规定进行检验，填写质量检查记录。

2) 扬声器的规格、型号、高度、安装位置应符合设计要求。

3) 扬声器应安装牢固，符合验标要求。

4) 扬声器的线缆连接应符合设计要求，且牢固可靠。

### 3.23.11　安全措施

(1) 安装人员应由经过培训的人员进行。

(2) 扬声器安装配合天花吊顶同步进行，施工时注意不要踩在吊顶材料上作业。

(3) 扬声器安装完毕，不经过测试，严禁将扬声器网接入广播设备，防止意外损坏广播设备。

### 3.23.12　环保要求

施工过程中的废弃物应及时妥善处理，做到工完料清、场清。

## 3.24　壁装式固定摄像机安装

### 3.24.1　适用范围

适用于城市轨道交通壁装式摄像机安装。

### 3.24.2　作业条件及施工准备

(1) 作业条件

1) 根据现场勘查情况确定安装摄像机支架为壁装或者吊装，选择合理美观的方案实施。

2) 需保证壁装摄像机安装支架底座和前端盒的墙体已经完成抹灰等施工作业，检查安装支架底座和前端盒的位置是否和其他专业终端安装位置冲突，并做好记录报相关单位进行协调。

3) 摄像机管线支管、接线盒安装到位。

4）摄像机照摄的物体（如闸机、电梯、出入口、售票机、客服中心等）已基本成型，位置已基本确定。

5）装修垫层和地砖已完成施工，确保摄像机安装高度。

6）摄像机安装需考虑安全和成品保护因素，考虑到设备的安全因素，在站厅无人值班时或站台未验交时，摄像机适当推迟安装。

（2）施工准备

1）作业指导书编制后，应在开工前组织技术人员认真学习实施性施工组织设计，阅读、审核施工图纸，澄清有关技术问题，熟悉规范和技术标准。制订施工安全保证措施，提出应急预案。对施工人员进行技术交底，对参加施工人员进行上岗前技术培训，考核合格后持证上岗。

2）摄像机安装需做好摄像机预配工作，提前在仓库将摄像机镜头与摄像机连接好，调好摄像机对焦，完成对焦以后将摄像机安装在摄像机护罩内，安装牢固可靠。

3）根据施工需要准备必要的工机具和材料，根据施工图纸确定使用终端的规格型号。各类终端具备有效的产品合格证，经现场检验合格后报监理检验后方可使用。

### 3.24.3 引用施工技术标准

（1）《城市轨道交通通信工程质量验收规范》GB 50382—2016。

（2）《地下铁道工程施工质量验收标准》GB 50299—2018。

（3）《铁路通信工程施工技术指南》TZ 205—2009。

（4）《铁路通信、信号、电力、电力牵引供电工程施工安全技术规程》TB 10306—2009，J 949—2009。

### 3.24.4 作业内容

（1）壁装固定摄像机支架、前端盒定位。

（2）壁装固定摄像机支架、前端盒安装。

（3）壁挂固定摄像机安装。

（4）壁挂固定摄像机配线成端。

（5）线缆绑扎。

（6）标识安装，质量检查。

### 3.24.5 施工技术标准

（1）《城市轨道交通通信工程质量验收规范》GB 50382—2016。

（2）《地下铁道工程施工质量验收标准》GB 50299—2018。

### 3.24.6 工序流程及操作要点

（1）工程流程图

具体施工工艺流程图详见图 3.24.6-1。

（2）操作要点

1）施工准备

① 按照施工图核对设备、材料及配件数量。

图 3.24.6-1　工序流程图

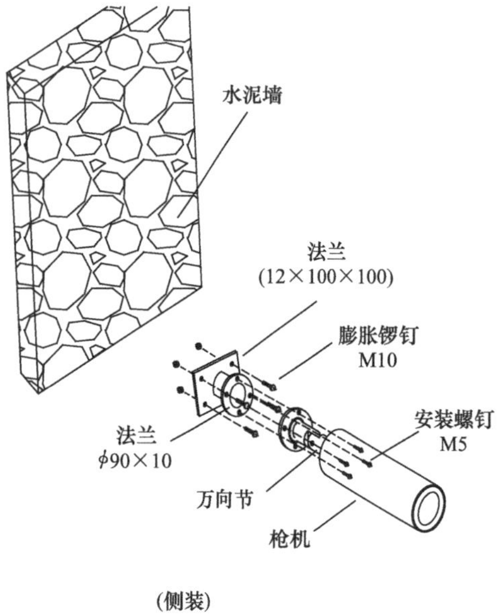


图 3.24.6-2　摄像机安装示意图

② 核实现场安装条件，管线是否到位，照射的部位是否已成型。

③ 准备好施工用工机具。

2）壁装摄像机支架、前端盒定位，侧装示意图详见图 3.24.6-2。

① 根据施工设计图、现场情况，确定支架和前端盒的安装位置，距地面高度不低于 2.8m。

② 检查摄像机规格型号是否适用，检查前端盒类型是否配套固定摄像机使用（切勿将一体化摄像机和固定摄像机的前端盒错用），如图 3.24.6-2 所示。

③ 支架和前端盒应布置合理，注意是否有影响摄像机镜头视野范围或出现死角的情况。若出现这一情况，与设计监理业主工程师商定纠正措施。

3）壁装摄像机支架、前端盒安装

① 根据摄像机的重量，支架底板建议安装孔为 4－ϕ11×20mm（腰圆孔），膨胀螺栓采用 ϕ10～70mm 镀锌膨胀螺栓固定。

② 前端盒建议在摄像机底座附近采用壁挂式安装固定，有装饰板的墙体需在装饰板外寻找安装位置，便于检修。

③ 先用模板画好孔，再用 ϕ9 钻头的冲击电钻进行打孔，打孔垂直于墙面深度满足要求，然后用吹风或孔刷进行洗孔，孔眼平直，不得成喇叭状。

④ 安装完成的支架应该保持水平，前端盒横平竖直，保证偏差值在 1‰以内。

4）固定摄像机安装

① 固定摄像机需提前在仓库完成预配，镜头已聚焦，且摄像机已安装固定在护罩内。

② 根据施工图纸和设备安装说明书的要求，摄像机安装稳定、牢固、云台转动灵活，摄录范围符合设计要求。

③ 摄像机安装要平衡，根据需要镜头向下倾斜 5°～12°，以保证最佳图像效果（考虑到设备的安全因素，在站厅无人值班时或站台未验交时，摄像机适当推迟安装），详见图 3.24.6-3。

图 3.24.6-3　固定摄像机安装

5）摄像机配线成端

① 根据图纸要求，核对摄像机用视频线、控制线及电源线的型号规格，裁截穿放长度，穿放时首尾及有过线盒处用人工进行牵引和输送缆线，做到匀速拉动，避免用力过猛。

② 缆线穿放时，对防护管口有保护措施，缆线在管内不得有接头。

③ 长距离缆线穿放时，用对讲机进行通信联络。

④ 缆线穿放完毕，对所有缆线进行测试并做好记录，缆线端头用绝缘胶布进行缠绕防护防止潮气进入，做好线缆标识，标明缆线规格、型号、长度，设备起止点。

⑤ 视频线的屏蔽层必须接地，建议在机房机柜内统一将视频线外护套剥开一段将屏蔽层使用单独的钩卡与地线电气连通。

⑥ 在制作电源线、视频线、控制线成端前套上与线缆型号对应的热缩管，电源线、控制线制作根据插接还是螺丝固定选用对应型号的成端端子（压线帽、裸端子）。

⑦ 摄像机线缆成端是摄像机安装重要的质量控制点，摄像机接头为 BNC 接头，分为压接和焊接两种工艺。根据 BNC 接头选型，若选择压接工艺的 BNC 接头必须使用专用的围压压接工具，将视频线压接到位，压接结束后用力拔一下检查是否压接到位；根据 BNC 接头选型若选用电烙铁焊接的 BNC 接头，第一步在焊接前注意烙铁的功率是否和所焊点匹配，不要使用功率过小的电烙铁，这样会造成虚焊假焊；第二步把烙铁头用海绵洗干净镀上锡把所要焊接的元件擦干净镀上锡，然后焊上去，焊接时温度不要过高，时间不要过久。第三步焊好后必须检查所焊件是否有错焊、假焊、漏焊，焊点是否光滑并露出芯线筋骨。芯线绝缘有无烫伤及后缩情况。成端结束后用喷灯或电热吹风将热缩管热缩。

⑧ 初步安装完后，经通电试验后，检查是否出现摄像机图像，判断成端是否接好。

6）线缆绑扎

① 摄像机电源线、视频线、控制线缆绑扎宜使用 3mm×150mm 白色扎带绑扎固定，在金属线槽内每 40cm 固定绑扎一次，转弯处需绑扎。

② 摄像机线缆进前端箱应选用黑色金属软管防护，金属软管顺直，在龙骨上绑扎固定，前端盒配金属软管管盒接头。

③ 在摄像机端的电缆余留量，应以不影响摄像机本身的转动为准，摄像机前端电缆需使用 $\Phi 12$ 的透明缠绕管进行缠绕防护，用扎带绑扎在摄像机支架上每 5cm 绑扎一次。

④ 线缆绑扎转弯圆滑，转弯半径满足规范要求，不得出现直角或锐角，不得出现外护套变形挤压，绑扎不能过紧影响线缆电气指标。

7）设备调试

摄像机安装完后进行性能调试，配合厂家进行摄像机远程操控性能及监控范围调试，具体详见图 3.24.6-4。

## 3.24.7 劳动力组织

劳动力组织见表 3.24.7-1。

图 3.24.6-4 设备调试

**劳动力组织表** **表 3.24.7-1**

| 序号 | 项目 | 单位 | 数量 | 备注 |
|---|---|---|---|---|
| 1 | 施工负责人 | 人 | 1 | |
| 2 | 安装工 | 人 | 3 | |
| 3 | 安全员 | 人 | 1 | |

## 3.24.8 主要机械设备及工器具配置

主要机械设备及工器具配置见表 3.24.8-1。

**主要机械设备及工器具配置表** **表 3.24.8-1**

| 序号 | 名称 | 规格 | 单位 | 数量 | 备注 |
|---|---|---|---|---|---|
| 1 | 冲击电钻 | | 把 | 1 | |
| 2 | 铝合金人字梯 | 2.5m | 把 | 1 | |
| 3 | 压接钳 | 压接 BNC 接头 | 把 | 1 | |
| 4 | 围压钳 | 压线帽 | 把 | 1 | |
| 5 | 点压钳 | 裸端子 | 把 | 1 | |
| 6 | 电烙铁 | 60W | 把 | 1 | 焊锡丝若干 |
| 7 | 剥线钳 | | 把 | 1 | |
| 8 | 美工刀 | | 把 | 1 | |
| 9 | 斜口钳 | | 把 | 1 | |
| 10 | 记号笔 | | 把 | 1 | |
| 11 | 画孔模板 | | 块 | 1 | |
| 12 | 螺丝刀 | 十字和一字 | 把 | 2 | |
| 13 | 螺丝刀 | 内六角 | 把 | 1 | |
| 14 | 榔头 | 手持式 | 把 | 1 | |
| 15 | 标签打印机 | | 台 | 1 | |
| 16 | 塑封机 | | 台 | 1 | |

### 3.24.9 物资材料配置

物资材料配置见表 3.24.9-1。

物资材料配置表　　表 3.24.9-1

| 序号 | 名称 | 规格 | 单位 | 数量 | 备注 |
|---|---|---|---|---|---|
| 1 | BNC 接头 | 压接型 | 个 | 若干 | 按需 |
| 2 | BNC 接头 | 焊接型 | 个 | 若干 | 按需 |
| 3 | 压线帽 | 线缆型号配套 | 个 | 若干 | 按需 |
| 4 | 裸端子 | 线缆型号配套 | 个 | 若干 | 按需 |
| 5 | 金属软管 | $\phi$15 | 米 | 若干 | 按需 |
| 6 | 钩卡 | | 个 | 若干 | 屏蔽层接地 |
| 7 | 钩卡固定 C 型排 | | 根 | 若干 | 屏蔽层接地 |
| 8 | 金属软管接头 | $\phi$15 | 米 | 若干 | 按需 |
| 9 | 膨胀螺栓 | $\phi$10mm×70mm | 颗 | 若干 | 按需 |
| 10 | 尼龙扎带 | 3mm×150mm | 条 | 若干 | 按需 |
| 11 | 热可塑管 | $\phi$12 | 米 | 若干 | 按需 |
| 12 | 防水胶带 | | 卷 | 若干 | 按需 |
| 13 | 缠绕管 | $\phi$12 | 米 | 若干 | 按需 |
| 14 | 摄像机支架 | 不锈钢 | 套 | 若干 | 按需 |
| 15 | 摄像机前端盒 | 不锈钢 | 套 | 若干 | 含变压器等 |
| 16 | 摄像机 | | 套 | 若干 | 按需 |
| 17 | 标签纸 | 防潮 | 张 | 若干 | 按需 |
| 18 | 塑封纸 | | 张 | 若干 | 按需 |

### 3.24.10 质量控制标准及检验

(1) 质量控制标准

1) 摄像机支架的规格、型号、安装位置应符合设计要求，但需根据现场的情况确定使用室外还是室内护罩，根据光照情况确定使用普通固定摄像机还是宽动态摄像机。

2) 壁装固定摄像机支架的长度不得小于固定摄像机外护罩固定点至护罩尾部的长度，保证调整摄像机角度过程中不会碰到墙壁。

3) 当安装壁装支架的墙壁有装饰板时，需将安装支架固定在墙壁上，根据装饰挂板的厚度提前测量好壁装支架的长度。

4) 安装前端盒的位置原则是靠近摄像机 3m 范围内，美观且便于维护检修的位置，一个摄像机需对应一个前端盒，一一对应。

5) 摄像机吊杆和前端盒考虑到防腐要求，宜选用不锈钢材质，然后再喷塑处理，喷塑颜色需与装修风格协调。

6) 为防止摄像机被随意拆除，摄像机护罩固定到壁装支架时须使用内六角螺栓牢固，配套平弹垫，安装需牢固，安装结束检查所有螺栓是否拧到位。

7) 摄像机安装需做好预配工作，提前在仓库将摄像机镜头与摄像机连接好，调好摄像机对焦，完成对焦以后将摄像机安装在摄像机护罩内，安装牢固可靠。

8）线缆连接良好，绑扎整齐美观。

（2）质量检验

1）按照《城市轨道交通通信工程质量验收规范》GB 50382—2016 中的规定进行检验，填写质量检查记录。

2）摄像机的规格、型号、高度、安装位置应符合设计要求。

3）摄像机应安装牢固，符合验标要求。

4）摄像机的线缆连接应符合设计要求，且牢固可靠。

5）线缆接续后进行绝缘、防水处理。

### 3.24.11　安全措施

（1）安装人员应由经过三级教育安全培训合格后方可上岗。

（2）摄像机安装完毕，不经过电气测试，严禁未测试进行通电，防止意外损坏摄像机设备。

（3）施工现场必须配备消防器材，机房内及其附近严禁存放易燃、易爆等危险物品。

（4）摄像机安装高度超过 2.5m 属于高空作业，作业时必须系好安全带，戴好安全帽。

（5）使用电烙铁、喷灯时，与设备塑料配线保持相应距离，防止烧伤塑料外层，影响配线电气性能。

（6）使用冲击电钻时应注意用电安全，使用前先检查绝缘是否良好，打孔吹灰注意方向远离打孔作业人员。

（7）在搬运时，注意钉子，以免砸伤，在搬运过程中，动作，脚步要一致。

### 3.24.12　环保要求

（1）工程施工过程中，确保施工现场不出现不必要的障碍，存放和处置好设备及多余货物，从现场清除掉所有垃圾或者不再需要的临时设施。

（2）施工现场工具材料必须摆放整齐，保证现场施工场地整洁、干净、工完料清。

（3）施工过程中产生的废料和工地就餐时吃饭的一次性饭盒、塑料袋等生活废品要当日下班时带出工地，集中处理，严禁随意抛扔。

## 3.25　吊装式固定摄像机安装

### 3.25.1　适用范围

适用于城市轨道交通吊挂式固定摄像机安装。

### 3.25.2　作业条件及施工准备

（1）作业条件

1）根据现场勘查情况确定安装摄像机支架为吊装或者吊装，选择合理美观的方案实施。

2）需保证吊装摄像机安装支架底座的墙体已经完成抹灰等施工作业，检查安装支架底座的位置是否和其他专业终端安装位置冲突，并做好记录报相关单位进行协调。

3）摄像机管线支管、接线盒安装到位。

4）摄像机照摄的物体（如闸机、电梯、出入口、售票机、客服中心等）已基本成型，位置已基本确定。

5）装修垫层和地砖已完成施工，确保摄像机安装高度。

6）摄像机安装需考虑安全和成品保护因素，考虑到设备的安全因素，在站厅无人值班时或站台未验交时，摄像机适当推迟安装。

（2）施工准备

1）作业指导书编制后，应在开工前组织技术人员认真学习实施性施工组织设计，阅读、审核施工图纸，澄清有关技术问题，熟悉规范和技术标准。制订施工安全保证措施，提出应急预案。对施工人员进行技术交底，对参加施工人员进行上岗前技术培训，考核合格后持证上岗。

2）摄像机安装需做好摄像机预配工作，提前在仓库将摄像机镜头与摄像机连接好，调好摄像机对焦，完成对焦以后将摄像机安装在摄像机护罩内，安装牢固可靠。

3）根据施工需要准备必要的工机具和材料，根据施工图样确定使用终端的规格型号。各类终端具备有效的产品合格证，经现场检验合格后报监理检验后方可使用。

### 3.25.3　引用施工技术标准

（1）《城市轨道交通通信工程质量验收规范》GB 50382—2016。

（2）《地下铁道工程施工质量验收标准》GB 50299—2018。

（3）《铁路通信工程施工技术指南》TZ 205—2009。

（4）《铁路通信、信号、电力、电力牵引供电工程施工安全技术规程》TB 10306—2009，J 949—2009。

### 3.25.4　作业内容

（1）吊装固定摄像机支架、前端转接盒定位。

（2）吊装固定摄像机支架、前端转接盒安装。

（3）吊装固定摄像机安装。

（4）吊装固定摄像机配线成端。

（5）线缆绑扎。

（6）标识安装，质量检查。

### 3.25.5　施工技术标准

（1）《城市轨道交通通信工程质量验收规范》GB 50382—2016。

（2）《地下铁道工程施工质量验收标准》GB 50299—2018。

### 3.25.6　工序流程及操作要点

（1）工程流程图

具体施工工艺流程图详见图 3.25.6-1。

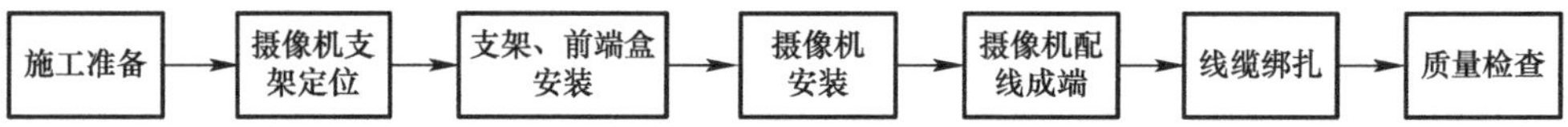


图 3.25.6-1　工序流程图

(2) 操作要点

1) 施工准备

① 按照施工图核对设备、材料及配件数量。

② 核实现场安装条件，管线是否到位，照射的部位是否已成型。

③ 准备好施工用工机具。

2) 吊装摄像机支架制作、定位，吊装示意图详见图 3.25.6-2。

① 根据施工设计图、现场情况，确定支架的安装位置，距地面高度是距离地面完成面在 2.5～2.8m 范围，吊装支架由两部分组成，上端部分宜选用 $\phi$50 的热浸锌钢管，下端部分宜采用 $\phi$38 的不锈钢管，中间在三颗 $\phi$10 的外六角螺栓紧固顶紧不锈钢管，不锈钢管能在热浸锌钢管内上下滑动调节高度。

② 上半部分的 $\phi$50 的热浸锌钢管长度应在吊顶高度以上 0.2m 左右的位置，下半部分不锈钢管的底部位置应该满足设计要求，一般距地面 2.5m 的位置。

③ 支架应布置合理、注意是否有影响摄像机镜头视野范围或出现死角的情况。若出现这一情况，与设计监理业主工程师商定纠正措施。

3) 吊装摄像机支架、前端转接盒安装

① 根据摄像机的重量，支架底板建议安装孔为 4-$\phi$11×40mm（弧形腰圆孔），膨胀螺栓采用 $\phi$10～70mm 镀锌膨胀螺栓固定。

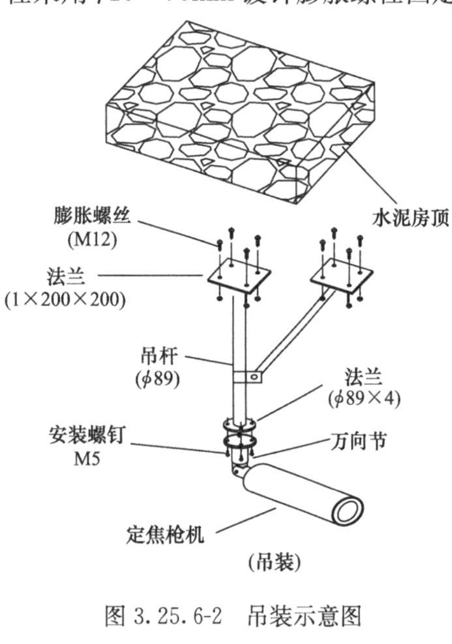


图 3.25.6-2　吊装示意图

② 前端转接盒建议用 U 型不锈钢抱箍固定在吊杆上端的 $\phi$50 热浸锌钢管上，尽量贴近吊顶，朝向应面向人员上下吊顶方便的位置，便于检修，当摄像机安装在不可拆卸吊顶下面时，一定要在摄像机旁边预留检修口，前端转接盒安装面向检修口。

③ 先用模板画好孔，再用 $\phi$9 钻头的冲击电钻进行打孔，打孔垂直于墙面深度满足要求，然后用吹风或孔刷进行洗孔，孔眼平直，不得成喇叭状。

④ 安装完成的支架应该保持垂直，保证垂直偏差值在 1‰以内。

吊装示意如图 3.25.6-2 所示。

4) 固定摄像机安装

① 固定摄像机需提前在仓库完成预配，镜头已聚焦，且摄像机已安装固定在护罩内。

② 根据施工图纸和设备安装说明书的要求，摄像机安装稳定、牢固、云台转动灵活，摄录范围符合设计要求，具体详见图 3.25.6-3。

③ 摄像机安装要平衡，根据需要镜头向下倾斜5°～12°，以保证最佳图像效果（考虑到设备的安全因素，在站厅无人值班时或站台未验交时，摄像机适当推迟安装）。

5）摄像机配线成端

① 根据图纸要求，核对摄像机的视频线、控制线及电源线的型号、规格，裁截穿放长度，穿放时首尾及有过线盒处用人工进行牵引和输送缆线，做到匀速拉动，避免用力过猛。

② 缆线穿放时，对防护管口有保护措施，缆线在管内不得有接头。

③ 长距离缆线穿放时，用对讲机进行通信联络。

图 3.25.6-3 固定摄像机安装

④ 缆线穿放完毕，对所有缆线进行测试并做好记录，缆线端头用绝缘胶布进行缠绕防护防止潮气进入，做好线缆标识，标明缆线规格、型号、长度，设备起止点。

⑤ 视频线的屏蔽层必须接地，建议在机房机柜内统一将视频线外护套剥开一段将屏蔽层使用单独的钩卡与地线电气连通。

⑥ 在制作电源线、视频线、控制线成端前套上与线缆型号对应的热缩管，电源线、控制线制作根据插接还是螺丝固定选用对应型号的成端端子（压线帽、裸端子）。

⑦ 摄像机线缆成端是摄像机安装重要的质量控制点，摄像机接头为BNC接头，分为压接和焊接两种工艺。根据BNC接头选型，若选择压接工艺的BNC接头必须使用专用的围压压接工具，将视频线压接到位，压接结束后用力拔一下检查是否压接到位；根据BNC接头选型若选用电烙铁焊接的BNC接头，第一步在焊接前注意烙铁的功率是否和所焊点匹配，不要使用功率过小的电烙铁，以免造成虚焊假焊；第二步把烙铁头用海绵洗干净镀上锡，把所要焊接的元件擦干净镀上锡，然后焊上去，焊接时温度不要过高，时间不要过久。第三步焊好后必须检查所焊件是否有错焊、假焊、漏焊，焊点是否光滑并露出芯线筋骨。芯线绝缘有无烫伤及后缩情况。成端结束后用喷灯或电热吹风将热缩管热缩。

⑧ 安装完后，经通电试验后，检查是否出现摄像机图像，判断成端是否接好。

6）线缆绑扎

① 摄像机电源线、视频线、控制线缆绑扎宜使用3mm×150mm白色扎带绑扎固定，在金属线槽内每40cm固定绑扎一次，转弯处需绑扎。

② 摄像机线缆进前端箱应选用黑色金属软管防护，金属软管顺直，在龙骨上绑扎固定，前端转接盒配金属软管管盒接头。

③ 在摄像机端的电缆余留量，应以不影响摄像机本身的转动为准，摄像机前端电缆需使用$\phi 12$的透明缠绕管进行缠绕防护，用扎带绑扎在摄像机支架上每5cm绑扎一次。

④ 线缆绑扎转弯圆滑，转弯半径满足规范要求，不得出现直角或锐角，不得出现外护套变形挤压，绑扎不能过紧，以免影响线缆电气指标（图 3.25.6-4）。

图 3.25.6-4　摄像机检查

## 3.25.7　劳动力组织

劳动力组织见表 3.25.7-1。

劳动力组织表　　表 3.25.7-1

| 序号 | 项目 | 单位 | 数量 | 备注 |
|---|---|---|---|---|
| 1 | 施工负责人 | 人 | 1 | |
| 2 | 安装工 | 人 | 3 | |
| 3 | 安全员 | 人 | 1 | |

## 3.25.8　主要机械设备及工器具配置

主要机械设备及工器具配置见表 3.25.8-1。

主要机械设备及工器具配置表　　表 3.25.8-1

| 序号 | 名称 | 规格 | 单位 | 数量 | 备注 |
|---|---|---|---|---|---|
| 1 | 冲击电钻 | | 把 | 1 | |
| 2 | 铝合金人字梯 | 2.5m | 把 | 1 | |
| 3 | 压接钳 | 压接 BNC 接头 | 把 | 1 | |
| 4 | 围压钳 | 压线帽 | 把 | 1 | |
| 5 | 点压钳 | 裸端子 | 把 | 1 | |
| 6 | 电烙铁 | 60W | 把 | 1 | 焊锡丝若干 |
| 7 | 剥线钳 | | 把 | 1 | |
| 8 | 美工刀 | | 把 | 1 | |
| 9 | 斜口钳 | | 把 | 1 | |
| 10 | 记号笔 | | 把 | 1 | |
| 11 | 画孔模板 | | 块 | 1 | |
| 12 | 螺丝刀 | 十字和一字 | 把 | 2 | |

续表

| 序号 | 名称 | 规格 | 单位 | 数量 | 备注 |
| --- | --- | --- | --- | --- | --- |
| 13 | 螺丝刀 | 内六角 | 把 | 1 | |
| 14 | 榔头 | 手持式 | 把 | 1 | |
| 15 | 标签打印机 | | 台 | 1 | |
| 16 | 塑封机 | | 台 | 1 | |

## 3.25.9 物资材料配置

物资材料配置见表 3.25.9-1。

物资材料配置表　　表 3.25.9-1

| 序号 | 名称 | 规格 | 单位 | 数量 | 备注 |
| --- | --- | --- | --- | --- | --- |
| 1 | BNC 接头 | 压接型 | 个 | 若干 | 按需 |
| 2 | BNC 接头 | 焊接型 | 个 | 若干 | 按需 |
| 3 | 压线帽 | 线缆型号配套 | 个 | 若干 | 按需 |
| 4 | 裸端子 | 线缆型号配套 | 个 | 若干 | 按需 |
| 5 | 金属软管 | $\phi$15 | 米 | 若干 | 按需 |
| 6 | 钩卡 | | 个 | 若干 | 屏蔽层接地 |
| 7 | 钩卡固定 C 型排 | | 根 | 若干 | 屏蔽层接地 |
| 8 | 金属软管接头 | $\phi$15 | 米 | 若干 | 按需 |
| 9 | 膨胀螺栓 | $\phi$10mm×70mm | 颗 | 若干 | 按需 |
| 10 | U 型抱箍 | $\phi$50 | 个 | 若干 | 前端转接盒固定 |
| 11 | 外六角螺栓 | $\phi$10mm×30mm | 颗 | 若干 | |
| 12 | 尼龙扎带 | 3mm×150mm | 条 | 若干 | 按需 |
| 13 | 热可塑管 | $\phi$12 | 米 | 若干 | 按需 |
| 14 | 防水胶带 | | 卷 | 若干 | 按需 |
| 15 | 缠绕管 | $\phi$12 | 米 | 若干 | 按需 |
| 16 | 摄像机支架 | 不锈钢 | 套 | 若干 | 按需 |
| 17 | 摄像机前端转接盒 | 不锈钢 | 套 | 若干 | 含变压器等 |
| 18 | 摄像机 | | 套 | 若干 | 按需 |
| 19 | 标签纸 | 防潮 | 张 | 若干 | 按需 |
| 20 | 塑封纸 | | 张 | 若干 | 按需 |

## 3.25.10 质量控制标准及检验

（1）质量控制标准

1）摄像机支架的规格、型号、安装位置应符合设计要求，但需根据现场情况确定使用室外还是室内护罩，根据光照情况确定使用普通固定摄像机还是宽动态摄像机。

2）安装前端转接盒的位置使用 U 型抱箍固定在吊顶上端的热浸锌钢管上，美观且便于维护检修的位置，一个摄像机需对应一个前端转接盒，一一对应。

3）摄像机吊杆和前端转接盒考虑到防腐要求，宜选用不锈钢材质，然后再喷塑处理，喷塑颜色需与装修风格协调。

4）为防止摄像机被随意拆除，摄像机护罩固定到吊装支架时须使用内六角螺栓牢固，配套平弹垫，安装需牢固，安装结束检查所有螺栓是否拧到位。

5）摄像机安装需做好预配工作，提前在仓库将摄像机镜头与摄像机连接好，调好摄像机对焦，完成对焦以后将摄像机安装在摄像机护罩内，安装牢固可靠。

6）线缆连接良好，绑扎整齐美观。

（2）质量检验

1）按照《城市轨道交通通信工程质量验收规范》GB 50382—2016 中的规定进行检验，填写质量检查记录。

2）摄像机的规格、型号、高度、安装位置应符合设计要求。

3）摄像机应安装牢固，符合验标要求。

4）摄像机的线缆连接应符合设计要求，且牢固可靠。

5）线缆接续后进行绝缘、防水处理。

6）标识清晰、准确。

### 3.25.11 安全措施

（1）安装人员应由经过三级教育安全培训合格后方可上岗。

（2）摄像机安装完毕，不经过电气测试，严禁未测试进行通电，防止意外损坏摄像机设备。

（3）施工现场必须配备消防器材，机房内及其附近严禁存放易燃、易爆等危险物品。

（4）摄像机安装高度超过 2.5m 属于高空作业，作业时必须系好安全带，戴好安全帽。

（5）使用电烙铁、喷灯时，与设备塑料配线保持相应距离，防止烧伤塑料外层，影响配线电气性能。

（6）冲击电钻使用注意用电安全，使用前先检查绝缘是否良好，打孔吹灰注意方向远离打孔作业人员。

（7）在搬运的时候，注意钉子，以免砸伤，在搬运过程中，动作，脚步要一致。

### 3.25.12 环保要求

（1）工程施工过程中，确保施工现场不出现不必要的障碍，存放和处置好设备及多余货物，从现场清除掉所有垃圾或者不再需要的临时设施。

（2）施工现场工具材料必须摆放整齐，保证现场施工场地整洁、干净、工完料清。

（3）施工过程中产生的废料和工地就餐时吃饭的一次性饭盒、塑料袋等生活废品要当日下班时带出工地，集中处理，严禁随意抛扔。

## 3.26 吊装式一体化摄像机安装

### 3.26.1 适用范围

适用于城市轨道交通区域内的吊装式一体化摄像机安装。

### 3.26.2 作业条件及施工准备

（1）作业条件

1）根据现场勘查情况确定安装摄像机支架为吊装或者吊装，选择合理美观的方案进行实施。

2）需保证吊装摄像机安装支架底座的墙体已经完成抹灰等施工作业，检查安装支架底座的位置是否和其他专业终端安装位置是否冲突，并做好记录报相关单位进行协调。

3）摄像机管线支管、接线盒安装到位。

4）摄像机照摄的物体（如闸机、电梯、出入口、售票机、客服中心等）已基本成型，位置已基本确定。

5）装修垫层和地砖已完成施工，确保摄像机安装高度。

6）摄像机安装需考虑安全和成品保护因素，考虑到设备的安全因素，在站厅无人值班时或站台未验交时，摄像机适当推迟安装。

（2）施工准备

1）作业指导书编制后，应在开工前组织技术人员认真学习实施性施工组织设计，阅读、审核施工图纸，澄清有关技术问题，熟悉规范和技术标准。制定施工安全保证措施，提出应急预案。对施工人员进行技术交底，对参加施工人员进行上岗前技术培训，考核合格后持证上岗。

2）摄像机安装需做好摄像机预配工作，提前在仓库将摄像机镜头与摄像机连接好，调好摄像机对焦，完成对焦以后将摄像机安装在摄像机护罩内，安装牢固可靠。

3）根据施工需要准备必要的工机具和材料，根据施工图纸确定使用终端的规格型号。各类终端具备有效的产品合格证，经现场检验合格后报监理检验后方可使用。

### 3.26.3 引用施工技术标准

（1）《城市轨道交通通信工程质量验收规范》GB 50382—2016。

（2）《地下铁道工程施工质量验收标准》GB/T 50299—2018。

（3）《铁路通信工程施工技术指南》TZ 205—2009。

（4）《铁路通信、信号、电力、电力牵引供电工程施工安全技术规程》TB 10306—2009。

### 3.26.4 作业内容

（1）吊装一体化摄像机支架、前端转接盒定位。

（2）吊装一体化摄像机支架、前端转接盒安装。

（3）吊装一体化摄像机安装。

（4）吊装一体化摄像机配线成端。

（5）线缆绑扎。

（6）标识安装，质量检查。

### 3.26.5 施工技术标准

（1）《城市轨道交通通信工程质量验收规范》GB 50382—2016。

（2）《地下铁道工程施工质量验收标准》GB/T 50299—2018。

## 3.26.6　工序流程及操作要点

（1）工程流程图

具体施工工艺流程图详见图3.26.6-1。

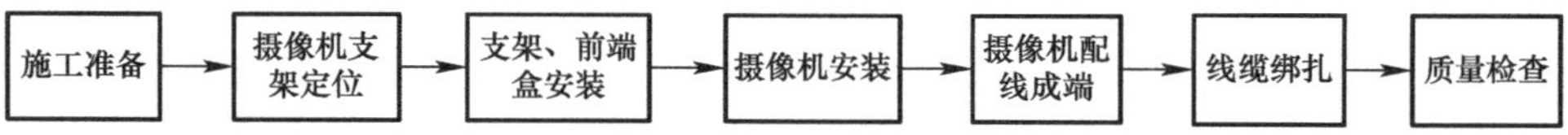


图3.26.6-1　工序流程图

（2）操作要点

1）施工准备

① 按照施工图核对设备、材料及配件数量。

② 核实现场安装条件，管线是否到位，照射的部位是否已成型。

③ 准备好施工用工机具。

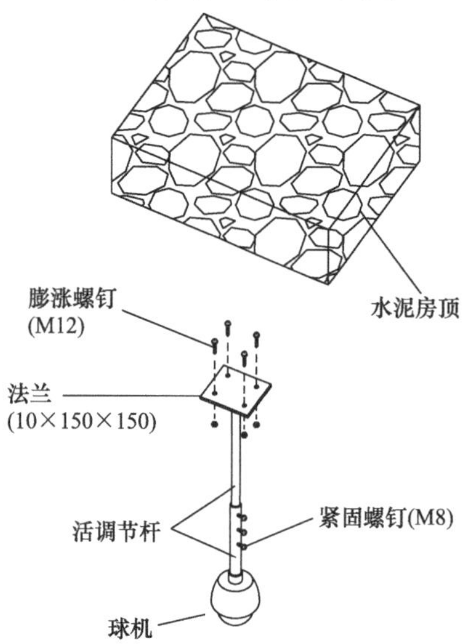


图3.26.6-2　吊装示意图

2）吊装摄像机支架制作、定位，吊装示意图详见图3.26.6-2。

3）吊装摄像机支架、前端转接盒安装

① 根据摄像机的荷重，支架底板建议安装孔为4-$\phi$11×40mm（弧形腰圆孔），膨胀螺栓采用$\phi$10-70mm镀锌膨胀螺栓固定。

② 前端转接盒建议用U型不锈钢抱箍固定在吊杆上端的$\phi$50热浸锌钢管上，尽量贴近吊顶，朝向应面向人员上下吊顶方便的位置，便于检修，当摄像机安装在不可拆卸吊顶下面时，一定要在摄像机旁边预留检修口，前端转接盒安装面向检修口。

③ 先用模板画好孔，再用$\phi$9钻头的冲击电钻进行打孔，打孔垂直于墙面深度满足要求，然后用吹风或孔刷进行洗孔，孔眼平直，不得成喇叭状。

④ 安装完成的支架应该保持垂直，保证垂直偏差值在1‰以内。

4）一体化摄像机安装

① 根据施工图纸和设备安装说明书的要求，摄像机安装稳定、牢固、云台转动灵活，摄录范围符合设计要求。

② 摄像机安装要平衡，利用控制线调节镜头，以保证最佳图像效果（考虑到设备的安全因素，在站厅无人值班时或站台未验交时，摄像机适当推迟安装），具体详见图3.26.6-3。

5）摄像机配线成端

① 根据图纸要求，核对摄像机用视频线、控制线及电源线的型号规格，裁截穿放长度，穿放时首尾及有过线盒处用人工进行牵引和输送缆线，做到匀速拉动，避免用力过猛。

② 缆线穿放时，对防护管口有保护措施，缆线在管内不得有接头。

③ 长距离缆线穿放时，用对讲机进行通信联络。

④ 缆线穿放完毕，对所有缆线进行测试并做好记录，缆线端头用绝缘胶布进行缠绕防护防止潮气进入，做好线缆标识，标明缆线规格、型号、长度，设备起止点。

⑤ 视频线的屏蔽层必须接地，建议在机房机柜内统一将视频线外护套剥开一段将屏蔽层使用单独的钩卡与地线电气连通。

⑥ 在制作电源线、视频线、控制线成端前套上与线缆型号对应的热缩管，电源线、控制线制作根据插接还是螺丝固定选用对应型号的成端端子（压线帽、裸端子）。

图 3.26.6-3 一体化摄像机安装

⑦ 摄像机线缆成端是摄像机安装重要的质量控制点，摄像机接头为 BNC 接头，分为压接和焊接两种工艺。根据 BNC 接头选型，若选择压接工艺的 BNC 接头必须使用专用的围压压接工具，将视频线压接到位，压接结束后用力拔一下检查是否压接到位；根据 BNC 接头选型若选用电烙铁焊接的 BNC 接头，第一步在焊接前注意烙铁的功率是否和所焊点匹配，不要使用功率过小的电烙铁这样会造成虚焊假焊；第二步把烙铁头用海绵洗干净镀上锡把所要焊接的元件擦干净镀上锡，然后焊上去，焊接时温度不要过高，时间不要过久。第三步焊好后必须检查所焊件是否有错焊、假焊、漏焊，焊点是否光滑并露出芯线筋骨。芯线绝缘有无烫伤及后缩情况。成端结束后用喷灯或电热吹风将热缩管热缩。

⑧ 初步安装完后，经通电试验后，检查是否出现摄像机图像，判断成端是否接好。

6）线缆绑扎

① 摄像机电源线、视频线、控制线缆绑扎宜使用 3mm×150mm 白色扎带绑扎固定，在金属线槽内每 40cm 固定绑扎一次，转弯处需绑扎。

② 摄像机线缆进前端箱应选用黑色金属软管防护，金属软管顺直，在龙骨上绑扎固定，前端转接盒配金属软管管盒接头。

③ 线缆绑扎转弯圆滑，转弯半径满足规范要求，不得出现直角或锐角，不得出现外护套变形挤压，绑扎不能过紧影响线缆电气指标。

7）质量检查

摄像机完成安装以后需按照摄像编号打印出编号，进行塑封打孔用扎带进行固定，打印建议尺寸为 150mm×100mm，字体大小以站在摄像机下面能够肉眼观察到编号为准（建议字号在 200 号左右）；前端转接盒外亦要贴上对应摄像机的编号，选用具有防潮性能的自粘性标签纸。

质量检查内容主要是摄像杆和前端转接盒安装的牢固度和水平垂直度，缆线余留长度，成端质量，屏蔽线接地情况等。

### 3.26.7 劳动力组织

劳动力组织见表 3.26.7-1。

劳动力组织表　　表 3.26.7-1

| 序号 | 项目 | 单位 | 数量 | 备注 |
|---|---|---|---|---|
| 1 | 施工负责人 | 人 | 1 | |
| 2 | 安装工 | 人 | 3 | |
| 3 | 安全员 | 人 | 1 | |

## 3.26.8　主要机械设备及工器具配置

机械设备及工器具配置见表 3.26.8-1。

机械设备及工器具配置表　　表 3.26.8-1

| 序号 | 名称 | 规格 | 单位 | 数量 | 备注 |
|---|---|---|---|---|---|
| 1 | 冲击电钻 | | 把 | 1 | |
| 2 | 铝合金人字梯 | 2.5m | 把 | 1 | |
| 3 | 压接钳 | 压接 BNC 接头 | 把 | 1 | |
| 4 | 围压钳 | 压线帽 | 把 | 1 | |
| 5 | 点压钳 | 裸端子 | 把 | 1 | |
| 6 | 电烙铁 | 60W | 把 | 1 | 焊锡丝若干 |
| 7 | 剥线钳 | | 把 | 1 | |
| 8 | 美工刀 | | 把 | 1 | |
| 9 | 斜口钳 | | 把 | 1 | |
| 10 | 记号笔 | | 把 | 1 | |
| 11 | 画孔模板 | | 块 | 1 | |
| 12 | 螺丝刀 | 十字和一字 | 把 | 2 | |
| 13 | 螺丝刀 | 内六角 | 把 | 1 | |
| 14 | 榔头 | 手持式 | 把 | 1 | |
| 15 | 标签打印机 | | 台 | 1 | |
| 16 | 塑封机 | | 台 | 1 | |

## 3.26.9　物资材料配置

物资材料配置见表 3.26.9-1。

物资材料表　　表 3.26.9-1

| 序号 | 名称 | 规格 | 单位 | 数量 | 备注 |
|---|---|---|---|---|---|
| 1 | BNC 接头 | 压接型 | 个 | 若干 | 按需 |
| 2 | BNC 接头 | 焊接型 | 个 | 若干 | 按需 |
| 3 | 压线帽 | 线缆型号配套 | 个 | 若干 | 按需 |
| 4 | 裸端子 | 线缆型号配套 | 个 | 若干 | 按需 |
| 5 | 金属软管 | $\phi$15 | 米 | 若干 | 按需 |
| 6 | 钩卡 | | 个 | 若干 | 屏蔽层接地 |
| 7 | 钩卡固定 C 型排 | | 根 | 若干 | 屏蔽层接地 |
| 8 | 金属软管接头 | $\phi$15 | 米 | 若干 | 按需 |
| 9 | 膨胀螺栓 | $\phi10\times70$mm | 颗 | 若干 | 按需 |

续表

| 序号 | 名称 | 规格 | 单位 | 数量 | 备注 |
|---|---|---|---|---|---|
| 10 | U型抱箍 | $\phi$50 | 个 | 若干 | 前端转接盒固定 |
| 11 | 外六角螺栓 | $\phi$10×30mm | 颗 | 若干 | |
| 12 | 尼龙扎带 | 3mm×150mm | 条 | 若干 | 按需 |
| 13 | 热可塑管 | $\phi$12 | 米 | 若干 | 按需 |
| 14 | 防水胶带 | | 卷 | 若干 | 按需 |
| 15 | 缠绕管 | $\phi$12 | 米 | 若干 | 按需 |
| 16 | 摄像机支架 | 不锈钢 | 套 | 若干 | 按需 |
| 17 | 摄像机前端转接盒 | 不锈钢 | 套 | 若干 | 含变压器等 |
| 18 | 摄像机 | | 套 | 若干 | 按需 |

### 3.26.10 质量控制标准及检验

(1) 质量控制标准

1) 摄像机支架的规格、型号、安装位置应符合设计要求，但根据需根据现场的情况确定使用室外还是室内护罩，根据光照情况确定使用普通一体化摄像机还是宽动态摄像机。

2) 安装前端转接盒的位置使用U型抱箍固定在吊顶上端的热浸锌钢管上，美观且便于维护检修的位置，一个摄像机需对应一个前端转接盒，一一对应。

4) 摄像机吊杆和前端转接盒考虑到防腐要求，宜选用不锈钢材质，然后再喷塑处理，喷塑颜色需与装修风格协调。

5) 线缆连接良好，绑扎整齐美观。

(2) 质量检验

1) 按照《城市轨道交通通信工程质量验收规范》GB 50382—2016 中的规定进行检验，填写质量检查记录。

2) 摄像机的规格、型号、高度、安装位置应符合设计要求。

3) 摄像机应安装牢固，符合验标要求。

4) 摄像机的线缆连接应符合设计要求，且牢固可靠。

5) 线缆接续后进行绝缘、防水处理。

6) 标识清晰、准确。

### 3.26.11 安全措施

(1) 安装人员应由经过三级教育安全培训合格后方可上岗。

(2) 摄像机安装完毕，不经过电气测试，严禁未测试进行通电，防止意外损坏摄像机设备。

(3) 施工现场必须配备消防器材，机房内及其附近严禁存放易燃、易爆等危险物品。

(4) 摄像机安装高度超过2.5m属于高空作业，作业时必须系好安全带，戴好安全帽。

(5) 使用电烙铁、喷灯时，与设备塑料配线保持相应距离，防止烧伤塑料外层，影响配线电气性能。

（6）冲击电钻使用注意用电安全，使用前先检查绝缘是否良好，打孔吹灰注意方向远离打孔作业人员。

### 3.26.12　环保要求

（1）工程施工过程中，确保施工现场不出现不必要的障碍，存放和处置好设备及多余货物，从现场清除掉所有垃圾或者不再需要的临时设施。

（2）施工现场工具材料必须摆放整齐，保证现场施工场地整洁、干净、工完料清。

（3）施工过程中产生的废料和工地就餐时吃饭的一次性饭盒、塑料袋等生活废品要当日下班时带出工地，集中处理，严禁随意抛扔。

## 3.27　车站壁挂式子钟安装

### 3.27.1　适用范围

适用于城市轨道交通车站墙壁时式子钟安装。

### 3.27.2　作业条件及施工准备

（1）作业指导书编制后，应在开工前组织技术人员认真学习实施性施工组织设计，阅读、审核施工图纸，澄清有关技术问题，熟悉规范和技术标准。制定施工安全保证措施，提出应急预案。对施工人员进行技术交底，对参加施工人员进行上岗前技术培训，考核合格后持证上岗。

（2）车站壁挂式时钟终端安装所涉及的墙壁施工完成，施工劳动组织配备、材料准备及设备工器具的配置。

### 3.27.3　引用施工技术标准

（1）《城市轨道交通通信工程质量验收规范》GB 50382—2016。

（2）《地下铁道工程施工质量验收标准》GB/T 50299—2018。

（3）《铁路通信工程施工技术指南》TZ 205—2009。

（4）《铁路通信、信号、电力、电力牵引供电工程施工安全技术规程》TB 10306—2009。

### 3.27.4　作业内容

（1）时钟定位。

（2）时钟安装。

（3）时钟线缆连接。

（4）填写安装技术记录。

### 3.27.5　施工技术标准

（1）时钟的规格、型号、安装位置应符合设计要求。

（2）时钟与墙壁之间密贴，时钟连接外部线缆对接应符合要求。

（3）时钟应安装牢固，线缆连接良好。

### 3.27.6 工序流程及操作要点

（1）工序流程图

具体施工工艺流程图详见图 3.27.6-1。

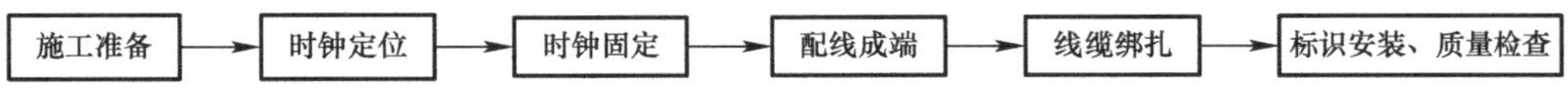


图 3.27.6-1 工序流程图

（2）操作要点

1）施工准备

① 按照装配图清点核对设备、材料及配件数量。

② 核实现场线缆敷设分歧，墙壁、吊顶施工情况。

③ 准备好施工用工机具。

2）时钟定位

时钟定位安装详见图 3.27.6-2。

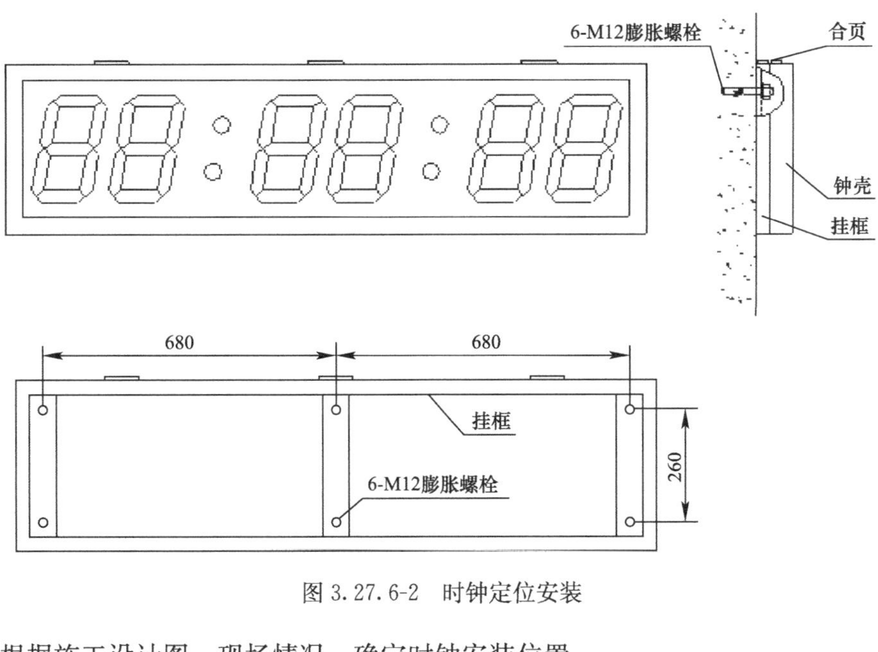


图 3.27.6-2 时钟定位安装

① 根据施工设计图、现场情况，确定时钟安装位置。

② 设备及管理用房时钟在设有吊顶的场所子钟安装在墙上，若房间内有吊顶，切吊顶高度大于 2.7m 时，子钟安装在 2.7m 位置；当吊顶高度不足 2.7m，子钟安装在吊顶下 20cm 处。

③ 子钟位置的应布置合理、与其他外场设备不冲突。

④ 子钟安装位置应无障碍物遮挡，便于值班和维护人员观察。

3）时钟固定

① 用冲击电钻在时钟安装位置的对应孔位打出 2 个直径 12mm，深度为 6～8cm 的孔。

图 3.27.6-3　时钟固定

敲入 $\phi8$ 膨胀螺栓，把子钟直接挂在螺栓上调平即可。注意配置的螺栓比普通螺栓略长，方便吊挂。

② 注意墙壁的防护，防止破损，具体详见图 3.27.6-3。

4）线缆连接

将子钟数据线、电源线穿好金属软管，比划长度，将多余的线缆裁掉，根据子钟设备接线端子类型选择对应的接线端子，将子钟芯线剥开，将芯线压接成端，接入子钟设备接线口。

5）线缆绑扎固定

将金属软管顺直，用骑马卡固定。注意金属软管与出线盒之间的防水、密封处理。

## 3.27.7　劳动力组织

劳动力组织见表 3.27.7-1。

**劳动力组织表　　表 3.27.7-1**

| 序号 | 项目 | 单位 | 数量 | 备注 |
|---|---|---|---|---|
| 1 | 施工负责人 | 人 | 1 | |
| 2 | 安装工 | 人 | 2 | |
| 3 | 安全员 | 人 | 1 | |

## 3.27.8　主要机械设备及工器具配置

机械设备及工器具配置见表 3.27.8-1。

**机械设备及工器具配置表　　表 3.27.8-1**

| 序号 | 名称 | 规格 | 单位 | 数量 | 备注 |
|---|---|---|---|---|---|
| 1 | 冲击电钻 | | 把 | 1 | |
| 2 | 铝合金人字梯 | 2.5m | 把 | 1 | |
| 3 | 围压钳 | 压线帽 | 把 | 1 | |
| 4 | 点压钳 | 裸端子 | 把 | 1 | |
| 5 | 剥线钳 | | 把 | 1 | |
| 6 | 美工刀 | | 把 | 1 | |
| 7 | 斜口钳 | | 把 | 1 | |
| 8 | 记号笔 | | 把 | 1 | |
| 9 | 螺丝刀 | 十字和一字 | 把 | 2 | |
| 10 | 螺丝刀 | 内六角 | 把 | 1 | |
| 11 | 榔头 | 手持式 | 把 | 1 | |
| 12 | 标签打印机 | | 台 | 1 | |

## 3.27.9　物资材料配置

物资材料配置见表 3.27.9-1。

物资材料表 表 3.27.9-1

| 序号 | 名称 | 规格 | 单位 | 数量 | 备注 |
|---|---|---|---|---|---|
| 1 | 子钟 | 壁挂式 | 只 | 若干 | 按需 |
| 2 | 金属软管 | $\phi$15 | 米 | 若干 | 按需 |
| 3 | 金属软管接头 | $\phi$15 | 米 | 若干 | 按需 |
| 4 | 骑马卡 | $\phi$20 | 条 | 若干 | 按需 |
| 5 | 尼龙胀管 | $\phi$6 | 只 | 若干 | 按需 |
| 6 | 螺钉 | M5 | 只 | 若干 | 按需 |
| 7 | 膨胀螺栓 | $\phi$8 | 只 | 若干 | 按需 |
| 8 | 接线端子 | $\phi$1.5 | 只 | 若干 | 按需 |

### 3.27.10 质量控制标准及检验

(1) 质量控制标准

1) 时钟的规格、型号应符合设计要求。

2) 时钟的接线方式应符合设计要求。

(2) 质量检验

1) 按照《城市轨道交通通信工程质量验收规范》GB 50382—2016 中的规定进行检验，填写质量检查记录。

2) 时钟的规格、型号、高度、安装位置应符合设计要求。

3) 时钟应安装牢固，符合验标要求。

4) 时钟的线缆连接应符合设计要求，且牢固可靠。

### 3.27.11 安全措施

(1) 安装人员应由经过安全技术交底培训的人员进行。

(2) 时钟安装需要登高作业，安装过程中必须安排专人防护。

(3) 时钟安装过程中需要使用临时电，临时电接线必须由具备电工操作技能的工人实施，冲击电钻等用电设备使用之前必须检查设备的安全性能，防止发生触电事故。

(4) 时钟安装完毕，不经过测试，严禁将子钟设备接入时钟系统设备，防止意外损坏系统设备。

### 3.27.12 环保要求

施工过程中的废弃物应及时妥善处理，做到工完料清、场清。

## 3.28 车站吊挂式时钟终端安装

### 3.28.1 适用范围

适用于城市轨道交通地下车站站厅、站台公共区吊顶天花板安装施工。

### 3.28.2 作业条件及施工准备

(1) 作业指导书编制后，应在开工前组织技术人员认真学习实施性施工组织设计，阅读、审核施工图纸，澄清有关技术问题，熟悉规范和技术标准。制定施工安全保证措施，提出应急预案。对施工人员进行技术交底，对参加施工人员进行上岗前技术培训，考核合格后持证上岗。

(2) 车站吊挂式时钟终端安装施工所涉及的各种外部技术数据收集，施工劳动组织配备、材料准备及设备工器具的配置。

### 3.28.3　引用施工技术标准

(1)《城市轨道交通通信工程质量验收规范》GB 50382—2016。

(2)《地下铁道工程施工质量验收标准》GB/T 50299—2018。

(3)《铁路通信工程施工技术指南》TZ 205—2009。

(4)《铁路通信、信号、电力、电力牵引供电工程施工安全技术规程》TB 10306—2009。

### 3.28.4　作业内容

(1) 子钟定位及支架安装。

(2) 天花板开孔。

(3) 子钟的安装。

(4) 子钟线缆连接。

(5) 填写安装技术记录。

### 3.28.5　施工技术标准

(1) 子钟的规格、型号、安装位置应符合设计要求。

(2) 子钟线缆端子与外部线缆对接应符合要求。线缆连接采用接线子对接，电缆外层用热可塑管防护。

(3) 子钟应安装牢固，线缆连接良好，绑扎整齐美观。

### 3.28.6　工序流程及操作要点

(1) 工程流程图

具体施工工艺流程图详见图 3.28.6-1。

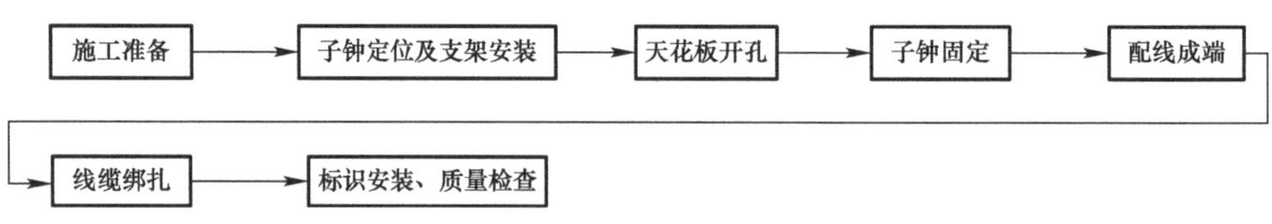


图 3.28.6-1　工序流程图

(2) 操作要点

1) 施工准备

① 按照装配图清点核对设备、材料及配件数量。

② 核实现场线缆敷设分歧，吊顶顶棚安装情况。

③ 准备好施工用工机具。

2）时钟定位

① 根据施工设计图、现场情况，确定子钟安装位置。

② 子钟位置的应布置合理、与其他外场设备不冲突。

③ 子钟高度应距地面完成面 2.5m 左右。

④ 子钟支架应选用不锈钢定制高度的支架。

⑤ 子钟支架安装应保持垂直，与结构顶部连接牢固。

3）支架安装

支架安装详见图 3.28.6-2。

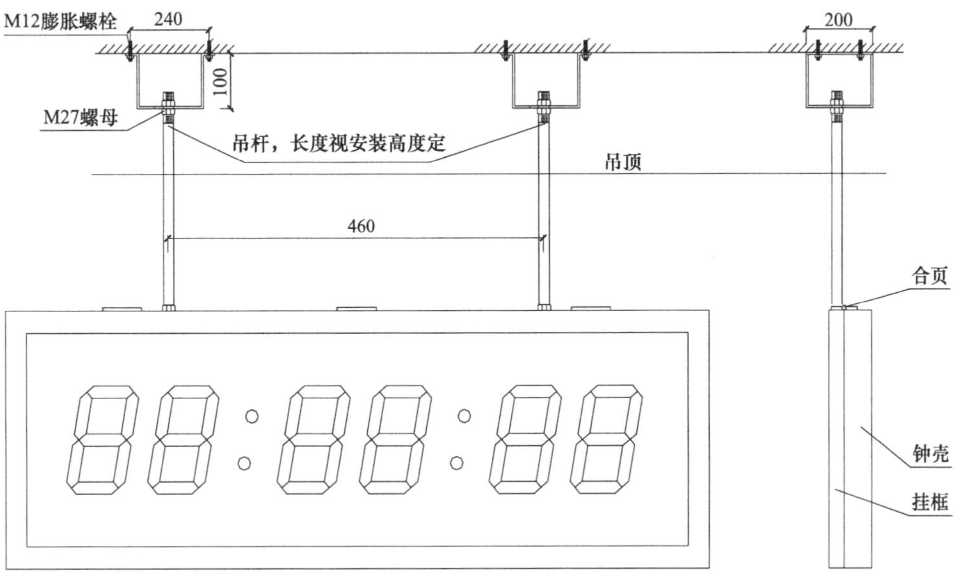


图 3.28.6-2 支架安装

① 对吊挂式子钟安装首先需要首先测量支架尺寸，根据站厅吊顶方式的差异选择不通安装方式。在装饰单位吊顶完成后安装吊杆，目的是避让吊顶方通。安装完一级吊杆后进行二级吊杆安装，二级吊杆的安装高度控制在吊顶下露 20cm 即可，二级杆穿入一级杆后用螺杆对穿固定。

② 注意顶棚的防护，防止变形、破裂。

4）子钟固定

将子钟与支架利用抱箍或者夹板可靠固定，注意子钟与支架之间的连接螺栓需要连接牢固。

5）线缆连接

① 将时钟信号线和电源线通过支架上的穿线孔经支架内腔引至支架末端。

② 将子钟数据线、电源线穿好金属软管，比划长度，将多余的线缆裁掉，根据子钟设备接线端子类型选择对应的接线端子，将子钟芯线剥开，比划端子长度，将芯线压接成端，接入子钟设备接线口。

6）线缆绑扎

① 将引入保护线缆的金属软管顺直，在龙骨上绑扎固定。

② 线缆引入一定的弯曲度。

子钟安装完成后，做好成品保护，具体详见图 3.28.6-3。

图3.28.6-3　线缆绑扎

## 3.28.7　劳动力组织

劳动力组织见表3.28.7-1。

劳动力组织表　　表3.28.7-1

| 序号 | 项目 | 单位 | 数量 | 备注 |
|---|---|---|---|---|
| 1 | 施工负责人 | 人 | 1 | |
| 2 | 安装工 | 人 | 2 | |
| 3 | 安全员 | 人 | 1 | |

## 3.28.8　主要机械设备及工器具配置

机械设备及工器具配置见表3.28.8-1。

机械设备及工器具配置表　　表3.28.8-1

| 序号 | 名称 | 规格 | 单位 | 数量 | 备注 |
|---|---|---|---|---|---|
| 1 | 冲击电钻 | | 把 | 1 | |
| 2 | 铝合金人字梯 | 2.5m | 把 | 1 | |
| 3 | 剥线钳 | | 把 | 1 | |
| 4 | 美工刀 | | 把 | 1 | |
| 5 | 斜口钳 | | 把 | 1 | |
| 6 | 记号笔 | | 把 | 1 | |
| 7 | 榔头 | 手持式 | 把 | 1 | |
| 8 | 开孔器 | | 台 | 1 | |

## 3.28.9　物资材料配置

物资材料配置见表3.28.9-1。

物资材料表　　表 3.28.9-1

| 序号 | 名称 | 规格 | 单位 | 数量 | 备注 |
|---|---|---|---|---|---|
| 1 | 子钟 | 壁挂式 | 只 | 若干 | 按需 |
| 2 | 金属软管 | $\phi$15 | 米 | 若干 | 按需 |
| 3 | 金属软管接头 | $\phi$15 | 米 | 若干 | 按需 |
| 4 | 膨胀螺栓 | $\phi$8 | 只 | 若干 | 按需 |
| 5 | 接线端子 | $\phi$1.5 | 只 | 若干 | 按需 |
| 6 | 热可缩管 | $\phi$10 | 米 | 若干 | 按需 |
| 7 | 子钟支架 | 不锈钢 | 套 | 若干 | 按需 |
| 8 | 尼龙扎带 | 3mm×150mm | 根 | 若干 | 按需 |

### 3.28.10 质量控制标准及检验

（1）质量控制标准

1）子钟的规格、型号应符合设计要求。

2）子钟的接线方式应符合设计要求。

（2）质量检验

1）按照《城市轨道交通通信工程质量验收规范》GB 50382—2016 中的规定进行检验，填写质量检查记录。

2）子钟的规格、型号、高度、安装位置应符合设计要求。

3）子钟应安装牢固，符合验标要求。

4）子钟的线缆连接应符合设计要求，且牢固可靠。

5）线缆接续后进行绝缘、防水处理。

### 3.28.11 安全措施

（1）安装人员应由经过安全技术交底培训的人员进行。

（2）时钟安装需要登高作业，安装过程中必须安排专人防护。

（3）时钟安装过程中需要使用临时电，临时电接线必须由具备电工操作技能的工人实施，冲击电钻等用电设备使用之前必须检查设备的安全性能，防止发生触电事故。

（4）时钟安装完毕，不经过测试，严禁将子钟设备接入时钟系统设备，防止意外损坏系统设备。

### 3.28.12 环保要求

施工过程中的废弃物应及时妥善处理，做到工完料清、场清，拆除的顶棚等其他成品注意成品保护和施工完毕的及时恢复。

## 3.29 乘客信息系统设备安装

### 3.29.1 适用范围

适用于城市轨道交通地下车站站厅、站台公共区吊顶顶棚安装施工。

### 3.29.2 作业条件及施工准备

（1）作业指导书编制后，应在开工前组织技术人员认真学习实施性施工组织设计，阅读、审核施工图纸，澄清有关技术问题，熟悉规范和技术标准。制定施工安全保证措施，提出应急预案。对施工人员进行技术交底，对参加施工人员进行上岗前技术培训，考核合格后持证上岗。

（2）车站吊挂式陈可信息显示终端安装施工所涉及的各种外部技术数据收集，施工劳动组织配备、材料准备及设备工器具的配置。

### 3.29.3 引用施工技术标准

（1）《城市轨道交通通信工程质量验收规范》GB 50382—2016。

（2）《地下铁道工程施工质量验收标准》GB/T 50299—2018。

（3）《铁路通信工程施工技术指南》TZ 205—2009。

（4）《铁路通信、信号、电力、电力牵引供电工程施工安全技术规程》TB 10306—2009。

### 3.29.4 作业内容

（1）子钟定位及支架安装。

（2）顶棚开孔。

（3）子钟的安装。

（4）子钟线缆连接。

（5）填写安装技术记录。

### 3.29.5 施工技术标准

（1）显示屏及设备的规格、型号、安装位置应符合设计要求。

（2）线缆端子与外部线缆对接应符合要求。线缆连接采用接线子对接，电缆外层用热可塑管防护。

（3）设备应安装牢固，线缆连接良好，绑扎整齐美观。

### 3.29.6 工序流程及操作要点

（1）工程流程图

具体施工工艺流程图详见图 3.29.6-1。

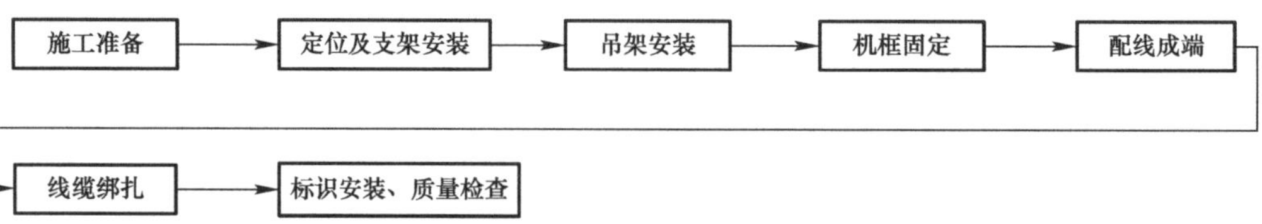


图 3.29.6-1 工序流程图

（2）操作要点

1）施工准备

① 按照装配图清点核对设备、材料及配件数量。

② 核实现场线缆敷设分歧，吊顶顶棚安装情况。

③ 准备好施工用工机具。

2）安装定位

① 根据施工设计图、现场情况，确定安装位置。

② 位置应布置合理、与其他外场设备不冲突。

③ 站厅 PIS 屏安装高度距离装修完成面不低于 1.8m，安装位置靠近墙面或结构柱。站台 PIS 屏安装距站台端门 1.2m，安装高度距离装修完成面不低于 2.3m。对于站台安装吊架空间受限部位，可加工“L”型吊架进行安装。吊架一端固定在顶棚，另外一端固定在轨顶风道侧墙上，在固定时使用的锚栓规格不低于 M12。PIS 屏机框吊杆焊接在吊架横梁上，焊接时使用满焊工艺，保证牢固、稳靠，具体详见图 3.29.6-2。

④ 显示屏支架应选用不锈钢定制高度的支架。

⑤ 安装应保持垂直，与结构顶部连接牢固。

3）支架安装

① 对吊挂式 PIS 屏安装首先需要首先测量支架尺寸，根据站厅吊顶方式的差异选择不通安装方式。在装饰单位吊顶完成后安装吊杆，目的是避让吊顶方通。安装完一级吊杆后进行二级吊杆安装，二级杆穿入一级杆后用螺杆对穿固定。

② 注意顶棚的防护，防止变形、破裂。

4）机框固定

将机框与支架利用抱箍或者夹板可靠固定，注意子钟与支架之间的连接螺栓需要连接牢固。

5）线缆连接

① 将光缆和电源线通过支架上的穿线孔经支架内腔引至支架末端。

② 将光纤在机框内的终端盒内成端，使用跳纤连接至显示屏。

在光缆成端完成后安装显示屏，做好成品保护工作，具体详见图 3.29.6-3。

图 3.29.6-2 PIS 屏安装

图 3.29.6-3 线缆连接

## 3.29.7 劳动力组织

劳动力组织见表 3.29.7-1。

劳动力组织表　　表 3.29.7-1

| 序号 | 项目 | 单位 | 数量 | 备注 |
|---|---|---|---|---|
| 1 | 施工负责人 | 人 | 1 | |
| 2 | 安装工 | 人 | 2 | |
| 3 | 安全员 | 人 | 1 | |

### 3.29.8　主要机械设备及工器具配置

机械设备及工器具配置见表 3.29.8-1。

机械设备及工器具配置表　　表 3.29.8-1

| 序号 | 名称 | 规格 | 单位 | 数量 | 备注 |
|---|---|---|---|---|---|
| 1 | 冲击电钻 | | 把 | 1 | |
| 2 | 铝合金人字梯 | 2.5m | 把 | 1 | |
| 3 | 剥线钳 | | 把 | 1 | |
| 4 | 美工刀 | | 把 | 1 | |
| 5 | 斜口钳 | | 把 | 1 | |
| 6 | 记号笔 | | 把 | 1 | |
| 7 | 榔头 | 手持式 | 把 | 1 | |
| 8 | 标签打印机 | | 台 | 1 | |
| 9 | 开孔器 | | 台 | 1 | |

### 3.29.9　物资材料配置

物资材料配置见表 3.29.9-1。

物资材料表　　表 3.29.9-1

| 序号 | 名称 | 规格 | 单位 | 数量 | 备注 |
|---|---|---|---|---|---|
| 1 | 子钟 | 壁挂式 | 只 | 若干 | 按需 |
| 2 | 金属软管 | $\phi$15 | 米 | 若干 | 按需 |
| 3 | 金属软管接头 | $\phi$15 | 米 | 若干 | 按需 |
| 4 | 膨胀螺栓 | $\phi$8 | 只 | 若干 | 按需 |
| 5 | 接线端子 | $\phi$1.5 | 只 | 若干 | 按需 |
| 6 | 热可缩管 | $\phi$10 | 米 | 若干 | 按需 |
| 7 | 子钟支架 | 不锈钢 | 套 | 若干 | 按需 |
| 8 | 尼龙扎带 | 3mm×150mm | 根 | 若干 | 按需 |

### 3.29.10　质量控制标准及检验

(1) 质量控制标准

1) 子钟的规格、型号应符合设计要求。

2) 子钟的接线方式应符合设计要求。

(2) 质量检验

1) 按照《城市轨道交通通信工程质量验收规范》GB 50382—2016 中的规定进行检

验，填写质量检查记录。

2）子钟的规格、型号、高度、安装位置应符合设计要求。

3）子钟应安装牢固，符合验标要求。

4）子钟的线缆连接应符合设计要求，且牢固可靠。

5）线缆接续后进行绝缘、防水处理。

### 3.29.11 安全措施

（1）安装人员应由经过安全技术交底培训的人员进行。

（2）时钟安装需要登高作业，安装过程中必须安排专人防护。

（3）时钟安装过程中需要使用临时电，临时电接线必须由具备电工操作技能的工人实施，冲击电钻等用电设备使用之前必须检查设备的安全性能，防止发生触电事故。

（4）时钟安装完毕，不经过测试，严禁将子钟设备接入时钟系统设备，防止意外损坏系统设备。

### 3.29.12 环保要求

施工过程中的废弃物应及时妥善处理，做到工完料清、场清，拆除的顶棚等其他成品注意成品保护和施工完毕的及时恢复。

## 3.30 车站无线天线安装

### 3.30.1 适用范围

适用于城市轨道交通车站站厅、站台公共区、设备区无线天线吊顶顶棚安装施工。

### 3.30.2 作业条件及施工准备

（1）作业指导书编制后，应在开工前组织技术人员认真学习实施性施工组织设计，阅读、审核施工图纸，澄清有关技术问题，熟悉规范和技术标准。制订施工安全保证措施，提出应急预案。对施工人员进行技术交底，对参加施工人员进行上岗前技术培训，考核合格后持证上岗。

（2）车站无线天线终端安装施工所涉及的各种外部技术数据收集，施工劳动组织配备、材料准备及设备工器具的配置。

### 3.30.3 引用施工技术标准

（1）《城市轨道交通通信工程质量验收规范》GB 50382—2016。

（2）《地下铁道工程施工质量验收标准》GB/T 50299—2018。

（3）《铁路通信工程施工技术指南》TZ 205—2009。

（4）《铁路通信、信号、电力、电力牵引供电工程施工安全技术规程》TB 10306—2009。

（5）《数字集群移动通信系统体制》SJ/T 11228—2000。

（6）《移动通信调频无线电话 通用技术条件》GB/T 15844—1。

### 3.30.4　作业内容

（1）天线定位。

（2）顶棚开孔。

（3）天线的安装。

（4）天线射频电缆连接。

（5）填写安装技术记录。

### 3.30.5　施工技术标准

（1）无线天线的规格、型号、安装位置应符合设计要求。

（2）无线天线与顶棚之间连接紧密，天线尾巴电缆与外部射频线缆对接应符合要求。线缆连接采用射频连接器对接，电缆外层用防水胶泥防护。

（3）无线天线应安装牢固，线缆连接良好，绑扎整齐美观。

### 3.30.6　工序流程及操作要点

（1）工程流程图

具体施工工艺流程图详见图3.30.6-1。

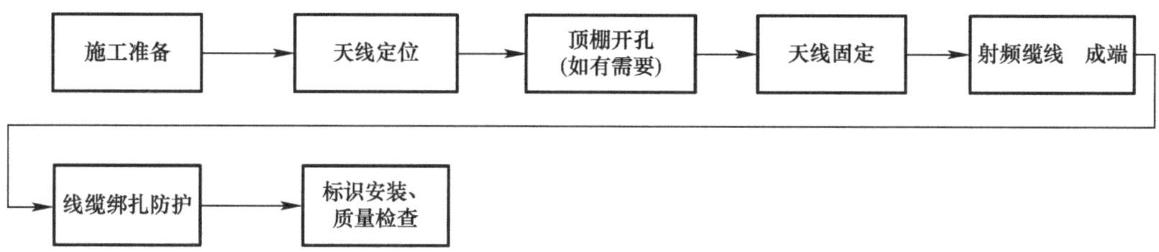


图3.30.6-1　工序流程图

（2）操作要点

1）施工准备

① 按照装配图清点核对设备、材料及配件数量。

② 核实现场线缆敷设分歧，吊顶顶棚安装情况。

③ 准备好施工用工机具。

2）天线定位

① 根据施工设计图、现场情况，确定天线安装位置。

② 天线位置的应布置合理、与其他外场设备不冲突，各无线系统间的终端天线保持合理的距离。

3）顶棚开孔

① 对吸顶式全向天线安装首先需要对吊顶开孔，将吊顶拆下用圆规在中心标记处划出一个$\phi$40mm的圆孔（比天线尾巴射频接头略大），采用直柄麻花钻（钻头为$\phi$8mm）在吊顶上划出的圆内侧开孔，将曲线锯深入到孔内，沿划出的圆逐渐扩大，使用曲线锯时注意匀速推动，不得偏出，开孔完成后，用锉子将孔周围的毛刺挫平，再吊顶板装到吊顶上。

② 注意顶棚的防护，防止变形、破裂。嵌入顶棚安装的天线保持统一美观，间隔距离满足规范要求，具体详见图 3.30.6-2。

图 3.30.6-2 天线间隔距离

4）天线固定

① 将天线尾巴线和天线连接螺纹接口从预先开好的顶棚孔中穿入吊顶以上。

② 将天线固定件放置在吊顶上方，与天线螺纹接口旋紧。

③ 天线尾巴线与吊筋用扎带绑扎牢固，并将天线固定件与吊筋绑扎。设备区内无线天线安装视情况而定，如不具备吊筋安装空间，可使用"C"型掉挂件安装在设备区综合吊架上，具体详见图 3.30.6-3。

④ 对于站厅、站台公共区无线天线安装使用吊筋固定，天线安装高度宜根据吊顶方式确定，天线底部与顶棚吊顶平齐，具体详见图 3.30.6-4。

图 3.30.6-3 天线固定件与吊筋绑扎

图 3.30.6-4 无线天线安装

5）线缆连接

① 制作射频电缆接头，注意与天线尾巴线的射频接头对照，必须保证一公一母搭配。

② 射频电缆接头制作时需要使用专用的射频缆接头工具，射频电缆制作完成后需首先进行驻波比测试，然后再将射频电缆进行防水防潮处理。

③ 将制作完成的射频电缆接头与天线尾巴线拧紧，在连接处做防水处理。

④ 注意在射频电缆做防水处理时，要先缠绕绝缘胶带，再缠绕防水胶泥，以便后续故障处理和系统测试时拆除防水组件。

6）线缆绑扎

① 将引入保护线缆的金属软管顺直，沿龙骨和吊筋绑扎固定。

② 线缆引入一定的弯曲度。射频电缆尤其需要注意曲率半径不能太小，一般规定不得小于电缆直径的 12 倍，必须避免出现硬弯曲。

### 3.30.7 劳动力组织

劳动力组织见表3.30.7-1。

劳动力组织表 表3.30.7-1

| 序号 | 人员 | 单位 | 数量 | 备注 |
|---|---|---|---|---|
| 1 | 施工负责人 | 人 | 1 | |
| 2 | 安装工 | 人 | 2 | |
| 3 | 安全员 | 人 | 1 | |

### 3.30.8 主要机械设备及工器具配置

机械设备及工器具配置见表3.30.8-1。

机械设备及工器具配置表 表3.30.8-1

| 序号 | 名称 | 规格 | 单位 | 数量 | 备注 |
|---|---|---|---|---|---|
| 1 | 开孔器 | 可调100mm | 把 | 1 | |
| 2 | 铝合金人字梯 | 2.5m | 把 | 1 | |
| 3 | 专用切割刀 | | 把 | 1 | |
| 4 | 美工刀 | | 把 | 1 | |
| 5 | 斜口钳 | | 把 | 1 | |
| 6 | 记号笔 | | 把 | 1 | |
| 7 | 扳手 | | 把 | 2 | |

### 3.30.9 物资材料配置

物资材料配置见表3.30.9-1。

物资材料表 表3.30.9-1

| 序号 | 名称 | 规格 | 单位 | 数量 | 备注 |
|---|---|---|---|---|---|
| 1 | 射频电缆接头 | 7/8 | 个 | 若干 | 按需 |
| 2 | 金属软管 | $\phi$40 | 米 | 若干 | 按需 |
| 3 | 金属软管接头 | $\phi$40 | 米 | 若干 | 按需 |
| 4 | 尼龙扎带 | 200mm×5mm | 条 | 若干 | 按需 |
| 5 | 无线天线 | 吸顶 | 个 | 若干 | 按需 |
| 6 | 防水组件 | | 套 | 若干 | 按需 |

### 3.30.10 质量控制标准及检验

(1) 质量控制标准

1) 天线的规格、型号应符合设计要求。

2) 天线及射频电缆的接线方式应符合设计要求。

3) 射频电缆驻波比小于1.5。

(2) 质量检验

1) 按照《城市轨道交通通信工程质量验收规范》GB 50382—2016中的规定进行检

验，填写质量检查记录。

2）天线的规格、型号、安装位置应符合设计要求。

3）天线应安装牢固，符合验标要求。

4）天线的射频电缆连接应符合设计要求，且牢固可靠。

5）线缆接续后进行防水处理。

6）射频电缆接头制作完成后测试驻波比小于1.5。

### 3.30.11 安全措施

（1）安装人员应由经过安全技术交底培训的人员进行。

（2）天线安装需要登高作业，安装过程中必须安排专人防护。

（3）天线安装过程中顶棚开孔需要使用临时电，临时电接线必须由具备电工操作技能的工人实施，冲击电钻等用电设备使用之前必须检查设备的安全性能，防止发生触电事故。

### 3.30.12 环保要求

施工过程中的废弃物应及时妥善处理，做到工完料清、场清，拆除的顶棚等其他成品注意成品保护和施工完毕的及时恢复。

## 3.31 柜内设备安装成端

### 3.31.1 适用范围

适用于城市轨道交通通信系统柜内设备安装作业。

### 3.31.2 作业条件及施工准备

（1）作业指导书编制后，应在开工前组织技术人员认真阅读、审核施工图纸，澄清有关技术问题，熟悉规范和技术标准。制定施工安全保证措施，提出应急预案。对施工人员进行安全技术交底。

（2）设备房柜内设备终端安装所涉及的各种外部技术数据收集，施工劳动组织配备、材料准备及设备工器具的配置。

### 3.31.3 引用施工技术标准

（1）《城市轨道交通通信工程质量验收规范》GB 50382—2016。

（2）《地下铁道工程施工质量验收标准》GB/T 50299—2018。

（3）《铁路通信工程施工技术指南》TZ 205—2009。

### 3.31.4 作业内容

（1）技术交底。

（2）设备开箱验收。

(3) 设备安装。

(4) 设备配线。

(5) 设备调试。

## 3.31.5 施工技术标准

(1) 设备的规格、型号、安装位置应符合设计要求。

(2) 设备在机架上的安装位置，接地要求符合规范。

(3) 设备配线符合要求，横平竖直，整齐美观。

## 3.31.6 工序流程及操作要点

(1) 工程流程图

具体施工工艺流程图详见图3.31.6-1。

图3.31.6-1 工序流程图

(2) 操作要点

1) 技术交底

进行柜内设备安装前，组织现场带班人员、技术员及工长进行技术交底，明确设备安装及保护注意事项，设备再机架上安装位置分配等。设备之间的间距符合散热、缆线成端需求。设备配线弯曲角度符合要求，避免小半径弯曲，大对数电缆弯曲半径不能小于其外径的15倍，横平竖直，整齐美观，具体详见图3.31.6-2。

2) 设备安装

施工前提前准备施工所需图纸，到现场后根据图纸筛选设备规格型号，安装时厂家提供技术指导，设备安装稳固牢靠，具体详见图3.31.6-3。

图3.31.6-2 设备配线

图3.31.6-3 设备安装

3) 设备配线

根据设计给的配线图，选用相应设备配线。电力缆选用合格产品，对于三相电缆线颜色符合规定：A相黄色，B相绿色，C相红色，零线为天蓝色或者黑色，接地保护线为黄绿双色；对直流电源：正极为红色，负极为蓝色。配线使用厂家原装线缆，缆线接头制作牢靠，做好绝缘处理，走线不影响后期运维使用，绑扎整齐，美观。柜体接地电阻不大于1Ω，具体详见图3.31.6-4。

4）设备调试

设备配线完成后，使用万用表检测电缆线路。线路检测没问题之后，方可给设备加电使用，具体详见图3.31.6.5。

图3.31.6-4 接地电阻测试

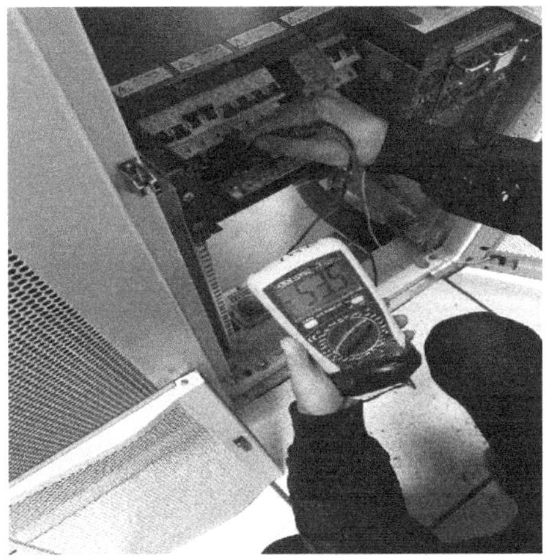

图3.31.6-5 使用万用表检测电缆线路

设备厂家技术人员现场指导操作，加电完成后注意成品保护，做好安全用电警示标牌。

## 3.31.7 劳动力组织

劳动力组织见表3.31.7-1。

**劳动力组织表** **表3.31.7-1**

| 序号 | 项目 | 单位 | 数量 | 备注 |
|---|---|---|---|---|
| 1 | 施工负责人 | 人 | 1 | |
| 2 | 安装工 | 人 | 2 | |
| 3 | 配线工 | 人 | 2 | |

## 3.31.8 主要机械设备及工器具配置

机械设备及工器具配置见表3.31.8-1。

**机械设备及工器具配置表** **表3.31.8-1**

| 序号 | 名称 | 规格 | 单位 | 数量 | 备注 |
|---|---|---|---|---|---|
| 1 | 安装套件 | | 套 | 1 | |
| 2 | 压线钳 | | 把 | 1 | |
| 3 | 喷枪 | | 把 | 2 | |
| 4 | 美工刀 | | 把 | 1 | |

续表

| 序号 | 名称 | 规格 | 单位 | 数量 | 备注 |
| --- | --- | --- | --- | --- | --- |
| 5 | 万用表 | | 台 | 1 | |
| 6 | 接地电阻测试仪 | | 台 | 1 | |

### 3.31.9 物资材料配置

物资材料配置见表3.31.9-1。

物资材料表　　表3.31.9-1

| 序号 | 名称 | 规格 | 单位 | 数量 | 备注 |
| --- | --- | --- | --- | --- | --- |
| 1 | 柜内设备 | | 套 | 按需 | |
| 2 | 电源线缆 | | 米 | 按需 | |
| 3 | 地线 | | 米 | 按需 | |
| 4 | 尼龙扎带 | 200mm×5mm | 条 | 若干 | |
| 5 | 绝缘胶带 | | 卷 | 若干 | |

### 3.31.10 质量控制标准及检验

(1) 质量控制标准

1) 设备规格、型号应符合设计要求。

2) 设备接线方式应符合设计要求。

3) 机柜接地电阻阻值符合要求。

(2) 质量检验

1) 按照《城市轨道交通通信工程质量验收规范》GB 50382—2016中的规定进行检验，填写质量检查记录。

2) 设备规格、型号、安装位置应符合设计要求。

3) 设备安装牢固，符合验标要求。

4) 设备电缆连接应符合设计要求，且牢固可靠，具体详见图3.31.10-1。

5) 柜体接地电阻不大于1Ω。

图3.31.10-1 设备电缆连接

### 3.31.11 安全措施

(1) 安装人员应由经过安全技术交底培训的人员进行。

(2) 在进行设备电源线缆连接时，注意安全用电，接线时断开主电源，接头做好绝缘。使用螺杆固定铜鼻子时需连接紧固。

### 3.31.12 环保要求

施工过程中的废弃物应及时妥善处理，做到工完料清、场清，拆除的顶棚等其他成品注意成品保护和施工完毕的及时恢复。

# 第4章　信号工程标准化施工指南

## 4.1　光电缆敷设

### 4.1.1　适用范围

适用于城市轨道交通信号工程正线、车辆段以及停车场光电缆敷设。

### 4.1.2　作业条件及施工准备

（1）开工前组织技术人员认真学习实施性施工组织设计，阅读、审核施工图纸，澄清有关技术问题，熟悉规范和技术标准。

（2）正线区间支架安装完毕，车站引入管道、槽道安装完毕。场段隐蔽工程开挖的光电缆沟深度符合规范要求。

（3）收集光电缆所涉及的技术资料，施工劳动组织配备、材料准备及设备工器具配置齐全。

（4）光电缆进场时进行检查，其型号、规格、质量应符合设计要求及相关产品标准的规定。

### 4.1.3　引用技术标准

（1）《地下铁道工程施工质量验收标准》GB/T 50299—2018。

（2）《地下铁道工程施工标准》GB/T 51310—2018。

（3）《铁路信号工程施工质量验收标准》TB 10419—2018。

（4）《建筑电气安装工程分部、分项施工工艺标准》。

（5）《城市轨道交通信号工程施工质量验收标准》GB/T 50578—2018。

### 4.1.4　作业内容

（1）正线区间光电缆敷设。

（2）正线区间光电缆引入。

（3）场段光电缆敷设。

（4）场段光电缆引入。

### 4.1.5　施工技术标准

（1）依据施工图纸，确定使用线缆的规格、型号。

（2）线缆敷设施工时，正线区间电缆在电缆支架上分层敷设，排列整齐，同层不得扭绞，满足支架上敷设的最大截面电缆的弯曲半径的要求。

（3）场段敷设时，电缆沟平坦、无碎石，沟内光电缆自然松弛排列整齐，不交叉。

（4）线缆敷设完成后，支架上要进行线缆绑扎，扎带尾巴要及时剪掉，切口要光滑。电缆沟及时回填平整，并埋设电缆标。

## 4.1.6 工序流程及操作要点

### 4.1.6.1 敷设准备

（1）电缆单盘测试

1）电缆到达后，应检查电缆外包装是否完好，电缆有无损伤，填写《电缆检查记录表》。

2）开剥电缆，确认电缆 A、B 端，对电缆进行电气特性测试并做好相关记录，填写《电缆单盘测试记录表》、《数字电缆单盘测试记录表》，如图 4.1.6-1 所示。

图 4.1.6-1 电缆测试

3）电缆盘上标明端别、型号、长度。

（2）光缆单盘测试

光缆单盘检验是光缆线路工程施工中很重要的一个环节。它主要是利用光时域后向反射仪对单盘光缆的长度、光纤衰减系数和光纤后向散射曲线进行测量检查，以确定光缆的主要性能指标是否达到工程设计和采购要求，并为光缆配盘提供依据。

（3）光、电缆配盘

1）光、电缆敷设前，根据光、电缆使用情况进行配盘，并填写光、电缆配盘记录表。

2）配盘时尽量减少接头数量。

### 4.1.6.2 区间光电缆敷设

（1）工序流程

工序流程见图 4.1.6-2。

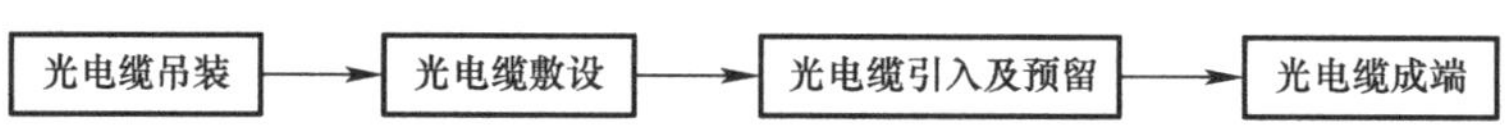


图 4.1.6-2 工序流程图

（2）操作要点

1）光电缆敷设

① 地下区间光电缆敷设在区间侧墙支架上。

② 进入光电缆敷设现场后，根据分工要求进行人员安排，明确指令和责任。

敷设过程中，根据不同的敷设区间正确选择光电缆盘，4 人负责线盘随轨道曲线和坡度变化随时调整线盘的倾斜度和水平度，防止因线盘左右平移造成与支架的摩擦或卡盘，影响线缆敷设或使电缆支架因突然受力而倾倒；光电缆敷设时不得出现打背扣和打死弯等现象。

③ 车上另外安排 3 人负责从盘上拉动线缆，使其沿平板车后沿布放，防止线缆所受张力过大。在电缆盘的后方有 2 人根据线路曲线动态调整电缆支架的高度，防止电缆支架倾倒。

④ 光缆敷设时弯曲半径不得小于其外径的 15 倍，电缆敷设时不得小于其外径 15 倍。光电缆敷设不得在地上拖拉损伤外护套，光缆不得打绞、扭弯等现象。

⑤ 光电缆敷设至车站后，将通过区间引入孔引至信号机房。在不具备将光电缆引入至信号机房的条件时，需要对预留光缆临时采用“8”字倒盘方法进行盘留。如图 4.1.6-3 所示。

图 4.1.6-3 光电缆敷设

2）光电缆引入

① 光电缆由区间敷设到车站轨行区后，从区间支架通过区间引入孔引至通号电缆间，并在通号电缆间的余留架上做预留。

② 再次确认引入长度（或接头处预留长度）。

图 4.1.6-4 电缆引入预留

③ 电缆端头固定在隧道内支架侧的固定物上，防止电缆脱落进入轨道上。

④ 将电缆上支架后出现的少量的累积富余长度向前逐步送展至末端。

⑤ 将光电缆通过地槽或预埋管道引入到信号设备室的机柜。如图 4.1.6-4 所示。

#### 4.1.6.3 场段光电缆敷设

(1) 工序流程

工序流程见图 4.1.6-5。

(2) 工艺标准

1）开挖光、电缆沟

① 开沟前根据确定的光、电缆径路和光、电缆沟的宽度，用线绳在地面标识出来，然后沿线绳用白灰水画出两条光、电缆沟的边线，然后再进行挖沟施工。为确保使用中的设备安全，开沟前应挖探沟，确认地下设施情况。

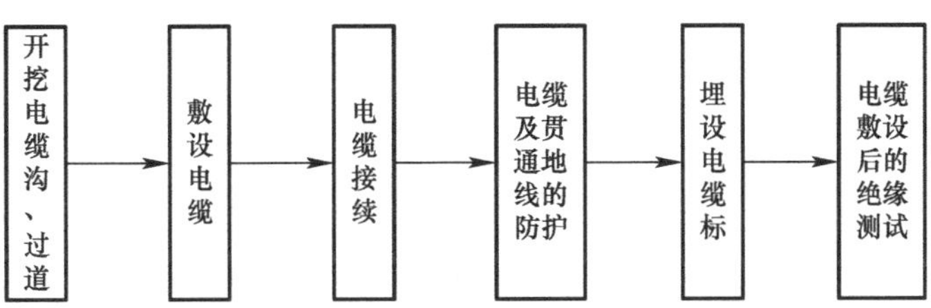


图 4.1.6-5 工序流程图

② 开挖光、电缆沟及过道时，要采取相应的防护措施避免污染道床。如图 4.1.6-6 所示。

2）光、电缆敷设

① 光、电缆敷设时严格按照设计要求确定电缆的 A 端朝向。

② 电缆型号、规格与《电缆径路图》一致。

③ 每根电缆的两端必须有标识。

④ 敷设完成后应与《电缆径路图》核对，检查有无漏放、错放现象。如图 4.1.6-7 所示。

图 4.1.6-6　钢管过轨预埋

图 4.1.6-7　光电缆敷设

3）电缆及贯通地线的防护

① 贯通地线与电缆同沟，同样防护。

② 站内进站信号机至进站信号机之间，干线电缆采用电缆槽防护。

③ 其他地段电缆满足埋设深度时，电缆采用直埋方式，特殊地段（如石质地段）采用电缆槽防护，电缆过轨采用钢管防护。

4）埋设电缆标

① 电缆回填完成后，应及时埋设电缆标。

② 埋设要求：

a. 电缆埋设标应准确的埋设在电缆径路上，电缆标的正面（写“电缆标”的一面）朝向与电缆 A 端的朝向一致。

b. 长度大于 100m 的电缆径路，中间无转向或分支电缆埋设标时，应每隔 50m 的距离埋设一根电缆标。

c. 桥梁两端的备用电缆处及隧道的两端、接近建筑物的最近点、可能遭受意外损伤的地点、穿越障碍物点、电缆接续处、与其他电缆和管道交叉点、穿越铁路、公路、河流两侧、转向或分支点应埋设电缆标。

d. 干线电缆集中拐弯处、埋设深度因客观条件不符合要求的起始端、施工可能危及电缆安全的处所、经调查确认的易取土处设置电缆警示牌，并填写电缆标桩埋设记录，标明坐标位置、距相近线路距离、与永久参照物距离。

5）电缆敷设后的绝缘测试

电缆敷设、防护结束后，要及时对电缆进行电气特性测试。测试内容包括电缆绝缘、导通测试，测试完毕后及时封端。测试结果填在《电缆绝缘测试记录表》中。

### 4.1.7 劳动力组织

劳动力组织见表 4.1.7-1。

劳动力组织表 表 4.1.7-1

| 序号 | 项目 | 单位 | 数量 | 备注 |
| --- | --- | --- | --- | --- |
| 1 | 现场工长 | 人 | 1 | 施工现场指挥 |
| 2 | 技术人员 | 人 | 1 | 施工现场技术指导 |
| 3 | 普通技术工人 | 人 | 20 | 划线打孔、支架安装、接地扁钢安装 |

### 4.1.8 主要机械设备及工机具配置

机械设备及工机具配置见表 4.1.8-1。

机械设备及工机具配置表 表 4.1.8-1

| 序号 | 名称 | 规格 | 单位 | 数量 | 备注 |
| --- | --- | --- | --- | --- | --- |
| 1 | 作业车 | 自制 | 个 | 2 | |
| 2 | 常用小工具 | | 套 | 2 | |
| 3 | 照明设施 | | 套 | 2 | |
| 4 | 头灯 | | 个 | 12 | |
| 5 | 吊车 | | 台 | 1 | |

### 4.1.9 物资材料配置

物资材料配置见表 4.1.9-1。

物资材料表 表 4.1.9-1

| 序号 | 名称 | 规格 | 单位 | 数量 | 备注 |
| --- | --- | --- | --- | --- | --- |
| 1 | 光缆 | | m | 按需 | |
| 2 | 光缆 | | m | 按需 | |
| 3 | 光缆 | | m | 按需 | |
| 4 | 光缆 | | m | 按需 | |
| 5 | 电缆 | | m | 按需 | |
| 6 | 电缆 | | m | 按需 | |
| 7 | 扎带 | | 个 | 按需 | |
| 8 | 标牌 | | 个 | 按需 | |
| 9 | 自粘胶带 | | 个 | 按需 | |

### 4.1.10 质量控制标准及检验

(1) 质量标准

1) 光电缆的种类、规格、质量必须符合设计要求。

2) 光电缆的敷设路径及线缆的弯曲半径敷设设计要求。

(2) 质量检验

按照《城市轨道交通信号工程质量验收标准》GB/T 50578—2018 中的规定进行检验，填写质量验收记录。

1) 光电缆到达现场应进行检查，其型号、规格、质量应符合设计要求及相关产品标准的规定。

2) 光电缆线路的径路、敷设位置应符合设计要求。

3) 光电缆线路的防蚀和防电磁设施的设置地点、区段、数量、方式和防护措施符合设计要求。

### 4.1.11 安全措施

(1) 光电缆吊装时，应符合项目部吊装操作规程，操作人员持有效操作证件。

(2) 线缆敷设时，要保持线盘水平，不得出现线盘与支架碰擦现象，防止线盘卡死。

(3) 光电缆在运输至敷设现场和敷设完成后必须采用垫木将电缆盘塞紧，防止在敷设过程中滑动造成安全事故。

(4) 施工时按要求佩戴好安全防护用品，高处作业人员必须按照规定正确佩戴安全带，站在高处传递物品时，要拿稳，防止掉落伤人。

(5) 施工区域两端需设置荧光灯等警示标志，并安排安全员进行防护。不得进入未经允许的施工区段，与其他专业交叉施工时需设置专人防护。

(6) 施工时需设置足够的照明设施，且作业车防护人员及施工人员要注意脚下孔洞。作业车推行过程中，应当缓慢、平稳，严禁坐卧轨道休息。

### 4.1.12 环保要求

(1) 施工现场的工机具和材料须在划定的区域摆放整齐，并悬挂标识牌，保证现场施工场地整洁、干净。

(2) 施工过程中产生的垃圾和废料要集中存放，并在当天施工完成后及时清理至指定地点。

## 4.2 光电缆接续

### 4.2.1 电缆接续

#### 4.2.1.1 适用范围

本指南选用免维护电缆接头盒，适用于城市轨道交通项目正线、车辆段、停车场、试车线的电缆接续。

#### 4.2.1.2 作业条件及施工准备

（1）在开工前组织技术人员认真学习实施性施工组织设计，审核施工图纸，澄清有关技术问题，熟悉规范和技术标准。制定施工安全保证措施，提出应急预案。对施工人员进行技术交底，对参加施工人员进行岗前技术培训，考核合格后持证上岗。

（2）电缆敷设按施工图及技术要求已敷设到位，接续地点符合相关技术规定；接续气候满足相关要求；接续材料选型与电缆规格相吻合；施工接续材料、机具准备就绪。

#### 4.2.1.3 引用技术标准

（1）《地下铁道工程施工质量验收标准》GB/T 50299—2018。

（2）《建筑工程施工质量验收统一标准》GB 50300—2013。

（3）《铁路信号工程施工质量验收标准》TB 10419—2018。

#### 4.2.1.4 作业内容

（1）电缆接续准备。

（2）电缆确认及测试。

（3）接续配件组装。

（4）剥切电缆。

（5）芯线连接。

（6）屏蔽连接。

（7）组装盒体。

（8）绝缘测试。

（9）灌注密封胶。

（10）接续盒防护。

（11）清理现场。

#### 4.2.1.5 施工技术标准

（1）信号电缆穿越铁路、公路及道口时，距铁路钢轨、公路和道口的边缘 2m 范围内不得进行电缆的接续。

（2）土建基础设施结构伸缩缝 2m 内不得进行电缆的接续。

（3）电缆接续地点距热力、煤气、燃料管道不应小于 2m，当小于 2m 时，应有防护措施。

（4）雨、雪天气以及环境温度不符合电缆施工的要求时，不得进行电缆接续。

（5）电缆接续时，电缆的余留量长度不应小于 2m（每端应不小于 1m）。

（6）综合扭绞电缆接续，应 A、B 端相接，芯线组及芯线色标必须一致，严禁电缆异形接续。

（7）电缆接续材料的质量、型号、技术指标应符合有关规定。

（8）电缆接续的工具、材料应保持清洁和干燥，性能良好。

（9）电缆的接头应水平放置，接头两端各 300mm 内不得弯曲。

（10）电缆接续完毕，应及时进行电缆电气性能测试。

（11）同径路的两根电缆接续位置间的距离应不小于 1m，并且准确记录接头坐标。

（12）接续完成后，将电缆接头盒与电缆支架固定牢靠，埋于地下时应进行防护，防护长度不应小于 1m；并安装电缆接续标或记录卡。

#### 4.2.1.6　工序流程及操作要点

（1）工序流程图

工序流程见图 4.2.1-1。

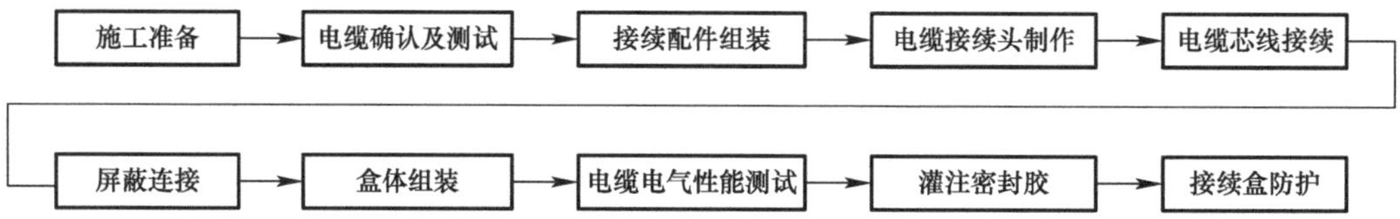


图 4.2.1-1　工序流程图

（2）操作要点

1）电缆免维护接续盒选择时应与接续的电缆型号吻合。

2）电缆接续前，应严格按照施工图核对所接续电缆准确无误。

3）电缆接续必须符合相同规格型号电缆 A、B 端对接的原则。

4）接续盒装配时要严格按组装顺序和配件位置的方向安装。

5）在芯线压接过程中必须保证电缆芯线在压接端子筒内位置正确，压线钳与压接端子筒及芯线呈垂直状，压接时压接钳不得晃动。压线应一次压紧，压线钳压紧后能自动松开，表明压接成功，严禁对压接后的端子进行再次压接。压线钳与压线筒及芯线的位置压接操作必须正确，不得颠倒。所有芯线压接完成后应进行检测，用左右手分别拉住压接处的两端芯线，适当用力拉拽，保证所有芯线接续良好，无虚接。

6）屏蔽连接操作时，钢带打毛要彻底，铝箔护套要除去氧化层，一方面保证屏蔽连接可靠，另一方面使灌注的胶液充分浸润良好粘合。

7）钢带及铝护套屏蔽连接时用绝缘胶带各自缠好接续处，做好绝缘防护，两者不能碰触。

8）密封胶混合时，必须将 B 胶全部倒入 A 胶桶内，保证 A、B 胶配比正确。密封胶操作温度应大于 0℃，当环境温度较低时可对混合后的密封胶应适当加温，并应按胶体混合要求增加温合时间，在调胶后应迅速灌注。安装注胶孔盖时应用专用内六角扳手拧紧至密封圈压平即可，避免用力过大造成胀裂注胶孔或扭断注胶孔盖。

（3）操作流程

1）接续工作准备

按照电缆接续施工内容准备施工材料（符合接续电缆规格的型号）和工机具，检查接续材料附件是否齐全，质量达到技术要求，工机具性能良好。

依据工作地点及作业面环境准备相适应特殊机具（如地面作业的遮阳伞、铁镐；隧洞内照明器具、高空作业架等）。

2）电缆确认及测试

电缆接续前，应严格按照施工设计图、电缆施工技术标准，确认电缆敷设的准确性及电气性能测试（根据施工设计图确认电缆铭牌标识及电缆型号、用途、来、去向；开剥电缆核对电缆型号及外端类别；依据电缆电气性能测试程序进行测试），经测试、复核全部合格后方可进行接续工作，锯掉开剥的电缆头，准备接续。

3）接续配件组装

① 依据电缆的外径尺寸大小，选择电缆密封接头内的密封环（多层橡胶密封圈）。将

密封环组中小于电缆外径的橡胶密封圈去掉，放入变径环套中旋入电缆密封接头内（不要拧紧）。

② 制作加工电缆密封套，电缆密封套可两面使用。

a. 根据电缆外径的尺寸大小，选择保留内径略小于电缆外径的环，把小于电缆外径较多的部分用专用切割刀沿密封套内孔壁切去。

b. 沿密封套垂直方向把两面大于电缆外径的环切去。

③ 组装，电缆两端按顺序套入下列部件，见图 4.2.1-2。

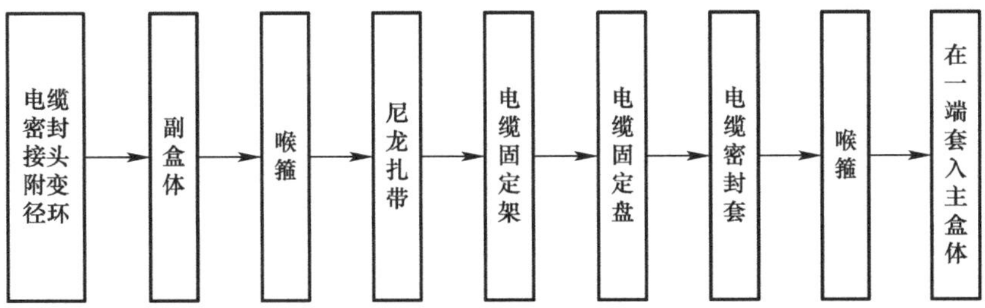


图 4.2.1-2　组装流程图

④ 剥切电缆：

a. 用棉纱将电缆端头 1m 范围内的电缆外护套表面擦拭干净。

b. 将电缆固定在电缆支架或平整放在接头坑地面上（电缆弯曲半径不得小于电缆直径的 15 倍）。

c. 距电缆端头 180mm 处用美工刀环切电缆外护套一周，并向端头纵向切割将其除去。

d. 距外护套切口 25mm 处用钢锯将钢带（双层）锯断，断点打磨平滑。

e. 距电缆外护套 80mm 处，用美工刀环切铝箔护套一周，当锯深为铝箔护套厚度的三分之二时，折断铝护套并将其抽出，断点打磨平滑。并用棉纱将电缆上铝箔护套外层擦净。

f. 距外护套切口 35mm 处用美工刀环切电缆内护套一周，并向端头纵向切割将其除去。

g. 铝箔护套与电缆芯线间的塑料衬套预留 5mm，防止铝箔护套断面磨伤芯线绝缘外皮。

h. 在电缆的一端将屏蔽网一端套在距电缆外护套切口 60mm 的铝箔护套上，用喉箍将屏蔽网与铝箔护套紧固牢靠，然后将屏蔽网全部推向固定侧，露出电缆芯线。

⑤ 芯线连接：

a. 将两侧电缆芯线分组、编号。

b. 将两端所有芯线全部剪去 15mm（保持两电缆钢带根部距离不大于 330mm）。

c. 用剥线钳将电缆一侧的芯线绝缘层剥除 6mm 露出裸铜线，将裸铜线穿入压接端子筒，通过检查孔观察裸铜线端头穿入压接端子筒中心部位，然后用压线钳压接；芯线一端压接完成后，再用同样方法压接另一侧电缆芯线；全部芯线压接完成后，检查核对压接的线组线对，确保芯线接续正确。

d. 芯线压接时，相邻芯线压接点应错开，避免芯线压接完成后出现集中一处的鼓包现象。

⑥ 屏蔽连接：

a. 全部芯线接续完毕后，将接续后的电缆芯线恢复直线状态。

b. 用干燥的棉纱，将铝箔护套与电缆缆芯之间的缝隙填塞，防止灌胶时胶液沿铝箔护套与电缆芯之间的缝隙渗漏。

c. 用细砂布将双层钢带的正反面打毛、铝护套表面氧化处理（钢带要除去防锈漆，铝护套要除去氧化层）。

d. 把屏蔽网从已固定好的一端拉至另一端，采用喉箍用同样方式进行固定，用绝缘胶带将屏蔽网与铝箔护套连接处缠绕2～3圈。

e. 将钢带接续软线（带U型线卡）固定在一端钢带上，将连接线顺钢带的方向在铝箔护套接续屏蔽网外绕两圈后，连接至另一端的钢带上，钢带端部应与U型线卡底部接触，钢带两面放置凸型铜垫片，凸面与钢带接触，U型卡固定螺栓要顶紧牢固。每根钢带各安装一根接续软线。

f. 钢带接续线连接完成后，将裸露钢带及U型线卡用绝缘胶带缠绕3～5圈，做好防护。

⑦ 组装盒体：

a. 将主套管移至电缆接续的中间部位。

b. 将两端的电缆密封套与固定盘用螺丝固定于主盒体上。

c. 将电缆保持在中心，电缆固定架紧靠电缆，拧紧电缆固定架螺丝。

d. 扎紧电缆密封套外的尼龙扎带，使电缆密封。

e. 将电缆用喉箍固定在电缆固定架上，与主盒体固定。

f. 将副盒体拧在主套管上，使主副体套管的注胶孔在同一条直线上其角度差不得大于±15°。

g. 拧紧电缆密封接头和变径环（注意不要拧密封接头头部的螺帽）。

⑧ 绝缘测试：

用兆欧表将已接续好的电缆进行电缆电气性能测试，一人到电缆始端，另一人到电缆终端，利用对讲机或电话机（长距离使用）进行通讯，进行电缆对地绝缘、电缆线间绝缘、电缆断线测量，所测的数据应符合标准，否则打开盒体检查原因，重新接续。

⑨ 灌注密封胶：

a. 将接头盒水平放在电缆支架（或地平面）上，保持主套管注胶孔与地面垂直，两端电缆余留盘放整齐，并且与电缆支架进行绑扎和固定牢靠。

b. 调胶：封灌胶为双组分，打开胶桶，取出A、B两袋胶。先把封灌胶A组分（大袋）倒入胶桶内若有沉淀可先搅拌均匀，再将B组分（小袋）全部倒入胶桶中充分搅拌混合均匀。

c. 灌胶：

打开主副盒体的4个注胶孔盖，并将副盒体上的电缆密封接头最外侧的螺母拧松。

将封灌胶用漏斗从主盒体上的一个注胶孔向盒体内灌注，待胶液溢出另一注胶孔时停止。再用专用扳手将两个注胶孔盖（有“○”型密封圈）拧紧。

将封灌胶用漏斗从副盒体上的注胶孔向盒体内灌注，待胶液从电缆密封接头处溢出时拧紧该处电缆密封接头的螺母。

待胶液从灌胶孔溢出时，再用专用扳手将副盒体注胶孔盖拧紧。

⑩ 接续盒防护：

a. 自加工一根固定电缆接续盒的扁钢，其长度为电缆支架安装间距加 100mm 余量（两端各 50mm），通常为 1300mm 的扁钢，据两端 50mm 开直径为 $\phi$10mm 安装孔，用 $\phi$8mm 螺栓与电缆支架上绑扎孔固定连接做支撑，连接螺丝要紧固，将接头盒与扁钢用防腐绑线或扎带均匀绑扎 3 处并固定牢固。

b. 将接续标识牌固定在电缆接续位置，内容要填写完整，字迹清晰，并做好相关记录。标识牌样式可依据用户要求制作，如无要求可自行制作。

c. 埋于地下的接续盒应用电缆槽进行防护，先填埋 200mm 的松土，然后将接头坑全部填满，并在地面准确位置埋设电缆接续标。

d. 电缆接续完成后，按规定表格填写电缆接续记录表存档。如图 4.2.1-3 所示。

图 4.2.1-3 电缆接续

#### 4.2.1.7 劳动力组织

劳动力组织见表 4.2.1-1。

劳动力组织表 表 4.2.1-1

| 序号 | 项目 | 单位 | 数量 | 备注 |
|---|---|---|---|---|
| 1 | 技工 | 人 | 1 | 接续操作 |
| 2 | 辅助工人 | 人 | 1 | 辅助操作 |
| 3 | 防护人员 | 人 | 1 | 安全防护 |

#### 4.2.1.8 主要机械设备及工机具配置

机械设备及工机具配置见表 4.2.1-2。

机械设备及工器具配置表 表 4.2.1-2

| 序号 | 名称 | 规格 | 单位 | 数量 | 备注 |
|---|---|---|---|---|---|
| 1 | 兆欧表 | 1000V | 台 | 1 | 电缆电气特性测试 |
| 2 | 钢锯 | | 把 | 1 | 锯条 2 根 |
| 3 | 美工刀 | | 把 | 1 | |
| 4 | 克丝钳 | | 把 | 1 | |
| 5 | 剥线钳 | | 把 | 1 | |
| 6 | 压线钳 | | 把 | 1 | |
| 7 | 斜口钳 | | 把 | 1 | |
| 8 | 扳手 | | 把 | 1 | 200mm |
| 9 | 内六角扳手 | | 把 | 1 | |
| 10 | 螺丝刀 | | 把 | 2 | 十字、一字各 1 把 |
| 11 | 棉纱 | | 千克 | 0.2 | 清洁电缆用 |

续表

| 序号 | 名称 | 规格 | 单位 | 数量 | 备注 |
|---|---|---|---|---|---|
| 12 | 工作台布 | 1m×1m | 块 | 1 | 放工具、材料、 |
| 13 | 垃圾袋 | | 个 | 1 | 收集工作垃圾 |
| 14 | 对讲机或电话机 | | 台 | 2 | |
| 15 | 遮阳伞 | | 个 | 1 | 野外地面作业 |
| 16 | 铁镐 | | 把 | 各 1 | 野外地面作业 |
| 17 | 照明灯 | | 个 | 2 | 隧洞 |
| 18 | 梯架 | | 个 | 1 | 高空 |

#### 4.2.1.9　物资材料配置

物资材料配置见表 4.2.1-3。

物资材料表　　表 4.2.1-3

| 序号 | 名称 | 规格 | 单位 | 数量 | 备注 |
|---|---|---|---|---|---|
| 1 | 免维护电缆接续盒 | | 套 | 1 | 附接续材料 |
| 2 | 专用胶 | | 桶 | 2 | A、B 胶各两袋 |
| 3 | 尼龙绑扎带 | 200mm×3mm | 根 | 5 | |
| 4 | 绝缘胶带 | | 卷 | 1 | |
| 5 | 接续盒固定扁钢 | 1300mm×40mm | 根 | 1 | 根据安装支架间距确定长度 |
| 6 | 扁钢固定螺栓 | $\phi$8mm | 套 | 2 | 附垫片、螺母 |
| 7 | 电缆槽 | 180mm | 套 | 1 | 地下接续 |

#### 4.2.1.10　质量控制标准及检验

（1）接续前电缆必须测试，确认电缆电气特性达到标准。

（2）接续人员必须严格按照接续工艺标准操作。接续完毕后及时如实填写电缆接续记录，不得漏填、误填及事后补填。

（3）接续时环境必须达到要求，不得在潮湿的环境下接续。

（4）接续完毕后，应及时防护。

（5）接续时应有监理随工检查。

#### 4.2.1.11　安全措施

（1）设立专职安全防护员，做好电缆接续施工安全防护。

（2）施工时安全防护员需佩戴安全防护标志，作业人员必须听从安全防护员的安全指挥。

（3）施工人员进入料场时，必须戴安全帽，穿工作服，佩戴胸卡。

（4）作业时严禁打闹、吸烟，以免发生安全事故。

（5）参加施工的人员都必须进行安全技术教育学习，考试合格后方可上岗。

（6）高处作业必须系好安全带，严禁上下抛掷工具、材料。

（7）隧道内作业应备有安全可靠的照明设备。

（8）工具、器材使用前应进行安全检查，不合格者不得使用。

#### 4.2.1.12　环保要求

（1）施工时注意保持环境卫生，剥掉的电缆护套要做到统一清理，不污染场地。

（2）施工现场工具材料必须摆放整齐，保证现场施工场地整洁和干净。

（3）施工过程中产生的废料和生活废品要在下班时带出施工现场，集中处理，严禁随意抛扔。

（4）施工完毕彻底清理现场，检查是否有安全隐患及遗留料具，做到人走料清场地净。

### 4.2.2 光缆接续

#### 4.2.2.1 适用范围

适用于城市轨道交通工程光缆接续施工。

#### 4.2.2.2 作业条件及施工准备

（1）在开工前组织技术人员认真学习施工组织设计，审核施工图纸，澄清有关技术问题，熟悉规范和技术标准。

（2）制定施工安全保证措施及应急预案，对施工人员进行技术交底、上岗前的培训，考试合格后持证上岗。

（3）收集光纤接续施工所涉及的各种技术数据。

（4）确定光缆布放到位，设备安装到位，施工现场具备光缆接续条件。

（5）光缆接续人员组织，接续材料及设备工机具的准备齐全。

#### 4.2.2.3 引用技术标准

（1）《城市轨道交通信号工程质量验收标准》GB/T 50578—2018。

（2）《城市轨道交通工程质量验收规范》DB61/T 1008，1029～1032—2016。

#### 4.2.2.4 作业内容

（1）核对光缆规格型号。

（2）光缆预留固定。

（3）光缆开剥。

（4）光纤接续。

（5）光纤收容。

#### 4.2.2.5 施工技术标准

（1）光缆接续后的光纤收容余长单端引入引出不应小于 0.8m，两端引入引出不应小于 1.2m。光纤收容时的弯曲半径不应小于 40mm。

（2）光缆在中间头接续余留应不小于 2～3m，终端接续预留应不小于 15m。

（3）光缆接头处的弯曲半径不应小于护套外径的 15 倍。

（4）单个光纤接头衰耗≤0.03dB，且接头无气泡、无明显接痕。

（5）光纤接续时应按光纤色谱、排列顺序，一一对应接续；光纤接续部位应用热缩加强管保护，加强管收缩应均匀、无气泡。

（6）光缆进入光纤配线架处标识应清晰、正确。

（7）接头盒体安装时各片橡胶挡圈必须全部入槽道内，密封严密安装牢固。

（8）光缆的金属外护套和加强芯应紧固在接头盒内。两侧的金属外护套与加强芯应绝缘。

#### 4.2.2.6 工序流程及操作要点

光缆接续分为中间头接续和成端接续。

(1) 光缆中间头接续

1) 工序流程图

工序流程见图4.2.2-1。

图4.2.2-1 工序流程图

2) 操作要点

① 施工准备

a. 根据施工图纸核对现场光缆规格、型号是否与设计相符。

b. 有完整的光缆接续关系对照表。

c. 施工现场准备好临时用电，满足现场的施工照明。

d. 检查两侧光缆是否属于同一种型号光缆，端部是否受潮，若受潮应剪断受潮部分。

e. 根据光缆接头规范要求预留2～3m，留足接头所需长度将多余的光缆剪掉。

f. 清理接续场地在地面上铺设彩条布，防止光缆油膏污染周围环境。

② 光缆开剥

a. 在两侧光缆上各套入一只橡胶挡圈待用（密封光缆用）。

b. 距光缆端头1300mm处，用专用切割刀环切外护套一周，然后轻折几次使环切处折断，往端口侧用力抽去，裸露内护套。

c. 距外护套切口20mm缆身处用专用切割刀将外护套环切2/3，然后用光缆开剥刀纵向剖开，将被环切的2/3外护套去除，把保留的20mm长1/3外护套轻掰翻起理直待用(供外护套过桥线连接用)。

d. 在内护套距外护套切口30mm处用专用切割刀将内护套环切一圈，轻轻的将内护套折断抽出，如护套过紧，一次不易抽出，可分2～3段进行。

e. 用开剥刀将30mm的内护套以对称二等分从端口纵向剖开25mm，然后把剖开的下面一片剪断，再轻掰翻起上面一片待用（供内护套过桥线连接用）。

f. 从光缆端头松解包层至护套切口处，并用美工刀将包层割除，裸露光纤束管及加强芯和填充物等。

g. 减去填充物，用酒精棉纱将裸露光纤束管和加强芯上油膏擦净。

③ 光缆固定

a. 剪断加强芯，加强芯预留长度根据接头盒内固定光缆至固定加强芯的位置来定。

b. 将加强芯穿入接头盒固定孔中紧固螺栓，使用光缆夹箍将两端光缆紧固，夹箍距外护套切口处为5mm，如缆身小于夹箍内孔直径，应在该部位缠绕若干层橡胶自粘带。

c. 用钳子将过桥线两端的带齿夹片分别夹住两端翻起的内护套，使其接触良好。

d. 把两端内护套与过桥线压接部位捋平，两侧过桥线固定在接头盒内的支架上。

④ 光纤熔接

a. 用酒精棉纱将光缆接续所需用的材料、工具擦洗干净，摆放到位。

b. 按顺序检查光纤的排列，把两侧光纤分开理顺。

c. 根据光纤束管的芯数，均匀地将束管分配到每层光纤熔接收容盘上（若光缆芯数较少时，可直接将光纤束管固定到光纤熔接收容盘最上层）。

d. 根据收容盘固定束管的位置，用束管专用切割刀将光纤束管环切一周，轻轻折断并抽出，露出光纤。

e. 用酒精棉纱擦净光纤上的油膏，再把光纤放置在收容盘的引入槽内，并用绑扎带将光纤束管绑扎在槽孔上，不宜太紧。

f. 光纤接续时按色谱对每根光纤进行熔接（详细步骤参照成端熔接）。

g. 第一层收容盘的光纤接续完成后，应把光纤余长盘留在收容盘槽道内，光纤接头（加强管）应放在收容盘中的固定槽内。

h. 安装第二块（即第二层）收容盘安放在第一块收容盘上方，使上下轴孔对齐，并用L型轴销穿入轴孔内定位，然后将收容盘一侧外角搭扣扣住下面一块收容盘。每接完一层收容盘，如上再安装另一块收容盘。

i. 最后一根束管光纤盘留完成后，在最后面一块收容盘上安装一块盖板，并用轴销穿入轴孔定位，按住外角搭扣扣紧固定，并对每根光纤进行复测。

⑤ 接头盒安装

a. 在光缆夹箍外侧100mm范围内，用砂纸打磨后再用酒精棉擦净护套上的油污。

b. 用记号笔对着下半片接头盒的位置在光缆上分别画出各部位密封、挡圈标记。

c. 使用橡胶密封带和橡胶挡圈对两端进行密封，橡胶带缠绕时应平整，两侧橡胶挡圈不得移位，并保证缠绕直径与挡圈平齐。各挡圈及密封胶带均放在盒体两端的槽道中。

d. 将橡胶密封条（2根）嵌入盒体两边槽道内，与两端橡胶密封带相粘连。

e. 将上半片接头盒对准下半片接头盒合拢，使两侧紧固螺栓孔位对准。

f. 将固定螺栓从上往下穿入孔内，将各部位紧固螺栓成对角、交替均匀拧紧，直至上下盒体密合为止。如图4.2.2-2所示。

图4.2.2-2　光缆接续

(2) 光缆成端接续

1) 工序流程图

工序流程图见图4.2.2-3。

施工准备 → 光缆开剥 → 光缆固定 → 光纤熔接 → 盘纤 → 测试

图4.2.2-3　工序流程图

2) 操作要点

① 施工准备

a. 根据施工图纸核对现场光缆规格、型号及起始端位置是否与设计相符。

b. 有完整的光缆成端接续关系对照表。

c. 施工现场准备好临时用电，满足现场施工照明。

d. 根据设计要求光缆成端一般需要预留 15m 左右，留足光纤配线架接头所需长度将多余的光缆剪掉。

e. 查看光缆配线架及托盘有无损坏，托盘内尾纤是否按要求配盘，尾纤端头与适配器连接是否良好，型号是否符合设计要求。

f. 清理施工场地，在施工地面上铺上纸板或彩条布，防止光缆的油膏污染地面。

g. 用透明塑料胶管从光纤配线架固定光缆开剥内护套处，模仿光纤的走向路径至光纤托盘内固定处，剪断透明塑料胶管，做上编号；其余托盘同理（模仿光纤走向路径时，应考虑到光纤的弯曲半径及托盘从里向外拉的预留弧度）。

② 光缆开剥

a. 根据配线架确定光缆开剥位置及光缆开剥长度，用专用切割刀环切外护套一周，然后轻折几次使环切处折断，往端口侧用力抽去，裸露内护套；距外护套切口 20mm 处用专用切割刀将内护套环切一圈，轻轻地将内护套折断抽出，如护套过紧，一次不易抽出，可分 2～3 段进行（以 12 芯一束管为例）。

b. 从光缆端头松解包层至护套切口处，用美工刀将包层割除，露裸光纤束管以及加强芯和填充物，剪去填充物，根据光纤配线架固定光缆位置至固定加强芯的位置确定加强芯余留长度，剪断多余的加强芯；用酒精棉纱将裸露光纤束管及加强芯上油膏擦净。

c. 使用热吹风匀速的将弯曲的光纤束管吹直，不能长时间吹一个地方，防止烤坏光纤，光纤束管全部吹直后，将每根束管穿入对应剪好的透明塑料胶管中，束管露出透明塑料胶管 20cm 即可。

d. 根据光纤穿入托盘路径弯曲情况定光纤束管开剥位置，一般在第一个弯曲的路径前开剥光纤束管，用束管专用切割刀将光纤束管环切一周，轻轻折断，拽住塑管露出 20cm 处，将透明塑料胶管穿至内护套切口处，并顺着这个方向的力用劲抽出束管，露出光纤。依次将所有束管抽出后，在内护套切口与透明塑料胶管接口处用绝缘胶带缠绕密封使其对接固定好。

③ 光缆固定

a. 将已开剥保护好的光缆引入机架，加强芯弯曲一定的角度后穿入加强芯锁杆的固定孔，调整好光缆的位置，拧紧加强芯锁杆顶部的螺丝，固定加强芯，依次用喉箍固定光缆，用绑扎带固定开剥后的光纤透明塑料胶管直至收容盘。

b. 光缆需要焊接地线时，选一处靠近接地点的缆身用美工刀剥光缆外皮，露出钢铠后，将钢板表面刮干净焊接地线，并套上热缩管热熔保护。

c. 将透明塑料胶管穿进收容盘内，用绑扎带穿入收容盘的固定孔中，将透明塑料胶管进行绑扎固定。

④ 光纤熔接

光纤熔接时应该遵循的颜色顺序为兰、桔、绿、棕、灰、白、红、黑、黄、紫、粉、青。

a. 端面制作

光纤端面的制作包括剥除涂覆层、清洁和切割 3 个环节；端面质量直接影响到熔接质量，在进行光纤涂层的剥除前，先将热缩加强管套入光纤中。

光纤涂层的剥除

光纤是由纤芯、包层、涂层3部分组成。光纤涂层的剥除，要掌握平、稳、快三字剥纤法；平：即持纤要平，左手捏紧光纤，使之成水平，防止打滑；稳：即剥纤钳要握得稳；快：即剥纤要快，剥纤钳应与光纤垂直，上方向内倾斜一定角度，然后用钳口轻轻卡住光纤，右手随之用力，顺光纤轴向平推出去，整个过程要自然流畅，一气呵成。

裸纤的清洁

观察光纤剥除部分的涂覆层是否全部剥除，若有残留应重剥，如有极少量不易剥除的涂覆层，可用棉球沾适量酒精，边浸渍，边逐步擦除。将棉花撕成平整的扇形小块，蘸少许酒精（以两指相捏无溢出为宜），折成V形，夹住已剥除涂覆层的光纤，顺光纤轴向擦拭，力争一次成功，一块棉花使用2～3次后要及时更换，每次要使用棉花的不同部位和层面，这样既可提高棉花利用率，又防止了纤芯的二次污染。

裸纤的切割

切割是光纤端面制作中最关键的部分，首先要清洁切刀和调整切刀位置，切刀的摆放要平稳；切割时，动作要自然、平稳，避免断纤、斜角、毛刺、裂痕等不良端面的产生；裸纤的清洁、切割和熔接的时间应紧密衔接，不可间隔过长，特别是已切割好端面的光纤移动时要轻拿轻放，防止与其他物件擦碰。

b. 光纤熔接

光纤熔接是接续工作的中心环节，熔接前，根据光缆的规格型号，进行熔接机的模式设置。

放电试验

熔接前先进行熔接机放电试验，重新设置熔接机的放电电压及放电位置，以及调整V型槽驱动器复位等，使熔接机自动调整到满足现场实际的放电条件。

光纤熔接

首先将2根同色标、端面制备完毕的光纤放入熔接机的V型槽中，保持15～20μm距离，盖好防护盖。

启动熔接机的自动熔接开关（SET）进行熔接。熔接过程中查看左右光纤切割端面角度要小于1°，大于1°时，端面需从新切割。如图4.2.2-4所示。

光纤熔接后，查看接头处有无气泡、过细、过粗等不良现象，纤芯熔接损耗应小于0.03db以下。

熔接补强保护

由于光纤在连接时去掉了接头部位的涂覆层，其机械强度降低，因此，要对接头部位进行补强。在施工中采用光纤热缩加强管（热缩管）来保护光纤接头部位，将预先穿置光纤某一端的热缩管移至光纤接头处，让熔接点位于热缩管中间，轻轻拉直光纤接头，放入加热器内加热；使热缩管收缩后紧套在熔接好的光纤上。

图4.2.2-4 光纤熔接

⑤ 盘纤

a. 第一种方法，先中间后两边，即先将热缩后的套管逐个放置于固定槽中，然后再处理两侧余纤；此方法有利于保护光纤接点，避免盘纤可能造成的损害，在光纤预留盘空间小、光纤不易盘绕和固定时，常用此种方法。

b. 第二种方法，从一端开始盘纤，固定加强管，然后再处理另一端余纤；此方法可根据一侧余纤长度灵活选择热缩管安放位置，方便、快捷，可避免出现急弯、小圈现象。

c. 第三种方法，特殊情况的处理，如个别光纤过长或过短时，可将其放在最后，单独盘绕。

图 4.2.2-5 盘纤

d. 根据实际情况采用多种图形盘纤。按余纤的长度和预留空间大小，顺势自然盘绕，且勿生拉硬拽，应灵活地采用圆、椭圆、“CC”、“～”多种图形盘纤（注意 $R \geqslant 40$mm），尽可能最大限度利用预留空间和有效降低因盘纤带来的附加损耗。如图 4.2.2-5 所示。

⑥ 测试

加强 OTDR 测试仪表的监测，对确保光纤的熔接质量、减小因盘纤带来的附加损耗和封盒可能对光纤造成的损害，具有十分重要的意义，在整个接续工作中，必须严格执行 OTDR 测试仪表的监测。

a. 熔接过程中对每一芯光纤进行实时跟踪监测，检查每一个熔接点的质量。

b. 每次盘纤后，对所盘光纤进行例检，以确定盘纤带来的附加损耗。

c. 封接续盒前对所有光纤进行统一测定，以查明有无漏测和光纤预留空间对光纤及接头有无挤压。

d. 接头盒封盒后，对所有光纤进行最后监测，以检查封盒是否对光纤有损害。

#### 4.2.2.7 劳动力组织

劳动力组织见表 4.2.2-1。

**劳动力组织表** **表 4.2.2-1**

| 序号 | 项目 | 单位 | 数量 | 备注 |
|---|---|---|---|---|
| 1 | 技术人员 | 人 | 1 | |
| 2 | 施工操作人员 | 人 | 2 | 具有光缆熔接证 |
| 3 | 辅工 | 人 | 2 | 协助施工操作人员 |

#### 4.2.2.8 主要机械设备及工器具配置

机械设备及工器具配置见表 4.2.2-2。

**机械设备及工器具配置表** **表 4.2.2-2**

| 序号 | 名称 | 规格 | 单位 | 数量 | 备注 |
|---|---|---|---|---|---|
| 1 | 光纤熔接机 | | 台 | 1 | |
| 2 | 光时域反射仪 | | 台 | 1 | |

续表

| 序号 | 名称 | 规格 | 单位 | 数量 | 备注 |
|---|---|---|---|---|---|
| 3 | 接续专用工具 | | 套 | 1 | |
| 4 | 开剥专用工具 | | 套 | 1 | |
| 5 | 操作台 | | 套 | 1 | |
| 6 | 常用工具 | | 套 | 1 | |
| 7 | 电吹风 | | 把 | 1 | |
| 8 | 配电箱 | | 台 | 1 | |
| 9 | 电烙铁 | | 把 | 1 | |
| 10 | 锯工 | | 把 | 1 | |
| 11 | 卷尺 | | 把 | 1 | |
| 12 | 美工刀 | | 把 | 2 | |

#### 4.2.2.9 物资材料配置

物资材料配置见表 4.2.2-3。

**物资材料表** **表 4.2.2-3**

| 序号 | 名称 | 规格 | 单位 | 数量 | 备注 |
|---|---|---|---|---|---|
| 1 | 热缩管 | 6cm | 根 | 若干 | |
| 2 | 清洁剂 | 酒精 | 千克 | 0.5 | |
| 3 | 清洁纸 | | 盒 | 1 | |
| 4 | 尾纤 | | 根 | 若干 | |
| 5 | 扎带 | | 包 | 2 | |
| 6 | 绝缘胶布 | | 卷 | 3 | |
| 7 | 橡胶自粘带 | | 卷 | 5 | |
| 8 | 砂纸 | | 张 | 2 | |
| 9 | 锯片 | | 条 | 5 | |
| 10 | 记号笔 | | 只 | 1 | |
| 11 | 热缩管 | | 卷 | 1 | |
| 12 | 焊锡丝 | | | | |
| 13 | 棉纱 | | 包 | 1 | |

#### 4.2.2.10 质量控制标准及检验

(1) 质量控制标准

1) 接续材料的规格、型号必须符合设计要求。

2) 光缆接续后的光纤收容余长单端引入引出不应小于 0.8m，两端引入引出不应小于 1.2m，光纤收容时的弯曲半径不应小于 40mm。

3) 光缆接续应预留 2～3m；光缆接头处的光缆弯曲半径不应小于护套外径的 15 倍。

4) 接头衰耗≤0.03dB，且接头端面无气泡、无明显接痕。

5) 一个区段接续完成后测试 1310nm 波长、1550 波长窗口：单模≤0.08dB/芯，多模≤0.2dB/芯。

6）光纤接续时应按光纤排列顺序对应接续；光纤接续部位加强管收缩应均匀、无气泡。

7）光缆进入光纤配线架处标识应清晰、正确。

8）接续中使用的熔接机应经计量检定合格。

9）光纤清洗必须用短纤维的清洁纸蘸95%以上的医用酒精或分析纯进行清洗。

（2）质量检验

1）熔接的两根光纤的规格、型号应符合设计要求。

2）光缆在中间接头预留应保证不小于2～3m，成端接续预留应保证不小于15m。

3）光缆标牌内容应清晰、正确。

4）光纤接续时应按光纤色谱、排列顺序，一一对应接续；光纤接续应用热缩加强管保护，加强管收缩应均匀、无气泡；光纤收容时的弯曲半径不应小于40mm。

5）余长光纤收容完毕后，检查收容盘内光纤，保证光纤不受挤压、没有静态疲劳，熔接盘内无杂物。

6）查看光缆测试记录，确保每芯光纤损耗在规定规范内。

7）接头盒体安装时各片橡胶挡圈必须全部入槽道内，密封严密安装牢固。

**4.2.2.11 安全措施**

（1）施工作业前，对每项工序进行专项安全培训及安全技术交底，交清每道工序的危险源、关键点及施工安全注意事项。

（2）进入施工现场，戴安全帽，穿工作服，穿防砸鞋。

（3）施工用临时配电箱应带漏电保护装置，使用电源时，电源线应从配电箱下方孔洞穿入，以免配电箱关门把电源线压伤压断，造成安全事故发生。

（4）使用开剥刀和美工刀时注意打滑划伤手指。

（5）在隧道内施工接续操作台严禁侵入限界，施工两端设置红闪灯。

（6）仪器、仪表应设专人负责，搬运时要特别小心要放入专用保护箱中，要避免强烈冲击和振动。

（7）在接续的过程中不得带电插拔设备部件，要保持手和工作台面的清洁，要随时盖好熔接机的防尘罩，做好防静电措施。

**4.2.2.12 环保要求**

（1）制定环境保护管理办法和实施细则，并建立奖惩制度，将环保的具体措施落实到每个施工人员。

（2）全体施工人员学习环境保护的相关知识，自觉遵守国家有关环境保护的法规。

（3）严禁焚烧塑料、橡胶等产生有害气体的化工产品。

（4）工程完工后，应按要求进行拆除安全防护设施和临时设施并将工地及周围环境清理整洁，做到工完料清，场地整洁。

（5）施工现场工具材料必须摆放整齐，保证现场施工场地整洁、干净、工完料清。

（6）施工过程中产生的废料和工地野外就餐时吃饭的一次性饭盒、塑料袋等生活废品要当日下班时带出工地，集中处理，严禁随意抛扔。

## 4.3 箱盒安装、配线

### 4.3.1 适用范围

本指南适用于城市轨道交通信号工程中所使用的方向盒、终端盒及轨道变压器箱电缆配线作业。

### 4.3.2 作业条件及施工准备

在开工前组织技术人员认真学习实施性施工组织设计，审核施工图纸，澄清有关技术问题，熟悉规范和技术标准。制定施工安全保证措施，提出应急预案。对施工人员进行技术交底，对参加施工人员进行岗前安全技术培训，考核合格后持证上岗。

电缆已按照图纸引入到箱盒内，并且电缆标识标牌齐全。箱盒安装符合要求，内部端子等器件齐全，外壁刷漆已完成。配线施工所使用的工器具准备就绪。

### 4.3.3 引用技术标准

(1)《地下铁道工程施工质量验收标准》GB/T 50299—2018。

(2)《建筑工程施工质量验收统一标准》GB 50300—2013。

(3)《铁路信号工程施工质量验收标准》TB 10419—2018。

(4)《城市轨道交通信号工程施工质量验收标准》GB/T 50578—2018。

### 4.3.4 作业内容

(1) 施工准备。

(2) 电缆确认。

(3) 飘带绑扎及芯线剪号。

(4) 线把绑扎。

(5) 鹅头弯制作。

(6) 线环制作及辅助线环压接。

(7) 上线固定。

(8) 卫生清扫。

(9) 放置配线图。

### 4.3.5 施工技术标准

(1) 施工准备

1) 配线之前首先复核配线图无误，然后再根据电缆径路图或配线图核对电缆上挂的铭牌无误。

2) 核对完电缆去向无误后再进行电缆绝缘测试。

3) 确定箱盒的起始端子（HZ12、HZ24、HF-4、HF-7 端子均按顺时针排序），并安装端子号码牌。各种箱盒的“1”号端子均有不同：

① HZ12、HZ24以靠近基础侧的第一块六柱端子的第一个端子为“1”号端子（9点钟方向）；

② HF-4、HF-7以两基础的连线平行于12点与6点钟的连线，1点钟的第一个端子定义为“1”号端子；

③ 轨道变压器箱以站在开盖处，右侧第一块端子的内侧为“1”号端子，内侧端子均为奇数、外侧端子为偶数；

④ 使用WAGO（万可）端子的箱盒，按照厂家标明的端子号排序；

⑤ 根据电缆配线图进行电缆编号，信号电缆芯线区分原则是：

每四芯组内芯线排序依次为：红、白、蓝、绿；

每四芯组的排序是先外层后内层，每层按（A端顺时针，B端逆时针）红、绿、白、蓝、白、蓝…的飘带颜色顺序绕行编号，对绞芯线按红白、绿白、蓝绿、蓝白……的顺序进行编号。

⑥ 在进行箱盒配线时，先用套筒扳手紧固端子的螺栓根母，避免根母松动导致接触不良；

⑦ 用斜口钳把胶管剪成长约10mm若干个。

（2）线环制作方法与上线要求

1）用剥线钳将芯线剥去50mm的绝缘皮，剥线时注意误损伤到芯线。

2）把事先剪好的胶管套在芯线上。

3）左手大拇指指甲顶在距绝缘皮3mm处，右手将芯线左拉，使其在大拇指处于芯线成120°角。左手食指放在芯线右侧，右手将线头做圆形带动芯线形成半圆时，慢慢向下弯，线环便渐渐形成，剪去尾部，线环变形完成。

4）电缆芯线线环制作完成后，按照要求把防震辅助线环固定在电缆上，线环应顺时针方向紧贴在辅助线环上，然后用尖嘴钳把辅助线环尾部夹紧在电缆，然后把胶管套在辅助线环尾部。

5）电缆芯线的线环尾巴不宜留的太长。

6）线环与线环之间必须有相应的垫片，线环根部的绝缘护套不得塞入两垫片间（防止松动虚接），但绝缘皮也不易太短。

7）线环大小应比端子直径大1～2mm（线环的大小可以用线环尾巴来回调整大小）。

8）线环上端子后，拧动螺母开始于垫片紧固时，用左手抓住芯线前后左右推动一下，将线环调整到垫片中间，主副管的芯线应与端子保持一条直线，将其紧紧抓住，右手拧动套筒扳手，开始用力要小些，待线条不随螺母转动时，再加大力量拧紧。

### 4.3.6　工序流程及操作要点

（1）工序流程图

工序流程图见图4.3.6-1。

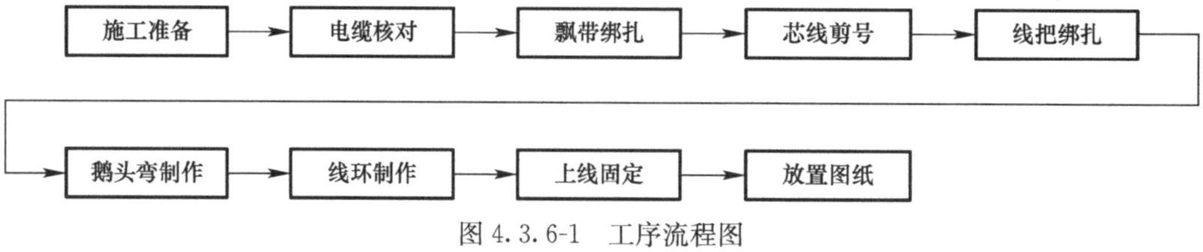


图4.3.6-1　工序流程图

（2）操作要点

1）轨道变压器箱配线

① 将箱盒内的每根电缆芯线自胶池面向上用尼龙扎带绑扎 3～4 扣，距胶面 50mm 处开始分线绑扎横把。

② 将使用芯线和备用芯线分开，并用棉纱把每根芯线捋直，然后将芯线组的飘带在芯线端头缠好，避免分线时造成芯线混乱。

③ 将使用的芯线用尼龙扎带绑扎成横把，绑扎间隔应保持一致（约 20mm，出线时除外），线把表面无交叉、转弯应圆滑、横平竖直、走线均匀、整齐美观，保证横把与箱体底部平行。

④ 根据电缆编号及配线图在相对应的端子处进行分线，每根芯线上线前在端子处做成鹅头弯形状（大小预留三次做头量，但高度不得超过上部箱盒沿），每根芯线留够长度后剪掉多余的芯线，每根芯线走线要一致，不得随意走线，弯度一致。

⑤ 按最远端端子的距离将备用芯线留够长度，用 Φ6 的套筒扳手将每根备用芯线自端头向尾部盘成螺栓状圆圈，在缠绕时必须用力，避免盘成的圆圈不紧密。

⑥ 将盘留的备用芯线紧紧的围绕靠拢在本电缆根部。

⑦ 最后清扫箱盒内垃圾及把塑封好的配线图放置在箱盒内。

⑧ 电缆终端盒（HZ-12、HZ-24）配线，如图 4.3.6-2 所示。

图 4.3.6-2 轨道变压器箱配线

2）主管电缆配线

① 按照前述施工准备进行电缆确认、绝缘测试、电缆剪号等。

② 自胶面向上用尼龙扎带绑扎 50mm，线把绑扎应美观、无交叉，然后把使用芯线与备用芯线分开。

③ 然后用尼龙扎带把使用芯线继续向上绑扎至与六柱端子上平面齐平。

④ 用 Φ6 的套筒把备用芯线缠绕成管状，并使其与绑扎的电缆平行垂直于向下，剩余一根备用芯线留到最后做成伞状罩在电缆分线上方。

⑤ 按照配线图把芯线一一对应到相应端子处，然后把胶管套在芯线上。

⑥ 把一号端子芯线用 ϕ5 的套筒把芯线在端子处缠绕三圈（预留 2～3 次的做头量），芯线按逆时针缠绕，芯线长出端子 50～60mm 用斜口钳剪断。

⑦ 按照线环制作方法制作线环及压接辅助线环。

⑧ 把胶管推到辅助线环压接处，胶管长出辅助线环尾巴 1mm。

⑨ 其余芯线与以上步骤相同。

3）副管电缆配线

① 把副管电缆用尼龙扎带自胶面向上绑扎至与胶池上平面齐平，线把绑扎美观无交叉，然后把备用芯线与芯线分开。

② 把使用芯线紧贴胶池上平面开始绑扎走线，1-6、19-24 两块端子芯线从左侧走线，7-12、13-18 两块端子从右侧走线，每隔 20mm 绑扎一道，线把表面无交叉，平顺美观。

③ 按照配线图在相应端子处开始分线，把剪好的胶管套在芯线上，然后做成鹅头弯形状。

④ 按照线环制作方法制作线环及压接辅助线环。

⑤ 把胶管推到辅助线环压接处，胶管长出辅助线环尾巴 1mm。

⑥ 每个端子应先上副管再上主管芯线（主压副），每根芯线之间应安装相应垫片，上线时主副管芯线应保持在同一水平线上。

⑦ 把螺丝拧紧，调整副管的鹅头弯高度、大小一致，不应超过箱盒上边沿，调整主管三圈备用量，使其随六柱端子弯曲。

⑧ 把主副管剩余的一根备用芯线在分线口处盘留成伞状罩在线把上方。

⑨ 清扫箱盒内垃圾及把塑封好的配线图放置在箱盒内，如图 4.3.6-3 所示。

4）分线盒（HF-4、HF-7）配线

① 主管电缆配线

a. 把分线盒裙边及端子盘拆除。

b. 按照前述施工准备进行电缆确认、绝缘测试、电缆剪号等。

c. 自胶面向上用尼龙扎带绑扎使其高出端子盘，然后把电缆从端子盘主管预留孔处穿出来，把端子盘的四条螺栓固定，调整好“1”号端子位置。

d. 用扎带沿端子盘向上绑扎两道，使线把放置在孔中间位置，然后把使用芯线与备用芯线分开，把备用芯线用扎带把端头扎在一起，配线完后再整理。

e. 按照配线图把芯线一一对应到相应端子处，然后把胶管套在芯线上。

f. 把一号端子芯线用 $\phi5$ 的套筒把芯线在端子处缠绕三圈（预留 2～3 次的做头量），芯线按逆时针缠绕，芯线长出端子 50～60mm 用斜口钳剪断。

g. 按照线环制作方法制作线环及压接辅助线环。

h. 把胶管推到辅助线环压接处，胶管长出辅助线环尾巴 1mm。

i. 其余芯线与以上步骤相同。

j. 每根芯线分线到对应端子时，不要用力拉线，避免整体线把不在中间位置，应使每根芯线顺其自然，如图 4.3.6-4 所示。

图 4.3.6-3　轨道变压器箱配线成品

图 4.3.6-4　HF-7 方向盒配线成品

② 副管电缆配线

a. 根据配线图，把使用的电缆从对应端子块处引入孔引出来。

b. 用扎带绑扎线把，开始进行分线，使芯线与相应端子一一对应。

c. 把剪好的胶管套在芯线上，然后做成鹅头弯形状。

d. 按照线环制作方法制作线环及压接辅助线环。

e. 把胶管推到辅助线环压接处，胶管长出辅助线环尾巴 1mm。

f. 每个端子应先上副管再上主管芯线（主压副），每根芯线之间应安装相应垫片，上线时主副管芯线应保持在同一水平线上。

g. 把螺丝拧紧，调整副管的鹅头弯高度、大小一致，不应超过箱盒上边沿，调整主管三圈备用量，使其随六柱端子弯曲。

h. 副管的备用芯线用 $\phi 6$ 的套筒扳手将每根备用芯线自端头向尾部盘成螺栓状圆圈，在缠绕时必须用力，避免盘成的圆圈不紧密，备用芯线放置在端子盘下方紧贴在电缆根部。

i. 主管的备用芯线 $\phi 6$ 的套筒扳手将每根备用芯线自端头向尾部盘成螺栓状圆圈放置在中间位置，最后一根备用芯线盘留成伞状罩在线把上方。

j. 清扫箱盒内垃圾及把塑封好的配线图放置在箱盒内。如图 4.3.6-5 所示。

图 4.3.6-5 电缆终端盒配线

## 4.3.7 劳动力组织

劳动力组织见表 4.3.7-1。

劳动力组织表 表 4.3.7-1

| 序号 | 人员 | 人数 | 备注 |
|---|---|---|---|
| 1 | 作业人员 | 1 名 | 电缆配线作业 |
| 2 | 技术人员 | 1 名 | 配线图核对 |
| 3 | 安全员 | 1 名 | 安全防护、检查、提醒 |

## 4.3.8 主要机械设备及工器具配置

机械设备及工器具配置见表 4.3.8-1。

机械设备及工器具配置表 表 4.3.8-1

| 序号 | 机具名称 | 规格 | 单位 | 数量 | 备注 |
|---|---|---|---|---|---|
| 1 | 剥线钳 | | 把 | 1 | |
| 2 | 斜口钳 | | 把 | 1 | |
| 3 | 尖嘴钳 | | 把 | 1 | |
| 4 | 套筒扳手 | 5mm、6mm | 把 | 各 1 | |
| 5 | 一字螺丝刀 | 1.5mm | 把 | 1 | |
| 6 | 手电 | | 把 | 3 | |
| 7 | 毛刷 | 5 寸 | 把 | 1 | |

续表

| 序号 | 机具名称 | 规格 | 单位 | 数量 | 备注 |
|---|---|---|---|---|---|
| 8 | 配线图 | | 套 | 1 | |
| 9 | 记号笔 | 碳性极细 | 根 | 2 | |
| 10 | 箱盒钥匙 | | 套 | 1 | 含信号锁钥匙 |

### 4.3.9　物资材料配置

物资材料配置见表4.3.9-1。

物资材料表　　表4.3.9-1

| 序号 | 材料名称 | 规格 | 单位 | 数量 | 备注 |
|---|---|---|---|---|---|
| 1 | 尼龙扎带 | 150mm | 包 | 1 | 根据具体工作量使用 |
| 2 | 镀铬铜垫片 | 5mm、6mm | 个 | 各50 | |
| 3 | 红色塑料胶管 | 内径4mm | 米 | 10 | 根据具体工作量使用 |

### 4.3.10　质量控制标准及检验

（1）线环制作及辅助线环压接应符合设计要求。

（2）线把绑扎应平顺无交叉，粗细均匀，扎带间隔一致。

（3）芯线上端子应符合规范要求。

### 4.3.11　安全措施

（1）设立专职安全防护员，做好电缆配线施工安全防护。

（2）施工时安全防护员需佩戴安全防护标志，作业人员必须听从安全防护员的安全指挥。

（3）施工人员进入料场时，必须戴安全帽，穿工作服，佩戴胸卡。

（4）作业时严禁打闹、吸烟，以免发生安全事故。

（5）参加施工的人员都必须进行安全技术教育学习，考试合格后方可上岗。

（6）高处作业必须系好安全带，严禁上下抛掷工具、材料。

（7）隧道内作业应备有安全可靠的照明设备。

### 4.3.12　环保要求

（1）施工时注意保持环境卫生，配线剪掉的电缆头及扎带等垃圾应统一清理。

（2）施工现场用餐产生的生活垃圾应统一清理，严禁随意乱扔。

（3）施工完毕后彻底清理现场垃圾，检查是否有遗留的工器具存在安全隐患，做到工完场清。

## 4.4　信号机安装

### 4.4.1　适用范围

适用于城市轨道交通各类型信号机（含支架、立柱、机构、维护平台）的施工安装。

在地铁隧道里信号机的安装方式有两种，即壁挂和立柱两种。根据现场情况选择不同安装方式，一般情况下圆形隧道基本为壁挂，马蹄形和隧道为立柱，在安装立柱无法满足限界要求的时候可安装壁挂。

在车辆段里信号机安装方式为矮型信号机混凝土基础安装方式。

### 4.4.2 作业条件及施工准备

应在开工前组织技术人员认真学习实施性施工组织设计，阅读、审核施工图纸，澄清有关技术问题，熟悉规范和技术标准。

按照设计技术文件要求，做好现场定、复测工作，确定信号机坐标位置；组织对到场材料进行自检，合格后报监理部门确认。

制定施工安全保证措施，提出应急预案。对施工人员进行技术交底，对参加施工人员进行上岗前技术培训，考核合格后持证上岗。

### 4.4.3 引用技术标准

(1)《铁路通信、信号、电力、电力牵引供电施工安全技术规程》TB 10306—2009。

(2)《地下铁道工程施工质量验收标准》GB/T 50299—2018。

(3)《城市轨道交通信号工程施工质量验收标准》GB/T 50578—2018。

### 4.4.4 工序流程及操作要点

#### 4.4.4.1 工序流程图

工序流程图见图 4.4.4-1。

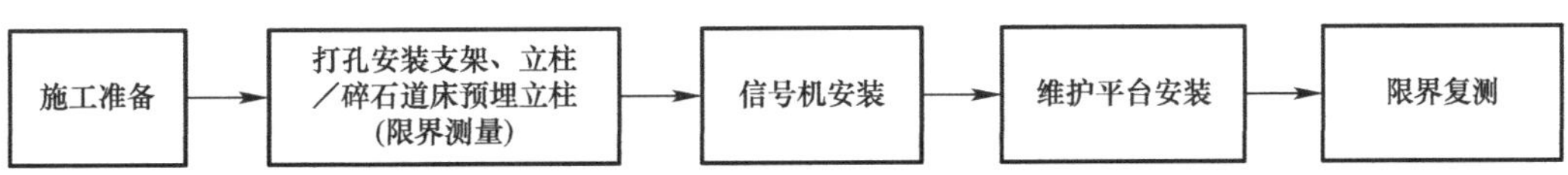


图 4.4.4-1 工序流程图

#### 4.4.4.2 操作要点

(1) 施工准备

1) 劳动力配备见表 4.4.4-1。

劳动力组织表 表 4.4.4-1

| 序号 | 项目 | 单位 | 数量 | 主要职责 |
|---|---|---|---|---|
| 1 | 施工现场负责人 | 人 | 1 | 负责现场的指挥与协调工作 |
| 2 | 施工现场技术负责人 | 人 | 1 | 负责现场技术控制及相关记录 |
| 3 | 技术工人 | 人 | 1 | 现场施工 |
| 4 | 辅工 | 人 | 3 | 辅助施工 |

2) 工机具准备见表 4.4.4-2。

**机械设备及工器具配置表**　　**表 4.4.4-2**

| 序号 | 名称 | 规格 | 单位 | 数量 | 用途 |
|---|---|---|---|---|---|
| 1 | 冲击钻 | | 台 | 5 | 钻孔 |
| 2 | 钻头 | $\phi$10，$\phi$12 | 根 | 各 20 | 钻孔 |
| 3 | 手锤 | | 把 | 2 | 敲击膨胀螺栓 |
| 4 | 扳手 | $\phi$14，$\phi$17 | 把 | 各 1 把 | 固定螺母 |
| 5 | 发电机 | | 台 | 1 | 提供电源 |

3）材料准备见表 4.4.4-3。

**材料准备表**　　**表 4.4.4-3**

| 序号 | 名称 | 规格 | 单位 | 数量 | 用途 |
|---|---|---|---|---|---|
| 1 | 信号机底座 | | 个 | 设计数量 | 支撑信号机构 |
| 2 | 维修平台 | | 个 | 设计数量 | 便于维修 |
| 3 | 电缆终端盒 | | 个 | 设计数量 | 电缆配线 |
| 4 | 橡皮管 | | 100m | 5 | 电缆防护 |
| 5 | 终端盒底座 | | 个 | 设计数量 | 支撑 HZ12 盒 |
| 6 | 膨胀螺栓 | | 个 | 设计数量 | 固定底座 |
| 7 | 冷封胶 | | 千克 | 10 | 电缆封端 |
| 8 | 防火泥 | | 千克 | 10 | 设备防水 |

（2）作业流程

1）定位测量

安装信号机支架或立柱前，首先要进行测量，保证信号机立柱或支架最外边缘距所属线路中心不得小于 1750mm，信号机的最低灯光中心距轨面 1550mm，安装误差为±50mm 的范围内，有了这些依据再看信号机显示前方的瞭望条件是否满足设计要求，如上述条件均已具备就可以确定安装位置了。

2）安装信号机

位置确定好后，用记号笔在地面或墙上标记好，用电锤在标记处打孔固定支架或立柱，安装时要用水平尺调整好支架，确保安装限界满足设计要求。

① 侧墙安装

侧墙信号机安装方式有两种，一种是直壁安装，另一种是弧形洞壁安装，支架也是两种，有直式支架、斜式支架，安装时注意区分。见图 4.4.4-2。

② 地面式安装

因地形限制，影响信号机显示的地方，多采用立柱式安装，信号机立柱是采用钢管与铁板焊接制成，安装限界和侧墙式安装尺寸相同，膨胀螺栓采用不锈钢材质的 M16×80 的膨胀螺栓固定信号机立柱。如图 4.4.4-3 所示。

3）维修平台的安装

信号机安装完毕后考虑到日后维修的方便，对应每架立柱信号机加装一个维修平台，根据现场实际情况，确定维修平台的安装位置。

4）信号机安装流程

经过测量确定位置后开始安装施工，将立柱信号机支架按正确位置摆放好，可以用电锤打眼，采用 $\phi$10mm 的冲击钻头。

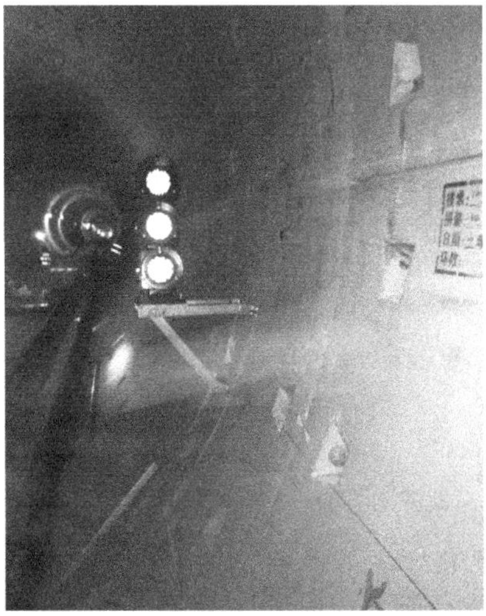

图 4.4.4-2 侧墙式信号机安装

图 4.4.4-3 立柱式信号机安装

打好眼后电锤换钻头，采用$\phi$18mm 的冲击钻头进行打孔，4 个孔打好后将 M16 膨胀螺栓先固定信号机支架上，然后用四个膨胀螺栓同时用手锤敲进已打好的孔中，随后将螺母扭紧。

立柱固定好后开始将电缆终端盒与机柱连接，终端盒底座与终端盒连接，信号机机构有 $\phi$16 螺杆固定，同时将已配好的信号机内部配线从立柱内穿至电缆终端盒。

完成以上步骤之后开始用电锤打孔将终端盒支架固定。

在信号显示的后方还需要安装一个维修平台，以便以后运营单位维修，一般维修平台底边与机柱底板相距 250mm。

信号机安装完成即可开始配线，备用芯线应盘圈后放置整齐。

最后进行接地安装，接地端子必须连接到弱电侧电缆支架上的接地扁钢上，并且要求加平垫，弹簧垫拧紧。如图 4.4.4-4 所示。

图 4.4.4-4 信号机安装成品

## 4.4.5 技术要求及注意事项

（1）信号机显示距离必须达到 200m。

（2）信号机安装必须满足安装限界（≥1750mm，特殊情况≥1700mm）防止侵限。

## 4.4.6 技术控制措施

（1）根据验标和技术标准，每道工序的施工人员，应对施工质量进行自检，发现缺陷及时克服。

（2）工序交接应对施工质量进行检验，发现缺陷上一道施工人员及时克服。上道工序不合格，下道工序不能施工。

(3) 信号机的设置位置和限界符合验标和设计要求。

(4) 各部位螺栓紧固，满丝后外漏 2～3mm，弹簧垫圈、垫片齐全。

## 4.5 道岔转辙设备安装

### 4.5.1 适用范围

适用于城市轨道交通信号工程道岔转辙装置及转辙机安装施工。

### 4.5.2 作业条件及施工准备

(1) 钢轨已铺设，预留的槽道符合设计图纸要求，基坑大小满足设计要求。

(2) 以标准施工图为准，检查各牵引点转辙机型号、规格、安装装置零部件是否成套齐全，符合技术要求。

(3) 现场调查、核实、确认道岔型号、钢轨类型。道岔各部轨距、尖轨密贴等情况是否符合技术要求。

(4) 主管工程师对安装小组成员进行技术交底，所有安装人员了解并熟悉施工设计图和安装位置及作用，明白安装规范及施工安全注意事项。

(5) 安装工作由主管工程师负责，对于各种可能遇见的问题要有充分的了解和认识。

(6) 根据施工计划提前准备好所需的机具、材料及安全防护用品。

(7) 提前申报、安排施工用车计划。

### 4.5.3 引用技术标准

(1)《城市轨道交通信号工程施工质量验收标准》GB/T 50578—2018。

(2)《铁路通信、信号、电力、电力牵引供电施工安全技术规程》TB 10306—2009。

### 4.5.4 工序流程及操作要点

#### 4.5.4.1 工序流程图

工序流程图见图 4.5.4-1。

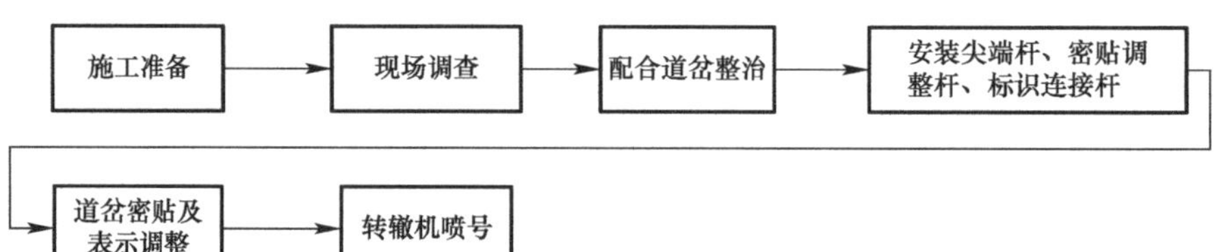


图 4.5.4-1 工序流程图

#### 4.5.4.2 操作要点

(1) 施工准备

1) 劳动力配备见表 4.5.4-1。

**劳动力组织表** **表 4.5.4-1**

| 序号 | 项目 | 单位 | 数量 | 主要职责 |
|---|---|---|---|---|
| 1 | 施工现场负责人 | 人 | 1 | 负责现场的指挥与协调工作 |
| 2 | 施工现场技术负责人 | 人 | 1 | 负责现场技术控制及相关记录 |
| 3 | 施工员 | 人 | 2 | 组织并参与施工 |
| 4 | 辅工 | 人 | 5 | 辅助施工 |

2）工机具准备见表 4.5.4-2。

**机械设备及工器具配置表** **表 4.5.4-2**

| 序号 | 名称 | 规格 | 单位 | 数量 | 用途 |
|---|---|---|---|---|---|
| 1 | 电钻 | | 台 | 1 | 钢轨打孔 |
| 2 | 钻头 | | 根 | 2 | 钢轨打孔 |
| 3 | 冷却液 | | 桶 | 1 | 打孔时冷却打孔处 |
| 4 | T 型尺 | | 支 | 1 | 测量道岔方正 |
| 5 | 发电机 | | 台 | 1 | 提供电源 |
| 6 | 道岔专用工具 | | 套 | 1 | |

3）材料准备见表 4.5.4-3。

**材料准备表** **表 4.5.4-3**

| 序号 | 名称 | 规格 | 单位 | 数量 | 用途 |
|---|---|---|---|---|---|
| 1 | ZDJ9 安装装置 | | 个 | 设计数量 | |
| 2 | ZDJ9 转辙机 | | 个 | 设计数量 | |

（2）作业流程

转辙机安装在直股侧：

1）首先复核方钢是否方正，复核方钢左右三个安装用枕木空的间距是否满足图纸要求（见插图），确认岔前轨距是否达到 1445mm，道岔应无卡阻、无反弹力、不吊板和爬行现象，以及道岔基坑外边缘至钢轨中心距离不小于 2800mm，基坑底部至轨面高度不小于 390mm，若不满足，通知铺轨单位调整满足后方可进行安装。

2）在基本轨上方钢中心线处用钢针划一道竖线，以此线为始端向岔前 655mm 和岔后 595mm 处各划一道垂直于直股基本轨的竖线，然后用“L”型角铁中心放置于划线处，使角铁上 $\phi$21mm 的孔中心位于竖线上，再用钢针顺内孔边缘划个圈。取下角铁后用号眼冲在钢轨上号个眼，再用钢轨钻孔机在标记位置打 $\phi$21mm 的孔，另一侧钢轨上“L”型角铁孔的划法和此相同。如图 4.5.4-2 所示。

3）用四个 M20×70 的螺栓、M20 的防松垫、弹簧垫和螺母将 4 个“L”型角铁分别固定在基本轨腰部，M20×70 的栓应从基本轨内侧向线路外侧穿。

4）将前后长基础角钢穿入预留的沟槽，保证转辙机靠近轨道侧的短角钢眼中心连线距离钢轨内侧的距离为 1000mm，然后将与“L”型角铁的连接孔在长基础角钢上划出（长基础角钢尺寸 125mm×80mm×12mm，其中小面 80mm 朝上），然后用直径为 $\phi$28mm 台钻在每根长基础角钢上打 4 个与“L”型角铁连接的孔。

分别用 2 个 M20×100 的螺栓、角钢垫板绝缘管、绝缘板及螺母、防松垫和弹簧垫将长基础角钢与“L”铁固定。固定时，螺栓应从角钢底下往上穿，并保证基础角钢与铁垫板绝缘，绝缘管应置于两绝缘板之间，以保证基础角钢与“L”型角铁绝缘。

5）由于短基础角钢的孔以及长基础角钢上固定短基础角钢的孔出厂时均已打好，因此直接可以将长基础角钢和短基础角钢连接，然后用 M20×65 螺栓将电机安装在短基础角钢上。如图 4.5.4-3 所示。

图 4.5.4-2　道岔钢轨打孔

图 4.5.4-3　道岔角钢打孔

6）用 M20 螺栓、平垫片、弹簧垫、螺母将锁闭框装于基本轨上，锁闭框装于基本轨外侧，螺栓从基本轨内向外穿。先安装一边锁闭框，将锁闭杆置于锁闭框中，同时将锁闭钩凹台放于锁闭杆凸台里，并在锁钩孔内涂润滑油。

用 M20 的螺栓、平垫片、弹簧垫、螺母将尖轨连接铁装于尖轨尖端，螺栓从基本轨侧向线路中心穿，螺栓采用特殊的“薄屁股”型、尖轨连接铁的尖端应指向尖轨。

拨动锁闭杆，当锁钩孔对上尖轨连接铁的孔后，穿上轴销，用 M20 的平垫圈、弹垫和螺母拧紧后，穿入开销，将锁闭铁插入锁闭框方孔内，固定螺栓一头钩住基本轨，另一头穿入锁闭框和锁闭铁孔内再用 M20 的平垫圈、弹垫和螺母固定。

撬动尖轨使装有锁闭铁侧处于密贴状态，另一侧处于自开状态，用手托起锁钩，拨动锁闭杆。按照上述方法安装另一侧锁钩、销轴、固定螺栓和锁闭铁。

通过左右拨动锁闭框调整锁闭杆和转辙机的动作杆，平行后拧紧固定锁闭框的螺母，并通过安装装置的动作拉杆将锁闭杆与转辙机的动作杆连接在一起。

通过在锁闭铁和锁闭框中间增减调整片保证基本轨和尖轨的密贴。

7）检测道岔开口，通过调整安装装置动作杆使两侧开口相差不超过 3mm，然后检查道岔开口是否符合有关规定，若开口大于规定最大值时，可通过减少密贴调整出，同时在尖轨连接铁和尖轨间加调整垫调整。

8）在道岔动作杆中心插入 4mm 厚的铁片，外锁闭装置应不得锁闭且不得接通转辙机内表示接点，若不满足要求，可通过增减调整片调整，满足要求后紧固锁闭铁的螺母。如图 4.5.4-4 所示。

转辙机安装在曲股侧：

安装前基础角钢步骤同上，但是在安装后基础角钢时，后基础角钢至钢轨内侧的距离小于 1000mm，此时要让后基础角钢经过沟槽，基础角钢端头露出直股侧钢轨的距离与前基础角钢保持一致，然后再通过“L”型角铁来划与“L”型角铁连接的 4 个连接孔的中心，用直径为 $\phi$28mm 台钻在基础角钢上打 4 个与“L”型角铁连接的孔，然后连接基础角钢与“L”型角铁。其余开程、密贴、表示的调整同上述。

图 4.5.4-4　转辙机安装成品

### 4.5.5　技术要求及注意事项

（1）安装装置及外锁闭装置零件齐全，质量合格，各部位绝缘安装正确，无遗漏和破损现象。各部位螺栓应紧固并达到规定的紧固力矩，丝扣露出螺帽处的余量应在 5～10mm 之间，开口销齐全、并按标准角度劈开。

（2）各连接杆要平顺，无别卡现象，螺栓销置入或退出容易，不用手捶强行敲击。

（3）安装完毕应保证尖轨在定位或反位时必须密贴基本轨，转换过程中锁钩应动作平稳，在锁闭处锁钩准确到位，在牵引点位置，尖轨与基本轨间有 4mm 及以上间隙时，不得锁闭道岔和接通道岔表示。

（4）“L”型角铁应紧贴轨底上坡面，长基础角钢与“L”型角铁要密贴，并保证与其绝缘。长基础角钢与基本轨应垂直，在偏移不得大于 20mm。

（5）动作杆、锁闭杆、尖端杆应与长基础角钢应平行，其前后偏差不得大于 20mm。

### 4.5.6　技术控制措施

（1）在安装装置前，要由专人负责检查方钢处各点的绝缘装置是否满足要求。

（2）在角形铁安装定位时，要由质量检查员或工长负责校核，确保角形铁的钻孔尺寸保证在轨腰的中部，这样安装的角形铁和基本轨间才能保证密贴。

（3）钻孔前由质量检查员或工长负责校核两长角钢的角形铁位置的基准线，是否满足设计图纸的安装尺寸，此项校核对整个安装装置的方正起关键性的作用。

（4）一组安装装置安装完成后，要由质量检查员或工长负责校核绝缘装置是否满足要求，各部连接紧固件是否紧固，避免因螺栓松动影响道岔的密贴。

## 4.6　50Hz 相敏轨道电路设备安装

### 4.6.1　适用范围

目前城市轨道交通建设工程中，车辆段及停车场使用 50Hz 相敏轨道电路作为主要的列车运行检测设备。本节所述安装说明适用于地铁信号系统工程的 50Hz 轨道电路施工。

### 4.6.2　作业条件及施工准备

（1）内业技术准备

1）由技术人员按照设计图纸确定轨道箱盒的安装位置，并在钢轨的轨腰上做好标识，标明绝缘位置及箱盒的规格，在电缆敷设完成后开始进行安装。

2）主管工程师对作业人员进行了技术交底，所有人员都熟悉施工图纸，明白安装内容及注意事项。

3）做好各种记录表格。

（2）外业技术准备

1）根据施工计划提前准备好所需的机具、材料及安全防护用品，并进行检查、测试，合格后方可使用；所有使用的仪器、仪表都经具备国家级检验资质的检测机构的检验，并贴有“检验合格证”的标识，且在有效期内使用。未经检验的仪器、仪表不得进入施工现场。

2）提前申报、安排施工用车计划。

## 4.6.3　引用技术标准

（1）《地铁设计规范》GB 50157—2013。

（2）《城市轨道交通信号系统通用技术条件》GB/T 12758—2004。

（3）《地下铁道工程施工质量验收标准》GB/T 50299—2018。

（4）《建筑工程施工质量验收统一标准》GB 50300—2013。

（5）《城市快速轨道交通信号系统一轻轨交通》。

（6）《铁路信号设计规范》TB 10007—2017。

（7）《信号微机监测系统技术条件》TB/T 2496—2000。

（8）《铁路信号故障一安全原则》TB/T 2615—2018。

（9）《铁路信号工程施工质量验收标准》TB 10419—2018。

## 4.6.4　工序流程及操作要点

### 4.6.4.1　工序流程图

工序流程图见图 4.6.4-1。

图 4.6.4-1　工序流程图

### 4.6.4.2　操作要点

（1）施工准备

1）劳动力配备见表 4.6.4-1。

劳动力组织表　　表 4.6.4-1

| 序号 | 项目 | 单位 | 数量 | 主要职责 |
|---|---|---|---|---|
| 1 | 施工现场负责人 | 人 | 1 | 负责现场的指挥与协调工作 |
| 2 | 施工现场技术负责人 | 人 | 1 | 负责现场技术控制及相关记录 |
| 3 | 施工员 | 人 | 2 | 组织并参与施工 |
| 4 | 辅工 | 人 | 5 | 辅助施工 |

2）工机具准备见表 4.6.4-2。

**机械设备及工器具配置表**　　　　**表 4.6.4-2**

| 序号 | 名称 | 规格 | 单位 | 数量 | 用途 |
|---|---|---|---|---|---|
| 1 | 电钻 | | 台 | 1 | 钢轨打孔 |
| 2 | 钻头 | | 根 | 2 | 钢轨打孔 |
| 3 | 扳手 | | 把 | 2 | 紧固箱盒 |
| 4 | 螺丝刀 | | 把 | 2 | 紧固箱盒 |
| 5 | 铁锹 | | 把 | 3 | 挖坑 |
| 6 | 偏口钳 | | 把 | 2 | 配线 |
| 7 | 铁锤 | | 把 | 1 | 固定钢轨引接线 |

3）材料准备见表 4.6.4-3。

**材料准备表**　　　　**表 4.6.4-3**

| 序号 | 名称 | 规格 | 单位 | 数量 | 用途 |
|---|---|---|---|---|---|
| 1 | 轨道变压器箱 | | 个 | 设计数量 | |
| 2 | 钢轨连接线 | | 根 | 设计数量 | |
| 3 | 基础 | | 对 | 设计数量 | |

（2）作业流程

1）轨道箱的安装

① 开挖基础坑，基础坑深以基础顶面与钢轨底面平为标准，轨道箱的最外边缘距线路中心为 1900mm。

② 轨道箱的开盖方向为由所属线路内侧向大地方向开盖，轨道箱与线路平行安装，双送（受）箱盒中心对准绝缘节的中心位置，单送（受）箱安装位置靠所属轨道区段安装，轨道向的边缘距绝缘节中心距离为 800mm。如图 4.6.4-2 所示。

2）电缆盒的安装

电缆盒的基础顶面和轨面平，HZ 盒主要是过轨电缆与钢轨的连接盒，其最外边缘距线路中心的距离为 1900mm，HZ 盒安装在所属轨道区段内，距离绝缘节的距离为 800mm。

3）箱盒引入电缆的防护

轨道箱、电缆盒安装时，在电缆引入箱盒内时，保护管内一定要用棉纱或麻袋片填实，备用电缆盘成圆圈，埋设在箱盒附近，便于维修时使用，备用电缆不得有硬弯儿，盘好后用软土防护后回填基础坑并夯实。

图 4.6.4-2　轨道箱安装

4）箱盒内的设备安装

① 将轨道箱内的设备固定板取出，按照设计图纸布设轨道设备，为了装配标准统一，并提高工效，轨道电路室外器材安装和内部配线采用集中安装、预配方式。集中安装设备和内部配线后再装入变压器箱。

② 设备装入轨道箱内后，安装内部设备配线，配线时将端子排两端各空出一位端子（单箱可只在一端空位），避免与钢轨引接线端子短接。

③ 轨道变压器及内部配线等安装布置合理、安装牢固，端子螺母垫片齐全、紧固；分

图 4.6.4-3　轨道箱内设备安装

路电阻调整在≥2/3 位置固定。

④ 轨道引接线安装严格按“双线轨道、信号平面布置图”施工。同名端连接准确，以保证实现钢轨绝缘两端的相位交叉。如图 4.6.4-3 所示。

### 4.6.5　技术要求及注意事项

（1）钢轨钻孔

钻孔前，应充分了解钻孔的位置、类型、孔径等，以免遗漏或钻错。一般有：钢轨接续线孔、道岔跳线孔、牵引回流线孔、轨道引接线孔、极性交叉连接线孔、补偿电容引线孔等。复式交分道岔、交叉渡线的菱形区等的跳线比较复杂，施工时应带专用的布置图。

钻孔前应检查发电机、钢轨钻孔机是否运转正常；钢轨钻孔机电源线是否完好，无破损；钻头是否牢固；准备好冷却水。根据钢轨型号调整好钻头中心高，清理好钻孔位置石渣，固定好钢轨钻孔机。

钢轨钻孔时必须设防护人员，列车速度较快时，应设驻站联络员。驻站联络员、现场防护员、施工负责人必须保持通信畅通。

在装好钻机后，打开钻机开关，对准钻孔位置，开始钻孔，同时注水冷却。钻孔时钻头的给进速度要均匀，以防钻头损毁。

钻好后及时停钻并卸下钻机，清理孔内毛刺，涂少量黄油，做好防锈处理。

（2）钢轨绝缘安装

施工前，应全面了解绝缘设置的位置、型号等。

钢轨绝缘设置位置应符合设计要求，如设计位置安装困难可在以下范围内进行调整。

1）进站、接车进路和单线双方向自动闭塞区间的并置通过信号机处的钢轨绝缘，可装在信号机前方 1m 或后方 1m 的范围内。

2）出站（包括出站兼调车）或发车进路信号机、自动闭塞区间的单置通过信号机处的钢轨绝缘，可装在信号机前方 1m 或后方 6.5m 的范围内，如装在信号机后方时，应保证股道的有效长度。

3）调车信号机处的钢轨绝缘，可装在信号机前方 1m 或后方 1m 的范围内。

同一轨道电路的两钢轨绝缘应并列安装，不能并列安装时，错开的距离（死区段）不应大于 2.5m，既有旧结构道岔内的死区段不得大于 5m。两相邻死区段的间隔或死区段与相邻轨道电路的间隔不宜小于 18m；死区段的长度小于 2.1m 时，上述间隔可小于 18m，但不得小于 15m。如图 4.6.5-1 所示。

（3）各类连接线安装

1）轨道引接线安装

电气绝缘节处轨道电路设备与钢轨连接采用 70mm$^2$ 铜当量的带有绝缘防护外套的引接线，引接线长度为 2.0m、3.7m；桥上安装时引接线长度不大于 2.5m、4.2m。

进、出站口（站内轨道区段和机械绝缘节分割的侧线股道）机械绝缘节处两端轨道电路设备与钢轨连接采用 70mm² 铜当量的带有绝缘防护外套的引接线，引接线长度为 2.0m、7.2m。其中长引接线，应分别绕过绝缘节并交叉从轨底穿越与另一根轨条连接（具体安装方式以设计要求为准）。

图 4.6.5-1 钢轨绝缘的安装

裸露式引接线或护套式引接线的金属裸露部分在安装完后应涂黄油，钢绞线不得断股、锈蚀。

轨道引接线的余量在有砟轨道区段应固定在轨枕上，在无砟轨道区段应固定在轨道板上。固定引接线的卡钉、卡具不得接触轨底及钢轨铁垫板。

穿越钢轨的长引接线，应沿轨枕敷设平直、固定良好，距轨底的距离不应小于 30mm。

轨道引接线与变压器箱、电缆盒连接时，应将螺母拧紧，不得有松动现象。绝缘片、绝缘管应安装完整、无破损。如图 4.6.5-2 所示。

2）钢轨接续线安装

钢轨接续线的规格型号应满足设计要求。钢轨接续线应安装在钢轨外侧，两塞钉孔分别距钢轨绝缘夹板边缘两端应均匀，在道岔辙岔根部处或其他安装困难处，可以反向安装在钢轨内侧（线条部分向下）。

塞钉式钢轨接续线应平直无弯曲并与钢轨接头夹板上部密贴。塞钉式钢绞线型钢轨接续线应沿钢轨底边敷设安装。金属裸露部分不得锈蚀。

3）道岔跳线安装

道岔跳线安装应平直、稳固，不得断股、锈蚀，安装后应涂机械油，防止生锈；道岔跳线在穿越钢轨时，对其沿轨枕敷设部分应平直、固定良好，距轨底的距离不应小于 30mm；单开道岔的长跳线，宜安装在道岔绝缘节后第三、四轨枕间隙处。如图 4.6.5-3 所示。

图 4.6.5-2 钢轨引接线的安装

图 4.6.5-3 道岔跳线的安装

### 4.6.6 技术控制措施

（1）钢轨钻孔必须在钢轨的中部，不得损伤钢轨。

（2）钢轨接续线、道岔跳线、轨道引接线、牵引回流引接线、横向连接线型号规格满足设计要求，补偿电容安装符合验标要求。

（3）扼流变压器、轨道变压器箱安装方正、美观，不侵入限界。

## 4.7　计轴安装

### 4.7.1　适用范围

适用于城市轨道交通计轴的施工安装。

### 4.7.2　作业条件及施工准备

（1）了解施工图中计轴设备的设计原则、使用功能，掌握计轴设备安装位置、施工标准。熟悉计轴设备安装程序，工艺流程，做好技术交底。

（2）检查施工中所用的发电机、电钻、冲击电钻等使用正常，配电箱、照明工具配备齐全。

（3）确定轨道专业长轨焊接完成，确保钢轨不会移位。

（4）长轨焊好后由设备供应商派人到现场进行定测，以确定轨旁盒的安装位置。

### 4.7.3　引用技术标准

（1）《地铁设计规范》GB 50157—2013。

（2）《城市轨道交通信号系统通用技术条件》GB/T 12758—2004。

（3）《地下铁道工程施工质量验收标准》GB/T 50299—2018。

（4）《建筑工程施工质量验收统一标准》GB 50300—2013。

（5）《铁路信号设计规范》TB 10007—2017。

（6）《信号微机监测系统技术条件》TB/T 2496—2000。

（7）《铁路信号故障一安全原则》TB/T 2615—2018。

（8）《铁路信号工程施工质量验收标准》TB 10419—2018。

### 4.7.4　工序流程及操作要点

#### 4.7.4.1　工序流程图

工序流程见图 4.7.4-1。

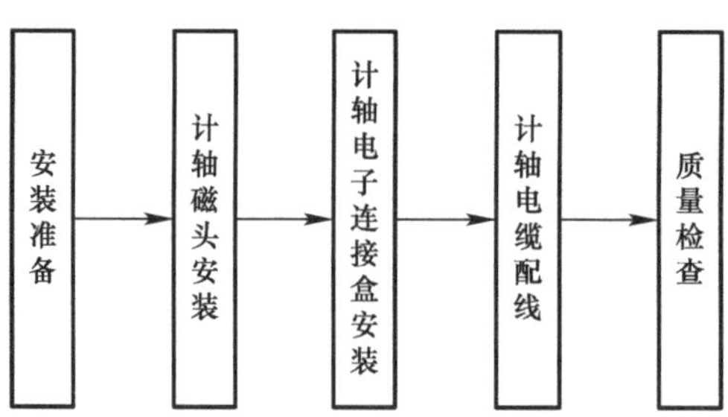


图 4.7.4-1　工序流程图

#### 4.7.4.2 操作要点

(1) 施工准备

1) 劳动力配备见表 4.7.4-1。

劳动力组织表　　表 4.7.4-1

| 序号 | 项目 | 单位 | 数量 | 主要职责 |
|---|---|---|---|---|
| 1 | 施工现场负责人 | 人 | 1 | 负责现场的指挥与协调工作 |
| 2 | 施工现场技术负责人 | 人 | 1 | 负责现场技术控制及相关记录 |
| 3 | 技术工人 | 人 | 2 | 现场施工 |
| 4 | 辅工 | 人 | 2 | 辅助施工 |

2) 工机具准备见表 4.7.4-2。

机械设备及工器具配置表　　表 4.7.4-2

| 序号 | 名称 | 规格 | 单位 | 数量 | 用途 |
|---|---|---|---|---|---|
| 1 | 专用钻孔机 | | 台 | 1 | 用于钢轨钻孔 |
| 2 | 钻模 | | 套 | 1 | 用于钢轨钻孔 |
| 3 | 冷却液 | | 瓶 | 1 | 用于钢轨钻孔 |
| 4 | 专用钻头 | | 个 | 2 | 用于钢轨钻孔 |
| 5 | 钢刷 | | 把 | 1 | 磁头安装位置除锈 |
| 6 | 圆形锉刀 | | 把 | 1 | 去钻孔毛刺 |
| 7 | 小卷尺 | | 个 | 1 | 测量两个轨枕间距 |
| 8 | 扭力扳手及套筒 | | 套 | 1 | 用于紧固磁头螺栓 |
| 9 | 手持钻机 | | 台 | 1 | 用于底座安装打孔 |
| 10 | 小锤 | | 把 | 1 | 用于安装计轴盒 |
| 11 | 固定扳手 | | 把 | 1 | |
| 12 | 开口活扳手 | | 把 | 1 | |
| 13 | 小螺丝刀 | | 把 | 1 | 用于机箱内配 |
| 14 | 十字螺丝刀 | | 把 | 1 | 用于固定电缆 |
| 15 | 压线钳 | | 把 | 1 | 用于制作电缆屏蔽 |
| 16 | 剥线钳 | | 把 | 1 | 用于制作电缆屏蔽 |
| 17 | 偏口钳 | | 把 | 1 | 用于制作电缆屏蔽 |
| 18 | 环切电缆工具 | | 把 | 1 | 用于制作电缆屏蔽 |

3) 材料准备见表 4.7.4-3。

材料准备表　　表 4.7.4-3

| 序号 | 名称 | 规格 | 单位 | 数量 | 用途 |
|---|---|---|---|---|---|
| 1 | 计轴盒 | | 个 | 1 | |
| 2 | 计轴磁头 | | 套 | 1 | |
| 3 | 安装支架 | | 个 | 1 | 用于计轴盒安装 |
| 4 | 冷封胶 | | 千克 | 10 | 电缆封端 |
| 5 | 螺栓 | | 套 | 4 | 用于紧固安装支架 |

（2）作业流程

1）钢轨钻孔

① 安装地点的选择

前期轨旁设备定测的位置。

安装于两枕木间钢轨的中心。

钢轨必须完好。

钢轨和枕木之间的连接必须牢固。

避开钢轨严重磨损和轨距变宽的轨道区段。

严格按照图纸中的位置，安装于其中一侧钢轨上。

② 供货商现场督导

供货商对计轴磁头定测的位置进行复核，确认钻孔的位置。

③ 清洁钢轨

钻孔前先用钢刷将钢轨表面的铁锈清理干净。

④ 钢轨打孔

计轴磁头两孔的安装距离为270mm。选定两枕木空中心位置，在钢轨侧面做好标记。

采用设备供应商提供的专用钻模进行计轴磁头钻孔作业。

依据定位标记，安装打孔模板，保证打孔模板的中心和标记中心对齐，组装打孔模板，在组装时，注意模板不要放反，模具两侧有轨腰屏蔽板，将屏蔽板长的一侧贴紧轨底部，否则钻孔时孔不在轨腰的中部。

将钻孔模板插入钢轨侧面，并用两个固定夹具将钻孔模板固定在钢轨上。固定时只找模具中心位和磁头安装标记对齐，无须定轨腰的打孔位置。

安装好M13的钻头在专用钻机上，将钻平稳的对正钻模，在钢轨上钻孔的位置，平稳匀速进行。钻孔时保证冷冻液及时迅速地浇在钻头上。用圆形锉刀对钻好的钢轨孔进行毛刺处理。

2）计轴磁头安装

钢轨孔钻好后开始安装计轴磁头。

① 用铜套将选择好的隔垫和衰减板固定在轨腰上

隔垫、衰减板及铜套的位置与随后安装的车轮传感器的孔位（上位/下位）均是一一对应的；确定隔垫、衰减板及铜套的方向和安装孔位（与车轮传感器安装孔位对应）；将隔垫、衰减板用铜套压铆固定在轨腰上。

② 采用专用工具将铜套翻折并与轨腰密贴

将铜套压铆工具穿过固定孔（必要时加润滑油，避免铜套的弯曲变形）；用15N·m的力锁紧压铆工具，将穿过的铜套压紧平贴到轨腰。在压紧的过程注意不要损坏隔垫，否则必须重新更换隔垫和铜套。压铆工具请注意保管妥当，以免损坏或者变形。

③ 车轮传感器固定孔（上位/下位）与衰减板孔位一一对齐

在衰减板侧对齐车轮传感器（两对安装孔位一一对齐）。

④ 在外侧轨腰安装固定螺栓和铆钉安装板

在另一侧用两颗M12（DIN 609）的螺栓、弹垫（BN 208012）及铆钉安装板锁住车轮传感器。

⑤ 用 50～60N·m 的扭力扳手拧紧螺栓

用 50～60N·m 的力拧紧螺栓。

⑥ 安装车轮传感器尾缆防护胶管及安装机构

车轮传感器的尾缆增加防护胶管。

防护胶管根据车轮传感器到轨旁电缆终端盒的距离来截取，综合考虑电缆走线的布局。

防护胶管两端用卡箍（直径 22～38mm 即可）卡紧。

在车轮传感器端合理的布局电缆的走向，并将防护胶管与钢轨轨底用安装机构固定，安装机构的放置以便于电缆走向为宜，一般置于车轮传感器两侧端。

电缆经过沟壑时，防护胶管外再套一根钢管做防护，钢管用 Ω 形卡与地板卡紧。如图 4.7.4-2 所示。

3）安装轨旁电缆盒

轨旁电缆终端盒采用的型号为 KAD-6，具备有 2 种安装方式：地面安装和挂墙壁安装。

① 地面安装是需要安装一个基础支架（规格尺寸与 HZ-12 电缆盒采用的基础尺寸一样）。KAD-6 电缆终端盒采用地面安装方式时，需要预先开启底部的计轴电缆和车轮传感器尾缆进线孔。KAD-6 电缆终端盒还配有计轴电缆防护套管和车轮传感器尾缆防护胶管套管接头。

② 挂墙安装方式无需再安装基础支架，直接在墙体上钻孔，利用膨胀螺丝固定即可，KAD-6 电缆终端盒采用挂墙安装方式时，需要预先开启侧面的计轴电缆和车轮传感器尾缆进线孔。如图 4.7.4-3 所示。

图 4.7.4-2 计轴磁头安装

图 4.7.4-3 计轴设备成品

## 4.7.5 技术要求及注意事项

(1) 在进行任何电气调节之前，必须先将终端盒等设备接地。

(2) 计轴终端盒安装必须符合安装限界要求。

(3) 计轴磁头的安装高度必须符合要求，安装孔中心距轨底 91mm 为最佳。

### 4.7.6 技术控制措施

（1）计轴室外设备进场应进行验收，设备无损伤，各组成部件应完好齐全，规格型号符合设计要求，其质量应符合相关产品标准的规定。

（2）计轴设备安装方法正确，应符合设计要求及产品技术标准的要求。计轴设备不能安装在轨缝处，安装位置应离轨缝不小于 4 个轨枕的距离。

（3）与屏蔽板接触的钢轨轨腰表面，无任何凸起和毛刺。

## 4.8 应答器安装

### 4.8.1 适用范围

适用于城市轨道交通正线、试车线应答器安装。

应答器主要可用于列车安全防护、定位停车、列车报车次号、列车抄号、车种识别、进路排列等，特殊路段临时限速，过岔、弯道及下坡道的限速及报公里标位置，因此应答器是一种具有综合功能的通信信号设备，运用潜力很大。

### 4.8.2 作业条件及施工准备

（1）内业技术准备

1）了解信标的工作原理并认真研究安装的具体要求。

2）安装信标前，根据设计文件对现场进行一次全面的测量和调查，如精确测量各信标的安装地点，具体安装位置的线路的布置、承轨台平面布置各种尺寸、承轨台横断面各种尺寸、支撑块横断面的各种尺寸等情况，通过测量调查做好现场标记和记录。根据现场调查具体情况确定每处的安装方式。对安装位置不符合技术要求的，则采取特殊措施处理，直至符合安装标准。

（2）外业技术准备

1）根据施工计划提前准备好所需的机具、材料及安全防护用品，并进行检查、测试，合格后方可使用；所有使用的仪器、仪表都经具备国家级检验资质的检测机构的检验，并贴有“检验合格证”的标识，且在有效期内使用。未经检验的仪器、仪表不得进入施工现场。

2）提前申报、安排施工用车计划。

### 4.8.3 引用技术标准

（1）《城市轨道交通信号系统通用技术条件》GB/T 12758—2004。

（2）《地下铁道工程施工质量验收标准》GB/T 50299—2018。

（3）《铁路信号设计规范》TB 10007—2017。

（4）《铁路信号工程施工质量验收标准》TB 10419—2018。

（5）信标厂家或信号系统技术负责方提供的设备手册及安装手册。

（6）《城市轨道交通信号工程施工质量验收标准》GB/T 50578—2018。

## 4.8.4 工序流程及操作要点

### 4.8.4.1 工序流程图

工序流程见图 4.8.4-1。

施工准备 → 信标定位 → 支架安装 → 信标安装 → 信标调整

图 4.8.4-1 工序流程图

### 4.8.4.2 操作要点

(1) 施工准备

1) 劳动力配备见表 4.8.4-1。

**劳动力组织表** **表 4.8.4-1**

| 序号 | 项目 | 单位 | 数量 | 主要职责 |
|---|---|---|---|---|
| 1 | 施工现场负责人 | 人 | 1 | 负责现场的指挥与协调工作 |
| 2 | 施工现场技术负责人 | 人 | 1 | 负责现场技术控制及相关记录 |
| 3 | 技术工人 | 人 | 1 | 现场施工 |
| 4 | 辅工 | 人 | 2 | 辅助施工 |

2) 工机具准备见表 4.8.4-2。

**机械设备及工器具配置表** **表 4.8.4-2**

| 序号 | 名称 | 规格 | 单位 | 数量 | 用途 |
|---|---|---|---|---|---|
| 1 | 冲击钻 | | 台 | 1 | |
| 2 | 铁路方尺 | | 把 | 1 | |
| 3 | 手锤 | | 把 | 2 | |
| 4 | 各式扳手 | | 套 | 1 | |
| 5 | 发电机 | | 台 | 1 | |

3) 材料准备见表 4.8.4-3。

**材料准备表** **表 4.8.4-3**

| 序号 | 名称 | 规格 | 单位 | 数量 | 用途 |
|---|---|---|---|---|---|
| 1 | 应答器 | | 个 | 设计数量 | |
| 2 | 应答器支架 | | 个 | 设计数量 | |
| 3 | 轨旁盒 | | 个 | 设计数量 | |
| 4 | 轨旁盒支架 | | 个 | 5 | |
| 5 | 膨胀螺栓 | | 套 | 若干 | |

(2) 作业流程

1) 信标定位

依据线路的基标确定信标的安装坐标，我们采用红外线测距仪进行定位，按照设计施工图的坐标，在线路附近先找到基标，将红外线测距仪放在轨面上，调整好测量方式，再将红外线反光板放到和设计坐标接近的坐标处，打开红外线测距仪，先测出大概距离，再通过调整反光板找出精确位置，在轨腰处做好标记，为信标安装中心。

2）安装信标

相对于列车运行方向，信标必须横向或是纵向安装。在非直线电机项目中，正线整体道床及浮置板区段，信标全部采用横向安装，当横向安装受限制时，信标采用纵向安装。而在直线电机项目中，因直线电机感应板设置在线路中心，信标只能纵向安装。无论横纵向安装，信标接头侧应位于靠近弱电电缆支架侧，以便有源信标接头电缆走线。

根据道床结构的不同，将采用两种不同的信标支架，一种用于整体道床及浮置板区段，另一种用于试车线道砟式道床区段。信标支架需根据各个工程道床安装底面至钢轨轨面高度不同而进行适当调整，信标支架安装步骤介绍如下：

① 整体道床及浮置板区段信标安装

安装公司根据定测时在轨旁的相关信标名称标记（ID 号），与计划安装的信标表面名称标记（ID 号）进行核对，确认名称一致后方可安装。

安装时应答器距轨面的高度应以应答器上表面的四角处花纹十字交叉线中心点为准，需测量确认四个测量点至轨面高度均满足 65～70mm 的限制。距两钢轨的中心以应答器上表面的电气中心十字标记为准。

根据定测时做好的信标位置标记，将预先做好的支架安装打孔模板放置在地面上，将模板中线与标记的信标位置重合，将模板中心点，与两轨道间中心点重合，用记号笔标记好两地面支架位置，并标记好两个地面支架的 6 个膨胀螺栓钻孔位置。

根据做好的钻孔位置标记，在道床上采用冲击钻进行钻孔，并安装 M10 的膨胀螺栓。将两个地面支架按照标记的位置，安装在道床上，并拧紧螺丝。

测量轨面至道床平面高度，需采用一根水平长尺横向放置在两轨之间，并与钢轨走行方向垂直，采用直尺或卷尺测量水平长尺下表面至地面垂直。根据高度值确认信标支架采用何种结构方式。在轨面高度大于 219mm 时，均需安装减震器。如轨面高度小于 193mm，则需特别标注出来，通知安装督导人员，现场确认重新设计安装方式。

按照选定后的安装方式，将托板与支架连接起来，需选择适当的固定孔位置，以便确保安装后的托板上表面至轨面的高度尽可能接近 185～190mm. 最高不得超过 190mm。最低不得低于 173mm。

安装减震器和玻璃钢托板。安装减震器时需确保紧固减震器的螺丝不能过紧，以免损坏减震器的结构。减震器是依靠两个螺杆中间的橡胶层来吸收振动，两螺杆并不是一根连通的螺杆，本身能承受的最大扭力为 16N。

将信标放置在安装好后的玻璃钢上，将信标调整至线路中心位置。测量信标表面四角至轨面高度，确保四角均在 65～70mm 这一范围之内。如果有高度未达到此数值的，可使用套件中提供的垫片，垫在信标与玻璃钢托板之间，微调高度。测量信标同侧两角至钢轨宽度，确保同侧两角到轨道的距离之差≤9mm。如图 4.8.4-2 所示。

② 试车线道砟区段信标安装

安装公司根据定测时在轨旁的相关信标名称标记（ID 号），与计划安装的信标表面名称标记（ID 号）进行核对，确认名称一致后方可安装。

安装时应答器距轨面的高度应以应答器上表面的四角处花纹十字交叉线中心点为准，需测量确认四个测量点至轨面高度均满足 65～70mm 的限制。距两钢轨的中心以应答器上表面的电气中心十字标记为准。

在正式安装应答器支架前，清除安装支架所在的两个轨枕下方的碎石道碴，将轨枕抱箍底板自轨枕下穿过。安装轨枕抱箍，用M10螺栓将轨枕抱箍与轨枕抱箍底板相连接，此时不必锁紧。

调节轨枕抱箍位置，确保4个轨枕抱箍中线据轨道中心线距离均为260mm。

将四个轨枕抱箍均调节好距离后，锁紧轨枕抱箍与轨枕底板间螺丝，确保抱箍不再移动，全部锁紧后，将两根信标托轨安装在抱箍伸出的横向臂上，穿好螺丝固定。

根据定测位置，将信标玻璃钢板放置在托轨上，采用4根M10长螺栓自下而上穿入玻璃钢托架固定孔。螺栓需加垫片，采用M10螺丝将螺栓固定在托轨上。再增加一颗螺丝在玻璃钢板下方，起支撑作用，最后在玻璃钢板上方利用螺丝固定。

图4.8.4-2 整体道床应答器安装

将信标固定在玻璃钢托架上。将信标调整至线路中心位置。测量信标表面四角至轨面高度，确保四角均在65～70mm这一范围之内。如果有高度未达到此数值的，可使用垫片，垫在信标与玻璃钢托板之间，微调高度。测量信标同侧两角至钢轨宽度，确保同侧两角到轨道的距离之差≤15mm。

3）有源信标连接器接头连接

采用尾缆方案时，需在轨旁安装电缆终端盒，终端盒型号采用HZ-6型电缆终端盒。施工安装过程中将终端盒固定在轨旁，电缆盒引线口应背向轨道侧，确保安装位置不侵限。在配线前应完成信标数据电缆绞合，同时进行电缆绝缘测试，并做好记录。将信标数据电缆及尾缆分别通过电缆盒的两个引线管引入电缆盒内，剥除电缆外防护层，保留屏蔽层。配线完成后，需对电缆端头进行灌胶防护。如图4.8.4-3所示。

4）信标调整

信标安装完成后，必须进行检查调整。用水平尺和钢尺测量信标固定托板与基本轨两侧的距离，以及信标到轨面的距离，不符合标准时要进行调整，使信标固定板与运行轨平行并保证两者的左右、前后及距离轨面距离满足设计要求，距离轨面距离应不小于5mm。如图4.8.4-4所示。

图4.8.4-3 信标尾缆头压接

图4.8.4-4 有砟道床应答器安装成品

### 4.8.5　技术控制措施

(1) 应答器的安装应严格按照设备供应商提供的《安装手册》来执行。

(2) 已安装的应答器位置坐标、ID 编号与设计文件相一致。

(3) 应答器安装与轨面及钢轨边缘的距离一定要满足技术要求。

(4) 安装前根据安装标准对高架段、地面段及隧道段进行调查，根据不同的地段制作不同的安装支架，以保证应答器可靠地工作。

(5) 因应答器固定调节螺栓较多，安装时所有的固定螺栓一定要紧固牢靠，防止因列车经过时振动而松动，影响机车对地面信息的接收效果。

## 4.9　AP 点设备安装

### 4.9.1　适用范围

适用于地铁沿线及车辆段 AP 无线设备安装施工。

### 4.9.2　作业条件及施工准备

(1) 作业指导书编制完成，应在开工前组织技术人员认真学习实施性施工组织设计，阅读、审核施工图纸，澄清有关技术问题，熟悉规范和技术标准。制定施工安全保证措施，提出应急预案。对施工人员进行技术交底，对参加施工人员进行上岗前技术培训，考核合格后持证上岗。

(2) AP 无线设备安装施工所涉及的各种外部技术数据收集，沿线定测，施工劳动组织配备、材料准备及设备工器具的配置。

### 4.9.3　引用技术标准

(1)《铁路通信、信号、电力、电力牵引供电施工安全技术规程》TB 10306—2009。

(2)《城市轨道交通信号工程施工质量验收标准》GB/T 50578—2018。

(3) 厂商提供的 AP 安装手册。

### 4.9.4　工序流程及操作要点

#### 4.9.4.1　工序流程图

工序流程见图 4.9.4-1。

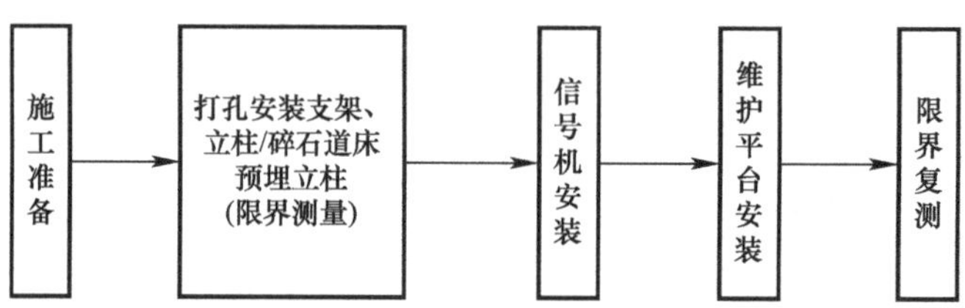


图 4.9.4-1　工序流程图

#### 4.9.4.2 操作要点

(1) 施工准备

1) 劳动力配备见表 4.9.4-1。

**劳动力组织表** **表 4.9.4-1**

| 序号 | 项目 | 单位 | 数量 | 主要职责 |
|---|---|---|---|---|
| 1 | 施工现场负责人 | 人 | 1 | 负责现场的指挥与协调工作 |
| 2 | 施工现场技术负责人 | 人 | 1 | 负责现场技术控制及相关记录 |
| 3 | 技术工人 | 人 | 1 | 现场施工 |
| 4 | 辅工 | 人 | 4 | 辅助施工 |

2) 工机具准备见表 4.9.4-2。

**机械设备及工器具配置表** **表 4.9.4-2**

| 序号 | 名称 | 规格 | 单位 | 数量 | 用途 |
|---|---|---|---|---|---|
| 1 | 冲击钻 | | 台 | 1 | 安装膨胀螺栓 |
| 2 | 钻头 | $\phi12$，$\phi14$ | 根 | 各 20 | 安装膨胀螺栓 |
| 3 | 手锤 | | 把 | 2 | 敲击膨胀螺栓 |
| 4 | 扳手 | $\phi14$，$\phi17$ | 把 | 各 1 把 | 固定螺母 |
| 5 | 发电机 | | 台 | 1 | 提供电源 |
| 6 | 脚手架 | | 套 | 1 | 登高施工 |
| 7 | 卷尺 | | 把 | 1 | 测量 |

3) 材料准备见表 4.9.4-3。

**材料准备表** **表 4.9.4-3**

| 序号 | 名称 | 规格 | 单位 | 数量 | 用途 |
|---|---|---|---|---|---|
| 1 | TRE 电源箱 | | 个 | 设计数量 | |
| 2 | TRE 箱 | | 个 | 设计数量 | |
| 3 | 天线 | | 个 | 设计数量 | |
| 4 | 馈线 | | 根 | 设计数量 | |
| 5 | 捋线架 | | 个 | 若干 | 固定馈线与电光缆 |
| 6 | 膨胀螺栓 | | 个 | 若干 | 固定 AP 箱与天线 |
| 7 | 防水胶泥 | | 套 | 若干 | 对 AP 设备做防水 |
| 8 | 接地铜排 | | 个 | 若干 | 接地 |

(2) 作业流程

1) 无线 AP 箱体、天线、馈线电缆的安装和固定

轨旁无线接入单元的安装方式有多种。主要包括隧道壁安装和地面上安装等，其他应根据现场周围土建和建筑情况制定安装方式。

① 无线 AP 箱体安装

a. 隧道内轨旁无线接入单元用支架安装在隧道壁上，安装设备要求符合限界要求。AP 箱的安装支架采用 50mm×5mm 的扁钢加工而成，按照设计综合管线先确定 AP 箱安装高度，注意和其他设备安装不能发生冲突，位置要便于维修检查。如图 4.9.4-2 所示。

图 4.9.4-2　AP 电源箱安装

首先钢筋定位仪确定设备安装支架的固定孔距，调整扁钢支架与洞体凹面的安装角度，采用扁钢制作的支架，容易调整角度。

根据洞壁形状选择安装方式和附件。

b. 地面部分用支架安装在水泥地面上，安装设备要符合限界要求。安装于水泥地面时，将支架用膨胀螺栓固定在地面。

c. 安装于土质地面时，先挖好基础坑、将预制水泥的基础置于坑内，再将支架固定在基础之上，光电缆用保护管防护后引入 AP 箱，最后用土回填掩埋基础。或者制作水泥平台用以安装。

② 天线安装

依据设计图纸核实原定测的设备安装位置，首先找到铺轨专业的基标，在洞壁上划出准确的天线安装位置，用线坠测量做该处一组天线的安装位置中心点，垂直线路找出一组天线底座的安装中心点。

依据洞体的结构类型图，找出适合该 AP 点安装位置的天线图，依据图中的安装尺寸进行测量，天线应避开强电电缆 1.5m 以上，尽量远离。天线距离漏泄电缆应保证 400mm 以上。天线指向方向不得有障碍物，如遇设计位置无法避免障碍物，则依照安装督导人员指定位置和方式安装。

在进行天线安装位置测量时，，为保证全线安装的统一性，一般遵循的原则是满足天线安装位置的同时，要保证连接天线的馈线有两根靠近电缆支架侧固定，另两根和它们间距在 700～800mm 的距离，保证电缆在 AP 箱的两侧固定，AP 箱的尺寸为 500mm×500mm×210mm 的正方形箱体，保证 AP 箱安装在两个电缆支架中间的位置。

AP 天线的水平误差较大，遇到有洞体伸缩缝的地方，可适当错开一段距离，一般离开伸缩缝 500mm 即可，如果正好 AP 箱的安装位置在电缆支架的下方，还可再移动大一点的距离，保证 AP 箱安装在两个电缆支架中间的位置上。为了统一标准，规定一般不超过 1.5m 的距离。

将天线底座放在洞壁上，用记号笔画出固定孔的位置，采用直径为 10mm，胀管的长为 90mm 的胀栓固定天线支架。

根据上述测量的结果，用电锤在洞壁上钻孔，钻孔时要检查所用钻头的直径是否满足胀管的直径要求，打孔时深度不要超过 65mm，确保洞壁的防水层不被破坏。

首先固定一个支架，调整完毕后，要保证支架与轨平面水平，然后将螺栓紧固，紧前要依次在螺栓上加入平垫片、弹簧垫片。用直尺测量第二个底座的安装距离，第一个底座距第二个底座保持在 500mm 的距离，垂直距离距漏缆在大于 400mm 的位置上。

轨旁无线接入单元天线的安装方式有多种。主要包括隧道内墙壁上安装、隧道内顶部混凝土上安装和隧道外地面上安装等，其他应根据现场周围土建和建筑情况制定安装方式。

a. 隧道内墙壁上安装

将天线和天线支撑架组装在一起，每个天线自带两个 M6×30mm 的镀锌不锈钢螺栓，组装完毕后，螺栓先不要紧固，因该螺栓的底部接触面是锯齿形的，紧固后影响天线的安装角度调整，待角度调整完毕后再紧固。

注意在组装天线和天线支撑架时，要保证 AP 天线上的 UP 向上的箭头朝上，两端天线的箭头均要朝上，另一个方向的天线箭头也要朝上，安装时要注意区分，并使其分别水平地指向隧道的两端方向。

将组装好的天线用 M6×25mm 的镀锌螺栓将天线支架固定在天线底座上，将螺栓紧固，注意在紧固时一定要认真，因天线安装位置较高，紧固一次不太容易，所以一定要一次性完成，确保防止螺栓松动的问题发生。如图 4.9.4-3 所示。

b. 隧道内顶部混凝土上安装方法和侧墙的方法相同，只不过是安装在洞体的顶部，在安装时一定要将天线固定螺丝紧固，以免螺丝松动造成天线下垂的现象发生。

c. 隧道外地段为保证无线数据传输的效果，天线一般借助天线杆安装，天线杆可采用 102mm × 6.4mm 的镀锌钢管焊接底座，两组天线的中心距离为 450mm，在结构地面上用胀栓固定。

图 4.9.4-3 AP 天线安装

将天线安装于一个天线杆上，天线杆安装在轨旁无线接入单元附近。安装天线杆应按《安装手册》施工，设备要符合限界要求。结构地面上安装时，用冲击钻在地面上打孔，用 M16×120mm 的膨胀螺栓将天线杆与地面固定，安装立柱时要用线坠调整天线的垂直度，如不满足要求采用三角形铁楔找平；土质地面安装时，将天线杆先安装在特制的水泥基础上，再将水泥基础埋于地下。然后将其固定螺栓固定。

③ 天线馈线安装

天线的高度和方位应符合设计文件要求，方向性天线应用罗盘定向。将天线固定在天线支架上，调好方向后紧固螺栓，准备好与馈线的连接。

天线馈线在引入处要缠几层胶带以防磨损，将馈线连接头的封端打开，用酒精棉球把连接头擦拭干净，接入天线。馈线连接完毕后，用自粘绝缘胶带将头封闭严密。

2）无线 AP 光缆、电源线的引入、成端

每个 AP 箱内包括有电源、交换机等设备，其中含无线天线和以太网接口。由于交换机接口不同，要依据设计文件分类型安装。

防雷地线与接地母线要压接牢固，并不得损伤芯线，压接处用热缩管做防腐处理。

光、电缆引入 AP 点设备箱时，无论是由地面向上引入，还是由隧道壁下引入，光、电缆必须无交叉。由地面向上引入时，光、电缆加保护管防护。由隧道壁向下引入时，光、电缆的备用量要固定整齐，余量盘圈或做 Ω 型弯，用膨胀螺栓和卡子固定于隧洞壁上。高度要保持一致，引入设备箱的光纤要自然下垂，保证光纤的头部不弯曲受力。

轨旁无线单元接线共有 4 种，有光缆、馈线电缆、地线、电源电缆等。

轨旁无线接入单元配线必须按照设备配线要求进行，并注意配线类型、颜色。

接线盒内的电缆、光缆应装标有去向的铭牌。

箱盒内配线应布线合理、绑扎整齐。电缆芯线应按色谱顺序出线，其间距和机架端子板焊片的间距相同，线扣一致。

箱盒引入管进、出口处应防护。

在进、出部位和转弯处，应固定牢固；配线转弯圆滑，弯曲半径不得小于电缆直径的5倍。

配电缆、电线，其段内不得有接头、破损；引入电缆或电线，其预留长度应分别为1～2m和0.5～1m。

芯线采用卡接时，芯线与接地铜排模块应接触严密；焊接不得错焊、假焊，焊点光滑并露出芯线筋骨；芯线绝缘不得烫伤及后缩。

电源线必须以线色区分极性；严禁极性错接与短路，接触必须牢固。

交直流电源线应分开布放，并单独绑扎；交直流馈线的直流正、负极线间和负极对地之间的绝缘电阻，交流芯线间和芯线对地之间的绝缘电阻，均不得小于1MΩ。

3）加电、试运行

无线 AP 设备的加电试运行阶段属于设备调测阶段，该阶段工作由设备供应商厂家主持，施工方施工人员需进行施工配合。该阶段施工方作业人员主要任务是检查前期施工中光缆、电缆接续是否接续正确。如图 4.9.4-4 所示。

图 4.9.4-4　AP 点设备安装成品

### 4.9.5　技术控制措施

（1）AP 接入点设备在第一次进行安装时，一定要在设备供应商的督导下进行。

（2）轨旁设备的安装位置及高度，一定要满足设计图纸要求。

（3）因天线安装位置大部分均在隧道的顶部，安装时一定要检查其固定支架及其紧固件牢固可靠。

（4）因施工初期，洞内条件较为潮湿，各固件部位的连接螺栓，要涂抹黄油防腐。

## 4.10　紧急关闭按钮安装

### 4.10.1　适用范围

适用于城市轨道交通信号系统紧急关闭按钮安装施工。

### 4.10.2　作业条件及施工准备

（1）作业指导书编制后，应在开工前组织技术人员认真学习实施性施工组织设计，阅读、审核施工图纸，澄清有关技术问题，熟悉规范和技术标准。制定施工安全保证措施，提出应急预案。对施工人员进行技术交底，对参加施工人员进行上岗前技术培训，考核合格后持证上岗。

（2）紧急关闭按钮盒安装施工所涉及的各种外部技术数据收集，施工劳动力组织配备、材料准备及设备工器具的配置。

## 4.10.3 引用技术标准

《城市轨道交通信号工程施工质量验收标准》GB/T 50578—2018。

## 4.10.4 工序流程及操作要点

### 4.10.4.1 工序流程图

工序流程见图 4.10.4-1。

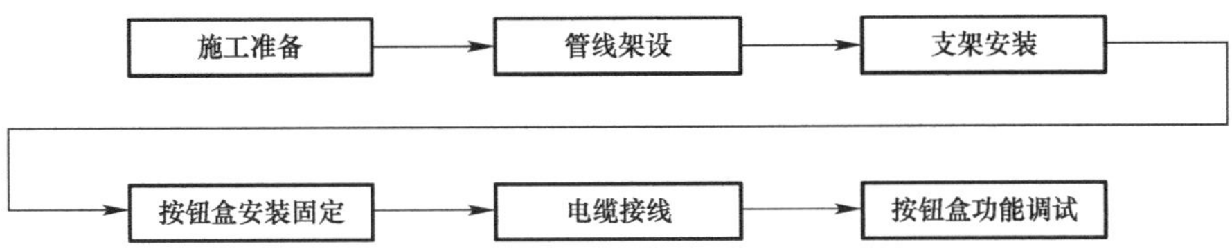


图 4.10.4-1 工序流程图

### 4.10.4.2 操作要点

（1）施工准备

1）劳动力配备见表 4.10.4-1。

劳动力组织表　　表 4.10.4-1

| 序号 | 项目 | 单位 | 数量 | 主要职责 |
|---|---|---|---|---|
| 1 | 施工现场负责人 | 人 | 1 | 负责现场的指挥与协调工作 |
| 2 | 施工现场技术负责人 | 人 | 1 | 负责现场技术控制及相关记录 |
| 3 | 技术工人 | 人 | 1 | 现场施工 |
| 4 | 辅工 | 人 | 2 | 辅助施工 |

2）工机具准备见表 4.10.4-2。

机械设备及工器具配置表　　表 4.10.4-2

| 序号 | 名称 | 规格 | 单位 | 数量 | 用途 |
|---|---|---|---|---|---|
| 1 | 冲击钻 |  | 台 | 1 | 钻孔 |
| 2 | 钻头 |  | 根 | 2 | 钻孔 |
| 3 | 手锤 |  | 把 | 2 | 敲击膨胀螺栓 |
| 4 | 扳手 |  | 把 | 2 | 固定螺母 |
| 5 | 发电机 |  | 台 | 1 | 提供电源 |
| 6 | 卷尺 |  | 把 | 1 | 测量 |
| 7 | 配线工具 |  | 套 | 1 |  |

3）材料准备见表 4.10.4-3。

材料准备表　　表 4.10.4-3

| 序号 | 名称 | 规格 | 单位 | 数量 | 用途 |
|---|---|---|---|---|---|
| 1 | 紧急关闭按钮箱 |  | 个 | 设计数量 |  |
| 2 | 膨胀螺栓 |  | 个 | 设计数量 |  |
| 3 | 按钮箱支架 |  | 个 | 设计数量 |  |

（2）作业流程

1）墙面安装支架

紧急关闭按钮支架采用 50mm×50mm×5mm 的扁钢制成，在扁钢的平面焊接一个直径为 8mm 的螺栓，根据按钮的安装孔及现场装修墙面的高度进行调整，制成高度不同的欧姆型支架。

墙面安装好陶瓷钢板后安装紧急关闭按钮箱。

2）圆柱或方柱安装支架

圆柱或方柱是钢结构型式，不能焊接，也均采用扁钢制作，用 50mm×50mm×5mm 的扁钢在圆柱或方柱上绕一圈，根据欧姆支架的孔距，在扁钢上打好 4 个直径为 10mm 的孔，再将欧姆支架安装在扁钢上，其他剩余安装和侧墙安装相同。

3）施工准备

引临时电源、确定安装位置符合设计要求。车站紧急关闭按钮安装前应作外观检查，设备完好、无损坏，零部件齐全配套。

4）装修开孔

因各站的紧急关闭按钮安装处的装修高度不同，所以在安装前，一定要和装修单位联系好，确定安装位置，并按照紧急关闭按钮的安装要求进行装修板面开孔。

5）固定支架

根据设计图纸要求，在墙上测量好高度，用 4 个直径为 $\phi$8mm 的膨胀螺栓将支架固定在墙壁上，安装时要调整好按钮箱的固定螺栓孔。

6）安装按钮箱

紧急关闭按钮箱安装前应检查盘面配置应符合设计要求，外壳漆层无损伤，门盖严密，按钮动作灵活、到位、准确、无裂纹，各种表示铭牌齐全、正确、字迹清楚，附件完好。

先把紧急关闭按钮的电缆在墙面上固定好，去掉外护套，仅留内护套穿进按钮箱内，再将按钮箱的固定孔对准两个扁钢上的螺栓，将螺母紧固即可。如图 4.10.4-2 所示。

7）电缆配线

剥掉电缆绝缘外皮，测试电缆绝缘，电缆引出处加套绝缘胶管防护，电缆备用量留足，盘于按钮背面，将电缆按照配线图上到万可端子接线板上。如图 4.10.4-3 所示。

### 4.10.5　技术要求及注意事项

紧急关闭按钮的安装在站台层的三角房墙面上时，紧急关闭按钮箱的底部与墙面的平行。紧停底座定在墙面还未安装陶瓷钢板前安装，根据墙面施工单位提供的离墙高度加工底座。并且需要墙面专业施工单位提供安装紧停的具体位置，避免影响墙面或者其他专业的安装施工，特别是站名的字体和消防栓的位置有可能冲突。

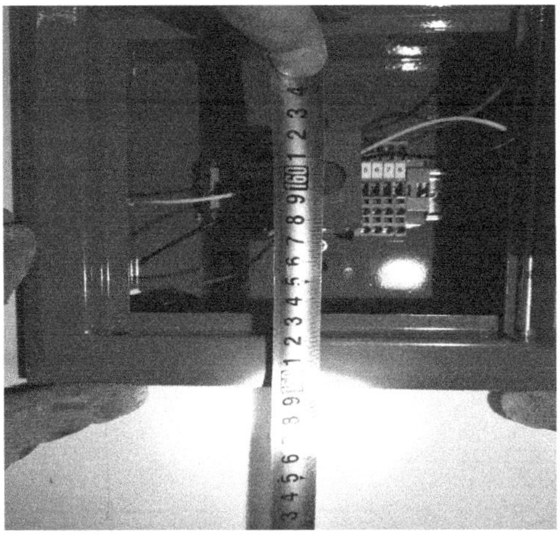

图 4.10.4-2 紧急关闭按钮箱安装

图 4.10.4-3 紧急关闭按钮箱成品

### 4.10.6 技术控制措施

(1) 制作支架时应逐站进行调查，根据各站的装修情况制作不同的安装支架，以保证安装效果的美观性。

(2) 电缆配线牢固可靠，端子无松动现象。

## 4.11 自动折返按钮安装

### 4.11.1 适用范围

适用于城市轨道交通信号系统自动折返按钮安装施工。

### 4.11.2 作业条件及施工准备

(1) 作业指导书编制后，应在开工前组织技术人员认真学习实施性施工组织设计，阅读、审核施工图纸，澄清有关技术问题，熟悉规范和技术标准。制定施工安全保证措施，提出应急预案。对施工人员进行技术交底，对参加施工人员进行上岗前技术培训，考核合格后持证上岗。

(2) 自动折返按钮安装施工所涉及的各种外部技术数据收集，施工劳动力组织配备、材料准备及设备工器具的配置。

### 4.11.3 引用技术标准

《城市轨道交通信号工程施工质量验收标准》GB/T 50578—2018。

### 4.11.4 工序流程及操作要点

#### 4.11.4.1 工序流程图

工序流程见图 4.11.4-1。

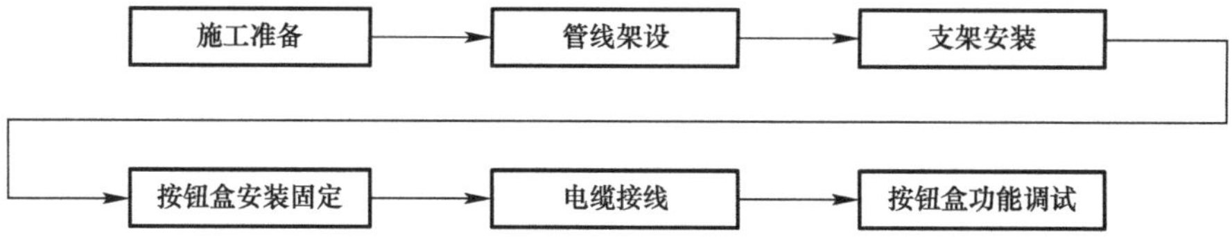


图 4.11.4-1　工序流程图

#### 4.11.4.2　操作要点

（1）施工准备

1）劳动力配备见表 4.11.4-1。

**劳动力组织表**　　**表 4.11.4-1**

| 序号 | 项目 | 单位 | 数量 | 主要职责 |
|---|---|---|---|---|
| 1 | 施工现场负责人 | 人 | 1 | 负责现场的指挥与协调工作 |
| 2 | 施工现场技术负责人 | 人 | 1 | 负责现场技术控制及相关记录 |
| 3 | 技术工人 | 人 | 1 | 现场施工 |
| 4 | 辅工 | 人 | 2 | 辅助施工 |

2）工机具准备见表 4.11.4-2。

**机械设备及工器具配置表**　　**表 4.11.4-2**

| 序号 | 名称 | 规格 | 单位 | 数量 | 用途 |
|---|---|---|---|---|---|
| 1 | 冲击钻 |  | 台 | 1 | 钻孔 |
| 2 | 钻头 |  | 根 | 2 | 钻孔 |
| 3 | 手锤 |  | 把 | 2 | 敲击膨胀螺栓 |
| 4 | 扳手 |  | 把 | 2 | 固定螺母 |
| 5 | 发电机 |  | 台 | 1 | 提供电源 |
| 6 | 卷尺 |  | 把 | 1 | 测量 |
| 7 | 配线工具 |  | 套 | 1 |  |

3）材料准备见表 4.11.4-3。

**材料准备表**　　**表 4.11.4-3**

| 序号 | 名称 | 规格 | 单位 | 数量 | 用途 |
|---|---|---|---|---|---|
| 1 | 自动折返按钮箱 |  | 个 | 设计数量 |  |
| 2 | 膨胀螺栓 |  | 个 | 设计数量 |  |
| 3 | 按钮箱支架 |  | 个 | 设计数量 |  |

（2）作业流程

1）墙面安装支架

自动折返按钮支架采用 50mm×50mm×5mm 的扁钢制成，在扁钢的平面焊接一个直径为 8mm 的螺栓，根据按钮的安装孔及现场装修墙面的高度进行调整，制成高度不同的欧姆型支架。

2）圆柱或方柱安装支架

圆柱或方柱是钢结构型式，不能焊接，也均采用扁钢制作，用 50mm×50mm×5mm 的扁钢在圆柱或方柱上绕一圈，根据欧姆支架的孔距，在扁钢上打好 4 个直径为 10mm 的孔，再将欧姆支架安装在扁钢上，其他剩余安装和侧墙安装相同。

3）施工准备

引临时电源、确定安装位置符合设计要求。车站自动折返按钮安装前应作外观检查，设备完好、无损坏，零部件齐全配套。

4）固定支架

根据设计图纸要求，在墙上测量好高度，用 4 个直径为 $\phi$8mm 的膨胀螺栓将支架固定在墙壁上，安装时要调整好按钮箱的固定螺栓孔。

5）安装按钮箱

自动折返按钮箱安装前应检查盘面配置应符合设计要求，外壳漆层无损伤，门盖严密，按钮动作灵活、到位、准确、无裂纹，各种表示铭牌齐全、正确、字迹清楚，附件完好。

先把自动折返按钮的电缆在墙面上固定好，去掉外护套，仅留内护套穿进按钮箱内，再将按钮箱的固定孔对准两个扁钢上的螺栓，将螺母紧固即可。

6）电缆配线

剥掉电缆绝缘外皮，测试电缆绝缘，电缆引出处加套绝缘胶管防护，电缆备用量留足，盘于按钮背面，将电缆按照配线图上到万可端子接线板上。如图 4.11.4-2 所示。

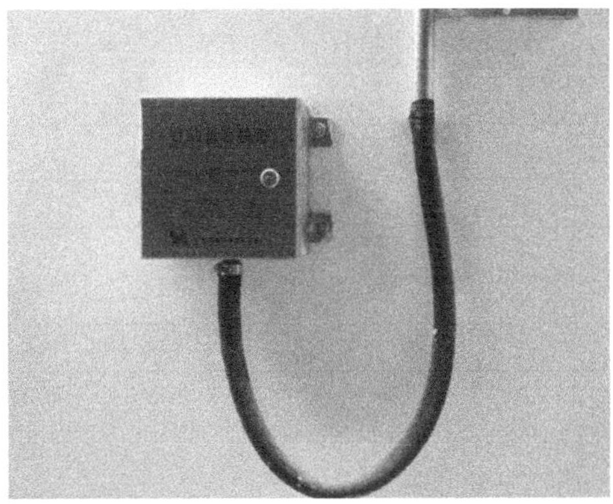

图 4.11.4-2　自动折返按钮箱成品

### 4.11.5　技术要求及注意事项

自动折返按钮需根据设计图纸上的要求来设置。

## 4.12　发车计时器安装

### 4.12.1　适用范围

适用于城市轨道交通信号系统发车计时器安装施工。

### 4.12.2　作业条件及施工准备

（1）作业指导书编制后，应在开工前组织技术人员认真学习实施性施工组织设计，阅读、审核施工图纸，澄清有关技术问题，熟悉规范和技术标准。制定施工安全保证措施，提出应急预案。对施工人员进行技术交底，对参加施工人员进行上岗前技术培训，考核合格后持证上岗。

（2）发车计时器安装施工所涉及的各种外部技术数据收集，施工劳动力组织配备、材料准备及设备工器具的配置。

## 4.12.3　引用技术标准

《城市轨道交通信号工程施工质量验收标准》GB/T 50578—2018。

## 4.12.4　工序流程及操作要点

### 4.12.4.1　工序流程图

工序流程见图4.12.4-1。

图4.12.4-1　工序流程图

### 4.12.4.2　操作要点

（1）施工准备

1）劳动力配备见表4.12.4-1。

**劳动力组织表**　　**表4.12.4-1**

| 序号 | 项目 | 单位 | 数量 | 主要职责 |
|---|---|---|---|---|
| 1 | 施工现场负责人 | 人 | 1 | 负责现场的指挥与协调工作 |
| 2 | 施工现场技术负责人 | 人 | 1 | 负责现场技术控制及相关记录 |
| 3 | 技术工人 | 人 | 1 | 现场施工 |
| 4 | 辅工 | 人 | 1 | 辅助施工 |

2）工机具准备见表4.12.4-2。

**机械设备及工器具配置表**　　**表4.12.4-2**

| 序号 | 名称 | 规格 | 单位 | 数量 | 用途 |
|---|---|---|---|---|---|
| 1 | 冲击钻 | | 台 | 1 | 钻孔 |
| 2 | 钻头 | | 根 | 2 | 钻孔 |
| 3 | 常用工具 | | 套 | 1 | |
| 4 | 配线工具 | | 套 | 1 | |

3）材料准备见表4.12.4-3。

**材料准备表**　　**表4.12.4-3**

| 序号 | 名称 | 规格 | 单位 | 数量 | 用途 |
|---|---|---|---|---|---|
| 1 | 发车计时器 | | 个 | 设计数量 | |
| 2 | 膨胀螺栓 | | 个 | 设计数量 | |
| 3 | 发车计时器支架 | | 个 | 设计数量 | |

（2）作业流程

根据现场的实际情况确定安装方案，在安装时要和相关专业联系，看墙体的结构是否可以安装膨胀螺栓，一般情况墙体的结构均是空心砖，安装支架的固定螺栓应采用特制通透式螺栓。

1）墙体打孔

先在墙体上测量发车计时器的安装位置，将支架靠在墙体上，用记号笔做好标记，用电锤将墙体打透，要注意墙体的对面是否有其他专业的设备和管线，打孔前要了解清楚，如果有可根据现场情况稍作调整。

2）固定支架

将支架用加长螺栓固定在墙体上，支架对面的墙体螺栓的根部要加一个四方形的大垫片，用以增加受力面积，用水平尺将支架调整水平，将螺栓紧固。

3）安装发车计时器

将发车计时器放在侧墙支架上，先将发车计时器的大螺栓固定，但螺母不用上紧，再调整发车计时器的显示方向，将调向板上的小孔对准支架底部的小孔，把小螺栓穿入孔内固定。如图 4.12.4-2 所示。

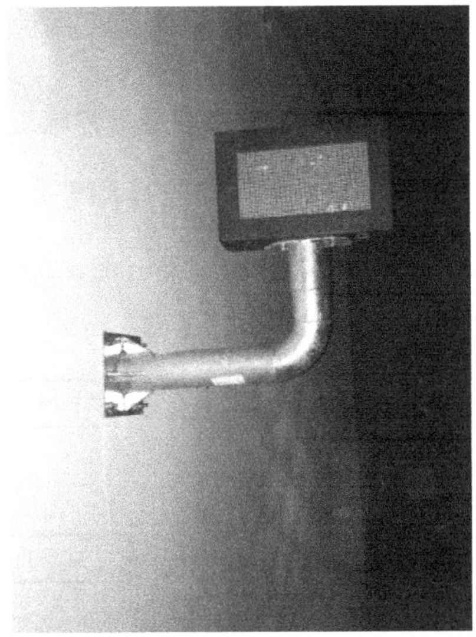

图 4.12.4-2 发车计时器安装成品

### 4.12.5 技术要求及注意事项

发车计时器预留电缆需要预留 10m，并且安装位置需要通过施工方、建设方、运营部门、监理单位、车辆中心司机单位共同确定。

### 4.12.6 技术控制措施

(1) 在侧墙安装时，注意墙体的结构，在进行打孔前，熟悉发车时指示器安装对面墙体的设备和墙体内的管线埋设情况。

(2) 支架安装要水平，各部件的螺栓要紧固，尤其是调向螺栓要紧固，避免因车速过快造成发车计时器转向。

电缆引接时连接头要固定好，避免电缆脱落。

## 4.13 室内设备的安装

### 4.13.1 适用范围

适用于所有城市轨道交通信号系统室内信号设备安装施工。

### 4.13.2 作业条件及施工准备

(1) 设备房粉刷完成，并且墙面打磨完成；设备房地面打灰完成，并且涂绝缘漆，弹出静电地板网格线及标高；机房有正式门或牢固临时门。

(2) 主管工程师对安装小组成员进行技术交底，所有安装人员了解并熟悉施工设计图和安装位置及作用，明白安装规范及施工安全注意事项。

(3) 根据施工计划提前准备好所需的机具、材料及安全防护用品。

(4) 核对图纸，提前加工机柜支架及线槽。

(5) 提前申报、安排施工用车计划。

## 4.13.3 引用技术标准

《城市轨道交通信号工程施工质量验收标准》GB/T 50578—2018。

## 4.13.4 工序流程及操作要点

### 4.13.4.1 工序流程图（图4.13.4-1）

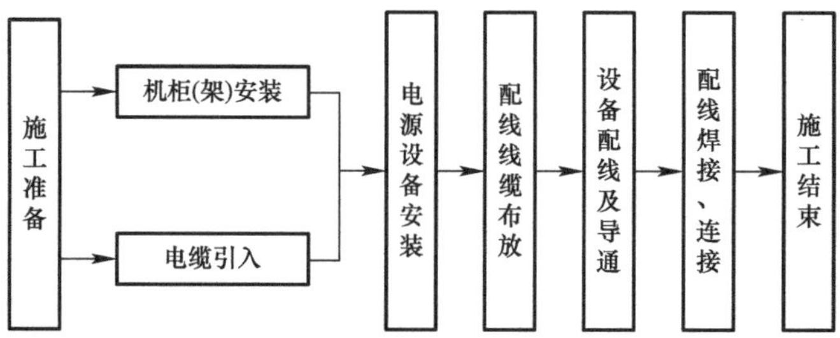


图4.13.4-1 工序流程图

### 4.13.4.2 操作要点

（1）施工准备

1）劳动力配备见表4.13.4-1。

**劳动力组织表** **表4.13.4-1**

| 序号 | 项目 | 单位 | 数量 | 主要职责 |
|---|---|---|---|---|
| 1 | 施工现场负责人 | 人 | 1 | 负责现场的指挥与协调工作 |
| 2 | 施工现场技术负责人 | 人 | 1 | 负责现场技术控制及相关记录 |
| 3 | 技术工人 | 人 | 2 | 现场施工 |
| 4 | 辅工 | 人 | 10 | 辅助施工 |

2）工机具准备见表4.13.4-2。

**机械设备及工器具配置表** **表4.13.4-2**

| 序号 | 名称 | 规格 | 单位 | 数量 | 用途 |
|---|---|---|---|---|---|
| 1 | 冲击钻 | | 台 | 1 | 钻孔 |
| 2 | 钻头 | | 根 | 2 | 钻孔 |
| 3 | 常用工具 | | 套 | 1 | |
| 4 | 激光水平仪 | | 个 | 1 | |
| 5 | 配线工具 | | 套 | 1 | |

3）材料准备见表4.13.4-3。

**材料准备表** **表4.13.4-3**

| 序号 | 名称 | 规格 | 单位 | 数量 | 用途 |
|---|---|---|---|---|---|
| 1 | 机柜底座 | | 个 | 设计数量 | |
| 2 | 机柜 | | 架 | 设计数量 | |
| 3 | 设备 | | 个 | 设计数量 | |
| 4 | 膨胀螺栓 | | 套 | 若干 | |

(2) 作业流程

1) 机柜底座的安装

根据现场的实际情况确定设备房是否达到移交条件，确保设备房内网格线的绘制，孔洞预留，墙面粉刷已经施工完成。在安装时要和相关专业联系，看墙体的结构是否可以安装膨胀螺栓，一般情况墙体的结构均是空心砖，安装支架的固定螺栓应采用特制通透式螺栓。

① 机柜底座高度的测量

机柜底座安装前，先核对图纸并依照图纸定位出每一个机柜具体位置并测量机柜底座，测量时将两台激光水平仪相对放置于设备房两端的水平面上。打开激光水平仪，使其 $Y$ 轴的激光线与地面网格的纵线相重合，此线为机柜底座外边缘；再将直角尺贴于机柜底座与地面相交处，此时激光水平仪的 $X$ 轴应在 1m 线以下 75cm 处，也就是机柜底座的上边缘，此为静电地板的上平面，就可以根据这个制作机柜底座了。

图 4.13.4-2 机柜底座的安装

② 机柜底座的固定

固定机柜底座时。先将机柜底座按照设备布置图上的位置摆放正确，然后以激光水平仪的 $X$、$Y$ 轴为界，统一观察，将离界限最近的机柜底座用 4 个 $\phi$10mm 膨胀螺栓固定好，以这个设备底座为准依次将其他底座固定好。如图 4.13.4-2 所示。

2) 机柜的安装

① 设备运输

设备运输困难时机柜安装的难点之一，由于大部分车站处在市区，运输设备不便，有的车站到设备室的楼梯口特别窄，设备体积大而且重，所以在搬运时要特别小心，既要保证设备的安全，更要确保人身安全。

② 设备开箱

设备开箱需要业主、监理以及设备供应商的共同见证下由施工单位进行开箱，并依据实际情况填写《设备开箱检验记录表》并由各方签字确认。

图 4.13.4-3 机柜的安装

③ 机柜安装

机柜安装首先须依据图纸核实每个机柜的位置以及正门的朝向。在已安装好的机柜底座上，安装机柜。最后将机柜间连接螺栓紧固，至此机柜安装完成。如图 4.13.4-3 所示。

3) 电缆槽的安装

① 测量定位

安装 350mm×150mm 铝合金电缆槽时，先根据室内设备布置图和设备室的网格线对照，定位出线槽的准确位置，施工时可根据现场实际情况对槽道位置做适当的调整。

图 4.13.4-4　电缆槽安装

② 切割

将电缆槽依据图纸及现场定位情况切割至所需长度且线槽在机柜或电缆架前需开出 15cm×25cm 的出线口。

③ 安装固定

线槽位置确定好后，先用冲击钻在网格内用 $\phi$10mm 的电缆槽支架安装孔，为了保证安装孔位置精确，并且不占用静电地板支架的位置，应以网格线的一边为基准统一向内侧平移 10cm 的距离后再开始打孔。钻孔完成后装上 $\phi$10mm 的膨胀螺栓将 50mm 高的电缆槽支架固定牢固，然后将铝合金槽铺在支架上，用接头贴片连接，最后用 6mm 的自攻螺丝将电缆槽固定在支架上。如图 4.13.4-4 所示。

4）室内机柜配线

施工前应详细审核图纸，精确测量室内线槽的走向。

图纸审核完成后，安排熟练的技术工人进行线、缆标牌打印制作。

注：打印标识时先打印的标识避免与后打印标识重复，注意标识的管径变化。

设备安装和标识完成后开始布放线缆，原则上先放架间线缆后放本架线缆（先放长线后放短线可更好的节约线缆），室内线缆敷设时要由近及远层层敷设绑扎。

线槽内不同设备方向的线缆应分别捆扎，做好标记，以备导通结束后按机架、机列顺序平直编扎，互相靠拢，不得起伏不平、扭绞和交叉，绑扎线扣应正确一致。

配线用线、缆应完整，无破损、发霉、受潮现象。配线（缆）不拐曲、不走皱。线头压接前应进行导通，线头上端子前对应端子也应进行绝缘测试，测试结果必须满足要求并记录。配线压接时线缆要充满压针，不得空压。配线正确，无错、漏现象。

零层配线，根据设计采用的组合柜的尺寸，先实际比划一根架间、排间电源线的用料长度，参照电源环线图实际需要，进行预配工作。电源线预制完成后，组合柜前后各一人，按设计位置逐架敷设，一人在后面配合穿线，一人在正面确定正确的位置，两人施工过程中要复诵端子位置，互相检查核对。电源线敷设完毕后，用万用表进行导通校对、混线测试，之后进行绝缘测试并记录，合格后进行整理、绑扎工作。电源线施工完毕后，每个电源端子的名称、交/直流电压值必须标识明确。

组合架配线，根据审核后的设计图纸，打印标识。敷设前先用铁线制作好组合 01～06 侧面端子板的穿线环，利用安装组合的固定眼悬挂在合适的位置。根据用线颜色的要求，选择准备好线盘。敷设时先放短线，后放长线。线条长度要适宜，按照从上向下的方式穿过铁线环，这样利于下一步的查线及整理线把。施工人员每人一架，按照层的顺序，逐层敷设，根据敷设上下层跨度或敷设零层电源端子至组合架侧面的配线时，可由两人进行。

架间配线，根据室内设备、组合架排间距离及特殊防护处（如拐角处等），均应安排专人传递线条并防护，一般有 5～6 人进行。组合架的引入、引出处也应各设置一人，敷设中要指定专人负责，保持头脑清楚，熟悉图纸，根据线条去向，选择恰当的走线径路，合理的动态调整相关人员的接传线位置，先放本排线，再过排间线。总的原则是尽量把长线敷设在线把的最外方，这样扎把时更易整理美观。从同一位置的不同端子号去另一同位置不同端子号的配线可以同时走线，这样可以大大提高工作效率。敷设后的线条应自然地摆放在走线槽内，不宜过长或过短并尽量避免交叉。

分线柜、接口柜配线，分线柜内部线条敷设时，可有三人进行，一人在背面穿线，一人在前面引线，专门有一人负责整理线盘和确定放线位置，这样准确率和效率都会大大提高。敷设长线条时，和组合柜间放线方法一样，由于都是从分线柜去外部配线，所以放线时以分线柜为主，按照从低层向高层的顺序，逐列放置。由于去同一组合柜的配线相对集中，分线柜的长线多是几根同时敷设，所以组织者、读图人及终端接线人都要认真核对位置，相互校核，避免出错。如图 4.13.4-5 所示。

电缆引入及分线柜配线，分线柜是室内外配线衔接的纽带，室外电缆在电缆井内留够备用量（电缆预留 5m、光缆 15m），在通号电缆间支架上盘圈后或者在设备室内盘留，在分线柜底部剥去护套层做电缆成端，并将电缆钢带及铝护套做防雷接地，将经过编号后的电缆芯线从底部自下而上上线（上线前要走横把）。电缆间的备用量摆放整齐、顺序排列；向分线柜引时应顺序排列，不得交叉，每根电缆在校对编号后，须有标识牌准确、清晰地反映用途名称。在考虑充足的备用量的同时也要考虑电缆在分线盘上的分布，尽量使分线盘两侧的线把粗细均匀。上端子的电缆芯线横平竖直无交叉，大把和各分支线把处处理得当，美观整齐。拐弯的地方角度协调一致，芯线扎把松紧适宜，距离相当，绑把到设计位置时做头上线。配线端子要标明位置和名称。

线头压接，放线完成后，软线都应做压头处理后上端子，原则上 1.5mm$^2$ 以上的电源线可以不做处理直接上端子，不同线径软线须匹配对应针头；针头压接完成后不能有毛刺、露铜现象出现，每根线头都应有明确标识标明来去向、位置。压接工作要由熟练的技术工人来操作，并且在压接前，要对压接工具进行检查，以保证压接质量。压接时，将压接线的绝缘部分剥掉（长度考虑压针长度），将芯线放置在插线头的压接部分，然后再一起放进压线钳进行压接。如图 4.13.4-6 所示。

图 4.13.4-5 室内机柜配线

图 4.13.4-6 室内机柜配线成品

5）室内设备接地

信号设备室设接地汇流排（由机电安装专业提供），各设备的地线连接到接地本排贯通的接地铜排上，然后各排的接地铜排上引 16mm² 地线至接地汇流排。

所有电缆进楼后做单端接地连接（用 U 型卡焊接 1000mm 长 6mm² 地线，将开剥好的电缆端头用 U 型卡卡在钢带与铝护套上，紧固 U 型卡螺丝引出尾线至分线盘接地铜牌连接），室外箱盒电缆端头做屏蔽环接（电缆端头引出 U 型卡焊接 500mm 长 1.5mm² 地线后连接到箱盒空端子或专门的地线端子上），相当于室外电缆全部在室内接地。

6）室内孔洞封堵

在装修单位将静电地板安装完毕后，地板与电缆间会有一定的间隙。需要将室内所有的孔洞用防火防鼠堵泥将这些缝隙堵住。要求需美观、平整、以及无缝隙，分线盘，走线槽引出口，配电箱内封堵。开口较大的需要先用砖水泥将孔洞堵住，然后按需要再堵防火防鼠泥。对于静电地板上及配电箱内下方无支撑点的孔洞，可先用酚醛板填堵，再按需堵上防火防鼠泥。工作做完后，把室内所有的工具器材清理干净，搞好室内卫生，做到工完料清。迎接后续试验工作。

### 4.13.5　技术要求及注意事项

（1）各底座数量种类位置应与图纸完全一致。

（2）底座应安装整齐划一。

（3）安装前仔细检查机座的四周，检查机座角钢的边缘是否有凸起部分，如果有凸起，应用角磨机将其打磨平整，避免机座间出现缝隙。

（4）走线槽（架）支铁应垂直、牢固、整齐，水平支铁应在一条直线上，其转弯处应成直角。

（5）走线槽（架）边铁、横铁应平直，横铁间距应均匀并垂直边铁。

（6）走线槽（架）水平与垂直偏差不应大于 2mm。

（7）电缆必须确认准确无误且绝缘性应达到现行标准需求。

（8）电缆芯线束的绑扎必须平顺整齐。

（9）电缆的备用量应预留充分。

（10）室内电缆敷设应准确无误，所敷设电缆长度型号应与图纸一致。

（11）室内电缆在线槽中排布时应尽量将供电电缆与信号电缆分开。

（12）在剥线时不可损伤芯线。

（13）线帽需压实压紧，不可出现松动现象。

（14）在插入 WANGO 端子时，电缆芯线需插紧，不可出现松动现象。

# 第 5 章　综合监控工程标准化施工指南

## 5.1　综合监控管槽安装

### 5.1.1　适用范围

适用于城市轨道交通综合监控管槽安装施工。

### 5.1.2　施工条件及施工准备

(1) 在开工前组织技术人员认真学习施工组织设计，审核施工图纸，熟悉规范和技术标准。

(2) 对施工人员进行技术交底、上岗前的培训，考试合格后上岗。

(3) 收集机柜底座安装施工所涉及的各种技术数据，施工劳动力的组织、安装材料及安装工机具的准备。

(4) 使用的各种安装固定件必须采用不锈钢或镀锌材料且满足设计要求。

(5) 了解装修单位对设备房的装修完成时间和地面标高线。

(6) 按照施工图纸标示，确定管槽位置进行现场定位。

### 5.1.3　引用技术标准

(1)《地铁设计规范》GB 50157—2013。

(2)《民用建筑电气设计规范》JGJ 16—2008。

(3)《电子计算机机房设计规范》GB 50174—2008。

(4)《消防联动控制系统》GB 16806—2006。

(5)《自动化仪表盘、柜、台、箱》GB/T 7353—1999。

(6)《工业控制用软件评定准则》GB/T 13423—1992。

(7)《建筑与建筑群综合布线系统工程设计规范》GB 50311—2007。

(8)《电气装置安装工程　盘、柜及二次回路接线施工及验收收规范》GB/T 50711—2012。

(9)《电气装置安装工程　接地装置施工及验收规范》GB/T 501696—2006。

(10)《火灾自动报警系统设计规范》GB 50116—2013。

(11)《火灾自动报警系统施工及验收规范》GB 50166—2016。

### 5.1.4　劳动力组织

劳动力组织见表 5.1.4-1。

**劳动力组织表** **表 5.1.4-1**

| 序号 | 人员 | 单位 | 数量 | 备注 |
|---|---|---|---|---|
| 1 | 施工负责人 | 人 | 1 | 负责施工组织、质量安全的控制 |
| 2 | 技术员 | 人 | 1 | 负责现场施工技术、施工质量、自检 |
| 3 | 施工人员 | 人 | 4 | 管槽安装 |
| 4 | 安全员 | 人 | 1 | 负责施工过程中的安全防护 |

## 5.1.5　工机具配置

工机具配置见表 5.1.5-1。

**工机具配置表** **表 5.1.5-1**

| 序号 | 名称 | 规格 | 单位 | 数量 | 备注 |
|---|---|---|---|---|---|
| 1 | 脚手架 | 1.7m | 套 | 实需 | |
| 2 | 水平尺 | 1m | 把 | 1 | 检查管槽的水平度 |
| 3 | 电锤 | TE25 | 台 | 1 | 用于打孔 |
| 4 | 手锤 | 4 镑 | 把 | 2 | |
| 5 | 錾子 | 350mm | 根 | 2 | |
| 6 | 墨斗 | | 只 | 1 | 附墨汁墨线 |
| 7 | 钢卷尺 | 5m | 把 | 1 | 测量定位 |
| 8 | 三级配电箱 | | 台 | 1 | 带漏电保护装置 |
| 9 | 扭矩扳手 | 12～14 | 把 | 3 | |
| 10 | 电工工具 | | 套 | 1 | |
| 11 | 投线仪 | | 套 | 1 | 定位 |
| 12 | 弯管器 | | 把 | 1 | |

## 5.1.6　材料准备

设备材料见表 5.1.6-1。

**设备材料表** **表 5.1.6-1**

| 序号 | 名称 | 规格 | 单位 | 数量 | 备注 |
|---|---|---|---|---|---|
| 1 | 线槽及其附件 | 见施工图 | 套 | 实需 | |
| 2 | 膨胀螺栓 | M8×80mm | 套 | 实需 | 用于竖井桥架安装 |
| 3 | 钢管 | 见施工图 | 米 | 实需 | |
| 4 | 吊杆 | $\phi$10mm | 套 | 实需 | 用于吊架安装 |
| 5 | 横担 | | 套 | 实需 | 用于吊架安装 |
| 6 | 地面线槽支架 | | 套 | 实需 | 用于地面线槽安装 |
| 7 | 膨胀管 | $\phi$14mm | 颗 | 实需 | 用于吊架安装 |
| 8 | 龙骨卡 | | 个 | 实需 | 用于吊装钢管 |
| 9 | 骑马卡 | | 个 | 实需 | 用于明敷钢管 |

## 5.1.7　工序流程图

工序流程见图 5.1.7-1。

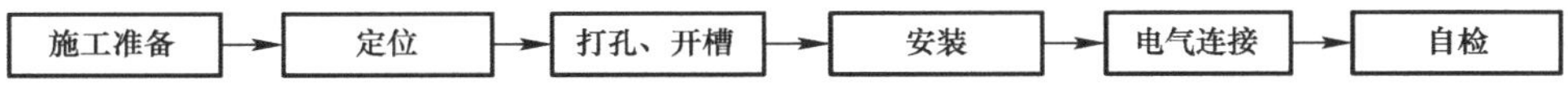


图 5.1.7-1 工序流程图

## 5.1.8 操作要点

### 5.1.8.1 技术要求

（1）ISCS 系统在有吊顶的区域，管线在吊顶内敷设；无吊顶的区域，管线沿顶板明敷；垂直管线在墙体内暗敷。

（2）线槽经过建筑物变形缝处需要做补偿措施，需要采用线槽伸缩接头进行连接。

（3）从接线盒引至设备端子的线缆采用金属软管进行防护。

（4）管子摵弯、切断、套丝应符合要求，管口无毛刺、光滑，管内无铁屑，丝扣清晰干净，不过长。

（5）线槽直线段连接应采用连接板，用六角螺丝由内向外穿出加上平垫、弹垫螺帽紧固。连接处间隙应严密平齐。最后清除线槽内杂物，盖上盖板。槽盖应齐全、平整、无翘角。

（6）线槽进行转角、分支连接时应采用弯通、三通、四通等进行变通连接，钢槽末端应加装封堵板；线槽的出线口应位置正确、光滑、无毛刺。

（7）直线段线槽吊架安装间隔为 1.5m，拐弯部位应安装吊架，吊架采用两根 10mm 镀锌丝杆加一付横担进行吊装；当一根丝杆需要吊装多根钢管时，相邻两根丝杆间距为 1.2m。

（8）钢管吊装完成后，最底部一根钢管底部距吊杆底部为 50mm；线槽吊装完成后吊杆底部与横担最底面平行。

（9）管子入盒时，盒内、外两侧套有锁母，管口装护口圈。

（10）线槽连接部位采用不小于 $4mm^2$ 镀锌编织铜网进行制作，所有钢管与线槽要求全站贯通，最终采用一根 $16mm^2$ 黄绿地线引至综合监控室接地箱，并与接地箱可靠连接。

### 5.1.8.2 施工程序及方法

#### 5.1.8.2.1 落地式线槽安装

（1）定位

根据施工图上线槽的路径，使用墨斗在地面弹出两条用于固定线槽支架的支架孔连接线，按每 1m 的位置进行标记。

（2）打孔

在标记位置钻孔，打孔完成后应首先清除孔内的灰尘，然后将 $\phi12\times80mm$ 膨胀螺栓放入孔内，用扳手将螺母拧紧，使其膨胀管胀紧。

（3）线槽安装

取下膨胀螺栓的螺母、弹垫与平垫，将线槽支架放上去，然后依次把平垫、弹垫套到膨胀螺栓上，拧紧螺母，再将该段线槽与支架采用 $\phi8\times20mm$ 螺栓进行固定。

（4）电气连接

线槽与线槽间对接后采用 $\phi8\times16mm$ 的螺栓固定，在接缝接地孔部位采用一根 $4mm^2\times25mm$ 的编织铜网进行跨接。

（5）自检

由技术员对已安装的线槽路径、平直度、电气连接进行检查，并做好相应的自检记录。

**5.1.8.2.2** 吊装线槽安装

（1）定位

金属线槽安装前，要根据设计图确定出电源及盒（箱）等电气设备、器具的安装位置，从始端至终端找好水平或垂直线，用投线仪投出中心线并根据线槽固定点的要求标记出需要打孔的位置。

（2）打孔

在标记位置钻孔，打孔完成后应首先清除孔内的灰尘，将 $\phi14$ 的膨胀管放入孔内。

（3）线槽安装

把事前切好的吊杆放入膨胀管内，并用扳手进行固定，将横担与吊杆进行可靠连接，再将该段线槽与横担采用 $\phi8\times20$mm 螺栓进行固定。金属线槽敷设时，吊点的距离，应根据工程具体条件确定，一般在直线段固定间距不应大于 1.5m，在线槽的首端、终端、分支、转角、接头及进出接线盒处应不大于 0.5m。如图 5.1.8-1 所示。

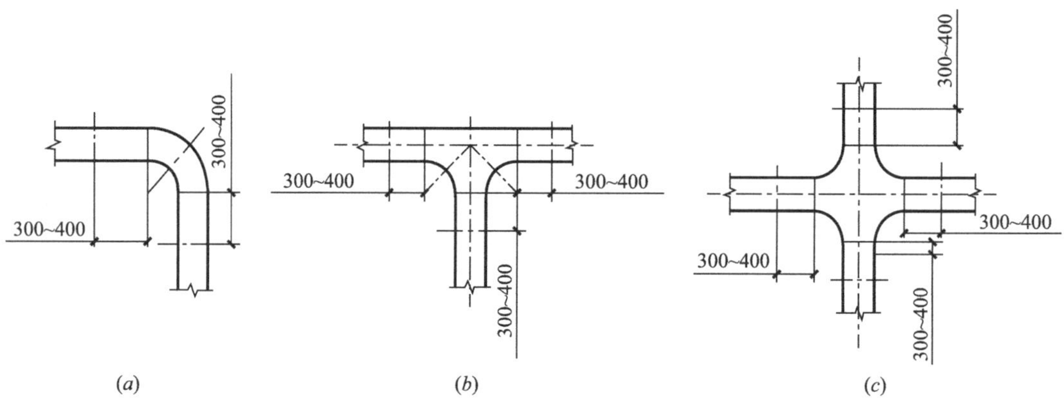


图 5.1.8-1　线槽弯通、三通、四通示意图

（4）电气连接

线槽与线槽间对接后采用 12 颗 $\phi8\times16$mm 的螺栓固定，在接缝接地孔部位采用一根 $4mm^2\times25$mm 的编织铜网进行跨接。

（5）自检

由技术员对已安装的线槽路径、平直度、电气连接进行检查，并做好相应的自检记录。

**5.1.8.2.3** 金属线管安装

（1）定位

吊顶内配管在土建工程结束后在吊顶装饰施工前进行。在配管前按设计图纸确定好设备位置：各种箱、盒、设备及机柜安装位置。然后依照配管线路“先主干，后支线”的秩序，径路横平竖直的原则。确定主干径路可依照设计图纸、车站综合管线图，选出径路最短、最直、相互干扰最小的径路。

（2）管卡安装

沿建筑物表面敷设的配管，一般不采用支架，用骑马卡均匀固定。管卡的固定最大间距见表 5.1.8-1。

**管卡固定最大间距表**（mm） **表 5.1.8-1**

| 管材类型 | 厚壁钢管 | | | 薄壁钢管 | | |
|---|---|---|---|---|---|---|
| 管径 | 15～20 | 25～30 | 40～50 | 15～20 | 25～30 | 40～50 |
| 敷设方式 | 吊架、支架或沿墙敷设 | | | | | |
| 固定最大间距 | 1.5 | 2.0 | 2.5 | 1.0 | 1.5 | 2.0 |

在安装固定管卡打孔时，孔径与塑料胀管的外径相同，孔深度不小于胀管长度。使用膨胀螺栓固定管卡时，打孔的孔径与套管外径差值不大于 1mm，孔深不小于套管长度加 10mm。管卡子在管子的终端、转弯终点、接线盒的边缘固定点的距离为 150～500mm。

（3）电气连接

钢管接头部位部位采用一根 $4mm^2$×15mm 的黄色地线进行跨接。

（4）自检

由技术员对已安装的管线路径、平直度、电气连接进行检查，并做好相应的自检记录。

**5.1.8.2.4** 暗敷管安装

（1）定位

确定好终端设备、盒（箱）的安装位置，并将其安装固定牢固。然后根据暗敷设管路应横平竖直的原则，顺线路的垂直和水平位置进行弹线定位，并应注意钢管路与其他管路相互间位置及最小净距，测量出支、吊架固定点的具体位置和距离。

对线路的垂直和水平位置用墨斗定位，并注意管路与其他管路相互间位置及最小距离，对各种未到位的其他管线预测及调查尽量避免相互冲突。

（2）开槽及钢管安装

首先使用切割机在划线沿墙面切割出两条垂直或水平线，使用电锤剔除两条线之间的多余部分，根据不同类型钢管大小，开槽宽度及深度只需大于钢管直径 15mm 即可；在需要拐弯或者安装设备位置固定好 86 分线盒，分线盒两个螺丝孔横向安装（门禁刷卡机为竖向），用钢管连接好分线盒，接头部位打磨光滑，接头处采用成品的盒接头或者钢管接头，最后用水泥钉把钢管固定在水泥槽内。

（3）电气连接

钢管接头部位部位采用一根 $4mm^2$×15mm 的黄色地线进行跨接。

（4）自检

由技术员对已安装的管线路径、平直度、电气连接进行检查，并做好相应的自检记录。

### 5.1.9 安全措施及环保要求

（1）所有进入施工现场的人员，必须经过三级安全培训合格后方能进入施工现场。

（2）进入施工现场必须戴安全帽、穿工作服，佩戴上岗证。

（3）坚持班前早点名，根据施工内容对组内人员进行分工，讲解安全及技术要点。

（4）登高时必须持证上岗，并把安全带系在永久性建筑物或自制工具上，高挂低用。

（5）使用脚手架时，需由架子工进行操作，组装时由下而上，拆卸时由上而下的顺序。

（6）遵守施工现场的安全管理规定，进入施工现场后严禁吸烟、打闹、嬉戏等一切与施工无关的事。

（7）施工时应设安全员进行安全防护，所有施工人员必须听从安全员的统一指挥。

（8）施工完毕彻底清理现场，检查是否有安全隐患及遗留料具，做到人走、料清、场地净。

## 5.2　综合监控线缆敷设

### 5.2.1　适用范围

适用于城市轨道交通工程综合监控线缆敷设施工。

### 5.2.2　施工条件及施工准备

（1）开工前组织技术人员认真学习实施性施工组织设计，阅读、审核施工图纸等有关技术问题，熟悉规范和技术标准。

（2）车站弱电钢管、线槽均已安装完毕，常规设备安装到位。

（3）对车站光电缆敷设所涉及的技术资料收集，施工劳动组织配备、材料准备及设备工器具的配置。

### 5.2.3　引用技术标准

（1）《地铁设计规范》GB 50157—2013。

（2）《民用建筑电气设计规范》JGJ 16—2008。

（3）《电子计算机机房设计规范》GB 50174—2008。

（4）《消防联动控制系统》GB 16806—2006。

（5）《自动化仪表盘、柜、台、箱》GB/T 7353—1999。

（6）《工业控制用软件评定准则》GB/T 13423—1992。

（7）《建筑与建筑群综合布线系统工程设计规范》GB 50311—2007。

（8）《电气装置安装工程　盘、柜及二次回路接线施工及验收收规范》GB/T 50711—2012。

（9）《电气装置安装工程　接地装置施工及验收规范》GB/T 501696—2006。

（10）《火灾自动报警系统设计规范》GB 50116—2013。

（11）《火灾自动报警系统施工及验收规范》GB 50166—2016。

### 5.2.4　劳动力组织

劳动力组织见表 5.2.4-1。

劳动力组织表　　表 5.2.4-1

| 序号 | 人员 | 单位 | 数量 | 备注 |
|---|---|---|---|---|
| 1 | 施工负责人 | 人 | 1 | 负责施工组织、质量安全的控制 |
| 2 | 技术员 | 人 | 1 | 负责现场施工技术、施工质量、自检 |
| 3 | 施工人员 | 人 | 4 | 线缆敷设 |
| 4 | 安全员 | 人 | 1 | 负责施工过程中的安全防护 |

## 5.2.5 工机具配置

工机具配置见表 5.2.5-1。

工机具配置　　表 5.2.5-1

| 序号 | 名称 | 规格 | 单位 | 数量 | 备注 |
|---|---|---|---|---|---|
| 1 | 放线架 |  | 套 | 2 |  |
| 2 | 常用小工具 |  | 个 | 实需 |  |
| 3 | 照明设施 |  | 套 | 实需 |  |
| 4 | 头灯 |  | 套 | 7 |  |
| 5 | 穿线器 |  | 个 | 2 |  |

## 5.2.6 材料准备

材料准备见表 5.2.6-1。

材料准备　　表 5.2.6-1

| 序号 | 名称 | 规格 | 单位 | 数量 | 备注 |
|---|---|---|---|---|---|
| 1 | 光缆 | 4 芯多模 | 米 | 实需 | 设计图定 |
| 2 | 控制线缆 |  | 米 | 实需 | 设计图定 |
| 3 | 电源线 | $3\times6mm^2$ | 米 | 实需 | 设计图定 |
| 4 | 扎带 |  | 根 | 实需 | 绑扎线缆 |

## 5.2.7 工序流程图

工序流程见图 5.2.7-1。

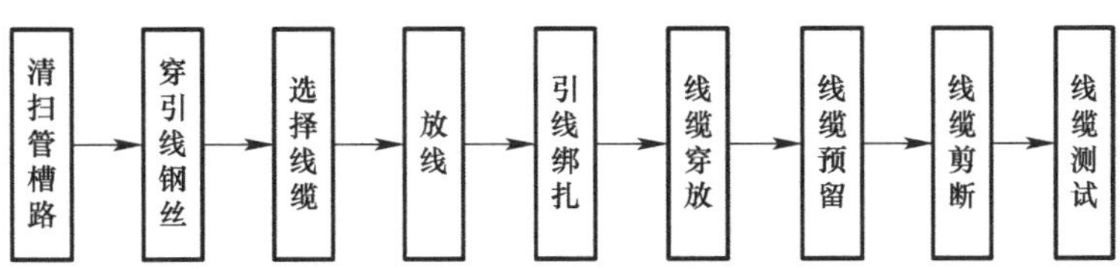


图 5.2.7-1　工序流程图

## 5.2.8 操作要点

（1）清扫管、槽路

用压缩空气，吹入已敷设的管路中，除去残留的灰土和水分。如无压缩空气，可在钢丝上绑上破布，来回拉几次，将管、槽内杂物和水分擦净。对于弯头较多或管路较长的管子，为减少线缆与管壁摩擦，应向管内吹入滑石粉，以便穿线。

（2）穿引线钢丝

管内穿线前大多数情况下都需要用钢丝做引线，用 $\phi$1.2～$\phi$2.0mm 的钢丝，头部弯成封闭的圆圈状。由管一端逐渐送入管中，直到另一端露出头时为止，明配管路有时因管路较长或弯头较多，可在敷设管路时就将引线钢丝穿好。

（3）放线

放线前应根据施工图，对线缆的规格、型号进行核对，发现质量不好的线缆应及时退换。放线时为使线缆不扭结，不出背扣，最好使用放线架。综合监控线缆敷设如图 5.2.8-1 所示。

图 5.2.8-1 线缆敷设图

（4）引线与线缆绑扎

当所穿线缆较少或线缆截面积较小时，将线缆端头插入引线钢丝端部圈内折回。

如线缆数量较多或线缆截面积较大时，为了防止线缆端头在管内被卡住，要把线缆端部剥出线芯，并斜错排好，与引线钢丝一端缠绕接好，然后再拉入管内。

（5）穿线

线缆穿入管子前，线缆与引线钢丝接好，穿入管内的线缆不应有接头，绝缘层不能损坏，线缆也不得扭曲。穿线时，一人或多人在一端拉钢丝引线，另一人在一端把线缆送入管内，前后人员动作应协调，钢管口安装护口圈，并注意不使线缆与管口或钢槽边处摩擦损坏绝缘层，当管路较长或管路弯头较多时，应在弯头和管路中间接线盒处增加人员，采取接力方式穿线。钢槽穿线完成后立即盖好盖板。

（6）剪断线缆

线缆穿好后，按要求适当留出余量以便以后接线。线缆在接线盒、接头箱处留线长度出盒口不小于 0.2m，电缆在分线箱内余留不小于 1m，对一些公用线，在分支处可不剪断直接通过，但要在接线盒处余留不少于 0.15m 线缆。

（7）测试

对线缆进行测试，以确认线缆穿放后是否有损伤并核对其长度，主要测试内容有对号、导线间绝缘电阻及导线对地绝缘电阻。测试完毕，线缆头用绝缘胶带包扎好，在线缆两端及适当位置贴上标签，标签上注明线缆的规格、型号、去向等；然后用透明胶带包扎防止标记脱落。

### 5.2.9 安全措施及环保要求

（1）所有进入施工现场的人员，必须经过三级安全培训合格后方能进入施工现场。

（2）进入施工现场必须戴安全帽、穿工作服，佩戴上岗证。

（3）光电缆的种类、规格、质量必须符合设计要求。

(4) 光电缆的敷设路径及线缆的弯曲半径敷设设计要求。

(5) 光电缆到达现场应进行检查，其型号、规格、质量应符合设计要求及相关产品标准的规定。

(6) 光电缆线路的径路、敷设位置应符合设计要求。

(7) 光电缆线路的防蚀和防电磁设施的设置地点、区段、数量、方式和防护措施符合设计要求。

(8) 线缆敷设时，要保持线盘水平，不得出现线盘与支架碰擦现象，防止线盘卡死。

(9) 电缆在运输至敷设现场和敷设完成后必须采用垫木将电缆盘塞紧，防止在敷设过程中滑动造成安全事故。

(10) 施工完毕彻底清理现场，检查是否有安全隐患及遗留料具，做到人走、料清、场地净。

## 5.3 综合监控光缆接续

### 5.3.1 适用范围

适用于城市轨道交通综合监控系统光缆接续。

### 5.3.2 施工条件及施工准备

(1) 在开工前组织技术人员认真学习施工组织设计，审核施工图纸，熟悉规范和技术标准。

(2) 对施工人员进行技术交底、上岗前的培训，考试合格后上岗。

(3) 收集光缆接续所涉及的各种技术数据，施工劳动力的组织、安装材料及安装工机具的准备。

(4) 使用的各种安装固定件必须采用不锈钢或镀锌材料且满足设计要求。

(5) 了解装修单位对设备房的装修完成时间和地面标高线。

(6) 施工用临时电源及临时照明按临电使用要求设置到位，满足施工要求。

(7) 按照施工图纸标示，确定机柜底座位置进行现场定位。

### 5.3.3 引用技术标准

(1)《地铁设计规范》GB 50157—2013。

(2)《民用建筑电气设计规范》JGJ 16—2008。

(3)《电子计算机机房设计规范》GB 50174—2008。

(4)《消防联动控制系统》GB 16806—2006。

(5)《自动化仪表盘、柜、台、箱》GB/T 7353—1999。

(6)《工业控制用软件评定准则》GB/T 13423—1992。

(7)《建筑与建筑群综合布线系统工程设计规范》GB 50311—2007。

(8)《电气装置安装工程 盘、柜及二次回路接线施工及验收规范》GB/T 50711—2012。

(9)《电气装置安装工程　接地装置施工及验收规范》GB/T 501696—2006。
(10)《火灾自动报警系统设计规范》GB 50116—2013。
(11)《火灾自动报警系统施工及验收规范》GB 50166—2016。

## 5.3.4 劳动力组织

劳动力组织见表5.3.4-1。

劳动力组织表　表5.3.4-1

| 序号 | 人员 | 数量 | 职责 | 备注 |
|---|---|---|---|---|
| 1 | 施工负责人 | 1 | 负责施工组织、质量控制 | |
| 2 | 熔接操作人员 | 2 | 接续操作 | 持有资格证书 |
| 3 | 熔接辅助人员 | 2 | 安全防护、辅助操作 | |
| 4 | 安全员 | 1 | 安全防护 | |

## 5.3.5 工机具配置

工机具配置见表5.3.5-1。

工机具配置表　表5.3.5-1

| 序号 | 工具名称 | 单位 | 规格型号 | 数量 | 备注 |
|---|---|---|---|---|---|
| 1 | 光纤熔接机 | 台 | TYPE-39 | 1 | 光纤接续 |
| 2 | 光纤切割刀 | 把 | | 1 | 切割光纤 |
| 3 | 光纤剥线钳 | 把 | | 1 | 开剥光纤 |
| 4 | 无线对讲机 | 部 | | 2 | 通信工具 |
| 5 | 个人小工具 | 套 | | 2 | |
| 6 | 工作伞 | 把 | | 1 | |
| 7 | 专用工具提箱 | 只 | | 1 | 含光纤使用工具 |
| 8 | 材料箱 | 只 | | 1 | 含光纤使用材料 |
| 9 | 隔热板 | 块 | | 1 | 芯线热缩时，相邻芯线防护 |
| 10 | 镊子 | 把 | | 1 | |
| 11 | 剪刀 | 把 | | 1 | |
| 12 | 组合工具 | 套 | | 1 | 24件 |
| 13 | 工作台布 | 块 | | 1 | 放工具、料具 |

## 5.3.6 材料准备

设备材料见表5.3.6-1。

设备材料表　表5.3.6-1

| 序号 | 名称 | 规格 | 单位 | 数量 | 备注 |
|---|---|---|---|---|---|
| 1 | 光缆接头盒 | GPJ-(04)2/3 | 套 | 实需 | |
| 2 | 光纤加强管 | | 根 | 实需 | |
| 3 | 过桥线 | 48mm×0.2mm×400mm | 根 | 实需 | 放在接续盒内 |
| 4 | 棉纱 | | 克 | 300 | |

续表

| 序号 | 名称 | 规格 | 单位 | 数量 | 备注 |
|---|---|---|---|---|---|
| 5 | 脱脂棉 | | 克 | 300 | |
| 6 | 丙酮 | | 克 | 50 | |
| 7 | 自粘带 | | 盘 | 1 | |
| 8 | 单面刀片 | | 把 | 1 | |
| 9 | 钢锯条 | | 根 | 3 | |
| 10 | 热可缩管 | $\phi$4.8mm×50 | 米 | 3 | 热缩光纤接头 |
| 11 | 焊锡 | | 克 | 20 | 金属线连接用 |
| 12 | 镀锌铁线 | $\phi$1.2 | 米 | 5 | |
| 13 | 塑料管 | $\phi$6 | 米 | 1 | |
| 14 | 接续标桩 | | 块 | 1 | 地下接续处标识（自备料） |
| 15 | 防护槽 | | 米 | 1 | 地下接续处防护（自备料） |
| 16 | 清洁纸 | | 盒 | 1 | |
| 17 | 扎带 | 30mm | 根 | 20 | |

## 5.3.7 工序流程图

工序流程见图 5.3.7-1。

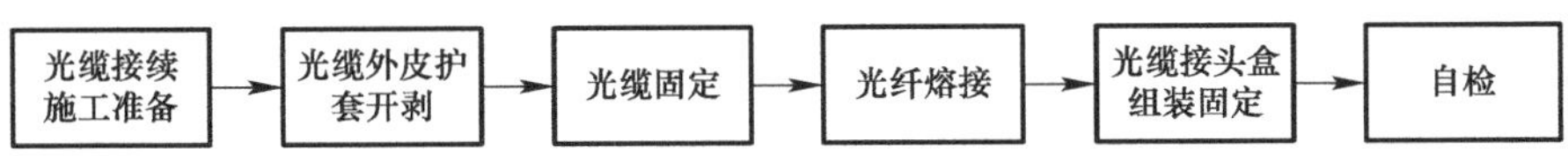


图 5.3.7-1 工序流程图

## 5.3.8 操作要点

### 5.3.8.1 技术要求

光缆环状储备时弯曲半径不得小于光缆外径的 20 倍，主缆接头两端各备用 8～10m 悬挂在电缆支架上并固定，分支光缆备用 3m。光缆接续盒摆放整齐、固定、牢靠。

光缆接续完成后采用 OTDR 光时域反射仪进行测试应满足：

（1）单模 1310nm 状态光纤衰减系数≤0.35dB/km。

（2）单模 1550nm 状态光纤衰减系数≤0.22dB/km。

（3）多模 850nm 状态光纤衰减系数≤2.3db/km。

（4）多模 1300nm 状态光纤衰减系数≤0.6dB/km。

### 5.3.8.2 施工工序及方法

（1）光缆接续施工准备

工具、材料准备齐全、擦净待用。平整接续场地。

使用棉纱擦去光缆外护套上的泥土、污物。

用钢锯锯去两侧端头，其长度为 1000～1500mm，同时检查光缆外部是否完好，如有损坏现象应切除。将 1500mm 长的接头部位（缆身）理直并交叉放置。

（2）光缆护套开剥

选择与光缆外径合适的缆环（O 型圈）传入光缆待用。距光缆端头 1000mm 处，用专用切割刀环切外护套一周，然后轻折几次使环切处折断，往端口侧用力抽去，裸露内护套，如图 5.3.8-1 所示。

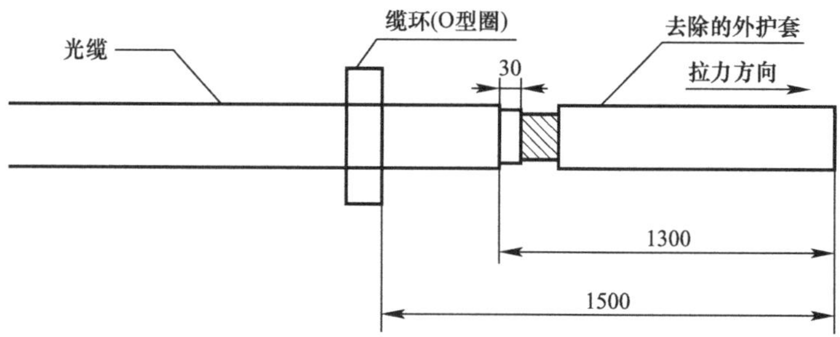


图 5.3.8-1　光缆剥头示意图

光缆内护套切割：在外护套切口外侧 30mm 处，用切割刀将内护套环切 2/3，然后用电工刀在两连接点纵向剖开，将被环切 2/3 的内护套去除。从光缆端头松解包层至护套切口处，用刀片将包层割除，露出裸光纤或塑管和加强芯等。依次用面纱和酒精或丙酮将裸露光纤或塑管及加强芯上的油膏擦净，并减去填充物等。

（3）光缆固定

1）在距外护套切口处保留 100mm 加强芯，其余部分减去不用。

2）将光缆连接支架上的光缆卡箍紧固在光缆两端。将光缆加强芯插进加强芯固定螺栓孔内，并用螺丝刀将固定螺栓紧固在光缆固定支架上（两端相同）。如图 5.3.8-2 所示。

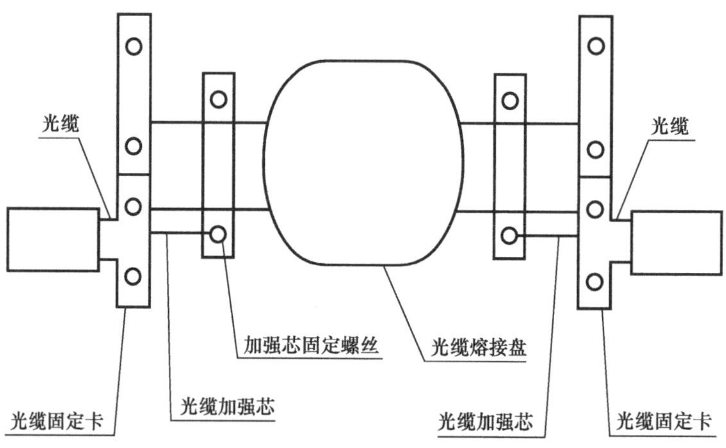


图 5.3.8-2　光缆固定示意图

（4）光纤熔接

1）用酒精棉纱将光纤接续所需要的材料、工具擦净待用。

2）按顺序检查光纤的排列，把两侧光纤分开理顺。

3）将热缩管和热熔管套入一对光纤的任意一根上。

4）使用专用光纤剥线钳在距外护套 160mm 处剥去光纤护管，露出光纤，裸露长度为 16～12mm，长出部分使用专用切割刀切除。使用酒精棉纱擦净光纤上的油膏，将需要对接的两根光纤引入熔接机内按光纤熔接机焊接工艺进行熔接。

5）光纤接续时按顺序在每根光纤上用编码纸编上号。

6）每熔接好一根光纤后，移动热缩管（内带加强芯），使光纤熔接点处在光纤保护管中央位置，对保护管进行适当加热，使光纤和保护管熔为一体，经保护的光纤接头卡入布线槽内（每板熔接盘可布光纤 12 芯）将余留光纤均匀地在光纤熔接盘内布好，并将盘绕后的光纤用尼龙扎带理齐定位。如图 5.3.8-3 所示。

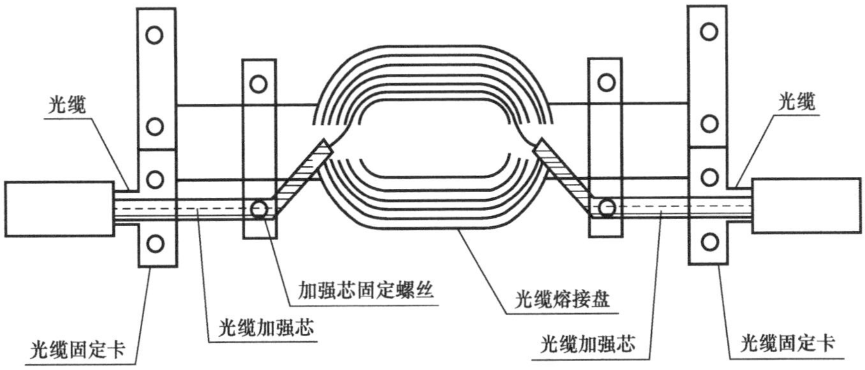


图 5.3.8-3　光缆纤芯固定示意图

7）熔接盘的使用一般由下至上，待全部光纤接续后，在熔接盘上一层盖好盖板，并固定。

（5）光缆接头盒组装固定

将接头盒外壳进缆口相应压缆处，在两环中间光缆部分缠绕密封胶带，同时将未使用的接头盒进缆口用堵头封闭（堵头外部凹陷部分用密封胶带缠绕），再在盒壳体边缘两边的密封槽内垫上密封胶条，同时在两瓣接头壳体进缆端凹陷部分嵌满密封胶。最后将两片外壳对合，拧紧不锈钢螺栓，要求螺栓受力对称、均匀，直到全部拧紧为止。如图 5.3.8-4 所示。

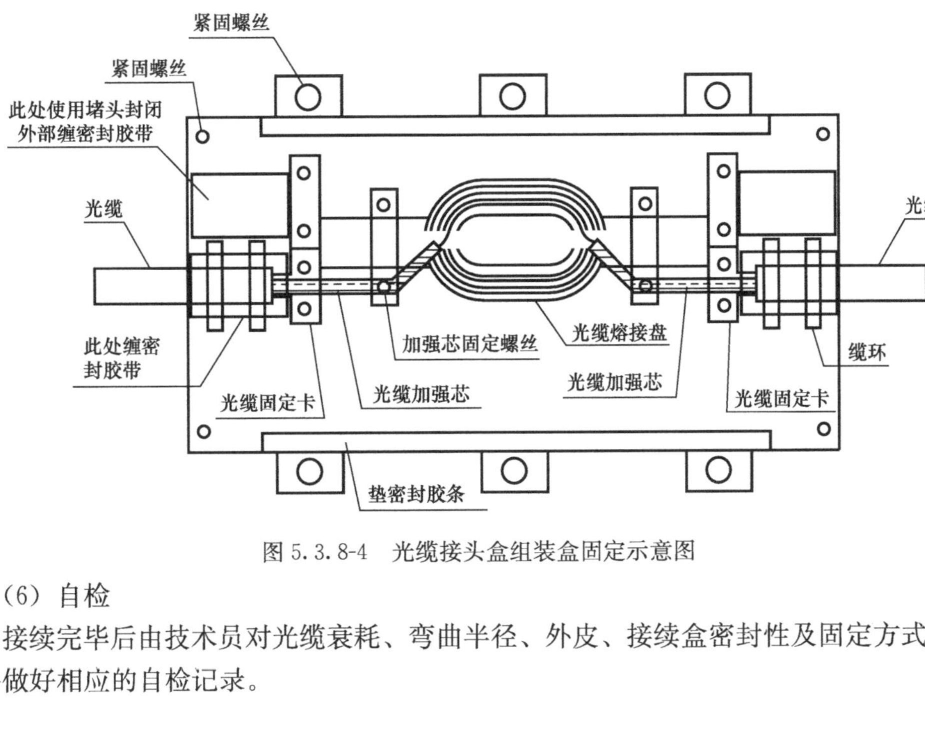


图 5.3.8-4　光缆接头盒组装盒固定示意图

（6）自检

接续完毕后由技术员对光缆衰耗、弯曲半径、外皮、接续盒密封性及固定方式进行检查并做好相应的自检记录。

### 5.3.9　安全措施及环保要求

（1）所有进入施工现场的人员，必须经过三级安全培训合格后方能进入施工现场。

（2）进入施工现场必须戴安全帽、穿工作服，佩戴上岗证。

（3）每天设立专职安全防护员和施工负责人（车长），坚持早点名班前安全讲话制度，做到安全预想，并根据每天具体工作制定有针对性的安全措施。

（4）施工时安全防护员需佩戴安全防护标志，其他施工人员必须听从安全防护员的安全指挥。

（5）登高时必须持证上岗，并把安全带系在永久性建筑物上。

（6）施工完毕彻底清理现场，检查是否有安全隐患及遗留料具，做到人走、料清、场地净。

## 5.4　综合监控设备安装

### 5.4.1　适用范围

适用于城市轨道交通综合监控设备安装施工。

### 5.4.2　施工条件及施工准备

（1）开工前组织技术人员认真学习实施性施工组织设计，阅读、审核施工图纸，澄清有关技术问题，熟悉规范和技术标准。对施工人员进行技术交底和技术培训。

（2）综合监控设备安装施工所涉及的各种外部技术数据收集，施工劳动组织配备、材料准备及设备工器具的配置。

（3）综合监控安装工程与装修工程有直接依存关系，必须等到设备机房地板安装完成，室内吊顶安装完成，墙面装饰完成，设备房门窗安装完成并安装好门锁才能进行安装。

### 5.4.3　引用技术标准

（1）《地铁设计规范》GB 50157—2013。

（2）《民用建筑电气设计规范》JGJ 16—2008。

（3）《电子计算机机房设计规范》GB 50174—2008。

（4）《消防联动控制系统》GB 16806—2006。

（5）《自动化仪表盘、柜、台、箱》GB/T 7353—1999。

（6）《工业控制用软件评定准则》GB/T 13423—1992。

（7）《建筑与建筑群综合布线系统工程设计规范》GB 50311—2007。

（8）《电气装置安装工程　盘、柜及二次回路接线施工及验收收规范》GB/T 50711—2012。

（9）《电气装置安装工程　接地装置施工及验收规范》GB/T 501696—2006。

（10）《火灾自动报警系统设计规范》GB 50116—2013。

（11）《火灾自动报警系统施工及验收规范》GB 50166—2016。

### 5.4.4 劳动力组织

劳动力组织见表 5.4.4-1。

劳动力组织表 表 5.4.4-1

| 序号 | 人员 | 单位 | 数量 | 备注 |
|---|---|---|---|---|
| 1 | 施工负责人 | 人 | 1 | 负责施工组织及质量安全的控制 |
| 2 | 技术员 | 人 | 1 | 负责现场施工技术、施工质量、自检 |
| 3 | 施工人员 | 人 | 10 | 设备安装 |
| 4 | 安全员 | 人 | 1 | 负责施工过程中的安全防护 |

### 5.4.5 工机具配置

工机具配置见表 5.4.5-1。

工机具配置表 表 5.4.5-1

| 序号 | 名称 | 规格 | 单位 | 数量 | 备注 |
|---|---|---|---|---|---|
| 1 | 冲击钻 | TE25 | 台 | 2 | |
| 2 | 脚手架 | | 套 | 2 | |
| 3 | 人字梯 | 5m | 把 | 1 | |
| 4 | 发电机 | 5000W | 台 | 2 | |
| 5 | 配电箱 | | 台 | 2 | |
| 6 | 个人工具 | | 套 | 4 | |
| 7 | 榔头 | | 把 | 2 | |

### 5.4.6 材料准备

材料准备见表 5.4.6-1。

设备材料表 表 5.4.6-1

| 序号 | 名称 | 规格 | 单位 | 数量 | 备注 |
|---|---|---|---|---|---|
| 1 | 接地线 | $6mm^2$、$16mm^2$ | 米 | 实需 | |
| 2 | 膨胀螺栓 | M10×80mm | 套 | 实需 | |
| 3 | 膨胀螺栓 | M12×80mm | 套 | 实需 | |
| 4 | 不锈钢螺栓 | M12×40mm | 套 | 实需 | |
| 5 | ACS 终端设备 | | 套 | 实需 | 设计图定 |
| 6 | BAS 终端设备 | | 套 | 实需 | 设计图定 |
| 7 | 服务器机柜 | 600W×1000D×2260H | 面 | 实需 | 设计图定 |
| 8 | 网络柜 | 600W×1000D×2260H | 面 | 实需 | 设计图定 |
| 9 | 配电柜 | 600W×1000D×2260H | 面 | 实需 | 设计图定 |
| 10 | ACS 服务器机柜 | 600W×1000D×2260H | 面 | 实需 | 设计图定 |
| 11 | PLC 机柜 | 600W×1000D×2260H | 面 | 实需 | 设计图定 |
| 12 | IBP 盘 | | 面 | 实需 | 设计图定 |
| 13 | 机柜支架 | | 面 | 实需 | 设计图定 |

### 5.4.7 工序流程图

工序流程见图 5.4.7-1。

施工准备 → 定位 → 打孔 → 支架安装 → 设备安装 → 自检

图 5.4.7-1　工序流程图

## 5.4.8　操作要点

### 5.4.8.1　BAS 设备安装

（1）环控电控室的控制柜的安装高度与低压控制柜平齐，利用低压提供的支架或固定支架。

（2）控制柜安装牢固，高度尽量与低压控制柜一致，柜子垂直偏差应不大于 3mm。

（3）控制柜进行可靠接地，柜门应该以软导线与接地的金属构架可靠连接。

（4）控制柜门开启灵活，操作方便。安装过程中应注意防水措施。

（5）远程模块箱挂墙明装，采用内部膨胀螺栓固定，安装高度底边距装修地面 1000mm。

（6）远程模块箱尽量与低压控制箱分开安装，同时安装的位置以不影响装修美观和消防安全的位置为最佳。

（7）车站站厅、站台的温湿度传感器、二氧化碳传感器安装应满足通风空调专业要求。风管型温湿度传感器设在相关风机的进、出风管上，要求测点位置必须为风管温湿度敏感点，同时必须是检修和更换方便的位置。

### 5.4.8.2　ACS 设备安装

（1）门禁控制箱：门禁系统单设门禁控制箱，箱内放置门禁控制器、电源模块、交换机等设备。门禁控制箱放置在 ISCS 设备室，挂墙安装，底边距装修完成面高度 1400mm。

（2）接口模块：各房间、附属通道门的接口模块安装在门内上方门禁接口模块盒内。有吊顶的房间内，接口模块盒在门上吊顶内墙壁明装；没有吊顶的房间内，接口模块盒安装在门上方墙壁明装，安装高度距结构顶板 300mm。

（3）读卡器：设备室、附属用房通道门的读卡器在门外墙壁上明装，距离装修完的地面 1.4m。公共区付费区与非付费区隔断门处设置双向读卡器，安装在门边框体上。

（4）机电一体化锁：锁体安装在门体非合页侧，锁扣片安装在门框侧；过线器一端安装在门框，一端安装在门体合页侧；锁体引出线在门体内经过过线导管引至过线器，过线导管由门供货厂家在门体内预埋；锁体、锁扣片、过线器门上开孔工作由门供货厂家完成。

（5）磁力锁：锁体门框上侧垂直安装，衔铁安装在门扇上方，两者安装位置相对应；锁体引出线一般通过软金属管引至门框锁体、衔铁门上，开孔工作由门供货厂家完成。

（6）电插锁：阴极锁安装在门框上，机械锁体安装在门扇侧；阴极锁门上开孔、过线导管门体内预埋工作由门供货厂家完成。

（7）考勤机：在车站控制室端附属用房走廊主要入口内侧墙壁上明装，底边距装修完成面高度 1.4m。

（8）可视对讲主机在车站控制室 IBP 盘上安装，安装位置由 IBP 盘工艺专业确定；视频切换器安装在 IBP 盘下，自带 AC220V 转 DC12V 电源变换器。可视对讲分机在车站 A 端靠近车控室门一端的附属用房通道门外（公共区侧）挂墙安装，底边距装修完成面高度 1400mm。

(9) 出门按钮在墙壁上安装，底边距装修完成面高度1400mm。

#### 5.4.8.3 综合监控（ISCS）设备安装

(1) 配电柜、网络柜、服务器柜

1）机柜接地槽板与接地线应连接良好，柜门开启灵活，操作方便。

2）基础型钢应可靠接地。柜内的接地应牢固良好。装有电器的可开启的盘、柜门，应该以软导线与接地的金属构架可靠的接地。

3）箱柜安装过程中应做好防水措施。柜内设备应安装接地线，接地线设备端与设备的接地端子或设备外壳相连，另一端接到柜体的接地铜排。

(2) IBP盘

IBP盘支架安装时，应注意以下几点：

1）使用50mm×50mm×4mm角钢制造支架。分4个单体现场安装。

2）支架加工高度与防静电地板高度一致，高出防静电地板部分用垫片调整。

3）支架与水泥地面的固定连接采用M10×80mm膨胀螺栓。

4）支架上面与柜体固定连接使用M10×80mm连接螺栓。

5）本支架承重能力1500kg/m$^2$。

6）采用手工电弧焊，焊接应牢固，焊后修磨平整。

7）支架采用表面镀锌的防护方式。

8）要求支架安装后要水平，连接牢固。

9）支架连接杆可现场焊接或打孔用螺栓连接固定。

### 5.4.9 施工工序及方法

#### 5.4.9.1 BAS设备

(1) 环控柜安装就位

1）用与基础槽钢等高的滚杠进行控制柜移动就位。移动时要做到慢、稳，避免碰撞。就位后的盘柜用磁力线坠和角尺进行垂直度测量，满足不了技术要求时用薄垫铁进行找平找正，使柜子的垂直度不大于3mm。

2）控制柜调正后用M12 * 40mm镀锌连接螺栓通过柜底座螺栓孔与基础槽钢牢固连接。用16mm$^2$接地线将控制柜的接地螺栓与接地干线可靠连接，用6mm$^2$软铜线绕成螺旋状对柜门与金属槽钢可靠连接。

3）环控电控室的控制柜的安装高度与低压控制柜平齐。

4）自检。施工完成后，技术员按照技术要求对完成工作逐一进行检查，并做好自检记录。

(2) BAS模块箱

1）定位

① 根据施工图纸确定模块箱的悬挂位置，按照控制箱的实际尺寸，在墙上划出距墙边的柜体边线和距底边1000mm水平线。

② 将模块箱进行试挂，用记号笔在模块箱的固定孔处做好打孔记号，并在高、宽四周边沿做出刻度标记。

2）打孔

① 用冲击电钻钻出12mm孔后将M10×80mm膨胀螺栓装进孔里，测量四个螺栓的

对角尺寸找正后紧固。

② 把 M10×80mm 的膨胀螺栓嵌入钻好的地面孔洞，用扳手顺时针拧紧螺栓使之膨胀，取下平垫、弹垫、螺帽，再把模块箱放在已固定的膨胀螺栓上面，依次带好平垫、弹垫、螺帽，用扳手拧紧即可。

3）设备安装

① 将模块箱挂上后用磁力线坠和角尺进行垂直度测量，垂直度达不到时采用螺栓上垫薄垫片调整，直至满足误差在 2mm 范围以内。

② 尽量与低压控制箱分开安装，同时安装的位置以不影响装修美观和消防安全的位置为最佳，如果有两个以上的模块箱在同一地方安装，要求并排安装，并且箱门开门自由。如低压控制箱先装且模块箱与低压控制箱距地面距离不等时，以低压控制箱底边对齐进行安装。BAS 模块箱安装如图 5.4.9-1 所示。

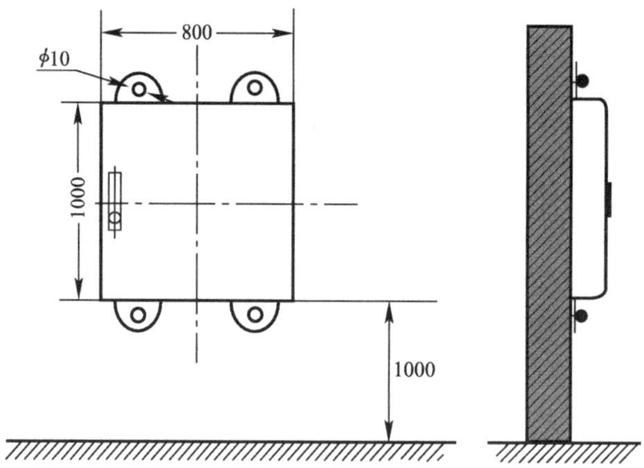


图 5.4.9-1　BAS 模块箱安装示意图

4）自检

施工完成后，技术员按照技术要求对完成工作逐一进行检查，并做好自检记录。

（3）房间传感器

安装在房间内的传感器采用架空安装。

1）把线缆从钢管出口处引传感器的接线位置，拐弯处用金属软管进行防护，离照明灯具的净距不小于 500mm，离结构顶面距离为 300mm。传感器的固定采用 40×40×3 角钢支架固定（室内、室外温湿度、二氧化碳传感器首先确定传感器安装位置）。如图 5.4.9-2 所示。

2）自检。施工完成后，技术员按照技术要求对完成工作逐一进行检查，并做好自检记录。

（4）站厅（台）温、湿度传感器安装

1）柱子型：首先确定传感器安装位置。

① 站厅（台）传感器位置选在大厅柱子中间位置，离地面高度为 2000mm，用装饰厂家提供的 $\phi$20 孔把线缆引至传感器的接线位置，接续完成后用玻璃胶与墙面固定。如图 5.4.9-3 所示。

② 自检。施工完成后，技术员按照技术要求对完成工作逐一进行检查，并做好自检记录。

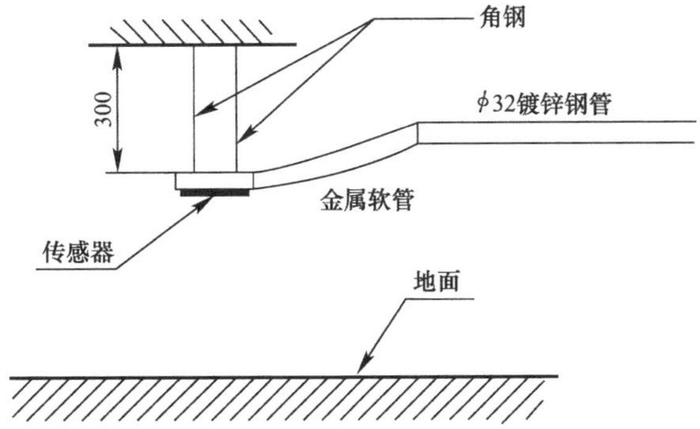


图 5.4.9-2 房间传感器安装示意图

2）吊装型：首先确定传感器安装位置。

① 根据各站的实际吊顶高度测量出需要的丝杆长度，并在结构顶部打孔安装好丝杆。

② 把加工好的传感器支架与安装好的丝杆固定，安装位置为临近 BAS 线槽边上。

③ 在 BAS 线槽上开两个 $\phi40$ 的孔，从线槽处接出两根 $\phi40$ 的钢管引至距传感器支架 50mm 处，然后用金属软管连接至传感器支架的穿线孔处。

④ 二氧化碳传感器安装位置为临近墙边，温湿度传感器安装位置为临近公共区。如图 5.4.9-4 所示。

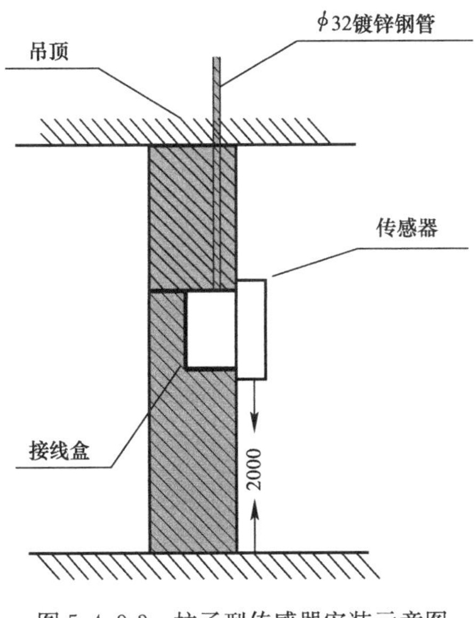


图 5.4.9-3 柱子型传感器安装示意图

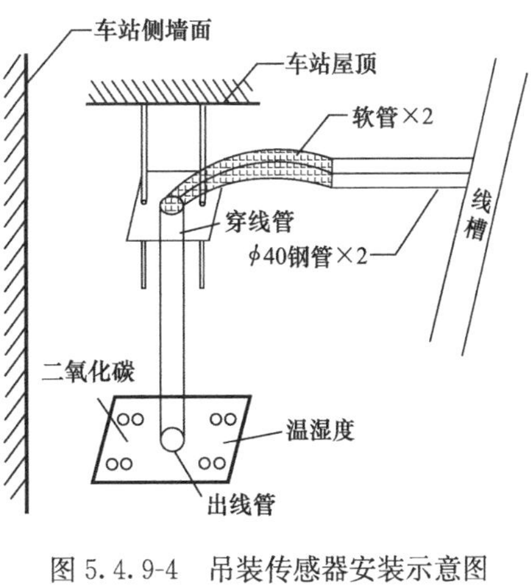


图 5.4.9-4 吊装传感器安装示意图

⑤ 自检。施工完成后，技术员按照技术要求对完成工作逐一进行检查，并做好自检记录。

3）风管式温、湿度传感器安装：首先确定温湿度传感器安装位置。

① 风管温湿度传感器要装设在相关风室的出口风道上，离出风口的距离大于 600mm。

② 在确定的风管位置上用开孔器开 $\phi20$mm 的圆孔。

③ 按照传感器端盒的尺寸加工厚 80mm，内孔 $\phi20$mm 的木方，从风管内壁用木螺丝将木方进行固定，传感器装进孔内后用木螺丝与木方拧紧。如图 5.4.9-5 所示。

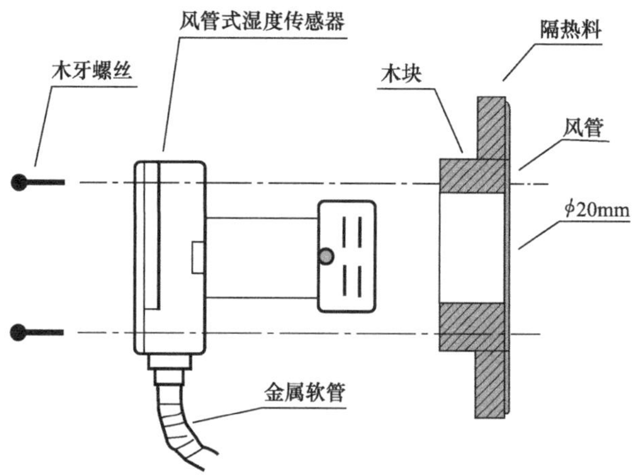


图 5.4.9-5　风管传感器安装示意图

④ 管内的铁屑用压缩空气吹扫干净。

⑤ 如果出口风道的位置不利于安装和检修，则安装在相关的风室内，利用支架固定，测量点的位置必须为本风道温湿敏感点，同时必须是检修和更换方便的位置。

⑥ 自检。施工完成后，技术员按照技术要求对完成工作逐一进行检查，并做好自检记录。

**5.4.9.2　ACS 设备**

（1）门禁控制箱

1）定位

① 根据施工图纸确定控制箱的悬挂位置，按照控制箱的实际尺寸，在墙上划出距墙边的柜体边线和距底边 1400mm 水平线。

② 将控制箱进行试挂，用记号笔在控制箱的固定孔处做好打孔记号，并在高、宽四周边沿做出刻度标记。

2）打孔

① 用冲击电钻钻出 12mm 孔后将 M10×80mm 膨胀螺栓装进孔里，测量四个螺栓的对角尺寸找正后紧固。

② 把 M8×75mm 的膨胀螺栓嵌入钻好的地面孔洞，用扳手顺时针拧紧螺栓使之膨胀，取下平垫、弹垫、螺帽，再把控制箱放在已固定的膨胀螺栓上面，依次装好平垫、弹垫、螺帽，用扳手拧紧即可。

3）设备安装

① 将控制箱挂上后用磁力线坠和角尺进行垂直度测量，垂直度达不到时采用螺栓上垫薄垫片调整。

② 门禁控制箱挂墙安装，底边距装修完成面高度 1400mm，同时安装的位置应不影响装修美观，箱门开门自由。控制箱安装示意图如图 5.4.9-6 所示。

4）自检

施工完成后，技术员按照技术要求对完成工作逐一进行检查，并做好自检记录。

（2）读卡器

设备室、附属用房通道门的读卡器在门外墙壁上用装饰厂家开好的 $\phi$20 孔引出需要与读卡器接续的电缆，并用金属软管引至读卡器的接线部位，接续完成后用玻璃胶与玻璃墙粘贴的固定方式。公共区付费区与非付费区隔断门处设置双向读卡器，安装在门边框体上。在IBP盘上嵌入式安装门禁读卡器，用于读卡打开可视对讲分机所在处的附属用房通道门。

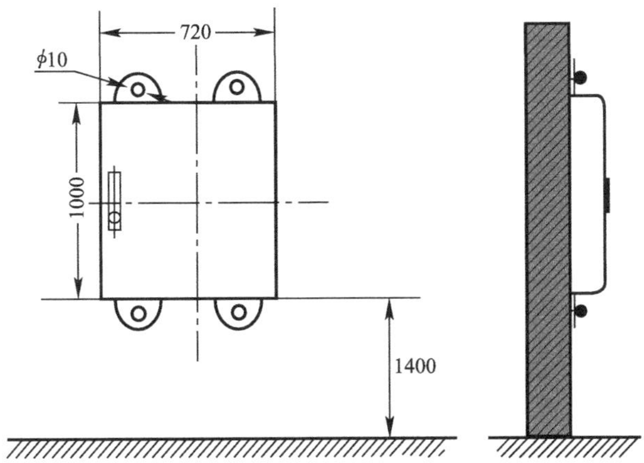


图 5.4.9-6 门禁控制箱安装示意图

（3）机电一体化锁

机电一体化锁体安装在门体非合页侧，锁扣片安装在门框侧；过线器一端安装在门框，一端安装在门体合页侧，锁体引出线在门体内经过过线导管引至过线器。

（4）磁力锁

首先将磁力锁的固定平板和衬板分别安装在门框和门扇上，然后将电磁锁推入固定平板的插槽内，即可固定螺丝，按图连接导线。

（5）电插锁

电插锁的阴极锁安装在门框上，机械锁体安装在门扇侧。

（6）考勤机

考勤机在车站控制室端附属用房走廊主要入口内侧墙壁上明装，线缆接续完成后用配套的螺丝与预埋的分线盒固定，固定完成后底边距装修完成面高度 1400mm。

（7）可视对讲主机

可视对讲主机在车站控制室 IBP 盘上嵌入安装，安装位置由 IBP 盘工艺专业确定；视频切换器安装在 IBP 盘下，自带 AC220V 转 DC12V 电源变换器。可视对讲分机在车站 A 端靠近车控室门一端的附属用房通道门外（公共区侧）挂墙安装，线缆接续完成后用配套的螺丝与预埋的分线盒固定，固定完成后底边距装修完成面高度 1400mm。

（8）出门按钮

出门按钮在墙壁上安装，线缆接续完成后用配套的螺丝与预埋的分线盒固定，固定完成后底边距装修完成面高度 1400mm。

#### 5.4.9.3 综合监控（ISCS）设备

（1）配电柜、网络柜、服务器柜

1）定位

盘柜基础角钢制作：根据设计图纸确定机柜具体位置并用墨线放出基础线，基础采用

40mm×40mm×4mm 角钢，并按照柜子实际尺寸进行下料。制作前角钢要除锈调直，框架制好后各焊缝处要打磨平整，并刷好防锈漆。

2）打孔

① 按照基础角钢上的固定孔画出需要的固定点，然后用冲击钻钻出 $\phi14$ 的孔，钻完孔后应清理孔内的灰尘。

② 把 M12×80mm 的膨胀螺栓嵌入钻好的地面孔洞，用扭矩扳手顺时针拧紧螺栓使之膨胀，取下平垫、弹垫、螺帽，再把基础角钢放在已固定的膨胀螺栓上面，依次装好平垫、弹垫、螺帽，用扳手拧紧即可。

3）支架安装

① 框架就位后，用水平尺检测；采用垫铁的方法反复调整，直至其水平度偏差在 1mm/m 以内。所使用的垫铁是机器剪切的，四周无毛刺。调整好的基础角钢与垫铁焊固定，并用 40 扁钢与接地干线焊接可靠，作为接地支线，并作防锈处理。

② 综合监控设备室机柜支架的安装高度与静电地板高度在同一水平面。

图 5.4.9-7　ISCS 机柜安装图

4）设备安装

① 将机柜抬至基础角钢上面就位，移动时要做到慢、稳，避免碰撞。就位后的盘柜用磁力线坠和角尺进行垂直度测量，满足不了技术要求时用薄垫铁进行找平找正，使柜子的垂直度不大于 3mm。ISCS 机柜安装如图 5.4.9-7 所示。

② 机柜调正后用 M12×40mm 镀锌连接螺栓通过柜底座螺栓孔与基础角钢孔牢固连接。用 16mm$^2$ 接地线将机柜的接地螺栓与接地干线可靠连接，用 6mm$^2$ 软铜线绕成螺旋状对柜门与金属槽钢可靠连接。

5）自检

施工完成后，技术员按照技术要求对完成工作逐一进行检查，并做好自检记录。

（2）IBP 盘安装

1）定位

① IBP 盘基础角钢制作：根据设计图纸确定 IBP 盘具体位置并用墨线放出基础线，基础采用 50mm×50mm×4mm 角钢，并按照实际尺寸进行下料。

② 制作前角钢要除锈调直，框架制好后各焊缝处要打磨平整，并刷好防锈漆。

2）打孔

① 按照基础角钢上预留的 $\phi12$ 固定孔画出需要的固定点，然后用冲击钻钻出 $\phi12$ 的孔，钻完孔后应清理孔内的灰尘。

② 把 M10×80mm 的膨胀螺栓嵌入钻好的地面孔洞，用扳手顺时针拧紧螺栓使之膨胀，取下平垫、弹垫、螺帽，再把基础角钢放在已固定的膨胀螺栓上面，依次装好平垫、弹垫、螺帽，用扳手拧紧即可。

3）支架安装

① 框架就位后，用水平尺检测；采用垫铁的方法反复调整，直至其水平度偏差在1mm/m以内。调整好的基础角钢与垫铁焊固定，并用40扁钢与接地干线焊接可靠，作为接地支线，并作防锈处理。安装完成后按照图纸上的整体长度尺寸测量，以满足图纸尺寸。

② 车控室盘柜支架的安装高度与静电地板高度在同一水平面。

4）设备安装

① 将盘柜抬至基础角钢上面就位，移动时要做到慢、稳，避免碰撞。就位后的盘柜用磁力线坠和角尺进行垂直度测量，满足不了技术要求时用薄垫铁进行找平找正。如图5.4.9-8所示。

图5.4.9-8 IBP盘安装图

② 盘柜调正后用M12×40mm镀锌连接螺栓通过柜底座螺栓孔与基础角钢孔牢固连接。

5）自检

施工完成后，技术员按照技术要求对完成工作逐一进行检查，并做好自检记录。

## 5.4.10 安全措施及环保要求

（1）所有进入施工现场的人员，必须经过三级安全培训合格后方能进入施工现场。

（2）进入施工现场必须戴安全帽、穿工作服，佩戴上岗证。

（3）登高时必须持证上岗，并把安全带系在永久性建筑物或自制工具上，高挂低用。

（4）施工时应设安全员进行安全防护，所有施工人员必须听从安全员的统一指挥。

（5）在施工过程中相互提醒、监督。

（6）在搬运和安装过程中注意自身安全和设备安全，在过道和行人通过的地方，必须对其进行防护。

（7）按照临时用电的有关规定对现场临时用电进行使用，使用发电机时按照其使用说明进行使用，严禁超负荷使用发电机，对设备要采用一机一闸的安全保护措施。

（8）手持电动工具按其使用说明进行使用，手持式电动工具需移动时不得手提电源线或转动部分，手持式电动工具在使用中不得任意调换插头。

（9）在安装过程中注意对其他成品的保护。

（10）施工完毕彻底清理现场，检查是否有安全隐患及遗留料具，做到人走、料清、场地净。